Jahrbuch der Karl-May-Gesellschaft 1996

Jahrbuch der Karl-May-Gesellschaft 1996

Herausgegeben

von

Claus Roxin, Helmut Schmiedt

und Hans Wollschläger

Hansa Verlag · Husum

Verantwortliche Herausgeber:
Prof. Dr. Dr. h.c. mult. Claus Roxin, Prof. Dr. Helmut Schmiedt
und Dr. h.c. Hans Wollschläger

Geschäftsführender Herausgeber 1996:
Prof. Dr. Helmut Schmiedt
Redaktion:
Bernhard Kosciuszko, Dr. Martin Lowsky
und Ulrike Müller-Haarmann

May-Zitate und -Texte werden durch *Kursivdruck* gekennzeichnet; zitiert wird aus Gründen der Authentizität stets nach den originalen (also unbearbeiteten) Texten Mays, wie sie in der Klein-Oktav-Ausgabe des Verlages Fehsenfeld, Freiburg 1892–1910, und in der Historisch-kritischen Ausgabe im BÜCHERHAUS BARGFELD (29351 Bargfeld) ab 1994 vorliegen, wo die früher (1987ff.) im Verlag Greno begonnene und im Haffmans Verlag vorübergehend weitergeführte Edition fortgesetzt wird.

Das Frontispiz zeigt Karl May um 1906; Aufnahme: Erwin Rapp (Archiv der Karl-May-Gesellschaft)

ISSN 0300-1989   ISBN 3-920421-70-1

Hansa Verlag Ingwert Paulsen jr., Postfach 1480, 25804 Husum

© 1996 by Karl-May-Gesellschaft e. V., Hamburg
Alle Rechte, auch die der photomechanischen Wiedergabe und der Übersetzung, vorbehalten.
Schutzumschlag: Hans-Frieder Kühne
Satz: Fotosatz Husum GmbH
Druck und Verarbeitung: Husum Druck- und Verlagsgesellschaft
Postfach 1480, D-25804 Husum
Printed in Germany

Inhaltsverzeichnis

Helmut Schmiedt: Das sechsundzwanzigste Jahrbuch 7

Karl May: Widmungsgedicht ›Es war am Tag, an dem der Geist erwachte‹ 10

Günter Scholdt: Selbstporträt à la Fehsenfeld · *Karl Mays autobiographische Hinweise in den ›Gesammelten Reiseromanen‹* 12

Hartmut Kühne: Musik in Karl Mays Leben und Werk 39

Walther Ilmer: Die innere Werkstatt des verlorenen Sohns Karl May · *Versuch zur Erhellung zweier Phänomene* 78

Gert Ueding: »Howgh, ich habe gesprochen« · *Beredsamkeit in der Fremde: Mays Rhetorik* 109

Helmut Lieblang: »Sieh diese Darb, Sihdi ...« · *Karl May auf den Spuren des Grafen d'Escayrac de Lauture* 132

Wolfgang Hammer: Karl Mays Novelle ›Leilet‹ als Beispiel für seine Quellenverwendung 205

Hans-Jörg Neuschäfer: Karl May und der französische Feuilletonroman 231

Helmut Schmiedt: Identitätsprobleme · *Was ›Satan und Ischariot‹ im Innersten zusammenhält* 247

Christoph F. Lorenz: Von Ziegen und Böcken, »Alten Knastern« und jungen Studenten · *›Leitmotive‹ des frühen Karl May* . . . 266

Gudrun Keindorf: Formen und Funktion des Reisens bei
Karl May · *Ein Problemaufriß* 291

Petra Küppers: Karl Mays Indianerbild und die Tradition der
Fremdendarstellung · *Eine kulturgeschichtliche Analyse* . . . 315

Rainer Jeglin: Neumünster – Waldheim: Hans Falladas
Karl-May-Lektüre 346

Peter Krauskopf: Deutsche Zeichen, deutsche Helden
Einige Bemerkungen über Karl May und den deutschen Film,
Fritz Lang und Thea von Harbou 365

Helmut Schmiedt: Literaturbericht 394

Berichte zur Rezeption Karl Mays in Osteuropa
   Anatoli N. Batalow: Karl May in Rußland 410
   Jokübas Skliutauskas: Karl May in Litauen 418

Erich Heinemann: »Karl Mays Geist schwebt überall ...«
Radebeul und Bad Segeberg, die Höhepunkte im
Jahresverlauf 1995 422

Die Autoren des Jahrbuchs 437

HELMUT SCHMIEDT

Das sechsundzwanzigste Jahrbuch

Publikationen bewirken Reaktionen, und so hat denn auch die Veröffentlichung von mittlerweile fünfundzwanzig Jahrbüchern der Karl-May-Gesellschaft zu einer Vielzahl von Überlegungen geführt, was darin in Zukunft noch anders und besser zu machen wäre. Zu den Anregungen, die immer wieder an die Herausgeber und Redakteure herangetragen werden, gehört der Gedanke, die Bände sollten streng themengebunden zusammengestellt werden; die konzentrierte, von verschiedenen Autoren verantwortete Beschäftigung mit einem einzigen, mehr oder weniger genau umrissenen Gegenstand aus dem Gesamtbereich des Phänomens Karl May – sei es nun ein bestimmtes Werk, eine Werkgruppe oder ein spezielles Forschungsproblem – könne sinnvoller sein als die übliche Ansammlung inhaltlich weit divergierender Beiträge.

Wenn wir dem, allen unleugbaren Vorzügen einer solchen Ausrichtung zum Trotz, bisher nicht gefolgt sind, so hat das zwei Gründe. Zum einen ist die May-Forschung mit kompetenten Autoren nicht derart im Übermaß gesegnet, daß sich thematisch gebundene Jahrbücher auch nur mit einiger Regelmäßigkeit realisieren ließen; die Vorgabe, über bestimmte Sachverhalte zu schreiben, würde ja von vornherein stets eine beträchtliche Anzahl möglicher Verfasser ausschließen, und ob die verbleibenden jeweils im wünschenswerten Umfang ertragreich arbeiten könnten, erscheint höchst zweifelhaft. Zum anderen ist zu bedenken, daß sich selbstverständlich nicht jeder Leser für jeden denkbaren Komplex interessiert; das würde dazu führen, daß manche Bände schon wegen ihres Inhaltsverzeichnisses einen großen Teil ihrer Besitzer gar nicht erst zur Lektüre animieren, ein auf das Spätwerk konzentriertes etwa den Liebhaber der Kolportageromane nicht und ein biographisch ausgerichtetes den nicht, der möglichst viel über Mays Wirkungsgeschichte erfahren möchte. Die Mischung unterschiedlicher Beiträge ist demgegenüber fast ein Garant dafür, daß jeder Leser zumindest das eine oder andere findet, was ihn in Zusammenhang mit Karl May beschäftigt.

Manchmal allerdings ergibt es sich, daß mehr oder weniger zufällig eine thematische Schwerpunktbildung entsteht. Im Fall des vorliegenden Jahrbuchs ist das gleich zweimal geschehen, doch stellen sich die Themenkomplexe so offen dar, daß das Prinzip der Vielfalt trotzdem gewahrt bleibt. Erstens bieten wir neue Arbeiten zu Mays Quellen, ein

Forschungsgebiet, das seit einigen Jahren eine Hausse erlebt: Wolfgang Hammer liest Karls Mays Novelle ›Leilet‹ unter diesem Aspekt, und Helmut Lieblang prüft – in einer besonders weit ausgreifenden, ungewöhnlich detaillierten Abhandlung – die Spuren, die ein französischer Reisender in Mays Nordafrika-Erzählungen hinterlassen hat. Über achtzig Seiten des Jahrbuchs sind diesem Thema gewidmet.

Offen, im Sinne interner Vielfalt, wirkt vor allem der zweite Komplex. In ihm geht es um diverse literatur- und vor allem auch kulturgeschichtliche Zusammenhänge, in die Mays Werk einzufügen ist, wobei der Schwerpunkt teils retrospektiv – auf welche Tradition greift es zurück? In welche Kontexte stellt es sich? –, teils zukunftsgerichtet ist – welchen Entwicklungen arbeitet es zu? Wo finden sich spätere Anknüpfungen und Analogien? –, aber natürlich auch die damalige Gegenwart betrachtet wird; manchmal berühren sich solche Abhandlungen mit Quellenstudien im engeren Sinne. Ob Hartmut Kühne über die Musik ins Mays Leben und Werk berichtet, Hans-Jörg Neuschäfer auf Karl May und den französischen Feuilletonroman (Sue, Dumas) blickt, Gudrun Keindorf ›Formen und Funktionen des Reisens bei Karl May‹ nachzeichnet, Petra Küppers althergebrachte Topoi der Darstellung des bzw. der Fremden im Indianerbild rekonstruiert, Rainer Jeglin Verbindungen zwischen May und Hans Fallada erkennt, Peter Krauskopf ein Kapitel deutsche Filmgeschichte aufblättert oder Anatoli N. Batalow und Jokübas Skliutauskas über die May-Rezeption in Rußland bzw. Litauen berichten: stets wird sichtbar, daß die analytische Beschäftigung mit Karl May den Ausgriff in ein weit gefächertes Umfeld nicht nur zuläßt, sondern an manchen Stellen geradezu verlangt. Auch Untersuchungen, die ihrem Titel und ihrer Intention nach vorrangig anderen, eher ›werkimmanenten‹ Zielen folgen – Günter Scholdts Resümee der autobiographischen Suggestionen in den Fehsenfeld-Bänden, Walther Ilmers Abhandlung über das Motiv des verlorenen Sohnes, Gert Uedings Studie zu Mays Rhetorik, Helmut Schmiedts Blick auf ein einheitstiftendes Motiv in ›Satan und Ischariot‹ sowie Christoph F. Lorenz' Darstellung zur Leitmotiv-Technik in Mays Frühwerk –, bestätigen diesen Gedanken an vielen Stellen durch besondere Wendungen in ihrer Argumentation.

Ein beträchtlicher Teil der genannten Arbeiten entspricht den Vorträgen, die auf der Bad Segeberger Tagung der Karl-May-Gesellschaft im Herbst 1995 gehalten wurden. Über sie und andere bedeutende Ereignisse um Karl May informiert ausführlich Erich Heinemann, dessen einschlägige Beiträge mittlerweile ebenso zur Institution geworden sind wie der Literaturbericht. Aber nicht nur ü b e r Karl May wird in diesem Jahrbuch gesprochen: Auch May selbst kommt mit einem bisher unbekannten Text zu Wort, der zwar – dem Genre des Widmungsgedichts gemäß – nur wenige Zeilen umfaßt, aber in der Chronologie seiner Werke vermutlich eine einzigartige Stellung einnimmt.

KARL MAY

Widmungsgedicht
› Es war am Tag, an dem der Geist erwachte ‹

Es war am Tag, an dem der Geist erwachte,
Der weltenträumend auf den Wassern lag
Und an das Wort des Allerhöchsten dachte,
In welchem die Verheißung zu ihm sprach:

»Ich schenke dir jetzt den Gedanken: Erde.
Geh hin, und führe du ihn menschlich aus,
Damit er durch die Liebe göttlich werde,
Die ich dir sende aus dem Vaterhaus!«

Da ging im Osten auf das Licht vom Lichte,
Die Lebensfluth, die ewig, ewig quillt,
Und staunend sah vor seinem Angesichte
Der Geist das erste Gottesebenbild.

Radebeul, Dresden,
    den 22/2.   Karl May.
      12

Dieses Gedicht hat Karl May als Widmung in ein Exemplar seines Dramas ›Babel und Bibel‹ – dem Titelblatt gegenüber – geschrieben. Der Empfänger der Widmung ist leider nicht bekannt. Es handelt sich möglicherweise um das letzte poetische Werk Karl Mays. Das Buch gehört zur Sammlung Karl Frey, Wien; wir danken Frau Dr. Elena Frey, Wien, herzlich für die Abdruckerlaubnis und Walther Ilmer für die Vermittlung.

GÜNTER SCHOLDT

Selbstporträt à la Fehsenfeld
Karl Mays autobiographische Hinweise in den ›Gesammelten Reiseromanen‹

> Der Aufsatz sei dem KMG-Mitglied Albert Knerr aus Saarbrücken gewidmet, der mir durch ausgiebige Textrecherchen sehr geholfen hat. Herr Knerr ist leider im August 1995 überraschend verstorben.

Was für ein Mensch ist dieser so spannend von fernen Ländern berichtende Autor Karl May nun tatsächlich? Woher stammt er? Welchen Beruf hatte er zuvor, welchen Sozial- oder Familienstatus? Was treibt ihn immer wieder in die Welt hinaus? – Fragen dieser Art seines zunehmend sich vergrößernden Lesepublikums waren spätestens seit den 90er Jahren des vorigen Jahrhunderts Legion; und es ist von einigem Reiz, zu ermitteln, mit welchen teils korrekten, teils halbrichtigen oder falschen Hinweisen, mit welchen Wahrheitspartikeln, Fiktionen oder biographischen Legenden der Autor solchen Informationsbedürfnissen nachkam.

Es geht in diesem Aufsatz[1] also um gedruckte Angaben Mays über seine bürgerlich-deutsche Existenz jenseits der Stilisierungen als Kara Ben Nemsi bzw. Old Shatterhand, wobei deren Verhältnis zur realen Person des sächsischen Schriftstellers allerdings in die Problemstellung einbezogen ist. Es scheint nahezuliegen, sich dabei in erster Linie an die Selbstaussagen des Autors in ›Mein Leben und Streben‹, anderen (Streit-)Schriften oder Presseartikeln zu halten. Doch soll dies hier gerade nicht geschehen, sondern statt dessen die 33bändige Freiburger Werkausgabe als Gegenstand der Betrachtung dienen. Denn insbesondere die in ihr enthaltenen (in Ich-Form geschriebenen) Abenteuergeschichten wurden massenhaft rezipiert. Und es ist daher viel wahrscheinlicher, daß die Mehrzahl der May-Gemeinde sich Vorstellungen über den Verfasser vor allem anhand der Romane und Erzählungen gemacht hat, die ja weithin als zumindest halbdokumentarische Reiseberichte galten.

Die Auswertung beginnt mit dem Jahr 1892, als Fehsenfeld das erste Buch seiner schnell berühmt gewordenen Karl-May-Ausgabe auf den Markt brachte, und endet 1910 mit dem Schlußband von ›Winnetou‹. Die Entscheidung für eine solche zeitliche und inhaltliche Beschränkung bedarf zusätzlicher Begründung. Gewiß erwiese sich auch ein früherer Beginn der Untersuchung unter Einschluß der Zeitschriftenfassungen als erträgreich. Doch die hier vorgenommene Zäsur bzw. der so begrenzte Textkomplex haben ihre eigene Plausibilität, insofern mit Beginn der Werkausgabe der Schriftsteller May in ein neues Stadium öffentlicher Bekanntheit und Verbreitung trat. Vom Standpunkt des Buchmarkts aus war er nun sozusagen hoffähig geworden, wurde eigentlich erst jetzt zu einer gesamtdeutschen literarischen Größe. Das im Zuge dieser umfassenden Freiburger Textedition bzw. -revision vermittelte Verfasserporträt stand von nun an im Dienst bewußter Imagepflege und bekam damit praktisch offiziösen Charakter.

*

Bei der Bestandsaufnahme fällt auf, daß sich die lebensgeschichtlichen Angaben zunächst noch äußerst spärlich ausnehmen. Verglichen mit späteren längeren Auslassungen über seine bürgerliche deutsche Vergangenheit, kennzeichnet den Orient- wie den Winnetou-Zyklus der Jahre 1892/93 eine unverkennbare Abstinenz des Autors gegenüber genauen oder ausführlichen Schilderungen einer in Wahrheit so unrühmlichen Lebensphase. Die Anfänge bleiben bewußt in quasimythischem Dunkel, wodurch die zweite, exemplarische Identität als Karl der Deutsche oder Schmetterhand in noch hellerem Licht erstrahlt. Gleichwohl finden sich einige z. T. bezeichnende Angaben über die frühere Existenz, deren Mischung aus Dichtung und Wahrheit unser besonderes Interesse erregt. Dabei kehren manche biographische bzw. epische Muster immer wieder:

Uns wird zunächst einmal eine weitgehend intakte F a m i l i e n beziehung vorgegaukelt als emotional gefestigte hierarchische Idylle. Dem treusorgenden Vater steht dabei ein respektvoller und dankbarer Sohn gegenüber.[2] Er gedenkt seiner Eltern z. B. im Anblick von Gefahr (VIII/S. 532f., IX/S. 83), unterbricht seinen Amerika-Aufenthalt zum Besuch von Vater und Schwestern (IX/S. 156) oder leistet Eltern, Geschwistern und Verwandten finanzielle Unterstützung (VI/S. 508, VIII/S. 6). Auch die Großmutter findet ehrende Erwähnung:

Wie oft hatte ich lauschend und mit stockendem Atem auf dem Schoße meiner alten, guten, frommen Großmutter gesessen, wenn sie mir erzählte von der Erschaffung der Welt, dem Sündenfalle, dem Brudermorde, der Sündflut, von Sodom und Gomorrha, von der Gesetzgebung auf dem Sinai – – – sie hatte mir die kleinen Hände gefaltet, damit ich ihr mit der nötigen Andacht das zehnfache »du sollst« nachsprechen möge. Jetzt lag die irdische Hülle der Guten schon längst unter der Erde.(I/S. 172)

F r a u e n außerhalb der Verwandtschaftssphäre spielen für den Helden keine wichtige persönliche Rolle. Allenfalls als Kind hat er seine Nachbarin einst auf Armen getragen (IX/S. 290f.); für den überwiegenden Teil seines Werkes hält er die Fiktion aufrecht, ledig zu sein (ebd., S. 281): *Mein Lebensplan schloß,* – man beachte die salvierende Einschränkung! – *wie ich annahm, eine Verheiratung überhaupt aus.* (VII/S. 451)

Seinen B e r u f bezeichnet May lapidar als *Schriftsteller* (I/S. 234), respektive *writer* (ebd., S. 319); gelegentlich tituliert er sich auch einmal kokett als *Federfüchserlein* (III/S. 601). Er verfaßt Bücher und Zeitungsartikel (I/S. 510), muß möglicherweise deshalb einmal in einer *geschäftliche(n) Angelegenheit* nach Hamburg (IX/S. 356) und motiviert mit dem Schreiben zuweilen seine Reisetätigkeit (III/S. 357; vgl. V/S. 405ff). Solche Erklärungen konkurrieren allerdings mit der ethischmissionarischen Begründung (II/S. 633) und massiv geäußerten literaturdidaktischen Absichten.[3]

Reichtümer hat ihm die Schriftstellerei bislang nicht eingetragen. Ist er doch in seiner Heimat ein armer, *unbekannter, einsamer Mann* (ebd., 632f.), der dies jedoch, da nach anderen Werten strebend, leichten Herzens trägt (VI/S. 509). Als *armer Litterat* vermag er sich zu Hause kein Pferd zu halten (III/S. 541; vgl. IV/S. 34), gehört vielmehr zu denjenigen Menschen, die zufrieden heute *verdienen, was sie morgen brauchen* (IX/S. 302). Dazu paßt zwar seine spätere Behauptung nicht recht, er sei einmal Schützenkönig gewesen (ebd., S. 366), was bekanntlich auch nicht unerhebliche pekuniäre Anstrengungen erfordert. Doch nach solcher logischen Stringenz sei hier nicht weiter gefahndet.

Wichtiger ist ein anderer von May mit Emphase vermittelter Eindruck, daß ihn Armut nicht an einer vorzüglichen B i l d u n g gehindert habe. Wo dem Jugendlichen das Taschengeld fehlte, verdiente er es sich z. B. als Klavierstimmer (III/S. 370), was zusätzlich seine musikalischen Fähigkeiten unterstreicht. Die bewies er auch als Mitglied eines Gesangvereins, für den er ein Ave Maria textete (IX/S. 415f.). Nach der Selbsteinschätzung war May ein guter Schüler, den selbst ein (üblicherweise eher schockhafter) Examenstraum noch in seiner besonderen Leistungsfähigkeit bestätigt (V/S. 561). Er hat *studiert und nie vor einem Examen Angst gehabt* (VII/S. 9, vgl. VIII/S. 22). Mathematik war eine seiner Lieblingswissenschaften, dazu Feldmesserei (VII/S. 15). Seine Freizeit nutzte er zu botanischen Exkursionen (V/S. 32). Als Bücherwurm, dessen dreißigjährige Gefräßigkeit ihm einen Zwicker eintrug (IX/S. 377f.), las er zahlreiche Klassiker, aus denen immer mal wieder zitiert wird, – übrigens auch James Fenimore Cooper (VIII/S. 200), dessen Lektüre keckerweise eingeräumt wird. Einen besonderen Stellenwert nehmen die Bibel (III/S. 316) oder Reisebücher ein, deren Informationen der Weltenbummler nun in der Praxis verwenden bzw. auf ihren pragmatischen Wert hin überprüfen kann (II/S. 614, IV/S. 426), darunter türkische und arabische (VII/S. 13) oder zahlreiche Werke über Indianer (ebd., S. 123). Seine Gelehrsamkeit wird schließlich durch den usurpierten Doktortitel bezeugt, mit dem der Verleger im Vorwort von Band I den Schriftsteller einführt. Band III enthält dann zusätzlich ein Autorenfoto mit der Unterschrift *Dr. Karl May*. Und da ein gesunder Geist vermeintlich nur in einem gesunden Körper ruht, wird auch dieser Ausbildung entsprechend gedacht. Sie umfaßt Turnen, Ringen, Fechten (VII/S. 14) und Reiten, letzteres sogar auf einem Pußtahengst (ebd., S. 23).

Zu der frühen Bildungsvita gehören auch R e i s e n, darunter ein Besuch im Wiener Prater (IV/S. 414) oder in Rom, wo er den Papst gesehen haben will (V/S. 398). Des weiteren werden Frankreich, England und Spanien genannt (I/S. 509). Der erste Amerika-Besuch erfolgte angeblich mit achtzehn Jahren (ebd., S. 510) gemäß der Globetrotter-Legende, die von Beginn an der Freiburger Ausgabe zugrunde lag. Fehsenfeld sprach im Vorwort zu Band I von »Reisewerken« und gebrauchte die doppeldeutige Formulierung, daß bei May »keine Zeile ohne Leben« sei. Ein wichtiger Bestandteil der Äußerungen Mays zu den eigenen Werken betrifft denn auch Versicherungen der grundsätzlichen T a t s a c h e n t r e u e in seinen Abenteuerbüchern (VII/S. 317), mehr noch sein Bekenntnis zum nichtfiktionalen Charakter seines Schreibens. Widersprüche, die solche Prätention in Frage stellen, lastet er als *aufrichtiger Autor* seinen Redakteuren an (IX/S. 628-31).

Von Kind an stuft sich May als gläubiger Christ ein, der in seinen Büchern für die Ausbreitung dieser R e l i g i o n wirbt (ebd.). Er gesteht allenfalls Streiche gegen Eltern, Lehrer oder Nachbarn ein, übliche Prügeleien als Jugendlicher, nicht aber wirkliche Verbrechen bzw. strafbare Handlungen: *Auf so etwas kann ich mich freilich nicht besinnen* (VIII/S. 374), heißt es nicht ohne Hintersinn im zweiten Band des ›Winnetou‹. Von dieser Basis her läßt sich in den exotischen Abenteuerhandlungen denn auch fortgesetzt die Richter-Rolle beanspruchen, wobei allerdings auf epische Entsprechungen im Heimatmilieu verzichtet wird.

Ziehen wir an dieser Stelle ein erstes Fazit: Einerseits bietet Mays Selbstporträt tatsächliche Momente seines Lebens, andererseits unverkennbare (genretypische) Stilisierungen, die mehr eine Wunschbiographie skizzieren oder auf Sympathiewerbung beim Leser abzielen, wie das charakteristische Lob der Armut. Sie belegen Hoffnungen der Zeit, Aufstiegsvisionen eines Verkannten, Kompensationen eines Zu-kurz-Gekommenen. Die ihn eigentlich bedrückenden Probleme (etwa das Verhältnis zu den Eltern, die schulische und berufliche Misere und schließlich die Kriminalität) bleiben fast völlig ausgeklammert oder werden nur in exotischer Literarisierung als dumpfe Antriebe für immer die gleichen Handlungs- und Gesprächsverläufe seiner Abenteuergeschichten diagnostizierbar. Insgesamt finden sich nur spärliche Angaben zur Verwandtschaft. Einzig die Großmutter erhält ein wenig Profil. Was von den Eltern oder den Geschwistern gesagt wird, entspricht ausnahmslos den tragenden Klischees des 19. Jahrhunderts über harmonische Familienbeziehungen. Im übrigen gelten folgende Muster:

- armer Poet
- lonely rider
- treuer Sohn
- Verkörperung der Bildung schlechthin
- religiöse Kindheitsprägung
- moralisch integer.

*

Die nächsten 14 Bände vermitteln kein grundsätzlich neues Bild des Verfassers. Aber bestimmte Entwicklungstendenzen verschärfen sich, um später auch qualitative Sprünge auszulösen. Bewahrt wird zunächst noch das Muster vom armen Poeten; dies jedoch nicht ganz widerspruchsfrei, da der Ich-Erzähler bereits in dieser Phase als auch international erfolgreich geschildert wird (XI/S. 251f.). Seine Leserpost zählt nämlich nach *Tausenden* (XVIII/S. 568), und zumindest die übertriebene Mittellosigkeit wird ironisch karikiert (XX/S. 13f.). Von unfreiwilliger Pikanterie ist Mays Hinweis, er habe sich in Dresden kurzzeitig *aus litterarischen Gründen* als Redakteur anstellen lassen (XI/S. 334). Seinen gehobenen Sozialstatus betont er wiederum, wenn er von der Billard-Freundschaft mit einem russischen Offizier spricht (ebd., S. 343) oder davon, daß er mehrfach Bismarck und den Kaiser gesehen oder mit Moltke gespeist habe (XVI/S. 143).

May ›präzisiert‹ in dieser Phase auch seine Angaben über den Bildungserwerb, vor allem im sprachlichen Bereich. Bereits in der Schülerzeit beschäftigten ihn danach arabische Fremdsprachen *aus besonderer Liebhaberei* (X/S. 5). Damals habe er einen *guten philologischen Grund* gelegt, so daß er nun vom Arabischen her leicht bestimmte malaiische Dialekte verstehen könne (XI/S. 10). Auch das Chinesische habe er in Deutschland lesen und verstehen gelernt (ebd., S. 279), was ihn offenbar dazu befähigt, den Erwerb eines chinesischen Gelehrtengrads in Angriff zu nehmen (ebd., S. 124ff.). Schon als Schüler lernte er angeblich *hebräisch, aramäisch, griechisch, um die heilige Schrift im Urtexte zu lesen* (XIV/S. 407), darüber hinaus beschäftigte er sich mit der Veda, Zarathustra und Konfuzius (ebd., S. 407f.). Koran-Studien trieb er bei dem *berühmtesten* Religionslehrer in Deutschland (XVII/S. 103). Seine fiktive Promotion untermauert er dadurch, daß er von zahlreicher Fanpost an den *Hochgeehrte(n) Herr(n) Doktor* berichtet (XVIII/

S. 567) oder im Band XIX sein Foto mit *Dr. Karl May* untertiteln läßt. Ende 1896 ist dann auch im Text unmißverständlich von der Ich-Person als *Dres'ner Doktor* die Rede (XXI/S. 233, vgl. S. 239, 245). Auch seine musikalischen Fähigkeiten werden detailliert. So figuriert er als (Ehren-)Mitglied eines Dresdener Gesangvereins (ebd., S. 247), und die Orgel nennt er sein Lieblingsinstrument (XII/S. 38).

Was die Familie betrifft, wird zunächst das Schema des einsamen Reiters weiter bestätigt. Old Shatterhand respektive Kara Ben Nemsi ist unverheiratet (X/S. 609, XI/S. 278) und hat noch nicht daran gedacht, (sich) ein Weib zu nehmen (XVI/S. 383). Gegenüber trügerischer Frauenliebe verweist er auf die unwandelbare Hingabe seiner Mutter, die allenfalls in Zukunft einmal durch die Zuneigung einer Frau ergänzt werden möge (XX/S. 543f.). Für den Moment zeigt er seine Familie als emotionales Refugium: seine Eltern, die er immer wieder gerne besucht (XXII/S. 542), die nach wie vor armen Schwestern (XVI/S. 383), darunter *Paulinchen*, an die er sich in liebevollem Zusammenhang erinnert (XIV/S. 407), und vor allem die Großmutter, die nun weiter als wichtige kindliche Bezugsperson konturiert wird: *Ich war der Liebling meiner Großmutter, welche im Alter von sechsundneunzig Jahren starb; sie lebte in Gott, leitete mich zu ihm und hielt mich bei ihm fest* (ebd., S. 406, vgl. XXIII/S. 504).

In diesem Zusammenhang erfolgt auch ein erster ausführlicher Hinweis auf das Trauma seiner Jugend:

Ich wurde als ein krankes, schwaches Kind geboren, welches noch im Alter von sechs Jahren auf dem Boden rutschte, ohne stehen oder gar laufen zu können ... Ich bin dreimal blind gewesen und mußte dreimal operiert werden ... Ich habe als armer Schüler und später als Student wochenlang nur trockenes Brot und Salz gehabt ... Ich mußte mich durch Privatunterricht ernähren, und während andere Studenten das Geld ihrer Väter mit ihrer Gesundheit und dadurch oft auch ihre ganze Zukunft verjubelten, hielt ich im Winter mein Buch zum Dachfenster meines Bodenstübchens hinaus, um meine Lektion im Mondenschein zu absolvieren, weil ich kein Geld zu Licht und Feuerung hatte. (XIV/S. 411f.)

Der Wille, sich mit solchen Schilderungen (gerade in dem neugeschriebenen Band XIV) näher an die tatsächliche Autobiographie heranzutasten, ist unverkennbar. Dennoch kommen die eigentlichen Konflikte im Elternhaus in dieser Phase nur subkutan als literarisch chiffrierte Botschaften zum Ausdruck. Die Geschichte vom Dachdecker, der seinen Sohn vorsätzlich in die tödliche Tiefe stößt, weil er durch dessen verwirrten Zustand selbst gefährdet wird (ebd., S. 40-44), die Ausführungen über sadistische Rabenväter (XIX/S. 307) oder Old Wabbles Todesvision, in der er mütterliche Verzeihung erlangt (ebd., S. 499), sind Textbeispiele voll tiefenpsychologischer Substanz. In der angeblich realen Romanwelt jedoch versagt sich der Autor alles, was einer Überhöhung des Eltern-Sohn-Verhältnisses im Wege stünde. Selbst Strafmaßnahmen wie der Essensentzug für kindliches Fluchen (XXIII/ S. 503f.) legitimieren sich über die auch anderwärts bezeugte (XIV/ S. 406) Gläubigkeit im Elternhaus. Eher noch wird die Beziehung zum Vater durch den Vergleich mit Gott jeglicher Kritik entzogen: *Jedes Kind sagt dem Vater seine Wünsche; hat nicht auch das Erdenkind dem himmlischen Vater seine Liebe und sein Vertrauen dadurch zu beweisen, daß es von Herzen zu ihm spricht? Wird ein Vater seinem Sohne eine gerechte Bitte abschlagen, die er erfüllen kann?* (XIX/S. 470)

Ähnliche mehr oder weniger bewußte Verschlüsselungen bestimmen die Episoden, in denen das Thema V e r b r e c h e n zur Sprache kommt. *Ich bin wohl ein noch größerer Sünder als Sie und kann mich an Stärke der Reue nicht mit Ihnen vergleichen* (XIII/S. 334), gesteht Old Shatterhand einem vermeintlichen Totschläger. Doch eine nähere Erläuterung unterbleibt. Seinen Lesern gegenüber verwahrt sich der Autor vor dem Vorwurf, Kriminellen gegenüber zu große Milde walten zu lassen. Er besteht auf dem Unterschied von Rache und Strafe und darauf, daß nicht jeder zum Richter berufen, nicht jeder Verbrecher verwerflich sei. Es gelte, Vorgeschichte, Erziehung oder Umwelteinflüsse zu berücksichtigen (XIX/S. 1f.), und schließlich: *Welche Menge, ja Masse von Sünden hat die millionenköpfige Hydra, welche wir Gesellschaft nennen, auf dem Gewissen! Und gerade diese Gesellschaft ist es, welche mit wahrer Wonne zu Gerichte sitzt, wenn der Krebs, an dem sie leidet, an einem einzelnen ihrer Glieder zum Ausbruche kommt!* (ebd., S. 2)

Insofern sind denn auch Zuchthäusler oder Falschmünzer nicht generell verdammenswert (ebd., S. 504f.). *Wer Strafe verdient, der mag sie tragen, ist sie vorüber, so steht er wieder da wie zuvor* (ebd., S. 505), lautet das Credo des Ich-Erzählers auch in eigener Sache: *Ich bin überhaupt der Ansicht, daß wenigstens fünfzig Prozent der Bestraften nicht Verbrecher, sondern entweder kranke Menschen oder Opfer unglücklicher Verhältnisse sind* (ebd.).

Auf Wertungen dieser Art beschränkt sich der kryptische autobiographische Bezug der Erzählungen in dieser Phase generell. Das kann auch einmal humoristisch verpackt sein, wie etwa dort, wo seinem Roman-Ego attestiert wird: *»Sennor, dann sind Sie ja ein ganz gefährlicher Mensch! Sie haben alles Talent zu einem Einbrecher.«* (XII/S. 283)

*

Solche chiffrierte oder spielerisch-experimentierende Aufdeckung tatsächlicher Lebensumstände korreliert paradoxerweise mit einer angestrengten Zementierung der neu fabulierten Identität. So erklärt er den Besitz der Winnetouschen Silberbüchse, die doch eigentlich in amerikanischer Erde hätte modern müssen, mit einer späteren Entnahme wegen der Gefahr indianischer Grabräuber (XIX/S. 328f.). Und mit der Chuzpe eines geborenen Hochstaplers kokettiert er sogar noch mit vermeintlichen ästhetischen Skrupeln angesichts dieser Erklärung – Dr. Karl May, die ›ehrliche Haut‹, dem schließlich Wahrheit und Authentizität über alles gehen:

> Ich habe dieser Bemerkung hier mitten in meiner Erzählung eine Stelle gegeben, um einen scheinbaren Widerspruch schon jetzt aufzulösen. Meine Leser wissen, daß Winnetou mit der Silberbüchse begraben wurde; jetzt kaufen sie sich Bilder von mir, unter denen es welche mit der Bezeichnung »Old Shatterhand« mit »Winnetous Silberbüchse« giebt; oder die wißbegierigen Besucher, welche fast täglich mit oft wunderbarer Harmlosigkeit von »Villa Shatterhand« und meiner kostbaren Zeit Besitz ergreifen, sehen dieses Gewehr zwischen Sam Hawkens' alter »Gun« und meinem Bärentöter hängen; da giebt es der brieflichen und mündlichen Fragen kein Ende. Man will nicht warten, bis ich in einem spätern Bande erzähle, wie die begrabene Silberbüchse wieder auferstanden ist, und so habe ich denn jetzt den schriftstellerischen Fehler begangen, eine hochgespannte Handlung durch eine nicht hineingehörige Auskunft zu unterbrechen. (ebd., S. 329)[4]

Tatsachenbezeugungen dieser Art dienen einer immer stärkeren Vermischung zweier Welten. Amerika und Deutschland nähern sich gemäß Autorintention einander an oder verschmelzen gar. So wird denn auch Winnetou nach Dresden verfrachtet, wo der Apache einer staunenden Leserschaft als (mäßig Bier trinkendes und Vereinssängern lauschendes) lebendes Inventarstück einer zunehmend zirkushaften Westernwelt präsentiert wird.[5] Fürwahr, manches lief damals auch vom Literarischen her schon auf die Katastrophe zu. Sie tritt in dem Moment ein, als die Rolle des sächsischen Schreibers mit Vergangenheit und die jetzige Heldenpose nicht mehr miteinander vereinbart werden können. Und das wiederum geschieht um so schneller, je rasanter Karl May sich in die neue weltmännische Identität einlebt.

Spätestens seit 1894 existieren Privatbriefe, in denen der Autor vehement auf der Tatsächlichkeit seiner exotischen Räuberpistolen beharrt.[6] 1896 erscheint Mays erste autobiographische Schrift ›Freuden und Leiden eines Vielgelesenen‹ mit der ausdrücklichen Versicherung, in seinen Büchern meist *Selbsterlebtes ... und Selbstgesehenes* beschrieben zu haben.[7] Im Januar des gleichen Jahres hatten Mays die ›Villa Shatterhand‹ in Radebeul bezogen. Ihre Ausgestaltung mit zahlreichen Jagdtrophäen, darunter den im gleichen Jahr gefertigten Gewehren Silberbüchse und Bärentöter, unterstreicht solche Ansprüche. 1897/98 unternimmt er zwei triumphale Lesereisen durch Deutschland bzw. Österreich, die der Fiktion neue Nahrung geben, hier werde Authentisches berichtet. Im Band XVIII ändert sich der Reihentitel ›Karl May's gesammelte Reiseromane‹ – auffälligerweise mitten im ›Mahdi‹-Zyklus – in ›Karl May's gesammelte Reiseerzählungen‹, und die identifikatorischen Anspielungen werden von Band zu Band unabweisbarer.[8] Es lag also in der Konsequenz solcher Absichten, daß nun auch im literari-

schen Werk erstmals der Verfasser und Handlungsträger namentlich als
›May‹ auftritt (XXIV/S. 7) und zudem die ausdrückliche Bestätigung
erfolgt: »*Ich habe nämlich die eigentümliche Gewohnheit, eigentlich ein
deutscher Schriftsteller, nebenbei aber auch Old Shatterhand zu sein.*«
(ebd., S. 215)

*

Das Werk, in dem mit solchen Aussagen ein vorläufiger Schlußstrich unter zahlreiche Annäherungsversuche an die neue Rolle gezogen wird, heißt ›»Weihnacht!«‹. Sein Erscheinen im Jahre 1897 markiert – wie die Forschung bereits betont hat[9] – einen Höhepunkt, der zugleich ein Wendepunkt in der Entwicklung des Erzählwerks darstellt. Weshalb es angesichts der Vorgeschichte mit einer gewissen psychologischen Zwangsläufigkeit dazu kommen mußte, daß May die ihm von seinen Lesern zugetraute Heldenrolle irgendwann auch einmal tatsächlich annehmen würde, haben Roxin, Stolte und andere überzeugend dargelegt. Warum er im Moment des Vollzugs aber zugleich seine frühe sächsische Vergangenheit ins Spiel bringt, ist damit noch nicht geklärt. Schließlich hätte er sich nun darauf beschränken können, als Globetrotter und Westmann in seinen Büchern aufzutreten und die früheren Jahre im Dunkel zu belassen. Offenbar drängte es ihn aber zunehmend, zumindest auch die Jugend zum Erzählgegenstand zu machen, wie das im 116seitigen Einleitungskapitel dann erstmals in den Reiseromanen geschieht. In diesem Text kulminiert jene schizophrene Doppelanstrengung des gleichzeitigen Aufdeckens und Verhüllens tatsächlicher Lebensumstände. Und wir müssen ein wenig bei ihm verweilen, um die vielfältigen Motive zu erfassen, die May zu solchem Schritt getrieben haben.

Eine erste Begründung liegt darin, daß der soeben vor aller Augen inthronisierte heroische Weltenbummler nun auch für seine bürgerliche Existenz öffentlichen Respekt erheischt. Er ist stolz auf den Weg, den er zurückgelegt hat. Seine Lebensleistung kann sich sehen lassen als Aufstiegsgeschichte und moderner phantastischer Bildungsroman. Sein »erschriebenes Ich«[10] verlangt nun seinerseits gebieterisch danach, daß Mays Autorschaft gebührend gewürdigt werde, was den ausgesprochen literarisch akzentuierten Handlungsverlauf und Anspruch von ›»Weihnacht!«‹ erklärt. Hinzu kommt der unverkennbare Drang nach Aufarbeitung früherer Demütigungen, und so schreibt der erfolgreiche Romancier seine ärmliche Lebensgeschichte auf eine für ihn typische kompensatorische Weise um. Aus dem geprügelten, dem Direktor unterworfenen pädagogischen Subjekt wird nun ein preisgekrönter Vertreter der Musik und vor allem der Literatur, die darüber hinaus ihren (auch das praktische Leben einschließenden) Triumphzug sogar in den Wilden Westen hinein verlängert.

Ich, der ärmste unter den Schülern meiner Klasse, liebte die Musik glühend und nahm außer dem gewöhnlichen Unterrichte noch Privatstunden in der Harmonielehre u. s. w., was mich auf trockenes Brot setzte, denn ich ernährte mich durch Unterrichtgeben à Stunde 50 Pfennige und mußte also die Stunde Harmonielehre zu einem Thaler mit sechs Stunden meiner Privatzeit bezahlen. Das that ich aber gern, und der Hunger von damals hat mir bis heute noch nichts geschadet. (XXIV/S. 3)

Im Gegenteil. Die Vorgesetzten (ebd., S. 7ff.) und möglicherweise auch Klassenkameraden, die ihn gehänselt haben mochten,[11] müssen staunend dem poetischen und musikalischen Schülergenie ihren Tribut zollen. Der Mittellose wird durch die Geldpreise jetzt selbst zum großzügigen Spender, der die Eltern und Notleidende unterstützt (ebd., S.17, 113). Die Intrige eines Mitschülers – man denke an die reale Kerzenepisode – scheitert kläglich, und May selbst gefällt sich in der Pose des Verzeihenden, der dem Sünder die Klassenkonferenz und damit die potentielle Relegation erspart (ebd., S. 14). Es dürfte für Mays psychische Befindlichkeit wichtig gewesen zu sein, daß er solche literarische ›Wiedergutmachung‹ nicht mehr nur im exotischen, sondern auch einmal konkret im heimatlichen Milieu verorten konnte, wo sich zudem tatsächliche Geschehnisse wie z. B. erste Trink- oder Rauch-, kleine Wechselkurs- oder Schmuggelerlebnisse im Grenzgebiet einbringen ließen (ebd., S. 21ff., 69ff.) und er versteckt auf den wirklichen Schauplatz seiner Weltreisen anspielen konnte:

Gewöhnlich marschierten wir auf dem Gebirge zwischen Sachsen und Böhmen hin. Wir konnten uns da einbilden, die Pyrenäen zwischen Frankreich und Spanien oder gar den Himalaya zwischen Tibet und Indien zu durchwandern. Wir hatten da Städte und Dörfer, Berge und Thäler, Felsen und Wiesen, Flüsse und Bäche, Sonnenschein und Regen, kurz, alles, was unser Herz begehrte. Mehr konnten wir nicht verlangen und auch in keiner andern Gegend finden (ebd., S. 20).

Dazu paßt auch eine Carpio betreffende Textstelle, die in verschlüsselter Lesart Probleme der Fiktion aufzuwerfen scheint:

»Mein Verwandter existirt wirklich, aber nur für solche Leute, für welche ich ihn existiren lassen will«
»Bei dir wird eben alles zum Roman!« (ebd., S. 77f.)

oder:

»Er müßte falsche Papiere haben!«
»Falsche Papiere giebt's genug!«
»Und ein ungeheurer Lügner sein!«
»Lügner giebt's genug!«
»Er müßte auch dich und eure Verhältnisse kennen!«
»Solche Kenner giebt's genug!...« (ebd., S. 79)

Solches (mögliche) indirekte Herantasten an die eigene Biographie ist gerade für ›»Weihnacht!«‹ ausgesprochen bezeichnend, gipfelnd in den humoristischen Szenen von Carpios ›Mundraub‹ und entsprechenden Kommentaren: »*Das ist es ja, was mich so sehr empört, nämlich, daß ich, der Unschuldige, bei der Entdeckung auch in die Gefahr käme, als Dieb betrachtet zu werden!*« (ebd., S. 87f.) oder: »*Solche Schande kann man erleben, wenn man einen Spitzbuben zum Busenfreund hat!*« (ebd., S. 102)

Und dann reitet May doch tatsächlich der Schalk, wenn er einen Studienabbrecher wie folgt charakterisiert:

»*Es giebt derartige Menschen, wie der Gendarm den Franzl beschreibt – Schulmeister studirt! – sie besitzen keine akademische Bildung, denken aber vielleicht, noch mehr als das zu können. Wenn man sie bei dieser ihrer Meinung läßt, fließen sie vor lauter Freundschaft über*« ... *Dieses sein Latein machte mir riesigen Spaß. Da er nur Sprichwörter brachte, nahm ich ihn sehr stark in Verdacht, sie irgend einem alten Verzeichnisse entnommen und sich eingeprägt zu haben, um sie gelegentlich loszulassen und als Lateiner zu gelten. Den lateinischen Text hatte er sich gemerkt, aber nicht den Sinn desselben, und so durfte man sich nicht darüber wundern, daß er sie meist grad dann in Anwendung brachte, wenn ihr Gebrauch zum Unsinn wurde. Es giebt solche eigentümliche Menschen, und er ist nicht der einzige dieser Art, den ich kennen gelernt habe* (ebd., S. 30, 36).

Daß May gerade in diesem Jugendkapitel die Anspielungen so zahlreich werden läßt, ist verräterisch. Natürlich distanziert der Humor. Natürlich weiß sich der Erzähler zunächst dadurch geschützt, daß er die Probleme anderen Personen aufbürdet. Warum aber tut er es überhaupt? Die Freude darüber, daß er jene kriminelle Phase nun überwunden hat, daß sein öffentliches Image ihn darüber hinaus (noch) über jeden Verdacht erhaben sein läßt, erklärt nicht alles. Es liegt in solchen immer wiederkehrenden Szenen auch ein bewußtes Spiel mit der Gefahr des Entdecktwerdens. Dabei mag eine Ahnung mitgespielt haben, daß er auf hohem Seil seine Zauberkunststückchen vollführe und der Absturz irgendwann einmal mit einer gewissen Zwangsläufigkeit erfolgen müsse.[12] Aber gerade dieses Risiko besaß offenbar seinen unwiderstehlichen Reiz.

Schließlich ein letztes: Wenn es stimmt, wofür vieles spricht, daß das Streben nach Anerkennung der eigentliche psychische Motor seiner Handlungen war, so konnte es ihm auf Dauer nicht mehr genügen, nur in seiner fiktiven Rolle geliebt zu werden. Wie mancher Reiche oder Mächtige unter dem Verdacht leiden mag, daß ihm entgegengebrachte Ovationen nicht eigentlich seiner Person, sondern vielmehr dem Besitz oder der Stellung gelten, so dürfte sich in May mehr und mehr das Bedürfnis eingestellt haben, von seiner Lesergemeinde nun auch in Kenntnis der tatsächlichen Lebensumstände angenommen zu werden. Auch wollte er für tatsächliches früheres Verhalten wenigstens inkognito Verzeihung erlangen oder für seinen sittlichen Aufstieg bewundert werden. All dies legte es nahe, die Romanexistenz langsam an die bürgerliche Realität anzupassen.

*

Daß die Verschmelzung von Bürger- und Phantasie-Ich in der Einheitsgestalt ›Dr. Karl May, genannt Old Shatterhand‹ allerdings gerade von der Rezeption her seine Probleme barg, zeigen die nächsten drei Bände. Der Autor hatte nämlich, nachdem nun die sächsische Jugendphase in seinem Sinne ›aufgearbeitet‹ war, die Leser darüber hinaus noch mit dem Faktum seiner Eheschließung bekannt zu machen, und das war gewiß keine Bagatelle. Ein Held, ein Gott, ein Revolutionär oder Prophet ist nämlich dem kollektiven Wunsch seiner Anhänger gemäß möglichst ein zölibatäres Wesen, unbeschränkt handlungs- und entscheidungsfähig, einzig der Öffentlichkeit und dem Wirken für sie verpflichtet. Von der katholischen Kirche bis zu Hitler oder einzelnen Popstars wußte bzw. weiß man um diesen massenpsychologischen Grundsatz. Und der geborene Volksschriftsteller May war sich selbstverständlich auch darüber im klaren, was er mit diesem Heiratsgeständnis seiner Gemeinde zumutete.

Das beweist die auffällige erzählerische Sorgfalt, mit der er bei der nun anstehenden Aufklärung zu Werke ging. Im 1898 erschienenen ersten Band des ›Silberlöwen‹ – die Bände XXVI/XXVII erschienen früher als ›Am Jenseits‹ – verkündete er erstmals die skandalöse Neuigkeit. Der ideelle Kontext war durch frühere Äußerungen über segensreiche weibliche Einflüsse (XXVI/S. 376f.) schon vorbereitet, die Nachricht selbst erfolgt jedoch mit kalkulierter Beiläufigkeit in Form einer Replik Kara Ben Nemsis auf Halefs Auslassung, jener könne als Unverheirateter sich kein Urteil über Frauen erlauben:

»Erst dann, wenn du auch ein Weib besitzen wirst, kannst du dich überzeugen, ob und daß – – -«
»Lieber Halef, ich habe eins!« unterbrach ich ihn wieder.
Er trat zwei Schritte zurück, bückte sich halb nieder, sah mir, der ich am Feuer saß, erstaunt in das Gesicht und fragte:
»Was – – was – – hast – – du?«
»Auch eins.«
»Ein Weib?«
»Ja.«
»Welch ein Scherz!«
»Es ist kein Scherz.«
Da ließ er vor Verwunderung die Peitsche aus der Hand fallen und fragte:
»Kein Scherz? Hättest – – hättest du denn das Geschick dazu, eine – eine – – Frau zu besitzen?«

»*Warum denn nicht?*«
»*Sihdi, erlaube, daß ich mich wieder niedersetze! Dein so ganz unerwartetes Weib ist mir in die Kniee gefahren; ich fühle, daß sie zittern!*«
Er setzte sich, betrachtete mich kopfschüttelnd vom Kopfe bis zu den Füßen, zog das allerernsteste seiner Gesichter, lachte dann aber hell auf, schlug die Hände zusammen und rief:
»*Allah bewahre mich! Es ist doch nur ein Spaß!*«
»*Lieber Hadschi, es ist wirklich Ernst. Sieh hier diesen Ring, welcher ohne Steine ist! Solche Ringe tragen nur diejenigen Christen, welche Frauen haben.*« ...
»*Sihdi, laß mich Atem holen! Sag mir, ob ich vielleicht schlafe – – ob ich träume! Ich möchte weinen, bitterlich weinen!*«
»*Warum? Ich denke vielmehr, du solltest dich freuen!*«
»*Freuen?! Hast du diese deine Frau denn lieb?*«
»*Von ganzem Herzen.*«
»*Aber, wie kannst du, wenn dein ganzes Herz diesem plötzlichen, unvermuteten Weibe gehört, denn noch mich lieb haben, mich, deinen Halef, den besten und treusten deiner Diener und Genossen!*«
»*Ich habe dich noch genau so lieb wie vorher.*«
»*Das ist unmöglich; das ist nicht wahr! Dein Herz ist weg, ist nicht mehr vorhanden. Du hast ja selbst gesagt, daß es dieser unerwünschten und ganz unwillkommenen Frau gehört! Ich mag sie nicht sehen; ich will nicht mit ihr reden; ich mag nichts von ihr hören! Ja, höre es: Ich will auch von dir nichts mehr wissen!*«
Er stand wieder auf und entfernte sich. Am Flusse blieb er stehen und starrte halb zornig und halb traurig in das Wasser. Der gute Hadschi war eifersüchtig! Ich sagte kein Wort, denn ich kannte ihn. Und richtig: Er kam nach einer Weile langsamen Schrittes zurück, setzte sich mir gegenüber, seufzte tief und klagte:
»*So, in dieser traurigen Weise bin ich von dir verlassen worden, von dir, für den ich mein Leben unbedenklich hingegeben hätte! Du hast der treusten Freundschaft den Todesstoß versetzt. Ich wollte sogar mit dir nach Persien reiten; nun aber kehre ich wieder um, unbedingt wieder um!*«
Ich hätte lachen mögen und war doch tief gerührt.
»*Lieber Halef,*« sagte ich. »*Warst du mein Freund, als du damals deine Hanneh zum Weibe nahmst?*«
»*Ja.*«
»*Hast du mich darum verlassen?*«
»*Nein.*«
»*Bist du mein Freund geblieben?*«
»*Ja.*«
»*So ist es auch bei mir.*«
»*Nein; das ist jetzt ganz, ganz anders, Sihdi!*« ...
Nach einer Weile sagte er:
»*Gestehe, daß du wegen dieser Frau ein böses Gewissen gehabt hast!*«
»*Ich weiß nichts davon.*«
»*Doch! Warum hast du im Duar davon geschwiegen? Warum sprichst du erst jetzt davon? Das ist nur das böse Gewissen!*«
»*Ich spreche erst jetzt davon, weil wir nun allein miteinander sind. Von seiner Frau darf man nur mit dem besten, verschwiegensten Freunde sprechen; das weißt du doch.*«
»*Ich weiß es. Verzeih, Sihdi, du hast recht!*« (XXVI/S. 390-93)

Es ist ganz wichtig – und dies kennzeichnet den wesentlichen Unterschied zur künftigen Reaktion auf spätere Enthüllungen –, daß der Autor hier noch die Gefühle seiner Leser ernsthaft mit einbezieht, ihrer wahrscheinlichen Überraschung und möglichen Bestürzung gebotenen Ausdruck verleiht und Befürchtungen anspricht, die gewiß und nicht ganz zu Unrecht verbreitet waren. Er taktiert äußerst geschickt, indem er versucht, das Provokatorische durch Komik aufzuheben oder doch wenigstens zu mildern. Und als Meistergriff erweist sich das Verfahren, Halef zum Sprecher einer vermuteten Leseropposition zu machen, eine Figur, die sich einerseits als Sympathieträger bewährt hat, andererseits von Beginn an als notorisches Demonstrationsobjekt höherer Mayscher Einsichten konzipiert war.

Halefs Reaktionen und Káras Beschwichtigungen dienen letztlich der stellvertretenden Überzeugungsarbeit eines Autors, der sein Publikum auf neue Wege mitziehen will. Die dabei verwendete Argumentationsstrategie zeigt den Autor nochmals auf dem Höhepunkt seines Könnens. Gerade das Aussprechen von Ängsten oder Ärgernissen in Halefs ganz eigener Drastik erfüllt kathartische Funktion. Dessen Eifersucht ist eine natürliche Regung und charakterisiert zugleich das spezifische Autor-Leser-Verhältnis, das sich inzwischen herausgebildet hatte (man denke übrigens zur aktualisierenden Veranschaulichung der Problematik an bestimmte Teenagerreaktionen anläßlich der Hochzeit von Jugendidolen). May kalkuliert diese Gefühlslage ein und läßt seinen Halef dabei alle Stufen körperlich-seelischer Exzitation durchleben: Dem ungläubigen Schrecken folgen das Fallenlassen der Peitsche, das Kniezittern, das unüberlegte bloße Plappern, der erneute, durch Illusionen genährte Zweifel, die Atemlosigkeit, der Drang, zu weinen, die Verwünschung, die zornig-traurige Flucht, die zögernde Rückkehr, das Selbstmitleid, die Anklage und schließlich nach einigen Zwischenstufen – die Bekehrung. Solches Verhalten war gewiß für viele Leser nachvollziehbar. Zugleich erlaubte seine Karikierung aber auch, sich überlegen zu fühlen, und distanzierte somit von einem ›Helden der Dienerklasse‹, der sich so gehen ließ und dabei noch zusätzlich in Argumentationsnöte verstrickte.

Das galt für so unbeholfene Einwände wie etwa: »... *hättest du denn das Geschick dazu, eine ... Frau zu besitzen?*« oder für manche drollige Wortwahl wie z. B.: »*Dein so ganz unerwartetes Weib ist mir in die Knie gefahren.*« Auch befindet sich Halef – und mit ihm übrigens ein beachtlicher Teil der Leser – insofern in schlechter Verteidigungsposition, als er sich von Kara Ben Nemsi ›vorhalten‹ lassen muß, schließlich selbst geheiratet zu haben: »*Warst du mein Freund, als du damals deine Hanneh zum Weibe nahmst?*« Andererseits trifft er ins Schwarze, wenn er Kara alias May bezichtigt, daß dieser *wegen dieser Frau ein böses Gewissen gehabt* habe. Und die Frage »*Warum sprichst du erst jetzt da-*

von?«, hat ihre gattungsspezifische, autoren- wie rezeptionspsychologische Dimension, der sich der Verfasser, indem er rein handlungsbezogen argumentiert, eher schlitzohrig entzieht.

Schließlich regierte die Befürchtungen mancher Leserinnen und Leser ja nicht etwa irgendwelche Frauenfeindschaft, sondern vielmehr die Ahnung, daß nun die Zeit frischfröhlicher Abenteuergeschichten eines ungebunden Schweifenden vorbei sein könnte. Auf solche Besorgnisse gehen Textstellen ein, die nun versichern, daß auch eine Ehefrau kein Hemmnis für exotische Erlebnisse zu sein brauche,[13] oder Halefs elegischer Abgesang auf frühere frauenlose Zeiten, der dann aber plötzlich zu einem Hymnus aufs Eheleben umschlägt:

»Sihdi, es war doch immer wunderschön, wenn wir beide, auf unsern unvergleichlichen Pferden sitzend, so ganz allein, von keinem fremden Menschen begleitet, immer hinein in Allahs schöne Welt ritten, wohin es uns gefiel! Diese Welt gehörte uns, denn da wir keine Seele bei uns hatten, konnte niemand sie uns streitig machen. Wir thaten, was wir wollten, und unterließen, was uns nicht gefiel; wir waren unsere eigenen Herren, denn wenn es jemanden gab, dem wir zu gehorchen hatten, so bestand dieser Jemand aus zwei Personen, nämlich aus mir und aus dir. Ich bin mir da oft als der Gebieter des ganzen Erdkreises vorgekommen und habe die unersteigbaren Höhen meines Ruhmes aus den Tiefen meines Selbstbewußtseins hervorgeholt, um in andachtsvoller Bewunderung an ihnen emporzuklimmen und dann fröhlich wieder herabzusteigen. Das konnte ich, weil wir allein waren und es also keinen unwillkommenen Störenfried gab, dem es einfallen konnte, ohne meine Erlaubnis und hinter meinem Rücken mit hinauf- und hinunterzuklettern. Ja, das war eine sehr, sehr schöne Zeit, in welcher wir erlebten, was kein anderer Mensch erlebt, und zwar nur deshalb, weil wir eben so allein waren und uns nur nach uns selbst zu richten brauchten. Ich sage dir, Sihdi, alle diese Thaten und Begebenheiten sind rundum an den Wänden meiner innern Seele aufgeschrieben und mit unvergänglichen Pflöcken in den Boden meines Gedächtnisses eingeschlagen, wie man Pferde, Kamele und lebhafte Ziegen an Pflöcke bindet, wenn man befürchtet, daß sie über Nacht den ihnen angewiesenen Ort mit einem andern vertauschen wollen.«

Er machte eine Pause, um nach diesem langen Satze einmal ausgiebig Atem zu holen. ...

»Also ich denke noch mit Wonne an die Zeiten zurück, in denen wir uns nur nach uns selbst zu richten brauchten, denn da habe ich empfunden, daß der Mann der eigentliche und wirkliche Beherrscher seines Lebens und seines Daseins ist. Aber ebenso schön und in mancher Beziehung noch schöner ist es doch, wenn man einen Tachtirwan bei sich hat, in welchem die holdselige Gebieterin des Frauenzeltes sitzt. Meinst du, daß ich da recht habe?« (XXV/S. 1f.)

Solchem Aufgalopp im Band ›Am Jenseits‹ folgt nun die Einführung Emmas als Emmeh (ebd., S. 3ff., 8) unter erneuter humoristischer Kommentierung Halefs. In Mays üblicher Weise wird die – übrigens kinderlose (XXVI/S. 549) – Ehe verklärt (XXV/S. 168) bzw. Emma gezeichnet als treu bis in den Tod (ebd., S. 69), friedensgesinnt (ebd., S. 220; vgl. XXVII/S. 39f.), jung und makellos schön (ebd., S. 459). Nach dem Zerwürfnis mit seiner Gattin im realen Leben wurde in den Neuauflagen ab 1905 *Emmeh* dann durch *Dschanneh* ersetzt. Man sieht daran, welche Schwierigkeiten sich aus der Verquickung von Romanhandlungen mit Elementen einer vorgeblich authentischen Lebensgeschichte ergeben konnten.

*

Der Blitzschlag der Entlarvung, die durch Mamroths Frankfurter Stellungnahme ausgelöst und vom Donnergrollen der nun immer zahlreicheren Vergangenheitsbewältiger begleitet wurde, verleiht allen Selbstäußerungen seit Sommer 1899 eine grundsätzlich andere Qualität. Denn auch wo sich der eine oder andere seiner Anhänger noch wie bisher mit Zähigkeit an die Vorstellung klammern mochte, Romanheld und Verfasser seien weitgehend identisch, war durch die Pressekampagne ein Teil der Leser gewiß nachhaltig in seinem Glauben an den Meister erschüttert worden und las nun auch alles Autobiographische erstmals mit aufkeimendem Verdacht. Für May galt es somit in erster Linie, dem verheerenden Eindruck entgegenzuwirken, daß er sein Publikum über Jahre hinweg schlicht hinters Licht geführt, während er sich gleichzeitig in moralisierenden Auslassungen als Hohepriester christlicher Wahrheitsliebe geriert hatte.

Er reagierte zunächst mit einer Flucht nach vorn und betonte nun ausschließlich neuere Werktendenzen, die in den letzten Bänden bereits angeklungen waren. In weiteren Schritten demontierte er dabei sein ursprüngliches Image. Der ›lonely rider‹ war ja bereits mit der Einführung Emmehs ansatzweise aufgegeben worden, eine Entwicklung, die in ›Winnetou IV‹ ihren Abschluß finden sollte, wo die Ehefrau gar zur Kampfgefährtin wird. Der ›arme Poet‹ hatte sich durch den spektakulären Verkaufserfolg der 90er Jahre und die Selbstdarstellung als prominenter Bewohner der ›Villa Shatterhand‹ ohnehin langsam verabschiedet. Als nächstes war das Familienidyll von Ernstthal ebenso zu korrigieren wie manche Bildungsrodomontade.[14] Und so liest man denn über Mays Vater dieses Mal schon ein wenig konkreter:

Er war ein einfacher Bürgersmann gewesen, schlicht und recht, wie arme Leute sind, vor deren Thür die Dürftigkeit am Tage wacht und auch des Nachts nicht schläft. Er hatte jenes Forschen und Suchen nicht begreifen können. Die materielle Not ist blind gegen Ideale. Er litt unter meinen äußeren Niederlagen; an den inneren Siegen aber, zu denen sie mich führten, konnte er nicht teilnehmen; sie brachten ihm keinen Gewinn. Und als ich endlich, endlich oben war, aus voller Brust tief Atem holend, weil ich in meinem Glauben an die Menschheit die Ueberzeugung in mir trug, daß mir vergeben sei, da legte er sich hin und starb, mich zwingend, meine schöne Hoffnung, alles, alles an ihm gut machen zu können, nach jenem Lande zu richten, in welchem ein jeder nachzusühnen hat, was hier auf Erden zu sühnen vergessen worden ist! (XXVIII/S. 624f., vgl. 625)

Aufklärung über sein kriminelles Vorleben, seine Kolportageromane oder weitere (z. T. verkaufsfördernde) Fiktionen wie etwa das ›k.‹ im ›Kürschner‹ blieb er allerdings (jetzt noch) seinen Lesern schuldig, es sei denn, man wertete manche Traumepisode entsprechend (XXIX/S. 313ff.). Und in puncto puncti befolgte er in den Schlußbänden des ›Silberlöwen‹ durchweg die Strategie des Angriffs auf seine Kritiker als vermeintlich beste Form der Verteidigung. Ihr dienten ausführliche Gespräche zwischen Kara Ben Nemsi und dem Ustad sowie eine unspezifizierte Beichte vor allen seinen Lesern (XXVIII/S. 626), wobei er einer konkreten inhaltlichen Auseinandersetzung auswich und sich vielmehr – nach dem Phönix-aus-der-Asche-Modell – als geläuterter neuer Mensch und Autor präsentierte, der früheren unzulänglichen Strebungen längst entsagt habe.[15] Die Ehrentitel ›Kara Ben Nemsi Effendi‹ und ›Old Shatterhand‹ legte er nun feierlich ab, dabei beteuernd, sie seien ihm nichts als inzwischen entbehrliche literarische oder missionarische Zweckformeln gewesen:

> »In diesen zwei Namen habe ich denen, die es lösen wollen, ein Rätsel aufgegeben, aus dessen Thür das von seinen psychologischen Fesseln befreite Menschheits-Ich wie ein im Freudenglanze strahlender Jüngling hervorzutreten hat ... Dieses so oft verspottete und so leidenschaftlich verhöhnte ›Ich‹ in meinen Werken war nicht die ruhmeslüsterne Erfindung eines wahnwitzigen Ego-Erzählers, welcher ›unglaubliche Indianer- und Beduinengeschichten‹ schrieb, um sich von den Unmündigen und Unverständigen beweihräuchern zu lassen, sondern unglaublich, über alle Maßen unglaublich ist nur die Blindheit derer gewesen, die einen solchen Wahnsinn für möglich hielten, weil sie sich in den ihnen sehr erwünschten Irrtum hineinlogen, daß meine Bücher nur zur vagen Unterhaltung der unerwachsenen Jugend, nicht aber ganz im Gegenteile für die geistigen Augen klar und ruhig denkender Leser geschrieben seien.«(XXIX/S. 67f.)

Und weiter:

> »Ich schrieb eine Menge Bücher. Ich ließ mein ›Ich‹ in ihnen sprechen. Ich wurde nicht verstanden. Ich gab das Köstlichste, was es auf Erden giebt, in irdenem Gefäße. Ich füllte diese Schalen mit einem Rätsel an und ließ die Menschheit trinken. Es tranken Hunderttausende daraus, doch allen war der Trank nichts als nur Wasser. Die Schale täuschte alle! Ich hatte es den Menschen zu bequem gemacht. Man trank gedankenlos und lachte mich dann aus. Das ist der große Fehler, den ich mir vorzuwerfen habe, weiter nichts! Der Sterbliche trinkt lieber Sumpfwasser aus goldenen Gefäßen, als Himmelsnektar aus nur irdenen. Da stieg in mir ein heißes Wallen auf. Es griff ein heiliger, wenn auch stiller Zorn in meine Seele. Nicht daß ich diese irdenen Gefäße nun zertrümmerte, o nein! Ich nahm mir vor, nun goldene zu geben, doch mit demselben Trank, den man für Wasser hielt. Ich habe mir das Gold dazu auf diesem Ritt geholt, der mich zum geistigen Haupt der Dschamikun geführt ... Von heute an werde ich im ›hohen Hause‹ schreiben – – – ganz anders als bisher.« (ebd., S. 70f.)

Das war allerdings ein starker Tobak, waren leicht durchschaubare Taschenspielertricks, mit denen er Vorwürfe seiner Kritiker in Anklagen,

Niederlagen in scheinbare geistige Siege umzuwandeln suchte (ebd., S. 158ff.). Er kaprizierte sich dabei vor allem auf die gewiß anfechtbare Selbstgerechtigkeit seiner Gegner, nahm sie darüber hinaus als Scheinindiz für weitgehende eigene Schuldlosigkeit und eines tapfer getragenen Verfolgtenschicksals, dem man sich in erhabener Verachtung zu stellen habe. Sieht man ab von der erfahrungsgesättigten Passage über die dämonischen Versuchungen der Popularität (ebd., S. 72), bei der May sich jedoch wiederum vor allem als Opfer präsentiert, findet sich im ganzen Werk kein einziges befreiendes Wort eines tatsachenbezogenen Eingeständnisses, sondern nur pathetisch ummantelte Wehleidigkeit, mit der er sich – hart an der Grenze des ungewollt Blasphemischen – geradezu zur Nachfolgegestalt Christi hinaufstilisiert (ebd., S. 66, 176).

Diese vorgebliche Beichte ist eine mitleidheischende Groteske, die auf die Dummheit und Vergeßlichkeit seiner Leser spekuliert, womit man allerdings zugegebenermaßen auch anderweitig nur selten fehlgeht. Kein Satz darüber, wie genußvoll er die fingierte Heldenpose früher ausgekostet, wie herrisch er auf diesem Status gegenüber Zweiflern bestanden hatte. Vergessen die zahllosen inner- wie außerliterarischen Beteuerungen,[16] die geradezu einschüchternde Rhetorik seiner Versicherungen, die kasperlehaften Demonstrationen heroischer Existenz mit aufgeknüpftem Hemde coram publico. Nach neuester Lesart also alles nur mehr selbstverschuldete Mißverständnisse törichter Leser, die seinen Geistesflügen nicht zu folgen vermochten, ihn in seinen lautersten Absichten verkannten oder zu Unrecht stigmatisierten. Aber einst werde kommen der Tag, an dem er strahlend gerechtfertigt vor der Welt erscheine, usw., usf.

Hätte man sich nicht längst daran gewöhnt, den ›Fall May‹ vor allem von der skurrilen oder pseudologischen Seite her zu betrachten, und zudem beträchtlichen Spaß an dem, was aus pathologischen Denkprämissen an bizarren und durchaus einfallsreichen literarischen Blüten hervorquillt, man könnte ob solcher bigotter Insistenz und Verdrehung von Ursache und Wirkung ihm die Schwierigkeiten nachgerade an den Hals wünschen, in die May sich durch seine Art von verbohrter Verteidigung immer mehr verstrickte. Oder anders gesagt: dieser Hochstapler hat in der Entlarvungsphase so gar nichts Erheiterndes, das Gestalten wie Felix Krull oder Gert Postel auszeichnet, so gar nichts Überlegenes und damit Amüsant-Didaktisches, das uns eingängig exemplifizierte, wie Betrüger und Betrogene sich häufig gegenseitig bedingen. Doch vermutlich sind ästhetische Kategorien zur Beurteilung dieses Lebens ohnehin nicht besonders geeignet.

Bleibt noch zu ergänzen, daß May auch mit der von ihm gewählten Reaktion Gefahr lief, zumindest Teile seiner Lesergemeinde zu verprellen. Wer schließlich seiner Durchschnittsleser akzeptierte tatsächlich, daß mit dem Verzicht auf Old Shatterhand und seine Insignien der Macht in Form der berühmten Gewehre (ebd., S. 69f.) – ein Entschluß übrigens, der schon sehr bald verwässert wurde,[17] – zugleich auch die entsprechende Erzählweise aufgegeben wurde? »*Aber weißt du, was du thust?!*«, heißt es dazu in bemerkenswert korrekter Selbstdiagnose: »*Du kannst nie wieder solche Bücher schreiben, wie du geschrieben hast!*« (ebd., S. 69), »*Wenn du nicht mehr in dieser deiner bekannten Weise schreibst, wird man gar, gar nicht mehr von dir sprechen!*« (ebd., S. 70) Das war nun ein wenig übertrieben und verlieh Mays erklärtem Aufbruch zu neuen ideellen Ufern etwas demonstrativ Heroisches. Doch zeigt es konkrete Befürchtungen, die gewiß nicht unbegründet waren und von nachfolgendem Zweckoptimismus eher bestätigt als ausgeräumt werden. Denn daß die realen Dschamikun tatsächlich so unwandelbar treu zu ihrem Ustad standen, wie uns ›Silberlöwe III/IV‹ allegorisch glauben machen wollen (ebd., S. 180), entsprang wohl eher einer Wunschvorstellung des Verfassers.

*

Die Probe aufs Exempel war als nächstem May-Roman ›Und Friede auf Erden!‹ auferlegt, der eine bemerkenswerte Umorientierung im Selbstverständnis der Ich-Figur zum Ausdruck bringt. Das Prestige des Westmanns und Orienthelden geht darin unübersehbar auf den Schriftsteller über. Mehr noch: die Literatur ersetzt das Abenteuer, wobei stets gesagt werden muß, daß Literatur für den May jener Zeit fast immer die Predigerfunktion einschließt.[18] Der Band von 1904 führt dabei quantitativ wie qualitativ eine Entwicklung zum Höhepunkt, die bereits in früheren Romanen angelegt war, allen voran in ›»Weihnacht!«‹. Wie in diesem Buch wirkt ein von May verfaßtes Gedicht als handlungsförderndes, ja -strukturierendes Leitmotiv. Darüber hinaus ist es das erste Buch, bei dem Umstände, Funktionen und Leistungen des Schreibens zu einem Handlungsschwerpunkt, wenn nicht zur Hauptidee werden.

So kommt der Autor mit der erklärten Absicht nach Ägypten, an seinen ›Himmelsgedanken‹ zu dichten (XXX/S. 8f.). Er belauscht ein Gespräch, in dem seinen Werken ein Übermaß an Phantasie und weichlicher Frömmigkeit zugeschrieben wird (ebd., S. 14ff), ein Urteil, das im Lauf der Handlung durch Wallers Kapitulation vor der Wirkung Mayscher Werke sich selbst aufhebt (ebd., S. 452, 602f.) und von anderen ohnehin nicht geteilt wurde (ebd., S. 364). Der Autor vermittelt seinem arabischen Diener den Wert des von ihm Geschriebenen (ebd., S. 52), kommentiert (indirekt) frühere Texte wie ›Im Lande des Mahdi‹ (ebd., S. 14f.) oder ›Am Jenseits‹ (ebd., S. 293f., 405f., 452, 602f.), erinnert sich an Jugendreimereien für die Eltern und dichtet auch jetzt im Kreis seiner Edelmenschen (ebd., S. 387f.). Er äußert sich poetologisch, nennt

z. B. alle früheren Reiseerzählungen *nur Vorstudien, Uebungen und Skizzen* (ebd., S. 597), und verwahrt sich in einem Bonmot gegen Kürschners Ansinnen, ihm einen militaristischen Beitrag zur China-Kampagne abzuverlangen: *Mit dieser Art von Gong habe ich nichts zu tun!* (ebd., S. 491)

Bezeichnend für den Perspektivenwechsel, den dieses Buch in Steigerung von Tendenzen aus ›»Weihnacht!«‹ aufweist, ist eine typische Inkognitoszene, bekannt aus unzähligen Varianten der Orient- und Indianerbücher. Das Schema, wonach mit der heimlichen Prominenz des Ich-Helden gespielt wird, bleibt dabei gewahrt, doch die bewundernde Aufmerksamkeit gilt jetzt nicht mehr dem Westmann, sondern dem Schriftsteller (ebd., S. 292f.). Dessen übermächtige Wirksamkeit zeigt sich vollends dadurch, daß seine Verse die Handlung regeln und die entscheidenden Haltungsänderungen veranlassen (ebd., S. 57f., 413f., 445-49, 469ff., 643-48 u. a.). Der Ich-Erzähler schildert also – wie er selbst eingesteht – in diesem Werk keine *Reiseabenteuer* mehr, *an welchen –* wie es jetzt abwertend heißt *– sich doch nur die Oberflächlichkeit ergötzt.* Vielmehr präsentiert er sich jetzt als Autor, dessen Operationsfeld die menschliche Psyche darstellt: *... wer aber einen Sinn für die unendlich gestalten- und ereignisreiche Seelenwelt des Menschen hat und ein Verständnis für die Tiefe besitzt, in welcher die äußeren Vorgänge des Menschen- und des Völkerlebens geboren werden, der wird nicht mißvergnügt, sondern ganz im Gegenteile mit mir einverstanden darüber sein, daß ich ihn in diese Tiefe führe, anstatt ihn für einen Leser zu halten, der nur nach der Kost der Unverständigen verlangt.* (ebd., S. 451)

Nun hatte auch in den klassischen Reiseromanen das Amt des Schriftstellers seinen Stellen- wie Prestigewert und manche literarische Reflexion ihren Raum. Doch mustern wir entsprechende frühere Einlassungen, so erkennen wir neben Kontinuitäten auch deutliche Unterschiede. Wo z. B. im Orient- oder Winnetou-Zyklus die Autorenrolle zur Sprache kommt, geschieht dies im Grunde aus einer eher defensiven Position heraus. Versichert wird vielfach mittels einschlägiger Szenen, daß ein book-maker keine lebensuntüchtige, schwächliche Figur oder kein Greenhorn zu sein brauche, wie die Taten Karas oder Charleys nachdrücklich beweisen (IX/S. 10ff., 364f.). Zudem besitze er über seine Leserschaft, die ihn mit Hunderten von Briefen überschütte (ebd., S. 628), eine beachtliche Macht, könne unsterblich machen oder vor aller Welt blamieren (I/S. 510, 514, IX/S. 10f., vgl. XI/S. 256). Kurz: May legitimiert den Autor nicht aus sich selbst heraus, aus dem kulturellen Wert des Geschriebenen, sondern sozusagen hilfsweise über seine gleichzeitig beanspruchten heldischen Leistungen oder frappanten Wirkungen.

Mitte der 90er Jahre treten andere poetologische Einlassungen stärker in den Vordergrund: so etwa die – paradoxe – Distanzierung von einer Literatur, die große Worte macht oder künstlerische Effekte der lauteren, tatsächlich erlebten Wahrheit vorzieht.[19] Darüber hinaus unterwirft May – gipfelnd in ›Old Surehand III‹ – seine literarische Produktion nun der erklärtermaßen alleinigen Absicht, ein Prediger der ewigen Liebe zu sein und das Ebenbild Gottes im Menschen nachzuweisen (XIX/S. 308; ergänzend: S. 156f., 342). In diesem Sinn erfolgt Mays Glaubensbekenntnis, das seinem Schreiben eine göttliche Zweckbestimmung unterlegt:

Mag man mich immerhin auslachen; ich habe den Mut, es ruhig hinzunehmen; aber indem ich hier an meinem Tische sitze und diese Zeilen niederschreibe, bin ich vollständig überzeugt, daß meine Unsichtbaren mich umschweben und mir, schriftstellerisch ausgedrückt, die Feder in die Tinte tauchen. Und wenn, was sehr häufig der Fall ist, ein Leser, der in der Irre ging, durch eines meiner Bücher auf den richtigen Weg gewiesen wird, so kommt sein Schutzengel zu dem meinigen, und beide freuen sich über die glücklichen Erfolge ihres Einflusses, unter welchem ich schrieb und der andere las. Das sage ich nicht etwa in selbstgefälliger Ueberhebung, o nein! Wer da weiß, daß er sein Werk nur zum geringsten Teile sich selbst verdankt, der kann nicht anders als demütig und bescheiden sein, und ich trete mit dieser meiner Anschauung nur deshalb vor die Oeffentlichkeit, weil in unserer materiellen Zeit, in unserer ideals- und glaubenslosen fin de siècle nur selten jemand wagt, zu sagen, daß er mit diesem Leugnen und Verneinen nichts zu schaffen habe. (ebd., S. 151f.)

Ähnliche Tendenzen finden sich verstärkt im Alterswerk, wo dem Sensationellen und Blutigen als schriftstellerischen Erfolgsmitteln abgeschworen wird (XXXIII/S. 356) und der Autor seine *Reisebeschreibungen* nun als *Predigten der Gottes- und der Nächstenliebe* definiert (XXVIII/S. 32). Unter dieser Prämisse läßt sich allmählich ein neues Selbstbewußtsein entwickeln, das seinen Kern in der Überzeugung von der dichterischen Wirksamkeit und ihren unmittelbaren Einflußmöglichkeiten besitzt. Literatur selbst wird nun verstärkt zum Gegenstand des Erzählens. Was sich in ersten Ansätzen im ›Winnetou‹ zeigte, wo Charleys Ave-Maria-Text (IX/S. 414f.) den Apachenhäuptling rührte, dann in ›»Weihnacht!«‹ zum Zentralmotiv aufschießt, wird nun in ›Und Friede auf Erden!‹ zum durchgängigen Gestaltungselement. Das ›erschriebene Ich‹ ist damit auch offiziell vor allem ein schreibendes.

*

Die weitere Analyse der Alterswerke sei auf die Hervorhebung weniger Grundzüge beschränkt: May gibt noch einige persönliche Eigenheiten der Art preis, daß er eine gewöhnliche Baritonstimme besitze (XXXII/S. 172), niemals wette (XXX/S. 287), was Essen und Trinken betrifft, zu asketischen Einschränkungen fähig,[20] hingegen ein leidenschaftlicher Raucher sei (ebd., S. 288, XXXIII/S. 273) usw. Seine Erziehung betreffend, erläutert er, Rassentoleranz sei ihm durch die

Großmutter vermittelt worden (XXX/S. 203f.). Daneben finden sich einige merkwürdige Wiederbelebungen früherer Stereotypen. So werden Prügeleien des Vaters, *eines blutarmen, deutschen Leinewebers* (XXXI/S. 437), nun abermals verklärt zu berechtigten Maßnahmen im Sinne der Friedenserziehung (ebd., S. 418). Und auch die Vorstellung vom ›armen Poeten‹, die für die Zeit nach der Jahrhundertwende gewiß nicht mehr paßte, wirkt zumindest insofern nach, als May seinen Lesern gegenüber nicht als wohlhabend gelten will: *Ich habe ja bereits gesagt, daß ich keineswegs reich bin, sondern nur so grad mein Auskommen habe.*(XXXIII/S. 48)[21]

Im übrigen verflüchtigen sich lebensgeschichtliche Einlassungen zunehmend in dem Maße, wie das erzählende Ich in allegorischen Zusammenhängen aufgeht, welche (besonders in den Bänden ›Ardistan und Dschinnistan‹) die gesamte Menschheit betreffen sollen. Allerdings gibt es gleichzeitig Tendenzen, die dem entgegenlaufen in einem unverkennbaren Bemühen um quasidokumentarische Beglaubigung der Geschehnisse. ›Und Friede auf Erden!‹ wie ›Winnetou IV‹ sind solche Werke, die mit großer Anstrengung um tatsächliche Reiserouten und -erlebnisse herum arrangiert wurden. Insofern enthalten diese Romane jetzt selbst Details wie Mays Postkartensendungen nach Deutschland (XXX/S. 157; vgl. S. 44) – handlungsmäßige Lappalien, die man im ›Winnetou‹-Zyklus vergeblich sucht. Vor dem Hintergrund einer generellen Glaubwürdigkeitskrise gewinnen sie jedoch für den Autor auch im realen Leben größte persönliche Bedeutung. In diesem Sinne enthält Mays letzter Roman ausgiebige Schilderungen Radebeuler Häuslichkeit (XXXIII/S. 1f.), wobei Klara Mays Stellenwert im Leben des alternden Schriftstellers (ebd., S. 65), ihr Charakter (ebd., S. 23, 55, 195, 237) und ihre Funktion als Mitarbeiterin (ebd., S. 242) der Öffentlichkeit umfassend mitgeteilt werden. Der Leser erhält sogar Einblick in geschäftsmäßige Details, insofern Gespräche mit amerikanischen Verlegern auf dem Reiseplan stehen, bei denen Fotos von Sascha Schneiders Illustrationen eine Rolle spielen (ebd., S. 24). Der Band schließt bezeichnenderweise mit einem ›Dokument‹, einem New Yorker Zeitungsartikel, der zu Mays Indianererlebnissen in Parallele gesetzt wird (ebd., S. 622).

*

Fassen wir die Ergebnisse kurz zusammen: Mays Preisgabe der eigenen Identität an die Öffentlichkeit vollzieht sich in drei großen Phasen, wobei die Einschnitte keine absoluten Zäsuren darstellen, sondern manche Tendenz ansatzweise schon in früheren Entwicklungsstufen auftritt oder manche spätere Einlassung hinter dem jeweils erreichten Status zurückbleibt. In der ersten Phase erfolgt eine Auslöschung von Mays unrühmlicher Vergangenheit, eine Verwandlung von realer Biographie in Elemente einer quasimythischen Vorgeschichte, die tatsächliche Geschehnisse nur noch in groben Zügen als emotionale Reflexe wiedergibt. Gleichzeitig wird eine strahlende zweite Identität phantasiert, die bloß noch in lockerer, eher tiefenpsychologisch zu erhellender Beziehung zur eigentlichen steht. Die große öffentliche Resonanz, die der Autor mit seinem erschriebenen Ich findet, bestärkt ihn zunächst darin, die eigentlichen Lebensumstände außer acht zu lassen.

In der zweiten Phase kommt die eigentliche Identität allmählich wieder zum Vorschein. Jetzt, wo der öffentliche Ruhm des Westmanns und Orienthelden sich mit dem einer beispiellosen schriftstellerischen Karriere verbindet, genügt es dem Autor offenbar nicht mehr, allein in seiner Hochstapler-Heldenrolle verehrt zu werden. Schritt für Schritt offenbaren sich Relikte der tatsächlichen Person, die zunehmend ihren Anteil am Leserinteresse verlangt. Dabei erlaubt der äußerlich sichtbare Erfolg in literarischer wie finanzieller Hinsicht jetzt auch eine stärkere Preisgabe von Details seiner kümmerlichen und demütigenden Vergangenheit, wenngleich in mehr oder weniger chiffrierter Form.

Da der schriftstellerische Aufstieg eine für alle sichtbare Leistung darstellt, die ähnlich wie die fiktiven Abenteuer Bewunderung ermöglicht, wird von hier aus der Aufbau einer neuen Identität versucht, die stärker bürgerlich und wirklichkeitsorientiert ist. Insofern gewinnen nun literarische Reflexionen und missionarische Ansprüche breiteren Raum im Werk. Darüber hinaus beschäftigt sich der Autor erstmals in größerem Umfang mit der Konstruktion seiner deutsch-bürgerlichen Biographie für die Leser. Daß dieses Unterfangen an enge Grenzen stößt und schließlich scheitern muß, ist dadurch bedingt, daß May auf seine Helden-Fiktion nicht verzichten will. Im Gegenteil: der Genuß, den ihm dieser Prestigegewinn einträgt, drängt ihn sogar gleichzeitig zur immer opulenteren Ausgestaltung dieser Rolle, und es liegt in der Konsequenz der Sache, daß er schließlich die Übereinstimmung von bürgerlicher Person mit literarisch phantasiertem Idol öffentlich beglaubigt.

Die dritte Phase beginnt in dem Augenblick, als sein Hochstapler-Ich öffentlich zerstört wird. Aus aller Herrlichkeit schlagartig erweckt und verstoßen, bleibt dem Autor damit nur noch der Rückzug auf eine genuin literarische Position. Er selbst verknüpft nun die Rolle des Dichters noch stärker mit der des Predigers und definiert retrospektiv entsprechende Wirkungsabsichten als angeblich einzige Intentionen seiner früheren Werke. Das bürgerlich-reale Ich verschwimmt in den Romanen jetzt wieder völlig zugunsten unterschiedlicher allegorischer Figuren bzw. Sprachrohre. Wo dennoch greifbare biographische Details angeführt werden, geschieht dies im Sinne eines Postkartendokumentarismus, der die verschiedentlich versuchte bläßliche Wiederbelebung früherer Heldenimagines beglaubigen soll.

Keineswegs bläßlich ist dabei jedoch, was der Autor nun phasenweise an literarischen Sublimationsleistungen erbringt, jenseits der inzwischen weitgehend abgelebten und im ideellen Kontext deplacierten Romanschemata. Denn die realbiographischen Krisen förderten einen unverkennbaren Kreativitätsschub. May wird zu einem Märchen- und Mythenproduzenten von beachtlichem Format, dessen Schreibschwung nun auch eine versifizierte Prosadichtung trägt. Befremdlich ist nur der Nachdruck, mit dem er immer wieder betont, wie nebensächlich ihm eigentlich künstlerische Belange gegenüber den von ihm gewünschten moralischen und religiösen Zwecken erschienen. Natürlich spielt auch Rhetorik in solche Aussagen hinein, Salvationsklauseln, captationes benevolentiae oder der Topos der affektierten Bescheidenheit. Doch will mir scheinen, daß der Autor im Reise- wie im Alterswerk der eigentlichen Quelle seiner Kreativität nie diejenige Wertschätzung angedeihen ließ, die ihr zukam.

Indem poetologische Selbstkommentare fast immer nur auf Stilisierung der eigenen Person, Wahrheitsbeglaubigung oder Predigt hinauslaufen, Schreibprobleme und -techniken ihn meist nur insofern kümmerten, als sie Anlaß gaben, die Authentizität oder Sittlichkeit des Verfaßten zu beteuern, übergingen sie ausgerechnet den Bereich, in dem der Schriftsteller May am natürlichsten Höchstleistungen erbrachte: seine Phantasie nämlich, einschließlich der Blüten, die sie in Form autobiographischer Fiktionen trieb. Nicht deren Zerstörung bezeichnet – aus literarischer Warte – die Tragik im Leben dieses Mannes. Eher liegt sie darin, daß gerade ein solcher Fabulist die dichterische Eigenwelt gegenüber scheinbar prestigeträchtigeren Werten der Zeit so niedrig taxierte,[22] auch in Unkenntnis über sein eigentliches schöpferisches Potential.

---

1 Zur Basisinformation bzw. Ergänzung verweise ich auf Claus Roxin: »Dr. Karl May, genannt Old Shatterhand«. Zum Bild Karl Mays in der Epoche seiner späten Reiseerzählungen. In: Jahrbuch der Karl-May-Gesellschaft (Jb-KMG) 1974. Hamburg 1973, S. 15-73, sowie Helmut Schmiedt: Karl May, Leben, Werk und Wirkung. Frankfurt a. M. ³1992, S. 94ff.
Die Belegstellen aus der Fehsenfeldausgabe werden mit Bandnummer und Seite in Klammern angegeben. Folgende Ausgaben werden angeführt:
I   Karl May: Gesammelte Reiseromane Bd. I: Durch Wüste und Harem. Freiburg 1892
II   Karl May: Gesammelte Reiseromane Bd. II: Durchs wilde Kurdistan. Freiburg 1892
III   Karl May: Gesammelte Reiseromane Bd. III: Von Bagdad nach Stambul. Freiburg 1892
IV   Karl May: Gesammelte Reiseromane Bd. IV: In den Schluchten des Balkan. Freiburg 1892
V   Karl May: Gesammelte Reiseromane Bd. V: Durch das Land der Skipetaren. Freiburg 1892
VI   Karl May: Gesammelte Reiseromane Bd. VI: Der Schut. Freiburg 1892
VII   Karl May: Gesammelte Reiseromane Bd. VII: Winnetou der Rote Gentleman I. Freiburg 1893

VIII	Karl May: Gesammelte Reiseromane Bd. VIII: Winnetou der Rote Gentleman II. Freiburg 1893
IX	Karl May: Gesammelte Reiseromane Bd. IX: Winnetou der Rote Gentleman III. Freiburg 1893
X	Karl May: Gesammelte Reiseromane Bd. X: Orangen und Datteln. Freiburg 1894
XI	Karl May: Gesammelte Reiseromane Bd. XI: Am Stillen Ocean. Freiburg 1894
XII	Karl May: Gesammelte Reiseromane Bd. XII: Am Rio de la Plata. Freiburg 1894
XIII	Karl May: Gesammelte Reiseromane Bd. XIII: In den Cordilleren. Freiburg 1894
XIV	Karl May: Gesammelte Reiseromane Bd. XIV: Old Surehand I. Freiburg 1894
XV	Karl May: Gesammelte Reiseromane Bd. XV: Old Surehand II. Freiburg 1895
XVI	Karl May: Gesammelte Reiseromane Bd. XVI: Im Lande des Mahdi I. Freiburg 1896
XVII	Karl May: Gesammelte Reiseromane Bd. XVII: Im Lande des Mahdi II. Freiburg 1896
XVIII	Karl May: Gesammelte Reiseerzählungen Bd. XVIII: Im Lande des Mahdi III. Freiburg 1896
XIX	Karl May: Gesammelte Reiseerzählungen Bd. XIX: Old Surehand III. Freiburg 1896
XX	Karl May: Gesammelte Reiseerzählungen Bd. XX: Satan und Ischariot I. Freiburg 1897
XXI	Karl May: Gesammelte Reiseerzählungen Bd. XXI: Satan und Ischariot II. Freiburg 1897
XXII	Karl May: Gesammelte Reiseerzählungen Bd. XXII: Satan und Ischariot III. Freiburg 1897
XXIII	Karl May: Gesammelte Reiseerzählungen Bd. XXIII: Auf fremden Pfaden. Freiburg 1897
XXIV	Karl May: Gesammelte Reiseerzählungen Bd. XXIV: »Weihnacht!«. Freiburg 1897
XXV	Karl May: Gesammelte Reiseerzählungen Bd. XXV: Am Jenseits. Freiburg 1899
XXVI	Karl May: Gesammelte Reiseerzählungen Bd. XXVI: Im Reiche des silbernen Löwen I. Freiburg 1898
XXVII	Karl May: Gesammelte Reiseerzählungen Bd XXVII: Im Reiche der silbernen Löwen II. Freiburg 1898
XXVIII	Karl May: Gesammelte Reiseerzählungen Bd. XXVIII: Im Reiche des silbernen Löwen III. Freiburg 1902
XXIX	Karl May: Gesammelte Reiseerzählungen Bd. XXIX: Im Reiche des silbernen Löwen IV. Freiburg 1903
XXX	Karl May: Gesammelte Reiseerzählungen Bd. XXX: Und Friede auf Erden!. Freiburg 1904
XXXI	Karl May: Gesammelte Reiseerzählungen Bd. XXXI: Ardistan und Dschinnistan I. Freiburg 1909
XXXII	Karl May: Gesammelte Reiseerzählungen Bd. XXXII: Ardistan und Dschinnistan II. Freiburg 1909
XXXIII	Karl May: Gesammelte Reiseerzählungen Bd. XXXIII: Winnetou IV. Freiburg 1910

2 *Ein Vaterherz ist eine heilige Sache; ich hatte ja auch einen Vater daheim, der oft für mich der Sorgen und Entbehrungen genug getragen hatte.* (May: Durchs wilde Kurdistan, wie Anm. 1, S. 294, vgl. May: In den Schluchten des Balkan, wie Anm. 1, S. 108f)

3 Vgl. May: Winnetou I, wie Anm. 1, S. 152f; als Grund zum Schreiben gibt er an: »*Um*

der Lehrer meiner Leser zu sein und mir nebenbei Geld zu verdienen«, denn: »*Lehrer zu sein, ist ein hochwichtiger, ein heiliger Beruf!«* (ebd., S. 153).
4 Vgl. May: Old Surehand II, wie Anm. 1, S. 79ff., und May: Im Lande des Mahdi I, wie Anm. 1, S. 560, May: Old Surehand III, wie Anm. 1, S. 150, 157, später: May: Am Jenseits, wie Anm. 1, S. 7, sowie: *Mancher meiner geneigten Leser wird am Schlusse des vorigen Kapitels gedacht haben:* »*Jetzt sollte der Verfasser eigentlich schließen, denn nach schriftstellerischen Regeln ist die Erzählung nun zu Ende, da die sämtlichen Konflikte gelöst worden sind und der Gerechtigkeit Genüge geschehen ist.«* Dem habe ich zu entgegnen, daß ich nicht eigentlich schriftstellere, sondern Erlebnisse niederschreibe und es unmöglich hindern kann, wenn sich das Leben und die Wirklichkeit nicht nach schriftstellerischen Regeln richten und sich selbst vom scharfsinnigsten Kritikus nicht den Gang der Ereignisse vorschreiben lassen. Es giebt ewige Gesetze, welche hoch über allen tausend Regeln der Kunst erhaben sind.* (May: Im Lande des Mahdi III, wie Anm. 1, S. 153).
5 May: Satan und Ischariot II, wie Anm. 1, S. 248ff. Die kuriose Formulierung, daß Winnetou seinem Blutsbruder hier *wie ein schwarzer Panther im Schafspelze* (ebd., S. 250) vorkomme, ist unfreiwillig entlarvend.
6 Roxin, wie Anm. 1, S. 20ff.; vgl. auch Roxins weiteren Text.
7 Karl May: Freuden und Leiden eines Vielgelesenen. In: Deutscher Hausschatz. XXIII. Jg. (1897), S. 18; Reprint in: Karl May: Kleinere Hausschatz-Erzählungen. Hrsg. von Herbert Meier. Hamburg/Regensburg 1982; dort auch weitere Ausführungen in diesem Sinne, wie etwa: *So habe ich es auch mit den fremden Sprachen gehalten. Zwar sind Fleischer und Wüstenfeld, meine berühmten Orientalisten, meine Lehrer gewesen, aber den eigentlichen Fluß habe ich mir doch erst an Ort und Stelle geholt. Wirklich in den Geist einer Sprache eindringen kann man nur als Angehöriger des Volkes, von welchem sie gesprochen wird, und wer meine Erzählungen gelesen hat, der weiß, daß ich stets nach dieser, wenn auch der innern, Angehörigkeit getrachtet habe.* (ebd.)
8 Höhepunkt dieser Annäherung stellt der dritte Band ›Satan und Ischariot‹ dar, in dem Mays Familienname als einer der *zwölf Monate* erinnert und dann zur Erheiterung der Leser als *März* (May: Satan und Ischariot III, wie Anm. 1, S. 34f.) enträtselt wird.
9 Stellvertretend: Heinz Stolte: Der Fiedler auf dem Dach. Gehalt und Gestalt des Romans ›»Weihnacht!«‹. In: Jb-KMG 1986. Husum 1986, S. 12; Rainer Jeglin: Werkartikel ›»Weihnacht!«‹. In: Karl-May-Handbuch. Hrsg. von Gert Ueding in Zusammenarbeit mit Reinhard Tschapke. Stuttgart 1987, S. 277
10 Gerhard Neumann: Das erschriebene Ich. Erwägungen zum Helden im Roman Karl Mays. In: Jb-KMG 1987. Husum 1987, S. 69-100
11 So liest sich möglicherweise die Sappho-Anrede als realbiographischer Reflex (May: Weihnacht, wie Anm. 1, S. 30). Dazu paßt auch eine spätere Bemerkung, der Erzähler sei kein Freund des vertraulichen Du und *habe nie mit irgend jemandem Brüderschaft gemacht* (May: Silberlöwe I, wie Anm. 1, S. 139).
12 Vgl. zum Grundmotiv Stolte, wie Anm. 9, S. 12.
13 »*Maschallah! Hat sie denn keine andere Meinung gehabt, als du ihr sagtest, daß du nach Persien willst?«* »*Sie bat mich allerdings, bei ihr zu bleiben; als ich ihr aber meine Gründe in liebevoller Ruhe erklärte—«* ... *Sihdi, daß deine Emmeh dir die Erlaubnis gegeben hat, zu mir zu reiten, das söhnt mich mit deinem Harem aus ...«* (May: Silberlöwe I, wie Anm. 1, S. 397)
14 Als rudimentärer Reflex darf möglicherweise der Hinweis gelten, er wollte nie *gelehrt* sein (May: Silberlöwe III, wie Anm. 1, S. 297), in Kontrast zu früheren Stellen, z. B. May: Im Lande des Mahdi II, wie Anm. 1, S. 144.
15 So auch Halefs Maden-Traum, wonach das alte Ich sterben mußte (May: Silberlöwe III, wie Anm. 1, S. 487-91, 632f.).
16 Selbst ›Silberlöwe III‹ enthält im früher geschriebenen Kapitel ›In Basra‹ noch einen kaum anders zu deutenden Hinweis, wenn Kara behauptet, nur das zu *erzählen, was ich selbst erlebt, geprüft und gesehen habe* (ebd., S. 32).
17 May: Silberlöwe IV, wie Anm. 1, S. 153, 186; mit den zurückgegebenen Waffen werden übrigens vereinzelt wieder Kampfszenen geboten, die auch in den künftigen Romanen aus den unterschiedlichsten Motiven dann doch als entbehrlich gelten.

18 Vgl. Mays Formulierung vom *Dichter, der zugleich auch Priester ist* (May: Und Friede auf Erden, wie Anm. 1, S. 389).
19 Vgl. Anm. 4.
20 May: Und Friede auf Erden, wie Anm. 1, S. 216f; seine körperlichen Vorzüge werden hinfort eher passiv beschworen, etwa als angebliche Fitneß des Sechzigjährigen durch gesunde Ernährung (May: Silberlöwe III, wie Anm. 1, S. 345).
21 Vgl. auch: »*... ich setze meine Gewohnheit, Bücher zu schreiben. Sie ist mehr als nur eine Gewohnheit, sie ist mein Beruf, der mich ernährt. Verliere ich, so bin ich ein armer Mann.*« (May: Und Friede auf Erden, wie Anm. 1, S.288)
22 Noch in ›Ardistan und Dschinnistan‹ findet sich eine bezeichnende pseudoauthentische Rückversicherung: *... wenn meine Reiseerzählungen wirklich nur aus der »reinen Phantasie« geschöpft wären, wie zuweilen behauptet wird, so käme ich jetzt ganz gewiß mit großen wunderbaren Reiterkünsten... Aber ich erzähle bekanntlich nur Wahrhaftiges und innerlich wirklich Geschehenes und Erwiesenes. Meine Erzählungen enthalten psychologische Untersuchungen und Feststellungen.* (May: Ardistan und Dschinnistan I, wie Anm. 1, S. 111)

HARTMUT KÜHNE

Musik in Karl Mays Leben und Werk*

»Ich stelle die Musik hoch über die Dichtkunst ... Letztere zwingt meine Gedanken in eine bestimmte Richtung, während die Erstere die Freiheit meiner Gefühle weniger beschränkt.«[1]

Als der eben zwanzigjährige Karl May diese Worte schrieb – in der Erzählung ›Wanda‹ erstmals 1875 veröffentlicht, aber nach Mays eigener Aussage aus dem Anfang der sechziger Jahre stammend[2] –, hatte der Autor womöglich mehr musikalische Werke zu Papier gebracht als literarische. Es fand sich in seinem Nachlaß ein Konvolut von Notenblättern, bestehend aus Sing-Partituren und Einzelstimmen, die größtenteils dem praktischen Gebrauch gedient hatten. Wir wissen heute, daß die Gleise in seiner Lebensbahn anders verliefen, so daß Karl May nicht als Musiker, sondern als Literat erfolgreich wurde. Der verdienstvolle Aufsatz ›Karl May und die Musik‹ von Max Finke unterrichtete schon 1925 den interessierten Kreis der Leser Karl Mays über dessen musikalische Neigungen.[3] Aber die Zeit der Medien stand noch im Anfang. Erst durch eine kleine Single-Schallplatte mit dem Titel ›Ernste Klänge‹, die 1972 zum 60. Todestag des Dichters erschien, besungen von einem unbekannten Hamburger Kirchenchor unter der Leitung eines unbekannten Kantors, war die Verbreitung über den Rundfunk möglich.[4] Es folgten nach Jahren weitere Aufnahmen mit namhaften Chordirigenten in größeren Auflagen, so daß heute jedermann wissen müßte: Karl May hat auch komponiert. Und so wurden nach Bekanntwerden zweier Chorlieder alsbald Interpretationen und Kommentare zu seiner Musik vorgelegt von Felsinger, Canisius, Dobrovolskis und schließlich als Exkurs eine Abhandlung über die Rolle der Orgel bei Karl May von Reinhard Jaehn.[5] All diese Gedanken zu bündeln, zu erkennen, welche Rolle die Musik in Karl Mays Leben gespielt hat und wie sich das im Werk niedergeschlagen hat, das soll uns im folgenden beschäftigen.

I.

Max Finke bezeichnete Karl May als Ohrenmenschen, leitete das aus der Bauform seines Schädels ab, die für Musiker oft kennzeichnend sei.[6]

* Festvortrag, gehalten am 14. 10. 1995 auf der 13. Tagung der Karl-May-Gesellschaft in Bad Segeberg. Der Vortrag wurde von Musikdarbietungen begleitet, siehe unten S.431f.

Uns interessiert dabei vor allen Dingen, was da über Mays Schreibweise gesagt wird. Heißt es doch in seiner Autobiographie: *Ich schreibe nieder, was mir aus der Seele kommt, und ich schreibe es so nieder, wie ich es in mir klingen höre.*[7] Endlos ist die Zahl der Beispiele für das, w a s May beim Schreiben in sich klingen hörte: sei es die Fistelstimme der Tante Droll, sei es die Stimme der Muhrenleni, die wie ›Vox humana‹ klingt (das ist der Name eines Orgelregisters), sei es der Posaunen- und Tubaton, der den Wüstensturm begleitet, sei es der kanonenschußähnliche Knall, wenn die brennenden Ölfässer zerspringen.

Karl May war bis zum 5. Lebensjahr blind und damit in der vielleicht wichtigsten prägenden Phase seiner Kindheit nur auf das Gehör angewiesen. Daß also das Gehörorgan bei ihm mehr als bei jedem normalen Menschen ausgebildet wurde und daß dieser Umstand in seiner Schreibweise wieder zutage tritt, das – so würde Karl May gesagt haben – ›versteht sich ganz von selbst‹. Doch bedarf es zu musikalischer Ausbildung einer besonderen Begabung, die man bei Kindern schon in frühem Alter feststellen kann. Diese Begabung zeigt sich in den elementaren Erscheinungsformen: im Rhythmischen und im musikalischen Gehör. Das wird auch bei dem kleinen Karl nicht anders gewesen sein; jedenfalls erzählen die frühesten Berichte (wir werden darauf eingehen) von einer Trommel, die ihm der Vater mit Hilfe des Klempnermeisters baute, und von seiner volltönenden Sopranstimme.

Sein eigentlicher Förderer war der Kantor Samuel Friedrich Strauch, über den Karl May sich liebevoll äußert:

Ich aber stand bei meinem ganz besonderen Liebling, dem Herrn Kantor Strauch, der unser Nachbar war, an seiner Haustür ... Meine Stimme entwickelte sich zu einem guten, volltönenden, umfangreichen Sopran. Infolge dessen nahm der Herr Kantor mich in die Kurrende auf. Ich wurde schnell treffsicher und der Oeffentlichkeit gegenüber mutig. So kam es, daß mir schon nach kurzer Zeit die Kirchensoli übertragen wurden. Die Gemeinde ... hatte für teure Kirchenstücke keine Mittel übrig. Der Herr Kantor mußte sie abschreiben, und ich schrieb mit. Wo das nicht angängig war, da komponierte er selbst. Und er war Komponist! Und zwar was für einer! ... Ein ganz vorzüglicher Orgel-, Klavier- und Violinspieler, konnte er auch die komponistische Behandlung jedes andern Musikinstrumentes ... Jedermann wußte: Wo in Sachsen und den angrenzenden Gegenden eine neue Orgel eingeweiht wurde, da erschien ganz sicher der Kantor Strauch aus Ernsttal, um sie kennen zu lernen und einmal spielen zu können. ... (die) sehr gestrenge Frau Friederike ... (hatte für) den unendlich hohen Wert ihres Mannes, sowohl als Mensch wie auch als Künstler, ... nicht das geringste Verständnis. ... Sie öffnete keines seiner Bücher, und seine vielen Kompositionen verschwanden, sobald sie vollendet waren, tief in den staubigen Kisten, die unter dem Dache standen. Als er gestorben war, hat sie das alles als Makulatur an die Papiermühle verkauft ...[8]

Daß Strauch nicht irgendein Provinzmusiker war, sondern ein Orgelkenner und reisender Orgelfreund moderner Art, der sogar in Leipzig Theologie studiert hatte, ist in der zeitgenössischen sächsischen Musikgeschichte festgeschrieben.⁹ Hainer Plaul vermutet in seinem Kommentar zu Strauch und Gattin Friederike, daß Mays Beschwerde über deren Verständnislosigkeit eigentlich eine Klage gegen seine erste Frau Emma Pollmer und ihr mangelhaftes Interesse an den Werken Karl Mays gewesen sei. Doch zitiert Plaul auch aus dem erwähnten Werk zur zeitgenössischen Musikgeschichte, worin elf Jahre vor Erscheinen von ›Mein Leben und Streben‹ bestätigt wird: »Strauch (...) war fleissiger Komponist, seine Kompositionen sind nach seinem Tod als Maculatur verkauft worden.«[10] Noch früher aber hat Karl May diesen Vorgang in der Romanepisode ›In der Heimath‹ gespiegelt, wo er die Vernichtung wertvoller Manuskripte seines ehemaligen Lehrers auf den *Professor, einen gewaltigen Philologen* überschreibt. Diese Spiegelung ist auch in die Kandolfsche Bearbeitung (›Wenn sich zwei Herzen scheiden‹) eingegangen.[11]

Karl May fährt in seiner Selbstbiographie fort:

Später gab er mir Orgel-, Klavier- und Violinunterricht. Ich habe bereits gesagt, daß Vater den Bogen zur Violine selbst fertigte. Dieser Unterricht war ganz selbstverständlich gratis, denn die Eltern waren zu arm, ihn zu bezahlen. Damit war die gestrenge Frau Friederike gar nicht einverstanden. Der Orgelunterricht wurde in der Kirche und der Violinunterricht in der Schulstube gegeben; da konnte die Frau Kantorin keine Handhabe finden. Aber das Klavier stand in der Wohnstube, und wenn ich da klopfte, um anzufragen, so kam der Herr Kantor unter zehnmal neunmal mit dem Bescheid heraus: »Es gibt heut keinen Unterricht, lieber Karl. Meine Frau Friederike hält es nicht aus; sie hat Migräne« ... daß sich das immer nur dann einstellte, wenn ich klavierspielen kam, das wollte mir nicht gefallen. Der gute Herr Kantor glich das dadurch aus, daß er mich nach und nach, grad wie die Gelegenheit es brachte, auch in der Harmonielehre unterwies ...[12]

Reinhard Jaehn nimmt an, daß der Orgelunterricht nicht in St. Trinitatis in Ernstthal stattfand (wo Strauch amtierte), sondern in St. Christophori in Hohenstein, wo eine wesentlich größere Orgel mit 28 klingenden Stimmen stand.[13] Für diese Annahme spricht die Tatsache, daß von den 28 Registernamen ein Viertel bei den häufigen Orgelerwähnungen im Gesamtwerk immer wieder zitiert wird. Register wie: Vox humana, Cornett, Posaunenbaß, Gambe, Achtfüßiger Prinzipal, Gedackt, Flöte d'Amur sind Orgelstimmen, die es dem Ohrenmenschen May ganz offenbar besonders angetan hatten.

Wir wollen nicht vergessen zu erwähnen, daß der Knabe Karl auf der vom Klempnermeister gebauten Solotrommel in einer Theateraufführung von »Preziosa« seinen ersten Bühnenauftritt erlebte, der mit 5 Neugroschen honoriert wurde. Demnach hat May sein erstes Honorar nicht für Literatur, sondern für diesen musikalischen Auftritt bekommen.[14]

Ein anderer dieser Gebräuche war der, daß am ersten Weihnachtsfeiertage jedes Jahres während des Hauptgottesdienstes der erste Knabe der Kurrende die Kanzel zu besteigen hatte, um die Weissagung des Jesaias Kap. 9 Vers 2 bis mit Vers 7 zu singen. Er tat dies ganz allein, mit milder, leiser Orgelbegleitung. Es gehörte Mut dazu, und es kam nicht selten vor, daß der Organist dem kleinen Sänger zu Hilfe zu kommen hatte, um ihn vor dem Steckenbleiben zu bewahren. Auch ich habe diese Weissagung gesungen, und genau so, wie die Gemeinde sie von mir hörte, so wirkt sie noch heute in mir fort und klingt von mir hinaus bis in die fernsten Kreise meiner Leser, wenn auch in andern Worten, zwischen den Zeilen meiner Bücher. Wer als kleiner Schulknabe auf der Kanzel gestanden und mit fröhlich erhobener Stimme vor der lauschenden Gemeinde gesungen hat, daß ein helles Licht erscheine und von nun an des Friedens kein Ende sein werde, den begleitet, wenn er sich nicht absolut dagegen sträubt, jener Stern von Bethlehem durch das Leben, der selbst dann noch weiterleuchtet, wenn alle andern Sterne verlöschen.[15]

In Mays Lebenslauf folgt nun die Seminarzeit in Waldenburg und Plauen, die Ausbildung zum Schulamtskandidaten. Es ist nicht bekannt, wie weit hier Karl May sich einer musikalischen Betätigung hingeben konnte. Zur Lehrerausbildung gehörte aber unbedingt eine musikalische, denn mit dem Lehramt war in der Regel auch das Amt des Kantors verbunden. Die Abschlußzeugnisse vom 13. September 1861 des Studienganges sind erhalten. Als Hauptergebnis der Prüfung wurde die Zensur ›gut‹ erteilt. Das Zeugnis über eine besondere musikalische Prüfung (die am 9. und 10. September stattfand) bringt ebenfalls das Hauptergebnis ›gut‹, wobei sich die Ergebnisse spezifizieren in Theorie (Generalbaß): ›gut mit Auszeichnung‹, im Praktischen: Singen ›gut‹, Orgelspiel: ›gut‹, Klavierspiel: ›gut‹, Violinspiel: ›gut mit Auszeichnung‹. Der Seminarlehrer Fritz Prüfer hat 1925 diese Zensuren erstmals veröffentlicht und kommentiert. Sein abschließendes Urteil lautet: »Werfen wir einen Blick auf die Gesamtzensuren, so gewinnen wir den Eindruck, daß Mays Lehrer auf dem Seminar in ihm eine Begabung erkannten, die das Mittelmaß übersteigt. Sie trat ihnen in Erscheinung auf den Gebieten der Religion, der deutschen Sprache, der Geschichte und der Musik. Und das trifft ja auch im großen und ganzen die Hauptbegabungen Karl Mays, wie sie uns in seinen Werken entgegentreten.«[16]

Die musikalische Begabung und Ausbildung gerät für May 1861 zum Nachteil und zum Vorteil. Im Oktober wird May Hilfslehrer in Glauchau. Er erteilt der gleichaltrigen Gattin seines Zimmerwirtes, Henriette Meinhold, Klavierunterricht. Wegen einer persönlichen Annäherung zwischen ihm und der Schülerin muß er Glauchau verlassen und gelangt als Fabrikschullehrer nach Altchemnitz – und hier kommt es zum ernsten Zwischenfall: Die schon oft erwähnte Uhrengeschichte wirft ihn aus der Bahn. Er erlebt seine erste sechswöchige Haft, wird aus der Kandidatenliste gestrichen und ist nunmehr arbeitslos.[17] In den Jahren 1863 und 1864 tritt er wiederholt als Rezitator in sogenannten ›musikalisch-deklamatorischen Abendunterhaltungen‹ auf. Karl May erinnert sich: *Ich gab Unterricht in Musik und fremden Sprachen. Ich dichtete; ich* komponierte. *Ich bildete mir eine kleine Instrumentalkapelle, um das, was ich komponierte, einzuüben und auszuführen. Es leben noch heut* [im Jahre 1910; H. K.] *Mitglieder dieser Kapelle. Ich wurde Direktor eines Gesangvereins, mit dem ich öffentliche Konzerte gab, trotz meiner Jugend.*[18] Recherchen haben diese Aussagen bestätigt. Hans Zesewitz entdeckte als erster im ›Wochenblatt für Hohenstein, Ernstthal und Umgegend‹ mehrere Vorankündigungen »musikalisch-declamatorische(r) Abendunterhaltungen«. Danach fanden statt am 25. 1. 1863 in der Schießhaus-Restauration zu Ernstthal als sechste Darbietung ein »Terzett von Mai« (sic!), am 8. 3. 1863 im Rathaus zu Hohenstein unter der Nummer 4 eine Piece aus »Pretiosa« (sic), vorgetragen »v. May«,[19] und am 25. März 1863 an dritter Stelle »Das eigne Herz v. May. Dekl(amation)«.[20] Und am 24. 4. 1864 wird in der Schießhaus-Restauration als erste Darbietung eine Deklamation von Uhlands ›Des Sängers Fluch‹ ohne Namensnennung angekündigt. Man sieht einen Zusammenhang mit Karl Mays Parodie des Titels ›Des Schneiders Fluch‹, von der er in der Selbstbiographie berichtet.[21]

So wie diese Zeitungsnotizen das öffentliche Auftreten Karl Mays in den Jahren 1863 und 1864 belegen, gibt es auch Zeugnisse für seine Kompositionen, und zwar von seiner eigenen Hand. Mindestens zehn Kompositionen aus dieser Zeit sind erhalten. Manche tragen die Jahreszahl oder einen Stempelaufdruck ›Gesangverein Lyra zu Ernstthal‹. Die meisten lagern im Archiv des Karl-May-Verlages zu Bamberg. Im einzelnen handelt es sich um folgende Titel:

1. ›An die Sterne‹. Für Männerchor 4stimmig mit dem Text ›Süße kleine Sternenaugen‹
2. ›Ave Maria der Gondolieri am Traghetto della Salute‹. Für zwei Männerchöre mit dem Text ›Wir bringen dir Kerzen‹
3. ›Weihnachtskantate‹ für zwei 4stimmige Männerchöre: ›Siehe ich verkündige euch große Freude‹
4. ›Notturne‹ [sic]. Soloquartett für vier Männerstimmen ›Ich will dich auf den Händen tragen‹
5. ›Wanderlied‹ für 4stimmigen Männerchor: ›Ei wie geht so flink der Knabe‹
6. ›Serenade‹ für 4stimmigen Männerchor: ›Zieht im Herbst die Lerche fort‹
7. ›Warnung‹ für 4stimmigen Männerchor: ›O gräme nie ein Menschenherz‹
8. ›Ständchen‹ für 4stimmigen Männerchor und Streichquartett: ›Deine hellen klaren Augen‹
9. ›Oster-Cantate‹ für zwei 4stimmige Männerchöre: ›Auf Golgatha ans Kreuz geschlagen‹
10. ›Vaterunser‹ für drei Chöre: ›Herr, deinem Thron nahn anbetend wir‹
11. ›Die Pantoffelmühle. Originalposse.‹ Fragment. Eingangschor – Einlage: ›Hast du gesehn auf grüner Au‹ – Ständchen (untextiert)

Die nächste Station in Mays musikalischer Laufbahn ist die Strafanstalt Schloß Osterstein in Zwickau. Karl May berichtet darüber:

Der Aufseher dieses Saales ... hieß Göhler. ... Er hatte, wie wohl alle diese Aufseher, früher beim Militär gestanden, und zwar bei der Kapelle, als erster Pistonbläser. Darum war ihm das Musik- und Bläserkorps der Gefangenen anvertraut. Er gab des Sonntags in den Visitationen [den Arbeitssälen; H. K.] und Gefängnishöfen Konzerte, die er sehr gut dirigierte. Auch hatte er bei Kirchenmusik die Sänger mit seiner Instrumentalmusik zu begleiten. Leider aber besaß weder er, noch der Katechet, dem das Kirchenkorps unterstand, die nötigen theoretischen Kenntnisse, die Stücke, welche gegeben werden sollten, für die vorhandenen Kräfte umzuarbeiten oder, wie der fachmännische Ausdruck heißt, zu arrangieren. Darum hatten beide Herren schon längst nach einem Gefangenen gesucht, der diese Lücke auszufüllen vermochte; es war aber keiner vorhanden gewesen.

Jetzt nun kam Aufseher Göhler infolge seiner Beobachtung meines seelischen Zustandes auf die Idee, mich in sein Bläserkorps aufzunehmen, um zu sehen, ob das vielleicht von guter Wirkung auf mich sei. Er fragte bei der Direktion an und bekam die Erlaubnis. Dann fragte er mich, und ich sagte ganz selbstverständlich auch nicht nein. Ich trat in die Kapelle ein. Es war gerade nur das Althorn frei. Ich hatte noch nie ein Althorn in den Händen gehabt, blies aber schon bald ganz wacker mit. Der Aufseher ... freute sich noch mehr, als er erfuhr, daß ich Kompositionslehre getrieben habe und Musikstücke arrangieren könne. Er meldete das sofort dem Katecheten, und dieser nahm mich unter die Kirchensänger auf. Nun war ich also Mitglied sowohl des Bläser- als auch des Kirchenkorps und beschäftigte mich damit, die vorhandenen Musikstücke durchzusehen und neue zu arrangieren. Die Konzerte und Kirchenaufführungen bekamen von jetzt an ein ganz anderes Gepräge.[22]

Und wir müssen lebhaft bedauern, daß diese Musikalien aus Schloß Osterstein wohl nicht mehr vorhanden sind: vielleicht wären wir auf weitere Kompositionen oder wenigstens Arrangements aus Mays Feder gestoßen. – Ein zweites Mal, und jetzt in der Waldheimer Haft von 1870–74, wird Mays musikalische Vergangenheit und Vorbildung erkannt. Hören wir ihn selbst:

Die Anstaltskirche in Waldheim hatte eine protestantische und eine katholische Gemeinde. Der katholische Katechet (Anstaltslehrer) fungierte während des katholischen Gottesdienstes als Organist. Nun war er aber im Laufe der Zeit so mit neuen Pflichten und vieler Arbeit überbürdet worden, daß er für das Orgelspiel einen Stellvertreter suchen mußte ... Der Katechet kam in meine Zelle, unterhielt sich eine Weile mit mir und ging dann fort, ohne mir etwas zu sagen. Einige Tage später kam auch der katholische Geistliche. ... am nächsten Tage wurde ich in die Kirche geführt, an die Orgel gesetzt, bekam Noten vorgelegt und mußte spielen. Die Herren Beamten saßen unten im Schiff der Kirche, so daß ich sie nicht sah. Bei mir war nur der Katechet, der mir die Aufgaben vorlegte. Ich bestand die Prüfung und mußte vor dem Direktor erscheinen, der mir eröffnete, daß ich zum Organisten bestellt sei ... Bald stellte sich zu meiner freudigen Ueberraschung heraus, daß mein Aufseher der Dirigent des Bläserkorps war. Ich erzählte ihm von meiner musikalischen Beschäftigung in Zwickau. Da brachte er mir schleunigst Noten, um mir eine Probeaufgabe zu erteilen. Ich bestand auch diese Prüfung ... Der katholische Katechet hieß Kochta. ... Er tat seinen Kirchendienst, ich meinen Orgeldienst, aber im Uebrigen blieb die Religion zwischen uns vollständig unberührt ... Ich hatte nie katholische Kirchenlieder gespielt; jetzt lernte ich sie kennen. Was für Orgel- und sonstige Musikstücke bekam ich in die Hand! Ich hatte geglaubt, Musikverständnis zu besitzen. Ich Tor! Dieser einfache Katechet gab mir Nüsse zu knacken, die mir sehr zu schaffen machten. Was Musik eigentlich ist, das begann ich erst jetzt zu ahnen, und die Musik ist nicht etwa das allergeringste Mittel, durch welches die Kirche wirkt. ... Ich habe der katholischen Kirche für die hochsinnige Gastfreundlichkeit, die sie mir, dem Protestanten, vier Jahre lang erwies, durch ein einziges Ave Maria gedankt, welches ich für meinen Winnetou dichtete.[23]

Der Eutiner Oberarzt und Organologe Reinhard Jaehn hat sich ausführlich mit der Rolle der Orgel in Mays Leben beschäftigt. In seiner Abhandlung ›Therapie und ferne Erfüllung. Karl May und die Orgel‹ lesen wir: »May gegen Ende seines Lebens (und mit ihm der Analytiker von heute) sah in diesem Orgelspiel ein Therapeutikum, offenbar das einzige der Haftjahre. *Bei den Klängen der Orgel fand ich mich wieder zu mir zurück. ... Als ich entlassen wurde, war ich geheilt, vollständig geheilt! Nur durch den Orgelklang ...*«[24]

Nach Mays Entlassung aus Waldheim im Mai 1874 wurde er zunehmend als Schriftsteller erfolgreich. Er wurde 1875 Redakteur bei dem Kolportageverlag Heinrich G. Münchmeyer in Dresden, wo er sich das Vertrauen des Chefs erwarb, so daß er ab August bei Münchmeyers auch sein Logis bezog.[25] In der Selbstbiographie beschreibt er diese Zeit, und zwar vor allem ausführlich das mehr oder weniger unanständige Milieu im Verlag. Er spart dabei etwas aus, was er nur im Fragment ›Ein Schundverlag‹ schildert: daß er nämlich von Frau Pauline Münchmeyer ein Klavier geschenkt bekam.[26] Karl May trennte sich dann von Münchmeyer, weil er die Schwester der Pauline, Minna Ey, heiraten sollte.

Die musikalische Biographie kann erst Jahre später wieder verfolgt werden, als Karl May abermals für Münchmeyer tätig wird. Er hat inzwischen seine Braut Emma Pollmer geheiratet und mit ihr in Hohenstein gewohnt. Bei einem Dresden-Besuch kommt es zu einem Wiedersehen mit Münchmeyer und damit zum Beginn der Kolportage-Schreiberei. 1883 zieht das Ehepaar May nach Blasewitz, und hier entsteht freundschaftlicher Kontakt mit Münchmeyers. Heinrich kreuzt bei seinem anonymen Star-Autor als Hausfreund auf; der frühere Tanzmusiker auf dem Dorf bringt seine Geige mit und läßt sich von May auf dem Piano begleiten.[27] Bekanntlich kommt es während der Arbeit an dem Roman ›Der Weg zum Glück‹ zum Ende der Beziehung, da May bessere Verleger findet. Doch die Musik läßt ihn keineswegs los.

Klara May berichtete in einem Text von 1919, der im ersten Jahrbuch der Karl-May-Gesellschaft veröffentlicht wurde: »Hoch schätzte Karl May Lessing, ganz besonders ›Minna von Barnhelm‹, ihr nachstrebend wollte er seine ›Pantoffelmühle‹ als Volksstück schaffen, aber mit Gesang. Die Pläne dazu hatte er entworfen, mir auch Phantasien daraus auf dem Klavier vorgetragen, lustige und ernste Szenen. Fertig wurde er damit nie.«[28] Max Finke hat das Fragment, das heute noch unter den Musikalien im Archiv des Karl-May-Verlages vorhanden ist, näher beschrieben.[29] Es trägt den Titel ›Die Pantoffelmühle. Original-Posse mit Gesang und Tanz in acht Bildern von Karl May. Musik von demselben‹. Mitgeteilt wird das Personal (der Alte Dessauer, von dem noch zu sprechen ist, ist nicht darunter), Charakteristik und Entwurf, die Übersicht der Instrumente, deren partiturmäßige Anordnung mehr einem Flohmarkt mit seltenen und veralteten Instrumenten gleicht denn einer sachgerecht angelegten Partitur. Und erhalten sind aus dem opus summum der Eingangschor und die Texte diverser Einlagen wie: ›Schnitterlied‹, ›Müllerlied‹, ›Duett‹. Nach Mitteilung von Klara May soll May oft aus seiner Posse einen Walzer am Klavier gespielt und sein Besuch dazu getanzt haben. Sein Text war noch lange bekannt. Sehr lustig wurde dazu mit den Pantoffeln geklappt. Wenn Klara das selbst miterlebt hat, dann kann es frühestens ab 1890 gewesen sein, als das Ehepaar May in Kötzschenbroda in der Villa Idylle wohnte und die Freundschaft zwischen den Ehepaaren May und Plöhn begann.[30] Eine Spiegelung solcher Szenen, die sich auch früher abgespielt haben können und die Klara dann nur vom Hörensagen kannte, ist in den Roman ›Von Bagdad nach Stambul‹ eingegangen: *Nach einem kurzen Präludieren ließ ich meinen »feschesten« Walzer los. Mein Publikum saß zunächst ganz starr; bald aber begann der Rhythmus seine unwiderstehliche Wirkung zu äußern. Es kam Bewegung in die steifen Gestalten: die Hände zuckten, die Beine empörten sich gegen ihre orientalisch eingebogene Lage, und die Körper begannen, sich nach dem Takte hin und her zu wiegen.*[31]

Allerdings stammt dieser Text spätestens aus dem Jahr 1882, als das Ehepaar May noch in Hohenstein wohnte und es noch nicht die Freundschaft mit Plöhns und noch nicht den musikalischen Hausfreund Münchmeyer in Blasewitz gab. Aber vielleicht gab es die ›Pantoffelmühle‹ schon. Denn das ›Schleiferlied‹ daraus hatte Karl May in seiner Dessauer-Humoreske ›Der Scheerenschleifer‹ aus dem Jahr 1880 verwendet.[32] – Hans Wollschlägers Kommentar zur Pantoffelmühle lautet: »Die Handschrift stammt aus früher Zeit, möglicherweise schrieb May den Entwurf bereits 1864, als er für den Ernstthaler Gesangverein ›Lyra‹ tätig war.«[33] Das war aber die Zeit, von der es in der Selbstbiographie heißt: *... der tiefe Sturz ... kam ... in Leipzig, wohin mich eine Theaterangelegenheit führte.*[34] Klaus Hoffmann knüpft daran eine beachtenswerte Theorie, die man nicht übergehen kann. »So gibt es Anhaltspunkte zu der Frage, welche *Theaterangelegenheit* Karl May nach Leipzig geführt haben könnte. (...) Wir wissen, daß Karl May 1863 als Deklamator und Solist in Hohenstein [und Ernstthal; H. K.] auftrat. Bei dieser Gelegenheit machte er wahrscheinlich die Bekanntschaft der Theater- und Ballett-Gruppe H. Jerwitz aus Leipzig, die am 7. und 15. Februar in Hohenstein gastierte (...).«[35] Liegt es da nicht nahe, die Pantoffelmühle als einziges Bühnenfragment mit dieser Theater- und Ballettgruppe, mit eben jener mysteriösen Theaterangelegenheit in Leipzig in Verbindung zu bringen?

Es existiert ein Brief vom 16. 10. 1892 an seinen Verleger Fehsenfeld, in dem May vor allem über das Buchprojekt ›Winnetou‹ schreibt. Doch dann fährt er fort:

Den Operntext wollen Sie verlegen? Well, M. Fehsenfeld, with all my heart! Sie werden sich da wundern, was für ein Dichter Ihr Kara Ben Nemsi ist. Denn das Libretto ist natürlich auch von mir. Ich verfolge mit dieser Oper einen großen Zweck und hoffe, daß es mir gelingen wird: d e u t s c h e , d e u t s c h e und abermals d e u t s c h e Musik. Vorher aber wird eine dreiaktige Posse fertig, deren Hauptheld der alte Dessauer ist. Dieses echt deutsche, zwerchfellerschütternde Stück will ich dem französischen Schund entgegensetzen, der mit seinen Ehebruchsünden und Unwahrscheinlichkeiten alle unsere Bühnen moralisch versumpft. Wir brauchen d e u t s c h e Zugstücke und haben keine; ich weiß genau, daß diese meine Posse rasch über alle Bretter gehen wird. Es wird in diesem Stück geweint und gelacht, meist aber gelacht. Denken Sie sich, der Alte Dessauer, der kein Gehör hatte und nur die eine Melodie »So leben wir u. s. w.« singen konnte, kommt, um ein adliges Altfräuleinstift zu inspizieren; da treten die sechs ältesten Demoiselles mit Ziehharmonika, Brummeisen, Cello und Guitarre zu ihm herein, um ihm zu zeigen was sie in musikalischer Beziehung leisten, und singen ihm vor, was die eine von ihnen selbst gedichtet hat. (nach der Melodie: ›Ännchen von Tharau ist's, die mir gefällt ...‹)

> *Sitz ich im trauernden Mondenschein*
> *mit meiner trauernden Trauer allein*
> *lächeln so traurig die Sterne mir zu*
> *traurige Jungfrau wie traurig bist du!*
> *Traurige Lieder im traurigen Sinn*
> *sink ich in traurige Traurigkeit hin.*

> *Gäb mir ein Trauter vertrauend sein Herz*
> *ach ich vertraute ihm all meinen Schmerz.*
> *Traulich vertrauend in traulicher Lust*
> *sänk ich an seine vertrauliche Brust.*
> *Traulich vertrauend im trauten Vertraun*
> *Ließen vertrauend wir traulich uns traun.*

Womit ich unter traulichen Grüßen an Ihre traute Frau Gemahlin und vertrauliche Kinderchen verbleibe Ihr May.[36]

Brief und Gedicht lassen vermuten, daß May nicht einen Moment an das Verfassen einer Oper gedacht hat; das hat er sowieso lieber dem zur gleichen Zeit erfundenen Kantor emeritus überlassen, von dem nicht nur Klara May sagen konnte: »fertig wurde er damit nie«. Die ›Pantoffelmühle‹ in acht Bildern und die dreiaktige Posse mit dem Alten Dessauer scheinen eher zweierlei zu sein. Die Verbindungen sind nur das Wort *Posse* und das ›Schleiferlied‹, das sowohl in der ›Pantoffelmühle‹

47

als auch in der Dessauer-Humoreske ›Der Scheerenschleifer‹ vorkommt. Und Oper? Deutsche Musik? Wer weiß, was im vorangegangenen Brief oder freundschaftlichen Gespräch über Kulturpolitik zwischen Fehsenfeld und May geplaudert worden ist und worauf May mit seiner viermaligen Erwähnung und Unterstreichung des Wortes *deutsch* Bezug nimmt. Vielleicht hatte er ja einmal in Richard Wagners ›Gesammelte Schriften und Dichtungen‹ geschaut, die, wie wir wissen,[37] in seiner Bibliothek vorhanden waren.

Es folgt die Zeit seiner größten Popularität, in der er sich öffentlich seiner Reisen, seiner Erlebnisse und seiner Sprachkenntnisse rühmt.[38] In dieser Zeit erinnert Karl May sich wieder seiner musikalischen Begabung: Es folgen erneut einige weitere Kompositionen:

12a. ›Ave Maria‹ für Männerchor in Es-Dur: ›Es will das Licht des Tages scheiden‹. Erstdruck im ›Deutschen Hausschatz‹ 1897[39]
12b. ›Ave Maria‹ für gemischten Chor in B-Dur: gleicher Text. Erstdruck in ›Ernste Klänge‹,[40] dort zusammen mit 12a
13. ›Vergiß mich nicht‹ für gemischten Chor. Druck ebenfalls in ›Ernste Klänge‹ 1898
14. ›Nun gehst du hin in Frieden‹ für gemischten Chor. Ungedruckt in begonnener Mappe ›Ernste Klänge II‹, vermutlich 1898
15. ›Ich fragte zu den Sternen‹. Ungedrucktes Fragment in ›Ernste Klänge II‹.

Der Musikwissenschaftler Claus Canisius ist Autor eines Funk-Essays, gesendet 1972 im Süddeutschen Rundfunk, II. Programm, über Karl Mays Musik, worin er sich besonders verständnisvoll zur Entstehung der ›Ernsten Klänge‹ äußert. Ich zitiere daraus:

Der Militärkapellmeister Carl Ball bekam 1909 ein Exemplar des Ave Maria-Satzes mit einer kurzen Widmung dediziert. May soll dazu bemerkt haben: »Wenn ich in Winnetou geschrieben habe, diese Komposition stamme von einem mir befreundeten Musikdirektor (...), so hatte das seinen guten Grund. Die Leute sollten nicht sagen, der May wolle aber auch alles können: schriftstellern, dichten und komponieren.« Die hier zum Ausdruck kommende Scheu, seine musikalischen Fähigkeiten zu offenbaren, steht interessanterweise stark im Widerspruch zu jenem übersteigerten Selbstbewußtsein, das der Reiseerzähler May zur Schau getragen hatte, als er 1897 und 1898 seine beiden schlichten und innigen Chorsätze schrieb. Es scheint, als ob er angesichts des Rausches, den der Erfolg und die lang ersehnte Anerkennung mit sich brachte, einen Bereich der inneren Ruhe suchte. Und was lag näher, als zur Musik zurückzukommen, mit der er sich bereits in vergangenen schwierigen Lebensabschnitten glücklich beschäftigt hatte.[41]

Max Finke berichtet, Karl May habe »später noch als gefeierter Schriftsteller das Bedürfnis gehabt, fast täglich Klavier zu spielen. Er spielte meist Getragenes und bevorzugte die Molltonart. Wenn er die Komposition eines anderen spielte, so geschah es meist, daß er nach den ersten Takten der Erfindungsgabe gestattete, eigene Wege zu gehen«.[42] In

Jerusalem soll Karl May auch Orgel gespielt haben. Das kann nur vom 7. bis 13. Mai 1900 gewesen sein.[43] Klara May schildert die Wirkung der Musik auf ihren Gatten so:

Wie mächtig die Musik auf Karl May wirkte, habe ich oft beobachtet. Bei erhabnem Orgelspiel versank er in sich und vergaß seine Umgebung. In Jerusalem spielte er in der deutschen Kirche die Orgel und sprach erst noch über das Instrument mit uns allen, dann spielte er den Satz einer Bachschen Fuge. Wir setzten uns, des Stehens müde. Er verließ die vorgeschriebne Linie, irrte ab und verfiel ins musikalische Träumen. Eine Störung trat ein, er brach jäh ab, und wir sahen in ein geistesabwesendes, von Tränen benetztes Antlitz. Schwankend, wie ein Trunkner, erhob er sich, und es dauerte Sekunden, bevor er wieder in unsrer Alltagswelt landete.[44]

Dazu die Deutung von Reinhard Jaehn: »Was jetzt harmlos-touristisch begann, sollte dem 58jährigen zur Schnittstelle seines Lebens werden (...) Das war das Aus für die längst albern gewordene Rollenspielerei als ›Reiseschriftsteller‹. Und es war mehr als midlife crisis, was dann die Wendung zum sublimen, hochliterarischen Alterswerk brachte. (...) ein merkwürdiger Brennpunkt der Biographie – und wieder hat May an dieser Stelle die Orgel gespielt.« Ferner: »Finkes oberflächlicher Kommentar (›In Jerusalem zeigte er im Gottesdienst, daß er auch Orgel spielen konnte.‹) ist mit dem Wortlaut des Zitats nicht vereinbar.«[45]

Dieses Erlebnis aber ist gespiegelt im Altersroman ›Ardistan und Dschinnistan‹ von 1909. Aus dem renommierenden Shatterhand Ben Nemsi, der aber auch alles können wollte – reiten, schießen, mit dem Messer kämpfen, schwimmen, dichten, komponieren, Orgel spielen –, aus dem Karl May vor der Jahrhundertwende, ist der Karl May der Altersweisheit geworden. Und so lautet seine dortige Darstellung: *Ich bin kein berufsmäßiger Orgelspieler* – und: *Wir hatten uns aber auch tüchtig eingeübt ... Das war besonders von meiner Seite aus sehr notwendig gewesen, weil ich kaum so spielen konnte, wie in Deutschland jeder gute Dorfkantor oder Dorfschulmeister spielt. Die frühere Fertigkeit war dahin; die Uebung fehlte; die Finger wollten nicht mehr mit.*[46]

Da sagt er es selbst, was Klara May so mystisch verbrämt angedeutet hat. »An diesem Punkt«, so Jaehn, »wird das Jerusalemer Angsterlebnis des abgebrochenen Privatkonzertes aufgearbeitet.«[47] Das war wohl das letzte Zeugnis aus Mays Biographie als Musiker im aktiven Vollzug. Das letzte Lebensjahrzehnt ist ausgefüllt von rezeptivem Musikgenuß, mit Hören von Oper und Konzert, bezeugt durch das Tagebuch Klara Mays.

Zusammenfassend ist festzustellen: Die praktische Musiziertätigkeit war bis zur Waldheimer Haft relativ umfangreich. Als Kind war er Kurrendaner und Kirchensolist, in Ernstthal als ausgebildeter Lehrer war er Chordirigent und Komponist mit Soloauftritten, er war Bläser, Organist und Arrangeur in Osterstein und Waldheim. Danach wurde das

Musizieren merklich weniger. Er musiziert feierabends mit Münchmeyer in Blasewitz, er komponiert die ›Ernsten Klänge‹ und spielt ein letztes Mal Orgel in Jerusalem. Im letzten Lebensjahrzehnt beschränkt er sich aufs Musik h ö r e n.

II.

Max Finke erwähnt in Mays Reiseerzählungen und der Selbstbiographie Stellen, aus denen sich des Autors besondere Neigung zur Musik erkennen läßt. Nicht berücksichtigt hat Finke bei seiner Abhandlung im Jahre 1925 die Kolportageromane und kleineren Erzählungen. Auch unsere Darstellung kann keine Vollständigkeit bringen. Denn es gibt unglaublich zahlreiche musikbezogene Stellen im Gesamtwerk. Daher scheint es mir unmöglich, sie alle in einer einzigen Darstellung auch nur zu nennen, geschweige denn zu kommentieren. Statt dessen soll eine typologische Ordnung einige Stichproben bringen.

Beginnen wir mit den Kurzerwähnungen musikalischer Begriffe, die ganz nebenbei in die Erzählung einfließen und von denen sich der Autor eine bestimmte Wirkung verspricht, wenn er nicht sogar unterbewußt eine eigene Stellungnahme verrät.

1. Als Kara Ben Nemsi im Taubenschlag zu Melnik seine Feinde belauschen will, äußert er in bezug auf die schlechte Luft: *Ich merkte, daß kein Mensch hier zwei Minuten bleiben könne, ohne eine ganze Sebastian Bachsche Fuge herunter zu niesen.*[48]

2. Als der Neger Bob auf dem Rancho des Don Fernando in Kalifornien etwas zu viel gegessen und getrunken hat, da *lag (er) mit seinem Bauche auf der Erde ... und stieß dabei so fabelhafte Töne aus, daß es mir schien, als studiere er auf einem japanesischen Anklony die Richard Wagnersche Zukunftsmusik.*[49]

3. Zu Beginn des Kolportageromans ›Deutsche Herzen, deutsche Helden‹ kommt *eine kleine, allerliebste Dampfyacht geschossen, leicht und graziös zur Seite biegend, wie eine Tänzerin, welche sich am Arme ihres Tänzers, das schöne Köpfchen hingebend neigent, den berauschenden Tönen eines Strauß'schen Walzers hingiebt.*[50]

4. Oftmals wird das Heulen des Sturmes verglichen mit dem *Ton ... einer überblasenden Baßposaune*[51], einem *Tubaton*[52] oder einer *Orgel.*[53]

5. Hobble-Frank spricht vom *Freischütz von Frau Maria Leineweber* – gemeint ist Carl Maria von Weber.[54]

6. Im ›Ulanen‹-Roman gibt es die erste Auseinandersetzung zwischen den beiden Hauptpersonen: Als der Capitän den Dr. Müller zur Rede stellt ob seines unbotmäßigen Auftretens, antwortet dieser: »*Da liegt die Schuld jedenfalls an meiner musikalischen Begabung. ... ich habe mich früher sehr mit Harmonielehre und Generalbaßstudien be-*

schäftigt, und seit jener Zeit bin ich immer ein Freund des Harmonischen geblieben. Ich antworte in Dur, wenn man mich in Dur fragt, und rede in Moll, wenn man in Moll zu mir spricht. Der Herr Capitän beliebte, in der Ruine eine Redeweise anzuwenden, welche sehr strignendo [sic] *klang; mein musikalisches Rechtsgefühl erlaubte mir nur, strignendo* [sic] *zu antworten.«*[55] (Richtig muß es heißen: stringendo.)

7. Im ›Friede‹-Roman beschreibt May die wunderschöne Lage des East and Oriental Hotel von Penang wie folgt: *Gleich hinter diesen (Bäumen) rauscht Tag und Nacht die See am Strand empor, und es ist so wunderbar, so wenige Schritte von ihr im Wachen und im Traume unausgesetzt das mächtige Recitativ »Ihn preisen alle Meere« aus dem von Gottesengeln komponierten Oratorium »Das Halleluja der Schöpfung« erklingen zu hören.*[56]

8. Um die Abendstimmung in der Wildnis zu Beginn der Erzählung ›Ein Oelbrand‹ zu beschreiben, benutzt Karl May das folgende Bild: *Die schwermütigen Stimmen (des Urwaldes) ... sind von dem großen Meister der Schöpfung alle in Moll gesetzt ...*[57]

Es gibt handlungsfördernde Musikszenen, zum Beispiel in ›Wanda‹, wo Emil Winter der frühen Mädchenbekanntschaft seiner Jünglingszeit sich zu erkennen gibt. Er singt ihr mit eigener Klavierbegleitung das Lied von der ›wilden Rose‹ vor, das er vor Jahren für sie gedichtet hat. Zudem wird am Schluß der Erzählung vom Männerchor ein Ständchen gesungen, dessen Text sich auch unter den Mayschen Kompositionen befindet. Es heißt: ›Ich will dich auf den Händen tragen ...‹.[58]

Im ›blau-roten Methusalem‹ wird die Erkennungsszene zwischen Richard und Onkel Daniel herbeigeführt durch den Gesang des Liedes ›Was ist des Deutschen Vaterland?‹ von Ernst Moritz Arndt.[59] Eine ähnliche Situation bringt ›Das Vermächtnis des Inka‹. Hier wird sogar der Komponist Heinrich Marschner genannt. Und beide Male bekennen die Protagonisten sich als Mitglieder eines Gesangvereins ›Lyra‹.[60] Das ist auch der Name des Gesangvereins zu Ernstthal, für den Karl May seine Männerchorlieder komponiert hat. ›Der Giftheiner‹ nun ist eine Erzählung, in der biographische Details sich häufen. Sowohl die Motette ›O gräme nie ein Menschenherz‹ als auch eine ›Weihnachtskantate‹ und das bei May in vielen anderen Werken zitierte Gedicht ›Ich verkünde große Freude‹ (bekannt aus ›Weihnacht‹, ›Waldröschen‹ und ›Der verlorne Sohn‹) spielen hier in der Entwicklung der Handlung eine bedeutende Rolle.[61]

Häufig sind auch die komischen Musikszenen. Bei der Lektüre von Harold C. Schonbergs Buch ›Die großen Dirigenten‹ stieß ich auf den folgenden Text über Adolphe Adam (1803-1856), der als Komponist der Oper ›Si j'étais roi‹ (›Wenn ich König wär‹) bekannt ist:

Adolphe Adam besuchte 1833 eine Vorstellung in Covent Garden. Das Orchester war am Samstagabend ganz besonders schlecht, berichtet er, weil die Mitglieder samstags ihre Gage erhielten und sich umgehend betranken. Er beschreibt den unglaublichen Lärm zu Beginn der Ouverture. Die Oboe machte ein undefinierbares Geräusch, dem ein noch schauderhafteres der Klarinette folgte. Das Fagott produzierte eine Reihe gräßlicher Schnarchtöne, die Flöte blies ununterbrochen ein immer stärker werdendes ›türlütütü‹. Der Trompeter steckte den Trichter seines Instrumentes in die Tasche seines Nachbarn und blies durch die Kleider. Die große Pauke machte einen schrecklichen Radau. Inzwischen musizierten Dirigent und Sänger weiter, als ob nichts Besonderes passiert wäre.[62]

Dieser Text könnte fast von Karl May stammen. Aber er ist neun Jahre vor dessen Geburt aufgeschrieben worden. Hier zum Vergleich eine Passage von May:

... jeder hatte irgend ein zur Katzenmusik geeignetes Instrument in der Hand. Als alle in Reih und Glied standen, gab der Sheriff das Zeichen; der Zug setzte sich in Bewegung, und die voranschreitenden Virtuosen begannen das Yankee-doodle zu maltraitieren. Am Schlusse desselben fiel die Katzenmusik ein. Was alles dazu gepfiffen, gebrüllt, gesungen wurde, das ist nicht zu sagen. Es war, als ob ich mich unter lauter Verrückten befände. ... Als sich das Schiff in Bewegung setzte, bliesen die Musikanten ihren schönsten Tusch, und die Katzenmusik begann von neuem.[63]

Diese Szene aus dem 2. Band ›Winnetou‹ hat noch eine Parallele in ›Durch das Land der Skipetaren‹, an der Stelle, wo die Kämpfe um die Schluchthütte bei Sbiganzy siegreich bestanden sind und eine Militärkapelle die Verbrecher ergreifen und bestrafen soll.[64]

Doch diese Beschreibungen haben ihren doppelten Boden. Sollte Karl May das Zitat von Adolphe Adam gekannt haben? Wenn Karl May am Ende seines Lebens behauptet, daß er deutsche Verhältnisse (vielleicht darf man erweitern: europäische) ins Exotische übertragen habe,[65] so gilt das wohl auch für die unzulängliche Musikaufführung in Covent Garden anno 1833, die Karl May dann eben in der Exotik ablaufen läßt, in La Grange in Texas oder in Sbiganzy im Land der Skipetaren.

Eine weitere, ausführlich geschilderte Musikszene wollen wir uns nicht entgehen lassen. Es ist die Beschreibung einer Orchesterprobe, als beim Fürsten Leopold zu Anhalt-Dessau ein neuer Militär-Kapellmeister eingestellt werden soll. Diese Episode findet der Leser zu Beginn der Erzählung ›Der Amsenhändler‹.[66] Über einen längeren Zeitraum beschreibt der Autor, wie der Fürst sich während der Probe aufführt, wie er dazwischenredet und wissen läßt, wieviel oder wie wenig er von Musik versteht. Karl May aber verrät, wieviel oder wie wenig ihm an historischer Detailtreue liegt. Der Kapellmeister will nämlich vom Orchester ein ›Lied ohne Worte‹ und ein ›Nocturne‹ vortragen lassen. Der Fürst donnert den Kapellmeister an, daß es ein ›Lied ohne

Worte‹ gar nicht gebe. Damit hat er ausnahmsweise recht, denn der Terminus ›Lied ohne Worte‹ wird erst hundert Jahre später von Felix Mendelssohn Bartholdy in die Musik eingeführt werden. Ähnlich verhält es sich mit dem ›Nocturne‹, das erst in der empfindsamen Klaviermusik der Romantik bei Chopin ein fester Begriff ist, aber unter dem Namen ›Notturno‹ schon bei den Wiener Klassikern nachgewiesen ist. Doch werden weder der Alte Dessauer noch Karl May dergleichen Feinheiten gewußt haben. Wichtig für die Deutung dieser Stelle ist das Verhalten des Fürsten. Das Besserwisserische und Rechthaberische der Obrigkeit wird besonders deutlich an dem Intermezzo mit zwei Hornisten, die gerade nicht blasen, weil sie in ihren Noten sechs Takte Pause haben. Doch der Fürst verlangt, daß sie gefälligst ihre Pausen nachzublasen haben, weil sie ja auch volle Löhnung haben wollen. Mit solchem Unsinn bringt Karl May wohl Sextaner zum Lachen. Aber man sollte dabei nicht vergessen, daß derartige Szenen – Übergriffe einer absolutistischen Macht, wie der Autor sie uns vor allem am Beispiel türkischer Polizisten ausmalt – immer auch darstellen, worunter Karl May in seiner Jugend und Jünglingszeit viel zu leiden hatte: im Lehrerseminar, unter seinen Dienstherren, in Gerichtsverhandlungen, und vielleicht auch in der Haft. An anderer Stelle schreibt Karl May wörtlich: *Nach vollendeten Studien hatte ich mich mit einem wahren Feuereifer meinem Berufe, für welchen ich begeistert war, gewidmet; aber bereits nach kurzer Zeit war er mir verleidet worden. Hohle Köpfe, deren einziges Verdienst in irgend einer alten einflußreichen Tante bestand, gewandte Heuchler, denen ihr Amt nichts als die schnell auszunutzende Milchkuh war, und die sich daher vor dem Spiegel ihre servilen Bücklinge einübten, waren mir vorgezogen worden.*[67] Diesen Text, mit dem im ›Deutschen Hausschatz‹ die Erzählung ›Der Scout‹ eingeleitet wird, modifiziert er wenige Jahre später im 1. Band ›Winnetou‹ ganz zahm in: *Unerquickliche Verhältnisse in der Heimat und ein, ich möchte sagen, angeborener Thatendrang hatten mich über den Ocean ... getrieben ...*[68]

Aber auch ernste Szenen sollen erwähnt werden. Bedeutsam und jedem May-Leser bekannt ist die Schilderung von Winnetous Tod, die aus verhältnismäßig früher Zeit stammt, nämlich von 1883 oder wahrscheinlich noch früher, und etwa zu derselben Zeit geschrieben wurde wie ›Waldröschen‹ und ›Die Todeskarawane‹. Ich gestehe, daß die Erzählung mit dem nichtssagenden Titel ›Im »wilden Westen« Nordamerika's‹ für mich zu den besten Maytexten gehört. Die später oft so selbstgefällige Old-Shatterhand-Darstellung tritt zurück vor der Ernsthaftigkeit, mit der die seelische Entwicklung des wilden Indianers geschildert wird. Und diese wird gefördert durch das Hör-Erlebnis der Vesperglocke und des Ave-Maria-Gesanges.

Als der letzte Schlag des Glöckleins verklungen war, ertönte plötzlich ein vierstimmiger Gesang vom Berge herab. Ich horchte empor, erstaunt ob des Gesanges an und für sich, noch erstaunter aber über die Worte dieses Gesanges ... Was war denn das? Das war ja mein eigenes Gedicht, mein Ave Maria! Wie kam dies hierher in die Wildnisse des Felsengebirges? Ich war zunächst ganz perplex; dann aber, als die einfachen, ergreifenden Harmonieen wie ein unsichtbarer Himmelsstrom vom Berge herab für das Thal hinströmten, da überlief es mich mit unwiderstehlicher Gewalt; das Herz schien sich mir ins Unendliche ausdehnen zu wollen, und es flossen mir die Thränen in großen Tropfen von den Wangen herab.[69]

Die Westmänner gelangen in eine Niederlassung deutscher Auswanderer, wo sie gastlich aufgenommen werden. Am Abend sitzen alle Dorfbewohner im Blockhaus beisammen, und der Erzähler schildert einen Abend, wie er ihn im Westen noch nie erlebt hatte: mit Liedern und echtem deutschen Volksliedergesang. Und dann erbittet sich Winnetou eine Wiederholung des Ave-Maria-Gesanges. *Der Componist hatte keine nach Effect haschenden Modulationen, keine kunstreichen Wiederholungen und Umkehrungen, keine anspruchsvolle Verarbeitung des Motivs angewendet. Die Composition erbaute sich nur aus den naheliegenden, leitereigenen Accorden, und die Melodie war einfach wie diejenige eines Kirchenliedes.*[70] Bekanntlich folgt darauf die Bekehrungsgeschichte Winnetous, die ich persönlich als wohltuend schlicht und nichtsdestoweniger im Wortlaut des Dialogs als virtuos empfinde. Sie kulminiert in den Abschiedsworten des Indianers, als er sagt: »*Winnetou wird die Töne seiner weißen Freunde nie vergessen. Er hat geschworen, von jetzt an nie mehr den Scalp eines Weißen zu nehmen, denn die Weißen sind die Söhne des guten Manitou, der auch die rothen Männer liebt.*« Wenig später fährt die Erzählung fort: *Winnetou war während des ganzen Tage noch einsilbiger als gewöhnlich, und manchmal, wenn er eine Strecke vor uns ritt und uns also außer Hörweite wähnte, war es mir, als höre ich ihn mit leisem Summen die Melodie des Ave Maria wiederholen, eine Bemerkung, welche mich um so mehr frappiren mußte, als die Indianer fast durchgängig ohne musikalisches Gehör sind.*[71] Mag der gebildete kritische Leser auch Zweifel äußern über die spontane Wirkung der Musik, die eine Lebensänderung veranlaßt, eine Wirkung, die in Wahrheit einen viel größeren Zeitraum beanspruchen würde: in jedem Bühnenwerk mit seinem komprimierten Zeitablauf von wenigen Viertelstunden wäre solche Sinnesänderung glaubwürdig. Und was in der Erzählung dann folgt, die Peripetie, nämlich die Zerstörung von Helldorf Settlement, die Verfolgung der räuberischen Ogellalah, dann das retardierende Moment mit Winnetous Todesahnung – das alles erreicht eine Stimmung, wie man sie ähnlich in Schillers Meisterdramen erleben kann. Und schließlich: die Schlußszene mit Winnetous Tod unter dem abschließenden Gesang des Sterbeliedes ›Es will das Licht des Lebens scheiden ...‹ gleicht dem wirkungsvollen Schluß eines Musikdramas. Eine solche Sicht der Dinge dürfte geeignet sein, die Beurteilung dieser Szene durch Walther Killy in seiner Sammlung von deutschem Kitsch zu relativieren.[72] Der Zeitgeschmack seit 1962 hat sich gewandelt; seit einer Zeit, als man noch von hübschen, aber ernsten Buchhändlerinnen spöttisch belächelt wurde, wenn man nach Karl May fragte, seit einer Zeit, als Mendelssohn-Bartholdy und Gustav Mahler und – Karl May noch nicht wiederentdeckt waren.

Von der spontanen Wirkung der Musik auf das Gemüt eines Menschen ist es nur ein kleiner Schritt zur Krankenheilung. Ein solches Beispiel liefert uns die Szene aus dem dritten Band des ›Silbernen Löwen‹, wo der todkranke Effendi ins Tal der Dschamikun gelangt. Wie lange er in Bewußtlosigkeit lag, weiß er nicht. Doch wie er zu sich kommt, scheint er Harfenklänge zu hören.

Hätte wohl ein europäischer Arzt erlaubt, in der Nähe so schwerkranker Personen Musik zu machen? Wahrscheinlich nicht! Es kommt ja wohl auch auf die Art des Instrumentes an. Der Harfenton ist der am wenigsten künstliche. Er bietet Klänge der Natur, wohllautend für das Menschenohr gestimmt. Dieser Wohllaut ist auch für kranke Nerven angenehm. Man darf einer Kurdin nicht zumuten, Künstlerin zu sein. Schakara griff nur die vorgestimmten Akkorde; sie wußte nichts von einer chromatischen Veränderung der Töne; aber grad durch diese diatonische Einfachheit war jede Mitthätigkeit des Ohres ausgeschlossen; sie empfing die Töne ebenso leicht und selbstverständlich, wie die Brust die Luftwellen, von denen sie herbeigetragen wurden, atmete. Daher kam es, daß diese Klänge die Seele unmittelbar berührten; sie schienen zur Atmosphäre dieses Hauses zu gehören und einen die Lebenskräfte hebenden, wohlthuenden Einfluß auszuüben. Ich fühlte diesen Einfluß. Es war, als ob es in mir Etwas gebe, was den Harfentönen verwandt sei, was lange, lange geschwiegen habe und nun endlich, endlich einmal mit erklingen dürfe. Darum berührte es mich fast wie eine Entsagung, wie ein Verlust, als Schakara aufhörte und die Harfe auf die Seite lehnte.[73]

Es scheint, als habe Karl May etwas gewußt von Musiktherapie, von jenem psychotherapeutischen Hilfsmittel, mit dem die seelisch-körperliche Gesamtverfassung des Menschen günstig beeinflußt wird.

Rund 300 Seiten weiter im dritten Band des ›Silberlöwen‹ kommt dann die Stelle, wo Ghulam el Multasim, der Bluträcher, in das Tal der Dschamikun einbricht und die Versammlung der Ältesten stört. Als der Erzähler diese Situation reflektiert, gebraucht er auch wieder ein Beispiel aus der Musik:

Eine musikalische Familie. Der Vater spielt die erste Violine, der Onkel das Cello, der eine Sohn die zweite Violine und der andere die Viola. Für heut sind alle Freunde eingeladen. Es soll ein Quartett gegeben werden. Kammermusik. Ob von Mozart, Haydn oder einem anderen, das weiß man nicht. Aber daß man nur Schönes, Gutes, von den vier Künstlern Durchdachtes und Verstandenes hören werde, davon ist man überzeugt. Man freut sich also auf den Genuß ... Dann tiefe Stille. Jetzt! Die Bogen berühren die Saiten. Die ersten Takte erklingen. Die Erwartung hat sich in offenruhende Empfänglichkeit verwandelt. Man lauscht.

Da wird die Thür aufgerissen. Ein Feind der Familie kommt lärmend herein, rücksichtslos störend, ungeladen.[74]

Hier gibt es bei der Musikerwähnung nichts an sachlicher Information für den Leser. Die Szene dient zur Staffage; sie vermittelt Stimmung. Dennoch beobachtet der Autor sehr genau die Haltung eines Konzertbesuchers vor und nach dem Beginn der Darbietung. Und wir wissen aus Klara Mays Tagebuch, daß Karl May nach der Jahrhundertwende ein begeisterter und fleißiger Konzert- und Theaterbesucher war. Ein anderes Beispiel aus der Musik ist das Klavierstimmergleichnis in ›Und Friede auf Erden‹, worin angesprochen wird, wie ein Mensch am gleichen Tage jedesmal anders gestimmt sei, wenn er verschiedene Eindrücke empfängt. »*Mein Freund*«, sagt Tsi, der chinesische Arzt, »*welches Klavier würde es wohl aushalten, täglich zehn- bis zwanzigmal umgestimmt zu werden?*«[75] Der Sinn der Gleichnisse ist beide Male der gleiche: den Wechsel von einer Stimmung in eine andere zu erläutern. Und das geschieht mit Beispielen aus dem musikalischen Bereich.

Doch wir wollen noch einige Beispiele aufzeigen, wo die Musik als integriertes Handlungselement die allergrößte Rolle spielt. Es sind der eigentliche ›Musikroman‹ ›Der Weg zum Glück‹, das Romankapitel ›In der Heimath‹ und die den Kantor emeritus betreffenden Passagen aus der Jugendschrift ›Der Oelprinz‹.

*

Der ›Weg zum Glück‹ ist im wesentlichen die Doppelbiographie zweier Sänger-Karrieren: die der Magdalena Berghuber und die des Anton Warschauer, welche beide am Anfang des Romans als einfältige Naturkinder im bayerisch-tirolerischen Grenzgebiet unter den Namen Muhrenleni und Krikelanton bekannt sind, wo sie zahme Kühe hüten und wilde Gemsen schießen – und die, wie man so sagt, einander gut sind. Beide besitzen außergewöhnliche Naturstimmen, die entdeckt und gefördert werden. Leni wird protegiert vom guten König Ludwig und Anton von einem Wiener Musikprofessor Weinhold. Zum Lebensweg der beiden Sänger gesellt sich noch der des Wasserfex. Der ist ebenfalls ein Naturbursche, ohne Eltern, welcher vom Talmüller wie ein Sklave gehalten wird und der dennoch heimlich an verstecktem Ort sich autodidaktisch das Geigenspiel beibringt. Es kommt später noch der Lehrer Max Walther dazu, der sich ins Dorf hat versetzen lassen (die Lehrerstelle dort gilt als Strafstelle). Er kann Orgel spielen und hat in Regensburg einen Gesangverein dirigiert. Vor allem aber kann er aus dem Stegreif dichten. Es wirken ferner mit ein Architekt und ein Maler. Und alle vereinigen sich am Schluß des Romans zu einem Musik-Festival moderner Art, lange bevor man an Salzburg, Grenoble, Edinburgh oder Schleswig-Holstein dachte. Das alles geschieht natürlich im eigenen Festspielhaus (Bayreuth läßt grüßen!). Dort wird eine Oper auf einen Text nach der germanischen Mythologie gegeben, komponiert und dirigiert vom Wasserfex, gedichtet vom Lehrer Walther, und es wirken mit als Hauptdarsteller die Muhrenleni und der Krikelanton. In diesem Roman treten sogar Richard Wagner und Franz Liszt auf neben König Ludwig II. von Bayern. Der Text wurde nämlich ab 1886 geschrieben, unmittelbar nach dem Tod des Märchenkönigs und Franz Liszts.

Erster musikalischer Höhepunkt ist das Vorsingen vor dem König nach halbjährigem Gesangunterricht.

Wagner ... bat mit einer stummen Verbeugung den König um die Erlaubniß [zur Klavierbegleitung], und als dieser still lächelnd nickte, öffnete er das Pianino, setzte sich vor dasselbe und schlug einige leise Accorde an.»Meine Herren, Signora Mureni [d. i. die Muhrenleni] *wird die ›Marterblume‹ von Heinrich Heine singen, wenn Sie es gütigst gestatten.« »Componirt von – – –?« fragte der König. »Von einem unbekannten Compernisten, wie der Wurzelsepp sagen würde.« Diese Antwort genügte. Der König wußte nun, daß es eine jener Augenblickscompositionen Wagners sei, auf welche dieser keinen Werth zu legen pflegte, da er sie nur für gewisse Personen und Stimmen zu schreiben pflegte.*[76]

Da wird also ein Lied gesungen, das nie existiert hat, zumindest nicht als eines von Richard Wagner. Aber Heinrich Heine als Texter Richard Wagners anzugeben ist nicht schlecht ausgedacht; von Heine stammt immerhin die Vorlage zu Wagners ›Fliegendem Holländer‹. Und ein weiteres Gedicht von Heine hatte Wagner tatsächlich schon 1840 – gleichzeitig mit Robert Schumann übrigens, aber in französischer Übersetzung – ebenfalls vertont: ›Die beiden Grenadiere‹. Doch diese Lieder scheint Karl May nicht gekannt zu haben, denn die beste Gelegenheit einer Erwähnung in der ›Liebe des Ulanen‹, im Gespräch zwischen Hugo von Königsau und Kunz von Goldberg über Napoleon und Heines Gedicht, bleibt ungenutzt.[77]

Der ›Weg zum Glück‹ hätte unter günstigeren Voraussetzungen ein Entwicklungsroman mit allerdings mehreren Helden werden können, deren Bildungsgang hier unter einem Sammeltitel – eben: ›Der Weg zum Glück‹ – aufgezeigt wird. Denn daß Karl May mit dem Titel speziell eine erfolgreiche Künstlerlaufbahn meinte, das entschlüpft ihm unversehens bei der Neufassung des Stoffes im Kapitel ›In der Heimath‹ aus dem Roman ›Krüger-Bei‹;[78] wir gehen darauf noch ein.

Diese Helden sind allesamt Künstler, drei davon insbesondere Musiker, nämlich die Sänger Leni und Anton und der Geigenvirtuos und Komponist Fex. Es wäre sicherlich reizvoll zu erforschen, inwieweit im Roman die mitgeteilten Lebenssituationen der Handlungsträger realistisch und ihre Entwicklung psychologisch stimmig ist.

Da wird zum Beispiel ein Konzert geschildert, in dem die inzwischen im Schnellverfahren ausgebildete dramatische Sopranistin mit dem

Künstlernamen Signora Mureni ihr Debüt gibt. In diesem Konzert musiziert nicht nur ›Altmeister Franz Liszt‹ auf eigens mitgebrachtem Flügel, sondern es tritt ein fiktiver Geigenvirtuose namens Rialti auf, der »*Variation(en) über ein Thema von Spohr*«[79] spielt. Die Beschreibung des Spielers bei der Arbeit verrät den Autor May durchaus als Könner des Geigenspiels. Anderes, nämlich wie der Wasserfex so gänzlich als Autodidakt, nur mit einem Lehrbuch und ohne das Korrektiv des Lehrers, das Violinspiel und die Kompositionslehre erlernt haben will, ist unrealistisch und nur mit Old Shatterhands Reit-, Schieß- und Fremdsprachkünsten zu vergleichen. Dennoch: wenn man die nachfolgende Entdeckung des Wasserfex als Musiktalent auf Karl Mays eigene Lebenssituation überträgt, so könnte man aus dem Roman leicht die Entdeckung eines Schriftstellertalentes durch den kenntnisreichen Kolporteur Münchmeyer herauslesen.

Mit einiger Phantasie läßt sich noch mehr – wahrscheinlich unbewußt – Verschlüsseltes entdecken. Nicht erst seit dem Mittelalter sind die keltischen und irischen Barden als singende Dichter bekannt. Schon die Ilias beginnt mit den Worten »Singe, o Göttin«, wenn Homer das E r z ä h l e n meint. Und Wagners Siegfried bietet dem Jagdgenossen Gunther kurz vor seiner Ermordung an »So sing ich dir Mären aus meinen jungen Tagen«. Auch er meint natürlich E r z ä h l e n.

Die Biographie des Sängers kann man demnach als den Entwicklungsroman eines E r z ä h l e r s lesen. Wobei – es wurde schon gesagt – der Held, den es zu entwickeln gilt, sich in mehrere Personen aufspaltet: in den Krikelanton, der die negativen Eigenschaften verkörpert; in den Lehrer Walther (dessen verdächtiger Vorname Max, statt May, aufhorchen läßt), der auf eine Strafstelle sich hat versetzen lassen, der die Orgel spielt und dirigiert und der sogar aus dem Stegreif improvisierend dichtet (man kann sicher sein, daß May das auch konnte); und schließlich in den Wasserfex, der geigt und komponiert und eine Traumkarriere erlebt. Die Fähigkeit des Schreibens auf verschiedenen Lese-Ebenen, die Hans Wollschläger am Beispiel des ›Silbernen Löwen‹ überzeugend demonstriert hat,[80] ist schon in Mays letztem Kolportageroman[81] vorbereitet.

Für die Karriere des Gesangsolisten dagegen kann die Wahrscheinlichkeit wenigstens für die damalige Zeit bejaht werden. Mitten im ›Silberlöwen‹-Roman nämlich lesen wir plötzlich, nachdem der kranke Effendi die wunderschöne Tenorstimme des Tifl gehört hat: *Allwissender Pollini! Von unserm Tifl aber hast du nichts gewußt, sonst wärest du schon längst hier bei den Dschamikun gewesen, um wo möglich den Besitzer dieser gradezu phänomenalen Stimme hier auf- und daheim am Alsterbassin wieder abzuladen!*[82]

Bernhard Pollini (eigentlich Baruch Pohl) lebte von 1838 (anderen Quellen zufolge 1836) bis 1897. Er war ursprünglich Bassist, dann Impresario, reiste mit einer eigenen ›Operngesellschaft Pollini‹ durch Europa; übernahm ab 1874 die Direktion des Hamburger Stadttheaters (des Vorgängerinstituts der Hamburger Staatsoper, zwei Minuten Fußweg vom Alsterbassin entfernt) und hatte zeitweise zugleich mehrere Theater, nicht nur in Hamburg, zu leiten. Er war also ein Generalintendant par excellence, was ihm den volkstümlichen Namen ›Mono-Pollini‹ eintrug. Übrigens ist das Wortspiel ›Pollini‹ statt ›Pohl‹ wiederzufinden in den von May erdachten Künstlernamen ›Mureni‹ statt ›Muhrenleni‹ und ›Criquolini‹ statt ›Krikelanton‹. Pollini hatte ein Gespür für Talente. Nicht nur holte er 1887 Hans von Bülow und 1891 Gustav Mahler als Kapellmeister nach Hamburg. Im Zillertal entdeckte er den Sänger Georg Maikl (1872-1951), der 1899-1904 in Mannheim und anschließend an der Wiener Hofoper wirkte. Georg Maikl sang dann, lange nach Pollinis Tod, in den Salzburger Festspielen, damals Außenstelle der Wiener Staatsoper, von 1922 bis 1938 große Tenorpartien, u. a. den Don Ottavio, den Belmonte, den Tanzmeister, den Vogelsang; und zwar unter den bedeutendsten Dirigenten der Zeit: Richard Strauss, Franz Schalk, Clemens Krauß, Felix Weingartner, Arturo Toscanini und Wilhelm Furtwängler, was eigentlich für seinen Rang spricht ...[83] Von diesem Maikl könnte Karl May im Jahr 1902, als er am ›Silberlöwen‹ schrieb, schon gewußt haben. Da war er freilich über den Kolportageroman ›Der Weg zum Glück‹ schon hinausgewachsen. Aber die Tatsache einer Tiroler Traumkarriere bleibt bestehen. Wie sagt doch Karl May in seinem zweiten großen ›Musikromantext‹ ›In der Heimath‹? *Ja, das Leben ist der phantasiereichste Romanschriftsteller, und er schreibt nicht nur in Amerika, Asien und Afrika ..., sondern auch in Europa, in Deutschland, in Bayern, Sachsen ...*[84]

Von Hans Wollschläger stammt eine – flüchtig in kleinem Kreis mitgeteilte – Beobachtung: daß bei May oft ein Themenstoff zweimal abgehandelt ist. So kennen wir zwei Südamerika-Romane (›Das Vermächtnis des Inka‹ und ›El Sendador‹), so kennen wir zwei Romane, die sich mit Sklavenhandel befassen (›Die Sklavenkarawane‹ und ›Der Mahdi‹), zwei Romane beschäftigen sich mit dem Llano (›Der Geist des Llano estacado‹ und ›Old Surehand‹, 1. Band). Und zu dieser doppelten Themen-Durchführung gehören auch ›Der Weg zum Glück‹ und ›In der Heimath‹.

*

Der ›Heimath‹-Text gehört eigentlich zu dem Roman ›Krüger-Bei‹ (der später ein Teil von ›Satan und Ischariot‹ wurde), war aber schon im ›Hausschatz‹-Vorabdruck vom Redakteur Heinrich Keiter herausgestrichen worden.[85] Karl May hat sich darüber geärgert, dann aber später in der Buchausgabe des Verlages Fehsenfeld (›Satan und Ischariot‹, 2. Band) den Romanteil nicht mit aufgenommen, sondern nur eine erklärende Zusammenfassung geschrieben, die den Kontext mit dem weiteren Romanverlauf herstellt.

Wie der ›Weg zum Glück‹ handelt der ›Heimath‹-Text von der Ausbildung einer Sängerin und eines Geigers. Karl May, der hier unter eigenem Namen auftritt und *Doctor* genannt wird,[86] besucht kurz vor Weihnachten seinen ›einstigen Lehrer‹, den Linguisten und Professor.[87] (Der Name Vitzliputzli kommt nur in der erwähnten Bearbeitung vor; es ist der verballhornte Name einer aztekischen Gottheit, bekannt aus Heinrich Heines Sammlung ›Romanzero‹ als Titel eines Gedichtes.)

Bei dem Professor hört der Erzähler durch das geöffnete Fenster die Klänge eines Gesangvereins in der Probe, und er erkennt zu seiner größten Überraschung e i g e n e Kompositionen, von denen er die Partituren dem Professor leihweise überlassen hatte. Dieser gab sie an den Gesangverein weiter in der irrigen Annahme, es seien Kompositionen von Mozart. Der Erzähler stellt das richtig, indem er sich im Gesangverein als der wirkliche Komponist zu erkennen gibt und dieses beweist, indem er die schwierigen Passagen der Motette – wo der Gesangverein in der Probe stets ›umgeworfen‹ hat – auswendig und natürlich fehlerfrei zu singen vermag.

Der Erzähler und Komponist macht allerdings seine Urheberrechte aufs energischste geltend. Doch dann spendiert er *zwei Terrinen Grogk*[88] (sic). Die Musikanten, allesamt arme Erzgebirgler, sind den Alkoholgenuß nicht gewohnt. Unter seinem beschwingenden Einfluß benutzen sie auf dem Heimweg, der bergab ins Dorf führt, ihre Musikinstrumente als Schlitten durch den Schnee. Dabei geht das Violoncello des Strumpfwirkers Vogel entzwei. Der Erzähler nimmt sich des Instrumentes an, und so macht er die Bekanntschaft der Familie Vogel. Da ist die hübsche 17jährige Tochter Martha, da ist ihr jüngerer Bruder Franz, der ein talentierter Geigenspieler sein soll. Der Erzähler macht die Probe aufs Exempel, findet den Knaben tatsächlich hochbegabt, bringt später einen befreundeten Kapellmeister mit, der die Prüfung wiederholt, und man ist sich einig, daß der Junge unbedingt gefördert werden muß. Er soll allerdings zur Ausbildung von den Eltern weg in die Stadt nach Dresden umsiedeln. Die Schwester Martha muß nun den minderjährigen Bruder nach Dresden begleiten und dort als Aufsichtsperson wohnen. Sie verdingt sich als Hilfsarbeiterin in der Verlagsdruckerei, wo sie ständig mit dem Erzähler, dem *Doctor*, zu tun hat. Es bleibt nicht aus, daß sie sich in ihn verliebt. Nebenbei erfährt der Erzähler, daß sie vom Kapellmeister zur Sängerin ausgebildet wird, weil sie stimmlich ebenso begabt ist wie ihr Bruder Franz im Spiel auf der Violine. Nach einer längeren Abwesenheit kehrt der Erzähler nach Dresden zurück und erlebt just das erste Auftreten der Sängerin Martha Vogel. Er bringt als Begleitung einen reichen Bekannten mit, welcher sich im Konzert auf der

Stelle in Martha verliebt und sie zu heiraten begehrt. Weil nun Martha spürt, daß sie vom Erzähler keine Gegenliebe empfängt, gibt sie aus Trotz und Verzweiflung dem Werben des Fremden nach, obwohl sie doch eigentlich nur für den ›Doctor‹ singen wollte.

So weit der ›Heimath‹-Text. Es gibt ganz wesentliche Parallelen zum ›Weg zum Glück‹. Die Einwilligung zum Musikstudium geben die Eltern dem Knaben Franz nicht so leicht und alsbald, wie es nach unserer Inhaltsangabe erscheint. Und so schreibt Karl May: *Ich ging während meines Aufenthaltes im Dorfe noch einige Male zum Strumpfwirker Vogel und gab mir alle Mühe, diesen Leuten beizubringen, daß es die größte Versündigung an ihrem Kinde sei, diesem den W e g z u m G l ü c k zu verschließen.* Der Weg zum Glück, das ist hier: *ein berühmter Geiger zu werden.*[89] Später, da Martha ihr erstes Lied gesungen hat – Mays Lieblingslied ›Wenn sich zwei Herzen scheiden‹ (wobei leider der Komponist nicht genannt wird) –, wählt sie noch ein zweites Lied mit dem Titel ›Sternenhell‹ und ›Weltennacht‹.[90] Der Name des Komponisten ist im Romantext ungenannt, ebenso wie der Komponist der ›Marterblume‹ im ›Weg zum Glück‹, wo die Muhrenleni mit Richard Wagner musiziert. Der anonyme Komponist ist nämlich hier auch der Capellmeister selber.

Aus dem ›Weg zum Glück‹ ist dem Leser ferner bekannt, daß der Krikelanton, der Geliebte der Leni, durchaus nicht möchte, daß sie eine Sängerin wird, was dann schließlich auch zum Bruch der Beziehung führt. Und ganz genauso empfindet der Erzähler in der ›Heimath‹. *Also Martha wollte, oder vielmehr sie sollte eine Sängerin werden! Dieser Gedanke war mir widerwärtig! Das Äußere hatte sie dazu, vielleicht auch die Stimme, denn ihre ganze Familie war musikalisch veranlagt. Aber ihr Herz, ihr Gemüth, ihre Einfachheit, Bescheidenheit, ihre trotz der Jugend so ausgesprochene Solidität! All diese Eigenschaften, die ebenso viele Vorzüge waren, kamen dadurch in Gefahr, verloren zu gehen!*[91]

Wenn wir bisher unterstellten, daß in der Figur des Krikelanton ein Stück Mayscher Selbstdarstellung steckt, dann finden wir hier im ›Heimath‹-Text ein Indiz dafür: Der Krikelanton von 1886 empfindet und handelt genau so wie der ›Doctor K. M.‹ – wie Karl May. Verborgene Selbstbiographie? Vielleicht stehen der Forschung noch Überraschungen bevor, besonders in dem bereits erörterten Zusammenhang: als Karl May wegen einer *Theaterangelegenheit* nach Leipzig fuhr ...

Abgesehen von diesen grundsätzlichen Überlegungen ist der ›Heimath‹-Text in musikalischer Hinsicht sehr ergiebig. Als der ›Doctor‹ den Probenraum des Gesangvereins betritt, erinnert er sich an Schillers Jamben ›An die Künstler‹: »*Der Menschheit Würde ist in Eure Hand gegeben; / Bewahret Sie! / Sie sinkt mit Euch, / Mit Euch wird sie sich he-*

ben.« Er hat recht. Man stelle den ersten besten Nachtwächter an ein Notenpult und gebe ihm eine Stimme in die Hand, so wird man sehen, wie der Ausdruck seines Gesichtes sich verändert. Er ist jetzt nicht Nachtwächter, sondern Sänger. Und Sänger sind Helden! Dieser Ausdruck wohlbewußter künstlerischer Würde lag auch auf den Gesichtern dieser Leute ..., verwandelte sich aber sofort in einen ganz andern, als sie uns erblickten. Ihr Zimmer war jetzt ein Heiligtum, welches nur Mitglieder betreten durften.[92]

Über den Dirigentenkollegen des Gesangvereins sagt May folgendes: »*Der Herr Director ist ein ausgezeichneter Dirigent; aber er kann unmöglich wissen, wie der Componist verschiedene Stellen gemeint hat und vorgetragen wissen will. Darum wünsche ich, das Stück* [d. h. Mays eigene Komposition] *jetzt selbst einmal vornehmen und mit Ihnen einüben zu dürfen.*«[93] Diese Bemerkung diskreditiert von vornherein jeden Dirigenten, der ein nicht von ihm selber komponiertes Stück aufführen will. Was soll er denn machen, wenn der Komponist nicht mehr lebt und also nicht mehr sagen kann, wie er verschiedene Stellen gemeint habe. Diesen Satz hätte der Autor als Dichterkomponist besser unterlassen, so sehr ein jeder Dirigent auch das Korrektiv des Komponisten schätzen sollte. Doch die Chorsänger ordnen sich dem Gastdirigenten willig unter: »*Du, Nachbar, komm rasch her und schau mal zu! Der verstehts aber, der Lingenist. Was der mit dem Fidelbogen für Vissematenten macht! An dem zappelt Alles!*« *Mit dieser Anerkennung meines Dirigententalentes konnte ich zufrieden sein ... Endlich waren wir fertig. Die Cantate ging wie am Fädchen ... Das ist die Kunst des Dirigierens. Der Dirigent muß den Sänger am Blicke festhaben wie ein Kutscher das Pferd am Zügel.*[94] – Na also, dem kann selbst ein Fachmann nichts mehr hinzufügen.

Sehr interessante Bemerkungen liest man zur Instrumentation: *Ganz besonders interessierte mich die Kapelle. Diese Leute spielten nach ihrem Wissen und Können wirklich ausgezeichnet. Besonders hatte der Celloer sein Instrument gut in der Gewalt; er begleitete nicht, sondern er spielte die Melodie mit*[95] – ebenso wie in der Blaskapelle das Tenorhorn oder gar das Euphoneum die Melodie in der Tenorlage nach unten verdoppelt. Und erst unter dem Einfluß des *Grogk* spielen die Musiker gleichsam polytonal, aber von der Instrumentation her richtig: *Der Violinist die Melodie, die Gitarren den Nachschlag, und der Bassist markiert den Takt mit dem Grundton.*[96]

Karl May nennt im Text die Namen von seinerzeit berühmten Geigern: Er spricht von Ole Bull (1810-1882), einem norwegischen Violin-Virtuosen und Schüler Spohrs; er nennt August Wilhelmi (1845-1908), den Vorgeiger des Bayreuther Nibelungen-Orchesters, der 1886-1894 in Dresden-Blasewitz lebte.[97] Aber er erwähnt auch *eine nicht etwa leichte Etude von Czerny oder Clementi*.[98] Diese Herren waren aber keine Geiger, sondern Pianisten, die sicher keine Violinetuden geschrieben haben. Czerny war Schüler Beethovens und später der Lehrer von Franz Liszt. Eigenartig berührt den Leser die Beschreibung des zeitgenössischen *Tongemälde(s)* von einem ›unbekannten Componisten‹ – gemeint ist der Kapellmeister-Freund, der das May-Gedicht ›Wenn um die Berge von Befour‹ vertont hat. *Es war eine ganz eigen-, eine ganz fremdartige Musik ... Die Harmonien verbanden sich zu grotesk erhabenen Tonfiguren. Sterne funkelten darüber; es klang wie heidnisch-frommes Urwaldrauschen ...*[99] Man muß angesichts dieser interessanten Beschreibung bedauern, daß die biographischen Quellen nichts darüber aussagen, welche zeitgenössische Musik Karl May wohl um 1891 – das ist die Entstehungszeit von ›Satan und Ischariot‹ – gehört haben mag. In diese Zeit fällt zugleich der Beginn der Freundschaft mit dem Ehepaar Plöhn. Klara Plöhn war bekanntlich eine leidenschaftliche Wagnerianerin. Da wäre es denkbar, daß May bei einem gemeinsamen Konzertbesuch zum ersten Mal Musik von Richard Wagner hörte, die ihn bei seiner konservativen Musikliebe befremdet hat; ›fremdartige Musik‹, ›groteskerhabene Tonfiguren‹ – so kann man sich wohl ausdrücken, wenn man etwas beschreiben soll, was einem nicht gefällt, und wenn man einem dritten nicht wehtun will. Doch das ist eine reine Hypothese.

Als biographische Erinnerung registrieren wir den Namen des Gesangvereins ›Lyra‹ zu Ernstthal, der auch im ›Vermächtnis des Inka‹ und im ›Blau-roten Methusalem‹ genannt wird,[100] ebenso wie das *Doppelquartett*,[101] das uns auch beim Vortrag des ›Ave Maria‹ in ›Winnetou III‹ begegnet ist.

Biographisch hochrelevant ist nun gar die Passage, wo May seine Urheberrechte an den vermeintlichen Mozartstücken geltend macht. Der Erzähler sagt zum Professor: *»Ich muß ins Wirthshaus, um den Leuten anzudeuten, daß sie die beiden Stücke nicht aufführen dürfen. ... Ich habe das Recht dazu. Sie kennen doch das Gesetz!«... »Man darf nicht singen, wenn der Componist nicht will. ... Aber wenn sie dennoch singen?« »So zeige ich sie an und lasse sie wegen unbefugter Wiedergabe meiner Composition bestrafen.«*[102] Später sagt der Erzähler zu den Sangesbrüdern: *»Sie sollen die beiden Lieder behalten, aber ich stelle ... Bedingungen, welche Sie streng einhalten müssen!« »Welche?« fragte der Bäcker. »Ich als Vorstand unseres Vereines ›Lyra‹ erkläre hiermit, daß wir die Bedingungen halt'n werden, wenn sie eenmal von uns eingegangen word'n sind. Mein Ehrenwort darauf! Oder woll'n Sie's lieber schwarz off weiß haben?« »Nein; ich glaube Ihnen!« »So lass'n Sie mal hören!« »Erstens geben Sie weder Partitur noch Stimmen jemals aus der Hand. Höre ich, daß ein anderer Verein eins der beiden Stücke gesungen hat, so verklage ich Sie auf Strafe und Schadenersatz!«*[103] Die Abmachungen mit dem Vorstand des Gesangvereins entsprechen ganz den Abmachungen Mays mit dem Verleger Münchmeyer über seine Kolportageromane.

Wenn die Entstehungszeit des ›Heimath‹-Textes mit dem Jahr 1891 übereinstimmt, dann spiegelt diese Sequenz exakt den Wahrheitsgehalt von Mays Aussagen in ›Mein Leben und Streben‹ von 1910 wider.[104] Es ließe sich noch vieles sagen, doch will ich mich beschränken auf eine letzte Beobachtung. May nennt den Strumpfwirker Vogel abwechselnd ›Cellisten‹, ›Celloisten‹ und auch ›Celloer‹. Einmal nennt er ihn sogar *Wolf* statt ›Vogel‹ und zwar bei der unglücklichen Schlittenpartie.[105] Diese Episode wirkt im Zusammenhang des Ganzen etwas überflüssig, gehört mehr zum Stoffkreis der Humoresken. Es läßt sich daher denken, daß May hier einen früheren Text eingearbeitet hat, wo der Protagonist nicht ›Vogel‹, sondern ›Wolf‹ heißt. *Lupus in fabula* ist denn auch ein Zitat, das bei May öfters vorkommt.[106] Für diese Annahme spricht mindestens der Titel *Ein Celloer* aus dem ›Repertorium C. May‹.[107]

*

Der dritte Roman, in dem Musik eine größere Rolle spielt, ist ›Der Oelprinz‹. Die Handlung ist im wesentlichen die abenteuerliche Reise deutscher Auswanderer, die im westlichen Amerika eine neue Heimat suchen. Ihnen hat sich der Dorfkantor Matthäus Aurelius Hampel aus Klotzsche bei Dresden angeschlossen. Dieser Mensch entpuppt sich mit seinen ersten Sätzen als ein spleeniger Künstler, der seinen Kirchendienst aufgegeben hat – freiwillig oder unfreiwillig, das sei dahingestellt –, um nur noch der Kunst zu leben. Deshalb legt er auf den Zusatz e m e r i t u s zum Titel ›Kantor‹ stets und immer wieder größten Wert. Er will eine *Heldenoper von zwölf Akten komponieren*, eine Trilogie, auf drei Abende verteilt, deren Text er selber zu schreiben gedenkt.[108] Er ist 35 Jahre alt, hat eine Fistelstimme, trägt seltsame Kleidung und imitiert Tag und Nacht fortgesetzt alle möglichen Musikinstrumente; dabei glaubt er fest daran, unter dem Schutz der Musen zu stehen.[109] Doch damit bringt er seine Reisegefährten oft in größte Schwierigkeiten. Geradezu gemeingefährlich wird er, wenn er eine Indianerschlacht herbeiführen will, weil er ein Sujet für sein Bühnenwerk braucht.

So abwegig, wie seine Persönlichkeit geschildert ist, sind auch seine Aussagen zur Musik. Bei der Ouvertüre will er, wenn das Cello im Orchester fehlt, dessen Stimme der dritten Trompete übergeben.[110] Das ist Unsinn. Es hat noch nie ein Orchester ohne Cello gegeben (in Wagners Nibelungen-Orchester sind deren sogar zwölf vorgeschrieben); wohl aber gab es Orchester ohne Trompeten. Von Haydns 104 Symphonien sind etwa dreiviertel nur von Oboen und Hörnern, dazu aber mit chorischem Streichorchester besetzt. Seine Oper will er nicht mit Verstand komponieren, sondern *mit Generalbaß und Kontrapunkt*. Er wünscht Hexameter und nicht Jamben; dazu braucht er *einen kräftigen, einen gi-*

gantischen, einen cyklopischen Text.[111] Er plant einen Chor der Mörder für doppeltes Sextett, eine Gnadenarie und einen Sieges- und Einzugsmarsch.[112] Des Kantors Gegenstück ist der halbgebildete ›Forschtgehilfe‹ Hobble-Frank aus Moritzburg, der früher im Gesangverein gesungen hat. Der improvisiert ein Auftrittslied des Winnetou:

> *»Ich bin der große Winnetou,*
> *in Amerika geboren,*
> *Habe Oogen, aber nu!*
> *Rechts und links zwee scharfe Ohren«*[113]

– was dem Kantor aber nicht gefällt. Offenbar hat er es mehr mit der großen zeitgenössischen Musik. Darauf deutet nicht nur die Trilogie, die auf drei Abende verteilte Zwölfaktigkeit, sondern auch sein Plan, selbst den Text zu schreiben. Er will einen Petroleumsee auf die Bühne bringen, anstatt ganz schlicht auf dem Grund des Mississippi spielen zu lassen. Kurzum: er fühlt sich als *Zukunftskomponist.* Und was das ist, wissen wir seit dem 3. Band ›Winnetou‹, wo der Neger Bob die Zukunftsmusik auf japanischen Instrumenten studiert.[114]

Die Anspielungen auf Richard Wagner und dessen Tetralogie sind deutlich, doch kann man nicht empfinden, daß der Autor May sich als subtiler Kenner oder gar Freund der Wagnermusik erweist, was ja schon am ungenauen Zitieren *»Ring d e r Nibelungen«*[115] deutlich wird. So würde kein Wagnerianer sprechen. Zur Deutung des Kantor emeritus hat sich Heinz Stolte zweimal ausführlich geäußert; in seinem Essay über die Affäre Stollberg kommt er zu dem Schluß, daß »Herr Hampel ein anderer, verfremdeter Karl May ist (...), zugleich ein Trauma seines Autors«.[116] Und wiewohl Karl May selber oft zu Späßen aufgelegt war, wenn es ihm gut ging, verriet doch das Plädoyer seines Pflichtverteidigers Haase im Mittweidaer Prozeß, daß May auch in Zeiten seines Infernos ein Spaßmacher war, der in der Hauptverhandlung »den Eindruck eines komischen Menschen (machte), der gewissermaßen aus Übermuth auf der Anklagebank zu sitzen schien«.[117] Wie sagte Hobble-Frank, allerdings in anderem Zusammenhang? *»Wo du nich bist, Herr Organist, da schweigen alle Flöten«,* – ein Satz, den er ganz offenbar im ›Büchmann‹ gefunden hat.[118]

E x k u r s : Karl Mays Verhältnis zu Operntexten

Ich möchte mit einem verräterischen Zitat beginnen:

Die Maschine des Dampfers hatte gestoppt, und der Capitain war von der Commandobrücke gestiegen. Da öffnete sich die Cajütenthür und heraus trat ... (eine) Gestalt ... . Sehr lang und hager, war sie in grau und schwarz carrirten Stoff gekleidet. Der übermäßig hohe Cylinderhut, der riesige Regenschirm, den er in der Hand hatte, auch diese Beiden waren carrirt. An einem über die Achsel gehenden Riemen hing ein unendlich langes Fernrohr, welches bereits vor der Sündfluth existirt zu haben schien, und aus der linken, äußeren Brusttasche ragten zwei Gegenstände hervor, über welche man sich schier zu verwundern hatte, nämlich – – ein gewaltiger Streichriemen und ein Rasirmesseretui. In der Rechten hielt dieser höchst ungewöhnliche Mann ein Buch, auf dessen Umschlag in deutscher Sprache der Titel zu lesen war: »Textbuch. Die Entführung aus dem Serail. Große Oper von Wolfgang Amadeus Mozart.«[119]

Dieser graukarierte Lord Eagle-Nest aus dem Kolportageroman ›Deutsche Herzen, deutsche Helden‹ kannte offenbar nicht das chronologisch-thematische Köchelverzeichnis der Werke Mozarts, wo unter der Nr. 384 der Untertitel zur ›Entführung‹ korrekt lautet: ›Komisches Singspiel in 3 Akten‹. Was der Lord mit dem Operntextbuch vorhat, erfährt der Leser auf der nächsten Seite. Der Lord wird gefragt: *»Haben Eure lordschaftliche Herrlichkeit bereits eine türkische Frau oder ein türkisches Mädchen gesehen?« »Ja, natürlich! Zwar nicht hier, aber in Berlin. Famose Oper, die Entführung aus dem Serail von Mozart. Ich gehe nicht eher fort, als bis ich mir so Eine aus dem Harem geholt habe. Hier, da, sehen Sie, Capitain, da ist das Textbuch dazu! Es fehlen nur noch Frau und Harem. Aber Beide sind sehr leicht zu finden, denn Weiber und Harems giebt es hier in Masse.«*[120] Heinz Stolte hat in den genannten Essays die komischen Gestalten bei Karl May als Ich-Derivate erkannt. Was also hat die komische Gestalt des Eagle-Nest mit Mozarts Operntext vor? Er will ein e i g e n e s Erlebnis gestalten.

Obwohl sich in Mays Bibliotheksverzeichnis kein Textbuch zur ›Entführung‹ befindet, werden wir auf diesem Wege fündig. Vorweg sei festgehalten, daß der Name der lyrischen Tenorpartie – Belmonte – schon im Roman ›Die Liebe des Ulanen‹ auftaucht, als Deckname für den preußischen Offizier Arthur von Hohenthal, der unter der Maske eines Weinreisenden die feindlichen Strategien in Frankreich ausspioniert.

In Mays Notennachlaß befindet sich ein Klavierauszug von Mozarts ›Zauberflöte‹.[121] Leider aus dem Verlag Litolff – wie ich durch Autopsie festgestellt habe – und nicht von C. F. Peters, Leipzig. Dem alten Peters-Klavicrauszug geht nämlich ein Vorwort von Emil Vogel voraus, worin mitgeteilt wird, daß dem ›Zauberflöten‹-Libretto das »Märchen ›Lulu oder Die Zauberflöte‹ aus Wielands ›Dschinnistan‹ zugrunde liegt«.[122] Lassen wir vorerst die Reizworte Wieland und Dschinnistan beiseite und betrachten wir den Anfang der ›Zauberflöte‹.

Da kommt aus fernem Land der Prinz Tamino auf die Bühne und wird verfolgt von einer Schlange. Drei Damen retten ihn, indem sie die Schlange töten. Es eilt herbei der Naturmensch Papageno, der sich im weiteren Verlauf der Handlung als Taminos Begleiter, als sein komisches Gegenstück, erweist, der gern aufschneidet und folgerichtig alsbald behauptet, e r habe die Schlange erlegt.[123]

Am Anfang von Mays ›Dschinnistan‹-Roman kommen aus fernem Land der Ich-Erzähler Kara Ben Nemsi und sein langjähriger Begleiter (der sich manches Mal als komisches, aufschneiderisches Gegenstück erwies) in das Land Ardistan. Als erstes Lebewesen begegnet ihnen eine Riesenschlange. Halef erschrickt, und als der Sihdi sie erlegt hat, da nimmt Halef den Ruhm für sich in Anspruch: »*Das Ungetüm ... ging dahin, sobald wir kamen! ... Wenn ich ... komme, preisen mich alle Völker, und mein Lob erschallt über alle Länder der Erde.*«[124] Wenn sich auch nicht nachweisen läßt, daß May das Vorwort aus dem Peters-Klavierauszug gekannt hat, so wissen wir doch aus den Bibliotheksverzeichnissen, daß Karl May Wielands Werke in sechs Bänden besaß.[125] Auf Mays Kenntnis der ›Zauberflöte‹ verweist außerdem die stereotype Redewendung des Jim Snuffle aus dem Anfang des ›Silbernen Löwen‹: »*... das wäre doch das höchste der Gefühle*«[126] – was sich im ›Finale II‹ der Zauberflöte aus Papagenos Mund fast wortgleich anhört: »Es ist das höchste der Gefühle.«[127] Im gleichen ›Finale II‹ lautet der Gesang der drei Knaben »Bald prangt den Morgen zu verkünden«.

bald prangt den Morgen zu ver-kün-den

Horst Felsinger weist auf die Ähnlichkeit mit Mays ›Ave Maria‹ hin:

Es will das Licht des Tages scheiden

Sogar die Tonart Es-Dur ist die gleiche.[128]

Im Roman ›Die Liebe des Ulanen‹ sagt Nanon in bezug auf Richard von Königsau: »*Ich möchte diesen ... mit dem Recken Hüon in Wielands Oberon vergleichen.*«[129] Wir wissen heute: Karl Mays Bibliothek enthielt außer Wielands ›Oberon‹ auch noch das Textbuch zu Webers ›Oberon‹ mit einem Kommentar zur Werkgeschichte.[130]

Auch Beethovens ›Fidelio‹ ist Karl May nicht unbekannt gewesen. In seinem Musikalien-Nachlaß, den mir seinerzeit Roland Schmid bei meinem ersten Besuch in Bamberg vorlegte, sah ich eine Abschrift des berühmten Gefangenenchores aus dem ersten Finale der Oper, ohne Text zwar und ohne Quellenangabe, so daß ein oberflächlicher Betrachter hier die Skizze zu einer noch unbekannten May-Komposition vermuten könnte. Heute denke ich, Karl May hat die Noten vielleicht kopiert, um zu studieren, wie Beethoven einen vierstimmigen Satz für Männerchor zu schreiben pflegt. Aber auch der I n h a l t von Beethovens Oper ist in Mays Werk eingeflossen. Und so finden wir den wesentlichen Handlungsgehalt als Handlungsfaden im ›Ulanen‹-Roman wieder: Wie die Hauptperson sich in fremder Verkleidung beim Todfeind verdingt, um nach dem geliebten Angehörigen zu forschen, und ihn schließlich aus unterirdischem Verlies errettet. Über Wiedererkennungsszenen gibt es einen Funk-Essay von Ernst Bloch,[131] der außer der Anagnorisis in ›Fidelio‹ auch Wagners ›Walküre‹ und ›Elektra‹ von Strauß/Hofmannsthal heranzieht. Derartige Szenen sind auch für Mays Werke konstitutiv (ich erwähne nur den Schluß des ›Waldröschen‹ und die Rückkehr Gustav Brandts im ›Verlorenen Sohn‹). Angesichts einer Fülle solcher Szenen bei May können wir nur lebhaft bedauern, daß Ernst Bloch bei seiner durch Carl Zuckmayer bezeugten Detailkenntnis[132] leider keine Anagnorisis-Abhandlung über Karl May hinterlassen hat.

May hat auch Mozarts ›Don Giovanni‹ gekannt – im 19. Jahrhundert nannte man die deutsche Fassung noch ›Don Juan‹, wie durch Mörikes Novelle ›Mozart auf der Reise nach Prag‹ literarisch bezeugt ist. In Mays Musikalien befanden sich nämlich 1968 zwei Stimmblätter ohne Klavier- oder Orchesterbegleitung, die man früher wahrscheinlich für Kompositionen von Karl May gehalten hat. Ich verweise hier auf die Gegensatz-Symmetrie zu jener Szene im ›Heimath‹-Text, wo man Mays Kompositionen für Mozartsche hielt. Erst Hans Wollschläger schrieb in einer ungedruckten Bibliographie dazu: »wahrscheinlich nicht von May«. Die Handschriften sind Kopien der Singstimmen vom Duett Nr. 5 zwischen Zerline und Masetto: ›Liebe Schwestern zur Liebe geboren‹ und ›Liebe Brüder mit Leichtsinn im Herzen‹, das die bekannte Bauernhochzeit in ›Don Giovanni‹ einleitet. Es ist das gleiche Duett, das bei Mörike in der erwähnten Novelle eine Rolle spielt.[133] Zwei weitere Hinweise auf Mays ›Don Juan‹-Kenntnis liefern der Hobble-Frank im ›Schwarzen Mustang‹ mit dem Zitat ›Reich mir die Hand, mein Leben‹ (aus der gleichen Bauernhochzeits-Szene stammend) und das ›Buch der Liebe‹.[134] Wahrscheinlich fand die Verwechslung May oder Mozart schon einmal zwischen 1891 und 1896 statt, als Karl May sich nach längerer Pause erneut mit seinen Musikalien befaßte (und der Brief an Fehsenfeld von 1892 läßt möglicherweise genauere Eingrenzung zu). Die Verwechslung fand dann Niederschlag in den Erwähnungen beim Romankapitel ›In der Heimath‹. Der Verwechslungsvorgang selbst ist gespiegelt in der Szene, wo der Professor die Mayschen Kompositionen an den Gesangverein weitergibt, und zwar als Kompositionen von Mozart.[135]

Mays Kenntnis von Pius Alexander Wolffs Schauspiel ›Preziosa‹ – wahrscheinlich mit der Musik von Carl Maria von Weber – ist durch die Schilderung in der Selbstbiographie hinreichend bezeugt.[136] In ›Preziosa‹ wird ein Grafenkind von Zigeunern geraubt. Dieses Kolportagemotiv ist ein tragender Pfeiler des Romans ›Scepter und Hammer‹. Es lenkt zugleich die Aufmerksamkeit auf Verdis ›Troubadour‹. Verdis Name fehlt allerdings bei einer *Troubadour*-Erwähnung in ›Der Sohn des Bärenjägers‹ ebenso wie beim *Triumphmarsch* im ›Oelprinz‹,[137] den der Kantor emeritus komponieren will, dessen eigentliche Herkunft aber – wie jeder weiß – Verdis ›Aida‹ ist.

Schließlich brachte die Frage Hedwig Paulers nach der *Gnadenarie aus Robert und Bertram* mich auf eine heiße Spur.[138] In der Opernliteratur gibt es Gefangenenchöre, Pilgerchöre, Registerarien, Rosenarien, ›Nähmaschinenarien‹ (›O säume länger nicht‹), Wahnsinnsarien, Bildnisarien, Spiegelarien; aber eine *Gnadenarie für Bariton* gibt es nur im Kopf des Kantor emeritus.[139] Der Name einer fiktiven Oper ›Robert und Bertram‹ lenkt den May-Kenner zwar automatisch auf den ›Verlorenen Sohn‹ Robert von Helfenstein, der unter dem falschen Namen Robert Bertram in der sogenannten Residenzstadt lebt und dichtet. Doch fiel mir bei der Kombination und dem Sprachrhythmus ›Robert und Bertram‹ sogleich der Titel ›Robert der Teufel‹ ein, eine heute vergessene Oper von Giacomo Meyerbeer aus dem Jahr 1831. Und zum großen Erstaunen stellt sich bei Nachprüfung heraus, daß in dieser Oper zwei Hauptpersonen mit den Namen Robert und Bertram agieren, die sich zueinander in einem ähnlichen Abhängigkeitsverhältnis befinden wie Faust und Mephistopheles. Von dem Robert im Operntext wird gesagt, daß sein Gesicht ähnlich sei dem des Teufels auf einem Altarbild. Nun kann sich ein Christ auf einem Altarbild schwerlich die Abbildung des Teufels vorstellen; es sei denn, es handelt sich um die Darstellung der Versuchungsgeschichte aus Matthäus 4. Aber das Motiv: die Ähnlichkeit eines Gesichtes mit dem Antlitz des Teufels ist uns aus ›Satan und Ischariot‹ bekannt. Ich zitiere: *Aber was für ein Gesicht war das! Sobald ich es erblickte, fielen mir jene eigenartigen Züge ein, welche der geniale Stift Gustave Dorés dem Teufel verliehen hat.*[140] Karl May schildert dieses Gesicht auf anderthalb Seiten bis in Einzelheiten. An anderer Stelle beschreibt er Abrahim-Mamur, den Entführer der Senitza, ähnlich und genauer: *Es war ein eigentümliches, ein furchtbares Gesicht; es glich ganz jenen Abbildungen des Teufels, wie sie der geniale Stift Doré's zu zeichnen versteht, nicht mit Schweif, Pferdefuß und Hörnern, sondern mit höchster Harmonie des Gliederbaues, jeder einzelne Zug des Gesichts eine Schönheit, und doch in der Gesamtwirkung dieser Züge so abstoßend, so häßlich, so – diabolisch.*[141] Der wiederholte Hinweis auf Doré veranlaßte auch hier eine Nachprüfung. Doch in Dorés berühmter Bilderbibel gibt es nur ein einziges Teufelsbild, eben jenes mit der Versuchungsgeschichte. Und dieses zeigt den Teufel als gefallenen Engel, mit Flügeln und Hörnern. Von Einzelheiten des Gesichtes ist nichts zu erkennen, da das Halbprofil im Schatten liegt. Dieses Bild kann Karl May also nicht gemeint haben. Aber auch die Teufelsdarstellung zum 34. Gesang des Abschnittes ›Die Hölle‹ in Dantes ›Divina

Commedia‹ scheint Karl May nicht im Sinn gehabt zu haben. Mitten im Kreis der Verräter sieht man Luzifer, den gefallenen Engel, als Höllenfürst, aber mit Flügeln und Hörnern, bärtig und mit stechendem Auge.[142] Doch jeder Kenner weiß, welchen Stellenwert Dante für Karl May hatte. Im Noten-Nachlaß der Villa Shatterhand befindet sich ein Titel: ›Meyerbeer: Divertissement Robert der Teufel.‹[143] Divertissement ist ein veralteter Ausdruck für Potpourri, Melodienzusammenstellung. Der Zusammenhang zwischen Meyerbeers Oper, Hobble-Franks Auslassungen und einem Gesicht, das einer Teufelsdarstellung gleicht, scheint demnach nicht zufällig zu sein.

Richard Wagner, der selbst im ›Weg zum Glück‹ als persona dramatis auftritt, um Klavier zu spielen, Menschen zu retten, aus Rührung über den schönen Gesang der Muhrenleni zu weinen, der mit seinem ›Ring des Nibelungen‹ in Mays Werken zweimal Pate gestanden hat zu Opernkompositionen von May-Figuren: nämlich zu der Oper ›Götterliebe‹ des Wasserfex und zu einer zwölfaktigen Wildwest-Helden-Oper – Richard Wagner hat in seinen ›Meistersingern‹ eine sehr schöne Demonstration gegeben, wie der Schaffensprozeß des Dichters verläuft. Und er läßt einen der Altmeister singend erklären, wie eine sogenannte Bar-Form aufgebaut ist. Fritz Kothner liest im ersten Akt, in der Sing-Schul' der ›Meistersinger‹, aus den legibus tabulaturae vor:

> Eines jeden Meistergesanges Bar
> stell ordentlich ein Gemäße dar
> aus unterschiedlichen Gesetzen,
> die keiner soll verletzen.
>
> Ein Gesetz besteht aus zween Stollen,
> die gleiche Melodei haben sollen;
> der Stoll aus etlicher Vers Gebänd,
> der Vers hat seinen Reim am End.
>
> Darauf so folgt der Abgesang,
> der sei auch etlich Verse lang
> und hab sein besondere Melodei,
> als nicht im Stollen zu finden sei.

Das heißt in Prosa übersetzt: Die Bar-Form ist eine dreiteilige Form, deren einzelne Teile heißen: Erster Stollen, zweiter Stollen (deren beider Melodie identisch ist) und Abgesang. Oder – wie es der Musiktheoretiker sagt – eine AAB-Form. Es gibt auch andere Formschemata, zum Beispiel symmetrische Formen. Eine solche ist die Bogenform. wo die Wiederholung nicht nach dem ersten Stollen eintritt, sondern nach dem kontrastierenden Teil B, also eine ABA-Form, die man auch dreiteilige Liedform nennt. Wenn solche Bogenform gar aus fünf oder sieben Teilen besteht, dann nennt der Wagner-Forscher Alfred Lorenz sie eine vollkommene Bogenform: also A B C D C B A.[144] Wie Lorenz in einem mehrbändigen Analyse-Werk nachweist, lassen die primär musikalischen Formbildungen sich bei Wagners Bühnenwerken auch im textlich-inhaltlichen Handlungsaufbau erkennen, wobei die Buchstaben jetzt für charakteristische Handlungsszenen und parallele Entsprechungen stehen. Ich will damit nicht sagen, daß Lorenz Einfluß auf Karl May gehabt habe (Lorenz hat in der Zeit von 1900 bis 1907 in Städten Thüringens zahlreiche öffentliche Vorträge über formale Schönheiten in der Architektonik der Wagner-Opern gehalten, seine Bücher sind erst nach Mays Tod erschienen). Nein, die Praxis solcher formalen Anlagen ist viel älter, sie läßt sich zum Beispiel in Bachs Oratorien und Motetten ablesen.

Wenigstens e i n Beispiel solcher Formgestaltung soll bei May im Aufbau des Romans ›Der Oelprinz‹ nachgewiesen werden:

A: Beginn mit dem Auftritt der Auswanderer und der Finder-Bande
B: Der Ölprinz und sein Geschäftspartner werden eingeführt
C: Weiterreise der Auswanderer und Zusammenführung mit dem Ölprinzen
D: Konflikt feindlicher Indianerstämme
E: Betrug am Petroleumsee
D': Lösung des Indianerkonfliktes
C': Weiterreise und Konflikte mit Ölprinz und Bruder
B': Bestrafung des Ölprinzen und seines Bruders
A': Die Auswanderer am Ziel[145]

Fassen wir hier zusammen, so ist festzustellen: auch fremde Opernbücher erweisen sich als ergiebige Quelle für Mays Phantasie und Gestaltung.

III.

Wir wollen zum Schluß kommen. Die heute vorgetragenen Untersuchungen sollen nicht erörtern, ob Karl May ein verhinderter Musiker war, wie unser Eingangszitat oder der Schlußsatz aus Finkes Abhandlung von 1925 vielleicht erwarten ließ. Mays musikalische Fähigkeiten befanden sich auf der Höhe eines Lehrerorganisten mit der sogenannten C-Prüfung. Seine Kompositionen verraten allesamt die Herkunft vom volksliedhaften Satz eines Friedrich Silcher (1789-1860), der das volkstümliche Singen im Sinne Pestalozzis förderte. So gesehen war Karl May in diesem Bereich der Musik unbedingt auf der Höhe seiner Zeit, so daß der Freiburger Kirchenmusikdirektor Kunibertas Dobrovolskis schreiben konnte: »Es gibt viele katholische Kirchenchöre, deren Repertoire an Marien- und Grabgesängen das Qualitätsniveau der (...) Chorlieder [nämlich Mays ›Vergiß mich nicht‹ und ›Ave Maria‹; H. K.] nicht erreicht.«[146] Wichtig scheint mir jedoch die Erkenntnis, welchen Stellenwert die Musik für Karl May hatte.

Karl May hat die Abspaltung seines Ichs, sein Alter ego, in seinen Figuren – oft in komischen – personifiziert: in Halef Omar, dessen Namen Walther Ilmer über das Wortspiel Halef = Kalif = Stellvertreter entschlüsselt hat,[147] in Clowns und Harlekinen, wie wir es von Heinz Stolte hörten, und eben auch in Musikern: im Kantor emeritus, im Krikelanton, im Wasserfex, im Lehrerorganisten Walther.

Karl May benutzt die Musik in seinen Werken zur Selbstreflexion.

Karl May beschreibt oft groteske Musikszenen. Indem wir die Schilderung Adolphe Adams von einer europäischen, aber unzulänglichen Musikdarbietung dagegenhielten, erwies sich einmal mehr, daß Karl May europäische Zustände in exotischem Gewand beschrieb.

Karl May gewinnt mit Hilfe von Opernbüchern Sujets für seine eigenen Werke; und er baut die Architektur seiner Werke nach Prinzipien, die auch die architektonische Grundlage großer Musikwerke bilden.

Für Karl May schließlich war die Musik in schwierigen Lebensabschnitten eine Brücke, die ihm über Abgründe hinweghalf: Musik war für ihn Therapie.

*

Die oft bissig schillernde Zeitschrift ›Der Spiegel‹ hat Karl May einst als einen »Säkularmenschen« apostrophiert.[148] Wiewohl dies natürlich ironisch gemeint war, so war Karl May doch – wie wir aus dem ersten Straftaten-Vortrag von Claus Roxin in Kassel 1971 wissen – ein »Beispiel für vieles«.[149] Und so wundern uns nicht die vielfältigen Fäden, die ihn in seinem Leben auch mit der Musik verbinden.

Quod erat demonstrandum.

*

Für Informationen, Hilfestellungen und Anregungen danke ich Frau Hedwig Pauler und den Herren Wolfgang Hallmann, Heinz W. Hass, Ralf Harder, Hansotto Hatzig, Walther Ilmer, Dr. Harald Jenner, Dr. Christoph F. Lorenz, Lothar Schmid, Roland Schmid † und Dr. Hans Wollschläger.

1 Karl May: Wanda. In: Der Beobachter an der Elbe. 2. Jg. (1875), S. 544; Reprint der Karl-May-Gesellschaft. Hamburg 1974
2 Karl May: Ein Schundverlag. Ein Schundverlag und seine Helfershelfer. Prozeß-Schriften Bd. 2. Hrsg. von Roland Schmid. Bamberg 1982, S. 279
3 Vgl. Max Finke: Karl May und die Musik. In: Karl-May-Jahrbuch (KMJB) 1925. Radebeul 1924, S. 39-63.
4 Ernste Klänge. Zwei Chorlieder von Karl May (›Vergiß mich nicht‹ und ›Ave Maria‹). Thomas-Kantorei Hellbrook und Kirchenchor Lohbrügge. Leitung Hartmut Kühne. Privatpressung bei Teldec. Nr. TST 77383. Hamburg 1972
5 Horst Felsinger: Karl Mays Kompositionen. In: Mitteilungen der Karl-May-Gesellschaft (M-KMG) 12/1972, S. 14-17 – Claus Canisius: Karl Mays Ernste Klänge. In: M-KMG 18/1973, S. 30f. – Kunibertas Dobrovolskis: Karl May, etwas für Kirchenmusiker. In: Kirchenmusikalische Mitteilungen für die Erzdiözese Freiburg 8/1980, S. 7-13

- Reinhard Jaehn: Therapie und ferne Erfüllung: Karl May und die Orgel. In: Ars Organi. Zeitschrift für das Orgelwesen. 38. Jg. (1990), Heft 1, S. 19-28
6 Finke, wie Anm. 3, S. 39f.
7 Karl May: Mein Leben und Streben. Freiburg o. J. (1910), S. 228; Reprint Hildesheim-New York 1975. Hrsg. von Hainer Plaul
8 Ebd., S. 45, 48f.
9 Vgl. das von Jaehn, wie Anm. 5, S. 19, genannte Werk: Reinhard Vollhardt: Geschichte der Cantoren und Organisten von den Städten im Königreich Sachsen. Berlin 1899; Reprint Leipzig 1978.
10 Siehe Hainer Plauls Kommentar in May: Mein Leben und Streben, wie Anm. 7, S. 351f.* (Anm. 60); vgl. Finke, wie Anm. 3, S. 53.
11 Karl May's Gesammelte Werke Bd. 47: Professor Vitzliputzli. Radebeul 1927 (1. bis 15. Tsd.), S. 53 (Genaueres zu dieser Stelle aus ›In der Heimath‹ siehe unten bei Anm. 78.)
12 May: Mein Leben und Streben, wie Anm. 7, S. 50
13 Jaehn, wie Anm. 5, S. 20
14 May: Mein Leben und Streben, wie Anm. 7, S. 59-63
15 Ebd., S. 65f.
16 Fritz Prüfer: Die Zensuren des Schulamtskandidaten Karl May. In: KMJB 1925. Radebeul 1924, S. 26-38 (S. 38); Standort der Akten nachgewiesen in Plauls Kommentar in: May: Mein Leben und Streben, wie Anm. 7, S. 369* (Anm. 103)
17 Ausführliches und Quellennachweise bei Hermann Wohlgschaft: Große Karl-May-Biographie. Paderborn 1994, S. 73-81
18 May: Mein Leben und Streben, wie Anm. 7, S. 113
19 Hainer Plaul: Auf fremden Pfaden? Eine erste Dokumentation über Mays Aufenthalt zwischen Ende 1862 und Ende 1864. In: Jahrbuch der Karl-May-Gesellschaft (Jb-KMG) 1971. Hamburg 1971, S. 144-64 (151)
20 Klaus Hoffmann: Zeitgenössisches über ein »unwürdiges Glied des Lehrerstandes«. Pressestimmen aus dem Königreich Sachsen 1864-1870. In: Jb-KMG 1971. Hamburg 1971, S. 110-21 (110f.)
21 Plaul, wie Anm. 19, S. 157 – Vgl. May: Mein Leben und Streben, wie Anm. 7, S. 115.
22 Mein Leben und Streben, wie Anm. 7, S. 127f.
23 Ebd., S. 170-175
24 Jaehn, wie Anm. 5, S. 22; May-Zitat aus: Karl May: Meine Beichte (2. Fassung 1908). Faksimile in: Karl May's Gesammelte Werke Bd. 34: »Ich«. Bamberg [38]1992, S. 24
25 Vgl. May: Mein Leben und Streben, wie Anm. 7, S. 183, und Kommentar, S. 395*, (Anm. 169).
26 May: Ein Schundverlag, wie Anm. 2, S. 302f.
27 Ebd., S. 341 – Vgl. Karl May: Frau Pollmer – eine psychologische Studie. Prozeß-Schriften Bd. 1. Hrsg. von Roland Schmid. Bamberg 1982, S. 14 (S. 837 des Manuskripts).
28 Klara May: Die Lieblingsschriftsteller Karl Mays. Mit Anmerkungen von Hans Wollschläger. In: Jb-KMG 1970. Hamburg 1970, S. 149-55 (149)
29 Finke, wie Anm. 3, S. 58f.
30 Christian Heermann: Karl May, der Alte Dessauer und eine »alte Dessauerin«. Dessau 1990, S. 87
31 Karl May: Gesammelte Reiseromane Bd. III: Von Bagdad nach Stambul. Freiburg 1892, S. 372
32 Karl May: Der Scheerenschleifer. In: Für alle Welt. 5. Jg. (1881), S. 74; Reprint der Karl-May-Gesellschaft. Hamburg 1977
33 Klara May/Wollschläger, wie Anm. 28, S. 154
34 May: Mein Leben und Streben, wie Anm. 7, S. 119
35 Klaus Hoffmann: Karl May als »Räuberhauptmann« oder Die Verfolgung rund um die sächsische Erde. Karl Mays Straftaten und sein Aufenthalt 1868 bis 1870, 2. Teil. In: Jb-KMG 1975. Hamburg 1974, S. 243-75 (260f.)
36 Euchar Albrecht Schmid: Karl May und der »alte Dessauer«. In: KMJB 1918. Breslau 1918, S. 259f.

37 Franz Kandolf/Adalbert Stütz/Max Baumann: Karl Mays Bücherei. In: KMJB 1931. Radebeul 1931, S. 212-91 (274)
38 Siehe Claus Roxin: »Dr. Karl May, genannt Old Shatterhand«. Zum Bild Karl Mays in der Epoche seiner späten Reiseerzählungen. In: Jb-KMG 1974. Hamburg 1973. S. 15-73.
39 Reprint in: Christus oder Muhammed. Marienkalender-Geschichten von Karl May. Hrsg. von Herbert Meier. Hamburg 1979, S. 261
40 Karl May: Ernste Klänge. Heft I. Freiburg 1898; Reprint in: May: Christus oder Muhammed, wie Anm. 39, S. 262-68
41 Zit. nach Canisius, wie Anm. 5, S. 30
42 Finke, wie Anm. 3, S. 60
43 Vgl. Hans Wollschläger/Ekkehard Bartsch: Karl Mays Orientreise 1899/1900. In: Jb-KMG 1971. Hamburg 1971, S. 165-215 (193f.)
44 Finke, wie Anm. 3, S. 61
45 Jaehn, wie Anm. 5, S. 24
46 Karl May: Gesammelte Reiseerzählungen Bd. XXXII: Ardistan und Dschinnistan II. Freiburg 1909, S. 183, 206
47 Jaehn, wie Anm. 5, S. 24
48 Karl May: Gesammelte Reiseromane Bd. IV: In den Schluchten des Balkan. Freiburg 1892, S. 373
49 Karl May: Gesammelte Reiseromane Bd. IX: Winnetou der Rote Gentleman III. Freiburg 1893, S. 281
50 Karl May: Deutsche Herzen, deutsche Helden. Dresden 1885-87, S. 4; Reprint Bamberg 1976
51 Karl May: Der Kiang-lu. In: Karl May: Gesammelte Reiseromane Bd. XI: Am Stillen Ocean. Freiburg 1894, S. 82
52 Karl May: Gesammelte Reiseerzählungen Bd. XXII: Satan und Ischariot III. Freiburg 1897, S. 79
53 Karl May: Der Sohn des Bärenjägers. Stuttgart 1890, S. 415; Reprint Bamberg 1995
54 Ebd., S. 28
55 Karl Mays Werke. Historisch-kritische Ausgabe. Abt. II Bd. 9: Die Liebe des Ulanen I. Hrsg. von Hermann Wiedenroth und Hans Wollschläger. Bargfeld 1994, S. 227
56 Karl May: Gesammelte Reiseerzählungen Bd. XXX: Und Friede auf Erden! Freiburg 1904, S. 190
57 Karl May: Ein Oelbrand. In: Das Neue Universum. 4. Bd. (1882/83), S. 2; Reprint in: Jb-KMG 1970. Hamburg 1970, S. 222
58 May: Wanda, wie Anm. 1, S. 700
59 Karl May: Der blau-rote Methusalem. Stuttgart 1892, S. 526; Reprint Bamberg-Braunschweig 1975
60 Karl May: Das Vermächtnis des Inka. Stuttgart 1895, S. 64; Reprint Bamberg-Braunschweig 1974
61 Siehe Herbert Meier: Vorwort. In: Karl May: Der Waldkönig. Erzählungen aus den Jahren 1879 und 1880. Hrsg. von Herbert Meier. Reprint der Karl-May-Gesellschaft. Hamburg 1980, S. 11.
62 Vgl. Harold C. Schonberg: Die großen Dirigenten. München 1973, S. 62 (List-Taschenbuch).
63 Karl May: Gesammelte Reiseromane Bd. VIII: Winnetou der Rote Gentleman II. Freiburg 1893, S. 173
64 Karl May: Gesammelte Reiseromane Bd. V: Durch das Land der Skipetaren. Freiburg 1892, S. 302ff., 340
65 May: Mein Leben und Streben, wie Anm. 7, S. 209
66 Karl May: Der Amsenhändler. In: Münchmeyer's illustrirter Haus- und Familien-Kalender. 3. Jg. (1884), S. 5-11; Reprint in: Unter den Werbern. Seltene Originaltexte Bd. 2. Hrsg. von Herbert Meier. Hamburg 1986
67 Karl May: Der Scout. In: Deutscher Hausschatz. XV. Jg. (1888/89), S. 170; Reprint der Karl-May-Gesellschaft. Hamburg/Regensburg 1977
68 Karl May: Gesammelte Reiseromane Bd. VII: Winnetou der Rote Gentleman I. Freiburg 1893, S. 9

69 Karl May: Im »wilden Westen« Nordamerika's. In: Feierstunden im häuslichem Kreise. 9. Jg. (1883), S. 135; Reprint in: Karl May: Winnetou's Tod. Hrsg. von Roland Schmid. Bamberg 1976; mit einigen Änderungen als Kap. 5-7 in: May: Winnetou III, wie Anm. 49
70 May: Im »wilden Westen«, wie Anm. 69, S. 167
71 Ebd., S. 169f.
72 Walther Killy: Deutscher Kitsch. Göttingen 1962, S. 98 – Zu dieser Erzählung von Winnetous Tod siehe auch: Martin Lowsky: Roß und Reiter nennen. Karl Mays ›conte philosophique‹ von Winnetous Tod. In: Karl Mays ›Winnetou‹. Studien zu einem Mythos. Hrsg. von Dieter Sudhoff und Hartmut Vollmer. Frankfurt a. M. 1989, S. 306-25; Heinz Stolte: »Stirb und werde!« Existentielle Grenzsituation als episches Motiv bei May. In: Jb-KMG 1990. Husum 1990, S. 51-70 (59); Andreas Graf: Der Verlag von Heinrich Theissing. Karl May und die katholische Publizistik. In: Jb-KMG 1995. Husum 1995, S. 93-118 (110-13).
73 Karl May: Gesammelte Reiseerzählungen Bd. XXVIII: Im Reiche des silbernen Löwen III. Freiburg 1902, S. 268
74 Ebd., S. 534f.
75 Karl May: Und Friede auf Erden!, wie Anm. 56, S. 426
76 Karl May: Der Weg zum Glück. Dresden 1886-88, S. 336; Reprint Hildesheim-New York 1971
77 Vgl. Karl Mays Werke. Historisch-kritische Ausgabe. Abt. II Bd. 13: Die Liebe des Ulanen V. Hrsg. von Hermann Wiedenroth und Hans Wollschläger. Bargfeld 1994, S. 2450ff.
78 Vgl. Karl May: In der Heimath, entstanden um 1891. Dieses Kapitel wurde für den Deutschen Hausschatz als Teil der Erzählung ›Krüger-Bei‹ (Karl May: Krüger-Bei. In: Deutscher Hausschatz. XXI. Jg. (1895)) – spätere Buchfassung: Karl May: Gesammelte Reiseerzählungen Bd. XXI: Satan und Ischariot II. Freiburg 1897 – geschrieben. Der Originaltext ›In der Heimath‹ ist unveröffentlicht; die Handschrift, beginnend mit Seite 1679, befindet sich im Karl-May-Verlag, Bamberg. Sie wurde von Franz Kandolf umgearbeitet zu den beiden Erzählungen ›Professor Vitzliputzli‹ und ›Wenn sich zwei Herzen scheiden‹, enthalten in May: Professor Vitzliputzli, wie Anm. 11. Wir zitieren aus ›In der Heimath‹ nach einer in Sammlerkreisen kursierenden Abschrift.
79 May: Der Weg zum Glück, wie Anm. 76, S. 445
80 Hans Wollschläger: Karl May in Selbstzeugnissen und Bilddokumenten. Reinbek 1965, S. 93-96; Neufassung: Karl May: Grundriß eines gebrochenen Lebens. Zürich 1976 u. ö., S. 116-18
81 Der »keineswegs aber der ›hinterletzte‹ der Trivialromane« ist, wie ich einmal erläutert habe – Hartmut Kühne: Karl May auf dem Weg zum Glück. In: M-KMG 14/1972, S. 4-8, und 15/1972 S. 11-13 (insbes. 13).
82 May: Im Reiche des silbernen Löwen III, wie Anm. 73, S. 566f.
83 Quellen zu Pollini: Hans-Günther Freitag: Von Mönckeberg bis Hagenbeck. Ein Wegweiser zu denkwürdigen Grabstätten auf dem Ohlsdorfer Friedhof. Hamburg ²1973, S. 188 (Hansa Verlag); J. E. Wenzel: Geschichte der Hamburger Oper 1678-1978. Hamburg 1978, S. 69ff. – zu Maikl: Ernst Leopold Stahl: Das Mannheimer Nationaltheater. Ein Jahrhundert deutscher Theaterkultur im Reich. Mannheim-Berlin-Leipzig 1929, S. 197; K. J. Kutsch/Leo Riemens: Großes Sängerlexikon. Bern/Stuttgart o. J.; Josef Kaut: Festspiele in Salzburg. München 1970 (dtv)
84 May: In der Heimath, wie Anm. 78, S. 1681
85 Euchar Albrecht Schmid: Die verfälschte Handschrift. In: KMJB 1926. Radebeul 1926, S. 245-56
86 May: In der Heimath, wie Anm. 78, S. 1689, 1842, 1777, 2110; vgl. May: Satan und Ischariot II, wie Anm. 78, S. 235 (*Dres'ner Doktor*).
87 May: In der Heimath, wie Anm. 78, S. 1682
88 Ebd., S. 1882
89 Ebd., S. 1955 (Hervorhebung H. K.)
90 Ebd., S. 2116-36
91 Ebd., S. 2040

92 Ebd., S. 1865
93 Ebd., S. 1877f.
94 Ebd., S. 1881f.
95 Ebd., S. 1890
96 Ebd., S. 1904
97 Ebd., S. 1959
98 Ebd., S. 1979
99 Ebd., S. 2127, 2130
100 Ebd., S. 1876
101 Ebd., S. 2036
102 Ebd., S. 1859
103 Ebd., S. 1876
104 May: Mein Leben und Streben, wie Anm. 7, S. 200ff.
105 May: In der Heimath, wie Anm. 78, S. 1914
106 Etwa: May: Wanda, wie Anm. 1, S. 654
107 Karl May: Hinter den Mauern und andere Fragmente aus der Haftzeit. In: Jb-KMG 1971. Hamburg 1971, S. 122-43 (135)
108 Karl May: Der Oelprinz. Stuttgart 1897, S. 133, 376; vgl. S. 42f.; Reprint Bamberg-Braunschweig 1974
109 Ebd., S. 40f. – Vgl. S. 225, ferner: Artikel ›Hampel, Matthäus Aurelius‹ in: Großes Karl May Figurenlexikon. Hrsg. von Bernhard Kosciuszko. Paderborn 1991, S. 216f.
110 May: Der Oelprinz, wie Anm. 108, S. 48
111 Ebd., S. 42f.
112 Ebd., S. 133, 517, 139
113 Ebd., S. 377
114 Ebd., S. 534 (vgl. oben Anm. 49)
115 Ebd., S. 42 (Hervorhebung H. K.)
116 Heinz Stolte: Die Affäre Stollberg. Ein denkwürdiges Ereignis im Leben Karl Mays. In: Jb-KMG 1976. Hamburg 1976, S. 171-90 (174); auch in: Heinz Stolte: Der schwierige Karl May. Husum 1989, S. 54-74 (57)
117 Zit. nach: Heinz Stolte: Narren, Clowns und Harlekine. Komik und Humor bei Karl May. In: Jb-KMG 1982. Husum 1982, S. 45; auch in: Stolte: Der schwierige Karl May, wie Anm. 116, S. 231-51 (237) – Vgl. Stoltes anschließende Überlegungen zur Figur Hampel.
118 May: Der Oelprinz, wie Anm. 108, S. 227 – Vgl. Georg Büchmann: Geflügelte Worte und Zitatenschatz. Hrsg. von Paul Dorpert. Zürich o. J., S. 64
119 May: Deutsche Herzen, deutsche Helden, wie Anm. 50, S. 5
120 Ebd., S. 6
121 Mitteilung von Lothar Schmid
122 Emil Vogel: Vorwort: In: Die Zauberflöte. Oper in zwei Akten von W. A. Mozart. Klavierauszug von Gustav F. Kogel. Leipzig o. J. (ca. 1916; C. F. Peters Ed. Nr. 7794) – Dr. Emil Vogel (1859–1908), Musikhistoriker, Bibliothekar der Musikbibliothek Peters in Leipzig
123 Wolfgang Amadeus Mozart: Die Zauberflöte (Oper). Introduktion bis Arie Nr. 3
124 Karl May: Gesammelte Reiseerzählungen Bd. XXXI: Ardistan und Dschinnistan I. Freiburg 1909, S. 56ff.
125 Kandolf/Stütz/Baumann, wie Anm. 37, S. 274 – Karl Mays Werke. Historisch-kritische Ausgabe. Supplemente Bd. 2: Katalog der Bibliothek. Hrsg. von Hermann Wiedenroth und Hans Wollschläger. Bargfeld 1995, S. 76
126 Karl May: Gesammelte Reiseerzählungen Bd. XXVI: Im Reiche des silbernen Löwen I. Freiburg 1898, S. 41
127 Hinweis von Dr. Harald Jenner
128 Felsinger, wie Anm. 5, S. 16
129 May: Die Liebe des Ulanen I, wie Anm. 55, S. 16
130 Kandolf/Stütz/Baumann, wie Anm. 37, S. 274, 267 – Katalog der Bibliothek, wie Anm. 125, S. 77

131 Ernst Bloch: Musik als utopischer Augenblick. Funk-Essay für die Sendereihe ›Meine Schallplatte‹ des Norddeutschen Rundfunks. Erstsendung am 11. 11. 1974
132 Carl Zuckmayer: Werkausgabe in zehn Bänden. Frankfurt a. M. 1976, Bd. I: Als wär's ein Stück von mir, S. 302f. – Vgl. Gert Ueding: Bloch liest Karl May. In: Jb-KMG 1991. Husum 1991, S. 124-47.
133 Hartmut Kühne: Mozart – Mörike – May. In: M-KMG 71/1987, S. 46
134 Karl May: Der schwarze Mustang. Stuttgart 1899, S. 231; Karl May: Das Buch der Liebe. (1. Abt.). Dresden o. J. (1876), S. 44; In: Karl May: Das Buch der Liebe. Bd. 1. Reprint der Karl-May-Gesellschaft. Regensburg 1988 (»*Gieb mir die Hand, mein Leben*...«) – Siehe dazu: Hedwig Pauler: Deutscher Herzen Liederkranz. Teil II. Sonderheft der Karl-May-Gesellschaft (S-KMG) Nr. 60/1985, S. 75; Teil III. S-KMG Nr. 99/1993, S. 16.
135 May: In der Heimath, wie Anm. 78, S. 1876ff. – Durch eine Äußerung Dr. Christoph F. Lorenz' hellhörig gemacht, daß das Anfangsmotiv des Ständchens ›Deine hellen klaren Augen‹, das er während des Segeberger Musikvortrages kennenlernte, möglicherweise auch bei Mozart vorkomme, fiel mir die Cavatine der Gräfin ein, die den zweiten Akt von Mozarts ›Figaros Hochzeit‹ eröffnet. Die Ähnlichkeit ist auffallend. Womöglich hatte also ein Kenner nach Einsicht in die May-Partitur geäußert: ›Das ist ja vom Mozart‹ und damit ein Handlungsmotiv für ›In der Heimath‹ geliefert.
136 May: Mein Leben und Streben, wie Anm. 7, S. 59 (Vgl. Plauls Kommentar S. 354f.*)
137 May: Der Sohn des Bärenjägers, wie Anm. 53, S. 340; May: Der Oelprinz, wie Anm. 108, S. 139
138 May: Der schwarze Mustang, wie Anm. 134, S. 231 – Vgl. Pauler: Liederkranz III, wie Anm. 134, S. 50.
139 May: Der Oelprinz, wie Anm. 108, S. 517
140 Karl May: Gesammelte Reiseerzählungen Bd. XX: Satan und Ischariot I. Freiburg 1897, S. 24
141 Karl May: Gesammelte Reiseromane Bd. I: Durch Wüste und Harem. Freiburg 1892, S. 100
142 Doré-Bibel. Auszüge aus dem Alten und Neuen Testament mit 230 Illustrationen von Gustave Doré. München 1995; Dante: Die Göttliche Kommödie. Mit 136 Illustrationen von Gustave Doré. München 1995
143 Mitteilung von Lothar Schmid
144 Alfred Lorenz: Das Geheimnis der Form bei Richard Wagner. 1. Band. Der Ring des Nibelungen. Berlin 1924, S. 86, 91, 103
145 Vgl. Hartmut Kühne: Werkartikel ›Der Oelprinz‹. In: Karl-May-Handbuch. Hrsg. von Gert Ueding in Zusammenarbeit mit Reinhard Tschapke. Stuttgart 1987, S. 355-60 (358).
146 Dobrovolskis, wie Anm. 5, S. 13
147 Walther Ilmer: Karl May. Mensch und Schriftsteller – Tragik und Triumph. Husum 1992, S. 84f.
148 Der Spiegel. 16. Jg. (1962), Nr. 37, S. 65 – Siehe dazu: Anonym (Karl May): »Karl May als Erzieher« und »Die Wahrheit über Karl May« oder Die Gegner Karl Mays in ihrem eigenen Lichte von einem dankbaren May-Leser. Freiburg 1902, S. 73; Reprint Ubstadt 1974 (Materialien zur Karl-May-Forschung Bd. 1)
149 Claus Roxin: Vorläufige Bemerkungen über die Straftaten Karl Mays. In: Jb-KMG 1971. Hamburg 1971, S. 74-109 (102)

WALTHER ILMER

Die innere Werkstatt des verlorenen Sohns Karl May
Versuch zur Erhellung zweier Phänomene*

Anläßlich der Tagung der Karl-May-Gesellschaft (KMG) in Wien im November 1987 gewährte mir der Verleger Roland Schmid vom Karl-May-Verlag in Bamberg Einblick in eine Fotokopie sowie eine wort- und zeichengetreue typographische Kopie des von Karl May hinterlassenen, aus der Frühzeit seines Schaffens stammenden Textfragments ›Der verlorene Sohn‹ und gestattete mir, Notizen über dessen Inhalt zu fertigen. Deren Verwendung in einem zur Veröffentlichung bestimmten Beitrag sollte zwischen ihm und mir abgestimmt werden. Verschiedene Umstände verhinderten meine Beschäftigung mit dem Stoff. Während der Tagung der KMG in Augsburg im Oktober 1989 vereinbarten Roland Schmid und ich, im Laufe der ersten Monate des Jahres 1990 die Thematik ›Verlorene Söhne bei Karl May‹ eingehend zu erörtern; er stellte mir über die Notizen vom November 1987 hinaus eine vollständige Kopie des erwähnten Textfragments in Aussicht. Völlig unerwartet verstarb Roland Schmid am 5. Januar 1990.

Im Rahmen der Tagung der KMG in Wiesbaden im September 1991 sprach Prof. Dr. Heinz Stolte über das Thema ›Karl May und alle seine verlorenen Söhne‹.[1] Im persönlichen Gespräch mit mir bezeichnete er die von ihm gewählte Überschrift humorvoll als ›Etikettenschwindel‹, denn im Werke Karl Mays gebe es sehr viel mehr ›verlorene Söhne‹ als nur in dem ›Der verlorne Sohn oder Der Fürst des Elends‹ betitelten Roman, den allein er, Heinz Stolte, ja behandelt habe. Er regte an, ich möge das Thema gelegentlich aufgreifen. Dabei stellte sich heraus, daß er das frühe Textfragment ›Der verlorene Sohn‹ nicht kannte. Heinz Stoltes allzu früher Tod am 2. März 1992 verwehrte die Erörterung einer seinerzeitigen ersten Fassung meiner Überlegungen zur Gesamtthematik.

Dank liebenswürdigem Entgegenkommen der Verlegerfamilie Schmid vom Karl-May-Verlag, die die bislang unveröffentlichten Texte Karl Mays verwaltet, kann ich meine Notizen über das Textfragment ›Der verlorene Sohn‹ öffentlich verwenden. Nach Jahren des Auf und Ab der Vorbereitung möchte ich daher nun an Heinz Stoltes letzten Vortrag anknüpfen.

*

* Vortrag, gehalten am 15. 10. 1995 auf der 13. Tagung der Karl-May-Gesellschaft in Bad Segeberg.

Heinz Stolte, dessen Dissertation ›Der Volksschriftsteller Karl May‹ im Jahre 1935[2] den Grundstein legte für die in unseren Tagen blühende wissenschaftliche Beschäftigung mit diesem Autor und dessen Essay-Sammlung ›Der schwierige Karl May‹[3] ein ungewöhnlich breites Spektrum umfaßt, hat seine Befunde einmal wie folgt zusammengefaßt:

Es fehlt den (namentlich marxistischen) Soziologen das zwischen Ökonomie und Dichtung vermittelnde Menschliche, das Schöpferische-Personale, das voll der irrationalen Unberechenbarkeiten steckt. Mich interessiert aber vornehmlich d i e s e s. Ja, ich möchte sagen, ich betrachte Literatur jeweils überhaupt nur als die mir etwas zusprechende Stimme eines Menschen (...), und ganz allein dieser Mensch (also um bei unserer Sache zu bleiben: dieser Mensch Karl May) hat meine ganze Faszination. Es kann natürlich auch Hebbel sein, oder Hesse. Meine wissenschaftliche Methode fußt auf der These Diltheys, es könne nichts, aber auch gar nichts in der schöpferischen Phantasie eines Dichters sein, was nicht in seinen Grundelementen zunächst einmal sein   E r l e b n i s   gewesen sein muß. Dabei schließt der Begriff des Erlebens natürlich auch die Begegnung mit geistigen Phänomenen, also Bildungserlebnisse ein. Betrachten Sie daraufhin alle meine May-Essays, die ich im Jahrbuch veröffentlicht habe, so finden Sie in allen diese Methode zugrunde liegen. Es gibt für mich in der Literaturwissenschaft nichts Aufregenderes, als einen Einblick in die innere Werkstatt eines Erzählers wie Karl May zu gewinnen. Wir verstehen alles, was man an einem schöpferischen Vorgang überhaupt rational verstehen kann, wenn man begreift, wie aus einem   E r l e b n i s k o m p l e x   durch eine spezifische Verarbeitung, Verfremdung u. ä. ein   l i t e r a r i s c h e s   M o t i v   geworden ist.[4]

Das ist mein Berührungspunkt mit Heinz Stolte. Der Mensch Karl May ist auch mein Anliegen; die von Fehlern behaftete, mit diesen Fehlern ringende Kreatur, das geschundene Menschlein, das sich bäumt – und das gegen alle Wahrscheinlichkeiten in jedem Kampf letztlich obsiegt; der Elende und der Fürst des Elends; der begnadete Träumer, dessen Träume und dessen Leben niedergelegt worden sind in seinem Werk. Der liebeshungrige Karl May, der die Liebe, die er den Menschen predigte, suchte und suchte – und der sie privatim leidvoll in den Staub treten mußte, um zum Zenit des Leidens und damit zum Sieg über sich selbst zu gelangen.

Den Einblick in seine innere Werkstatt hat er uns häufig gewährt. Und wenn wir jetzt versuchen, zur Thematik ›Verlorener Sohn‹ derartigen Einblick zu gewinnen, so unter der Leitvorstellung, dies könne uns die Ursache der seelischen Not des Autors offenbaren. Einer Not mit Januskopf – denn das Opfer wurde zum Täter und litt in beiden Fällen Qualen. Die Behauptung, unser Befund umschließe die objektive Wahrheit, wagen wir nicht. Rein wissenschaftlich stellen wir diesen Befund unter den erforderlichen Vorbehalt. Vom rein Menschlichen her jedoch fällt es uns schwer, Zweifel zu hegen.

*

Das oben erwähnte Textfragment ›Der verlorene Sohn‹ ist nach unserem Erkenntnisstand Karl Mays allererster Versuch, das Thema in einer ihm gemäßen Form zu behandeln. Erwähnt wird es von Herbert Meier im Jahrbuch der Karl-May-Gesellschaft 1986 unter Berufung auf Roland Schmid.[5] Es umfaßt, umgerechnet auf den Satzspiegel der Freiburger Buchausgabe des Autors, etwa 20-22 Seiten und enthält ein erstes Kapitel sowie den Anfang eines zweiten Kapitels; der Text bricht mitten im Satz ab. Anlage und Tenor, Schauplatz und Personal gleichen völlig denen in Karl Mays ›Erzgebirgischen Dorfgeschichten‹, die von Verbrechen, Schuld und Sühne handeln; und der Text zeigt im gesamten Duktus, in der Wortwahl, im Satzbau, in den liebevollen Beschreibungen von Menschen und von Eigentümlichkeiten der Topographie eine Geläufigkeit und eine Beherrschung der Stilmittel, die gegen eine Niederschrift vor der Redakteurzeit Karl Mays sprechen.[6] Die Unterschiede z. B. zu ›Wanda‹[7] oder auch zur kurzen Dorfgeschichte ›Der Samiel‹,[8] die 1878 einmal veröffentlicht wurde, springen ebenso ins Auge wie die Ähnlichkeiten mit den erzählerischen Qualitäten in z. B. ›Der Herrgottsengel‹,[9] ›Der Teufelsbauer‹,[10] ›Der Waldkönig‹.[11] Als Indiz für eine Niederschrift in der zweiten Hälfte der siebziger Jahre bietet sich vor allem der auffallende Umstand an, daß der – im Fragment leider namenlos bleibende – Titelheld, ein *gelehrter Herr*, gleich beim ersten Anblick der ausdrücklich als Schönheit bezeichneten weiblichen Hauptgestalt dieser verfallen ist – und daß dies schöne Mädchen Emma heißt. Über den Titelhelden – dessen eine Gesichtshälfte durch ein Feuermal entstellt ist, woraufhin Emma ihn lauthals *häßlich* nennt – erfahren wir aus dem Munde des Köhlers Hoppe, eines anderen männlichen Mitspielers, »*alle haben ihn verdammt, sein Vater, seine Mutter und die Andern alle, nur ich nicht. Nun sind fast zwanzig Jahre vergangen, seit er zum letzten Male hier war*«. Beim Anblick der Heimat, vom Walde aus, gewahrt der Titelheld *jenseits des Städtchens ein neues sauberes Haus* neben *zerfallenden und vom Rauch geschwärzten Mauertrümmern, jedenfalls Zeugen eines früheren Brandunglücks*.[12]

Auf rund zwanzig ›Fehsenfeld-Seiten‹ liefert Karl May ohne Umschweife die nahezu vollständige Disposition der gesamten Handlung – und zwar einer offenbar alles andere als etwa nur einsträngig angelegten Handlung –, mit Held, Heldin, Sekundärheld und unterjochter Sekundärheldin, mit schurkischem Gegenspieler, geheimnisvollem Zigeunergrab und anderen dem Leser vertrauten Zutaten, und doch läßt sich der Fortgang der Handlung nicht im geringsten voraussagen. Hier war ein Könner am Werk. Der Text bricht, wie gesagt, mitten im Satz ab – gerade als der Bösewicht einen Hund auf den Helden hetzt –, und es wird für immer rätselhaft bleiben, welche Ereignisse dem Leser im weiteren Fortgang der Erzählung beggnen sollten und warum und wann Karl May den Faden abriß.[13]

Gleichwohl: Bedeutsam erscheint uns, daß unser Autor schon in recht früher Zeit seines Schaffens eine ungewöhnlich spannend angelegte Geschichte um einen ›verlorenen Sohn‹ zu schreiben begann, daß dieser verlorene Sohn von Vater und Mutter ›verdammt‹ worden war – und daß er nach der Rückkehr in die Heimat, übrigens ein von Wald umgebenes, in Grenznähe gelegenes Städtchen namens Hohenberg, unerwartet einer Ortsschönen mit Namen Emma gegenübersteht, die ihn wegen seiner Entstellung abblitzen läßt.

Selbstverständlich können aus alledem keine beweiskräftigen Überlegungen hergeleitet werden – doch immerhin bleibt zu bedenken, daß Karl May das Stigma des mehrfach Vorbestraften trug und daß diese ›Entstellung‹ ihn im Gefolge seiner wegen Emil Pollmers Tod in Niederwürschnitz 1878 angestellten Nachforschungen noch einmal traf, wodurch sein Verhältnis zu Emma sich damals merklich trübte.[14] Hatte er gerade an ›Der verlorene Sohn‹ geschrieben, als sie ihm vielleicht heftige Vorwürfe machte im Blick auf seine neuerliche Verfolgung durch Polizei- und Gerichtsbehörden? Und ergibt sich hieraus der vom Leser mit Erstaunen registrierte Mißton bei der Begegnung des Helden mit Emma in dem besagten Textfragment? Bricht deshalb schon kurz darauf der Text jählings ab – weil nämlich Karl May an einer inneren Erschütterung trug, die ihm das Weiterschreiben verdarb? Der gedankliche Hintergrund des Autors Karl May beim Ersinnen der (Fragment gebliebenen) Erzählung vom verlorenen Sohn könnte, und dies ist reines Gedankenspiel, geruht haben auf dem tatsächlichen beiderseitigen – oder zumindest von seiner Seite so gesehenen – innigen Verhältnis, das ihn und Emma aneinander band und das in seinen Augen stärker war als alle früheren Bindungen, auch die zur Familie (wie das bei wahrhaft Liebenden ja auch in der Tat zutrifft). In solchem Lichte hätte sich dann dank freier dichterischer Umsetzung das Bild der Eltern zu wandeln: Deren verzeihensbereite Haltung gegenüber dem straffällig gewordenen Sohn – mochte sie von der Mutter etwa nur unter dem harten Einfluß des Vaters mitgetragen werden – war gewiß untermischt, mit Recht untermischt, von Bitterkeit und Enttäuschung, und dieses galt es für die Zwecke der Erzählung hervorzuheben. Der ›Verdammung‹ durch die Eltern mußte erzähltechnisch – ähnlich wie in zahlreichen Märchen, die von Verkannten, von Verwunschenen, von unrechtmäßig Verfolgten handeln – die bedingungslose Zuneigung eines hochherzigen Mädchens gegenüberstehen, erklärlich eines Mädchens voller äußerer Vorzüge, dem viele Herzen zu Füßen liegen. Emmas ablehnende Haltung stellt diese Dramaturgie auf den Kopf. Es erscheint jedoch keineswegs sicher, daß der Textverlauf im Fragment, soweit er Emmas Reaktion auf den Anblick des Helden betrifft, wirklich Mays ursprünglichen Plänen und Intentionen entsprach; im kritisch-bewußten Leser, der mit des Autors Eigenarten vertraut ist, entsteht der Eindruck, ein unvermutetes reales Geschehen habe dem Text einen plötzlichen Schwenk versetzt. Sinnfällig steht uns doch sogleich vor Augen, wie es ihm während der Niederschrift von ›Scepter und Hammer‹[15] (1879/80), erging, als er jählings die flatterhafte Emma Vollmer auftreten und ihren Verlobten Karl Goldschmidt, einen Schriftsteller, sein Schicksal beklagen läßt – ein im Gesamtkonzept des Romans störendes und folgenloses, in sich isoliertes Intermezzo. Ein Bruch im Bau – wie er uns häufig im Erzählwerk Karl Mays vor Augen kommt (und, offen gestanden, uns insgeheim besonders an ihn bindet) und wie er ähnlich auch im Fragment ›Der verlorene Sohn‹ vorliegen mag.[16] So oder so aber blitzt Karl Mays Leben in dem Textfragment auf.

Von nicht geringem Interesse ist auch des Lesers Reaktion auf das vom Autor so betont ins Spiel gebrachte Feuermal des Helden. Unwillkürlich schleichen sich sogleich Zweifel an dessen Echtheit ein. Wir denken an die zwielichtige, ebenso tüchtige wie gewissenlose Miß Admiral in ›Auf der See gefangen‹, einem 1878 bis 1879 veröffentlichten, vermutlich aber viel früher von Karl May hastig niedergeschriebenen Roman.[17] Diese Miß Admiral als Meisterin der Verstellung und Verkleidung wußte höchst geschickt ein entstellendes angebliches ›Feuermal‹ aufzuschminken. War auch das Feuermal des verlorenen Sohnes nur kunstvoll aufgemalt? Ließ es sich fortwischen? Symbolisierte es Karl Mays Überzeugung, das entstellende Stigma der Vorstrafen werde gegenstandslos unter den Beweisen steigender schriftstellerischer Leistungen, die er als nunmehr *gelehrter Herr* erbrachte? Wollte der verlorene Sohn in der Erzählung es triumphierend vor aller Augen ›auslöschen‹?

Den in dem Fragment aufgezeigten Rätseln und aufschimmernden Untaten hat Karl May sich nie wieder zugewandt. Oder vielleicht doch – in anderem Erzählgewand, mit anderen Personen, anderen äußeren Begebenheiten? Verwandelt – und verborgen unter neuen Zutaten? Er hat das ihn bedrängende Thema vom verlorenen Sohn – der er ja selber war in seinen Augen – nicht bewältigt in jenem ersten Anlauf, dem er expressis verbis diesen Titel gab und den er aus eigener Entscheidung unvollendet ließ. Doch in seiner tiefsitzenden Not hat er es wieder und wieder aufgegriffen, in immer neuen genialen Varianten, und die Zahl der verlorenen Söhne im Gesamtwerk Karl Mays ist Legion ...

*

Gehen wir davon aus, daß der Fragment gebliebene Text ›Der verlorene Sohn‹ 1878 entstand, so hat der darin namenlos auftauchende Held freilich einen Vorläufer im weitgefaßten Sinn: In dem schon erwähnten frühen Roman ›Auf der See gefangen‹ erscheint als ein verlorener Sohn der zu Unrecht des Mordes beschuldigte Prinz Max von Schönburg-

Wildauen, der nach Amerika flieht und durch günstige Umstände schließlich rehabilitiert wird. Er, von aller Schuld reingewaschen – wie Karl May das für sich erträumte –, führt die Reihe jener Max genannten edlen jungen Herren an, auf die Karl May, der Mensch mit dem seelischen K-na-cks, seine Ängste und Sehnsüchte projizierte. Der Prinz Max von Schönburg-Wildauen ist auch das romanhafte Abbild jenes imaginierten ›natürlichen Sohnes des Prinzen von Waldenburg‹, als den Karl May sich ausgegeben hatte, bevor er Anfang 1870 in Böhmen als Pflanzerssohn Albin Wadenbach imponieren wollte.[18] Und diesem ersten hartgeprüften Prinzen Max, von dem Karl May sich dann fast lustlos verabschiedet, folgt in einer neuen, fast ebenso verworrenen Geschichte voller verschlungener Handlungsstränge der zweite Prinz Max: Dr. Max Brandauer, angeblicher Schmiedesohn und in Wahrheit geraubter und vertauschter Königssohn – symbolträchtig eingefangen unter dem Titel ›Scepter und Hammer‹. Und dem Doktor Max zur Seite läuft der tapfere Arthur von Sternburg, der seinerseits in Wirklichkeit der vertauschte Sohn des Schmiedes ist.[19] Oft noch werden wir Sekundärhelden begegnen, deren Name mit A beginnt, dem markigen, unüberhörbaren Vokal im Eigennamen Karl. Der Problematik des mit dem Knacks in der Seele verbundenen Namens Max aber wird der Autor gerecht, indem er in ›Scepter und Hammer‹ auch die Negativ-Figur des in innerer Leere verlorenen Königs von Süderland Max nennt – Max Joseph, vom Vorbild Joseph II., dem Sohn Maria Theresias, durch Gräben getrennt. Karl May scheut sich in seiner Selbstqual auch nicht, ein Jahr später, im Sommer 1880, in ›Der Brodnik‹,[20] einen abgefeimten Schurken als Assessor Max Lannerfeld vorzustellen – einen in unverbesserlicher Schlechtigkeit Verlorenen, das Schreckensbild des Sünders Karl May.

Und noch einen Max ruft er Jahre darauf ins Leben, einen kühnen, literarisch hochbegabten Schullehrer, Max Walther, der als Säugling verlorenging und dem Schicksal trotzt wie kaum ein zweiter. Er begegnet uns in dem zu Unrecht scheel angesehenen Älpler-und-Bauern-und-Künstler-Roman ›Der Weg zum Glück‹[21] (1886/87) – und mit Max Walthers Einzug in die Geschichte in Hohenwald wiederholt sich erstaunlich vieles, vieles – obschon nicht alles – von dem, was in den wenigen Textseiten des alten Fragments ›Der verlorene Sohn‹ bereits knapp, präzise und anschaulich geschildert wurde mit Blick auf Hohenberg. Bewußt oder unbewußt hat Karl May hier intensiv auf die unvollendete Rhapsodie von 1878 (?) zurückgegriffen.

Bemerkenswert rückt er im Spiegelbild des Max Walther und dessen problematischer Beziehung zur eitlen Silbermartha die eigene konfliktbehäufte Beziehung zu Emma Pollmer ausführlich ins Licht – aber wie anders, wie ganz anders als in jenem isolierten Fremdkörper um Karl Goldschmidt und dessen Emma in ›Scepter und Hammer‹. Voll durchkomponiert, voll in die Handlung des Romans ›Der Weg zum Glück‹ integriert ist das Auf und Ab zwischen Max und Martha, die wie Emma Pollmer ohne Mutter aufwuchs. In der Wahl des Namens Martha für die Partnerin des Max aber klingt schon 1887 an, was fünf Jahre darauf das dominierende Element im Hintergrund der spannenden Reiseerzählung, die später den Titel ›Satan und Ischariot‹ trägt, abgibt[22] (1891/92): Die Reminiszenz des Ich-Erzählers Karl May an eine gleichfalls problematische und dabei unerfüllte Romanze mit einem als ›Martha‹ (Martha Vogel) in die Werkgeschichte eingegangenen Sehnsuchtsbild, einer jungen Frau, deren Identität innerhalb der Biographie Karl Mays wohl nie eindeutig aufzuhellen sein wird. Auch in ›Der Weg zum Glück‹ fehlt jeder Fingerzeig, wessen Image neben dem Emma Pollmers sich in Martha verbirgt. Ebenso erlaubt die Entwicklung der Handlung um Max Walther keine Rückschlüsse auf die ehemaligen und nie schriftlich fixierten Planungen Karl Mays hinsichtlich der Fortführung des Textes ›Der verlorene Sohn‹.

*

Wir haben in der Chronologie ein wenig vorgegriffen – denn nicht nur im letzten der fünf großen Kolportage-Romane Karl Mays gibt es mit Max Walther sowie mit dem für Dienste niedrigster Art mißbrauchten Fex alias Baron Curty von Gulijan und dem Sohn des Kronenbauern, Fritz (also Friedrich, wie Karl May mit zweitem Vornamen hieß), gleich mehrere verlorene Söhne unterschiedlichsten Schicksals.[23] ›Scepter und Hammer‹ bietet neben Max Brandauer und Arthur von Sternburg noch den angeblichen Zigeuner Katombo, einen geraubten Herzogssohn, und ›Die Juweleninsel‹[24] (1880/81) präsentiert die verlorenen Söhne des Grafen von Walmy. In ›Das Waldröschen‹[25] (1882-84) erleben wir im überragenden Helden, dem Arzt Dr. Karl Sternau, der nicht nur den Vornamen des Autors trägt, sondern auch dessen Traumberuf voller unerschütterlicher Überlegenheit ausübt, ebenfalls den verlorenen Sohn im klassischen Sinne; auch er ist ein Herzogssproß, ohne es zu wissen, und der weinende Vater rechnet es sich zur Ehre an, den ruhmbedeckten Sohn anzuerkennen. Eng verbunden mit dem Geschick dieses Superhelden ist das seines späteren Schwagers, des unverdorbenen jungen spanischen Räubers Mariano alias Leutnant Alfred de Lautreville, in dem wir einen ganz ähnlichen klassischen Fall vor uns haben, denn Mariano (hören wir nicht aus dem M-a-i den Autor heraus?) ist der geraubte und verbrecherisch vertauschte Grafensohn Alfonzo de Rodriganda.[26] Im wahren Namen wie im französischen Pseudonym führt er das A – das auf höchst glanzvolle A-delsabkunft weisende Sekundär-Merkmal in den Träumen des Karl May. Dann ist da noch Anton Helmers, als Westmann dem ›Fürst des Felsens‹ Dr. Karl Sternau beinahe ebenbürtig, der gleichsam verloren, ohne Brücken zur deutschen Heimat, durch die Wildnis irrt und durch den Wunderarzt zum Glück und zum Bruder findet. Und ausdrücklich als ›Der verlorene Sohn‹ wird in einer Kapitelüberschrift Otto von Rodenstein bezeichnet, der am Sinn des Daseins zu zweifeln begonnen hat und nach vielerlei Irrungen (auf beiden Seiten) dem geläuterten Vater zugeführt wird. Fast wie unter manischer Besessenheit erzählt Karl May nun unaufhörlich von verlorenen Söhnen aller Art. In ›Die Liebe des Ulanen‹[27] (1883-85) sind es die dem Offizier Kunz von Goldberg geraubten Zwillinge, ist es der im Haß vom Vater geschiedene Baron Gaston de Bas-Montagne, ist es der die Familienehre verteidigende unglückliche Gebhardt von Königsau. Im nächsten Roman, der nun den einstmals beiseite geschobenen Titel ›Der verlorne Sohn‹ wieder aufgreift – diesmal mit dem werbewirksamen Zusatz ›oder Der Fürst des Elends‹[28] (1884-86) –, stoßen wir neben dem (wie einst Prinz Max von Schönburg-Wildauen) fälschlich des Mordes bezichtigten Titelhelden (Gustav Brandt) und dem um sein Erbe und seinen guten Namen gebrachten Robert von Helfenstein alias Robert Bertram auf rund ein halbes Dutzend weiterer in mancherlei Sinn verlorener Söhne unterschiedlichster Herkunft – und wir haben noch Heinz Stoltes modulationsreichen Ton im Ohr, wie er sie uns in Wiesbaden nacheinander so einprägsam vorstellte: Keiner von ihnen ist frei von Zügen der Autobiographie des emsig die Manuskriptseiten füllenden Autors. Karl May schwelgte geradezu im Ausmalen des Unglücks und im bitteren Taumeln durch die vielerlei Formen, die er dem eigenen Schicksal – so wie es ihm in den wirrsten Bildern erschien – abzugewinnen und zu verleihen wußte. Eine pikante Novität gegenüber dem sonstigen Schaffen bringt dabei das Verhalten der dem Titelhelden Gustav Brandt in Liebe verbundenen Alma von Helfenstein: Im Gegensatz zu Karl Mays übrigen Frauengestalten im Gesamtwerk, die komme was wolle unverbrüchlich zum geliebten Mann stehen, erlaubt Alma sich Zweifel an Gustavs Schuldlosigkeit – und leidet darunter. Ist das Emmas vorwurfsvolle Haltung während der polizeilichen und gerichtlichen Verfolgung Karl Mays 1878/79, als er sich heftig gegen einen schier existenzbedrohenden Verdacht wehrte und als einstiger Zuchthausinsasse sich der Staatsmacht ohnmächtig ausgeliefert vorkam?[29] Steckt in dem Mangel an bedingungsloser Zuwendung, wie er bei Alma von Helfenstein sichtbar wird, der gleiche ablehnende Vorbehalt jener Emma im Fragment ›Der verlorene Sohn‹, als sie sich von Äußerlichkeiten täuschen läßt?

Eine andere Art der Auseinandersetzung fand er, als er in ›Deutsche Herzen, deutsche Helden‹[30] (1885-87) drei Brüder Adlerhorst verloren gehen ließ und sie über den Erdball hin verstreute. Der zu ihrer Rettung antretende nominelle Überheld – wiederum ein Prinz, aber nicht von der Art des Dr. Max Brandauer oder des Dr. Karl Sternau – mißlingt als

Protagonist wie als Selbstporträt des Autors: Das ›k-a-r-(l)‹ in seinem Namen, Prinz Oskar, ist zu weit verrutscht, um Glanz herzugeben. Ein tüchtiger Sachse namens Sam Barth, eines der gelungensten und köstlichsten Spiegelbilder Karl Mays, führt alle Versprengten am Ende zusammen und stellt Prinz Oskar in den Schatten. Merkwürdig genug aber versagt zum Ende der Geschichte hin der schöpferische Impetus: Die Ursache für das an den Adlerhorsts begangene Verbrechen, die Art und Weise der Inszenierung durch die Schurken bleiben im Dunkel. Karl May zieht den Schleier über ein Geschehen, dessen Darstellung er plötzlich nicht gewachsen ist.

*

Nehmen wir nun ›Der Weg zum Glück‹, der auf ›Deutsche Herzen, deutsche Helden‹ folgte, noch hinzu, so haben wir mit der stattlichen Aufzählung all der vielen verlorenen Söhne bisher doch nicht alle erfaßt, die diese Kennzeichnung verdienen. Des Guten schon im Übermaß, möchte man meinen. Doch weit gefehlt: In den berühmten Reiseerzählungen, in den Jugenderzählungen, in den teils geschmähten, teils gelobten Marienkalender-Geschichten sind verlorene Söhne an der Tagesordnung:

Allan Marshal in ›Deadly Dust‹[31] (1880) gehört dazu wie der als Hamsad al Dscherbaja im Orient lebende Flüchtling aus Jüterbogk, der Kara Ben Nemsi in Ägypten (›Giölgeda padiśhanün‹,[32] 1881) und in Stambul (›Stambul‹,[33] Anfang 1883) begegnet. Bloody-Fox, genannt ›Der Geist der Llano estakata‹[34] (1888), ist im Wortsinne ein verlorener Sohn, der sich für das ihm angetane Unrecht dutzendfach blutig rächt, ohne von Gesetzes wegen dazu legitimiert zu sein. Er fällt aus dem Rahmen und gibt uns besonders zu denken. Als Kind erhält er eine lebensgefährliche Kopfverletzung; als junger Mann erhebt er sich zum Rächer in eigenem Auftrag: Eine Ich-Abspaltung des Autors, auf den die nicht gerechtfertigte erste Verurteilung 1862 – wegen angeblichen Uhrendiebstahls – *wie ein Schlag über den Kopf*[35] gewirkt hatte und der sich danach mit Plänen schrecklicher Rache trug.[36] Die Taten des Bloody-Fox entschuldigt Karl May damit, daß sie ausschließlich dem Ausmerzen von Verbrechern gelten. Indem er aber überhaupt einen ›Helden‹ ungestraft zahlreiche Bluttaten begehen läßt, verrät er den in ihm ungestillten Durst nach Vergeltung für einst erlittenes Unrecht. Im Vergleich zur üblichen Art und Form der Bewältigung seiner inneren Konflikte durch therapeutisches Schreiben zeigt Karl May in Bloody-Fox' Tun und Treiben bedenkliche Auswüchse. Die Qualität der Erzählung hat darunter stark gelitten – gerade in Aussagen und Passagen, die sich ausdrücklich auf den ›Helden‹ Bloody-Fox beziehen.[37]

Im gleichen Jahr 1888 folgt in ›Der Scout‹[38] der Ich-Erzähler durch mannigfache Abenteuer der Spur des verlorenen Sohnes William Ohlert, in Begleitung des längst verlorenen Sohnes Old Death. Der vom Reich der Mitte, China, assimilierte Onkel Daniel des jugendlichen Helden Richard Stein in ›Kong-Kheou, das Ehrenwort‹[39] (1887-89) ähnelt mehr einem verlorenen Sohn als einem geschäftlich erfolgreichen Emigranten, und ›Die Sklavenkarawane‹[40] (1889) birgt in dem ›Sohn des Geheimnisses‹ einmal mehr einen wahrhaft verlorenen Sohn.

Der lange Prahlhans Selim in der ›Mahdi‹-Erzählung[41] (1890) ist ein verlorener Sohn geradezu tragischer Note, und die keineswegs erheiternden Ähnlichkeiten zwischen ihm und seinem Erfinder werden uns gleich noch beschäftigen. Verloren in der Ferne ist auch Jäger, der im Geiz befangene Schuhmacher und Heereslieferant und Onkel der Martha Vogel (›Die Felsenburg‹, ›Krüger-Bei‹, ›Die Jagd auf den Millionendieb‹), der seinen Namen in Hunter ändert, und noch mehr ist es sein gutgläubiger Sohn Small Hunter, den Winnetou und Kara Ben Nemsi in Tunis suchen. Ein Knabe geht dem bigott-uneinsichtigen Vater beinahe verloren in ›Christus oder Muhammed‹[42] (1890), und angstvoll jagt ein anderer Vater mit Kara Ben Nemsi in ›Der Kutb‹[43] (1893) durch das Land zwecks Wiederauffindung des in der Ferne verlorenen Buben. Unerwartet glücklich verläuft die Wiederbegegnung des verlorenen Sohnes mit dem Vater in ›Christ ist erstanden!‹[44] (1892 oder 1893) – aber untröstlich beklagt der alte Dozorca in Bagdad (›Im Reiche des silbernen Löwen‹,[45] 1897) das Schwinden seines Glücks, das ihm mit seinem Sohn Ikbal (eben: ›Glück‹) verlorenging. Jahrzehntelang verloren als Söhne sind in ›Old Surehand‹[46] (1894-96) die Titelfigur und deren Bruder, bis Old Shatterhand beide der Mutter zurückgibt. Der literarisch und autobiographisch bedeutendste verlorene Sohn ist wohl der Dschirbani, der angebliche Aussätzige in ›Der 'Mir von Dschinnistan‹[47] (1907-09): Wegen seiner ›Entstellung‹, seines ›Andersseins‹ droht ihm ein fürchterliches Ende, doch das scheinbar unabwendbare Schicksal wandelt sich zur harmonischen Wiedervereinigung mit Vater und Mutter.

Und immer noch nicht genug: Einen müssen wir noch heranholen, den letzten, der eben im letzten Werk Karl Mays auftritt, den der Autor wie beiläufig einführt und auf den doch alles zugelaufen ist in fünfunddreißig Jahren Schriftstellerleben: In ›Winnetou IV‹[48] (1909/10) erleben wir den ewigen Versager Max Pappermann, der seinen Vornamen nur gequetscht als Maksch aussprechen kann, dessen eine Gesichtshälfte entstellt ist durch eine unselige Explosion von Schießpulver – und der einer unerfüllten, auf immer verlorenen Liebe nachtrauert, einem Mädchen, dessen Vater Medizinmann war. Ist dies letztere nicht ein dichterischer Euphemismus für die prosaische Bezeichnung Bader, die Emma Pollmers Großvater, bei dem sie mutterlos aufwuchs, für sich in Anspruch nahm? Blieb nicht die schicksalhafte Bindung des Mannes

Karl an das Mädchen Emma von früher Zeit an überschattet von Flecken und Entstellungen der beiderseitigen Gefühle? War nicht das gewaltsam herbeigeführte Auseinanderreißen der beiden, manifestiert durch die Ehescheidung, das Ende des Karl May, der vordem permanent gesiegt hatte? Ist nicht die Rückkehr zum Namen Max am Ende des Schaffens die Vollendung des Kreises, in dem der Autor Karl May sich bei allen Erfolgen doch immer unausweichlich bewegte? Ist nicht Max Pappermanns Unvermögen, den eigenen Vornamen richtig auszusprechen, des Autors endgültiges Eingeständnis des Knacks in seinem Inneren – und dessen Unheilbarkeit? Ist nicht die durch Schießpulver bewirkte Entstellung des Gesichts die ›verfärbte‹ Wiederkehr des Feuermals im Gesicht des frühen ›verlorenen Sohnes‹? Wie Maksch Pappermann erlag auch jener frühe Held vom Moment der ersten Begegnung an einer schicksalhaften Liebe, über die sich von Anbeginn der Schatten des Zweifels und der Tragik breitete. Nur die gedankliche Überhöhung, die die Erzählung ›Winnetou IV‹ trägt, die zum eigenen Schutz vorgenommene Verwischung der Konturen aus der Sicht des stark gealterten Max/May, tarnt den Sachverhalt ein wenig. Doch werden der verlorene Sohn im frühen Fragment und der Max Pappermann im späten Werk ohne Brille nebeneinander gesehen, so gleichen sich Anfang und Ende.

*

Über dreieinhalb Jahrzehnte hin, so bemerken wir, ist das Liebestrauma die Pein, der der Autor Karl May nicht entrinnt. Zwanghaft kleidet er es immer wieder in die Fabel um irgendeinen Verlorenen – einen Sohn, einen Geliebten, vorzugsweise beides. Und so differenziert die Gründe für das Verlorensein auch sein mögen in den zahllosen Erzählungen und Einzelfällen, so münden sie doch immer in der Gedankenwelt und Gefühlswelt des Autors, in den Erfahrungen seiner Innenwelt. Da gibt es die Flucht vor falscher Anschuldigung, die endlich in glänzende Rehabilitierung mündet; oder Schuldbewußtsein wird zur Triebfeder des Abbruchs der Bindungen an daheim. Manchmal ist es der verbissene Wunsch des Helden, fernab von der Familie das eigene Ich zu entfalten und Ansehen zu erringen. Oft ist es eine Schurkentat, ein Racheakt zur Realisierung verbrecherischer Pläne – etwa Entführen und Vertauschen eines vornehmen Erben –, und darin wie im Obsiegen der Opfer über die Täter erkennen wir einerseits, wie Karl May ungestillte Rachegelüste sublimiert und befreiend kanalisiert, und andererseits die ewige Sehnsucht des ewigen Kindes Karl May nach möglichst hoher Abkunft des so vielseitig talentierten Vaters mit daraus erstehenden Strahlenkränzen für den einzigen Sohn Karl. Jede Variante und Sub-Variante führt geradewegs zum Erfinder der unglücksbeladenen

Fabel zurück. Nur der Extremfall des Großsprechers Selim scheint davon ausgenommen – Selim, der von seinem Stamm regelrecht verstoßen wird und den die Frauen noch härter verurteilen als die Männer und für den sie auch später nur Hohn und Spott kennen. Er träumt von Heldentaten und wird zur lächerlichen Figur.

Und läßt uns das nicht doch aufhorchen? Und innehalten? Können wir ihn wirklich übergehen? Frauen verjagen den aus dem Rahmen des Üblichen fallenden Selim – aber Frauen, Mütter zumal, begegnen uns doch kaum jemals im Zusammenhang mit verlorenen Söhnen; die Väter hingegen sind, im Hintergrund oder im Vordergrund, fast immer ins Geschehen verwickelt. Karl May und seine verlorenen Söhne haben stets den Blick auf die Väter gerichtet.

Vom knorrigen, schimpfenden Vater des Prinzen Max von Schönburg-Wildauen über den schwachen König von Norland – den Vater des Dr. Max – und den Herzog von Olsunna – den Vater des Dr. Karl –, vom wackeren Rittmeister von Königsau und dem bösen Baron de Bas-Montagne über den Forstmeister Brandt und den schuftigen Erzeuger des Lehrers Max Walther, vom besorgten Bankier Ohlert und vom ruhelosen ›Elefantenjäger‹ – Vater des ›Sohn des Geheimnisses‹ – über den Handelsmann Girard in ›Der Kutb‹ und den Renegaten Dozorca – und wie sie alle heißen mögen – bis hin zum gottähnlichen Vater des Dschirbani setzte Karl May sich wieder und wieder mit der Rolle des gutartigen, des bösartigen, des energischen, des hilflosen, des würdigen oder des unwürdigen Vaters auseinander, gleichgültig, ob ein Vater-Sohn-Konflikt zugrunde liegt oder nicht. Die Väter dominieren im direkten Zusammenhang mit dem Schicksal der verlorenen Söhne – so wie das Bild des gleichermaßen verehrten wie gefürchteten Vaters Heinrich May im Inneren Karl Mays dominierte. Ernste oder vorgetäuschte Auseinandersetzung mit dem zu verteidigenden oder zu stürzenden Heldenbild des Vaters – dem natürlich das eigene Wunsch-Ich Kara Ben Nemsi/Old Shatterhand oder Dr. Karl Sternau oder anders genannt stets überlegen war – fiel Karl May leicht, weil er und der Vater stets gegenseitig Zugang zur Seele des anderen besessen hatten. Die Mütter jedoch sind entweder nicht existent im erzählten Geschehen oder bleiben undeutlich, unwesentlich, ja wesenlos – bis zum Jahr 1885, wo wir eine scharfe Zäsur im Gesamtwerk Karl Mays erkennen: Nach dem 15. April 1885, sprich: nach dem von Karl May in Tränen durchlittenen Tod seiner Mutter, treten die Mütter der verlorenen Söhne aus dem Schatten heraus.

Anna von Adlerhorst in ›Deutsche Herzen, deutsche Helden‹ ist noch etwas schemenhaft, läßt Vitalität vermissen, verharrt in Passivität. Doch immerhin ragt sie auf im traurigen Werk, verrät des Autors ängstliches Bemühen, sich dem Problem Mutter anzunähern. In ›Der Weg zum Glück‹ ist die Schwelle bereits siegreich überschritten: Gleich zwei reuige Mütter, zerfließend im Schmerz über das Unrecht, das sie ihren jeweiligen Söhnen, den so ungewöhnlich begabten Söhnen, angetan haben, paradieren eindrucksvoll durchs Geschehen – die Mutter des Karl May so ähnlichen Lehrers Max Walther und die Frau des dem naturverbundenen Heinrich May nachempfundenen Finkenheiner, der seine von der Mutter verlassenen Kinder zu trösten wußte.[49] Und die Folgezeit weist weitere Beispiele der Hinwendung zur Mutter im Werk auf, und wir werden sie noch anleuchten. Doch zuvor eilt uns, zwischen ›Der Weg zum Glück‹ und dem (vom Hausschatz-Redakteur gestrichenen) Kapitel ›In der Heimath‹ in ›Krüger-Bei‹, der verstoßene Selim in ›Im Lande des Mahdi‹ entgegen, den Karl May als komische Figur verkleidet und in dem, wie in Bloody-Fox vor ihm, unerledigter seelischer Aufruhr besondere Gestalt annimmt. In diesem verstoßenen Selim wird ein tiefer Sturz zurück in vormaliges Erleiden mit spezifischer Eleganz und sogar distanzierter Ironie verarbeitet; und wir meinen, von seinem Extremfall aus die Spur zur Ursache der Not Karl Mays aufnehmen zu können – rückwärts gewandt hin zu jener Erniedrigung, da laut offizieller Begutachtung »die angeborene Kunst, den Leuten etwas vorzumachen und daraus Gewinn zu ziehen«,[50] ihm nichts Günstigeres einbrachte als »den Eindruck eines komischen Menschen«[51] – und noch weiter rückwärts bis zu jenem Schock in früher Zeit, der Heldenträume in Trümmer legte.

*

Rückwärts bedeutet hier zugleich auch vorwärts, verlangt einen Zeitsprung, denn das Zeugnis, dem wir uns zuwenden müssen, stammt aus dem Jahre 1910. Dieses Zeugnis führt uns zu den Lebenserinnerungen des Mannes, dessen innere Werkstatt wir in einem Ausschnitt erkunden wollen. Zur Jahreswende 1855/56 wohl muß es gewesen sein, wovon er auf Seite 79 in ›Mein Leben und Streben‹ berichtet:

Das Buch, in dem ich gelesen hatte, führte den Titel ›Die Räuberhöhle an der Sierra Morena oder der Engel aller Bedrängten.‹ Als Vater nach Hause gekommen und dann eingeschlafen war, stieg ich aus dem Bett, schlich mich aus der Kammer und zog mich an. Dann schrieb ich einen Zettel: »Ihr sollt euch nicht die Hände blutig arbeiten; ich geh nach Spanien; ich hole Hilfe!« Diesen Zettel legte ich auf den Tisch, steckte ein Stückchen trockenes Brot in die Tasche, dazu einige Groschen von meinem Kegelgeld, stieg die Treppe hinab, öffnete die Tür, atmete da noch einmal tief und schluchzend auf, aber leise, leise, damit ja niemand es höre, und ging dann gedämpften Schrittes den Marktplatz hinab und die Niedergasse hinaus, den Lungwitzer Weg, der über Lichtenstein nach Zwickau führte, nach Spanien zu, nach Spanien, dem Lande der edlen Räuber, der Helfer aus der Not. – – –[52]

Ab Seite 92 erfahren wir den Fortgang:

In der Gegend von Zwickau wohnten Verwandte von uns. Bei ihnen kehrte ich ein. Sie nahmen mich freundlich auf und veranlaßten mich, zu bleiben. Inzwischen hatte man daheim meinen Zettel gefunden und gelesen. Vater wußte, nach welcher Richtung hin Spanien liegt. Er dachte sofort an die erwähnten Verwandten und machte sich in der Ueberzeugung, mich sicher dort anzutreffen, sofort auf den Weg. Als er kam, saßen wir rund um den Tisch ... Er, der jähzornige, leicht überhitzige Mann, verhielt sich ganz anders als gewöhnlich. Seine Augen waren feucht. Er sagte mir kein einziges Wort des Zornes. Er drückte mich an sich und sagte: »Mach so Etwas niemals wieder, niemals!« Dann ging er nach kurzem Ausruhen mit mir fort – – wieder heim ... Nie habe ich deutlicher gefühlt wie damals, wie lieb er mich eigentlich hatte.[53]

Wir haben an der Wahrheit dieser Schilderung der Reise nach Spanien – die zugleich eine sehr frühe und eklatante Demonstration des in Karl May sehr lebendigen ›Geist des Aufbegehrens‹ ist – nie gezweifelt. Ähnliche Sätze finden sich einmal im Werk Balduin Möllhausens – Andreas Graf hat es nachgewiesen[54] –, doch dadurch wird Karl Mays Darstellung ja nicht zur Fiktion. Die Realität liefert hinreichend Beispiele für Koinzidenzen.[55] Wir brauchen uns nur zu vergegenwärtigen, daß wie Goethe auch Schopenhauer und Shelley zu der grundlegenden Erkenntnis fanden, allein der Wechsel sei beständig! Keinen der drei dürfen wir verdächtigen, den anderen plagiiert zu haben. Nein, fragen wir eher: Welchen Vorteil hätte es Karl May bringen sollen, im Rahmen seiner Selbstbiographie ›Mein Leben und Streben‹ solcherlei wie eine Reise nach Spanien für die Leseöffentlichkeit zu erfinden? Es trug ihm keineswegs einen Glorienschein ein, zeigte ihn als unreifen, von unausgegorenen Phantasien überquellenden Burschen, trug ihm bei seinen Gegnern sicherlich keine Anteilnahme ein, sondern eher abfällige Bemerkungen. Er nahm es beim Schreiben in Kauf, konfrontierte das Innere des gequälten Endsechzigers mit dem Rauhreif, der damals in das Innere des Dreizehnjährigen gefallen war.

Karl Mays Schilderung der Reaktion des Vaters erscheint uns glaubhaft: dessen Besorgnis und Umsicht mögen die Grundlage gebildet haben für das letztlich unbeirrbare Festhalten des ewigen Kindes Karl an diesem Vater. Der Nährboden für Groll aufeinander und für Konflikte war nicht stärker als die Zuneigung zueinander.

Von der Reaktion der Mutter auf Karls Flucht und rasche Rückkehr erfahren wir nichts. Und dieses Vakuum verrät mehr, als geschriebene Worte vermocht hätten. Wir werden den Verdacht nicht los, daß das Kind in seiner natürlichen Erwartung, eine ihn zärtlich umarmende und Tränen der Erleichterung vergießende Mutter vorzufinden, schmählich enttäuscht wurde, daß eine herb-nüchterne, kühl-beherrschte Frau vielmehr sich mit seiner Heimkehr abfand. Zumindest muß der Empfang derart gewesen sein, daß er ihn noch im Alter mit Schweigen überging.

Worin immer das Ausbleiben von Liebesbeweisen gegenüber dem danach dürstenden Knaben begründet gewesen sein mag – und sei es etwas so Triviales wie das bedachtsame Schüren des Herdfeuers als vordringlich scheinende Verrichtung –, es erzeugte den bleibenden Schock, warf den ohnehin all seiner Erretter-Träume beraubten Sohn ins Abseits, züchtete in ihm die Überzeugung, ein von den Quellen der entscheidenden, das heißt der mütterlichen Liebe Abgeschnittener, ein Verlorener zu sein. Als Held hatte er strahlen wollen. Jetzt konnte sein Tun ganz anders gesehen werden – als das eines Feiglings, der sich von den heimischen Pflichten unter lügnerischem Gehabe hatte davonstehlen wollen.

Diese Argumentation ist nach unserem Dafürhalten in der Tat auch dann gültig, wenn etwa Karl May wider alle Wahrscheinlichkeit den Ausflug in Richtung Spanien reinweg erfunden haben sollte. Das Lehrreiche bei allem bleibt, daß ihm daran gelegen war, die innerste Einstellung des Vaters zu ihm und seine innerste Einstellung zum Vater festzulegen, und daß er die Mutter mit Schweigen übergeht. Damit verrät er die hemmende Distanz des Kindes Karl zu der *Märtyrerin* und *Heilige(n)*, die *ein Segen für uns, ihre Kinder*[56] war. Die unleugbare Tüchtigkeit, der unermüdliche Fleiß, der bewundernswerte Ehrgeiz der Christiane May boten der Familie Halt und Nahrung. Doch mit dem zunächst blinden, dann endlich sehenden Kind zu spielen, es zu kosen, fehlte ihr die Zeit – und anderes. Vierzehn Schwangerschaften und der Verlust von zehn Kindern innerhalb kurzer Zeit nach der Geburt gehen an keiner Frau spurlos vorüber. Und ausgerechnet der von insgesamt sechs Söhnen einzig Überlebende bereitete von Anfang an Probleme und Lasten.[57]

Die Schädigung im Verhältnis Mutter/Sohn konnte zumeist überdeckt werden, weil Karl es – wie sich denken läßt – aus Gefühl und Verstand heraus nie an Achtung und Demut gegenüber der Mutter fehlen ließ und weil der so leicht aufbrausende und von Stolz über die Begabungen des Sohnes erfüllte Vater stets bereit war, ihm alle nicht gegen ihn – Heinrich May – gerichteten Verfehlungen nachzusehen und die Schuld eher bei Dritten zu suchen. Das Zusammenleben von Menschen unterschiedlicher Wesensart kennt vielerlei Formen und Stufen und Spielarten, und Katastrophen müssen nicht zwangsläufig eintreten. Im Falle Karl May jedoch brach sie herein – und wir neigen um so mehr dazu, die entsprechende Schilderung in der Selbstbiographie zu beachten, als der Autor damit das Tarngewebe um die *Märtyrerin* vollends zerreißt und, von unkontrolliertem Enthüllungsdrang über die vorher gesetzte Grenze hinausgetrieben, seine euphemistische Behauptung, *Nie, niemals habe ich ein ungutes Wort aus ihrem Mund gehört,*[58] in Trümmer legt. Wir befinden uns mit Karl May in jener schlimmen Phase seines Lebens zwischen Osterstein und Waldheim, als seine Pläne zerschellen und er, statt festen Fuß zu fassen, in der Luft hängt und dahintreibt.

Ein Donner weckte mich. Es war wieder Nacht, und der Gewitterregen floß in Strömen herab. Ich eilte fort und kam an ein Rübenfeld. Ich hatte Hunger und zog eine Rübe heraus. Mit der kam ich in den Wald, kroch unter die dicht bewachsenen Bäume und aß. Hierauf schlief ich wieder ein ... Als der Morgen anbrach, holte ich mir eine zweite Rübe, kehrte in den Wald zurück und aß. Dann suchte ich mir eine lichte Stelle auf und ließ mich von der Sonne bescheinen, um trocken zu werden ... Ich fand einen langen, wenn auch nur oberflächlichen Schlaf ... Ich entwand mich ihm, als der Abend anbrach, und verließ den Wald. Indem ich unter den Bäumen hervortrat, sah ich den Himmel blutigrot; ein Qualm stieg zu ihm auf. Sicherlich war da ein Feuer. Das war von einer ganz eigenen Wirkung auf mich. Ich ... starrte in die Glut. Zwar brannte ein Haus; aber das Feuer war in mir. Und der Rauch, dieser dicke, erstickende Rauch! Der war nicht da drüben beim Feuer, sondern hier bei mir. Der hüllte mich ein, und der drang mir in die Seele ... Ich bin mir erst später, viel später klar über die Entstehung solcher innerer Schreckgebilde geworden.[59]
... Ich fiel in mir zusammen, wie das brennende Haus da drüben zusammenfiel, als die Flammen niedriger und niedriger wurden und endlich erloschen ... In mir war auch Alles erloschen ... Mein Kopf war wie von einer dicken Schicht von Lehm und Häcksel umhüllt ... Ich lief irr ...
Der Morgen graute. Ich ging den Leichenweg hinab, über den Markt hinüber und öffnete leise die Tür unsers Hauses, stieg ebenso leise die Treppe hinauf nach der Wohnstube und setzte mich dort an den Tisch. Das tat ich ohne Absicht, ohne Willen, wie eine Puppe, die man am Faden zieht. Nach einiger Zeit öffnete sich die Schlafkammertür. Mutter trat heraus. Sie pflegte sehr zeitig aufzustehen, ihres Berufes wegen. Als sie mich sah, erschrak sie. Sie zog die Kammertür schnell hinter sich zu und sagte aufgeregt, aber leise:
»Um Gotteswillen! Du? Hat jemand dich kommen sehen?«
»Nein,« antwortete ich.
»Wie siehst du aus! Schnell wieder fort, fort, fort! Nach Amerika hinüber! Daß man dich nicht erwischt! Wenn man dich wieder einsperrt, das überlebe ich nicht!«
»Fort? Warum?« fragte ich.
»Was hast du getan; was hast du getan! Dieses Feuer, dieses Feuer!«
»Was ist es mit dem Feuer?«
»Man hat dich gesehen! Im Steinbruch – – im Walde – – auf dem Felde – – und gestern auch bei dem Haus, bevor es niederbrannte!«
Das war ja entsetzlich, geradezu entsetzlich!
»Mut – – ter! Mut – – ter!« stotterte ich. »Glaubst Du etwa, daß – – –«
»Ja, ich glaube es; ich muß es glauben, und Vater auch,« unterbrach sie mich. »Alle Leute sagen es!«
Sie stieß das hastig hervor. Sie weinte nicht, und sie jammerte nicht; sie war so stark im Tragen innerer Lasten. Sie fuhr in demselben Atem fort:
»Um Gottes willen, laß dich nicht erwischen, vor allen Dingen nicht hier bei uns im Hause! Geh, geh! Ehe die Leute aufstehen und dich sehen! Ich darf nicht sagen, daß du hier warst; ich darf nicht wissen, wo du bist; ich darf dich nicht länger sehen! Geh also, geh! Wenn es verjährt ist, kommst du wieder!«
Sie huschte wieder in die Kammer hinaus, ohne mich berührt zu haben und ohne auf ein ferneres Wort von mir zu warten.[60]

Wir wissen, wie Hans Wollschläger die Szene gedeutet hat,[61] und wenn wir seinen Überlegungen hier die unseren an die Seite stellen, so deswegen, weil Karl Mays Texte erweislich oft mehrere und mehrfarbige Deutungsmuster umschließen und weil wir, mit Blick auf Karl Mays Umgang mit sich selber, uns sehr wohl vorzustellen vermögen, daß die Szenerie tatsächlich Erinnerungen an schlimme Tage und Nächte im Frühjahr oder Sommer 1869 birgt und daß eine schicksalhafte Begegnung mit der Mutter stattfand.[62]

Umherirren unter dichtbewachsenen Bäumen, Sonnenschein, der durchnäßte Kleidung trocknet, längeres Schlafen im Freien setzen Frühlingszeit oder Sommer voraus, und auch eßbare Rüben – Mohrrüben wie Kohlrüben – finden sich in diesen Monaten im Felde. Nach seinen spektakulären Auftritten als Polizeileutnant von Wolframsdorf und als Beamter der Geheimpolizei kehrte Karl May mehrmals heimlich ins Elternhaus oder in dessen Nähe zurück,[63] und selbst nach seiner Flucht aus Polizeigewahrsam am 26. Juli 1869 ist ein Versuch, sich den Eltern nochmals zu nähern, nicht auszuschließen. Ein Hausbrand zwar ist in den amtlichen Verlautbarungen der örtlichen Gendarmerie 1869, nach den bisherigen Ermittlungen, nicht erwähnt,[64] und eine polizeiliche Anschuldigung wegen Brandstiftung ist gegen Karl May nicht erhoben worden[65] – doch wir können des Autors Schilderung nicht einfach ins Land der Fabel verweisen, weil uns kein Zeitungsbericht greifbar vorliegt. Diese Schilderung ist so plastisch und kongruiert derart mit den ihm längst zugute gehaltenen Befindlichkeitsstörungen, daß es schwerfällt, sie als fiktional anzusehen. Die aus dem Anblick des Feuers erwachsenden Aussagen *das Feuer war in mir* und *Ich fiel in mir zusammen, wie das brennende Haus da drüben zusammenfiel* definieren nach unserem Verständnis seelische Auszehrung und das Zusammenbrechen der Persönlichkeit. Wie ein verängstigtes Kind – *wie eine Puppe, die man am Faden zieht,* spricht eine deutliche Sprache – sucht er instinktiv im Elternhaus[66] die Rettung aus der Not. Und wird verstoßen.

*

Wir müssen einige der eben zitierten Textstellen näher betrachten; sie geben hinreichend Aufschluß, daß hier, anders als von Karl May früher behauptet, manch *ungutes Wort* gefallen ist. Wir gehen bei unserer Analyse bewußt in extremis, denn es ist – bei aller Sympathie für Karl May – einleuchtend, daß im Sommer 1869 nicht nur er mit den Nerven am Ende war, sondern auch die Mutter.

1) »*Nach Amerika hinüber!*« ist ein ebenso kaltherziger wie hohnvoller ›Ratschlag‹. In der letzten Dekade des April 1869 hatte Karl May vergebens versucht, mit Hilfe zweier Amerikaner namens Burton in die USA zu gelangen.[67] Die nicht in Illusionen befangene Mutter wußte gut genug, daß dem vorbestraften Sohn eine Flucht nach Amerika unmöglich war – und daß auch er dies wußte. Salz in die Wunde.[68]

2) »*Wenn man dich wieder einsperrt, das überlebe ich nicht.*« Das ist eine förmlich erpresserische Drohung gegenüber einem keineswegs gesunden Menschen – und ist unwürdig einer Frau, die angeblich *so stark im Tragen innerer Lasten* war.

3) »*Ja, ich glaube es; ich muß es glauben, und Vater auch*«: Damit wird jeder Versuch einer schüchternen Annäherung des Sohnes kategorisch abgeschnitten, wird jede Unschuldsbeteuerung unterbunden. Mag das, was »*Alle Leute sagen*«, nämlich daß Karl ein Haus angezündet habe, auch unbewiesenes Gerücht sein, mag er dies eine konkrete Delikt auch nicht begangen haben, so liefert es doch den Anlaß, sich vom Sohn loszusagen – und diese kurze Zweisamkeit hastig dazu auszunutzen, das Vaterbild zu schwärzen. Ein Zusammentreffen zwischen Vater und Sohn muß verhindert werden; sonst zieht die Mutter, wie bisher stets, den kürzeren.

4) »*Laß dich nicht erwischen, vor allen Dingen nicht hier bei uns im Hause!*« Damit ist die Lossagung perfekt: Unerträglich wäre es, in den Verdacht zu geraten, die wohlangesehene Hebamme Christiane May gewähre dem Mißratenen Schutz und Zuflucht. Im Elternhaus ist kein Platz mehr für ihn. *Und ohne mich berührt zu haben* – also ohne auch nur die kleinste Geste des Mitgefühls und des Trostes –, wies sie ihn hinaus.

Welche Kluft zu der Frau, die in gar nicht ferner Vergangenheit *ein liebes, tröstendes Wort* gefunden hatte[69] oder den Sohn *so eigentümlich mitleidig betrachtete.*[70]

Es schält sich das Bild einer mit zu viel Kummer und Leid überfrachteten Frau heraus, die urplötzlich im Grauen eines Morgens – ihrem ganz persönlichen »*Morgengrauen im Menscheninnern*«[71] – einen unerwarteten Anlaß fand, sich von einer bis dahin mit größtem Widerstreben getragenen Last zu befreien. Wichtig war nicht mehr der seelisch kranke Sohn, war nicht dessen Labilität und Hilfsbedürftigkeit, wichtig war nur das störungsfreie Alltagsleben der Mutter. Dem Sohn innere Stütze sein – nein. Die Last mußte fort. Christiane May bedurfte ihrer Kräfte für andere Pflichten. Ein Ende mit Schrecken war einem Schrecken ohne Ende vorzuziehen.

*

Ob subjektiv verzerrt oder überdramatisiert – völlig frei erfunden sein kann die Szene nicht, denn wieder, wie bei der Spanien-Reise, erhebt sich die Frage nach Sinn und Zweck einer solchen Erfindung, die mit keinerlei Nutzen für den Autor verbunden war. Warum hätte Karl May das vordem so sorgsam aufgebaute Bild der Mutter freiwillig zerstören sollen? Die Zwänge, das andere Mutterbild hervorzukehren, müssen übermächtig gewesen sein; noch mit achtundsechzig Jahren vermochte er nicht loszukommen von der Erinnerung, daß die sklavisch geliebte Mutter ihn einst fortjagte – und ihn glauben ließ, sein Vater habe die Hand von ihm gezogen. Der Stachel wirkte noch nach, als er über seine Heimkehr aus Waldheim schrieb, nahezu fünf Jahre nach der Vertreibung aus dem Elternhaus und inzwischen längst im klaren über des Vaters wahre Haltung.

Es war ausgestanden. Ich kehrte heim ... Vater kam mir entgegen. Es fiel ihm auch dieses Mal nicht ein, mir Vorwürfe zu machen ...
Als wir oberhalb der Stadt angekommen waren und sie vor uns liegen sahen, zeigte er nach dem nächsten Dorf hinüber, auf ein alleinstehendes, neugebautes Haus und fragte mich:
»Kennst du das dort?«
»Ist es nicht die Stelle, wo damals das Feuer war?«
»Ja. Einige Tage, nachdem du fort warst, kam es heraus, wer es angezündet hat. Es wurde mit dem Täter sehr rasch verfahren. Er ist noch eher in das Zuchthaus gekommen als du. Mutter wird es dir erzählen.«
»O nein! Ich will nichts wissen, gar nichts. Bitte sie, daß sie hierüber schweigen soll!«[72]

Wie aufschlußreich ist dieser Text! Selbst wenn wir unsere beiseite gelegten Zweifel wieder hervorholen und also annehmen wollen, es habe in jenem Umkreis innerhalb eines bestimmten Zeitraumes kein Haus gebrannt und folglich habe mit niemandem *sehr rasch verfahren* werden müssen, so verzeichnen wir doch eines – und darauf kommt es an: Die Mutter soll schweigen über Anlaß und Verlauf jenes unseligen Gesprächs, nach dessen Ende der Sohn, völlig verloren, das Haus verließ. Der Sohn will keine Erläuterungen, Entschuldigungen, Beschwichtigungen der Mutter vernehmen. Hier wird eine innere Konsequenz sichtbar, der wir uns nicht verschließen.

Hat es jenes Unglück wirklich nie gegeben? Die Spuren tun sich uns nur allzu deutlich auf in jenem Fragment ›Der verlorene Sohn‹: Ihn, den Heimkehrenden, entstellt – wie bezeichnend! – *ein Feuermal*, und beim Anblick der Heimat hat er *jenseits des Städtchens ein neues sauberes Haus* vor sich, *neben zerfallenden und vom Rauch geschwärzten Mauertrümmern, jedenfalls Zeugen eines früheren Brandunglücks*. Auch anderes paßt bestürzend: Mit dem Eindruck, auch der Vater verstoße ihn, verließ Karl May damals das Haus. Wann er davon befreit wurde, steht natürlich nicht fest; wir lesen aber im Textfragment die Worte eines Mannes namens Hoppe, *»Alle haben ihn verdammt, sein Vater, seine Mutter, und die Andern alle, nur ich nicht.«* Und Johann Ferdinand Hoppe, der Bruder eines Schwagers Karl Mays, war der erste, der ihm beistand während seines heimlichen Aufenthaltes in der Hütte im Walde beim Dorfe Falken und in der nahegelegenen Höhle um die Monatswende Mai/Juni 1869 und sicherlich noch später. Wir dürfen vermuten, daß er Heinrich May benachrichtigte, um zu erfahren, ob der Vater den

Sohn tatsächlich ›verdammte‹ – mit der Folge, daß dieser Vater dem Sohn Verpflegung und anderes herbeischaffte.[73] Das mag – wer will es bestimmen – de facto v o r der ›Verstoßungs-Szene‹ gewesen sein, doch bei einer dichterischen Umsetzung realen Geschehens sind Zeitverschiebungen und Überblendungen nichts Außergewöhnliches (in der Erzählung liegen ja auch z. B. zwanzig Jahre zwischen den Ereignissen; in der Realität, so wir sie zugrunde legen, waren es knapp fünf).

Die Szenerie im Fragment ›Der verlorene Sohn‹ entspricht insgesamt so sehr den Bitterkeiten in ›Mein Leben und Streben‹, daß wir das nicht für Zufall halten mögen. Wie so viele ungezählte Male im Werk Karl Mays, so ist nach unserer Überzeugung auch in diesem so bedauerlich Fragment gebliebenen Text mit dem frappierenden Titel das Erzählte der Wirklichkeit nachgestaltet.

*

Wie die Mutter den Sohn im Mai 1874 empfing, welche Wandlung in ihr im Laufe der Zeit vielleicht vorgegangen war, welche Form des Miteinander Mutter und Sohn fürderhin fanden, wissen wir nicht. Jedenfalls wurde das Elternhaus ihm erneut Heimstatt, bis er es gegen ein Domizil in Dresden eintauschte. Irgendwann in dieser Zeit oder während des darauffolgenden Zusammenlebens mit Emma in Hohenstein, als der unmittelbare Einfluß des begehrten Mädchens stärker war als jeder mütterliche Einfluß, kam es dann zu jener ins Auge springenden Eruption negativer Regungen, die sich entluden im Bild der geradezu bösartigen Mutter in der Erzählung ›Des Kindes Ruf‹[74] (die genaue Entstehungszeit hat sich bisher nicht ermitteln lassen). Ihr Sohn heißt Paul – was wohl eher Karl heißen soll –, *und in (seinen) Haaren hängt das Heu und Stroh,*[75] was auffällig erinnert an jenen Satz in der Selbstbiographie: *Mein Kopf war wie von einer dicken Schicht von Lehm und Häcksel umhüllt.*[76] Im Gefolge der ›Stollberg-Affäre‹[77] kam es zur Entfremdung von Emma – und wieder wurde das Elternhaus ihm Zuflucht. Und diesmal bindet er – wir wollen es hervorheben – Vater und Mutter und Emma ein in den Vorstoß, das Thema Liebesentzug zu bewältigen in der so packend angelegten Erzählung ›Der verlorene Sohn‹. Etwas uns Unbekanntes ließ ihn abbrechen; die Erzählung blieb unvollendet; der ursprüngliche schöpferische Impetus zerrann.[78]

Die für die Erzählung sicherlich geplant gewesene, wiewohl zunächst ausgeschlossen erscheinende Vereinigung des Helden mit der Heldin trat für das reale Paar Karl/Emma mit der Heirat am 17. August 1880 ein, bei der Heinrich May als Trauzeuge fungierte. Im Werk Karl Mays herrschte fortan eine bemerkenswerte Abstinenz in Sachen ›Mütter‹[79] – wie unter einem Zwang der Furcht –, bis nach jenem 15. April 1885 eine regelrechte ›Abrechnung‹ mit mütterlichem Fehlverhalten einsetzte, die dann aber schnell in Versöhnung der Beteiligten einmündet. Danach, in einer abermaligen Pause, beschäftigte der Sohn sich wieder mehr mit sich selber[80] – aber 1892, im ›Heimath‹-Kapitel[81] der Reiseerzählung ›Krüger-Bei‹, bekennt sich der Ich-Erzähler, der hier erstmals offen May bzw. K. M. heißt (fünf Jahre vor der Selbst-Identifizierung in ›»Weihnacht!«‹,[82] 1897), als Komponist und Textdichter eines Musikstücks mit dem Titel ›Gebet der Mutter für ihren verlorenen Sohn‹.[83] Gleichgültig, ob Christiane May ein solches Gebet je gesprochen hat oder nicht – ihr Sohn ist sieben Jahre nach ihrem Tode in der Lage des abgeklärten Helden, es ihr als vollzogen anzurechnen.

Im Herbst 1893, in ›Der Kutb‹, gewissermaßen als Pendant zur spektakulären Wiedervereinigung des Sohnes mit dem Vater in ›Christ ist erstanden!‹, geht er noch einen Schritt weiter: Hier konstatiert er, nachdem der temperamentvolle Vater Girard den verlorenen Knaben glücklich gerettet und nach Hause gebracht hat, *Das Entzücken der Mutter beim Wiedersehen ihres entführten Kindes ist nicht zu beschreiben!*[84] Jener Vater Girard aber ist, wie die andere Vaterfigur in ›Der Kutb‹, Abu Gibrail, eine solch märchenhafte Glorifizierung Heinrich Mays, daß *das Entzücken der Mutter* auch nur als märchenhafte Verklärung anzusehen ist. Der Autor Karl May weist der Mutter die gleiche beglückende Überhöhung zu wie dem Vater, weil er sich in Sachen ›Heimkehr von Spanien‹ inzwischen als Verzeihenden sieht und dem Mutterbild statt kühler Augen weiche Züge zubilligt.

In Tehua Bender alias Kolma Puschi in ›Old Surehand III‹ (Herbst 1896) wird Karl May der täglich neuen Bewährung im harten Kampf ums Dasein unter rauhesten Umständen gerecht, wie Christiane May ihn ableistete und bestand. Die Mutter dominiert als die vom Schicksal Ungebrochene, die nicht Ruhe findet, bevor sie den verlorenen Sohn – der obendrein Fred, d. h. Fritz oder Friedrich heißt und damit des Autors zweiten Vornamen trägt – endlich wieder in die Arme schließen kann.

Und im April 1897 gar zeichnet er in der Marienkalender-Geschichte ›Mutterliebe‹[85] eine zu jedem Opfer bereite Frau – Inbegriff eines Wunschtraums.

Zur Reife gebracht wird das Mutterbild in Hanneh, in der alle idealisierten Frauen zusammenfließen und die im Orient – in ›Am Jenseits‹[86] (Herbst 1898 bis März 1899) wie in ›Im Reiche des silbernen Löwen III/IV‹ (1902/03)[87] – die Schlüsselrolle einnimmt. Sie leitet unmittelbar über zur Mutter aller Mütter, die höchstens noch von Marah Durimeh überstrahlt wird, zur makellosen Mutter des Retters der Menschheit, des Dschirbani, jenes Seelengefährten des Kara Ben Nemsi, dessen große Aufgabe mit der Hinführung der Mutter zum Sohn erfüllt ist.

*

Dennoch blieb der Riß in der Seele virulent – und er wird sichtbar in ›Mein Leben und Streben‹, wo sorgsam gehütete Tabus endlich gebrochen werden, wenn auch mit jener Kunst der ›entblößenden Verhüllung‹ und ›tarnenden Nacktheit‹, die Karl May in Jahrzehnten des Schreibens, gelenkt von untrüglichem Unterbewußtsein, kultiviert und verfeinert hat. In den vorhin zitierten Passagen vom Fortgejagtwerden eines verstört heimwärts Irrenden meinen wir den »Erlebniskomplex«[88] zu erkennen, der zur immer neuen Verarbeitung des Motivs vom verlorenen Sohn geführt hat. Die Fäden, die aus der Frühzeit her vom Textfragment ›Der verlorene Sohn‹ durch das umfangreiche Erzählwerk hindurch hinüberführen bis zur Selbstbiographie von 1910, sind nicht zu übersehen. Sie bilden kein loses Geflecht, sondern ein festes Gefüge, das die gesamte Struktur des Verlorenen-Sohn-Komplexes in dessen innerer Geschlossenheit trägt. Und wenn wir ihr Gewebe gegen das Licht des Nacherlebens halten, gewinnen wir jenen verblüffenden Einblick in die innere Werkstatt, von dem Heinz Stolte gesprochen und geschrieben hat, die innere Werkstatt eines Autors, der erkannt hatte: *Oft ist es ein eigenartiges Halbdunkel, in welchem sich die Seele befindet*[89] und der von sich selber so bewegend sagte: *Ich schreibe nieder, was mir aus der Seele kommt, und ich schreibe es so nieder, wie ich es in mir klingen höre.* Und der fortfuhr: *meine Seele soll zu den Lesern reden.*[90]

Unser Befund – wir räumen es unumwunden ein – ist abhängig von der Glaubwürdigkeit unseres einzigen Zeugen Karl May, dem Magier des Offenbarens und des Verschleierns. Aber wir sehen keinen Grund, ihm zu mißtrauen, weil er uns bei unzähligen anderen Gelegenheiten bewiesen hat, daß stets die Wahrheit, die ganze Wahrheit und nichts als die Wahrheit in seinen Erzählungen steckt.

*

Die rücksichtslose Schwärzung des Mutterbildes aber nach so vielen Jahren der Mühe, es leuchten zu lassen, und nach der Apostrophierung *Heilige* ist so frappierend, daß es uns geraten erscheint, von dieser Stelle aus noch weiteren Überlegungen Raum zu geben. Unwillkürlich vermuten wir einen Deckmantel für etwas ganz anderes und suchen nach dem dahinter Verborgenen. Haben wir doch gelernt, daß Karl Mays eigenartige Texte gerade dann, wenn sie unterhalb der Deckschicht etwas Gravierendes offenbaren, noch anderes Gravierendes einhüllen.[91] Wie oft wird im Erzählwerk im Wechselspiel der Darstellung und je nach dem Bedarf des Autors Karl May der Täter zum Opfer, das Opfer zum Täter. Wie oft wird eigene Schuld geschickt kaschiert durch wortreiche Beschuldigung anderer.[92] Welche eigene Schuld hätte den Autor um diese Zeit drücken können?

Wir meinen, eine ebenso einfache wie furchtbare Antwort gefunden zu haben: Ihn drückte die gleiche Schuld, die er der Mutter vorwarf. Das Bewußtsein dieser Schuld wollte er vor sich selber verbergen – es war die eine Wahrheit, die er nicht einzugestehen wagte, weil er sonst den Rest an Achtung verspielt hätte, den wohlgesinnte Zeitgenossen ihm noch entgegenbrachten. Nach unserem Verständnis erwuchs aus der Tragödie des Verstoßenwerdens 1869, der Tragödie des Opfers Karl May, eine zweite Tragödie, eine, in der er vom Opfer zum Täter wurde:

Als er während des zweiten Teils der unheilvollen Orientreise, im Frühjahr und Sommer 1900, seinen Verdacht bestätigt fand, daß seine Ehefrau Emma nicht nur körperlich zunehmend kränkelte, sondern darüber hinaus einer Gemütserkrankung anheimgefallen war, sah er in ihr nur noch die Last, die Christiane May in ihrem verstörten Sohn gesehen hatte, – und wie einst die Mutter, so war er nicht bereit, diese Last zu tragen. Wohl hätte das ihm von der Mutter angetane Unrecht des Liebesentzuges ihn hindern müssen, einmal ähnlich zu handeln. Doch nicht nur der Vater hatte ihm Eigenschaften und Gaben vererbt; auch Charakterzüge der Mutter – ihre Energie, ihre Willensstärke, ihr Fleiß, ihre Entschiedenheit – waren ihm mitgegeben worden.[93] Wie die Mutter entschied er sich für das Ende mit Schrecken statt des Schreckens ohne Ende. Eigennützig verschloß er sich der Notwendigkeit, fürsorgliche Stütze zu sein für den Menschen, der ihn liebte und seiner Zuwendung mehr denn je bedurfte. Er stieß Emma aus seinem Leben.

Die Schuld rührte unentwegt an seinem Gewissen – während er die Mutter im schriftstellerischen Werk mehr und mehr entlastete – und ließ ihn schließlich zurückfallen in den gebrochenen ›Maksch‹ mit dem Brandmal, der der verlorenen Liebe nachtrauerte.[94] Und als er in seinem kunstreichen Rechenschaftsbericht ›Mein Leben und Streben‹ im Schwenk der ihn schüttelnden Emotionen das Mutterbild verdunkelt, wird aus Emma das *arme, unglückliche Weib*.[95]

*

So hätten wir denn die Quelle seiner »ihm sonst fremden Rücksichtslosigkeit«,[96] die Claus Roxin ihm einst in Sachen seiner Ehescheidung treffend bescheinigte, aufgedeckt. Und hätten den Grund für das plötzliche Auftauchen, im letzten Reisewerk, einer bis dahin unbekannten Ich-Abspaltung mit Namen Max Pappermann, dessen Tragik und Stigma den Bogen schließt hin zum unvollendeten Versuch eines vom Liebesentzug Gebrandmarkten, im frühen Stadium seiner bemerkenswerten Karriere das Trauma abzuschütteln.

Das Opfer Karl May, der Täter Karl May, der immer verlorene Sohn Karl May gewährt, wenn auch zögernd, uns Wohlmeinenden Einblick in seine innere Werkstatt – in seine Leistungen, seine Verstrickungen, sein immer von Unruhe, Ängsten und doch auch Mut erfülltes Ich. Gehen wir dabei behutsam vor, wenn er uns hineinschauen läßt. Verletzen wir ihn nicht noch mehr, als er zu Lebzeiten bereits verletzt wurde – durch andere und sich selbst. Und tragen wir ein Beunruhigendes stets in unserem Bewußtsein mit: Nie wird sich uns der Blick öffnen in die Werkstatt, die er nie betrat, nämlich die jener Werke, welche er geschaffen hätte, wäre ihm die Vollendung der so früh in Angriff genommenen Erzählung ›Der verlorene Sohn‹ und damit bereits vor 1880 die Befreiung gelungen. Vielleicht wären wir dann gar nicht hier versammelt.

*

Das Bild Karl Mays wird dank der Rührigkeit der nach ihm benannten Gesellschaft wahrscheinlich nie verblassen. Ebensowenig verblassen soll das Bild Heinz Stoltes, der diesen Versuch zur Erhellung einer Werkstatt im Menscheninneren inspirierte und dem wir immer Dank schulden. Dank schulden wie Karl May – und so schließt sich der Kreis –, weil wir dank ihm, dem verlorenen Sohn, nie verloren sind.

1 Heinz Stolte: Karl May und alle seine verlorenen Söhne. In: Jahrbuch der Karl-May-Gesellschaft (Jb-KMG) 1992. Husum 1992, S. 10-33
2 Heinz Stolte: Der Volksschriftsteller Karl May. Ein Beitrag zur literarischen Volkskunde. Radebeul 1936; Bamberg ²1979
3 Heinz Stolte: Der schwierige Karl May. Zwölf Aspekte zur Transparenz eines Schriftstellers. Husum 1989
4 Heinz Stolte: Brief an Martin Lowsky zum Thema ›Literatur und Psychoanalyse‹. In: Mitteilungen der Karl-May-Gesellschaft (M-KMG) 40/1979, S. 3f. (3)
5 Herbert Meier: »Prinz Otto Victor, der Confusionsheinrich, der Studentenkarl und das Wiannerlinchen ...«. Ein Programm? Anmerkungen zu einem frühen Fragment-Text Karl Mays. In: Jb-KMG 1986. Husum 1986, S. 96-109 (107, Anm. 19)
6 Eine zuverlässige Datierung verschiedener von Karl May hinterlassener Fragmente ist nicht möglich; auch der Schriftcharakter und das Format des von May verwendeten Papiers liefern keine klaren Belege. Anhaltspunkte bieten am ehesten noch Ausdruck, Stil, Geläufigkeit.
7 Karl May: Wanda. In: Der Beobachter an der Elbe. 2. Jg. (1875); Reprint der Karl-May-Gesellschaft. Hamburg 1974
8 Karl May: Der Samiel. In: Das Buch für Alle. 13. Jg. (1878); Faksimile in: Karl May's Gesammelte Werke Bd. 43: Aus dunklem Tann. Bamberg 124. Tsd.
9 Karl May: Der Herrgottsengel. In: Weltspiegel. 3. Jg. (1879); Reprint der Karl-May-Gesellschaft. Hamburg 1974
10 Karl May: Der Teufelsbauer. In: Weltspiegel. 2. Jg. (1878); Reprint der Karl-May-Gesellschaft. Hamburg 1974
11 Karl May: Der Waldkönig. In: All-Deutschland/Für alle Welt. 3. Jg. (1879); Reprint in: Karl May: Der Waldkönig. Hrsg. von Herbert Meier. Hamburg 1980
12 Der Karl-May-Verlag, Bamberg, hat eine Veröffentlichung des Textfragments in Aussicht gestellt. Die Zitate hier folgen meinen seinerzeitigen handschriftlichen Notizen.
13 Mit Blick auf die Personen der Handlung und deren Konstellation zueinander sowie der zu erwartenden dramatischen Lösung der Konflikte und der Aufklärung der angedeuteten Geheimnisse (›Verlorener Sohn‹; Zigeunergrab; Wirt Fichtner als Schmuggler usw.) läßt sich vermuten, daß – umgerechnet auf den Satzspiegel der Freiburger Buchausgabe – etwa fünf Kapitel gleicher Länge bei einem Gesamtumfang von rund 80-90 Seiten vorgesehen waren.

14 Siehe die ausführliche Schilderung der Ereignisse bei Fritz Maschke: Karl May und Emma Pollmer. Die Geschichte einer Ehe. Bamberg 1973, S. 13-23 – ebd. auch die Abhandlung des Juristen Erich Schwinge: Karl Mays Bestrafung wegen Amtsanmaßung, S. 130-36 – ebd. auch Abdruck der vollständigen »Untersuchungs-Acten des Königlichen Gerichts-Amtes Stollberg wider Carl Friedrich May (...)«, S. 137-210.
15 Karl May: Scepter und Hammer. In: All-Deutschland/Für alle Welt. 4. Jg. (1880); Reprint der Karl-May-Gesellschaft. Hamburg 1978 – Karl Mays Werke. Historisch-kritische Ausgabe. Abt. II Bd. 1: Scepter und Hammer. Hrsg. von Hermann Wiedenroth und Hans Wollschläger. Nördlingen 1987
Jahreszahlen bei den Titeln im Text (ggf. in Klammern) verweisen auf die Entstehungszeit des betreffenden Werkes. Vgl. Roland Schmid: Anhang (zu ›Auf fremden Pfaden‹). In: Karl May: Freiburger Erstausgaben Bd. XXIII. Hrsg. von Roland Schmid. Bamberg 1984.
16 Sollte der fragmentarische Text (ungeachtet der erzählerischen Gewandtheit des Autors) v o r Karl Mays Bekanntschaft mit Emma Pollmer entstanden sein, so wäre der Vorname der Heldin ein sehr merkwürdiger Zufall; bisher belegbar hat May den Namen erst aufgrund seiner persönlichen Beziehung zu Emma Pollmer in seinen Werken verwendet. Zudem wäre dann die Ablehnung des Helden durch das schöne Mädchen – ohne jegliche Beziehung zur Biographie des Autors – ein rein schriftstellerischer Kniff. Mit Blick auf die Handlungsdramaturgie (glaubwürdige Wandlung der Gefühle der Heldin) erscheint es zweifelhaft, ob Karl May als schriftstellerischer Anfänger entsprechenden handwerklichen und psychologischen Anforderungen gewachsen gewesen wäre (insbesondere weil er noch in späteren Zeiten seinen Frauengestalten ähnliches erspart hat).
17 Karl May: Auf der See gefangen. In: Frohe Stunden. 2. Jg. (1878); Reprint der Karl-May-Gesellschaft. Hamburg 1971
Werner Poppe vertritt die Ansicht, daß ›Auf der See gefangen‹ »vor ›Old Firehand‹ (1875/76) verfaßt worden« sei (Werner Poppe: ›Winnetou‹. Ein Name und seine Quellen. In: Karl Mays ›Winnetou‹. Hrsg. von Dieter Sudhoff und Hartmut Vollmer. Frankfurt a. M. 1989, S. 33-39 (33)). Vgl. dagegen Roland Schmid: »Nicht zu entscheiden ist die Frage nach der Entstehungszeit dieser Karl-May-Beiträge für ›Frohe Stunden‹.« (Roland Schmid: Anhang (zu ›Auf fremden Pfaden‹), wie Anm. 15, A 4).
18 Vgl. hierzu Albert Hellwig: Die kriminalpsychologische Seite des Karl-May-Problems. In: Karl-May-Jahrbuch 1920. Radebeul 1919, S. 187-250 (198ff.); ferner Klaus Hoffmann: Karl May als »Räuberhauptmann« oder Die Verfolgung rund um die sächsische Erde. Karl Mays Straftaten und sein Aufenthalt 1868 bis 1870. 1. Teil. In: Jb-KMG 1972/73. Hamburg 1972, S. 215-47 (236ff.) – Ders.: Zeitgenössisches über »Ein unwürdiges Glied der Lehrerstandes«. Pressestimmen aus dem Königreich Sachsen 1864-1870. In: Jb-KMG 1971. Hamburg 1971, S. 110-21 (118ff.).
Karl May erlebte bei Gelegenheit seiner Sistierung in Böhmen einen ›Liebesentzug‹ besonderer Art: Er benannte seine einstige Geliebte Malwine Wadenbach als seine ›Tante‹ und als Zeugin für seine Identität als Albin Wadenbach in der Hoffnung, sie werde mit Verve zu seiner völligen Entlastung antreten. Die Illusion zerbrach jedoch, da Malwine Wadenbach ihn fallenließ (vgl. Hoffmann: Karl May als »Räuberhauptmann«, S. 238, 240).
19 Der Ernstthaler Schmiedemeister Christian Friedrich Weißpflog, erzählgewandter Taufpate Karl Mays und ein für damalige Verhältnisse weitgereister Mann, könnte Teile der Handlung des Romans ›Scepter und Hammer‹ beeinflußt haben. Weißpflogs gefühlsmäßige Bindung an sein Patenkind hatte auch während Mays Straftäterzeit nicht gelitten (vgl. Hoffmann: Karl May als »Räuberhauptmann«, wie Anm. 18, S. 226f.). Karl May bezeichnete seinen Paten (ebenso wie seine Großmutter väterlicherseits) als Inspirator seines Schaffens, als er unter dem Namen seines Freundes Richard Plöhn und unter dem Titel ›Karl May und seine Gegner‹ Ende September 1899 in der Dortmunder Zeitung ›Tremonia‹ Stellung bezog gegen die vom Redakteur Fedor Mamroth in der ›Frankfurter Zeitung‹ erhobenen Vorwürfe. Neuabdruck unter dem Titel ›May gegen Mamroth‹ in: Jb-KMG 1974. Hamburg 1973, S. 131-52 (132f.).

20 Karl May: Der Brodnik. In: Deutscher Hausschatz. XI. Jg. (1879/80); Reprint in: Karl May: Kleinere Hausschatz-Erzählungen. Hrsg. von Herbert Meier. Hamburg/Regensburg 1982
21 Karl May: Der Weg zum Glück. Dresden 1886-88; Reprint Hildesheim-New York 1971
22 Karl May: Die Felsenburg. In: Deutscher Hausschatz. XX. Jg. (1894); Reprint der Karl-May-Gesellschaft. Hamburg/Regensburg 1980 – Ders.: Krüger-Bei. In: Deutscher Hausschatz. XXI. Jg. (1895); ebd. – Ders.: Die Jagd auf den Millionendieb. In: Deutscher Hausschatz. XXII. Jg. (1896); ebd.
23 ›C-urty‹ und ›Fex‹ liefern Anklänge an ›C-arl‹ (die lange Zeit von May verwendete Schreibweise) und an ›F-ritz‹ (Friedrich), Karl Mays zweiten Vornamen. In Verbindung mit dem verlorenen Sohn Fex taucht ein Zigeunergrab auf (wie im Fragment ›Der verlorene Sohn‹). In Verbindung mit dem verlorenen Sohn Fritz gibt es die ›böse (Stief-)Mutter‹, die ihm in Haßliebe gegenübersteht.
24 Karl May: Die Juweleninsel. In: Für alle Welt. 5. Jg. (1881); Reprint der Karl-May-Gesellschaft. Hamburg/Gelsenkirchen 1978 – Karl Mays Werke. Historisch-kritische Ausgabe. Abt. II Bd. 2: Die Juweleninsel. Hrsg. von Hermann Wiedenroth und Hans Wollschläger. Nördlingen 1987
25 Karl May: Das Waldröschen oder Die Rächerjagd rund um die Erde. Dresden 1882-84; Reprint Leipzig 1988ff.
26 Bei der Schilderung des Lebens der Briganten in den Pyrenäen und ihres ›Hauptmanns‹, der bei aller Verschlagenheit Züge menschlicher Größe zeigt und seinen ›Zögling‹ Mariano zu einem wahren Edelmann heranbilden läßt, greift May offenkundig zurück auf die ihm in seiner Jugend durch zahlreiche Räuberromane vermittelten Eindrücke, die ihn seinerzeit auch veranlaßten, in spanischen Räubern die Erretter der Einwohner von Ernstthal aus deren wirtschaftlichem Elend zu sehen (vgl. Karl May: Mein Leben und Streben. Freiburg o. J. (1910), S. 73, 77, 79; Reprint Hildesheim-New York 1975. Hrsg. von Hainer Plaul).
27 Karl May: Die Liebe des Ulanen. In: Deutscher Wanderer. 8. Bd. (1883-85); Reprint Bamberg 1993 – Karl Mays Werke. Historisch-kritische Ausgabe. Abt. II Bd. 9-13: Die Liebe des Ulanen. Hrsg. von Hermann Wiedenroth und Hans Wollschläger. Bargfeld 1994
28 Karl May: Der verlorene Sohn oder Der Fürst des Elends. Dresden 1884-86; Reprint Hildesheim-New York 1970ff. (Erwähnung des meinem Vortrag zugrundeliegenden Textfragments ›Der verlorene Sohn‹ in: Klaus Hoffmann: Vorwort (zu ›Der verlorne Sohn‹). In: Ebd., unpag.)
29 Siehe Anm. 14
30 Karl May: Deutsche Herzen, deutsche Helden. Dresden 1885-87; Reprint Bamberg 1976
31 Karl May: Deadly Dust. In: Deutscher Hausschatz. VI. Jg. (1879/80); Reprint der Karl-May-Gesellschaft. Hamburg/Regensburg 1977
32 Karl May: Giölgeda padi'shanün. In: Deutscher Hausschatz. VII. Jg. (1880/81); Reprint der Karl-May-Gesellschaft. Hamburg/Regensburg 1977
33 Karl May: Stambul. In: Deutscher Hausschatz. IX. Jg. (1882/83); Reprint der Karl-May-Gesellschaft. Hamburg/Regensburg 1978
34 Karl May: Der Geist der Llano estakata. In: Der Gute Kamerad. 2. Jg. (1887/88); Reprint der Karl-May-Gesellschaft. Hamburg 1983 – Karl Mays Werke. Historisch-kritische Ausgabe. Abt. III Bd. 1: Der Sohn des Bärenjägers. Hrsg. von Hermann Wiedenroth und Hans Wollschläger. Zürich 1992
35 May: Mein Leben und Streben, wie Anm. 26, S. 109 – Metaphern solcher Art verwendet May häufig im erzählerischen Werk mit Blick auf erschütternde Ereignisse.
36 Vgl. ebd., S. 118.
37 Vgl. Walther Ilmer: Mit un-sicherer Hand zum sicheren Sieg. Karl Mays ›Old Surehand‹ als Werk der Kontraste. In: Karl Mays »Old Surehand«. Hrsg. von Dieter Sudhoff und Hartmut Vollmer. Paderborn 1995, S. 87-114.
38 Karl May: Der Scout. In: Deutscher Hausschatz. XV. Jg. (1888/89); Reprint der Karl-May-Gesellschaft. Hamburg/Regensburg 1977

39 Karl May: Kong-Kheou, das Ehrenwort. In: Der Gute Kamerad. 3. Jg. (1888/89); Reprint der Karl-May-Gesellschaft. Hamburg 1984 – Karl Mays Werke. Historisch-kritische Ausgabe. Abt. III Bd. 2: Kong-Kheou, das Ehrenwort. Hrsg. von Hermann Wiedenroth und Hans Wollschläger. Nördlingen 1988
40 Karl May: Die Sklavenkarawane. In: Der Gute Kamerad. 4. Jg. (1889/90); Reprint der Karl-May-Gesellschaft. Hamburg 1984 – Karl Mays Werke. Historisch-kritische Ausgabe. Abt. III Bd. 3: Die Sklavenkarawane. Hrsg. von Hermann Wiedenroth und Hans Wollschläger. Nördlingen 1987
41 Karl May: Der Mahdi. In: Deutscher Hausschatz. XVIII. Jg. (1891/92); Reprint der Karl-May-Gesellschaft. Hamburg/Regensburg 1979
42 Karl May: Christus oder Muhammed. In: Regensburger Marienkalender. 26. Jg. (1891); Reprint in: Christus oder Muhammed. Marienkalendergeschichten von Karl May. Hrsg. von Herbert Meier. Hamburg 1979
43 Karl May: Der Kutb. In: Benziger's Marien-Kalender. 1895. In: May: Christus oder Muhammed, wie Anm. 42
44 Karl May: Christ ist erstanden! In: Benziger's Marien-Kalender. 1894. In: May: Christus oder Muhammed, wie Anm. 42
45 Karl May: Im Reiche des silbernen Löwen. In: Deutscher Hausschatz. XXIV. Jg. (1898); Reprint der Karl-May-Gesellschaft. Hamburg/Regensburg 1981
46 Karl May: Gesammelte Reiseromane Bd. XIV: Old Surehand I. Freiburg 1894 – Ders.: Gesammelte Reiseromane Bd. XV: Old Surehand II. Freiburg 1895 – Ders.: Gesammelte Reiseerzählungen Bd. XIX: Old Surehand III. Freiburg 1896
47 Karl May: Der 'Mir von Dschinnistan. In: Deutscher Hausschatz. XXXIV./XXXV. Jg. (1908/09); Reprint der Karl-May-Gesellschaft. Hamburg/Regensburg 1976
48 Karl May: Winnetou, Band IV. In: Lueginsland. Unterhaltungsblatt zur »Augsburger Postzeitung«. Nr. 88 (1909) – Nr. 36 (1910); Reprint der Karl-May-Gesellschaft. Hamburg 1984
49 Die Frau des ›Finkenheiner‹ genannten Heinrich Weise verläßt im Roman Mann und Kinder wegen eines Liebhabers, der gesellschaftlich höher steht und vermögend ist, sich aber bald als moralisch verkommen erweist. Hans Wollschläger geht in seinem tiefschürfenden Essay ›»Die sogenannte Spaltung des menschlichen Innern, ein Bild der Menschheitsspaltung überhaupt«. Materialien zu einer Charakteranalyse Karl Mays‹ (in: Jb-KMG 1972/73. Hamburg 1972, S. 11-92) von der Überlegung aus, Karl Mays Mutter Christiane May, geb. Weise habe während Karls früher Kindheit einen Liebhaber gehabt und seinetwegen Karl vernachlässigt. Grundsätzliche theoretische Erwägungen, die Mutter könne in ihrer Ehe frustriert gewesen und gefühlsmäßig an einen anderen (sozial höherstehenden) Mann gebunden gewesen sein – freilich ohne deswegen auch Ehebruch zu begehen –, finden sich sodann bei Walther Ilmer: Das Adlerhorst-Rätsel – ein Tabu? In: M-KMG 34/1977, S. 25-37. Eine ›Verirrung‹ Christiane Mays wäre aus ihrer Situation heraus verständlich und könnte die Grundlage für manche Personenkonstellation im Erzählwerk des Sohnes geliefert haben; jegliche Vermutung solcher Art ist jedoch klar als rein hypothetisch zu benennen, denn Dokumente irgendwelcher Art – oder auch nur überlieferte mündliche Berichte – in betreff außerehelicher amouröser Beziehungen Christiane Mays liegen nicht vor. Unabhängig davon ist mit Blick auf die Person des Finkenheiner von Interesse, daß sein Verlust des linken Armes möglicherweise seine Entsprechung findet in Heinrich Mays linksseitiger Lähmung nach einem Schlaganfall (1885, nach dem Tode Christiane Mays am 15. 4. 1885).
50 May: Mein Leben und Streben, wie Anm. 26, S. 385*, Anm. 145 (Zitat aus dem Schriftsatz des Rechtsanwalts Haase, der May im Mittweidaer Prozeß 1870 als Pflichtverteidiger gestellt wurde)
51 Ebd.
52 Ebd., S. 79
53 Ebd., S. 92f. Die Seiten 80 bis 92 oben füllt Karl May mit Beschreibungen des Alltagslebens und Sonntagslebens in Hohenstein und Ernstthal, mit Betonung des Wirtshaustreibens, Rauchens und Trinkens unter sozial unwürdigen Verhältnissen. Der breite Plauderton läßt vermuten, daß es einer längeren Unterbrechung der Schilde-

rung seiner ersten Reise bedurfte, da die Erinnerung ihn stark erregte und Ablenkung erforderte.
54 Vgl. Andreas Graf: »Habe gedacht, Alles Schwindel«. Balduin Möllhausen und Karl May – Beispiele literarischer Adaption und Variation. In: Jb-KMG 1991. Husum 1991, S. 324-63 (339).
55 Die Ähnlichkeit der Schilderung Karl Mays mit einer Textstelle bei Balduin Möllhausen ist nicht zugleich ein Beweis für Mays Erfinden s e i n e r Reise. Die Erfindung des ›Phonographen‹ durch Thomas Alva Edison 1877 ist kein Beweis dafür, daß ihm Aufzeichnungen des Franzosen Charles Cros zur Verfügung gestanden hatten, der die gleiche Art Sprechmaschine im selben Jahr als ›Parléophon‹ vorgestellt hatte. Der Franzose Soubeiran, der Amerikaner Samuel Guthrie und der Deutsche Justus von Liebig entdeckten unabhängig voneinander 1831 das Chloroform. Diese und ähnliche Koinzidenzen nebst zahlreichen Erfahrungen in meinem eigenen Leben lassen mir die Annahme berechtigt erscheinen, Karl May habe seine ›Reise nach Spanien‹ nicht kopiert oder erfunden, sondern buchstäblich so unternommen, wie er sie beschreibt.
56 May: Mein Leben und Streben, wie Anm. 26, S. 9
57 Ich teile Hans Wollschlägers Auffassung (vgl. Wollschläger, wie Anm. 49), Karl May habe den ersten elementaren Schock bereits in früher Kindheit erfahren, mutmaßlich während seiner Blindheit. Es genügte ein nicht einmal hart oder gar böswillig gemeintes Zurückweisen des Kindes durch die überbeschäftigte Mutter – als das Kind sich ihr vertrauensvoll herankrabbelnd näherte –, um das hilflose Wesen seelisch tief zu verletzen. Der Aufenthalt eines Liebhabers in der Morgenfrühe im Hause May in der damaligen Niedergasse – wie Hans Wollschläger ihn zugrunde legt – hätte freilich die nächtliche Abwesenheit Heinrich Mays vorausgesetzt; dafür jedoch gibt es keinen Anhalt. Auch müssen Karls ältere Schwester Auguste (geb. 1. 12. 1837) und jüngere Schwester Wilhelmine (geb. 28. 5. 1844) wegen der beengten Raumverhältnisse ihre Schlafstätten in unmittelbarer Nähe gehabt haben, so daß von daher unliebsame Störungen für einen Liebhaber entstehen konnten. Der Ausgangspunkt für Wollschlägers Überlegungen, der Dialog Mutter/Sohn (May: Mein Leben und Streben, wie Anm. 26, S. 166), erlaubt meines Erachtens auch andere Zugänge zur Entschlüsselung; siehe den Versuch im nachfolgenden Text.
58 May: Mein Leben und Streben, wie Anm. 26, S. 9
59 Die hier nicht im einzelnen wiedergegebenen Details der Schreckgebilde dürften für Psychologen ungewöhnlich aufschlußreich sein. Karl May beschreibt Angstzustände unter stärkster nervlicher Belastung: Ihm muß vor sich selbst gegraut haben – gleichsam als ob er den nahenden Wahnsinn oder eine Metamorphose in eine Art ›Mr. Hyde‹ befürchte (Robert Louis Stevenson beschreibt in seiner berühmten Erzählung ›Dr. Jekyll und Mr. Hyde‹ die schreckliche Persönlichkeitswandlung eines Menschen unter psychotischem Einfluß).
60 May: Mein Leben und Streben, wie Anm. 26, S. 164-67
61 Vgl. Wollschläger, wie Anm. 49.
62 Siehe hierzu auch den ganz anders gelagerten Deutungsversuch bei Walther Ilmer: Karl May – Mensch und Schriftsteller. Tragik und Triumph. Husum 1992, S. 159ff. Die dortigen Überlegungen werden, im Blick auf Mays kein seelisch-therapeutisch bedingtes Schreiben, durch die im vorliegenden Beitrag vorgenommene Interpretation nicht gegenstandslos.
63 Vgl. Hoffmann: Karl May als »Räuberhauptmann«, wie Anm. 18, S. 220, 226, 231, 236. Der von ihm genannte Weber Carl Barth (S. 231) könnte eventuell der von Karl May erwähnte heimliche Informant gewesen sein (May: Mein Leben und Streben, wie Anm. 26, S. 162f.).
64 Vgl. Wollschläger, wie Anm. 49, S. 22 und 86 (Anm. 29).
65 Vgl. May: Mein Leben und Streben, wie Anm. 26, S. 383*, Anm. 140.
66 Vom südlichen Ende des (vormals so genannten) Leichenweges, der heutigen Bergstraße in Hohenstein-Ernstthal, mußte Karl May, um zu dem von seinen Eltern seinerzeit bewohnten Haus zwischen der Kantorei und dem damaligen Gasthof ›Zur Stadt Glauchau‹ zu gelangen, in der Tat ein nicht unbedeutendes Stück Weges schräg über den Markt hinüber, wie sich aus einer Ortsbesichtigung ergibt. Hans Wollschlä-

ger (wie Anm. 49, S. 22) hält *über den Markt hinüber* nur dann für korrekt, wenn man an der Rückseite der Trinitatiskirche entlang und weitergeht bis zur damaligen Niedergasse, der heutigen Karl-May-Straße, so daß man auf Karl Mays Geburtshaus stößt. Gerade Mays Wort hinüber kommt dieser Deutung jedoch nicht unbedingt entgegen.
67 Vgl. Hoffmann: Karl May als »Räuberhauptmann«, wie Anm. 18, S. 221f.
68 »Nach Amerika hinüber!« läßt sich hier nicht deuten als plumper Versuch Karl Mays, Amerikaaufenthalte vor 1908 zu suggerieren. Derartigen Versuchungen hat er gerade in ›Mein Leben und Streben‹ geflissentlich widerstanden, da seine angeblichen zahlreichen Auslandsreisen öffentlich als Schwindel entlarvt worden waren. Auch ein trickreicher Hinweis auf das im westlichen Landesteil Sachsens gelegene Dörfchen mit Namen Amerika liegt nicht vor, denn eine Flucht dorthin – in die unmittelbare Nähe von Penig, wo May 1864 als ›Dr. med. Heilig‹ und als Kleiderschwindler von sich reden machte – hätte nur Gefahren bergen können.
69 May: Mein Leben und Streben, wie Anm. 26, S. 160
70 Ebd., S. 161
71 Diese Definition des Hinfindens zur Selbsterkenntnis kreiert Karl May in seinem Buch ›Im Reiche des silbernen Löwen IV‹ (Karl May: Gesammelte Reiseerzählungen Bd. XXIX: Im Reiche des silbernen Löwen IV. Freiburg 1903, S. 195).
72 May: Mein Leben und Streben, wie Anm. 26, S. 178f.
73 Siehe hierzu Walther Ilmer: Die Hütte im Walde – das »Wald-heim« vor Waldheim. In: M-KMG 95/1993, S. 45. Der dort zitierte Brief des Karl-May-Forschers Klaus Ludwig (Dresden) verweist auf die volkstümliche Benennung ›Koch's Hütte‹. Möglicherweise ist Hoppe in dem Textfragment ›Der verlorene Sohn‹ daher nicht rein zufällig ›Koehler‹. Vgl. auch: Klaus Ludwig: Biographisches in Karl Mays »Die Liebe des Ulanen«. Sonderheft der Karl-May-Gesellschaft Nr. 105/1995, S. 4ff.
74 Karl May: Des Kindes Ruf. In: Weltspiegel. 3. Jg. (1879); Reprint der Karl-May-Gesellschaft. Hamburg 1974
75 Ebd., S. 329
76 May: Mein Leben und Streben, wie Anm. 26, S. 165
77 Vgl. Maschke, wie Anm. 14.
78 Rein hypothetisch, ohne jeden greifbaren Anhaltspunkt und ohne daß ich selbst dieser Ansicht zuneige, sei angemerkt, daß Karl May das Textfragment ›Der verlorene Sohn‹ vielleicht (!) während der ersten Tage seiner dreiwöchigen Haft – vom 1. bis 21. September 1879 in Ernstthal –, dem spätestmöglichen Zeitpunkt überhaupt, zu Papier brachte und daß die versöhnlichen Besuche sowohl Emmas wie seiner Mutter eine Stimmungsänderung bewirkten. In bezug auf Emma freilich plagten ihn seinerzeit seltsame Träume. Siehe Roland Schmid: »Leckerbissen«. Karl Mays Atzung im September 1879 – von ihm selbst überliefert. In: Jb-KMG 1987. Husum 1987, S. 11-19 (zur Inhaftierung Karl Mays im September 1879 siehe die in Anm. 14 erwähnten ›Untersuchungs-Acten‹).
79 Auffallend allerdings ist der Aufschrei des Prinzen Hassan Ardschir, einer Ich-Abspaltung Mays, nach guten Müttern in Mays Erzählung ›Die Todes-Karavane‹ (In: Deutscher Hausschatz. VIII. Jg. (1881/82), S. 204; Reprint der Karl-May-Gesellschaft. Hamburg/Regensburg 1978). Die Erzählung thematisiert meines Erachtens in Verschlüsselung Karl Mays ›Abstieg‹ ins Zuchthaus Waldheim.
80 Die zeitliche Folge der ›Negativ‹-Bilder Karl Mays im Erzählwerk 1888 bis 1890 erscheint bemerkenswert, da sie sich sonderbar mit Stationen seiner Biographie deckt: Bloody-Fox in ›Der Geist des Llano estakata‹ (wie Anm. 34) zeigt die Rachegelüste des jungen Mannes.
Der bei aller Verworfenheit seltsam sympathische Sendador, *ein halber Gelehrter* (Karl May: El Sendador. Theil I: Lopez Jordan. In: Deutscher Hausschatz. XVI. Jg. (1889/90), S. 171; Reprint der Karl-May-Gesellschaft. Hamburg/Regensburg 1979), gleicht in vieler Hinsicht dem auf Tatzeugen und Geschädigte sehr sympathisch wirkenden Straftäter Karl May von 1864 u n d dem kühn zupackenden ›Polizeileutnant von Wolframsdorf‹ vom Frühjahr 1869.
In dem bedauernswerten Selim in der Mahdi-Erzählung (wie Anm. 41) porträtiert May den von daheim Verstoßenen.

81 Karl May: In der Heimat (1892), derzeit noch unveröffentlichtes Manuskript (440 Seiten) im Archiv des Karl-May-Verlags, Bamberg, bildete ursprünglich das 1. Kapitel der Erzählung ›Krüger-Bei‹ (wie Anm. 22), wurde aber vom zuständigen Redakteur der Wochenzeitschrift ›Deutscher Hausschatz in Wort und Bild‹ eigenmächtig gestrichen und, ungeachtet des deswegen zwischen Autor und Redakteur entstehenden Streites, von Karl May nicht in die Buchausgabe ›Satan und Ischariot‹ (Karl May: Gesammelte Reiseerzählungen. Bd. XXI: Satan und Ischariot II. Freiburg 1897) eingegliedert. Diese 440 Handschriftseiten gehören zum autobiographisch Interessantesten in Mays Gesamtwerk: Der Ich-Erzähler Dr. K. May, Philologe und Linguist, Redakteur und Schriftsteller in Dresden, bekannt unter dem in Amerika erworbenen Namen Old Shatterhand, durchlebt eine schmerzhafte Liebesromanze, deren unglücklichen Ausgang er selbst verschuldet, und erstarkt daran, statt zu zerbrechen. – Als Old Shatterhand tritt der Ich-Erzähler bereits im voraufgegangenen Teil der Gesamterzählung, ›Die Felsenburg‹ (wie Anm. 22), auf; darin bekennt er sich auch zu seinem Vornamen Karl (S. 312). Im weiteren Verlauf von ›Krüger-Bei‹ reitet er (mit Winnetou und Emery Bothwell als Begleitern) als Kara Ben Nemsi durch Tunesien. – Karl May nahm also die offene Gleichsetzung seines persönlichen Ich mit seinen beiden Helden vor, noch e h e die ersten Bände seiner Gesammelten Reiseromane/Reiseerzählungen in Freiburg erschienen waren (die ihn dann in breitesten Leserkreisen bekannt machten und seinen Ruhm begründeten). Eine von Franz Kandolf bearbeitete, gekürzte Fassung des Textes ›In der Heimath‹ wurde 1927 vom Karl-May-Verlag, Radebeul, unter den Titeln ›Professor Vitzliputzli‹ und ›Wenn sich zwei Herzen scheiden‹ aufgenommen in Band 47 der Gesammelten Werke Karl Mays.
82 Karl May: Gesammelte Reiseerzählungen Bd. XXIV:»Weihnacht!«. Freiburg 1897
83 Zitiert nach Seite 1844 der Handschrift ›In der Heimath‹ (wie Anm. 81), mit freundlicher Genehmigung der Verlegerfamilie Schmid, Karl-May-Verlag, Bamberg.
84 May: Der Kutb, wie Anm. 43, S. 171
85 Karl May: Mutterliebe. In: Einsiedler Marien-Kalender. 1898. In: May: Christus oder Muhammed, wie Anm. 42
86 Karl May: Gesammelte Reiseerzählungen Bd. XXV: Am Jenseits. Freiburg 1899
87 Karl May: Gesammelte Reiseerzählungen Bd. XXVIII: Im Reiche des silbernen Löwen III. Freiburg 1902 – Ders.: Gesammelte Reiseerzählungen Bd. XXIX: Im Reiche des silbernen Löwen IV. Freiburg 1903
88 Stolte: Brief, wie Anm. 4
89 Karl May: El Sendador. Theil II: Der Schatz der Inkas. In: Deutscher Hausschatz. XVII. Jg. (1890/91), S. 154; Reprint der Karl-May-Gesellschaft. Hamburg/Regensburg 1979
90 May: Mein Leben und Streben, wie Anm. 26, S. 228
91 Die Ausführlichkeit der Darbietung in Form eines längeren Dialogs (ebd., S. 166) in dramatischem Ton wiederholt sich auf den Seiten 192f. bei der Konfrontation des Autors mit Emmas Großvater. Zur Schilderung des realen Sachverhalts hätten in beiden Fällen einige wenige Zeilen ausgereicht. Beide Male dient die Weitschweifigkeit dem Zuschütten peinigender Selbstvorwürfe mit Blick auf Emma.
92 Karl May: Frau Pollmer. Eine psychologische Studie. Prozeßschriften Bd. 1. Hrsg. von Roland Schmid. Bamberg 1982 (wahrscheinlich Ende 1907/Anfang 1908 entstanden). Die dort gegen Emma vorgebrachten Tiraden sind in Wahrheit gegen des Autors eigenes Fehlverhalten gerichtet – und zugleich gegen seine Mutter, der er seine Fehlentwicklung anlastete. Näheres bei Ilmer: Karl May – Mensch und Schriftsteller, wie Anm. 62, u. a. S. 168, 214.
93 Entschiedenheit nebst Mut zu einem ›Ende mit Schrecken‹ bewies Karl May unter anderem in seiner zweimaligen Trennung von Münchmeyer (1877 und 1887) – dem Eintauschen bequemen Gelderdienens gegen wirtschaftlich ungesicherte Verhältnisse – um seiner Selbstachtung willen und, beide Male, um seine Herzensbindung an Emma zu stabilisieren. Auch gegen Anschuldigungen und Anfeindungen setzte er sich stets tapfer und temperamentvoll zur Wehr.
94 Karl Mays betonte Schilderung des Glücks seiner Ehe mit ›Herzle‹ Klara in ›Winnetou IV‹ (wie Anm. 48) hat nicht durchweg den Ton absoluter Aufrichtigkeit; hier und

da klingt die Anstrengung durch. Anzeichen für Mays Gemütslage während der Niederschrift (1909/10) können möglicherweise gesehen werden in der Wahl des Pseudonyms ›Burton‹ für den Ich-Erzähler/Old Shatterhand und in der konsequent falschen Schreibung des Namens des Mörders Nscho-tschis, nämlich Sander statt Santer. ›Burton‹ gemahnt auffällig an ›burden‹, also Last, Seelendruck. Im falschen Burton steckt das t des richtigen Santer; und der falsche Sander trägt das d der wahren D-ruckverfassung des Autors: Der Schurke Santer ist der einzige der zahlreichen Gegner Old Shatterhands, der ihm an Geschick und Listenreichtum, an Kühnheit und Klarheit des Denkens gleichkommt, und der einzige, dem der Held nicht beizukommen vermag – ein schreckliches Negativ-Bild des in sich gespaltenen Autors, das an der eigenen Vermessenheit mit Schimpf und Schande zugrunde geht. In Nscho-tschis gewaltsamem Ende spiegelt sich die Horrorvision Karl Mays, seine Bindung an Emma – die ja seinetwegen im Mai 1877 die Heimat und den Großvater verlassen hatte, um in der fremden großen Stadt (Dresden), gerade wie Nscho-tschi, sich geistig weiterzubilden und des geliebten Mannes würdig zu sein – könne durch sein Verschulden unglücklich enden; in der Tat trägt Old Shatterhand mittelbar die Schuld an der Ermordung der Schwester Winnetous, da er die unheilbergende Reise nicht von vornherein verhindert hat, obwohl sie unter falschen Vorzeichen unternommen wurde (die bei der Niederschrift von ›Winnetou I‹ zutage tretende Präkognition mag zu denken geben). Auf Winnetou hatte Karl May lange Zeit idealisierte Züge der Lebensgefährtin Emma übertragen, und mit Nscho-tschis Tod verstärkte sich diese Besonderheit im Erzählwerk. Unter dem Einfluß Klara Plöhns, die systematisch die Trennung Karls von Emma betrieb und die Scheidung durchsetzte, fand Karl May nach »Weihnacht!« (1897) nicht mehr zur Winnetou-Figur zurück. Die Gestaltung von ›Winnetou IV‹ ging dann zwar sicherlich auf Eindrücke der Amerika-Reise (1908) zurück, wurde aber maßgeblich dadurch beeinflußt, daß Karl May sich unerwartet seiner geschiedenen Frau Emma, obschon widerstrebend, noch einmal zuwenden mußte und seine Selbstgerechtigkeit, hinter der er sich nach der Scheidung (1903) zu verschanzen getrachtet hatte, 1909 beträchtlich erschüttert wurde: Sein Gegner Rudolf Lebius wollte die gemütskranke Emma für seine unehrenhaften Zwecke mißbrauchen, und Emma rief ihren Ex-Ehemann zu Hilfe (zu den Vorgängen siehe Karl May: An die 4. Strafkammer des Königl. Landgerichtes III in Berlin. Stuttgart 1911. Prozeßschriften Bd. 3. Hrsg. von Roland Schmid. Bamberg 1982). Während im Zuge der Niederschrift von ›Winnetou IV‹ das Negativ-Image des Nscho-tschi-Mörders noch einmal ersteht, schleicht sich die Schreibung Sander ein: S-a-n-d-e-r aber erlaubt die seltsame Rückverweisung auf S-e-n-d-a-d-o-r , ein Negativ-Bild des Autors, und auf S-a-n D-r, also ›Dr. Heilig‹ (siehe Anm. 68), also zweifach auf Karl May. Hat May sich in Tiefenschichten seines Ich als ›Mörder‹ Nscho-tschis, sprich Emmas, und im übertragenen Sinne also auch als Mörder Winnetous gesehen? Und somit als schuldig an seiner ersten Frau? Öffentlich Fehlverhalten gegenüber Emma zu bekennen, war ihm nicht möglich; er hätte sonst Lebius und anderen eine todbringende Waffe an die Hand gegeben. Aber das in ›Winnetou IV‹ errichtete wunderbare Winnetou-Denkmal kann als eine heimliche Hommage an Emma angesehen werden. Und aus Karl Mays Lebenssituation insgesamt erklärt sich, daß das Buch tragende visionäre Kraft auch Töne von forciertem Optimismus ebenso aufweist wie Töne verklärender Resignation und daß dabei alles überlagert wird von des Autors Müdigkeit unter dem Geleitwort ›Schwanengesang‹.

95 May: Mein Leben und Streben, wie Anm. 26, S. 280; ähnlich ebd., S. 282, 289
96 Claus Roxin: Mays Leben. In: Karl-May-Handbuch. Hrsg. von Gert Ueding in Zusammenarbeit mit Reinhard Tschapke. Stuttgart 1987, S. 62-123 (111)

GERT UEDING

»Howgh, ich habe gesprochen«
Beredsamkeit in der Fremde: Mays Rhetorik*

Meiner Tochter Rahel

Rhetorik bei Karl May: man braucht wahrhaftig nicht lange danach zu suchen. Es genügt, einen beliebigen Band aufzuschlagen, und sofort gerät man mitten in ein Bekehrungsgespräch, eine Verteidigungs- oder Anklagerede, da wird beraten und überredet, schwadroniert und palavert, appelliert und verhandelt, da wird im Salon konversiert und am Lagerfeuer geprahlt, vor Gericht gestritten und im Blockhaus genüßlich von Abenteuern erzählt. Keine Redegattung, die fehlte: orientalisch drapierte Gerichtsreden, Beratungsreden unter Stammesältesten oder Westmännern, feierliche Festansprachen und rührende Predigten, Kriegsreden und Friedensverhandlungen – für jede Kategorie gibt es Beispiele genug, und man könnte ein Lehrbuch allein mit ihnen illustrieren, ohne eine Lücke lassen zu müssen. Es ist zum Erstaunen, daß der durchgängig rhetorische Charakter von Mays Romanen nur selten überhaupt beachtet und nie mehr als am Rande einmal bedacht wurde.

Denn Rhetorik beherrscht nicht nur die Binnenkonstruktion der Erzählungen, die sich in Rede und Gegenrede entwickeln; ein großer Teil des Werks ist mit ausdrücklich persuasivem Vorsatz geschrieben, das heißt: sein Autor hat damit Überzeugungsabsichten verbunden, die über Spannung und Unterhaltung hinausgehen, diese vielmehr als Mittel zu weiterführenden Zwecken benutzen. Ohne sich zu scheuen, hat er das *Karl May-Problem* als Menschheitsproblem identifiziert,[1] hat seinen Reise-Erzählungen einen pädagogischen Plan einschreiben wollen, mit dessen Hilfe der Leser *zur Erkenntnis des Edelmenschentums gelangen*[2] sollte, und schon für die Winnetou-Bände hat er 1892 die Absicht formuliert, ein *Denkmal der rothen Rasse* zu setzen, dessen Platz er sich *in einem Kiosk der Ausstellung zu Chicago*[3] wünschte. Im Vorwort des ersten Fehsenfeld-Bandes der ›Winnetou‹-Trilogie spricht er es dann offen aus, daß er mit der Erzählung seine Leser zu einem *gerechte(n) Urteil* über die Indianer veranlassen wolle.[4]

Erinnern möchte ich in diesem Zusammenhang auch an den Journalisten und Zeitschriftenredakteur May, der auf seine Leser einwirken,

* Vortrag, gehalten am 14. 10. 1995 auf der 13. Tagung der Karl-May-Gesellschaft in Bad Segeberg.

ihre Moral verbessern, ihr Wissen vermehren wollte und zum Beispiel ›Geographische Predigten‹ schrieb, in denen schon der Leitgedanke einer stufenweisen Erziehung des Menschengeschlechts aufgegriffen und in gottesdienstliche Rede verkleidet erscheint. Bereits nach solchen Vorüberlegungen läßt sich die These formulieren, daß Frühwerk und Spätwerk unter der Perspektive ihrer Wirkungsintentionalität eng aneinanderrücken, und wenn ich auch nicht so weit wie mancher Interpret gehen und May zu einer Art literarischem Wanderprediger durch die von ihm geschaffene Kolportagewelt machen möchte, kann man doch auch in seinem Fall von oratorischen Feldzügen reden, ob er sie nun im Interesse der untergehenden Indianervölker oder zur Verbreitung seiner universalen Friedensidee führte. Die Ausrüstung dafür nahm er sich, wo er sie finden konnte, wenn sie nur die nötige Wirksamkeit versprach – auch bei der Kanzelberedsamkeit natürlich, zu der er gleichsam eine angestammte Affinität besaß. Deren Quellen kann ich hier nicht erschöpfend tief sondieren, doch hat es mich bei der Vorbereitung meines Themas auch erstaunt, wie gering unsere Kenntnisse über den Inhalt der geistigen und beruflichen Ausbildung Karl Mays geblieben sind.

Gewiß: da ist die sagenhafte Großmutter, die dem blinden Enkel nicht nur Märchen, sondern sicher ebenso manch christlich-erbauliche Legende vorlas oder erzählte, und in der Autobiographie bemüht Karl May sich, auch seine Eltern als *ursprünglich tief religiös*[5] hinzustellen. Die inneren Dissonanzen zwischen seinem Religionsunterricht bei Pfarrer Schmidt und den Stunden bei seinem aufgeklärten Lehrer, dem Rektor Julius Fickelscherer, macht er für gewisse Begriffsverwirrungen verantwortlich, die sich alsbald seiner bemächtigten – mit den unglückseligen Folgen, von denen die Geschichte seines jugendlichen Lebens Zeugnis ablegen wird. Ähnlich verhält es sich mit der Rolle des Katecheten Johannes Kochta und des katholischen Pfarrers im Zuchthaus Waldheim, denen er seine Umkehr und die Rückgewinnung des christlichen Glaubens verdanken möchte.

Es ist schon gelegentlich darauf hingewiesen worden, daß Mays Selbstlebensbeschreibung von ihm ausdrücklich als Rechtfertigung und Beichte angelegt ist, und sowohl für die Prozesse, die er führen, wie in den Pressekampagnen, die er erdulden mußte, wollte er sich auf diesem literarischen Wege Entlastung verschaffen. Seine Autobiographie ist eine Parteischrift – besser: eine Gerichtsrede, die nicht nur die Funktion hat, vor den wirklichen Tribunalen, etwa dem des Landgerichts in Berlin oder der von gewissenlosen Enthüllungsjournalisten aufgehetzten Öffentlichkeit, sondern auch vor der Mahlstätte seiner inneren Gerichtsbarkeit eine Lossprechung zu erreichen. Es gibt wohl kaum einen der für die Gerichtsrede entwickelten Topoi (Beweisfundstätten), kaum eine Statusfrage (das heißt Frage um den Streitstand, der zur Entscheidung steht), die Karl May unberücksichtigt ließe. Autobiographie und parteiliche ›narratio a persona‹, die Lebenserzählung vor Gericht, hängen auch genetisch eng zusammen, und die wichtigsten Topoi der Lebensbeschreibung wie Aufrichtigkeit oder Zeugenschaft plakatieren ihre Herkunft aus der juristischen Rhetorik ja auch überdeutlich.

Doch möchte ich mich nicht in die rhetorische Analyse von Mays autobiographischen Schriften versenken, so ergiebig sie wäre, denn sie sind das Produkt einer Bildung, die zu Mays Zeit zwar nicht mehr an den Universitäten, aber doch an den darunter rangierenden Erziehungsinstitutionen immer noch selbstverständlich war. Wir alle kennen Mays Klagen über seine unzureichende Ausbildung, wissen, daß er sich das ihm jeweils nötige Faktenmaterial für seine Schriftstellerei kurzfristig angeeignet hat und stets bedacht war, die Lücken seiner Geisteskultur – etwa durch eine äußerlich beeindruckende Bibliothek – zu vertuschen; Ernst Bloch hat in solch mangelhafter Ausbildung sogar den Hauptgrund dafür gesehen, daß aus dem verwirrten Proletarier May nicht der größte deutsche Erzähler werden konnte.

Indessen muß man vermuten, daß Karl May auch in diesem Punkt seiner Vergangenheit nicht ganz gerecht wurde oder auch nur jenem allgemeinen Ungenügen Raum gab, dem jeder Denkende schon einmal verfallen ist, wenn er – und sei es sokratischen – Gerichtstag über sein Wissen hielt. Mays Prosa ist in einem wesentlichen, doch ganz unverächtlichen Sinne die Prosa eines Elementar- oder Volksschullehrers. Viel zu bereitwillig haben wir uns alle bislang auf das abschreckende Bild einschwören lassen, das unser Autor später von seiner Ausbildung entworfen hat:

Ich wußte viel mehr als meine Mitschüler. Das darf ich sagen, ohne in den Verdacht der Prahlerei zu fallen. Denn was ich wußte, das war eben nichts weiter als nur Wust, eine regellose, ungeordnete Anhäufung von Wissensstoff ... Die Andern, meist Lehrersöhne, hatten zwar nicht so viel gelernt, aber das, was sie gelernt hatten, lag wohlaufgespeichert und wohlgeordnet in den Kammern ihres Gedächtnisses, stets bereit, benutzt zu werden. Ich fühlte, daß ich gegen sie sehr im Nachteil stand, und sträubte mich doch, dies mir und ihnen einzugestehen. ... Und dabei gab es einen Gegensatz, der sich absolut nicht beseitigen lassen wollte. Nämlich den Gegensatz zwischen meiner außerordentlich fruchtbaren Phantasie und der Trockenheit und absoluten Poesielosigkeit des hiesigen Unterrichtes. Ich war damals noch viel zu jung, als daß ich eingesehen hätte, woher diese Trockenheit kam. Man lehrte nämlich weniger das, was zu lernen war, als vielmehr die Art und Weise, in der man zu lernen hatte. Man lehrte uns das Lernen. Hatten wir das begriffen, so war das Fernere leicht. Man gab uns lauter Knochen; daher die geradezu schmerzende Trockenheit des Unterrichtes. Aber aus diesen Knochen fügte man die Skelette der einzelnen Wissenschaften zusammen, deren Fleisch dann später hinzuzufügen war.[6]

In diesem Ton geht es bekanntlich weiter, nicht nur von der Trockenheit, auch von der Seelenlosigkeit des Seminarunterrichts ist die Schmährede, von der psychologischen Ahnungslosigkeit der Lehrer und der mechanischen Methodik des Paukens, von dem Primat der *Religions-, Bibel- und Gesangbuchslehre*[7] und den täglichen Andachtsübungen. *Der Unterricht war kalt, streng, hart. Es fehlte ihm jede Spur von Poesie. Anstatt zu beglücken, zu begeistern, stieß er ab.*[8] Das ist durchaus glaubhaft und doch zugleich eine Ansammlung von Allgemeinplätzen, wie sie sich in den einschlägigen Schul- und Universitäts-Lamentationen aller Epochen immer wieder finden, und wenn ich meine Töchter heute manchmal über ihre Lehrer klagen höre, klingt das mit anderen Worten doch nicht viel anders. Der Sachverhalt selber sieht aber auch in unserem Fall nicht ganz so schlimm aus.

In den Jahren, in denen Karl May das Volksschullehrerseminar besuchte, gab es in der Lehrerausbildung der deutschen Staaten zwar einen einschneidenden und höchst restriktiven Umbruch, der aber unterschiedlich ausfiel. Preußen ging mit seinen Regulativen von 1854 voran, vereinfachte und reduzierte die Zahl der Schulfächer, verstärkte die ideologische Ertüchtigung auf Kosten der Allgemeinbildung, Religions- und Gesangsunterricht treten in den Mittelpunkt, die einklassige Landschule wurde vor der mehrklassigen Stadtschule zur Regelschule, Ausbildungsziele waren, wie es in einem Erlaß hieß,»fromme, treue, verständige, dem Leben des Volkes nahestehende Lehrer, die sich in Selbstverleugnung und um Gottes willen der heranwachsenden Jugend in Liebe anzunehmen Lust, Beruf und Befähigung haben.«[9] Kein Zweifel, die Ereignisse des Jahres 1848 warfen ihre Schatten auch in die Schulstuben, wo bislang, so Friedrich Wilhelm IV.,»Afterbildung«,»irreligiöse (...) Menschenweisheit«[10] und »verderbliche (...) Vielleserei«[11] geübt, aber der »Glaube (...) und die Treue in dem Gemüthe Meiner Unterthanen ausgerottet«[12] wurde. Daß bessere Bildung breiter Volksschichten als staatsgefährdend eingestuft wurde, verwundert nicht – verwirrender indessen muß es wirken, daß sich May diese »patriarchalisch-frömmelnden« Regulative, so Eduard Sprangers offene Worte,[13] ersichtlich zu eigen gemacht hat und sie noch zu einer Zeit vorträgt, nämlich zu Beginn unseres Jahrhunderts, als die Volksschulpädagogik sich zum Glück von jenen restaurativen Rückschlägen der fünfziger Jahre längst erholt hatte. Gemüt, Seele, Wärme, Versöhnlichkeit, moralisch-religiöse Orientierung: diese restaurativen Leitideen der feudalen Kultusbürokratie sind auch die Qualitäten, die May im Lehrerseminar (wie er sich zu erinnern meint) vermißt hat, und wirklich – ich denke zu seinem Glück – hinkte die Entwicklung in Sachsen hinter der preußischen und derjenigen der meisten anderen deutschen Ländern her. Erst 1859 nämlich trat die neue Ordnung der Schullehrerseminare in Sachsen in Kraft, zu einer

Zeit also, in der May den größeren Teil seiner Ausbildung hinter sich hatte. Diese neue Lehrerordnung nahm den sächsischen Seminaren ihren im Vergleich mit den anderen deutschen Staaten vorbildlichen Studiengang, beseitigte den selbständigen Unterricht in der lateinischen Sprache, in Logik, Psychologie und deutscher Literatur, in dem die aufklärerischen Bildungsinhalte weitergelebt hatten. Denn diese Fächer waren auf die sprachliche und logische Schulung konzentriert, umfaßten also das, was man früher (und heute wieder) rhetorische Argumentation nannte und nennt. Viele Lehrbücher wie K. A. Wagners ›Aufgaben zu schriftlichen Aufsätzen‹ (1834), G. A. Winters ›Stilistisches Aufgabenmagazin‹ (1837) oder G. F. Dinters ›Gedächtnisübungen zur Nahrung, für Verstand und Herz der Kinder‹ (1811) tradieren wenigstens Schwundformen rhetorischer Überlieferung, so die Figurenlehre, Dispositionsverfahren oder Mnemotechniken. Auch im Leseunterricht mit seinem Ziel nicht nur des korrekten, sondern auch des rhythmisch-melodiösen Vortrags finden sich Elemente der einstmals ›lectio‹, Lese-Übung, genannten rhetorischen Schulung wieder. Wir Heutigen können kaum noch ermessen, welchen Einfluß schließlich Fibel, Lesebuch und Heilige Schrift, die wichtigsten Lehrbücher für die Sprech-, Rede- und Schreiberziehung, auf Lehrer und Schüler gleichermaßen ausübten. Die ständigen Wiederholungen der Texte, also der Fabeln, Rätsel, Märchen, Ortssagen und Legenden, in Schrift und Vortrag, die Konzentration auf einen immer gleichen Kanon klassischer Autoren (der erst durch die Schulreform Ende der fünfziger Jahre reduziert oder abgeschafft wurde, weil die deutschen Klassiker den Kultusbürokraten zu subversiv-aufklärerisch erschienen), die Autorität des Gesangunterrichts mit seinem stets gleichbleibenden Liederschatz – dieser von vielen Schülern zwar als Drill empfundene Lehrplan schuf dennoch ein festes und vertrauenswürdiges Fundament an Kenntnissen und kulturellen Techniken, das um so fester (auch starrer) gefügt war, je weniger es durch eine Zusatzausbildung oder die spätere berufliche Praxis irritiert, ergänzt oder modifiziert werden konnte. Das Charakterbild Karl Mays, um endlich wieder des näheren auf ihn zu sprechen zu kommen, seine geistige Prägung und literarische Ausrichtung, sein schriftstellerisches Selbstverständnis und das so vielfältige wie unklare Gestöber seiner Bildung, der Widerspruch zwischen Aufklärung und religiösem Irrationalismus, schließlich seine persönliche Anziehungskraft und Widrigkeit haben alle ihre Wurzeln in seiner Schüler- und Lehrerausbildung. Beides, den Ludergeruch des Paukers, der immer alles besser weiß und jeden Zuhörer oder Leser in die enge Schulbank von dazumal drückt, und die ›imago‹ des geliebten und verehrten Pädagogen, der seinen Schülern das Leben aufschließt, also das Doppelbild eines pädagogischen Dr. Jekyll und Mr. Hyde, ist May niemals losgeworden, und man kann es, denke ich, auch in seiner heutigen Rezeption noch spüren. Es lohnt sich, unter diesem Gesichtspunkt auch seine literarische Leistung zu mustern. Daß nach volkspädagogischer Übereinkunft für die Lesestücke die dramatische Form zu bevorzugen sei (weil für Wechselreden so tauglich), daß einfache Lebensgeschichten mit Vorbildwirkung und volkstümliche Dichtung im Stoffplan dominieren und die ausgewählten Geschichten religiöse und sittliche Gefühle wecken sollen, daß schließlich mit religiöser Naturbetrachtung, christlicher Religionsgeschichte und dem Katechismus eine feste Trias von Lehrgegenständen sich ergab – diesen Überzeugungen und den mit ihnen verbundenen ästhetischen und didaktischen Grundsätzen ist auch der Schriftsteller May treu geblieben. Noch seine oftmals so anstößig in Szene gesetzte Vielwisserei, die umfassende Bildung, die er seinen Spiegelfiguren Old Shatterhand oder Kara Ben Nemsi zuschreibt, verraten als wahren Urheber den Volksschullehrer, der sich im Gesangbuch ebenso auskennt wie im Erdkundeatlas, für Sprach- und Sachunterricht gleichermaßen präpariert sein muß und also vom Kopfrechnen bis zur Bürgerkunde, von der Naturgeschichte bis zur Vaterlandslehre, vom Zeichnen bis zur Weltgeschichte, von der Bibelkunde bis zur Rechtschreibung alle wichtigen Grundeinsichten in die vielfältigen Bereiche des Lebens und der Welt zu vermitteln hatte. Da mögen auch das Bierbrauen und die Kriegstechnik, medizinische Therapie und Landvermessung als leicht assoziierbare Fertigkeiten erscheinen.

Man muß es wohl als historische Kuriosität sehen, die denn auch mit der Akademisierung der Volksschullehrerausbildung Anfang des 20. Jahrhunderts zu Ende ging, daß dieser Typus des Volksschullehrers recht genau mit dem überlieferten klassischen Bilde des Rhetors übereinstimmt. Dessen Bildungsprogramm hatte Cicero für fast zweitausend Jahre mustergültig entworfen, und es lohnt sich, ihn unter dieser Perspektive noch einmal zu hören:

Es ist nämlich nötig, daß man sich eine umfassende Sachkenntnis aneigne, ohne welche die Geläufigkeit der Worte nichtig und lächerlich ist, daß man den Vortrag selbst nicht allein durch die Wahl, sondern auch durch die Anordnung der Worte passend gestalte, daß man alle Gemütsbewegungen, welche die Natur dem Menschengeschlecht erteilt hat, gründlich erforsche, weil die ganze Kraft und Kunst der Rede sich in der Beruhigung oder Aufregung der Gemüter unserer Zuhörer zeigen muß.[14]

Und wenige Abschnitte später setzt er, nur etwas einschränkend, hinzu:

Und nach meiner Ansicht wenigstens wird niemand ein in jeder Hinsicht vollkommener Redner sein können, wenn er sich nicht Kenntnisse von allen wichtigen Gegenständen und Wissenschaften angeeignet hat. Denn aus der Erkenntnis der Sachen muß die Rede erblühen und hervorströmen. Hat der Redner die Sachen nicht gründlich erfaßt und erkannt, so ist sein Vortrag nur ein leeres und ich möchte sagen kindisches Gerede. Nicht jedoch will ich den Rednern, zumal den unsrigen, deren Zeit von den Geschäften des Staatslebens so sehr in Anspruch genommen wird, eine so große Last aufbürden, daß ich ihnen nicht vergönnen sollte, einiges nicht zu wissen; wiewohl der Begriff des Redners und sein Beruf, selbst gut reden, das auf sich zu nehmen und zu verheißen scheint, daß er über jeden Gegenstand, der ihm vorgelegt wird, mit Geschmack und Fülle reden könne.[15]

Daß der Redner darüber hinaus eine sittlich gefestigte Persönlichkeit sein soll, gehört zu den von Cicero andernorts ebenfalls breit erörterten ethischen Voraussetzungen.

Mit diesen knappen Hinweisen mag es genügen; sie machen deutlich, daß – über die Lehrbücher – nicht nur Bestandteile der rhetorischen ›techne‹ in die Lehrerausbildung übernommen wurden, wie May sie noch mitmachte, sondern daß deren Bildungsnormen selber auch strukturell mit rhetorischen Leitbildern zumindest harmonierten, wenn sie nicht sogar historisch auf ihnen aufgetragen sind – aber das ist noch ein weißer Fleck in der Forschung. Für uns reicht es zu wissen, wie die Wege beschaffen waren, auf denen Karl May, der Proletariersohn aus dem Webermilieu, mit der Rhetorik in Theorie und Praxis in Berührung kam, obwohl ihre wissenschaftliche und öffentliche Geltung geschwunden war. Ich meine, man kann die Erkenntnis Dieter Breuers, daß die Gymnasien des 19. Jahrhunderts Residuen für eine »insgesamt noch intakte rhetorische Praxis«[16] waren, mit gewissen Modifikationen auf den Bereich der Lehrerseminare übertragen, die dafür sorgten, daß diese rhetorische Praxis in elementarer Reduktion auch in die Volksschulen Eingang fand. Bleibt zu fragen, wie Karl May sie nun in einem anderen als dem zunächst angestrebten, doch dann versperrten Berufe fruchtbar gemacht hat.

Von dem pädagogischen Ethos, das den Schriftsteller May seit seinen Anfängen bewegte, war schon andeutungsweise die Rede, und es gehört auch längst zu den Allgemeinplätzen der May-Biographik. Ob im ›Wohlgemeinten Wort‹ von 1883 oder in der Autobiographie von 1910 – stets bezieht May seine literarische Wirkungsabsicht auf ein Programm der Volkserziehung. Die Literatur soll sich der Besserung des Lesers in *Denken, Reden und Handeln* widmen; als *eine der Hauptaufgaben des Romanschriftstellers* sieht schon der Autor des ›Neuen deutschen Reichsboten‹ die Pflicht, den *sittlichen Gehalt seiner Personen genau abzuwägen*, damit die *Beispiele des Guten ... als Vorbilder* und die *Beispiele des Bösen zur Abschreckung dienen* können.[17] In der späten Selbstrechtfertigung werden diese Gedanken einerseits hochgestochener in das idealistische Konzept einer Erziehung zum Edelmenschen eingepaßt, andererseits aber ganz wirkungsästhetisch und pragmatisch – also rhetorisch! – in ein Erzählprogramm überführt:

Ich bin so kühn, zu behaupten, daß wir uns nicht die vorhandenen Musterbücher, sondern den vorhandenen Schund zum Muster zu nehmen haben, wenn wir erreichen wollen, was die wahren Freunde des Volkes zu erreichen streben. Schreiben wir nicht wie die Langweiligen, die man nicht liest, sondern schreiben wir wie die Schundschriftsteller, die es verstehen, Hunderttausende und Millionen Abonnenten zu machen! Aber unsere Sujets sollen edel sein, so edel, wie unsere Zwecke und Ziele. Schreibt für die große Seele! Schreibt nicht für die kleinen Geisterlein, für die Ihr Eure Kraft verzettelt und verkrümelt, ohne daß sie es Euch danken. Denn gebt Ihr Euch noch so viel Mühe, ihren Beifall zu erringen, so behaupten sie doch, es besser zu können als Ihr, obgleich sie gar nichts können! Und schreibt nichts Kleines, wenigstens nichts irdisch Kleines. Sondern hebt Eure Augen empor zu den großen Zusammenhängen.[18]

Zweifellos ein geistiges Schmugglerprogramm, doch rhetorisch legitimiert. Die Wirkungsabsicht bestimmt die stilistischen Mittel, und weil das ›persuadere‹, die Überredung zur Überzeugung, sich immer nach dem Adressaten zu richten hat, ihm angemessen sein muß, wie es die rhetorische Lehre von ›aptum‹ und ›decorum‹ fordert, muß ein Schriftsteller, der auf sein Publikum einwirken will, auch dessen Sprache sprechen. Der Leser will von seiner eigenen Lage her gepackt sein, seinen Sehnsüchten und Rachewünschen Raum geben, und dies in Vorstellungen und Figuren, die ihm anschaulich und vertraut sind. Es gibt keine Erzählung, kein Gedicht, kein Stück Sachprosa, in dem Karl May den Boden seines rhetorischen Literaturprogramms verlassen hätte, und dieses Programm ist es auch (um den Gedanken hier schnell zu wiederholen), der die Einheit seines Werkes über alle Unterschiede der Kunstfertigkeit hinaus begründet. Ob Humoresken oder Lieferungsromane, Reiseerzählungen oder Symboldichtungen: in ihnen allen ist die idealische – um nicht zu sagen ideologische – Wirkungsabsicht beherrschend. Von Inhalt und Prägung her ändert sie sich in den Jahrzehnten nach 1860 kaum, und wenn sie, dann nur in Nebenaspekten; ich habe sie schon andernorts als eine Art Erlösungslehre gekennzeichnet, in der christliche Vorstellungen, humanistische Ideen und volkspädagogische Anschauungen wie in einem unklaren Gedankengestöber durcheinanderwirbeln, gerade deshalb für alle möglichen Hineinbildungen und Deutungen offen. Das ›Waldröschen‹ unterscheidet sich von ›Ardistan und Dschinnistan‹ nur im Adressatenbezug. Mit der Kolportage der »reißenden Märchen« (Ernst Bloch) hatte May es auf ein Publikum abgesehen, das dem seiner ersten Profession, des Volksschullehrer-Berufes, entsprach, auch wenn es in seiner Vorstellung erwachsen geworden war. Das allegorische Spätwerk griff höher, in die Etage des Bildungsbürgertums, suchte dort nach Anerkennung, weil sich sein Autor ihm längst zugehörig fühlte – allein, die literarischen Mittel hatten sich nicht wesentlich vermehrt; um aber dennoch der Angemessenheitsforderung Genüge zu tun, griff May verstärkt auf diejenigen Gattungen seiner Fibel- und Lesebuch-Erfahrung zurück, deren literarisches Ansehen ihm außer Frage dünkte, also auf Märchen und Legende, Gleichnis und Rätsel, auf jene pädagogische Exempel-Literatur, die man später als einfache Erzählformen gekennzeichnet hat. Auch die rhythmische, gar metrische Durchformung der Prosa darf man getrost als späten Reflex der melodisch-rhythmischen Vortragsübungen auffassen, die den Vorlesebetrieb des Elementarunterrichts beherrschten, sowie der Musik- und Gesangspädagogik, die eine so wichtige Rolle schon in den Lehrerseminaren spielten.

Doch ich bin abgeschweift und möchte nun im zweiten Teil meiner Überlegungen endlich das Augenmerk auf die rhetorische Praxis in Karl Mays Werk richten; und zwar auf einen besonders augenfälligen Ausdruck dieser rednerischen Praxis, die der Rhetoriker ›sermocinatio‹ oder ›ethopoeia‹ nennt. Gemeint ist damit die Evokation fremder historischer oder erdichteter Personen in der Rede, indem der Redner direkt ihre Beredsamkeit nachahmt und dabei auch die charakteristische Redeweise imitiert. Das kann als fingierte Wiedergabe einer geschlossenen Rede, eines Selbstgesprächs oder eines Dialogs geschehen und gehört zu den wichtigsten, weil anschaulichen und unmittelbar wirkungsvollen Techniken des Redners vor Gericht, vor der Volks- oder Festversammlung; man weiß, welch virtuosen Gebrauch nicht bloß Dramatiker und Romanciers, sondern auch die Geschichtsschreiber von Thukydides bis Schiller davon machten. Das ›Wohlgemeinte Wort‹ Mays, das ich zuvor zitiert habe, legte schon das Hauptgewicht auf die Personen als den eigentlichen Agenten der sittlichen Wirkungsabsicht eines Volksschriftstellers, als welchen May ja nicht einen Autor versteht, der bloß fürs Volk, also das breite Lesepublikum etwa, schreibt, sondern damit zugleich als sein Lehrer handelt. Pointiert gesagt: ein Volksschriftsteller ist ein Volksschullehrer mit anderen Mitteln und mit der ganzen Nation als gleichsam einklassiger, doch gigantischer Zwergschule.

Das ist zwar ironisch, doch mit Respekt gesagt, denn was May aus dieser Situation gemacht hat, die er nicht gewählt, in die er hineingebannt war wie ein Kind in den verzauberten Wald, erfordert unsere ganze Hochachtung – sie noch ein Stück zu vermehren, habe ich mir schließlich heute vorgesetzt. Da für ihn die Personen als abschreckende oder vorbildliche Leitfiguren seiner rhetorischen Wirkungsabsicht eine so außerordentliche Rolle spielen, hat er auf ihre Erfindung und Verfertigung auch besondere Sorgfalt verwandt; damit meine ich, daß er ihre Rollen sich und seinen Wünschen möglichst nahtlos auf die Haut gepaßt hat.

Denn eben darin besteht die Kunst des Redners bei dieser Technik der Rede-Imitation, daß er möglichst restlos in die Haut des anderen, den er vor den Augen seines Publikums erstehen lassen will, schlüpft. So verschwand Thukydides hinter Perikles und Schiller hinter Wallenstein, und jeder redete mit dem Munde des anderen. Wo und wie Karl May sich diese rhetorische Technik angeeignet hat, ob durch die Lektüre der alten Autoren oder gar mit einer seiner Stillehren (denn die ›sermocinatio‹, die Rede-Nachahmung, ist als rhetorische Gedankenfigur in den Lehrbüchern systematisiert), wird sich wohl nie vollständig aufklären lassen. Schließlich gab es noch zahlreiche andere Vermittlungsglieder in der erzählenden und dramatischen Literatur seit Homer und Aischylos und bis zu Schnabel, Knigge und Vulpius im 18. Jahrhundert, das den Roman als bürgerliche Epopöe aus rhetorischem Geist neu begründete. Am wahrscheinlichsten kommt es mir vor, daß May sich seine Kenntnisse durch ›imitatio‹, die wichtigste didaktische Methode der rhetorischen Erziehung seit Cicero und Quintilian, angeeignet und die rhetorischen Techniken auf diese Weise nicht primär theoretisch, sondern in der eigenen Übung selber gelernt hat. Wie mustergültig und zugleich vielfältig die fingierte Beredsamkeit von ihm in Roman-Szene gesetzt wird, wie dabei die rhetorischen Prinzipien merklich und nicht nur merklich, sondern leitend bleiben, wie schließlich in diesen Reden die rhetorische Debatte des 19. Jahrhunderts in ihrer ganzen Widersprüchlichkeit aufgenommen und für die eigenen Wirkungsabsichten fruchtbar gemacht wird, das möchte ich, ohne Vollständigkeit anzustreben, aus einigen Beispielen herauspräparieren.

Das erste Beispiel liefert die Mahdi-Trilogie, und zwar ihr dritter Band. Es gibt da eine höchst amüsante, doch zugleich vertrackte Stelle, welche die Vereinigung der beiden Heere der Bor und der Gohk schildert und mit der Berufung des Ich-Erzählers zum Oberbefehlshaber ihren Höhepunkt erreicht. Diese Wahl fällt in Folge der rednerischen Leistung unseres Helden, der nach den so expressiven wie dynamisch vielgestaltigen Reden der beiden Häuptlinge und der dürren, daher wirkungslosen Ansprache des Reïs Effendina auf die Aufforderung seines schwarzen Adjutanten hin das Wort ergreift:

Ich, eine Rede! Dieser Gedanke war ganz vortrefflich. Ja, die Gohk sollten eine Rede hören! Je toller, desto besser; denn je unsinniger ich mich gebärdete, desto tiefern Eindruck mußte ich hervorbringen. Ich trieb also meinen Ochsen, ohne lange zu überlegen, zum raschesten Laufe an, jagte zehn-, zwanzigmal um den Anführer der Gohk herum und stieß dabei das wilde, schrille Kriegsgeheul der Komantschen und Apatschen aus, welches ich in Amerika so oft gehört hatte, sprang aus dem Sattel, ließ dann den Ochsen laufen, wohin er wollte und blieb vor dem ganz entzückt beobachtenden schwarzen Anführer stehen, schlug die Arme empor und begann mit weithin schallender Donnerstimme: »*Festgemauert in der Erden / Steht die Form aus Lehm gebrannt. / Heute muß die Glocke werden; / Frisch, Gesellen, seid zur Hand!*« *So deklamierte, oder vielmehr schrie ich weiter, das ganze, lange Lied von der Glocke, bis zum Schlusse. ...*

Ich blieb während der Deklamation keineswegs stehen, sondern ich sprang hin und her, warf bald das eine, bald das andere Bein empor, kauerte mich nieder, schnellte wieder auf, drehte mich wie ein Kreisel um mich selbst, raffte, als ich die

letzten Zeilen »Freude dieser Stadt bedeute; Friede sei ihr erst Geläute« in das Weltall hineingeschrieen hatte, mein Gewehr wieder auf, rannte zu meinem Ochsen, welcher unfern stehen geblieben war, sprang auf seinen Rücken und jagte ihn, das vorhin erwähnte Kriegsgeheul wieder ausstoßend in wildem Laufe zwischen den beiden einander gegenüberstehenden Parteien einige Male hin und her, worauf ich endlich wieder an meinen erst eingenommenen Platz zurückkehrte.
Was nun erfolgte, ist ganz unbeschreiblich. Erst tiefe, lautlose Stille; dann heulte mein geistesgegenwärtiger, schwarzer Adjutant mir zu. Das brachte die Stimmen aller gegenwärtigen Schwarzen, Braunen, Gelben und Weißen in Aufruhr.[19]

Nachdem sich die Begeisterung gelegt hat, nähert sich einer der beiden Häuptlinge. *»Du bläsest deine Feinde von dir wie Staub,«* – heißt es da wörtlich weiter –

»und niemand kann dich je besiegen. Auch hörte und sah ich dich sprechen, wie ich noch keinen reden sah und hörte. Wer deine Stimme hört, wird wie von Merissah [Anm. Mays: *Gegorenes Getränk*] *begeistert, und die Bewegungen deiner Arme und Beine zeugen von der Wahrheit deiner Worte. Sollte je ein Mensch deinem Messer widerstehen, so wirst du ihn durch deine Rede besiegen.«*[20]

Das scheint wie eine komödiantische Veranstaltung und verrät doch viel mehr. In dem Gespräch zwischen dem verärgerten Reïs Effendina und dem Ich-Erzähler kommt einiges davon an die Oberfläche. Dem Vorwurf, durch seine *Tollheiten*[21] das Ansehen der Regierung aufs Spiel gesetzt zu haben, widerspricht der Protagonist entschieden, denn nicht der Vizekönig oder einer seiner Vertreter sei sein Adressat gewesen, sondern die Gohk: *»So sind sie es, welche zu entscheiden haben. Es fragt sich, wessen Rede nicht uns beiden, sondern ihnen besser gefallen hat.«*[22] Es ist fast, als hörten wir Aristoteles seine rhetorische Grundregel dozieren, welche lautet: »Allein der Zuhörer ist richtunggebend.« Wenn der Redner nun, wie in unserem fiktiven Falle, ein exotisch-fremdes Publikum vor Augen hat, gebietet ihm die Angemessenheitsforderung, sich auf die neue Redesituation einzustellen und, da er wirken will, den Bedürfnissen, das heißt der Kultur, Religion und den politischen Prägungen, seiner Hörer Rechnung zu tragen. Wir erinnern uns, daß eben dies die Hauptregel des weltreisenden Helden in allen Erzählungen Mays ist und daß er diesem ›Sich-Einlassen‹ auf die fremden Verhälnisse seine Erfolge verdankt – ob vor dem Hammelgericht eines arabischen Scheichs oder in der Runde indianischer Häuptlinge.

Doch betrachten wir seine Rede-Exhibition noch etwas genauer, so verdankt sich ihr Erfolg nicht der geschickten rhetorischen Argumentation – denn die gibt es nicht. Schillers Glocke tönt den Gohk – um Ciceros Worte zu gebrauchen – eigentlich nur wie leeres Gerede, doch dieses Defizit wird durch die äußeren Aspekte der Rededarbietung, durch die rhythmische und artikulatorische Übertreibung und durch die einfallsreiche szenische Aufführung (rhetorisch gesprochen durch ›pro-

nuntiatio‹ und ›actio‹), aufgewogen. Auch sie ist auf die Adressaten abgestimmt und wirkt nur komisch im Kontext europäischer rhetorischer Konventionen. Das Essen ist aber auch hier der Beweis des Puddings, und der Erfolg gibt dem Redner recht.
Doch wie ist solcher Effekt möglich, was verbirgt sich hinter dieser Performance? Der Zynismus des Europäers gegenüber den unzivilisierten Wilden (die aber schließlich, wie sich zeigt, doch die richtige Wahl getroffen haben)? Die Skepsis des Autors gegenüber der Beredsamkeit, ihre sozusagen kantische Verurteilung als eine Lügen- und Schmeichelkunst, die nur mit äußerem Scheine blendet und daher keiner Achtung würdig sei? Doch dafür steht diese Szene in einem viel zu engen Kontext mit der Sendung seines Helden, der durch seine Darbietung auch seine Tauglichkeit zur Lösung der ihm gestellten Aufgabe vorgreifend unter Beweis gestellt hat. Denn nach dem von mir schon zitierten Satz:»*Sollte je ein Mensch deinem Messer widerstehen, so wirst du ihn durch deine Rede besiegen*«, fährt der Häuptling wörtlich fort: »*Darum bist nur du der Mann, der uns zu retten vermag. Ibn Asl ist der größte Teufel unter den Sklavenjägern, und seine Leute sind wie böse Geister, vor denen es keine Rettung giebt.*«[23] Ganz buchstäblich wird so die Rede zur Rüstung des Retters und Erlösers, ist neben Henrystutzen und Bärentöter die dritte Geheimwaffe des Helden, die die beiden anderen oftmals an Wirkung übertrifft. Die Qualifikation durch den Gohk-Häuptling schließt sich an ein Leitmotiv Mays an, auch wenn dadurch die Zweideutigkeit der zuvor erbrachten Redeleistung nicht ganz aufgehoben wird. Denn wo immer der Erzähler, ob als Kara Ben Nemsi oder Old Shatterhand, in Zwietracht oder Krieg hineingezogen wird, sucht er eine Lösung der Konflikte durch Verhandlung.»*Deine Worte*«, sagt der Häuptling der Utahs im ›Schatz im Silbersee‹ zu Old Shatterhand, »*Deine Worte treffen gerade so genau wie deine Kugeln. Old Shatterhand ist nicht nur ein Held des Kampfes, sondern auch ein Meister der Rede.*«[24] Das Beispiel steht für viele, und man kann Dutzende von anderen Beispielen nennen oder finden. Ich will nur eins noch in diesem Zusammenhang anführen, worin nämlich das Redetalent des Helden einmal aus mißgünstiger Perspektive gewürdigt wird. Old Shatterhand hat gerade dem rassistisch gesinnten alten Wabble eine Rede über die Gotteskindschaft aller Erdgeschöpfe gehalten, da entgegnet sein Gesprächspartner:»*Zounds! Schade, jammerschade, daß Ihr ein Westmann geworden seid!*«»*Warum?*«»*Ihr wäret ein noch viel besserer Pfarrer und Kanzelredner geworden; th'is clear!*«[25] Es wird nicht mehr sehr lange dauern, wie wir wissen, bis daß der Kanzelredner dem tödlich verwundeten ›König der Cowboys‹ in seiner letzten Stunde beisteht und durch seine geistliche Beredsamkeit die Umkehr des Sterbenden bewirkt, die niemand für möglich gehalten hätte.
Wichtig ist diese Bemerkung Old Wabbles freilich noch aus einem an-

deren Grunde; sie trifft sich nämlich durchaus mit dem Selbstverständnis des Helden, der damit auch gar nicht hinter dem Berge hält, sondern unversehens sogar zum offensichtlichen Sprachrohr des Autors wird. Als es um die Bestrafung der Tramps geht (immer noch in der ›Old Surehand‹-Geschichte), begründet der Ich-Erzähler sein Votum für diese Exekution:

Wer als Mensch sündigt, mag human bestraft werden; für die Unmenschen aber müßte neben dem Kerker auch der Stock vorhanden sein! Das ist die Meinung eines Mannes, der jeden nützlichen Käfer von der Straße aufhebt und dahin setzt, wo er nicht zertreten wird, eines Weltläufers, der überall, wohin er seinen Fuß setzte, bedacht war für den Nachruf: »*er war ein guter Mensch*«, *und endlich eines Schriftstellers, der seine Werke nur in der A b s i c h t schreibt, ein P r e d i g e r d e r e w i - g e n L i e b e zu sein und das Ebenbild Gottes im Menschen nachzuweisen! Also Prügel für die Tramps! Ich gestehe, daß es mir widerstrebte, zumal ich Partei war; aber es gab nichts anderes, und sie hatten sie verdient.*[26]

Im übrigen redet hier nicht nur der Prediger, sondern auch der Magister als Zuchtmeister seiner Schüler.

Man kann schon aus diesen wenigen Zeugnissen heraushören, worauf es Karl May bei der Ausstaffierung seiner Spiegelfigur neben Klugheit, Tapferkeit und Güte noch besonders ankam, ihn nämlich mit den Worten der klassischen Rhetorik als einen ›vir bonus dicendi peritus‹, einen guten Menschen, der mit der Kraft der Rede begabt ist, auszuzeichnen. Seine größten Erfolge verdankt er immer seiner Beredsamkeit, und die stereotypen Demonstrationen mit Henrystutzen oder Bärentöter, die Kunststücke zu Pferde oder mit der namengebenden Faust haben die gleiche Funktion wie die ›signa‹, die Präsentation sinnlicher Zeichen, in der oratorischen Praxis: durch Evidenz, also Augenscheinlichkeit, die Überzeugungskraft der Rede zu unterstützen. Sehen wir uns ein einschlägiges Beispiel an. Im letzten Kapitel des ›Oelprinzen‹ stiftet Old Shatterhand zwischen Nijoras und Navajos Frieden, indem er eine höchst geschickt argumentierende Versammlungsrede, eine politische Rede also, hält, die bis in Einzelheiten der rhetorischen Theorie folgt: Einer Einleitung, die durch das Verständnis für die desperate Lage der indianischen Bevölkerung und die Verurteilung der weißen Kolonialisten Sympathie weckt und Aufmerksamkeit erregt (die ›captatio benevolentiae‹ und das ›attentum parare‹ der Rhetorik), folgt als ›narratio‹ die kurze Erzählung des Tatbestandes (die Verfeindung der beiden Stämme), an die sich die ausführliche ›argumentatio‹ anschließt: die Nijoras und Navajos sind »*Kinder eines ... Volkes*«,[27] der Apachen; wirkliche Gründe für den ausgebrochenen Streit weiß niemand mehr zu nennen; der Häuptling der Navajos ist ein Friedensfreund und soll seine Gesinnung nicht verleugnen, während der Häuptling der Nijoras in eine strategisch ungünstige Lage geraten ist, die Feindseligkeiten nicht zuläßt, so daß summa summarum nach den bisherigen Geschehnissen die Parteien ziemlich gleich stehen und sich als zwingende Konsequenz der Friedensschluß ergibt. Die Rede endet mit den Sätzen: »*Die Nijoras geben die Gefangenen heraus und die Navajos lösen die Umschlingung, in welcher sich die Nijoras befinden. Dann werden die Schlachtbeile eingegraben. Ich hoffe, daß meine Brüder auf diesen Vorschlag eingehen; darum thue ich das, was ihr jetzt sehen werdet.*«[28] Womit die Rede ihren Höhepunkt erreicht hat und sofort in einen demonstrativen Akt, das Anzünden der Friedenspfeife als Signum und Siegel des Abschlusses, übergeht.

Auch darin hält sich der Redner an die Regel, daß er den Zweck der ›peroratio‹, des Redeschlusses, vorführt: nämlich Entscheidung und Handlung zu initiieren. Sogar Vortrag und Inszenierung entsprechen den rhetorischen Anforderungen: zweimal, einmal zu Anfang und einmal in der Mitte, läßt der Redner *eine Pause eintreten, um seine Worte wirken zu lassen;*[29] auf die Ausrufe seines Publikums reagiert er, provoziert durch suggestive Unterstellungen die beiden verfeindeten Häuptlinge zur Zustimmung und macht reichlich vom Mittel der rhetorischen Frage Gebrauch. Eine genaue rhetorische Analyse, die hier aber nicht am Platz wäre, könnte zeigen, daß Karl May diese Rede auch mit allen zweckdienlichen Figuren und Tropen ausgestattet hat und daß er vor allem das Prinzip rhetorischer Argumentation virtuos zur Geltung bringt: durch den Bezug auf Sätze und Überzeugungen, über welche ein Konsens besteht, die strittigen Fragen zu entscheiden – also zum Beispiel das gemeinsame Band der Volkszugehörigkeit (metaphorisch verstärkt durch die Wendung *Kinder eines Volkes*) für die Aufhebung der jetzigen Kriegssituation sprechen läßt.

Das mag genügen, vergleichbare Beispiele finden sich sowohl in allen Amerika-Erzählungen wie in den Orient-Romanen reichlich.[30] Neben die politische Rede tritt dabei immer wieder die Forensik, die juristische Argumentation: etwa wenn es darum geht, zu grausamen Strafen verurteilten Gefangenen das Los zu erleichtern oder – noch virtuoser – in den Szenen vor korrupten Richtern, wenn aus dem angeklagten Kara Ben Nemsi etwa plötzlich der Ankläger wird und aus den Anklägern Angeklagte: man weiß, welche traumatischen Erfahrungen unserem Autor neben einigem Lehrbuchwissen die nötigen Kenntnisse vermittelten. Ich könnte natürlich auch noch die großen Lehrgespräche anführen, die der Ich-Erzähler mit Winnetou oder Hadschi Halef Omar führt und die sich zumeist um religiöse Fragen drehen, oder die gleichsam sokratischen Sachdialoge, wenn die strittige Bedeutung einer Beobachtung oder eines Einfalls zur Debatte steht und Mays Wunschfigur auf dem Papier seinen zweifelnden Kameraden seine Überlegenheit demonstriert. Sowohl auf argumentativer Ebene als auch bei der stilistischen Realisierung erweist sich der Autor als guter Kenner rhetorischer Doktrinen und Konventionen. Sogar die wenigen ausgewählten

Zeugnisse, die ich bisher angeführt habe, weisen dabei alle auf eine positive, bejahende Aufnahme der Tradition. Die menschliche Rede wird ganz ersichtlich von Karl May in seinen Erzählungen als ein Mittel ausgewiesen, das Handlung zu ersetzen vermag, oder, mit den Worten Blumenbergs, »ein Instrumentarium (, das ...) der Herstellung der Verständigung, Zustimmung oder Duldung«[31] dient. Ohne die Rhetorik wäre weder die menschliche Kultur entstanden, noch hätte die menschliche Gattung selber überlebt. – Eine solche anthropologische und geschichtsphilosophische Begründung und Auszeichnung der Rhetorik (mit welcher in der Antike bereits Aristoteles und Cicero vorangegangen waren) steht ersichtlich ebenfalls hinter der Konzeption Old Shatterhands bzw. Kara Ben Nemsis als eines Leitbildes der Handlung und Gewalt ersetzenden, zum Recht verhelfenden und die religiöse Wahrheit vermittelnden Beredsamkeit.

Um so mehr muß es aber verwundern, daß Karl May dieser Überzeugung mit der rhetorischen Charakterisierung anderer seiner Traumfiguren augenscheinlich widerspricht. Ich will dabei nur die beiden wichtigsten näher betrachten: Winnetou und Hadschi Halef Omar. Um mit dem letzteren anzufangen, so zeigt May an ihm die rhetorische Kunstfertigkeit in einer eher zwielichtigen Beleuchtung. Denn wenn man Halef auch nicht auf die bloß komische Lustspielfigur des burlesken Dieners seines vornehmen Herrn reduzieren darf, erschöpft sich seine rhetorische Leistung in der Regel in blumiger Aufschneiderei, er wirkt wie ein Prahlhans und gerät durch unvorsichtige Plauderei denn auch immer wieder in prekäre Situationen. Alles in allem genommen stellt ihn sein Autor als Musterbeispiel der schmuckreichen orientalischen Beredsamkeit hin – eine Kostprobe mag für meine Zwecke reichen: nämlich Halefs Dankrede, nachdem ihm sein Herr zu einem angemessenen Hochzeitsgeschenk für ›Hanneh, die Blume der Frauen‹, verholfen hat:

»Sihdi, du bist der weiseste und beste Effendi, den Allah erschaffen hat. Deine Güte ist breiter als die Sahara, und deine Wohlthätigkeit länger als der Nil. Dein Vater war der berühmteste, und der Vater deines Vaters der erhabenste Mann unter allen Leuten im Königreiche Nemsistan. Deine Mutter war die schönste der Rosen, und die Mutter deiner Mutter die lieblichste Blume des Abendlandes. Deine Söhne mögen zahlreich sein, wie die Sterne am Himmel, deine Töchter wie der Sand in der Wüste, und die Kinder deiner Kinder zahllos wie die Tropfen des Meeres!«[32]

Wie der Autor diese Beredsamkeit verstanden wissen wollte, läßt sich nicht nur an den regelmäßigen Zurechtweisungen ablesen, mit denen der Herr seinen Diener, der sich selber zu seinem Beschützer aufspielt, in die Schranken zu weisen sucht, Halef selber wird im Roman ›Am Jenseits‹ zu der Einsicht gelangen, daß das, was ihm *»in der Zunge oder in den Gliedern zuckt«*, gebändigt, kultiviert werden muß, wenn er in Zukunft in den Büchern seines Herrn *»als leuchtendes Vorbild reiflicher Ueberlegung und ernster Behutsamkeit ... glänzen«*[33] will. Auch die Halef eigentümliche Form der körperlichen Beredsamkeit wird vom Erzähler als lächerliche Veranstaltung geschildert, unbeschadet der Tatsache, daß schließlich er selber zu derartigen Exaltationen, wie vorhin zitiert, durchaus erfolgreich fähig sein kann:

Während der Unterhaltung war er [Halef] *äußerst lebhaft; er wedelte mit den bügellosen Beinen, gestikulierte mit den dünnen, braunen Aermchen und versuchte, seinen Worten durch ein so lebhaftes Mienenspiel Nachdruck zu geben, daß ich alle Mühe hatte, ernst zu bleiben.* ...»*Sihdi, du bist klug und weise; du merkst gleich, was ich vergessen habe, und daher ist es jammerschade, daß du ein verfluchter Giaur bleiben willst. Aber ich schwöre es bei meinem Barte, daß ich dich bekehren werde, du magst wollen oder nicht!*«

Bei diesen Worten zog er seine Stirn in sechs drohende Falten, zupfte sich an den sieben Fasern seines Kinns, zerrte an den acht Spinnenfäden rechts und an den neun Partikeln links von seiner Nase, Summa Summarum Bart genannt, schlenkerte die Beine unternehmend in die Höhe und fuhr mit der freien andern Hand der Stute so kräftig in die Mähne, als sei sie der Teufel, dem ich entrissen werden sollte.[34]

Da sind wir beinahe bei dem Gegensatz zu jenem Begriff von Rhetorik, den Old Shatterhand und Kara Ben Nemsi verkörpern und der auch das Selbstverständnis des Volksschrifstellers Karl May prägte. Allein, von »regellose(r) Eloquenz«[35] zu sprechen, wie Helmut Schmiedt das einmal sehr früh getan hat, führt wohl in die falsche Richtung, obgleich Halefs ornamentale Redeweise mit der sehr stark aristotelisch, also argumentationsrhetorisch geprägten Redekunst der arabischen Kultur nur wenige Berührungspunkte zeigt; einer davon ist das legitimierende Koran-Zitat, das schon Avicenna in seine Bearbeitung der rhetorischen Lehrschrift von Aristoteles eingeführt hatte.[36] Tatsächlich ist Mays Vorstellung von arabischer Beredsamkeit aus zwei Quellen abgezweigt: aus der Dichtung und aus der eigentümlichen Prägung der Rhetorik, die die Antike als Asianismus bezeichnet und als orientalische Weise des Redeschmucks zumeist kritisiert hat. Vielleicht kann man sogar das von Avicenna begründete Primat des Aristoteles in der arabischen Rhetorik-Theorie als späte Folge jener Debatte deuten, die Karl May fast, aber nur fast, als wäre sie noch lebendig, von seinen beiden Romanfiguren austragen läßt: die Debatte zwischen einer den Redeschmuck betonenden asianistischen und einer auf die rationale Argumentation konzentrierten attizistischen Rhetorenschule. Wobei Halefs Redekunst nicht etwa wirkungslos bleibt. Nach der vom Ich-Erzähler anderswo selber bis zur Exaltation gewährten Angemessenheitsregel entspricht sein, des Dieners, übertreibender Redestil in der Regel seinen Zuhörern, denen an wunderbaren und märchenhaften Geschichten mehr gelegen ist als am dürren Bericht. Zudem profitiert Kara Ben Nemsi nicht selten von den emotionalen Wirkungen, die die Helden-Historien seines Begleiters beim Publikum hinterlassen.

Der ist sich auch der Überzeugungsfunktion seiner Übertreibungsrhetorik durchaus bewußt:

»*Uebertreibungen? O, Sihdi, wie ist es mit deiner Erfahrenheit und Menschenkenntnis doch so schlecht bestellt! Der Mensch ist das einzige ungläubige Geschöpf, welches auf der Welt wohnt, denn Tiere, Pflanzen und Steine können nie ungläubig sein, was du aber gar nicht zu wissen scheinst. Und weil der Mensch den Unglauben ganz allein besitzt, so hat er davon eine so große Menge, daß sie gar nicht gezählt, gemessen und berechnet werden kann. Sagst du das Wort hundert, so wird man dir nur das Wort zwanzig glauben; hast du fünf Kinder, so traut man dir nur zwei zu, und behauptest du, alle zweiunddreißig Zähne zu besitzen, so läßt man dir nur zehn oder elf, zwischen denen sich einundzwanzig Chilahl* [Anm. Mays: *Zahnlücken*] *befinden. Darum wird ein kluger Mensch stets mehr sagen, als eigentlich richtig ist. Ich, der Besitzer eines einzigen Kindes, sage, daß ich zehn Knaben und zwanzig Mädchen habe; ich behaupte, sechsundneunzig Zähne zu besitzen, und das ist keine Lüge, denn ich weiß ja, daß man mir wenigstens drei Viertel davon abziehen wird. Ich sage keine Unwahrheit; ich übertreibe nicht, denn wenn ich sage, daß ich zwei Beine besitze, so glaubt man nur an eines, und ich muß also, wenn die Wahrheit getroffen werden soll, wenigstens von vieren sprechen. Allah mag deinen Geist erleuchten, daß du das, was ich dir jetzt gesagt habe, nach und nach verstehen lernst und mir ja nicht immer dreinredest, wenn ich von unsern Heldenthaten erzähle. Wenn du einen Wüstenfuchs geschossen hast, mußt du unbedingt einen Löwen daraus machen, weil man sonst annimmt, daß es nur eine Maus gewesen sei, und wenn ein Mensch im Flusse umgekommen ist, so muß ich erzählen, daß zehn Personen ertrunken seien, denn sonst behauptet man, daß überhaupt gar kein Wasser zum Ertrinken dagewesen sei. Nimm dir diese meine Worte zu Herzen, Sihdi! Laß dich mahnen, warnen und belehren! Ich kenne die Welt und die Menschen besser als du. Wenn du heiler Haut nach Persien und wieder zurückkommen willst, so sag stets mehr, viel mehr, als du eigentlich zu sagen hast. Allah jessellimak – Gott erhalte dich!*«[37]

Für eine solche rednerische Kontrastwirkung sorgt zunächst einmal auch die andere herausragende Heldenfigur neben dem Ich-Erzähler: ich meine natürlich Winnetou. Er ist zwar kein unbeholfener Redner und kann sich sogar zu einer geschmückten, im Stile alter epischer Wortfügung gehaltenen Rede aufschwingen:

»*Winnetou kennt den Himmel und weiß die Namen und die Sprache der Sterne; aber der Stern seines Lebens geht hinunter, und in seinem Herzen wird es dunkel und Nacht. Er wollte die Rose vom Quicourt nehmen in seinen Wigwam und an ihre Brust legen sein müdes Haupt, wenn er zurückkehrt vom Pfade des Büffels oder von den Dörfern seiner Feinde. Aber ihr Auge leuchtet auf seinen Bruder, und ihre Lippen sprechen den Namen des guten Bleichgesichtes.*«[38]

Doch das sind seltene Augenblicke. Im allgemeinen erscheint der Häuptling der Apachen wortkarg und schweigsam, selbst in der Ratsversammlung. Er ist damit eine Ausnahme unter seinesgleichen: *Der Indianer ist wortkarg*, heißt es einmal im ›Silbersee‹-Roman, *aber bei Beratungen spricht er gern und viel. Es gibt Rote, welche als Redner eine ganz bedeutende Berühmtheit erlangt haben.*[39] An anderer Stelle im selben Buch fällt Old Shatterhand gar dem ›Alten Donner‹, Häuptling der Utahs, mit dem Verweis in die kaum begonnene Rede: »*Die Bleichgesichter aber lieben es, sich kurz zu fassen, und dies wollen wir jetzt thun.*« *Wenn der Rote ein Palaver hält,* erläutert der Erzähler den Einwurf, *so findet er kein Ende.*[40] Ungeachtet solcher eher beratungstaktischer Erwägungen verläuft die Aufgabenverteilung zwischen den Freunden Winnetou und Old Shatterhand jedoch anders, als es das stereotype Lob der indianischen Beredsamkeit vermuten lassen könnte. »*Mein Bruder Old Shatterhand mag sprechen, denn der Häuptling der Apatschen ist ein Freund der Thaten, aber nicht der Worte!*«[41] konstatiert Winnetou im zweiten Band von ›Satan und Ischariot‹, in dem er zuvor schon die köstliche Szene zwischen dem Juriskonsulto von Ures und dem betrogenen Haziendero auf der einen, Old Shatterhand auf der anderen Seite auf seine Weise entschieden hatte. Während nämlich sein ›weißer Bruder‹ sich auf eine Auseinandersetzung mit dem Justizbeamten einläßt, in der die bösen Erfahrungen des Autors für jeden Kenner von Mays Biographie offenbar werden, bescheidet Winnetou die *beiden Bleichgesichter* damit, daß er »*das unnütze Reden nicht liebt*«. »*Ich werde bis drei zählen; wer sich dann noch hier bei uns befindet, wird erschossen!*« Worauf die beiden Hasenfüße das Weite suchen. »*So brauche ich gar nicht drei zu sagen,*« [sic!] *lächelte der Apatsche.* »*Hätte mein Bruder ebenso gethan, so konnte er sich die vielen unnützen Worte ersparen.* [sic!]«[42] Ob May in solchen Oppositionen auf diffuse Weise noch den nicht allein von Heine den Deutschen zugeschriebenen Charakterzug als gedanken- und wortreich, aber tatenarm bestätigen möchte, bleibe dahingestellt und widerspräche wohl auch den mitunter ausgesprochenen Ambitionen seines Helden in allen strategischen Künsten. Jedenfalls kommt Winnetou die Rolle des wortkargen Täters zu, der durch seine Handlungen spricht – bis hin zu jenem stummen Zornausbruch im ›Silbersee‹-Roman, bei dem er einen alten Häuptling für dessen beleidigende Worte brutal attackiert und tötet. Eine Episode, die auch schon einige Aufmerksamkeit in der May-Forschung gefunden hat,[43] doch im Kontext der rhetorischen Rollenzuschreibungen gewiß verständlicher wird. Wenn sich Winnetou aber, wie dies gelegentlich doch geschieht, etwa in seiner Ansprache vor den beiden gefangenen ehemaligen Landvermessern Sam Hawkens und Old Shatterhand, als der würdige Sohn seines beredten Vaters Intschu tschuna erweist, setzt der Erzähler sogleich hinzu: *Das war eine lange Rede, so lang, wie ich aus dem Munde des schweigsamen Winnetou später nur selten und nur bei den wichtigsten Veranlassungen wieder eine gehört habe.*[44]

Immerhin vermitteln die derart ausgezeichneten Ausnahmen das Bild einer geläufigen und argumentationssicheren Beredsamkeit, die in Redeaufbau und Ausdruck den zahlreichen anderen Exempel des indianischen Redetalents nicht nachsteht. In ›»Weihnacht«!‹ charakterisiert der Held seinen indianischen Freund sogar ausdrücklich als Meister-Redner:

Wenn er [Winnetou], was aber sehr selten und dann nur bei hochwichtigen oder feierlichen Veranlassungen geschah, eine Rede hielt, so standen ihm alle möglichen Mittel der Rhetorik zur Verfügung. Ich habe nie einen besseren, überzeugenderen, hinreißenderen Redner gehört als ihn und kenne nicht einen einzigen Fall, daß es einem Menschen möglich gewesen wäre, der Beredsamkeit des großen, unvergleichlichen Apatschen zu widerstehen.[45]

Karl May orientiert sich hier zunächst einmal ersichtlich an der literarischen Tradition, die das Bild der oralen indianischen Kultur im Sinne der aufklärerischen Konventionen des 18. Jahrhunderts idealisiert hatte. Voltaires Huronen redeten wie Demosthenes oder Cicero, weil Überzeugungskraft ohne eine Rhetorik im europäischen Verständnis nicht vorstellbar war.[46] Auf diese Weise wurde der edle Wilde zum geschulten Orator, der als Sprachrohr der Aufklärung seine Zivilisationskritik regelgerecht und kunstvoll zum Ausdruck brachte. Indianische Beredsamkeit in Mays Verständnis ist demnach wesentlich eine literarische Fiktion – ungeachtet der wirklichen oralen Traditionen, deren Spuren darin noch zum Ausdruck kommen mögen und die inzwischen längst Gegenstand einer eigenen Forschung sind.

Ich will aber zu der Sonderrolle zurückkehren, die May seinem edlen Wilden Winnetou zugedacht und die durch die Kommunikationsform noch gefestigt wird, die der Autor zwischen ihm und seinem weißen Freund gestiftet hat.

Winnetou hatte kein einziges Wort gesagt. Zwischen uns beiden wäre eine besondere Aussprache überflüssig gewesen. Wir kannten uns genau, und wenn uns bestimmte Verhältnisse gegeben waren, so wußte jeder von uns beiden, was der andere davon dachte und dabei zu thun beabsichtigte. Wir waren in unsern Gefühlen, Gedanken und Entschlüssen durch das lange Zusammenleben einander so ähnlich geworden, daß nur in zweifelhaften Fällen eine Frage nötig wurde.[47]

So oder doch so ähnlich wie hier abermals in ›»Weihnacht«!‹ charakterisiert der Ich-Erzähler gewöhnlich die besondere Umgangsweise, die sich zwischen ihm und Winnetou herausgebildet hat.

Nach diesen Erläuterungen läßt sich jetzt genauer angeben, worin die rhetorische Gemeinsamkeit zwischen Halef und Winnetou besteht und welches die Gründe dafür sind. Beide nämlich stellen die Wirksamkeit und Geltung rednerischer Kunst auf ihre Weise in Frage: der eine durch die witzig-satirische Übertreibung in Großsprecherei und Ruhmredigkeit, die bei näherer Betrachtung zumeist wie blauer Dunst verfliegen; der andere durch seine bedeutungsvolle Schweigsamkeit und den Ersatz der sprachlichen durch eine seelische Kommunikation. Offensichtlich handelt es sich in beiden Fällen um die Wirkung, die der Strukturwandel der Rhetorik im 19. Jahrhundert in Theorie und Redepraxis zugleich hinterließ. »S p r i c h t die Seele, so spricht ach! schon die S e e l e nicht mehr«[48] – das Stichwort hatte schon (ausgerechnet!) Friedrich Schiller gegeben; seither hatten sich – auch unter romantischem Einfluß – die Bemühungen um eine direkte, unvermittelte und durch keine Regel und Konvention entfremdete Kommunikation verstärkt durchgesetzt und jene Seelenkultur der Innerlichkeit hervorgebracht, von der die Kunst der bürgerlichen Epoche so mannigfach zeugt. Daß sie unrhetorisch sei, erwies sich als Selbsttäuschung, sie setzte eine andere Rhetorik, eine Rhetorik der Gefühle, an die Stelle der aufklärerisch-rationalen Argumentationsrhetorik, und ihre Wirksamkeit demonstriert auch die Winnetou-Figur bis hin zu Pierre Brice. Die so kunstvoll affekt-rhetorisch angelegte Figur dieses edlen Wilden konnte gerade deshalb zur Projektionsfläche für die antizivilisatorischen Sehnsüchte ihres Publikums werden, weil sie sich auch den Kommunikationsregeln verweigerte, unter deren rigoros rationalem Anspruch man genug zu leiden hatte. An anderer Stelle habe ich einmal gezeigt, wie aus dieser kulturellen Krisensituation auch die gefühlsrhetorisch so reiche Kitsch-Literatur hervorging.[49]

Doch spricht sich in der hier angedeuteten Figurenkonstellation auch das Dilemma ihres Autors aus, worüber ich zum Abschluß noch einige Gedanken vortragen möchte. Denn desavouieren nicht der Schwadroneur und der Schweiger jeder auf seine Weise die hervorragendste Eigenschaft des Haupthelden, seine rednerische Kunstfertigkeit, deren sogar stilistischen Ausdruck Hermann Wiegmann einmal als »rationalistisch bestimmt«[50] kennzeichnete? Und rückt nicht damit der Autor sogar selber in ein schiefes Licht, der sich doch als Volkspädagoge und Prediger verstand und seine Bücher als Botschaften an den bedürftigen Leser aufgenommen wissen wollte? Daß hier ein Anteil von Selbstzweifeln zum Ausdruck kommt, wird man getrost vermuten dürfen, und daß May mit seinem Hadschi Halef Omar gerade hinsichtlich der Ruhmrederei und Prahlsucht wohl auch eigene Charakterzüge karikierte (und sich derart zugleich entlastete), ist keine neue Erkenntnis der May-Forschung.

Doch hat diese ironische Spiegelung noch eine andere Dimension. Schreiben, so hat Karl May immer betont, sei für ihn ein gleichsam naturwüchsig ablaufender Vorgang: *Ich setze mich des Abends an den Tisch und schreibe, schreibe in einem fort, lege Blatt zu Blatt und stecke am andern Tage die Blätter, ohne sie wieder anzusehen, in ein Kouvert, welches mit der nächsten Post fortgeht. An den Stil denke ich dabei gar nicht.*[51] Das Bekenntnis aus den ›Freuden und Leiden eines Vielgelesenen‹ findet sich mit wenig anderen Worten in der Autobiographie wiederholt, und wenn auch einige Zweifel daran nicht unangebracht scheinen, so legen die Bücher selber schließlich – und das nicht immer zu ihrem Vorteil – genug Zeugnis für die wie von selbst ablaufende Produktion Mays ab; zudem weiß man, daß er sich mit seinen Protagonisten wie mit wirklich existierenden Personen unterhielt und vom Tode Winnetous nur unter Tränen zu berichten vermochte. Das alles sind Beispiele für ein quasi-orales und rhetorisches Schreibverfahren, für eine Verfertigung von Geschichten beim Reden, natürlich nicht unstilisiert und kunstlos, aber jedenfalls mit reduzierter Distanz, die dem Schreiben sonst eigen ist. Ein starker Zug von Mündlichkeit ist kennzeichnend für Mays Texte, auch jenseits von ihrer offensichtlichen Gattungszugehörigkeit, wie sie etwa Dialoge und Ansprachen signalisieren; diese freilich rhetorisch durchaus nicht naive, vielmehr geschulte Mündlichkeit macht seine Texte bis heute beredt, läßt die vielen stilistischen Schnitzer und grammatikalischen Verstöße, sogar das Kanzleideutsch mancher Passagen sich im Wortfluß aufheben, wie es in Rede und Gespräch zur Alltagserfahrung jedes Lesers gehört. Das ist lebendes Sprechen, mit seiner Beweglichkeit, seinen Brüchen, Aussparungen, ungleichen Bildern, mit der umgangssprachlichen Diktion und Lässigkeit, die dann auch Nachlässigkeit, gar Schlamperei werden kann.

Der Zweck der rednerischen Übung ist aber auch nicht etwa die kunstvolle Widerspiegelung einer vorfindlichen Wirklichkeit, sondern das Hervorbringen einer Welt, die nur im subjektiven Bewußtsein existiert und erst im rhetorischen Akt als ein kohärentes Bild zur Erscheinung gebracht wird. Dieses Bild wirkt um so überzeugender, je vollkommener es dem Redner gelingt, die Rollen, die zur Sprache kommen sollen, auch selber zu verkörpern. Verstellung wird so zur Tugend des rhetorischen Erzählers, die sich in der Simulation der Reden und Gespräche, Briefe und Gedichte zu bewähren hat, eine Verstellung, deren Erfolg aber zuletzt ein Ergebnis von Selbstüberredung ist – womit wir vielleicht einen ganz unverdächtigen, nämlich rhetorisch-künstlerischen Rechtfertigungsgrund für all die Maskeraden Karl Mays gefunden haben, die ihm eine verständnislose Öffentlichkeit bis heute nachträgt. Es erscheint mir wie eine ganz gewaltige, nämlich rhetorische Leistung, deren Überzeugungskraft bis heute anhält.

So kommt es, daß nicht Winnetou, sondern Halef den Weg nach Ardistan und Dschinnistan finden durfte. Denn nicht der edle, der Macht der Beredsamkeit zuletzt immer mißtrauende indianische Krieger, sondern der zwar großspurige, doch wortgewandte und redeverliebte Haddedihn-Scheik begegnet uns als der eigentliche Gefährte auf dem Wege der Identitätsbildung durch Selbstüberredung. Auf seine wenngleich moralisch und pädagogisch noch unvollkommene Weise war er seinem Freund und Herrn darin immer schon ein ganzes Stück voraus. Hatte er nicht aus dem Bewußtsein dieses Vorsprungs heraus seinem Sihdi schon ganz zu Anfang prophezeit: »*Aber ich schwöre es bei meinem Barte, daß ich dich bekehren werde, du magst wollen oder nicht!*«[52]

1 Vgl. Karl May: Mein Leben und Streben. Freiburg o. J. (1910), S. 12; Reprint Hildesheim-New York ²1982. Hrsg. von Hainer Plaul.
2 Ebd., S. 209
3 Brief Karl Mays an Friedrich Ernst Fehsenfeld vom 16. 10. 1892, zit. nach: Roland Schmid: Nachwort (zu ›Winnetou I‹). In: Karl May: Freiburger Erstausgaben Bd. VII. Hrsg. von Roland Schmid. Bamberg 1982 (unpag.)
4 Vgl. Karl May: Gesammelte Reiseromane Bd. VII: Winnetou der Rote Gentleman I. Freiburg 1893, S. 6.
5 May: Mein Leben und Streben, wie Anm. 1, S. 64
6 Ebd., S. 97f.
7 Ebd., S. 95
8 Ebd.
9 Regulativ für den Unterricht in den evangelischen Schullehrer-Seminaren der Monarchie vom 1. Oktober 1854. In: Albert Reble: Geschichte der Pädagogik. Dokumentationsband. Stuttgart ³1993, S. 472-75 (475)
10 Ansprache Friedrich Wilhelms IV. an die Seminarlehrer (1849). In: Politik und Schule von der Französischen Revolution bis zur Gegenwart. Eine Quellensammlung zum Verhältnis von Gesellschaft, Schule und Staat im 19. und 20. Jahrhundert. Bd. 1. Hrsg. von Berthold Michael und Heinz-Hermann Schepp. Frankfurt a. M. 1973, S. 313
11 Zit. nach: Rainer Bölling: Sozialgeschichte der deutschen Lehrer. Göttingen 1983, S. 57
12 Ansprache Friedrich Wilhelms IV., wie Anm. 10
13 Zit. nach: Albert Reble: Geschichte der Pädagogik. Stuttgart ¹⁵1989, S. 272
14 Marcus Tullius Cicero: Vom Redner. (Übers. Raphael Kühner.) München o. J. (1962), S. 51 (1, V, 17)
15 Ebd., S. 52 (1, V, 20f.)
16 Dieter Breuer: Schulrhetorik im 19. Jahrhundert. In: Rhetorik. Beiträge zu ihrer Geschichte in Deutschland vom 16.-20. Jahrhundert. Hrsg. von Helmut Schanze. Frankfurt a. M. 1974, S. 145-79 (178)
17 Karl May: Ein wohlgemeintes Wort. In: Neuer deutscher Reichsbote. Deutscher Haus- und Geschichts-Kalender 1883. Reprint in: Karl May: Ein wohlgemeintes Wort. Frühe Texte aus dem ›Neuen Deutschen Reichsboten‹ 1872-1886. Lütjenburg 1994, S. 129-33 (132)
18 May: Mein Leben und Streben, wie Anm. 1, S. 226f.
19 Karl May: Gesammelte Reiseerzählungen Bd. XVIII: Im Lande des Mahdi III. Freiburg 1896, S. 76ff.
20 Ebd. S. 80
21 Ebd., S. 79
22 Ebd.
23 Ebd., S. 80f.
24 Karl May: Der Schatz im Silbersee. Stuttgart o. J. (1894), S. 317; Reprint Bamberg/Braunschweig 1973
25 Karl May: Gesammelte Reiseromane Bd. XIV: Old Surehand I. Freiburg 1894, S. 242
26 Karl May: Gesammelte Reiseerzählungen Bd. XIX: Old Surehand III. Freiburg 1896, S. 308; Hervorhebungen durch mich
27 Karl May: Der Oelprinz. Stuttgart o. J. (1897), S. 543; Reprint Bamberg/Braunschweig 1974
28 Ebd., S. 545f.
29 Ebd., S. 544
30 Vgl. bezüglich ›Winnetou I‹ Ingmar Winter: De exemplo oratoris Intschu tschuna. In: Mitteilungen der Karl-May-Gesellschaft (M-KMG) 65/1985, S. 8-17 (mit Druckfehlerhinweis in M-KMG 66/1985, S. 2).
31 Hans Blumenberg: Anthropologische Annäherung an die Aktualität der Rhetorik. In: Ders.: Wirklichkeiten in denen wir leben. Aufsätze und eine Rede. Stuttgart 1981, S. 104-36 (106)
32 Karl May: Gesammelte Reiseromane Bd. I: Durch Wüste und Harem. Freiburg 1892, S. 277

33 Karl May: Gesammelte Reiseerzählungen Bd. XXV: Am Jenseits. Freiburg 1899, S. 73
34 May: Durch Wüste und Harem, wie Anm. 32, S. 2ff.
35 Helmut Schmiedt: Karl May. Leben, Werk und Wirkung. Frankfurt a. M. ³1992, S. 224 (1. Auflage 1979)
36 Vgl. Renate Würsch: Avicennas Bearbeitungen der aristotelischen Rhetorik. Ein Beitrag zum Fortleben antiken Bildungsgutes in der islamischen Welt. Berlin 1991.
37 Karl May: Gesammelte Reiseerzählungen Bd. XXVI: Im Reiche des silbernen Löwen I. Freiburg 1898, S. 290f. – Die Erinnerung an diese schöne Stelle verdanke ich Walther Ilmer.
38 Karl May: Gesammelte Reiseromane Bd. VIII: Winnetou der Rote Gentleman II. Freiburg 1893, S. 503f.
39 May: Der Schatz im Silbersee, wie Anm. 24, S. 343
40 Ebd., S. 493
41 Karl May: Gesammelte Reiseerzählungen Bd. XXI: Satan und Ischariot II. Freiburg 1896, S. 195
42 Ebd., S. 140f.
43 Vgl. Helmut Schmiedt: Rationalität und Gewalt. Eine Episode aus dem ›Schatz im Silbersee‹. In: M-KMG 56/1983, S. 16ff.
44 May: Winnetou I, wie Anm. 4, S. 306
45 Karl May: Gesammelte Reiseerzählungen Bd. XXIV: »Weihnacht!«. Freiburg 1897, S. 278
46 Vgl. Wolfgang Hochbruch: »I have Spoken«. Die Darstellung und ideologische Funktion indianischer Mündlichkeit in der nordamerikanischen Literatur. Tübingen 1991, S. 66ff.
47 May:»Weihnacht!«, wie Anm. 45, S. 356
48 Friedrich Schiller: Sprache. In: Ders.: Werke und Briefe. Bd. 1. Gedichte. Hrsg. von Georg Kurscheidt. Frankfurt a. M. 1992, S. 181
49 Gert Ueding: Glanzvolles Elend. Versuch über Kitsch und Kolportage. Frankfurt a. M. 1973
50 Hermann Wiegmann: Stil und Erzähltechnik in den Orientbänden Karl Mays. In: Karl Mays Orientzyklus. Hrsg. von Dieter Sudhoff und Hartmut Vollmer. (Karl-May-Studien 1.) Paderborn 1991, S. 113-27 (116)
51 Karl May: Freuden und Leiden eines Vielgelesenen. In: Deutscher Hausschatz. XXIII. Jg. (1896/97), S. 18; Reprint in: Karl May: Kleinere Hausschatz-Erzählungen. Hrsg. von Herbert Meier. Hamburg/Regensburg 1982; kritisch zu Mays Äußerung Ulrich Schmid: Das Werk Karl Mays 1895-1905. Erzählstrukturen und editorischer Befund. (Materialien zur Karl-May-Forschung Bd. 12) Ubstadt 1989, S. 119f.
52 May: Durch Wüste und Harem, wie Anm. 32, S. 3

131

HELMUT LIEBLANG

»Sieh diese Darb, Sihdi ...«[1]
Karl May auf den Spuren des Grafen d'Escayrac de Lauture

> »... ich aber bin in allen Ländern der Erde gewesen und habe Städte und Menschen gesehen, deren Namen Du nicht einmal kennst.«[2]
> »All devils!« rief er endlich.
> »Ihr phantasirt wohl, Sir?«[3]

1. Auf der Fährte

Spurenlesen hat in Karl Mays exotisch-fiktiver Welt des Verfolgens und Verfolgtseins vorrangige Bedeutung, gleichviel ob in Wüsten und Savannen oder Prärien und Pampas. Was Old Shatterhand resp. Kara Ben Nemsi alles aus Spuren heraus- oder hineinzulesen vermag, mutet oft seltsam überzogen, bisweilen grotesk an. Aber Mays Fabulieren in dieser Hinsicht ist nicht allein der Macht seiner reichlich sprudelnden Phantasie zuzuschreiben, sondern hat eine durchaus reale Quelle und konkrete Vorlage:

Der Khabir muß sich nothwendig auf eine genaue Kunde der Spuren (Darb, Ethar) verstehen. Ueberhaupt verstehen alle Nomaden »im Sande zu lesen« wie sie sagen. An den Spuren der Tritte welche ein Thier im Sande zurückgelassen hat, erkennen sie Alter und Geschlecht desselben; das Weibchen des Kameels hat nämlich ein anderes Becken als der Hengst, und tritt mit seinen Hinterbeinen etwas breiter aus. Wie lange die Spuren vorhanden und wie alt sie sind, nimmt man daraus ab, wie frisch und reinlich sie sind und wieviel Sand bereits der Wind in sie hinein geweht hat. Aus tausend Anzeichen, welche dem Blick eines Europäers entgehen, kann der Araber sich jeden Augenblick gleichsam eine Chronik der Wüste zusammenstellen. Aus tiefen Spuren nimmt er ab daß die Thiere schwer beladen waren; an leichteren Spuren von Kameelen verschiedener Größe erkennt er, daß eine Heerde von Hirten nach einer Weide hingetrieben wurde. Sieht er, daß Spuren die weder sehr oberflächlich noch sehr tief sind, von vollständig ausgewachsenen Kameelen herrühren, und findet er neben denselben Fußstapfen weder von Weibern noch von Kindern, dann weiß er daß ein Gum, ein Raubzug in der Nähe ist mit Dromedaren. Auf unscheinbare Spuren begründet der Führer manchmal eine ausführliche Geschichte, deren Inhalt uns im Anfang wohl überrascht; man begreift aber später wie genau und richtig die Erzählung war. Eines Tages bemerkte ich in der Wüste zwischen Lobeidh und dem Sennaar die Spuren zweier Kameele im Sande, und fragte meinen Führer was er davon halte? Er entgegnete: »Auf diesen Kameelen reitet eine türkische Familie, begleitet von einem arabischen Diener, der am Fuße eine Wunde hat. Die Familie besteht aus einem Türken von untergeordnetem Range, dessen Frau oder einer Sclavin, und einem Kinde von höchstens zwei Jahren.« Die Angabe so vieler Einzelheiten setzte mich in Erstaunen, und ich fragte den Führer, ob er denn jene Leute gesehen habe? Lächelnd bemerkte er: »Gesehen habe ich sie nicht; aber es müssen zwei berittene Personen nebst einem Kinde sein, denn sonst würde der verwundete Diener nicht mit seinem Fuße hinterhergehen, sondern auf einem Kameele reiten. Daß ein kleines Kind da ist, habe ich vor etwa einer Stunde an Excrementen gesehen, die keinem Erwachsenen angehören konnten. Ich habe übrigens keine Fußtritte von ihm gesehen, und ich glaube es wird getragen, wenn man Halt macht.« – »Das ist Alles recht gut,« sprach ich, »aber woraus erkennst Du daß es Türken sind?« – »Türken oder Aegypter müssen es sein, denn sie haben einen Teppich ausgebreitet als sie Rast hielten; die Nubas und Araber thun das nicht, sondern setzen sich auf bloßen Sand; auch trugen sie Schuhe, nur der Sclav hatte nackte Füße. Ihre ärmliche Ausstattung zeigt daß sie nicht wohlhabend sind; sie reisen mit zwei Kameelen und haben keine Zelte, auch werden sie nur von einem einzigen Menschen bedient. Also ist dieser Türke höchstens ein Sergeant oder ein Civilbeamter untergeordneten Ranges.« Schon am nächsten Morgen konnte ich mich überzeugen wie genau die obige Auskunft war, denn ich traf mit den Reisenden zusammen welche mein Führer mir so genau geschildert hatte. Der Mann war ein ägyptischer Kopte und bei der Landesverwaltung angestellt.

Diese Szene, die in der Tat eines May würdig ist, findet sich nicht etwa in einer seiner Reiseerzählungen, sondern auf den Seiten 286ff. des Buches

Graf d'Escayrac de Lauture: Die Afrikanische Wüste und das Land der Schwarzen am obern Nil. Leipzig 1855.[4]

Sie ist mit an Sicherheit grenzender Wahrscheinlichkeit die Schlüsselszene für die zahlreichen Spureninterpretationen Mayscher Fährtenleser. Man vergleiche die Szene in ›Im »wilden Westen« Nordamerika's‹, die, chronologisch gesehen, die erste spureninterpretatorische Großtat darstellt. Old Shatterhand ist in der Pacific-Bahn unterwegs und trifft dort den bekannten Westmann Fred Walker, der ihn für einen Sonntagsjäger, ein Greenhorn, hält. Als man an eine Stelle kommt, an der Railtroublers und Ogellallah einen Arbeiter- und Fouragezug überfallen haben, verblüfft Old Shatterhand durch seine exzellenten Fähigkeiten im Spurenlesen:

Während die anderen Passagiere noch unnöthiger Weise in den Trümmern wühlten, hielt ich es für das Beste, mich einmal nach den Spuren der Railtroublers umzusehen. Das Terrain zeigte eine offene, mit Gras bewachsene und nur von wenigen Büschen unterbrochene Fläche. Ich ging eine ziemliche Strecke auf dem Geleise zurück und schlug sodann um die rechte Seite der Unglücksstelle einen Halbkreis, dessen Grundlinie von dem Bahnkörper gebildet wurde. Auf diese Weise konnte mir bei nur einer Aufmerksamkeit Nichts entgehen.
In der Entfernung von vielleicht dreihundert Schritten von der Unglücksstätte fand ich zwischen einigen Büschen das Gras niedergedrückt, als ob hier eine ziem-

liche Anzahl von Menschen gesessen hätten, und die noch im niedergedrückten Grase erkennbaren Spuren führten mich an eine zweite Stelle, wo man die Pferde angehobbelt*) [Anm. May:* Trapperausdruck für »an den Vorderbeinen fesseln.«] hatte. Diesen Platz untersuchte ich sehr sorgfältig, um die Anzahl und Beschaffenheit der Pferde kennen zu lernen; dann setzte ich meine Forschung weiter fort.

Am Schienenwege traf ich mit meinem dicken Nachbar zusammen, welcher, wie ich erst jetzt bemerkte, denselben Gedanken mit mir gehabt und die links von der Unglücksstelle gelegene Gegend abgesucht hatte. Er blickte verwundert auf und frug:

»Ihr hier, Sir? Was thut Ihr?«

»Das, was ein jeder Westmann thun wird, wenn er in eine ähnliche Lage kommt: ich suche nach den Spuren der Railtroubler.«

»Ihr? Ah! Werdet auch viel finden! Das sind gescheidte Kerls gewesen, welche es verstanden haben, ihre Spuren wieder zu verwischen. Ich habe nicht das Mindeste entdeckt; was wird da so ein Greenhorn finden, wie Ihr doch seid?«

»Vielleicht hat das »Greenhorn« bessere Augen gehabt als Ihr, Master,« antwortete ich lächelnd. »Warum sucht Ihr hier auf der linken Seite nach Spuren? Ihr wollt ein alter, erfahrener Savannenläufer sein und seht doch nicht, daß sich das Terrain hier rechts viel besser zu einem Lagerplatze und Versteck eignet als links da drüben, wo fast gar kein Buschwerk zu sehen ist.«

Er blickte mir sichtlich überrascht in das Gesicht und meinte dann:

»Hm, diese Ansicht ist nicht übel! So ein Büchermacher scheint doch zuweilen einen guten Gedanken zu haben. Habt Ihr Etwas gefunden?«

»Ja.«

»Was?«

»Dort hinter den wilden Kirschensträuchern haben sie gelagert, und dahinten bei den Haselbüschen standen die Pferde.«

»Ah! Da muß ich hin, denn Ihr habt doch nicht die richtigen Augen, um zu sehen, wie viele Thiere es gewesen sind!«

»Es waren sechsundzwanzig.«

Wieder blickte er mich mit einer Geberde der Ueberraschung an.

»Sechsundzwanzig?« frug er ungläubig. »Woraus erkennt Ihr das?«

»Aus den Wolken jedenfalls nicht, sondern aus den Spuren, Sir,« lachte ich. »Von diesen sechsundzwanzig Pferden waren acht beschlagen und achtzehn unbeschlagen. Unter den Reitern befanden sich dreiundzwanzig Weiße und drei Indianer. Der Anführer der ganzen Truppe ist ein Weißer, welcher mit dem rechten Fuße hinkt; sein Pferd ist ein brauner Mustanghengst. Der Indianerhäuptling aber, der bei ihnen war, reitet einen Rapphengst, und ich glaube, daß er ein Sioux ist vom Stamme der Ogellallah.«

Das Gesicht, welches der Dicke mir jetzt machte, läßt sich gar nicht beschreiben. Der Mund stand ihm vor Erstaunen offen, und die kleinen Aeuglein blickten mich mit einem Ausdrucke an, als ob ich ein Gespenst sei.

»All devils!« rief er endlich. »Ihr phantasirt wohl, Sir?«

»Seht selbst nach!« antwortete ich trocken.

»Aber wie wollt Ihr wissen, wie viel es Weiße oder Indsmen waren? Wie wollt Ihr wissen, welches Pferd braun oder schwarz gewesen ist, welcher Reiter hinkt und zu welchem Stamme die Rothhäute gehörten?«

»Ich habe Euch gebeten, selbst nachzusehen! Und dann wird es sich ja zeigen, wer bessere Augen hat, ich, das Greenhorn, oder Ihr, der erfahrene Westmann.«

»Well! Schön! Werde sehen! Kommt, Sir! Hihihihi, ein Greenhorn, und errathen, wer diese Kerls gewesen sind!«

Unter diesem kichernden Lachen eilte er der bezeichneten Stelle zu, und ich folgte ihm langsamer nach.

Als ich ihn wieder erreichte, war er so eifrig mit der Betrachtung der Spuren beschäftigt, daß er mich gar nicht beachtete. Erst als er wohl zehn Minuten lang die Umgebung auf das Sorgfältigste abgesucht hatte, kam er zu mir und sagte:

»Wahrhaftig, Ihr habt Recht! Sechsundzwanzig sind es gewesen, und achtzehn Pferde waren unbeschlagen. Aber das Andere ist Unsinn, reiner Unsinn! Hier haben sie gelagert, und in dieser Richtung sind sie auch wieder davongeritten. Weiter sieht man nichts!«

»So kommt, Sir,« meinte ich. »Ich will Euch einmal zeigen, welchen Unsinn die Augen eines Greenhorns zuweilen sehen!«

»Well, ich bin neugierig!« nickte er mit einer sehr belustigten Miene.

»Seht Euch einmal die Pferdespuren genauer an! Drei Thiere wurden abseits gehalten und waren nicht vorn, sondern übers Kreuz gekoppelt; das waren also jedenfalls Indianerpferde.«

Er bückte sich nieder, um den Abstand der einzelnen Hufstapfen genau auszumessen. Der Grasboden war feucht, und die Spuren waren für ein geübtes Auge recht leidlich zu erkennen.

»By god, Ihr habt Recht!« rief er erstaunt. »Das waren Indianergäule!«

»So kommt jetzt weiter, da zu der kleinen Wasserlache. Hier haben sich die Indsmen die Gesichter abgewaschen und dann wieder mit den Kriegsfarben neu bemalt. Die Farben waren mit Bärenfett abgerieben. Seht ihr die kleinen, ringförmigen Eindrücke im weichen Boden? Da haben die Farbennäpfchen gestanden. Es ist warm gewesen, und die Farben waren in Folge dessen dünn und haben getropft. Seht Ihr hier im Grase einen schwarzen, einen rothen und zwei blaue Tropfen, Sir?«

»Jes! Wahrhaftig, es ist wahr!«

»Und ist nicht schwarz, roth und blau die Kriegsfarbe der Ogellallah?«

Er nickte nur; aber sein verwundertes Gesicht sagte mir, was sein Mund verschwieg. Ich fuhr fort:

»Nun kommt weiter! Als die Truppe hier angekommen ist, hat sie hier neben der sumpfigen Lache gehalten; das zeigen die Hufeindrücke, welche sich mit Wasser gefüllt haben. Nur zwei sind vorgeritten, also jedenfalls die Anführer; sie wollten recognosciren, und die Andern mußten bescheiden zurückbleiben. Seht hier die Pferdespur im Moraste! Das eine Pferd war beschlagen und das Andere nicht; dieses Letztere trat hinten tiefer als vorn; es saß ein Indianer darauf; der andere Reiter aber war ein Weißer, denn sein Pferd hatte Eisen und trat vorn tiefer als hinten. Ihr kennt wohl den Unterschied zwischen der Art und Weise, wie ein Indsmen und ein Weißer zu Pferde sitzt?«

»Sir, ich möchte nur wissen, woher Ihr –«

»Gut!« unterbrach ich ihn. »Nun paßt genau auf! Sechs Schritte weiter vor haben sich die beiden Pferde gebissen; das aber thun nach einem so langen und anstrengenden Ritte, wie diese Leute hinter sich hatten, nur Hengste. Verstanden?«

»Aber wer sagt Euch denn, daß sie einander gebissen haben, he?«

»Erstens die Stellung der Hufstapfen. Das Indianerpferd ist hier gegen das andere angesprungen; das werdet ihr zugeben. Und zweitens, seht Euch einmal die Haare an, welche ich hier in der Hand halte! Ich fand sie vorhin, als ich die Spuren untersuchte, ehe ich Euch traf. Da sind vier Mähnenhaare von brauner Farbe, welche das Indianerpferd dem anderen ausgerissen hat und sofort fallen ließ. Weiter vorn aber fand ich diese zwei schwarzen Schwanzhaare, und aus der Stellung der Stapfen ersehe ich ganz genau: das Indianerpferd biß das Andere in die Mähne, wurde aber von seinem Reiter sogleich zurückgedrängt und dann vorwärts getrieben; dabei langte das andere Pferd herüber und riß ihm diese Haare aus dem Schwanze, welche noch einige Schritte weit im Maule hängen blieben und dann zur Erde fielen. Das Pferd des Rothen ist also ein Rappe und dasjenige des Weißen ein Brauner. Kommt weiter! Hier ist der Weiße abgestiegen, um den Bahndamm zu ersteigen. Seine Fährte ist im weichen Sande bis heute sichtbar geblieben. Ihr könnt ganz genau sehen, daß er mit dem einen Fuße fester und heftiger aufgetreten ist als mit dem andern. Er hinkt. Uebrigens waren diese Menschen ganz außerordentlich unvorsichtig. Sie haben sich nicht die mindeste Mühe gegeben, ihre Spuren unkenntlich zu machen; sie müssen sich also sehr sicher fühlen, und das kann nur zwei Gründe haben.«

»Welche?«

»Entweder waren sie gewillt, heute recht schnell eine bedeutende Strecke zwischen sich und die Verfolger zu legen, und das möchte ich bezweifeln, da aus den Spuren zu ersehen ist, daß ihre Pferde sehr angegriffen und ermüdet waren. Oder sie wußten eine größere Truppe der Ihrigen in der Nähe, auf die sie sich zurückziehen konnten. Dieser Fall scheint mir der wahrscheinlichere zu sein, und da sich drei vereinzelte Indsmen nicht an über zwanzig Weiße schließen, so vermuthe ich, daß da gegen Norden hin ein zahlreicher Trupp Ogellallahs zu suchen ist, bei dem sich jetzt die dreiundzwanzig Railtroublers befinden.

Es war wirklich spaßhaft anzusehen, mit welch' einer eigenthümlichen Miene mich das dicke Männchen jetzt vom Kopfe an bis herab zu den Füßen fixirte.

»Mann,« rief er endlich. »Wer seid Ihr denn eigentlich, he?«

»Ich habe es Euch ja bereits gesagt.«

»Pshaw! Ihr seid kein Greenhorn und auch kein Büchermacher, obgleich Ihr mit Euren gewichsten Stiefeln und Eurer ganzen Sonntagsausrüstung ganz darnach ausseht. Ihr seid so abgeleckt und sauber, daß Ihr in einem Theaterstück, in welchem ein Westmann aufzutreten hätte, gleich auf der Bühne erscheinen könntet; aber unter hundert wirklichen Westmännern ist kaum Einer, der so wie Ihr die Fährten zu lesen versteht. By god, ich dachte bisher, daß ich auch etwas leiste, aber an Euch komme ich nicht, Sir!«

»Und dennoch bin ich ein Bücherschreiber. Aber ich habe bereits früher diese alte Prairie von Norden nach Süden und von Osten bis nach dem entferntesten Westen durchmessen; daher kommt es, daß ich mich so leidlich auf Spuren verstehe.«[5]

Fürderhin gehört die stupende Fähigkeit des Spurenlesens zum Standardrepertoire von Mays Alter ego und anderen Helden seines Œuvres. »Wie kannst Du dies so fest, so bestimmt behaupten. Du hast sie weder gesehen noch mit ihnen gesprochen. Du hast in dem Sande gelesen, als ob Worte in demselben geschrieben seien«.[6] Und natürlich ist May ein *Bücherschreiber*, und natürlich hat er nie selbst irgendeine Prärie oder Wüste durchmessen, aber natürlich versteht er sich *so leidlich auf Spuren* – ein Understatement, um die Omnipotenz des Alter ego hervorzuheben –, folgte er doch den Spuren derjenigen, die wirklich gereist sind.

Aus der oben zitierten Szene aus ›Escayrac‹ hat May nicht nur Anregungen für spätere Erzählungen übernommen, sondern er hat auch den ›Khabir‹ und seine Fähigkeiten im Spurenlesen direkt in ›Unter Würgern‹ eingebaut:

Würger	Escayrac
»*Du mußt nämlich wissen, Sihdi, daß Hassan el Kebihr, Hassan der Große, ein berühmter Khabir (Karawanenführer) ist, der alle Wege der Sahara kennt und ein Auge besitzt, dem nicht die geringsten Darb und Ethar (Spuren und Fährten) entgehen!*« (618) *Dieses Thier hier war eine Stute, denn die hinteren Füße hatten eine größere Spurweite als die vorderen. Die Eindrücke waren nicht tief, aber auch nicht zu seicht; das Kameel war also nur mittelmäßig belastet ... Die Spuren waren noch vollständig rein; kein einziges Körnchen Sand lag in ihnen, und keiner der Eindrücke zeigte, wie es beim Laufe nicht zu vermeiden ist, nach rückwärts einen Schweif.* (651) »*Zählt die Spuren!*« *gebot ich. Wir fanden Eindrücke von Menschen-, Pferde- und Kameelsfüßen. Die Djemmels waren meist schwer beladen; wir hatten also eine Handelskarawane vor uns. Eine genaue Uebersicht ergab sechzig Lastkameele, elf Sattelthiere und zwei Fußgänger nebst drei Reitern zu Pferde ...* (664)	Der Khabir, das heißt der Führer (...) (285) Der Khabir muß sich nothwendig auf eine genaue Kunde der Spuren (Darb, Ethar) verstehen. Ueberhaupt verstehen alle Nomaden ›im Sande zu lesen‹ wie sie sagen. An den Spuren der Tritte welche ein Thier im Sande zurückgelassen hat, erkennen sie Alter und Geschlecht desselben; das Weibchen des Kameels hat nämlich ein anderes Becken als der Hengst, und tritt mit seinen Hinterbeinen etwas breiter aus. Wie lange die Spuren schon vorhanden und wie alt sie sind, nimmt man daraus ab, wie frisch und reinlich sie sind und wieviel Sand bereits der Wind in sie hinein geweht hat. Aus tausend Anzeichen, welche dem Blick eines Europäers entgehen, kann der Araber sich jeden Augenblick gleichsam eine Chronik der Wüste zusammenstellen. Aus tiefern Spuren nimmt er ab daß die Thiere schwer beladen waren; an leichteren Spuren von Kameelen verschiedener Größe erkennt er, daß eine Heerde von den Hirten nach einer Weide hingetrieben wurde. (286f.)

Auch in ›Durch Wüste und Harem‹ ist May den ›Spuren‹ d'Escayracs gefolgt und hat das bei ihm Gelernte angewendet: »*Ich bin in fernen Ländern gewesen, in denen es viel Wildnis giebt und wo sehr oft das Leben davon abhängt, daß man alle Darb und Ethar, alle Spuren und Fährten, genau betrachtet, um zu erfahren, ob man einem Freunde oder einem Feinde begegnet.*«[7]

Aber der ›Khabir‹ vermag nicht nur die Spuren auf der Erde zu lesen, sondern versteht auch die Zeichen am Himmel:

Würger	Escayrac
»*Wie weit ist es noch bis zum Bab-el-Ghud?*« »*Einen Tag und noch einen Tag; wenn	Der Khabir, das heißt der Führer, bedient sich aber nicht etwa der Magnetnadel; der Beduine hat keinen Begriff

137

dann Dein Schatten nach Osten geht dreimal so lang wie Dein Fuß, wird Dein Bischarin unter dem Bab-el-Hadjar (Thor der Steine) niederknieen, damit Du im Schatten Ruhe findest.«
Der Bewohner der Wüste kennt weder Kompaß noch Uhr oder Bussole. Die Sterne zeigen ihm den Weg, und nach der Länge des Schattens bestimmt er seine Zeit. Und darin besitzt er eine solche Fertigkeit, daß er sich nur selten irrt. (653)

»Wo wartet die Gum auf die Kaffilah?«
»Wenn Du jetzt gegen Aufgang reitest, so erreichst Du sie, wenn Dein Schatten zweimal und noch die Hälfte so lang ist, wie Du selbst.« (669)[8]

von diesem Werkzeuge das ihm völlig unbekannt ist. Auch würde der Gebrauch des Compasses mit großen Schwierigkeiten verbunden sein (...) er beobachtet Sonne und Sterne und findet am Himmel mehr Merkzeichen als er braucht (...) Der Beduine bedarf ebenso wenig einer Uhr als einer Bussole; er theilt den Tag nicht in Stunden und Minuten; er weiß aber allemal am Stande der Sonne oder an der Stellung der Gestirne wie lange Tag oder Nacht noch dauern werden (...) Manchmal richtet sich der Araber auch nach der Länge, welche der Schatten wirft, wenn er die Zeit messen will; aber er kümmert sich nicht um die Richtung desselben, weil dazu die Bestimmung einer Mittagslinie erforderlich wäre, sondern er beantwortet die eben schon einmal aufgeworfene Frage in folgender Weise:»Machst Du Dich auf den Weg sobald vor Mittag Dein Schatten doppelt so lang ist wie Dein Körper, so kommst Du Nachmittags an sobald er dreiundeinhalb Mal so lang ist wie Dein Körper.« Nur sehr selten wird er sich um eine Kleinigkeit irren. (285f.)

Am Beispiel von ›Unter Würgern‹ zeigt es sich, daß die Fährten häufig aus der realen Geographie herausführen und in einer fiktiven enden. Je weiter Kara Ben Nemsi in die Wüste gerät, desto fiktionaler werden die Beschreibungen: Die Erzählung beginnt in Algier und führt tief in die südliche Sahara, den Ténéré,[9] hinein. Das Wüstenabenteuer findet sein Ende in der fiktiven Oase Safileh,[10] die nicht spezifisch dargestellt wird, sondern mit allgemeinen Versatzstücken poetisch beschrieben wird:
Vierzehn Tage später hatten wir die Serir durchschritten, und ein wunderbar liebliches Bild breitete sich vor uns aus. Viele tausend Palmen wiegten ihre dunklen Blätterkronen auf den schlanken Stämmen, die vom Sonnenlichte golden überrieselt wurden. Die Füße dieser Stämme standen in einem Garten von blaßrothen Pfirsichblüthen, weißen Mandelblumen und hellgrünem, frischem Feigenlaub, in welchem der Bülbül (Nachtigall) seine entzückende Stimme erschallen ließ. Es war die Oase Safileh, wohin wir die Kaffilah glücklich brachten. (Würger 694)
Für die Inszenierung seines Abenteuer-Kosmos griff May bekanntermaßen auf die geographische Literatur und auf Reisebeschreibungen seiner Zeit zurück. Im obigen Zitat ist es die arabische Nachtigall, der Bülbül, der hier zum ersten Male *seine entzückende Stimme erschallen*

läßt und von nun an des öfteren seine Auftritte im Mayschen Orient-Theater haben wird. Auch dieser Zugvogel der Mayschen Phantasie hat seine Heimat im Buche des Grafen d'Escayrac de Lauture. Dieses Buch steht in Karl Mays Bibliothek[11] und bildet, wie sich erweist, gleichsam Mays Handbuch und Reiseführer für die Sahara und Teile Nordafrikas. Außerdem dient es noch als arabischer Sprachführer (vgl. dazu den Anhang). Nordafrika außer Ägypten und dem Sudan ist Handlungsraum in den Erzählungen ›Die Gum‹,[12] ›Die Rose von Sokna‹,[13] ›Unter Würgern‹,[14] ›Das Hamaïl‹,[15] ›Christus oder Muhammed‹,[16] ›Der Krumir‹,[17] ›Eine Befreiung‹,[18] ›Er Raml el Helahk‹[19] und ›Der Kutb‹.[20] Teile der Werke ›Die Liebe des Ulanen‹,[21] ›Deutsche Herzen, deutsche Helden‹,[22] ›Durch Wüste und Harem‹[23] und ›Satan und Ischariot II‹[24] haben ebenfalls diesen geographischen Raum als Handlungshintergrund. In fünf Einzelerzählungen bildet die Sahara selbst den Hauptschauplatz des Geschehens: ›Die Gum‹, ›Die Rose von Sokna‹, ›Das Hamaïl‹, ›Unter Würgern‹ und ›Er Raml el helahk‹. Neben dem Reisewerk des Grafen d'Escayrac sind bisher eine Reihe weiterer Werke als geographische und inspirierende Quellen für Mays nordafrikanische Abenteuer bekannt und namhaft gemacht worden:[25]

- Gustav Rasch: Nach den Oasen von Siban in der großen Wüste Sahara. Berlin 1866 (›Die Gum‹ (1878); ›Unter Würgern‹);[26]
- Joseph Chavanne: Das algerisch-tunesische Binnenmeer. In: Deutsche Rundschau für Geographie und Statistik. 2. Jg., Heft 6 (März 1880) (›Der Krumir‹; ›Durch Wüste und Harem‹);[27]
- Hermann Adalbert Daniel: Handbuch der Geographie. Leipzig 1870 (›Unter Würgern‹);[28]
- Adolph von Wrede's Reise in Hadhramaut, Beled Beny 'Yssa und Beled el Hadschar. Hrsg. von Heinrich Freiherr von Maltzan. Braunschweig 1873 (›Er Raml el helahk‹);[29]
- Otto Schneider: Das heutige Tunis. In: Aus allen Welttheilen. 5. Jg. (1874) (›Christus oder Muhammed‹);[30]
- Ein deutscher Renegat in Nordafrika. In: Magazin für die Literatur des Auslandes. 27. Bd. Berlin 1845, und P. R. Martini: Ein Spaziergang in Tunis. In: Die Gartenlaube. Jg. 1881 (›Der Krumir‹; ›Deutsche Herzen, deutsche Helden‹; ›Satan und Ischariot II‹);[31]
- Jules Gérard: Der Löwenjäger. Leipzig 1855 (›Unter Würgern‹; ›Die Liebe des Ulanen‹).[32]

Darüber hinaus hat May verschiedene Landkarten benutzt. Erwähnt seien jene, die handlungsrelevant sind, d. h. diejenigen, deren Angaben May besonders ausgiebig benutzt hat, um eine Verfolgungsjagd darzustellen:

– Vollständiger Universal-Handatlas der neueren Erdbeschreibung über alle Theile der Erde in 114 Blättern. Hrsg. von Dr. K. Sohr und F. Handtke. 5. Auflage, vermehrt und verbessert durch Dr. Heinrich Berghaus. Glogau 1865; Blatt 91 – Tunis (›Satan und Ischariot II‹);[33]
– Ebd.: Blatt 92 – Nordöstliches Afrika (›Deutsche Herzen, deutsche Helden‹);[34]
– Das Algerisch-Tunesische Schott-Becken nach Capt. Roudaire's Aufnahmen. Kartenbeilage zu Joseph Chavanne: Das algerisch-tunesische Binnenmeer. In: Deutsche Rundschau für Geographie und Statistik. 2. Jg., Heft 6 (März 1880) (›Der Krumir‹; ›Durch Wüste und Harem‹);[35]
– Karte des Kriegsschauplatzes in Tunesien, nach den Franz. Generalstabskarten bearbeitet. Wurster, Randegger & Co. Winterthur 1881 (›Der Krumir‹; ›Christus oder Muhammed‹).[36]

Karl Mays rascher und teils verblüffender schriftstellerischer Aufschwung nach 1877/78, also nach Abfassung der ›Frohe-Stunden-Texte‹,[37] die später größtenteils in erweiterter und umgearbeiteter Form im ›Deutschen Hausschatz‹ erschienen, ist nicht zuletzt auf die Benutzung zeitgenössischer Reisebeschreibungen und geographischer Literatur zurückzuführen. Sie lieferten ihm neue Bausteine zu seinem fiktiven Kosmos und boten ihm der Realität entnommene, quasi-authentische Kulissen für eine naturalistische Abenteuerinszenierung auf exotischen Schauplätzen.

Die Reiseerzählung ›Unter Würgern‹, die stofflich und motivisch eine Symbiose bildet aus Mays zweiter und dritter Orienterzählung,[38] soll im Mittelpunkt der Untersuchung stehen. Denn für diese Erzählung hat May unter anderen, oben erwähnten Quellen ausführlich das Buch des Grafen d'Escayrac benutzt. Breite Spuren und kleinere Fährten finden sich als Entlehnungen, Anleihen und Übernahmen aus d'Escayracs Reisewerk auf den meisten Seiten dieser Reiseerzählung.[39] Darüber hinaus hinterließ dieses Buch noch weitere Spuren in Mays Werk, nämlich in ›Durch Wüste und Harem‹, ›Deutsche Herzen, deutsche Helden‹, ›Der Krumir‹, ›Satan und Ischariot II‹ und ›Eine Befreiung‹, wenn auch in geringerem Maße.

2. Der Graf d' Escayrac de Lauture und sein Werk

Um die Mitte des 19. Jahrhunderts war Pierre Henri Stanislas Comte d'Escayrac de Lauture einer der bekanntesten französischen Reisenden seiner Zeit. Nicht zuletzt deshalb, weil er als einer der ersten Europäer den Ostsudan bereist und Informationen über die östlichen Sudanländer gesammelt und veröffentlicht hatte.[40] Auch sein späteres Schicksal als Mitglied der französischen Expedition nach China weckte

die Anteilnahme seiner Zeitgenossen. Allerdings trug ebenfalls eine gescheiterte Expedition zur Erforschung der Nilquellen, die in der deutschen geographischen Literatur zum Teil mit Häme kommentiert wurde – wohl wegen der damals herrschenden schlechten deutsch-französischen Beziehungen –, zu seiner Bekanntheit in Deutschland bei: »Eine fünfte ägyptische Expedition, welche mit großem, meist nichtssagendem Pompe organisiert worden war (so wurde z. B. sogar eine schwarze Musikbande an Bord geführt) und welche der Graf Escayrac de Lauture befehligte, hat Ägypten niemals verlassen.«[41]
Der Graf wurde am 19. März 1826 auf dem Stammsitz der Familie in Fontainebleau geboren.[42] »Schon als Jüngling empfindet er Abneigung gegen das unruhige Treiben in der Hauptstadt seines Vaterlandes, er sehnt sich von der Seine weg an den fernen Nil; und in der bunten Pariser Gesellschaft mit ihren glänzenden Nichtigkeiten empfindet er einen unwiderstehlichen Hang, die gelbe einförmige Wüste aufzusuchen. Nachdem er sich genügend vorbereitet hat, steuert er nach Afrika hinüber, wird ein Wanderer in der Sahara und ein Schiffer auf dem Ocean.«[43] Träume und Sehnsüchte, die auch Karl May schon – wenngleich aus anderen Motiven – in jungen Jahren in die Exotik ziehen und ihn für den Rest seines Lebens nicht mehr verlassen: Nicht den »glänzenden Nichtigkeiten« will May allerdings entfliehen, sondern einer stumpfen Elendsgegend, sich hinweg und sozial hinauf träumend. So macht sich der junge May »eines Tages auf, um ›in Spanien‹ bei einem der Edlen Räuber Hilfe zu holen«.[44] Allerdings endet der Weg ins Land seiner Sehnsucht schon nach einem Tag »bei Verwandten in der Nähe von Zwickau«.[45] Ihm bleiben Wanderungen und Fahrten auf dem Ozean der Phantasie, den Fährten anderer folgend; anders der Graf:
Anfang 1844 tritt d'Escayrac in den diplomatischen Dienst, wird Attaché im Außenministerium. Ein paar Monate später begleitet er als Sekretär den Kapitän Romain-Desfossés auf einer Mission in den Indischen Ozean. Um das Kap der Guten Hoffnung herum führt ihn die Reise über die Maskarenen, Madagaskar und die Komoren nach Sansibar, über Mozambique und Südostafrika zurück nach Europa. Auf einer diplomatischen Mission nach Spanien und Portugal macht er einen Abstecher an die atlantische Küste Marokkos bis hinunter nach Mauretanien und beschließt, fasziniert von der Exotik des Orients, Nordafrika genauer kennenzulernen. Nach der Februar-Revolution von 1848 verläßt er den diplomatischen Dienst. »Seine Vermögensverhältnisse erlaubten ihm ein freies, unabhängiges Leben, was seinem stolzen, abenteuerlichen und uneigennützigen Charakter entsprach.«[46] Er widmet sich geographischen und linguistischen Studien, erlernt Persisch, Türkisch und mehrere arabische Dialekte. Im Januar 1849 schifft er sich nach Tunesien ein, verbringt einige Zeit in Tunis, um dann, als Araber verkleidet, die für Europäer verbotene heilige Stadt Kairouan zu besu-

chen: ein bedeutendes Kara-Ben-Nemsi-Motiv! Weiter führt ihn sein Weg in die Wüste: »Der Anblick der Wüste, die Unermeßlichkeit ihrer Horizonte, ihre Einförmigkeit, ihre Stille beeindrucken lebhaft denjenigen, der sie zum ersten Male schaut. Allein der Ozean und die Eismassen des Pols vermögen auf unserer Seele einen vergleichbaren Eindruck zu hinterlassen.«[47] Er kommt ins Belad el-Djerid, ins Gebiet der Schotts, und besucht die Oasen Gafsa und Tozeur: alles Schauplätze, die auch May in seiner Phantasie bereist. Im Mai des Jahres erreicht er Tripolis und begleitet von dort aus Tuareg-Karawanen auf ihrem Weg durch die Wüste. 1850 hält er sich in Kairo auf, wo er die Bekanntschaft seiner reisenden Landsleute Linant, d'Arnaud, Thibault und Laffargue macht. Er fährt nilaufwärts durch Nubien und Sennar und gelangt ins Herz Kordofans, nach Al-Ubaid (El-Obeïd), »angeblich auch an die Darforgrenze und nach Takale«[48] in der heutigen Republik Sudan. Von Khartum, dem Ausgangspunkt zahlreicher Forschungsreisen in den Sudan und seit Mitte des Jahrhunderts Handelszentrum für Nordostafrika, reist er nach Berber und von dort auf der alten Karawanenroute ans Rote Meer nach Suakin. Über Kairo kehrt d'Escayrac im Dezember 1850 nach Paris zurück, wo er in den nun folgenden Jahren seine Beobachtungen über die geographischen, ethnologischen, sozialen und religiösen Verhältnisse Nordafrikas niederschreibt.[49] Bevor er 1855 wieder nach Kairo geht, besucht er die Heiligen Stätten in Palästina und durchstreift die syrische Wüste bis Damaskus. In Ägypten sammelt er geographisches Material und Erkundigungen über die den Europäern weitgehend unbekannten Länder Darfur, Bagirmi und Wadai.[50] »Graf Escayrac de Lauture, dessen hochfliegender Plan, vom Nilthal aus Wadai zu erreichen und noch weiter nach Westen zu dringen, nie zu Stande kam, erkundete 1855 vom Scheich Ibrahim, einem Verwandten des Sultans von Baghirmi mehrere Itinerare durch Darfur und Wadai (...)«[51]

Ein Jahr später soll er eine vom ägyptischen Vizekönig Said (1854 bis 1863), einem Sohne Muhammad Alis, projektierte internationale wissenschaftliche Expedition zur Erforschung der Nilquellen leiten, die aber schon in Ägypten selbst scheitert. »Schließlich wurde noch eine vierte ›Expédition définitive‹ geplant, welche unter der Leitung des Grafen Escayrac de Lauture in großartiger Weise ausgerüstet abgehen sollte, sie kam aber nicht über Aegypten hinaus.«[52] D'Escayrac selbst berichtet darüber in ›Expédition à la recherche des sources du Nil‹ (Paris 1856).[53]

1860 wird d'Escayrac Leiter der wissenschaftlichen Mission, die die französischen Truppen nach Peking begleitet. Die Truppen waren Teil einer anglo-französischen Expeditions-Streitmacht, die im Juli des Jahres, während des sogenannten 2. Opiumkrieges, die Dagu-Forts an der Mündung des Haihe stürmten. Hintergrund dieses imperialistischen Angriffs waren die Öffnung von chinesischen Häfen für den Außenhandel und eine Reihe weiterer Privilegien, die die chinesische Regierung den europäischen Mächten vertraglich garantiert hatte, allerdings mit ›der Pistole auf der Brust‹. Als Briten und Franzosen im Juni 1859 zur Ratifizierung der Verträge nach Beijing (Peking) reisten, wurden sie von den Dagu-Festungen aus unter Beschuß genommen. Als Folge dieses ›Vertragsbruches‹ wurde im folgenden Jahr das vereinte Expeditionskorps in Marsch gesetzt. Nach Erstürmung der Dagu-Forts durch die europäischen Truppen traten die Qing in Friedensverhandlungen ein. Aber statt zu einer Vereinbarung zu kommen, wurden die Vertreter der Verbündeten, unter ihnen auch der Graf d'Escayrac, gefangengenommen, auf Karren verfrachtet und schließlich als Geiseln inhaftiert. Unbeeindruckt davon rückten die britischen und französischen Truppen jedoch auf den Yuanming Yuan vor, den sagenhaften Sommerpalast der Qing-Kaiser im Nordwesten von Beijing. Vom 6. bis 9. Oktober 1860 wurde er von den Soldaten vollständig ausgeplündert. Als der britische Generalbevollmächtigte Lord Elgin nach Wiederaufnahme der Friedensverhandlungen erfuhr, daß nur 19 der insgesamt 39 britischen und französischen Geiseln ihre Haft überlebt hatten – die Gefangenen waren schwer mißhandelt und brutal gefoltert worden –, gab er am 18. Oktober Befehl, den Sommerpalast niederzubrennen.[54]

D'Escayrac hat sich von den Strapazen dieser Reise und den vielerlei Mißhandlungen nie wieder ganz erholt. Seit seiner Rückkehr nach Frankreich im Mai 1861 verbrachte er die restlichen Jahre seines Lebens mit Studien und besonders mit der Niederschrift und Herausgabe seiner Reiseerinnerungen an China.[55] Er starb am 18. Dezember 1868 im Alter von 42 Jahren in Fontainebleau.

Sein Reisewerk ›Le Désert et le Soudan‹ blieb das einzige seiner Bücher, das ins Deutsche übersetzt wurde, und fand, zumindest in Teilen, dank Karl May den Weg in die heutige Zeit, wenn auch unbeabsichtigt und bisher unerkannt, denn an keiner Stelle seines Werks weist May auf seine Quelle hin. Wenn wir also heute Mays nordafrikanische Beschreibungen von Land und Leuten lesen, blicken wir durch die Brille, die der Graf d'Escayrac de Lauture vor 145 Jahren trug.

3. An der Quelle

Es würde über den Rahmen dieser Arbeit hinausgehen, alle Belegstellen aus ›Escayrac‹ zu kommentieren. Statt dessen werde ich einzelne Zitate aus verschiedenen Themenbereichen – Geographie, Ethnographie, Linguistik und Religion – herausgreifen, die von Interesse in bezug auf Mays Umgang mit Quellen sind. Die restlichen Parallelstellen finden sich als Anhang am Ende des Aufsatzes aufgelistet.

3.1. Geographisches

3.1.1. ... *von Cap Blanco bis zu den Bergen des Nilthales* ... – Steppe und Wüste

Das Bild der Sahara als Handlungsraum, wie ihn May sich selbst und seinen Lesern vor- und darstellt, ist natürlich nicht Ergebnis eigener Anschauung und subjektiver Sicht, sondern ein Puzzle, das aus mehreren Quellen zusammengesetzt ist. Der Raum bietet somit dem Leser ein Erscheinungsbild, das durch mehrere Filter gegangen ist oder – wenn man so will – in mehreren Spiegeln gebrochen wird, bevor es zur Projektion gelangt. Der erste Filter sind die Quellen, aus denen May schöpft. Filter insofern, als seine Gewährsleute selbst ja auch nur ein eigenes Abbild des Raumes entwerfen, eine subjektive Auswahl an Bemerkenswertem treffen. Der zweite Filter ist der Autor May selbst, der aus den vorgefundenen Bildelementen auswählt und dichtend einen imaginierten Raum, einen Meta-Raum, schafft und dem Leser darbietet, der als dritter Filter ein Raum-Bild, quasi ein vielfach gebrochenes Spiegelbild aus dritter Hand kreiert. Die Anzahl der Filter erhöht sich noch, wenn Mays Gewährsleute ihrerseits schon aus Originalquellen geschöpft haben, wie z. B. Daniel, der sein ›Handbuch der Geographie‹ aus Primärquellen zusammengestellt hat.

In Mays ›Geographischen Predigten‹[56] findet sich seine früheste Darstellung der Sahara. Sie ist die geographische Keimzelle seiner späteren, vierten Orient- und dritten Sahara-Erzählung ›Unter Würgern‹. Etwa die Hälfte der geographischen Angaben stammt aus Daniel (S. 466-69), die andere Hälfte über die besonderen Schrecken der ›Spiegelung‹ (Fata Morgana) aus einer bisher unbekannten Quelle resp. bisher unbekannten Quellen. Für seine erste Sahara-Erzählung ›Die Gum‹, erschienen März/April 1878, verwendet May nicht die aus Daniel stammende Beschreibung in den ›Geographischen Predigten‹, sondern kurze Auszüge aus Rasch (S. 245ff., 253, 259, 261). Die geographische Schilderung der Wüste fällt in Mays zweiter Sahara-Erzählung ›Die Rose von Sokna‹, die quellenmäßig nicht erschlossen ist, so dürftig aus, daß man zu der Annahme neigen könnte, sie sei vor der ›Gum‹ entstanden, obwohl sie etwa ein halbes Jahr später, nämlich Okt./Nov. 1878 erschien. Aus diesen beiden Erzählungen formte May dann 1879 ›Unter Würgern‹, wobei er für die Geographika auf die von ihm vorher benutzten, uns bekannten, aber auch auf noch unbekannte Quellen zurückgriff und sie mit weiteren Angaben aus Rasch und zusätzlich aus Escayrac anreicherte. Somit ergibt sich als Struktur der geographischen Genese dieser Erzählung folgendes Bild:

[Daniel + (noch unbekannte Quelle) –> ›Geographische Predigten‹] + [Rasch –> ›Gum‹ (1878)] + [Rasch] + [Escayrac] => ›Würger‹

Eine Synopse der betreffenden Stellen aus ›Würger‹, ›Daniel‹, ›Rasch‹ und ›Escayrac‹ zeigt Mays Kompositionstechnik auf:

Würger	Rasch	Escayrac
Die Steppe! – Im Süden des Atlas, des Gharian und der Gebirge von Derna liegt sie, von welcher Freiligrath so treffend sagt: »*Sie dehnt sich aus von Meer zu Meere; Wer sie durchritten hat, dem graust. Sie liegt vor Gott in ihrer Leere Wie eine leere Bettlerfaust. Die Ströme, die sie jach durchrinnen, Die ausgefahrnen Gleise, drinnen Des Colonisten Rad sich wand, Die Spur, in der die Büffel traben – Das sind, vom Himmel selbst gegraben, Die Furchen dieser Riesenhand.*« *Von dem Gebiete des Mittelmeeres sich bis zur Sahara erstreckend, also zwischen dem Sinnbilde der Fruchtbarkeit, der Civilisation und dem Zeichen der Unfruchtbarkeit, der Barbarei, bildet sie ein breite Reihe von Hochebenen und nackten Höhenzügen, deren kahle Berge wie die klagenden Seufzer eines unerhörten Gebetes aus traurigen, öden Flächen emporsteigen. Kein Baum, kein Haus! Höchstens ein einsames, halb*	Kein Dichter hat ihren Charakter treffender und naturgetreuer gezeichnet, als der Sänger der Wüste, Ferdinand Freiligrath: »Sie dehnt sich aus von Meer zu Meere; Wer sie durchschritten hat, den graust. Sie liegt vor Gott in ihrer Leere, Wie eine leere Bettlerfaust. Die Ströme, die sie jach durchrinnen; Die ausgefahrnen Gleise, drinnen Des Colonisten Rad sich wand; Die Spur, in der die Büffel traben: – Das sind, vom Himmel selbst gegraben, Die Furchen dieser Riesenhand.« (246) Die Kette des Atlasgebirges bildet im nördlichen Afrika die Grenze zwischen der Region der Sahara, zwischen dem Sinnbilde der Fruchtbarkeit und der Wiege der Civilisation der Welt, und zwischen der verkörperten Unfruchtbarkeit und der hundertjährigen Zufluchtsstätte der Barbarei (...) zwischen beiden Regionen liegt eine breite Reihe von Hochebenen, welche sich in allmäliger Steigung zu den Höhen-	Das Regenwasser, welches in den Wintermonaten von den Südabhängen des Atlas, des Gharian und der Gebirge von Derna herabströmt, verliert sich im Sande (...) (3)

145

[Würger:]
verfallenes Karawanserai bietet dem Auge einen wohlthätigen Ruhepunkt, und nur im Sommer, wenn ein armseliger Pflanzenwuchs den sterilen Boden durchdringt, wandern einige Araberstämme mit ihren Zelten und Heerden zur Höhe, um ihren mageren Thieren eine kaum genügende Weide zu bieten. Im Winter aber liegt die Steppe vollständig verlassen unter der Decke des Schnee's, welcher auch hier trotz der Nähe der glühenden Sahara mit seinen Flockenwirbeln über die erstorbene Einöde fegt.
Nichts ist rundum zu schauen als Sand, Stein und nackter Felsen. Kieselbruch und scharfes Geröll bedeckt den Boden, oder wandernde Ghuds (Dünen) schleichen sich, von dem fliegenden Sande genährt, Schritt um Schritt über die traurige Fläche, und wo sich irgend einmal ein stehendes Gewässer zeigt, da ist es doch nur ein lebloser Schott, dessen Wasser in seinem Bekken liegt, wie eine todte Masse, aus welcher jeder frische, blaue Ton verschwunden ist, um einem starren, unbelebten und schmutzigen Grau zu weichen. Diese Schotts vertrocknen während der Sommerhitze und lassen dann nichts zurück als ein mit Steinsalz ge-

[Rasch:]
zügen des Atlas erheben (...) Weite, nackte Hochebenen, hie und da mit »Chotts« oder Salzseen bedeckt, ohne jede Baumvegetation, an deren Rändern kahle Berge aufsteigen, im Sommer mit zahllosen Heerden, arabischen Zelten und Kameelen bedeckt, im Herbst und Winter das Bild vollkommener Oede und Verlassenheit und dann oft in eine leichte, weiße Schneedecke eingehüllt – so ist das Bild dieser afrikanischen Steppe. (245f.)
So weit das Auge reichte, war weder Haus noch Baum zu erblicken (...) Die weite Fläche war nackt, wüst und leer. (253) Breite Ströme von Kieseln und Geröll durchzogen dieselbe nach allen Richtungen (...) Selbst die Höhenzüge des Atlas (...) hatten sich hier ihres magern Pflanzenmantels entkleidet, und traten mit nacktem Fuß auf diese nackten, öden Hochebenen, welche die Oede, die Verlassenheit und die Einsamkeit in wirklich grauenerregender Gestalt repräsentiren. (259)
Die Farbe des Wassers war von einem schmutzigen Grau, aus dem jeder blaue Ton verschwunden war. Keine Bewegung war auf der Oberfläche des Seespiegels zu erkennen; das Wasser lag in seinem Becken, wie eine todte Masse. (261)

[Escayrac:]

(...) Ghud, das System der beweglichen Dünen (...) (19)

Oftmals erscheint es [das Wasser] in weiter Entfernung wieder und bildet eine Quelle, einen Bach, Teich oder See, der dann während der Sommerhitze verschwindet, und dessen Vorhandensein nur durch salzige Ausschläge auf dem mit

[Würger:]
schwängertes Bett, dessen stechende Reflexe den Nerv des Auges tödten.
Einst hat es auch hier Wälder gegeben; aber sie sind verschwunden, und nun fehlen die segensreichen Regulatoren der feuchten Niederschläge. Die Betten der Bäche und Flüsse, Wadis genannt, ziehen sich im Sommer als scharfe Einschnitte und wilde, felsige Schluchten von den Höhen herab, und selbst der Schnee des Winters vermag ihr grausiges Gewirr nicht genugsam zu verhüllen. Schmilzt er aber unter der Wärme der plötzlich eintretenden heißen Jahreszeit, so stürzt sich die brausende, tobende und donnernde Wassermasse ganz unvorhergesehen mit weithin hörbarem Brüllen zur Tiefe und vernichtet Alles, was nicht Zeit findet, die schleunige Flucht zu ergreifen. Dann faßt der Beduine an die neunundneunzig Kugeln seines Rosenkranzes, um Allah zu danken, daß er ihn nicht dem Wasser begegnen ließ, und warnt die Bedrohten durch den lauten Ruf: »Flieht, Ihr Männer, der Wadi kommt!«*
Durch diese zeitweilige Fluth und die stehenden Wasser der Schotts werden an den Ufern der See'n und Wadis dornige Sträucher und stachelige

Daniel

Die Pflanzenwelt besteht nur aus den Gewächsen, welche den verheerenden Glutwinden zu widerstehen im Stande sind, oder als al-

[Escayrac:]
Steinsalz geschwängerten Boden angedeutet wird. Dahin gehören die Schott in der Sahara (...) (3)
Im Gharb, das heißt in Marocco, in Algerien und den Regentschaften Tunis und Tripolis, sind im Laufe der Jahrhunderte die Gebirge eines großen Theils ihrer Waldungen beraubt worden; und man spürt nun die Folgen dieser Entholzung auf eine äußerst empfindliche Weise. Denn in den Wintermonaten stürzen hundert und aber hundert wilde Gießbäche von den Felsen herab, treiben Steinmassen in's Unterland, verwüsten die Felder, übersäen weit und breit die Ebenen mit Sand und Geröll, reißen Thalschluchten noch tiefer auf, und entwurzeln Bäume. Im Februar verschwinden diese Gießbäche und wilden Wasser; dann zeigt eine Reihenfolge kleiner Lachen (Sobha) einige Tage lang noch ihren Lauf und dessen tiefste Stellen an. Bald aber verschwinden auch diese Pfützen und der ausgetrocknete Wadi ist nun zu einem gangbaren Wege oder Graben geworden. (2)
Die Mohamedaner beten den Rosenkranz ab; er enthält neunundneunzig Kugeln (...) (61)

147

[Würger:]

Mimosen hervorgelockt, welche die Kameele vermöge ihrer harten Lippen benagen können, unter deren Schutze aber auch der Löwe und der Panther schlafen, um von ihren nächtlichen Razzias auszuruhen. (634)

[Daniel:]

kalische Pflanzen an dem salzgetränkten Boden ihre Lust haben; spärlicher Thymian, Disteln (...) die Stachelbüsche der Mimosen und Akazien, von dem hartmäuligen Kameel gierig verzehrt (...) das Gebüsch am Wüstensaume ist der Löwen Lager. (467)

Für den zweiten Teil der Schilderung, die eigentliche Wüste, greift May auf Daniel und Escayrac zurück, natürlich unter Auslassung von Rasch, der ja lediglich bis an den Nordrand der Sahara gereist war. Der letzte Abschnitt des May-Textes über den ›Zweck der Wüste‹ *in dem großen Haushalte der Natur* (Würger 650) ist möglicherweise eine Paraphrase aus der ›Gartenlaube‹;[57] das sei allerdings unter allem Vorbehalt gesagt.

Würger

Die Wüste! –

Von der Nordwestküste Afrika's zieht sich mit wenigen kurzen Unterbrechungen bis hinüber nach Asien und hinauf zu dem mächtigen Kamme des Chinggangebirges eine Reihe von öden, unwirthlichen Länderstrecken, die einander an Grausen überbieten. Die großen Wüsten des afrikanischen Continentes springen über die Landenge von Suez hinüber in die öden Flächen des steinigen Arabien's, denen sich die nackten, dürren Strecken Persien's und Afghanistan's anschließen, um hinauf in die Bucharei und Mongolei zu steigen und dort die grauenvolle Gobi bilden.

Wohl über 120,000 Quadratmeilen groß, er-

Daniel

Im Süden der nordafrikanischen Hochländer zieht sich fast durch die Breite des ganzen Erdtheils, vom atlantischen Ocean bis zu den Bergwänden des Nilthals, die große Wüste Sahara, über 600 M. lang, bald 100, bald 200 M. breit, ein Sandgürtel, mit dem man zwei Drittheile von Europa und Deutschland zehnmal bedecken könnte. Er umfaßt mehr als 120,000 ☐ M., und da Aegypten und Nubien eigentlich auch nur Wüsten mit Oasenthälern sind, da auch jenseits des rothen Meeres die arabischen und persischen Sandebenen bis zur Wüste Multan am Indus hin in ihren Bodenverhältnissen mit der Sahara übereinstimmen, so ist

[Würger:]
streckt sich die Sahara von Cap Blanco bis zu den Bergwänden des Nilthales und vom Rif bis in die heißdunstigen Wälder des Sudan. Ihre Eintheilung ist eine sehr mannigfaltige. Die an die Nilländer stoßende libysche Wüste geht nach Westen in denjenigen Theil der eigentlichen Sahara über, von welcher der Dichter sagt:
»... bis da, wo sich im Sonnenbrande
Die öde Hammada erstreckt
Und man im glühend heißen Sande
Nicht einen grünen Halm entdeckt,«
und von hier aus zieht sich dann die Sahel bis an die Küste des atlantischen Oceans. Der Araber unterscheidet die bewohnte (Fiafi), unbewohnte (Khela), gesträuchige (Haitia), bewaldete (Ghoba), steinige (Serir), mit Felsblöcken übersäte (Warr), gebirgige (Dschebel oder Nedsched), flache (Sahel oder Tehama) und von beweglichen Dünen durchzogene Wüste (Ghud).
Die Ansicht, daß die Sahara eine Tiefebene bilde, welche niedriger liege, als der Wasserspiegel des Meeres, ist eine durchaus irrige; vielmehr ist die Wüste ein ausgedehntes Tafelland von tausend bis zweitausend Fuß Höhe und gar nicht

[Daniel:]
ihr Gebiet nach NO. unermeßlich gedehnt. (466)

Escayrac

Für jeden Anblick, welchen die Wüste darbietet, haben die Araber eine besondere Benennung (...) Die Wüste ist bewohnbar, Fiafi, oder unbewohnbar, Khela; sie hat Gesträuche, Haitia; ist bewaldet, Ghaba; steinig, Serir, oder mit großen Felsblöcken übersäet, Warr. Sie heißt, wenn sie eine Hochfläche bildet, Dschebel (Gebirge), im Gegensatz zum maritimen Flachlande, Sahel (Plural Sowahel) oder Nedsched im Gegensatz von Tehama. (11)
(...) Ghud, das System der beweglichen Dünen (...) (19)
Die Ebenen der Sahara liegen im Allgemeinen niedriger als der Wasserstand des mittelländischen Meeres;*)
[* Diese Ansicht, daß Nordafrika und insbe-

[Würger:]
so arm an Abwechslung der Bodengestaltung, wie man bisher immer meinte. Das Letztere ist besonders der Fall im östlichen Theile, in der eigentlichen Sahara, welche sich dem Wanderer freundlicher zeigt, als die westliche Sahel, die der eigentliche Schauplatz der Wüstenschrecken und des gefürchteten Flugsandes ist, der, vom Winde zu fortrückenden Wellen angehäuft, langsam durch die Wüste wandert; daher der Name Sahel d. i. Wandermeer. Diese Beweglichkeit des Sandbodens muß natürlich dem Wachsthume der Pflanzen außerordentlich hinderlich sein, und dazu kommt der außerordentliche Mangel an Quellen und Brunnen, ohne welche das Entstehen von Oasen eine absolute Unmöglichkeit ist. Der dürre Sandboden vermag kaum einige werthlose Salzpflanzen, höchstens noch etwas dürren Thymian, ein paar Disteln und einige stachelige, krüppelhafte Mimosen zu nähren. Durch das glühende Sandmeer streift nicht der wilde Leu, obgleich der Dichter behauptet »Wüstenkönig ist der Löwe;« nur Vipern, Scorpione und ungeheure Flöhe finden in dem heißen Boden ein behagliches Dasein,

[Daniel:]
Die westliche Hälfte, die Sahel, d. i. Ebene, ist das eigentliche Flugsandmeer, eine Wirkung des Passats, welcher in seinem Fahren von O. nach W. die östlichen Theile der Wüste auf große Strecken rein fegt und dafür den Flugsand in den westlichen Wüstentheilen aufhäuft (...) Ja in das Meer hinein verbreitet der Sturm den Sand des »Wandermeeres« (...) Das Innere der Sahel hat viel weniger Brunnen und Oasen, als die östliche Hälfte (...) Die Pflanzenwelt besteht nur aus den Gewächsen, welche den verheerenden Glutwinden zu widerstehen im Stande sind, oder als alkalische Pflanzen an dem salzgetränkten Boden ihre Lust haben; spärlicher Thymian, Disteln (...) die Stachelbüsche der Mimosen (...) Aus der Thierwelt sind nur Vipern, Skorpione und Ameisen in der Wüste heimisch, von anderen Insekten begleitet die Fliege die Karawanen, stirbt aber bald auf dem Wege. Flöhe findet man südlich vom 31° nicht mehr (...) Reißende Thiere halten sich von der Wüste fern, die weder Beute noch Wasser giebt; das Gebüsch am Wüstensaume ist der Löwen Lager (...) Die kleinere östliche Hälfte der Wüste, die ei-

[Escayrac:]
sondere die Sahara eine Tiefebene bilde, welche zum Theile niedriger liege als der Wasserspiegel des Meeres, hat sich in der neusten Zeit als unhaltbar herausgestellt (...) Die Sahara ist ein ausgedehntes Tafelland von eintausend bis zweitausend Fuß Höhe (...)] (2)

150

[Würger:]
und selbst die Fliege, welche den Karawanen eine Strecke in die Wüste hinein folgt, stirbt bald auf dem Wege. Und dennoch wagt sich der Mensch in den Sonnenbrand und trotzt den Gefahren, welche ihn von allen Seiten umdrohen. Freilich ist deren Schilderung oft eine übertriebene, aber es bleibt trotzdem genug übrig, um die Sehnsucht nach einem »Wüstenritte« zu verleiden, dessen Opfer man in der Sahel häufiger findet, als in der wasserreicheren eigentlichen Sahara. Da liegen dann die ausgedorrten Leichen der Menschen und Thiere in Grauen erregenden Stellungen neben und über einander; der Eine hält den leeren Wasserschlauch noch in den entfleischten Händen; ein Anderer hatte wie wahnsinnig die Erde unter sich aufgewühlt, um sich Kühlung zu verschaffen; ein Dritter sitzt als vertrocknete Mumie auf dem gebleichten Skelet seines Kameeles, den Turban noch auf dem nackten Schädel, und ein Vierter kniet am Boden: das Gesicht ist gegen Morgen nach Mekka gerichtet, und die Arme sind über die Brust gekreuzt. Sein letzter Gedanke hat, wie es dem frommen Moslem geziemt, Allah und

[Daniel:]
gentliche Sahara oder libysche Wüste (...) (467)

Im Jahre 1805 wurde eine Karawane von 2000 Menschen durch solchen Sandsturm verschüttet. An solche Katastrophen erinnern große Sandhügel, aus welchen Hunderte von weißgebleichten Gerippen emporragen, Ueberreste von Menschen, Pferden und Kameelen, alle in der Stellung, wie der Tod sie überraschte. Einige sitzen auf den Gerippen der niedergestürzten Pferde, den Turban noch auf dem nackten Schädel; andere halten vertrocknete Wasserschläuche in den Knochenhänden. Hier scheint einer nach dem Schwert, ein anderer auf den Boden gegriffen zu haben, um ihn nach Kühlung aufzuwühlen. Mehrere halten noch die Arme über die Brust gekreuzt, das Gesicht nach Mekka gewendet; sie waren betend gestorben. (469)

[Würger:]
seinen Propheten gesucht.
Und dennoch hat die Wüste ihren Zweck zu erfüllen in dem großen Haushalte der Natur. Sie bildet den Gluthofen, welcher die erhitzten Lüfte emporsteigen läßt, daß sie nach Norden streichen und, sich dort zur Erde niedersenkend, den Gegenden der Mitternacht die nothwendige Wärme und Belebung bringen. Die Weisheit des Schöpfers duldet keinen Ueberschuß und hat von Anbeginn dafür gesorgt, daß alle Gegensätze und Extreme zur wohlthätigen Ausgleichung gelangen.
-- (650)

Gartenlaube

(...) ihr europagroßer Gluthofen wird, in Gemeinschaft mit dem Golfstrome, zur belebenden, schöpferischen Treibhauswärme für das halbe westliche Europa. Ohne diese Winde und geheizten Strömungen des Oceans würden Italien, Frankreich, Spanien, Portugal, England, Holland, das nordwestliche Europa bis Schweden und Norwegen hinauf eine viel niedrigere Temperatur und für Millionen Menschen weniger Nahrungsmittel haben. (244)

In ›Satan und Ischariot II‹ benutzt May noch einmal das Zitat über die verschiedenen Benennungen der Wüste aus Escayrac, jedoch in leicht abgewandelter Form, was möglicherweise entweder auf Erinnerungslücken zurückzuführen ist oder auf Flüchtigkeiten beim Abschreiben. Denkbar ist auch eine weitere Quelle, die den Escayrac variiert und von May dann herangezogen wurde: »*Warr*« *ist eine mit Felsblöcken übersäete Wüste. Unter »Sahar« begreift nämlich der Beduine nur die sandige Wüste. »Serir« ist die steinigte, »Dschebel« die gebirgige Wüste. Ist die Wüste bewohnbar, so heißt sie »Fiafi«, während man die unbewohnbare »Khala« nennt. Hat die Wüste Gesträuch, so heißt sie »Haitia«, und wo gar Bäume stehen, spricht man von »Khela«.*[58]

Anders als in obigem Vergleich wird hier die unbewohnbare Wüste ›Khala‹ (Würger: ›Khela‹), die bewaldete ›Khela‹ (Würger: ›Ghoba‹) benannt; ergänzt wird das Zitat durch ›Sahar‹, was May ebenfalls Escayrac entnommen haben könnte: »*Nach ihrem Anblick läßt sich die Wüste naturgemäß in folgender Weise eintheilen: –* S e r i r *ist der nicht von Sand bedeckte primitive Boden. Er begreift die Hochflächen, Serir, und die Gebirge,* D s c h e b a l*. –* S a h a r *sind Tiefebenen und Tiefthäler, in welchen der Urboden mit Sand überlagert ist. –* G h u d*, das System der beweglichen Dünen, sowohl am Meeresufer wie inmitten der Ebenen; sie sind hier wie dort den Einwirkungen der heftig wehenden Winde ausgesetzt.*« (Escayrac 19)

3.1.2. Ueber dem dicht umflorten Horizonte... – Die Spiegelung

Der anschließende Text über die ›Spiegelung‹, der Anfang des 4. Kapitels von ›Würger‹, ist eine Dramatisierung der noch unbekannten Quelle der ›Geographischen Predigten‹, der durch arabische Sprachproben aus Escayrac authentischer gestaltet wird. Durch diesen kosmetischen Kunstgriff erhält die große afrikanische Wüste sozusagen ein orientalisches Gesicht, während sich der Autor, aus der ›Mappe Escayrac‹ zitierend, die Maske des *Vielgereisten*[59] überstülpt. Weiterhin nutzt May die Angaben d'Escayracs, um die dramatische Schilderung szenisch auszugestalten, wobei ihm ein kleiner ›Fehler‹ unterläuft. Aus Escayrac übernimmt er den Ausdruck ›Frik‹ für Karawanenabteilung: *Die erst geschlossene Karawane hat sich längst in einzelne Frik (Abtheilungen) aufgelöst, welche sich mühsam hinter einander herschleppen* (Würger 684f.). Im Sinne der Dramatik des Geschehens ist es durchaus legitim, die sich steigernde Erschöpfung der Verschmachtenden und das Erlahmen ihrer Kräfte so darzustellen. Richtig im Sinne der üblichen, realistischen Verfahrensweise ist es nicht. Größere Karawanen (*Sie ist bereits seit Monaten unterwegs und durch die von allen Seiten sich anschließenden Zuströme sehr stark und zahlreich geworden* – Würger 684) reisten damals wie heute immer in einzelnen, oft Stunden und Tage auseinanderliegenden Abteilungen, »damit die Brunnen und Wasserstellen nicht auf einmal ausgeschöpft werden und sich wieder füllen können«, wie d'Escayrac richtig bemerkt.

In der folgenden Gegenüberstellung sind die aus den ›Geographischen Predigten‹ stammenden Textstellen des ›Würger‹ unterstrichen:

Würger	Escayrac
Die Spiegelung! – *Durch die brennende Einöde schleicht langsam die Dschellaba (Pilgerkarawane). Sie ist bereits seit Monaten unterwegs und durch die von allen Seiten sich anschließenden Zuströme sehr stark und zahlreich geworden. Reiche Uëlad Arab aus dem Belad es Sudan reiten neben armen Fußwanderern, welche sich auf die Mildthätigkeit der Gläubigen verlassen müssen und nichts besitzen als einen einzigen Mariatheresienthaler, um die Ueberfahrt über das rothe Meer bezahlen zu können. Jünglinge, welche kaum das Knabenalter überschritten haben, wandern neben ausgetrockneten Greisen, die vor dem*	Aber die Reise ist lang, voller Beschwerlichkeiten, und wegen der drohenden Gefahren manchmal gar nicht zu unternehmen. So kommt es daß die Pilgerkarawane (Dschellaba) aus Dar Fur manchmal in Syut gar nicht eintrifft (...) Auch der wohlhabende Pilger, und selbst der arme Takruri welcher zu Fuß neben den Kameelen hergeht treibt etwas Handel (...) (277f.) Der Pilger macht sich auf den Weg um Gottes Willen (ala bab el Kerim), er tritt eine Reise an die Jahre lang dauert, ohne Lebensmittel oder Geld zu haben; aber tagtäglich hilft ihm das Wohlwollen und Mitleiden seiner Nebenmenschen aus der Noth (...) Um

153

Tode noch die heilige Kaaba sehen wollen. Gelbe Beduinen, braune Tuareg, dunkle Tebu und wollhaarige Tekrur, wie die schwarzen Mekkapilger genannt werden, murmeln in melancholischen Tönen ihre frommen Gebete oder ermuntern sich durch den lauten Zuruf des moslemitischen »La illaha il'Allah u Mohammed rassul Allah, es ist kein Gott außer Gott, und Mohammed ist Gottes Prophet!«
<u>Der Himmel glüht fast wie kochendes Erz, und die Erde brennt wie flüssiges Eisen.</u> Der Smum hat die Wasserschläuche ausgetrocknet, <u>und bis zur nächsten Uah ist es noch weit.</u> Ein einsamer Bir (Brunnen) kann keine Hülfe bringen, da sein weniges brackiges Wasser kaum hinreicht, die Zungen der Menschen und die Lefzen der Kameele zu kühlen. Die erst geschlossene Karawane hat sich längst in einzelne Frik (Abtheilungen) aufgelöst, welche sich mühsam hinter einander herschleppen. Brod, Mehl und Bela (trockene Datteln) sind genugsam vorhanden, aber für einen Schluck Wassers oder eine Schale Merissa (kühlender Trank aus Dokhnkorn) würden die Verschmachtenden Monate ihres Lebens hingeben. Der Dürstende greift wieder und immer wieder zur leeren Zemzemiëh, hält sie an die verlangenden Lippen und setzt sie wieder ab mit einem klagenden »bom bosch, ganz leer!«
Die Gebete werden leiser, die Zurufe seltener, und <u>die am Gaumen klebende Zunge liegt wie Blei im Munde.</u> Sie vermag kaum das Surat yesin, das sechsunddreißigste Kapitel des Koran, zu seufzen, welches der Moslem »Quelb el Kuran«, das Herz des Koran, nennt und in der Noth des Todes betet.
Da ertönt ein lauter Freudenschrei.
<u>Ueber dem dichtumflorten Horizonte heben sich die scharfen Umrisse der ersehnten Oase empor. Auf schlanken Säulen bauen sich die stattlichen Wipfel der Dattelpalmen über einander, und</u>

sein Ziel zu erreichen bedarf er nur eines einzigen Maria-Theresia-Thalers, um in Soaken seine Fahrt über das Rothe Meer bezahlen zu können, und nach Dschidda zu gelangen, das den Hafen für Mekka bildet. (220)

(...) wahrscheinlich ist dieser Hanf aus dem Sudan nach Tunis und nach Tripoli gekommen, wo man ihn T e k r u r i nennt, also mit demselben Namen belegt, mit dem man auch die schwarzen Mekkapilger bezeichnet, um deren Heimatland anzudeuten. Vielleicht ist, wie einige Geographen meinen, T e k r u r der Name einer Provinz im Sudan (...) (96)

Das einfachste Glaubensbekenntnis ist folgendes: »Es ist kein Gott außer Gott, und Mohamed ist Gottes Prophet.« L a i l a h a i l' A l l a h u M o h a m e d r a s s u l A l l a h. (56)

Die meisten Brunnen haben brakiges schlechtes Wasser (...) (290)

Die Karawane reist in Abtheilungen (F r i k) die einige Tagereisen von einander entfernt bleiben, damit die Brunnen und Wasserstellen nicht auf einmal ausgeschöpft werden und sich wieder füllen können. (279)

(...) die frische Dattel (T a m r) ist die beste; die trockene (B e l a) wird insgemein ausgekernt und läßt sich leicht aufbewahren (...) (6)

(...) die M e r i s s a wird in folgender Weise bereitet. Man läßt die Dokhnkörner eine Nacht durch kochen und dann stehen (...) (201)

Das sechsunddreißigste Kapitel, genannt S u r a t y e s i n, so genannt nach seinen beiden Anfangsbuchstaben, wird als das Herz des Koran betrachtet, Qalb el Kuran; man liest es am Todtenbette, um die Seele eines Sterbenden von den Qualen des Fegefeuers zu befreien (...) (54)

(...) an demselben [dem hintern Sattelknopf] wird auch eine Z e m z e m i e h befestigt, das heißt ein mit Wasser gefülltes ledernes Gefäß (...) (294)

ihre leichten Fliederkronen wehen in dem frisch sich erhebenden Wüstenwinde. Zwischen grünen Hainen schimmert es wie das Wellengekräusel eines lieblichen See's, und die Luft scheint sich von der Ausdünstung des Wassers zu feuchten. Die Palmenkronen spiegeln sich in der glitzernden Wasserfläche, und Kameele waten in der Fluth, ihren langen Hals herniederstreckend, um das belebende Naß zu schlürfen.
»*Hamdulillah, Preis sei Gott! Das ist die Uah; der Herr hat uns errettet; ihm sei Lob und Dank!*«
Die Jubelnden wollen ihre Thiere in eine schnellere Bewegung setzen; diese aber lassen sich nicht täuschen; ihr scharfer Geruch hätte es ihnen ja schon längst gesagt, wenn wirkliches Wasser vorhanden wäre.
»*Hauehn aaleïhu ia Allah, hilf ihnen, o Gott!*« *bittet* der erfahrene Führer *der Karawane.* »*Sie haben vor Durst und Hitze den Verstand verloren und halten die Fata morgana, die gefährliche Spiegelung, für Wirklichkeit.*«
Seine Worte rufen doppelte Niedergeschlagenheit unter den Getäuschten hervor; muthloser und langsamer schiebt sich der immer mehr ermüdende Zug weiter und geht vielleicht dem grauenvollen Schicksale entgegen, wie das vom Sonnenbrande verzehrte Wasser eines Wadi in der starren Wüste zu verrinnen. Die Dschellaba hält dann ihren Einzug in einem Mekka, welches erbaut ist hoch über den Sternen und nicht im Sande des Belad Moslemin (Arabien's). – – (684f.)

Die Kameele deren Geruch weit sicherer und weiter trägt als ihr Gesicht, lassen sich durch diese Mirage nie berücken, aber für das menschliche Auge ist die Täuschung ganz vollkommen. (28)

Vermutlich hat sich Karl May durch Escayrac zu einer Szene inspirieren lassen, die auf die allgemeine Schilderung der Fata Morgana folgt. Der Ich-Erzähler, Hassan el Kebihr und der Staffelsteiner gelangen auf ihrem Wege zu dem Rencontre mit Emmery Bothwell zum Bab-el-Ghud, dem Kampfgebiet zwischen Ghud und Serir, als sie Zeuge einer besonderen Erscheinung der Spiegelung werden. Am Horizont erscheint in umgekehrter Stellung das Bild eines Postens der Raubkarawane. D'Escayrac beschreibt diese besondere Erscheinungsform wie folgt:

Gegenstände, welche unter dem Horizonte liegen, erscheinen vergrößert und verkehrt; ihre Dimensionen vermindern sich, je näher sie dem Horizonte kommen, und wenn sie in den Kreis eintreten, schwindet die Erscheinung, die Gegenstände nehmen ihre wahre Lage ein und ihre Dimensionen entsprechen der Entfernung, in welcher sie vom Beschauer sich befinden. Diese Spiegelung wird manchmal im Sommer auf den Schott beobachtet. Dann zeigt sich plötzlich nahe am Horizonte ein Kameel von außerordentlicher Länge; der Kopf berührt den Gesichtskreis, während das Thier selbst eine umgekehrte Stellung hat und mit den Beinen in der Luft geht. Bald aber werden die Proportionen des Kameels kleiner, es verschwindet allmälig und zuletzt erkennt man nur noch einen schwarzen Punkt. Das Kameel hat dann den Horizont überschritten, sein Bild hat die richtige Gestalt angenommen, ist anfangs kaum sichtbar und wird dann, ganz den Gesetzen der Perspective gemäß, immer größer, je näher es kommt. (26)

Dieses Phänomen wird von May in ›Würger‹ folgendermaßen dargestellt:

Jetzt richtete sich in verkehrter Stellung eine riesige Figur empor und neben ihr eine zweite. Trotz der auseinander fließenden Umrisse erkannten wir ein an dem Boden liegendes Kameel, neben welchem ein Araber stand. Es war klar, daß die Originale dieses Bildes sich in Wirklichkeit hinter den vor uns liegenden Dünen befanden. Der Araber konnte nichts Anderes sein, als ein Posten, der von dem Hedjahn-Bei vorgeschoben worden war, um das Nahen der Kaffilah zu beobachten. Die Fata morgana hatte uns die Gum verrathen, während die Spiegelung unser Bild dem Posten nicht zutragen konnte, da wir vor der Sonne hielten.

Es war ein eigener, gespenstischer Anblick, dieser verkehrt in den Lüften schwebende und in gigantischen Dimensionen gezeichnete Wächter der Raubkarawane ...

Je weiter wir vorwärts kamen, desto mehr sanken die Linien desselben zusammen. Die Figur dessen, den ich für Emmery Bothwell hielt, war schon kurz nach dem zweiten Schusse verschwunden. Wegen des tiefen Sandes und weil wir zahlreiche Dünen zu umreiten hatten, kamen wir trotz unserer Eile nur langsam von der Stelle; doch wich die Spiegelung endlich, und folglich mußten wir uns in dem Gesichtskreis des Ortes befinden, an welchem die That geschehen war. (685)

Natürlich ist nicht auszuschließen, ja man muß sogar mit Sicherheit annehmen, daß May für ›Würger‹ mindestens eine weitere Quelle benutzt hat, wie der fremdsprachliche Befund (siehe dazu Kapitel 3.3.) erweist. Die inhaltliche Übereinstimmung beider Texte und die große Zahl von Zitaten im allgemeinen aber lassen die Vermutung zu, daß er sich bei Escayrac bedient hat. Die inhaltlichen Parallelen bezüglich der Komponenten dieses speziellen Phänomens[60] seien hier kurz gegenübergestellt:

Würger

Jetzt richtete sich in verkehrter Stellung eine riesige Figur empor ... erkannten wir ein an dem Boden liegendes Kameel ... dieser verkehrt in den Lüften schwebende und in gigantischen Dimensionen gezeichnete Wächter der Raubkarawane ...

... daß die Originale dieses Bildes sich in Wirklichkeit hinter den vor uns liegenden Dünen befanden ...

Je weiter wir vorwärts kamen, desto mehr sanken die Linien desselben zusammen ... wich die Spiegelung endlich, und folglich mußten wir uns in dem Gesichtskreis des Ortes befinden, an welchem die That geschehen war.

Escayrac

(...) zeigt sich plötzlich nahe am Horizonte ein Kameel von außerordentlicher Länge; der Kopf berührt den Gesichtskreis, während das Thier selbst eine umgekehrte Stellung hat und mit den Beinen in der Luft geht (...)

Gegenstände, welche unter dem Horizonte liegen, erscheinen vergrößert und verkehrt (...)

(...) ihre Dimensionen vermindern sich, je näher sie dem Horizonte kommen, und wenn sie in den Kreis eintreten, schwindet die Erscheinung (...)

3.1.3. Er gab seine Antworten schnell ... – Topographisches Quiz

Die Handlung der Erzählung bewegt sich von der Peripherie des Großraumes Sahara, von Algier und der algerischen Küste, bis in deren Zentrum, dem von May so genannten Bab-el-Ghud, wo sich El-Kasr, der Schlupfwinkel der Raubkarawane, befindet und der ›Showdown‹ stattfindet. Der Weg führt aus der Zivilisation in die Wildnis und wieder zurück: *Von dem Gebiete des Mittelmeeres sich bis zur Sahara erstreckend, also zwischen dem Sinnbilde der Fruchtbarkeit, der Civilisation und dem Zeichen der Unfruchtbarkeit, der Barbarei ...* (Würger 634). Dieser weite Raum wird, bevor er ausführlich dargestellt und dem Leser vorgestellt wird, durch geographische Markierungen abgesteckt, nämlich durch Routen, die diesen Raum durchlaufen, und durch Orte, die diese Routen bestimmen. Für diese Darstellung wählt May eine Form der Wissensprobe.[61] Es ist ein Spiel des Autors mit sich selbst und mit dem Leser, der staunend auf die Probe gestellt wird und demütig sein Haupt senken muß vor dem, was man alles wissen kann, vor dem, der das alles weiß: dem Autor selbst nämlich. Er führt Hassan den Großen als seinen Popanz vor, und damit auch sich selbst – der Großmäulige und Hasenfuß als Spiegelbild des Helden. Und dabei blättert er verstohlen im Buche des Grafen d'Escayrac, seinem ›Baedeker‹, der sich stets in seinem Reisegepäck, auf seinem Schreibtisch also, befindet. »Eine Geschichte unterhalb der Geschichte erzählt May an solchen Stellen, kennt man nur seine Quellen und erkennt man das Spiel seines Textes mit dem Wissen aus der Quelle.«[62] Wenn man die Figur des Hassan als frühe Spiegelung des Autors May selbst interpretiert, ist das Gespräch zwischen dem Aufschneider Hassan einerseits und dem Proto-Kara Ben Nemsi als Helden andererseits auch ein Zwiegespräch des Autors mit sich selbst, zwinkernd sich selbst und blenderisch dem Leser sein enormes, vielschichtiges Wissen in einer Art ›Examen‹ als eigene Anschauung vor Augen führend, ein Wissen, das freilich nicht erworben wurde, sondern nur entliehen – Karl May als Quizmeister:

Würger

»*Ich will es glauben, wenn Du mir sagst, welche Oasen den Schlüssel zum Rif (Küste von Tripolis und Aegypten) bilden!*«
»*Aïn es Salah, Ghadames, Ghat, Murzuk, Audschelah und Siut.*«
»*Und zum Sudan?*«
»*Aghades und Ahir, Bilma, Dongola, Khartum und Berber.*«
»*Wie reist man von Kordofan nach Kaïro?*«
»*Von Lobeïdh nach Khartum über Kurssi, Sanzür, Koamat und Tor el Khada. Die Reise dauert zehn Tage. Oder von Lobeïdh nach Debbeh über Barah, Kaymar, Dschebel Haraza, Way und Ombelillah. Dieser Weg ist um acht Tage länger, aber besser als der vorige.*«
»*Wie lange braucht man, um von Soaken nach Berber zu kommen?*«
»*Der Weg geht über den berühmten Brunnen von Ruay und durch das Gebiet der Amaver, Hadendoa und Omram, die sämmtlich nubische Hirten sind. Du kannst ihn in zwölf Tagen zurücklegen, Sihdi.*« (619)

Escayrac

(...) sie [die Küstenstellen von Tripolis und Aegypten] bilden die Region, welche von den Arabern insbesondere als das Rif bezeichnet wird. (3)
Die wichtigeren Schlüssel zum Rif sind: Ain es Salah, Ghadames, Ghat, Murzuk, Audschela, Syut; die Schlüssel zum Sudan: Aghades und Ahir, Bilma, Dongola, Khartum und Berber. (268)
Die Straße von Kordofan nach Kairo geht von Lobeidh nach Khartum über Kurssi, Sanzür, Koamat, Tor el Khada; die Reise dauert zehn Tage (...) Eine andere Straße führt von Lobeidh nach Debbeh über Bara, Kaymar, Dschebel Haraza, Way und Ombelilla, oder über Elai, Simria u. s. w.; fünfzehn bis achtzehn Tage (...) am unsichersten ist jener [Weg] von Lobeidh nach Debbeh, weil er in der Nähe der Grenze von Dar Fur hinzieht. (276f.)
Der Weg von Soaken nach Berber wird von den Karawanen in zwölf Tagen zurückgelegt (...) Vom ersten Brunnen, der etwa fünf Stunden von Berber entfernt liegt, und erst vor einigen Jahren gegraben worden ist, hat man vier Tagereisen bis zum Brunnen von Ruay (...) Auf jener Straße ziehen nubische Hirten umher, die Amarer, Hadendoa, Omran und andere. (281)

Der zukünftige Führer des Ich-Erzählers, Hassan el Kebihr, muß sich in Algier, also an der Peripherie, erst als würdig erweisen, im Abglanz des Helden diesen in die Wüste begleiten zu dürfen – er wird examiniert, ob er denn wüstentauglich sei: *Er gab seine Antworten schnell, correct und mit einer Miene, in welcher sich eine sichtbare Genugthuung über die glanzvolle Art und Weise aussprach, mit der er das kurze Examen bestand.* (Würger 619)

3.2. Ethnographisches

3.2.1. »... *die berühmtesten Kinder des großen Abu Zett«* – Die Kubabisch

Verblüfft fragt sich der aufmerksame Leser beim Lesen der Erzählung ›Unter Würgern‹, wieso gerade ein Kubbaschi (Kabbaschi) aus den Savannen Kordofans am Weißen Nil alle Wege und Pfade der Sahara – *Wohl über 120,000 Quadratmeilen groß* (Würger 650) – kennen soll. Die Lösung ist einfach: Der ›Khabir‹, der den Ich-Erzähler in die Tiefe der Wüste führt, hatte ja seinen ›Baedeker‹ dabei. Dies erweist das Prinzip des Zufalls in Mays Kompositionstechnik: zu einem bestimmten Zeitpunkt (was ›Unter Würgern‹ betrifft, zwischen April 1878 und Juni 1879, also nach Abfassen der ›Frohe-Stunden-Gum‹ und vor der Veröffentlichung der Erweiterung im ›Deutschen Hausschatz‹) fallen ihm Texte in die Hände, die er exerpiert, an den Stellen einsetzt, wo er sie gebrauchen kann, und die ihn – darüber hinaus – durch bestimmte Beschreibungen dazu anregen, Szenen zu gestalten, die die Erzählung kolorieren und die Abenteurer im Raum, bisweilen im Zickzack-Kurs,[63] weitertreiben. Die im Text verstreuten Anmerkungen über den Nomadenstamm der Kubabisch (Kababisch) am Südostrand der Sahara und das Auftreten des Kubbaschi Hassan el Kebihr in Algier, also nördlich der Sahara, dienen außerdem dazu, dem Leser die profunde Kenntnis des Autors über diesen weiten Raum vor Augen zu führen, ebenso wie die im vorigen Kapitel aufgeführten Geographika und die Examinierung des Kandidaten Hassan. Hassans ›Nachfolger‹ Hadschi Halef Omar, der auch die Wüstenpfade kennt und *außerdem alle Dialekte sprach, welche zwischen dem Wohnsitze der Uëlad Bu Seba und den Nilmündungen erklingen,*[64] kommt, was plausibler ist, aus der Mitte der Wüste, aus der Oase Dschuneth (Djanet, Jannah) am Südostabhang des Tassili n'Ajjer. Von dort aus »*zog (ich) gen Aufgang und Niedergang der Sonne; ich ging nach Mittag und nach Mitternacht; ich lernte alle Oasen der Wüste und alle Orte Aegyptens kennen«.*[65] May hat sich hier, anders als bei der Figur des Hassan, nicht mehr an eine bestimmte Textvorlage gehalten.

Würger	Escayrac
Während meiner Anwesenheit in Aegypten hatte ich einen Ausflug nach Siut, Dakhel, Khardscheh und Soleb bis zur Oase Selimeh unternommen und war auf demselben mit einigen Kubabisch zusammengetroffen, die ich als tapfere Krieger und tüchtige Führer kennen gelernt hatte. Daher sah ich der	Von Legheia erreicht die Karawane nach vier Tagereisen die Oase Selimeh (...) man hat von dort bis zum Dorfe Soleb (...) nur dritthalb Tagereisen (...) durchzieht nun die Oase Khardscheh (279) Aus jenen Gefährten des Abu Zett welche sich in Kordofan niederließen

Unterredung mit dem Kubbaschi (Singular von Kubabisch) nicht ohne ein auch persönliches Interesse entgegen...
»Die Kubabisch sind die berühmtesten Kinder des großen Abu Zett, Sihdi (Herr); ihr Stamm umfaßt mehr als zwanzig Ferkah, und der tapferste derselben ist En Nurab, zu dem ich gehöre.«
»En Nurab? Ich kenne ihn; sein Scheikh (Häuptling) ist der weise Fadharalla-Uëlad-Salem, neben dessen Stute ich geritten bin.« (618)
... Der gute Araber vom berühmten Stamme der Kubabisch und dem Ferkah en Nurab ... (634)
»(...) sein Fell [des Löwen] *ist härter als der Schild des Nurab-a-Tor-el-Khadra.«* (647)
»Hast Du nicht gesagt, daß Du zu den Kubabisch gehörst?« vertheidigte sich der Oberste der Kameeltreiber. *»Diese haben ihre Duars in Kordofan. Wie willst Du den Weg nach Safileh besser kennen, als ein Tuareg, der ihn hundertmal geritten ist? Kubabisch heißt Schafhirten; sie hüten ihre Schafe, sie reden mit ihren Schafen und sie essen ihre Schafe, ja, sie kleiden sich sogar in das Fell und in die Wolle ihrer Schafe ...«* (667)

sind folgende Stämme erwachsen. Die Kubabisch (Singular Kubbaschi); der Name bedeutet Schafhirten; sie sind der wichtigste Stamm in Kordofan, der mehr als zwanzig Ferkah begreift; der zahlreichste derselben, en Nurab, hat gegenwärtig zum Scheikh den Fadharalla-Uad(Ulad)-Salem; er ist Befehlshaber über den ganzen Stamm.*) [* Dieser umfaßt die Nurab-a-Tor-el-Khadra; Ghalayan; Atauiah ...] Die Kubabisch haben das ganze Land zwischen Dongolah und Lobeid inne; sie geleiten die Karawanen (...) (112f.)
(...) besitzt der Scheikh der Kubabisch, Fadharalla Ibn Salem, allein an Kameelstuten etwa 5000 (...) (140)
Sie waren von einer Ferkah, das heißt einer Unterabtheilung, des mächtigen Stammes der Kubabisch (...) (164)

Der Vergleich der beiden Textstellen erweist folgendes: Für jeden sichtbar verarbeitet May die wenigen Angaben, die d'Escayrac über die Kubabisch macht, in Dialogform. Offensichtlich hat May sich bei seinen Zitaten auf das Register am Ende des Buches gestützt, das unter dem Stichwort ›Kubabisch‹ die Seite 112 vermerkt, und in der Tat finden sich dort und auf der folgenden Seite die Belege, die May benutzt hat; weitere Informationen, die d'Escayrac später noch gibt, werden von May nicht berücksichtigt. So unterläßt er es einerseits, die Bedeutung des Terminus ›Ferkah‹ anzumerken, wie er es sonst bei fremdsprachlichen Ausdrücken zu tun pflegt, und andererseits das Bild *des weise(n) Fadharalla-Uëlad-Salem, neben dessen Stute* er geritten ist, auszumalen, indem er noch auf dessen Reichtum hätte hinweisen können. Die Gegenüberstellung von Mays Quelle macht zudem deutlich, daß der *weise Fadharalla* eine historische Persönlichkeit ist[66] und daß das etwas nebulöse *Nurab-a-Tor-el-Khadra*[67] eine Unterabteilung der Kubabisch meint.

3.2.2. Um die Hüften trug sie den Rahad ... – Mädchen und Frauen

Auf ihrem Weg zu Emery Bothwell, der in der Tiefe der Wüste ihre Ankunft erwartet, kommen der Ich-Erzähler und seine Gefährten in ein arabisches Duar. Nach einer kurzen Begutachtung der Bischarin-Kamele und einem Exkurs über das Gastrecht der Wüstenbewohner betritt ein Mädchen die Szene. May mischt hier wieder Angaben aus Rasch und Escayrac zusammen:

Würger	Escayrac	Rasch
Als wir hielten, wurde das alte, vielfach zerfetzte Tuch, welches den Eingang bedeckte, bei Seite geschoben, und ein Mädchen trat heraus, um uns zu begrüßen. Sie war unverschleiert: die Frauen der Wüstenaraber sind weniger difficil als die Weiber und Töchter der Mauren (Städtearaber). Ihr Haar war in dichte Dafira (Flechten) geordnet, welche mit rothen und blauen Bändern durchflochten waren. Um die Hüften trug sie den Rahad, einen schmalen Gürtel, von welchem eine große Anzahl Lederstränge bis über das Knie herabfiel und so einen Rock bildete, welcher mit Korallen, Bernsteinstücken und Kaurimuscheln verziert war. Um den Hals trug sie den Kharaz, eine vielfache Schnur von Glasperlen und allerlei Münzen. Von den Schultern hing ein leichter Ueberwurf bis zu	Die arabischen Frauen genießen viel Freiheit und haben auf ihre Männer einen durchaus nicht geringen Einfluß; im Sudan tragen sie keinen Schleier. (132) (...) ihre [der Beduinen] Haare, welche sie ganz so wachsen lassen wie die Weiber, sind in Flechten (Dafira) verschlungen (...) (126) Die jungen Mädchen tragen nur den Rahad, einen schmalen Gürtel, von welchem bis über das Knie eine große Anzahl Lederstränge hinabfallen, die sich bei jeder Regung des Körpers bewegen, und eine Art Rock bilden. Dieser Rahad ist mit kleinen Stücken Korallen und Bernstein verziert, an einigen der vorderen Stränge findet man auch wohl Kaurimuscheln	Auch die Frauen kamen zum Vorschein, verschwanden aber bald wieder, nachdem sie mich eine zeitlang angegafft hatten. Sie waren sämtlich ohne Schleier, hatten das Haar in dichten Flechten und Zöpfen, welche mit rothen und blauen wollenen Bändern durchflochten waren (...)

161

[Würger:]	[Escayrac:]	[Rasch:]
dem Gürtel herab. In den kleinen Ohren hingen goldene Ringe von enormer Größe; an den Füßen oberhalb der Knöchel glänzten silberne Spangen, und um die Gelenke der feinen Händchen, deren Fingernägel mit Hennah gefärbt waren, wanden sich starke Ringe von Elfenbein, deren weißer Glanz sehr hübsch gegen die warmen Töne der braunen Haut abstach, welche der schönsten florentinischen Bronze nichts nachgab. (646)	(Cypraea moneta) befestigt (...) Um den Hals hängen die Beduininnen auch wohl Stränge von Bernsteinkügelchen, Korallen und Glasperlen (Kharaz, das heißt durchbohrt). Denselben Schmuck befestigen sie auch an ihren Haarflechten; um Handgelenke, Arme und über den Fußknöcheln haben sie Ringe von Kupfer oder Elfenbein; diese letzteren sind manchmal sehr plump und schwer, aber sie stechen mit ihrem weißen Glanz sehr hübsch ab gegen die warmen Töne der feinen braunen Haut, welche der schönsten florentinischen Bronce nichts nachgiebt. (133f.)	Ihre meistens schön und kräftig geformten, nackten Arme waren mit silbernen und goldenen, zuweilen mit bunten Steinen geschmückten Spangen und Bändern geschmückt, die Nägel und oft auch die Glieder der Finger mittels Henna gefärbt, zuweilen waren auch die Arme an mehreren Stellen mit blauer Farbe tätowiert. In den Ohren trugen sie goldene und silberne Ringe von enormer Größe, der Hals war kräftig mit Perlenschnüren geziert, an deren Enden Goldmünzen befestigt waren. (305)

Mays Benutzung seiner beiden Quellen läßt seine Behauptung, »*Lehrer (s)einer Leser*« sein zu wollen,[68] wenn nicht fragwürdig, so doch zwielichtig erscheinen. Er vermischt hier zwei Beschreibungen, zwei Gegebenheiten aus weit voneinander entfernten Räumen, die an und für sich nichts miteinander zu tun haben, zur Kolorierung einer Szene.[69] Aus zwei realen Bausteinen macht er in einem schöpferischen Akt eine fiktive Parallelwelt. Rasch beschreibt Frauen in einem Beduinenlager am Abhang des Atlas, in das May d'Escayracs Angaben über junge Mädchen im Sudan interpoliert. Den ›Rahad‹ trugen in erster Linie Jungfrauen im östlichen Sudan, vornehmlich im Niltal, und er war eigentlich ihr einziges Kleidungsstück, anders eben als es May beschreibt.[70]

An heutigen Ansprüchen gemessen, war May im Hinblick auf die Sachlichkeit der Realien, die er über Land und Leute seiner Zeit vermitteln wollte und auch vermittelt hat, gewiß kein ›guter‹ Lehrer: im pädagogischen Sinne war er es aber unbestritten. In seinem Selbstverständnis und auch im Verständnis seiner Zeit, was ein Lehrer zu sein habe, konnte er sich durchaus als solchen bezeichnen, wie Gert Ueding aufzeigt, der die rhetorische Ausbildung Mays auf dem Lehrerseminar und deren Auswirkung auf Mays Schreiben und Imaginieren untersucht: »Der Zweck der rednerischen Übung ist aber auch nicht etwa die kunstvolle Widerspiegelung einer vorfindlichen Wirklichkeit, sondern das Hervorbringen einer Welt, die nur im subjektiven Bewußtsein existiert und erst im rhetorischen Akt als ein kohärentes Bild zur Erscheinung gebracht wird.«[71] Auch wenn man der Ansicht ist, daß wie beim Märchen nicht der Inhalt, sondern die Botschaft wichtig ist, weist die kleine Szene doch auf Mays Dilemma hin. Denn er wollte nicht nur Lehrer und Dichter sein, was er war, sondern auch noch Reiseschriftsteller, der all das, was er erzählt, auch wirklich erlebt hat. »*Ich mache Reisen, um Länder und Völker kennen zu lernen, und kehre zuweilen in die Heimat zurück, um meine Ansichten und Erfahrungen ungestört niederzuschreiben.*«[72] Um die Tatsache zu kaschieren, daß er eben nicht Selbsterlebtes niederschreibt, muß er seine Quellen unkenntlich machen. Das geschieht einmal dadurch, daß er sie fast nie angibt und nur äußerst selten darauf hinweist, und dann meist indirekt.[73] Zum zweiten bedient er sich der Quellenmischung als Verschleierungstechnik, ein Kunstgriff, durch den er die Aussagen seiner Gewährsleute verwässert.[74] Um des eigenen Mythos willen bleibt die Sachlichkeit dabei oft auf der Strecke. Zum dritten scheint May keine klaren Vorstellungen von Maßstäben gehabt zu haben. ›Mit dem Finger auf der Landkarte‹[75] schmelzen riesige Entfernungen von mehreren tausend Kilometern zu wenigen Zentimetern, wie das Beispiel der Emma Arbellez aus dem ›Waldröschen‹ zeigt:[76] Von der fiktiven Insel Rodriganda im Südpazifik,»*dreizehn Grade südlich von den Osterinseln*«,[77] treibt sie auf einem Floß nach Nordwesten quer durch die pazifische Inselwelt, um nach über 10 000 km und mehr als 15 Tagen und Nächten schließlich zwischen den Pelew-Inseln (Palau) und den Karolinen von einem Holländer aus dem Wasser gefischt zu werden.

3.2.3. ... *und wurde in das Zelt geführt ...* – Wohnung

Auch die Beschreibung einer Zeltbehausung überträgt May von einem Lager im Sudan auf ein Duar in der algerischen Wüste.»Als ein Duar kann man die Lagerstätten der Araber im Sudan nicht bezeichnen, denn sie sind nicht kreisrund, sondern bestehen gewöhnlich aus parallellaufenden Straßen.« (Escayrac 139) In Ermangelung entsprechender Angaben aus dem zugehörigen Raum greift May zu dem, was er vorfindet. Man mag einwenden, daß die Ausrüstung nomadischer Stämme in ähnlichen oder gleichen Vegetationszonen keine großen Unterschiede aufweist. Die Art, wie May sein vorliegendes Material verwendet, wirft dennoch ein bezeichnendes Licht auf seine Technik der exotischen Kolorierung, Schauplätze in Szene zu setzen, den Raum mit scheinbar echtem Leben auszustatten. Er begibt sich in den Fundus, wählt Staffagen und Kulissen aus, schiebt sie zusammen, die Szene erfüllt sich mit Leben – großes Orienttheater.

Würger	Escayrac
Ich stieg ab und wurde in das Zelt geführt, wohin auch Josef und Hassan bald nachfolgten. Längs der Wand desselben zog sich das Serir herum, ein sich nur wenig vom Boden erhebendes gitterartiges Gerüste aus leichtem Holze, welches mit Matten und Hammelfellen bedeckt war. *Das bildete den Divan und das Bett für die ganze Familie nebst den etwaigen Gästen.* Im Hintergrunde des Zeltes waren Sättel und Schilde aufbewahrt; an den Pfählen hingen Waffen, Schläuche, lederne Eimer und <u>allerlei wirthschaftliches Geräthe</u>, und die Wände selbst waren mit künstlich geflochtenen Bechern, Giraffenhäuten, Bouquets von Straußfedern und vorzüglich mit Schellen und Klingeln geschmückt. <u>Diese Letzteren sind in arabischen Zelten sehr gebräuchlich</u> und machen in stürmischen Nächten eine dem ermüdeten Wanderer sehr unwillkommene Musik. Der Wind bewegt das ganze Zelt, das Metall der Schellen erklingt und bildet die Begleitung zum Krachen des Donners, zu dem Stöhnen der Kameele, dem Blöken der Schafe, dem Gebell der Hunde und dem Heulen der wilden Thiere. (646)	Die Geräthschaften im Zelte sind äußerst einfach. Auch die Reicheren haben ein nur wenig über den Boden sich erhebendes gitterartiges Gerüst aus leichtem Holz, das auf kleinen Pfählen ruht; auf dieser Estrade (S e - r i r) liegen einige Matten und Hammelfelle; sie bilden Diwan und Bett für die ganze Familie. <u>Am Boden liegen in buntem Durcheinander allerlei Gefäße umher, namentlich Kochkessel und Geschirre aus Leder, die aus einzelnen Strängen so geschickt und so fest geflochten sind, daß die in ihnen aufbewahrte Schmelzbutter nicht hindurchdringt.</u> Im Hintergrunde des Zeltes werden Sättel und Schilde aufbewahrt; an den Pfählen hängen Waffen, Schläuche, lederne Eimer; die Zeltwände selbst schmückt man mit zierlicheren Gegenständen, zum Beispiel mit Bechern oder Bouquets von Straußfedern, Giraffenhäuten, <u>also mit dem Ertrage einer glücklichen Jagd</u>; sodann mit Schellen und Klingeln, die in stürmischen Nächten eine dem ermüdeten Reisenden sehr unwillkommene Musik machen. Denn der Wind bewegt das ganze Zelt, das Metall der Schellen klingt und bildet die Begleitung zum Krachen des Donners, zu dem Stöhnen der Kameele, dem Blöken der Schafe, dem Gebell der Hunde und dem Heulen der wilden Thiere. (139)

In vorstehendem Abschnitt nimmt May drei Änderungen vor (im Text von mir unterstrichen). Die erste, weniger wichtig, ist eine Zusammenfassung des von d'Escayrac im einzelnen genannten Hausrats – »allerlei Gefäße« – zu *allerlei wirthschaftliches Geräthe*, wobei ein Teil dieser Gerätschaften vom ›bunten Durcheinander am Boden‹ kurzerhand an die Zeltpfähle befördert wird. Die zweite und dritte Änderung ist wesentlicher Art. May fügt einen Satz hinzu – *Diese Letzteren sind in arabischen Zelten sehr gebräuchlich* – und läßt einen fort – »also mit dem Ertrage einer glücklichen Jagd«. Eine Maßnahme, die sich als notwendig erweist und beweist, daß May sich der Tatsache an dieser Stelle zumindest bewußt war, daß d'Escayrac Verhältnisse im Ostsudan beschrieb. Er mußte also die betreffende Stelle so ändern, daß sie einen allgemeinen Charakter erhielt, denn die Szene, die May beschreibt, spielt am Südabhang des algerischen Saharaatlas, wo Straußfedern und Giraffenhäute als »Ertrag einer glücklichen Jagd« schlechterdings nicht möglich sind.

3.2.4. ... nebst der langen Flinte ... – Bewaffnung

Würger

»... *Sieh diese Flinte, diese Pistolen, diese Muzra (Lanze), dieses Kussa (Messer) und dieses Abu-Thum (zweihändiges Schwert), vor dem selbst der kühne Uëlad Sliman flieht!*« (618) *Er ließ sofort die Flinte zur Erde gleiten und erhob die beiden Arme. An jedem Handgelenke hing ihm ein scharfes, spitzes Kussa (Messer) von wohl acht Zoll Klingenlänge. Während der gewöhnliche Beduine nur ein solches Messer trägt, führt der Wüstenräuber deren zwei, welche er in der Weise gebraucht, daß er den Feind umarmt und ihm die beiden Klingen dabei in den Rücken stößt. Mein Tuareg hielt sich zu demselben Verfahren bereit.* (620)

... *Er trug nebst der langen Flinte eine vollständige Kriegerausrüstung, und sein Leib stack unter dem weiten, weißen Burnus in einem eng anschließenden Wams von Ochsenleder, welches als Harnisch gegen Schnittwaffen und Wurfgeschosse dient und gewöhnlich nur von den Tuareg getragen wird.* (653)

... *Dieser Säbel wird zehn Räubern den Bauch aufschlitzen, diese Tschembea (Dolch) wird zwanzig Mördern die Kehle zerschneiden ...*« (669)

Escayrac

(...) Die Lanze heißt auf Arabisch M u z r a g und H a r b a; die Saharabewohner kennen sie unter jener, die Sudanier unter dieser Benennung.

(...) In Afrika und insbesondere im Sudan haben sie auch ein Schwert das zugleich einhändig und zweihändig geschwungen werden kann (...) Um diese plumpe Waffe einigermaßen bewegen zu können wird oben am Griff ein Gegengewicht in Gestalt eines Kreuzes angebracht, das am Ende eine bleierne oder silberne Kugel von der Größe einer Knoblauchszehe hat. Davon führt diese Waffe die Benennung A b u - T h u m.

Die Araber auf der Halbinsel, insbesondere jene im Hedschas, tragen im Gürtel einen gekrümmten Dolch, den sie D s c h e m b e a nennen und mit welchem sie von oben nach unten auf den Gegner stoßen. Im Sudan ist diese Waffe nicht gebräuchlich; dagegen trägt hier der Araber, gerade so wie der Nubier und Tuarek, am linken Arme ein gerades Messer, K u s s a, von vier bis acht Zoll Länge; es steckt in einer Lederscheide, die vermittelst eines ledernen Bandes am Arme befestigt wird; der Handgriff steht nach oben hin. Die Räuber von echtem Schrot und Korn, namentlich jene die bei Nacht ihr Gewerbe treiben, haben auch wohl noch ein zweites derartiges Dolchmesser, das sie dann am rechten Arme tragen. Im Handgemenge ziehen sie beide Messer, umklammern ihren Gegner und rennen ihm zumal

165

> zwei Dolche in den Leib. Aber ein Mann der weniger blutgierig und wild ist, führt dieses zweite Dolchmesser nicht (...) (177f.)
>
> (...) Die Reiter im Sudan sind nicht so schwer gewappnet wie jene im europäischen Mittelalter, aber doch hinlänglich gegen die blanke Waffe geschützt. Sie tragen entweder einen Brustharnisch, eine S a y e h oder S c h a y e h die mit Baumwolle ausgefüttert ist, oder ein enganschließendes Wamms von Büffelleder, wie die holländischen Boers im Kaplande oder die Tuarek der Sahara. (209)

May entnimmt Escayrac hier in erster Linie arabische Ausdrücke, um die Szenen authentisch zu kolorieren und die Personen des Raumes als echte Eingeborene darzustellen. Von der Beschreibung des doppelten Kussa der »Räuber von echtem Schrot und Korn« läßt er sich zu einer Szene anregen, die er direkt in die Erzählung einbaut (S. 620). Veränderungen zu Escayrac finden sich bei: ›Muzra (Lanze)‹ – wobei das ›g‹ von ›Muzrag‹ entweder infolge Flüchtigkeit bei der Niederschrift oder infolge Setzerfehlers fortgefallen ist;[78] ›Abu-Thum‹ – wobei auffällt, daß von der ausführlicheren Beschreibung in Escayrac lediglich die unscharfe, verkürzende Bezeichnung als *zweihändiges Schwert* übrigbleibt, was allerdings als Exotikum genügt, da eine exakte Information wohl nicht in Mays Absicht lag.[79] Noch weiter geht er im Fall des ›Tschembea‹. Das zu ›T‹ veränderte ›D‹ läßt sich als Saxonismus interpretieren. Womöglich um eine Wiederholung des zweimal genannten ›Kussa‹ zu vermeiden, gibt er dem Kubbaschi Hassan diesen Dolch in die Hand, obwohl d'Escayrac deutlich macht, daß diese Waffe bei den Arabern im Hedschas gebräuchlich ist, nicht jedoch im Sudan, in Nubien und in der Sahara, wo man, wie er schreibt, den ›Kussa‹ trägt: Die Djambiyya ist ein auf der Arabischen Halbinsel verbreiteter Krummdolch, im Osten auch Khandjar genannt, der als Statussymbol der freien Stammesmitglieder gilt. Auch an dieser Stelle wird dem Augenschein zuliebe die inhaltliche Richtigkeit nicht weiter beachtet. Neben den Kubabisch, die Hassan el Kebihr vertritt, beduinischen Arabern und den räuberischen Tuareg läßt May noch eine weitere große Bevölkerungsgruppe der Sahara in Gestalt des Tebu Abu billa Beni auftreten, der als Bluträcher den Karawanenwürger verfolgt. D'Escayrac erwähnt diese aber nur am Rande:»Dahin gehören ferner die T i b b o s (Tibus); sie sind stärker gebräunt als die Tuareks und manchmal ganz schwarz; sie sind auch nicht so intelligent, weniger kriegerisch, ärmer und, nach Wüstenbrauch, sehr diebisch.«[80] (Escayrac 111) Weil sich also keine entsprechende Stelle findet, wird der Tebu kurzerhand und ohne nähere Erläuterung nach Art der Tuaregkrieger eingekleidet. Bemerkenswert vielleicht, daß dabei das Büffelleder zum Ochsenleder wird. Überhaupt berichtet d'Escayrac an der betreffenden Stelle nicht über die Ausrüstung nomadisierender Wüstenkrieger, sondern über die militärische Reiterei der von selbständigen Sultanen beherrschten Feudalstaaten des mittleren und östlichen Sudan, vornehmlich über die erst durch Gustav Nachtigal[81] in Europa bekannt gewordenen Panzerreiter von Bornu, Wadai und Darfur. D'Escayrac selbst hat diese Länder nicht bereist, sondern berichtet seinerseits nur nach Hörensagen. »Auf diese Herren [Würdenträger des Fürsten] folgten Panzerreiter, theils solche, welche ein maschiges Metallhemd und einen metallenen Helm mit vorspringenden Visirstangen, zuweilen auch Armschienen trugen, theils und vornehmlich solche, welche in weniger kriegerisch aussehende, unbehülfliche Wattenpanzer – Libbes – gekleidet waren. Diese letzteren bestehen in so umfangreichen, wattirten und gesteppten Röcken, dass der Körper vollständig in ihnen verschwindet, und sind so dick und fest durchnäht, dass der Inhaber jeder freien Bewegung beraubt ist. Dazu gehört eine ähnliche Kopfbedeckung, und womöglich werden auch die Pferde in gleicher Weise ausgerüstet (...) In diesen Panzerreitern, welche als Waffen die Lanze und meist ein kurzes, breites Schwert führen, beruht die Hauptreitermacht des Landes, und jeder Würdenträger sucht aus seinen berittenen Sclaven so Viele als möglich mit Wattenpanzern zu versehen.«[82]

3.2.5. »*Ed dem b'ed dem*« – Das Gesetz der Wüste

Es lag wahrhaftig nicht in meiner Absicht, ihm [Abu en Nassr] *das Leben zu nehmen; aber er war der Blutrache verfallen, und ich wußte, daß keine Bitte meinerseits Omar vermocht hätte, ihn zu begnadigen. Ed d'em b'ed d'em, oder wie der Türke sagt, kan kanü ödemar, das Blut bezahlt das Blut.*[83] Das Gesetz der Blutrache, der Qissas oder Tha'r, und das damit verbundene Prinzip des Blutgeldes, der Diyeh (Diyya), tauchen als handlungstragendes Motiv in zahlreichen Orienterzählungen Mays auf.[84] Als Blutrache bezeichnet man das Recht und die Pflicht der Familien-, Sippen- und Stammesangehörigen eines Erschlagenen, am Mörder Rache zu nehmen oder die Ehrenkränkung eines der Ihrigen am Schuldigen oder an einem seiner Verwandten zu rächen. Bei vielen Völkern war sie Pflicht der Anverwandten. Um der Kette der Wiedervergeltung ein Ende zu machen, konnte z. B. bei den Germanen die Blutrache durch Zahlung des sogenannten Wergelds abgewendet werden. Bei den arabischen Stämmen war sie Ursprung einer endlosen Reihe von Stammesfehden, bis Mohammed sie im Koran (II, 179f.)[85] dahin milderte, daß sich der Mörder durch Zahlung eines Blutgeldes lösen konnte.»O Gläubige, die ihr vermeint, euch sei bei Totschlag (Mord) Vergeltung vorgeschrieben: ein Freier für einen Freien, ein Sklave für einen Sklaven und Weib für Weib! Verzeiht aber der Bruder dem Mörder, so ist doch nach Recht billiges Sühnegeld zu erheben, und der Schuldige soll gutwillig zahlen. Diese Milde und Barmherzigkeit kommt von euerem Herrn. Wer aber darauf sich doch noch rächt, den erwartet harte Strafe. Dieses Wiedervergeltungsrecht erhält euer Leben, eure Sicherheit, wenn ihr vernünftig nachdenkt und gottesfürchtig seid.«[86] Außerdem muß im islamischen Recht die Schuld in einem Gerichtsverfahren nachgewiesen werden.[87] Bei Karl May erscheint dieses Motiv zum ersten Mal in ›Unter Würgern‹. Quelle der Inspiration und des späteren Standardrepertoires ist wiederum Escayrac:

Würger	Escayrac
Das ist das Bab-el-Ghud. Wer sich zwischen seine Felsen und Sandwogen wagt, muß von schwer wiegenden Gründen dazu gedrängt werden.	
Und doch gibt es wilde Gestalten, welche vor einem solchen Wagnisse nicht zurückbeben. Sie schöpfen den Muth dazu aus dem fürchterlichen »Ed dem b'ed dem – en nefs b'en nefs, Auge um Auge, Zahn um Zahn, Blut um Blut.« Neben der Gastfreundschaft ist die Blutrache das erste Wüstengesetz, und wenn es auch zwischen den Angehörigen verwandter Stämme vorkommt, daß ein Mord mit der Entrichtung des Diyeh (Blutpreis) gesühnt wird, so ist dies doch wohl niemals der Fall bei einem Verbrechen, welches durch das Glied einer fremden oder feindlichen Völkerschaft begangen wurde. Da erfordert die Schuld blutige Rache; sie wandert herüber und hinüber, wird größer und immer größer, bis sie endlich ganze Stämme erfaßt und zu jenem öffentlichen und heimlichen Hinschlachten führt, zu welchem das Bahr-el-Ghud zwischen den Tuareg und Tebu den Schauplatz bildet. (650f.)	Aber diese vielbewunderten, jedoch selten befolgten Lehren [Feinden zu verzeihen] sind nicht das Gesetz der Wüste. In ihr gilt: Blut um Blut (e d dem b'ed dem, en nefs b'en nefs), und der Mörder muß sterben, wenn er die Angehörigen des Getödteten nicht dadurch begütigt und zufrieden stellt, daß er ihnen einen Theil seiner Habe überläßt (...) (167) Die arabische Vendetta wird sehr verwickelt durch die Solidarität, welche zwischen dem Einzelnen, seiner Familie und seinem Stamme gilt; oft erstreckt sich dieselbe auch auf jeden Gastfreund. Wir wollen einige Fälle anführen. Ein Mann wird von einem andern Manne desselben Stammes getödtet. Die Familie desselben, insbesondere der Sohn, wenn er schon waffenfähig ist, rächt den Tod dadurch, daß er den Mörder selbst oder einen seiner Verwandten ums Leben bringt, vorausgesetzt, daß nicht vermittelst eines Blutgeldes ein Abkommen getroffen wurde. Gehört aber der Thäter einem andern Stamme an, so fordert der ganze Stamm des Ermordeten den

> Blutpreis oder Wiedervergeltung, und greift zu den Waffen, sobald jener verweigert, oder der Mörder nicht ausgeliefert wird. Nun bricht die Fehde aus, und es ist für sie kein Ende abzusehen, weil Jeder, der im Gefecht erliegt, den Seinigen eine Blutrache vermacht, und ein ehrenvoller Friede nur abgeschlossen werden kann, wenn beide Theile eine gleiche Anzahl von Getödteten nachzuweisen haben. Es giebt dergleichen Fehden, die vor einigen Jahrhunderten ihren Anfang nahmen und noch heut nicht zu Ende gekommen sind. (168f.)
> Ein Todschlag, ohne Absicht und Vorbedacht begangen, gleichviel ob mit einer quetschenden Waffe, oder in Folge eines Irrthums, oder eines Zufalles, wird nur durch Zahlung des Blutpreises gebüßt, und durch die gesetzlich vorgeschriebene Sühne (...) Zufällige Tödtung, zum Beispiel wenn ein Vorübergehender von einer baufälligen Mauer erschlagen wird, die in gutem Zustande hätte sein müssen, wird von dem, an welchem die Schuld liegt, durch Erlegung des Blutpreises (D i y e h) gesühnt. (75)

D'Escayrac gibt in dem ganzen diesbezüglichen Abschnitt eine detaillierte Darstellung des für einen Außenstehenden verwickelten und komplizierten Systems der arabischen Vendetta, auch mit regionalen Unterschieden. May bearbeitet sie recht geschickt, indem er sie für seine Zwecke verdichtet und herrichtet, natürlich auf die Gefahr hin, sie durch eine verkürzte Zusammenfassung zu verzeichnen. Die wesentlichen Elemente bleiben bei ihm aber erhalten: das Gesetz der Wüste – angereichert mit einem Bibelzitat,[88] die Einrichtung des Blutpreises für Angehörige desselben oder eines verwandten Stammes und die wachsende Kette endloser Blutfehden. Mays Darstellung zu Anfang des 3. Kapitels hat innerhalb der Erzählung eine zweifache Funktion. Zum einen setzt er sie in Beziehung zum geographischen Raum und verstärkt so die Beschreibung der Wüste und ihrer Schrecken: *Das berüchtigte Bab-el-Ghud liegt ungefähr auf dem einundzwanzigsten Breitengrade an der Grenze zwischen der Sahara und Sahel, wo auch das Gebiet der Tuareg oder Imoscharh mit demjenigen der Tebu oder Teda zusammenstößt. Diese Grenzverhältnisse geben sowohl der Landschaft als auch ihrer menschlichen Staffage etwas fortwährend Kampfbereites.* (Würger 650)

Zum anderen dient der Abschnitt der Vorbereitung der finalen Auseinandersetzung mit dem Hedjahn-Bei, einem Tuareg, und seinem Tod durch den Tebu Abu billa Beni, den Bluträcher: *Als ich mich am andern Morgen erhob und hinaus in den Hof trat, überraschte ich den Tebu bei einer schrecklichen Arbeit. Er hatte während der Nacht den Räuber getödtet und stand jetzt auf der Mauerzinne, um die blutige Leiche desselben in den Spalt zu stürzen. Ich stellte ihn zur Rede, erhielt aber keine andere Antwort als:* »*Ed dem b'ed dem – en nefs b'en nefs, Leben um Leben, Blut um Blut, Auge um Auge, Sihdi; ich habe es geschworen, und ich halte es!*« (Würger 694)

Eine ausführliche Schilderung über die Entrichtung des Blutpreises gibt May in ›Satan und Ischariot II‹. Kara Ben Nemsi agiert als Unterhändler zwischen zwei verfeindeten Stämmen in Tunesien, den Uled Ayar und den Uled Ayun. Eine willkommene Gelegenheit, zu beweisen, daß seine Omnipotenz, der Christ Kara Ben Nemsi, den Koran besser kennt als ein Mohammedaner: »*Ein Nemsi, ein Ungläubiger, ein Christ will den Kuran besser kennen als wir, und nach dem heiligen Buche die Diyeh bestimmen!* ...«[89] Die folgende Belehrung des ›unwissenden‹ Arabers darüber, wie es zur Einrichtung des Blutpreises kam, bildet eine Geschichte innerhalb der Geschichte. Sie entstammt allerdings nicht dem Koran, sondern dem Hadith (der Überlieferung). May entnimmt sie nahezu wörtlich Escayrac. Außer stilistischen Glättungen nimmt May keine Änderungen an seiner Textvorlage vor. Zwei Einschübe, von mir unterstrichen, dienen lediglich der Orientierung des Lesers:

Satan II	Escayrac
»*... Abd el Mottaleb, <u>der Vatersvater des Propheten</u>, hatte der Gottheit gelobt, wenn sie ihm zehn Söhne bescheren würde, ihr einen derselben zu opfern. Sein Wunsch wurde erfüllt, und um seinem Gelübde treu zu sein, befragte er das Los, welchen seiner zehn Söhne er zum Opfer bringen solle; es traf Abd-Allah, den nachherigen Vater des Propheten. Da nahm Abd el Mottaleb den Knaben und verließ mit ihm die Stadt Mekka, um ihn draußen vor derselben zu opfern. Inzwischen aber hatten die Bewohner der Stadt gehört, was er vorhatte; sie folgten ihm und stellten ihm vor, wie frevelhaft und grausam zu handeln er im Begriffe stehe. Sie versuchten sein Vaterherz zu erweichen, aber er widerstand allen ihren Reden und schickte sich an, das Opfer zu vollziehen. Da*	Abd el Mottaleb hatte der Gottheit gelobt, ihr einen seiner Knaben zu opfern, wenn ihm zehn Söhne bescheert würden. Es kam die Zeit, da dieser Wunsch erfüllt wurde. Abd el Mottaleb befragte nun das Loos, um zu erfahren, welchen seiner Söhne er zum Opfer bringen solle. Das Loos traf den Abd-Allah, des Propheten Mohamed Vater; und Abd el Mottaleb ging mit dem Knaben aus der Stadt, um sein Gelübde zu vollziehen. Inzwischen hatten die Bewohner Mekka's von alle dem Kunde erhalten und waren dem Vater gefolgt. Sie stellten ihm vor, wie grausam und frevelhaft er handeln wolle, sie bemühten sich sein Vaterherz zu erweichen; allein er wollte auf Alles nicht hören, und traf Anstalten, das Opfer zu vollziehen. Da trat ein

trat ein Mann zu ihm und bat ihn, ehe er handle, eine berühmte Wahrsagerin zu befragen. Abd el Mottaleb that dies, und sie erklärte, daß man rechts den Abd-Allah und links zehn Kamelstuten stellen möge und dann das Los werfen solle, wer zu töten sei, der Knabe oder die Stuten. Wenn das Los auf Abd-Allah falle, müsse man weitere zehn Kamelstuten bringen und wieder das Los befragen, und in dieser Weise fortfahren, bis es auf die Stuten falle, wodurch die Gottheit erkläre, wieviel Stuten das Leben und das Blut des Knaben wert sei. Es wurde auch in dieser Weise verfahren. Zehnmal fiel das Los auf den Knaben, sodaß bereits hundert Kamelstuten auf der linken Seite standen. Zum elftenmale traf das Los die Kamele, und Abd-Allah, der Vater des Propheten, wurde dadurch vom Opfertode erlöst. Seit jenem Tage und zum Andenken an denselben, wurde der Blutpreis eines Menschen auf hundert Kamelstuten festgestellt, und jeder wirklich gläubige Moslem darf sich nicht nach dem Brauche seiner Gegend, sondern er muß sich nach diesem geheiligten Brauche richten.« [90]

Es ist allerdings gebräuchlich, die Höhe der Diyeh, des Blutpreises, nach den Verhältnissen der Person, welche ihn zu bezahlen hat, zu bestimmen. [91]

Mann hervor und rieth ihm, er möge eine berühmte Wahrsagerin befragen, ehe er zum Werke schreite. Das geschah. Sie erklärte, daß man auf die eine Seite den Abd-Allah, auf die andere zehn Kameelstuten hinstellen und dann das Loos werfen solle. Wenn das letztere auf Abd-Allah treffe, so müsse man noch zehn Kameele den ersten zehn hinzufügen, dann von Neuem das Loos befragen, und so lange damit fortfahren, bis dasselbe auf die Kameele fallen werde. So wurde denn auch verfahren, und zehnmal traf das Loos auf Abd-Allah, sodaß schon hundert Kameele dastanden. Zum elften Mal endlich fiel es auf die Kameele, und dadurch wurde der Vater des Propheten vom Opfertode erlöst. Seit jenem Tage und zum Angedenken desselben ist der Blutpreis auf hundert Kameelstuten festgesetzt worden. Das muselmännische Gesetz hat in der Theorie diese Bestimmung angenommen, aber in der Praxis wird sie selten befolgt, insbesondere nicht von den nomadischen Arabern, welche das Lösegeld des Mörders nach der Habe des Letzteren und dergleichen Sachen nach Gutdünken zu behandeln pflegen. (167f.)

Eine besondere Form der Rache für Beleidigung oder Ehrenkränkung erwähnt d'Escayrac für den Sudan. Aus diesem speziellen Fall, der für eine bestimmte Region, nämlich das von d'Escayrac bereiste Kordofan, belegt ist, macht Karl May den Zweikampf der Wüste oder gar ein arabisches Duell schlechthin. Auch hier geht es ihm nicht darum, die Wirklichkeit abzubilden, sondern eine Szene wirkungsvoll zu gestalten. Außer in ›Unter Würgern‹ hat May diese Art von Duell auch in ›Deutsche Herzen, deutsche Helden‹ verarbeitet.

Der Araber muß für jede Beleidigung die ihm angethan wird, Rache nehmen oder er wird ehrlos. Man würde im ganzen Stamm mit Fingern auf ihn zeigen, kein Mädchen ihn zum Manne haben wollen. Er nimmt Rache sobald als irgend

171

möglich, ersinnt eine List um seines Feindes habhaft zu werden, legt sich in irgend einen Hinterhalt und tödtet ihn. Doch giebt es im Sudan auch Stämme bei welchem eine Art von Zweikampf üblich ist, der nur selten den Tod eines der beiden Kämpfer zur Folge hat. Wir nehmen den Fall, ein Mann habe den andern schwer beleidigt, oder zwei Jünglinge seien in Eifersucht gegen einander entbrannt und bitterlich Feind geworden. Dann beruft der Scheikh den Stamm zu einer Versammlung, erklärt daß ein Zweikampf nöthig geworden sei und vor ihm stattfinden müsse. Die beiden Gegner kauern sich nun auf den Boden etwa einen Schritt auseinander, und zwar so daß sie sich Auge in Auge sehen. Jeder hat eine lange Karbatsche von Hippopotamushaut, und das Loos bestimmt wer den ersten Streich austheilen soll. Der Scheikh giebt alsdann das Zeichen zum Kampfe. Während desselben müssen die Zweikämpfer ihre gleich Anfangs eingenommene Stellung behalten, und Schlag um Schlag Hiebe austheilen, bis die Haut aufschwillt, das Fleisch blos liegt, das Blut am Leibe hinabrieselt. Aber man hört keinen Schmerzensruf. Oft ist der eine Held so tapfer wie der andere, sie versetzen sich jeder ein Schock Hiebe und noch mehr, und behaupten ihren Platz. Dann legt der Scheikh sich ins Mittel und giebt sich Mühe die Gegner zu versöhnen, nachdem er den Kampf für beendigt erklärt hat. Insgemein ermüdet der eine Nebenbuhler, und erklärt sich dadurch für überwunden. Dann hat er ferner keinen Anspruch auf das Mädchen, muß etwaige Beleidigungen zurücknehmen, oder darauf verzichten von seinem Gegner für Spott und Schimpf Genugthuung zu erhalten. Das bringt ihm nicht viel Ehre ein, aber es wäre noch weit schmachvoller während des Kampfes oder nach Beendigung desselben auch nur das geringste Zeichen von Schmerz zu verrathen. Es giebt auch Zweikämpfe in welchem das Messer die Waffe bildet. Beide Duellanten nehmen das Dolchmesser, welches sie am Arme tragen, zur Hand, und beginnen den Kampf. Kopf, Brust und Leib müssen verschont werden; sie schneiden und stechen sich einander in Arme und Schenkel mit äußerster Hitze und unglaublicher Ausdauer. Häufig ist dieses Duell nur kurz und manchmal hat es den Tod zur Folge. Beide Arten des Zweikampfes finden auch dadurch ihr Ziel, wenn die Kämpen in Ohnmacht fallen.

Die Araber im Sudan treiben großen Unfug mit dem Messer (...) Ein Krieger rühmt sich seines Muthes und seiner That in Gegenwart eines andern, der sich eben so tapfer dünkt. Ohne weiter ein Wort zu verlieren zieht der Letztere sein Dolchmesser, rennt es sich tief in seinen Schenkel, reicht es stillschweigend dem andern hin, und fordert eben dadurch diesen auf, dasselbe zu thun. Das sind freilich grausame, barbarische Gebräuche, aber sie geben dem Volk ein Gepräge eigentlicher Kraft, stählen den passiven Muth, machen die Menschen zu stoischem Widerstand fähig. Der Europäer läßt sich kaum einen Zahn ausziehen ohne seine Zuflucht zum Aether zu nehmen und stöhnt schon bei leichten Verwundungen, während der Araber in Kordofan auch den heftigsten Schmerz erträgt, ohne sich zu beklagen. Es thut auch ihm weh, aber der Ehrenpunkt gebietet ihm seine äußere Ruhe zu bewahren. Schmerz, Hunger, Durst, Anstrengung, tiefe Lanzenstiche pressen ihm keine Klage aus.« (Escayrac 180f.)

Würger

Er stieg ab, zog sein Messer und setzte sich in den Sand.
Ein arabisches Duell! ...
Jetzt konnte er nicht anders; er stieg ab, setzte sich dem Tebu gegenüber und zog sein Messer ebenfalls.
Ohne ein Wort weiter zu verlieren, entfernte der Tebu sein Beinkleid von der Wade, setzte die Spitze des Messers an dieselbe und bohrte sich die Klinge bis an das Heft in das Fleisch. Dann blickte er Hassan still und erwartungsvoll in das Angesicht.
Der Kubaschi mußte, um seine Ehre zu retten, denselben Stich auch bei sich anbringen. Auf diese Weise zerfleischen sich zwei Kämpfer oft viele Muskeln ihres Körpers, ohne bei diesen höchst schmerzhaften Verwundungen mit der Wimper zu zucken; wer am längsten aushält, hat gesiegt. Die Söhne der Wildniß halten es für eine Schande, sich vom Schmerze beherrschen zu lassen. (653f.)
Hassan entblößte höchst langsam seine Wade und setzte sich die Messerspitze auf die Haut ... [Josef Korndörfer] *stand hart hinter dem Kubaschi, und als dieser jetzt Miene machte, das Duell aufzugeben, bog er sich, einer augenblicklichen Malice folgend, vor und schlug mit der Faust so kräftig auf das Heft des noch über dem Beine schwebenden Messers, daß der scharfe, spitze Stahl zur einen Seite der Wade hinein und zur andern wieder heraus fuhr ...*
Er faßte den Kubaschi und zog unter einem erneuten Gebrüll desselben das Messer aus der Wunde. Als Hassan das rinnende Blut bemerkte, fiel er, so lang und breit er war, in den Sand. Er kam erst wieder zur Besinnung, als er bereits verbunden war. (663)

Escayrac

Es giebt auch Zweikämpfe in welchem das Messer die Waffe bildet / Die beiden Gegner kauern sich nun auf den Boden (...) so daß sie sich Auge in Auge sehen / Duell / Beide Duellanten nehmen das Dolchmesser (...) zur Hand /
Ohne weiter ein Wort zu verlieren zieht der Letztere sein Dolchmesser, rennt es sich tief in seinen Schenkel / stillschweigend /
viel Ehre / fordert eben dadurch diesen auf, dasselbe zu thun / bis das Fleisch blos liegt / Aber man hört keinen Schmerzensruf / es wäre noch weit schmachvoller (...) auch nur das geringste Zeichen von Schmerz zu verrathen / mit (...) unglaublicher Ausdauer / Insgemein ermüdet der eine Nebenbuhler, und erklärt sich dadurch für überwunden / zu stoischem Widerstand fähig / der Araber in Kordofan auch den heftigsten Schmerz erträgt, ohne sich zu beklagen / Schmerz (...) pressen ihm keine Klage aus /

Duell / Zweikampf

sie schneiden und stechen sich (...) in (...) Schenkel /

das Blut am Leibe hinabrieselt / Beide Arten des Zweikampfes finden auch dadurch ihr Ziel, wenn die Kämpen in Ohnmacht fallen

May hat bei der Schilderung der Zweikampf-Szene in ›Deutsche Herzen, deutsche Helden‹ auf die Szene in ›Unter Würgern‹ zurückgegriffen – der Autor sozusagen als Quelle seiner selbst –, aber auch den Text d'Escayracs noch einmal mitverwendet, wie die unterstrichene Textstelle zeigt, die May vorher nicht eingearbeitet und später an dieser Stelle ergänzt hat:

Deutsche Herzen	Escayrac
Er zog das Messer aus dem Gürtelstricke und setzte sich zur Erde nieder, die nackten Beine vor sich hinstreckend und das Messer in der rechten Hand haltend. Der Tschausch hatte etwas ganz Anderes erwartet. »*Was soll's?*« *fragte er.* »*Was fällt Dir ein?*« »*Nun, Zweikampf auf Messer!*« »*Sitzend etwa?*« »*Ja. Ich meine den Zweikampf der Wüste.* <u>*Nur in diesem zeigt es sich, ob man wirklichen Muth und wahrhaftige Tapferkeit besitzt.*</u>«... *Der echte Messerkampf der Sahara besteht darin, daß die beiden Duellanten sich einander gegenüber setzen, Jeder das Messer in der Hand. Der Eine sticht sich die Klinge in irgend eine Stelle seines Körpers, zum Beispiel in die Wade, so daß der Stahl an der andern Seite wieder herauskommt. Der Andere muß sich an ganz derselben Stelle denselben Stich versetzen. Hat er das gethan, so schneidet sich der Erstere vielleicht die ganze Muskel des Oberschenkels bis auf den Knochen auf. Der Zweite muß dies auch thun. Wer am Längsten aushält, ohne eine Miene zu verziehen, der ist der Sieger. Die Beduinen sind unerreichbar in dieser Art des Zweikampfes. Sie haben eine solche Selbstbeherrschung, daß sie sich die schmerzhaftesten Wunden mit lächelndem Munde beibringen.* [92]	Beide Duellanten nehmen das Dolchmesser (...) zur Hand / Die beiden Gegner kauern sich nun auf den Boden / Es giebt auch Zweikämpfe in welchem das Messer die Waffe bildet / Ein Krieger rühmt sich seines Muthes und seiner That in Gegenwart eines andern, der sich eben so tapfer dünkt / Die beiden Gegner kauern sich nun auf den Boden (...) so daß sie sich Auge in Auge sehen / Beide Duellanten nehmen das Dolchmesser (...) zur Hand / zieht der Letztere sein Dolchmesser, rennt es sich tief in seinen Schenkel / fordert eben dadurch diesen [den andern] auf, dasselbe zu thun / sie schneiden und stechen sich (...) in Schenkel mit äußerster Hitze und unglaublicher Ausdauer / Insgemein ermüdet der eine Nebenbuhler, und erklärt sich dadurch für überwunden / es wäre (...) schmachvoller (...) auch nur das geringste Zeichen von Schmerz zu verraten / aber man hört keinen Schmerzensruf / zu stoischem Widerstand fähig / Der Araber in Kordofan auch den heftigsten Schmerz erträgt, ohne sich zu beklagen / Schmerz (...) pressen ihm keine Klage aus

D'Escayrac beschreibt zwei verschiedene Arten des Zweikampfes, den mit der ›Karbatsche‹[93] und den Messerkampf in zwei Varianten. Am Ende des Abschnittes zieht er ein Resümee, wo er diese Gebräuche »grausam und barbarisch« nennt, aber doch mit einem bewundernd zivilisationskritischen Ton unterlegt, indem er dem wehleidigen, verweichlichten Europäer den Stoizismus des ›Primitiven‹ gegenüberstellt. Diese kritische Haltung behält auch May bei: *Die Söhne der Wildniß halten es für eine Schande, sich vom Schmerze beherrschen zu lassen* (Würger), und, noch steigernd: *Die Beduinen sind unerreichbar in dieser Art des Zweikampfes.* *Sie haben eine solche Selbstbeherrschung, daß sie sich die schmerzhaftesten Wunden mit lächelndem Munde beibringen* (Deusche Herzen). Aus dem Kampf mit der Peitsche und dem Messer macht May jedoch eine eigene Art des Duells, das er dann noch von den Arabern Kordofans auf die Wüstenbewohner allgemein überträgt, womit er einen ethnographischen Mythos schafft. Einen wesentlichen Aspekt, daß nämlich diese Zweikämpfe vor der Dorfversammlung unter Aufsicht des Scheichs stattfinden, läßt er fort, weil sich die Protagonisten, dem Gang der Handlung entsprechend, allein in der Wüste befinden.

3.2.6. ... *die Habichtsnase eines Armeniers* ... – Völkerphysiognomie

Zum Abschluß dieses Kapitels sei noch auf ein Phänomen hingewiesen, das zwar nicht in den hier untersuchten geographischen Raum gehört, aber einen wichtigen Nebenaspekt in Mays Werk bildet und eine Langzeitwirkung für Mays spätere Erzählungen hat. Es handelt sich hierbei um das negative Vorurteil Mays gegenüber bestimmten Völkern, insbesondere gegen die Armenier: eine weltanschauliche Haltung, die sich bis ins Alterswerk fortsetzt. »Geradezu unangenehm aber sind die Sätze und Meinungen, die May über das kleine und stets unschuldig verfolgte Volk der Armenier schrieb.«[94] Hervorstechendes physiognomisches Merkmal des Armeniers, dieses ›heimtückischen Verräters‹ par excellence, ist stets seine Habichtsnase: *Ein Jude überlistet zehn Christen; ein Yankee betrügt fünfzig Juden; ein Armenier aber ist hundert Yankees über: so sagt man, und ich habe gefunden, daß dies zwar übertrieben ausgedrückt ist, aber doch auf Wahrheit beruht. Man bereise den Orient mit offenen Augen, so wird man mir recht geben. Wo irgend eine Heimtücke, eine Verräterei geplant wird, da ist sicher die Habichtsnase eines Armeniers im Spiele. Wenn selbst der gewissenlose Grieche sich weigert, eine Schurkerei auszuführen, es findet sich ohne allen Zweifel ein Armenier, welcher bereit ist, den Sündenlohn zu verdienen. Sind die sogenannten Levantiner überhaupt und im allgemeinen berüchtigt, so ist unter ihnen der Armenier derjenige, der sie alle übertrifft.*[95] Zu Recht ist May vorgeworfen worden, daß er allzu unkritisch aus seinen Quellen schöpfte. »Auch wenn May oft sehr genaue Studien betrieb, war den Quellen keine kritische Überprüfung der vorgefundenen Informationen gefolgt (...)«[96] Eine dieser Quellen war wahrscheinlich d'Escayrac: »Der Armenier mit seinem Habichtsschnabel und seinem Hasenherzen (Tuschan), und der Grieche, der nicht minder treulos ist als seine Vorfahren, sind Schmarotzer ihrer türkischen Gebieter. In der Jugend lassen sie sich von ihnen zu abscheulichen Lüsten benutzen, später sind sie bei den schmuzigsten [!] Dingen Kuppler und Zwischenträger, Spione; und wenn sie am Ende in Folge so erbärmlichen Lebens zu Geld und Habe gelangen, treiben sie mit ihrem Gelde Wucher und machen sich abermals in ihrer Weise nützlich oder unentbehrlich.« (Escayrac 81f.) May hat diese Stelle mit Sicherheit gelesen, verwendet er doch den Ausdruck ›Tuschan‹: »*Meinst Du vielleicht, Sihdi, daß ich ein Tuschan (Hasenherz) bin?*« (Würger 619).

3.3. Fremdsprachliche Ausdrücke und Ortsnamen

Die bisher eruierten Quellen für Mays Arabischkenntnisse sind Alfred Edmund Brehm[97] und Gustav Rasch, dem er unter anderem ›adul‹, ›dachera‹, ›ksur‹ und ›makasch‹ in ›Würger‹ verdankt. Eine weitere wichtige Quelle liegt nun in Escayrac vor. Er bot May eine wahre Fundgrube fremdsprachlicher Ausdrücke, und so hat May ihn denn auch ausgiebig als Wörterbuch benutzt. Außer Personen-, Orts-, Tier- und geographischen Bezeichnungen hat er seiner Vorlage rund 80 orientalische, hauptsächlich arabische Termini und Redewendungen[98] entnommen, wobei von Linguisten einmal überprüft werden müßte, um welche Sprachen und Sprachvarianten es sich im einzelnen handelt. Eine ganze Reihe dieser Vokabeln taucht auch in späteren Werken Mays wieder auf, wie z. B. *bir, bülbül, darb, ethar, diyeh, duar, ed dem b'ed dem, habakek, khabir*. May verwendet also in ›Würger‹ ein Sprachkonglomerat, das er aus dem Bestand seiner früheren Orienterzählungen ›Leilet‹, ›Gum‹ (1878), ›Sokna‹ und seinen Quellen Rasch und Escayrac zusammenmischt. Eine große Anzahl weiterer fremdsprachlicher Ausdrücke, die May hier benutzt und die nicht in früheren Erzählungen vorkommen, macht zudem deutlich, daß er zumindest noch ein weiteres Buch zu Rate gezogen haben muß.

3.3.1. ... *das tiefe Ommu ommu der Hyäne* ... – Sprachproben

Ein Jahr nach Erscheinen der ›Rose von Sokna‹ hat May seine Fähigkeiten, sich den Kamelen mitteilen zu können, beträchtlich entwickelt. Gibt vorher lediglich das lautmalende, *gebräuchliche »E – o – a!«, den Befehl sich niederzulegen,*[99] so hat sich die Befehlspalette in ›Unter Würgern‹ erweitert; der Jargon ist ebenfalls ein anderer geworden: *Er ergriff das Halfter des Kameeles und gebot ihm durch das gebräuchliche, kehllautende »khe khe,« niederzuknieen.* (Würger 646) Auch den schnellen Laufschritt hat man jetzt gelernt: *»Hhein, hhein!« Auf diesen*

Zuruf warf mein Hedjihn den Kopf in den Nacken und stürmte wie eine Windsbraut zwischen den Dünenbergen dahin. (Würger 651) Und dann? *»Rrree, halt!« rief ich ihm zu.* (Würger 651) May ist den Ausführungen seines Lehrers aufmerksam gefolgt und hat gute Fortschritte gemacht: »Der Araber ist ein Viehzüchter, und verlebt einen großen Teil seiner Zeit auf dem Pferde oder Dromedare. Gleich anderen Hirtenvölkern hat er eine eigene, aus kurzen, rauhen Wörtern, oder besser gesagt, Tönen bestehende Sprache, welche seinem Vieh zu erkennen giebt, was er ihm andeuten will. Durch einen besonderen Ruf treibt er die Pferde zu raschem Gange an, durch einen andern sagt er ihnen, daß sie langsamer gehen sollen; wieder durch einen andern, daß sie demnächst Futter und Rast haben werden. Mit anderen Tönen, die mehr aus der Kehle hervorgestoßen werden, drückt er den Kameelen seinen Willen aus. Er ruft: H h e i n, vorwärts; R r r e, halt; K h e k h e, knie nieder.« (Escayrac 124f.)

In Ermanglung des entsprechenden Begriffs wendet May allerdings das Kamelidiom auch an zwei Stellen bei Menschen an: *»Rrree! Halt, Mörder! Die Rache und der Behluwan-Bei sind über Euch. Gebt Feuer, Ihr Männer!«* (Würger 689) *»Rrree, halt! Was wollt Ihr, Fremdlinge?«* (Würger 692)[100]

Aber nicht nur die Kamele versteht er jetzt besser. In den Ausläufern des Dschebel Aures besteht Kara Ben Nemsi ein Pantherabenteuer; nach dessen Abschluß horcht er in die Nacht hinaus: *In einiger Entfernung bellte ein Schakal sein heulendes »ia – ou, ia – ou;« er wußte die Panther in der Nähe und glaubte, sich Hoffnung auf den Nachtisch machen zu dürfen. Er ist ein treuer, aber furchtsamer Begleiter der großen Räuber des Thierreiches ...* (Würger 637) Im Herzen der Wüste, am Babel-Ghud, läßt May – nicht ganz überzeugend – *das tiefe »Ommu ommu« der Hyäne* als Erkennungszeichen erschallen (Würger 687): Hyänen sind Bewohner der Savanne. Das Heulen dieser Fauna ist auch noch in Mays bald darauf erschienenem Roman ›Scepter und Hammer‹ zu hören: *In kurzer Zeit lag die Oase in tiefster Ruhe. Auch die Wüste schwieg, und nur zuweilen erscholl von Weitem das bellende »I-a-u« des Schakals oder das tiefe »Om-mu« der Hyäne.*[101] Die entsprechende Stelle in Escayrac lautet: »Gleich dem Löwen zeigt sich die Hyäne nur bei Nacht; vor ihr machen sich die Schakals bemerklich, werden aber von ihr verjagt; beide besuchen menschliche Woh(n)orte, und man hört das Heulen des Schakals (i-a-u, i-a-u) und jenes der Hyäne (ommu oder humm) bis gegen Einbruch der Morgendämmerung.« (Escayrac 44) Erstaunlicherweise übernimmt May nicht nur das lautmalerische Idiom der Tiere aus seiner Vorlage, sondern folgt auch der Reihenfolge ihres Auftretens. Übrigens erwähnt d'Escayrac auf der gleichen Seite ein Tier, das sich auch durch mehrere Werke Mays schlängelt: »Das Innere Afrika's hat wenige Schlangen, doch kommt im Sennaar eine sehr gefährliche Art vor, die A s s a l e h.« May überzeichnet diese Angabe um ein geringes und fügt verallgemeinernd hinzu:» *... ich fange die Assaleh (gefährlichste Schlange der Steppe) ...*« (Würger 619), was später gesteigert wird – sie mutiert zu einer Giftschlange: ... *Dieser Krumir ist gefährlicher und giftiger als Assaleh* [Anm. May: *Gefährlichste Schlange der Wüste.*], *die Totbringende.*«[102] und wird schließlich zu»... *Assaleh, die giftigste Schlange der Wüste ...*«[103]

In seinem Bestreben, durch Fremdsprachliches den auftretenden Personen Farbe und der Landschaft exotisches Kolorit zu geben – er macht das in einem Maße wie kein anderer Abenteuerschriftsteller seiner Zeit –, gelingen Karl May hin und wieder Verzeichnungen von Begriffen, infolge von Eile und Flüchtigkeit oder billigend in Kauf genommen. Folgende Beispiele mögen das verdeutlichen.

Auf ihrem Ritt in die Wüste gelangen der Ich-Erzähler und seine Gefährten an den Ausläufern des Atlas an einen See. Um sich zu erfrischen, will sich Hassan el Kebihr ins Wasser stürzen.»... *Mein Serdj, was Du Sattel nennst, brennt unter mir, als säße ich auf einem abgerissenen Zipfel von der Tschehenna (Hölle). Ich werde mich entkleiden und meinem Körper durch ein Ghusl (Bad) neue Kräfte geben.*« (Würger 644) Mays Gewährsmann d'Escayrac schreibt allerdings im 3. Kapitel ›Der Islam und die Mohamedaner‹, im Abschnitt ›Das Gebet‹: »Wenn die Reinheit durch geschlechtlichen Verkehr, natürliche Bedürfnisse und dergleichen verloren gegangen ist, so muß der Muselmann ein Bad (Ghusl) nehmen, oder eine Abwaschung (Uduh). Er nimmt, wenn Wasser mangelt, Sand oder trockenen Staub, schlägt die Hände gegen einander, fährt damit über das Gesicht; das ist der T e y e m m ü m.« (Escayrac 58) Der ›Ghusl‹ bezeichnet, wie d'Escayrac richtig schreibt, eine rituelle Waschung des Muslims vor dem Gebet und gehört zu den Reinheitsvorschriften des Islam: »Der Muslim darf nicht unvermittelt vom täglichen Geschäft zur Verrichtung des Gebets übergehen. Er muß sich in den Zustand kultischer Reinheit versetzen.«[104] Der ›Ghusl‹ bezieht sich in erster Linie auf sexuelle Unreinheit und erfordert die Reinigung des gesamten Körpers. »Je nach Grad der vorherigen Unreinheit wird eine Teilwaschung (wudu) oder (bei sexueller Verunreinigung) eine Ganzwaschung (ghusl) vollzogen.«[105]

Am Anfang von ›Unter Würgern‹ erwähnt auch May den ›Teyemmüm‹, versäumt aber dort, wie er es sonst allgemein tut, den Leser darüber aufzuklären, sondern deutet nur intertextuell an: *Im einsamen Duar erscholl der schmetternde Chor der Hariri; vom hohen Minareh rief der Mueddin zum Gebete, am Thore der Wüste knirschte der Sand zum Teyemmüm ...* (Würger 607). D'Escayrac bezeichnet damit den ›Ghusl‹, die rituelle Waschung, die bei Wassermangel auch mit Sand erfolgen kann.»In abgelegenen Orten, an denen kein Wasser vorhanden ist, oder wenn das vorhandene Wasser nicht benutzt werden soll bzw. darf

(wegen Wassermangels und dringenden Bedarfs an Wasser, wegen Krankheit oder wegen gefährlicher Umgebung der Wasserstellen (...)), darf eine Ersatzreinigung stattfinden (...)«[106]
Einen weiteren Mißklang erzeugt der Einsatz der ›Nogara‹. Nachdem der Ich-Erzähler einen Araberstamm erfolgreich von einem Löwen befreit hat, schlagen die Söhne der Wüste jubelnd auf die Pauke: »... *Holt die Hariri, die Musikanten herbei; sie mögen auf der Nogara seine Schande trommeln und ihm mit der Rababa seine Schmach vorpfeifen!*« (Würger 648) Die ›Nogara‹, die bei May lediglich als Perkussionsinstrument Verwendung findet, hatte jedoch bei den Stämmen des Sudan (!) eine besondere zeremonielle Bedeutung. »Zu den Waffen wird ein Stamm vermittelst der N o g a r a gerufen. Sie ist eine Art Trommel, die von einem zu Dromedar berittenen Krieger geschlagen wird; in Friedenszeiten bedeutet das Rühren dieser Trommel so viel als daß der Stamm von einem Weideplatze zum andern ziehe; die Nogara giebt das Zeichen zum Aufbruch.« (Escayrac 175) Andere Forscher bestätigen diese Darstellung. So schreibt Theodor Kotschy: »Nachdem noch andere Ortschaften passirt waren, kam man zum berühmten Scheder el Nogàra d. h. Baum der grossen Trommel. Auf diesem altehrwürdigen Baume wurde nämlich vor der Invasion der Türken die grosse Trommel aufgehängt, wenn der Schech der Gegend mittelst Trommelschlägen seine Unterthanen zum Kriege oder zu politischen Verhandlungen berief.«[107] Auch Ernst Marno, dessen Werk May später für seine Sudanromane benutzte,[108] erwähnt das gleiche Vorgehen bei den Abu Rof am Bahr al-Asrak (Blauer Nil): »Tag und Nacht ertönte die Noqarah*) [* Kriegspauke.] und rief die streitbare und lehenspflichtige Mannschaft aus den umliegenden Dörfern zusammen.«[109] Anzumerken bleibt ferner, daß die in obigem May-Zitat genannte ›Rababa‹, die dem Löwen seine ›Schmach vorpfeift‹, ein Saiteninstrument ist. Bei den Beduinen ist sie neben der Rohrflöte (Nay) das wichtigste Musikinstrument. »Sie besteht aus einem mit Ziegen- oder Gazellenleder bezogenen rechteckigen Holzrahmen, über den eine Saite aus Roßschweifhaaren gespannt wird, die am Ende des Halses mit einem Wirbel befestigt wird (...) Die R. ist ein beliebtes Begleitinstrument des Märchenerzählers.«[110] Auch wenn sie verstimmt sein sollte, dürfte sie kaum ein Pfeifen erzeugt haben. Woher May dieses Instrument bezogen hat, ist allerdings unbekannt. Es ertönt schon in der ›Gum‹ (1878). Auch dieses kleine Beispiel verdeutlicht, wie sehr die Erschließung neuer Quellen zur Entwicklung und Erweiterung der Erzählskizzen in ›Frohe Stunden‹ zu größeren Erzählungen beigetragen hat. Eine kurze Gegenüberstellung der Musikantenszenen sei hier gestattet.

Gum	Würger	Escayrac
»... ihn, der ohne Blut und Kampf und Gegenwehr aus dem Lande der Lebendigen gegangen ist. Holt die Hariri, die Musikanten herbei; sie werden ihm auf der Rababa seine Schmach vorpfeifen!«[111]	»... ihn, der ohne Kampf und Gegenwehr aus dem Lande der Lebendigen gegangen ist. Er, der sich el Jawuhs, den Grausamen, nennen ließ, muß aus seinem Felle steigen. Holt die Hariri, die Musikanten, herbei; sie mögen auf der Nogara seine Schande trommeln und ihm mit der Rababa seine Schmach vorpfeifen!« (648)	(...) Im Anfange des zehnten Jahrhunderts der Heschira unterwarfen die arabischen Völker sich dem Sultan Selim Khan, dem Unbeugsamen, Grausamen (J a w u h s) (...) (53) (...) N o g a r a (...) eine Art Trommel (175)

Wie wir an diesem Beispiel auch sehen können, hat May seiner Vorlage nicht nur einfach eine ihm passend erscheinende Vokabel entnommen, sondern sie für seine Absichten uminterpretiert. So macht er aus ›Jawuhs‹ (Yavuz), dem türkischen [!] Beinamen eines Sultans,[112] den des Löwen. Er macht aber nicht nur dies, sondern pflückt auch arabische Begriffe auseinander, nimmt einen Teil oder setzt verschiedene Teile wieder zu einem neuen Begriff zusammen, wobei ihm ein gewisses Geschick im Umgang mit Fremdsprachen nicht abzusprechen ist:

Escayrac	Würger
Bei Angriff im Gefecht rufen die Araber nicht selten einander ihre Namen zu. Der Krieger schwingt seine Lanze und schreiet dem Feinde entgegen: »Ich bin der und der, mein Vater hieß so und so, ich bin Liebling der jungen Mädchen (Akhu el Banat, buchstäblich: ihr Bruder); wer will meine Lanze schmecken, wer will seinen Kindern Blutrache vererben?« (119) Am meisten schmeichelt dem Araber der Beiname A k h u e l B a n a t, Bruder, Stütze, Liebling der jungen Mädchen. (133) Es giebt mehrere Arten Merissa, zum Beispiel den B ü l b ü l (Omm el Bülbül, Mutter der Nachtigall, weil dieses Getränk zum Singen aufgelegt macht; er enthält viel Weingeist) (...) (201)[113]	»... Allah akbar, Gott ist groß, und Du bist ein Akhu (Bruder, Genosse) des großen Emir-el-Areth, der im Wed-el-Kantara ertrank!« (646) »... Ambr el Banat, Du Zierde der Mädchen!« (646) ... in einem Garten von blaßrothen Pfirsichblüthen, weißen Mandelblumen und hellgrünem, frischem Feigenlaub, in welchem der Bülbül (Nachtigall) seine entzückende Stimme erschallen ließ. (694)

[Escayrac:]
Ich hörte in Kairo daß Leute in einem Kaffeehause Branntwein mit den Worten verlangten: Gieb mir von dem da (e d d i n i m e n d i k a); und dagegen konnte auch der Frömmste nichts einzuwenden haben. (96)
Wenn sie [die Dattelpalmen] absterben wollen oder sollen, zapft man ihnen im Frühjahr, unterhalb der Blätter am Stamme, an drei Stellen den Saft ab (...) Man nennt diese Flüssigkeit im Dattellande L a g m i (...) (5)
Nun finden sich allmälig die Araber ein, nähern sich dem Angareb des Häuptlings und sprechen:»Mangil Habakek« oder ›Scheik Habakek«, König oder Häuptling sei willkommen. (118f.)

Ich wollte aber auf jeden Fall dem braven Manne meine dankbare Erkenntlichkeit bezeigen, und nahm aus einem Koffer einen kleinen Katechismus, der betitelt ist: Z a t e l F a k i r, die Vorsehung des Armen, den ich ihm schenkte. (219)[114]

[Würger:]
»Das Wasser des Birket ist schlecht, Sihdi. Willst Du nicht einen Becher Kameelsmilch oder Lagmi (Dattelsaft) trinken?« frug sie.
»Eddini Lagmi, gib mir Lagmi, Ambr el Banat, Du Zierde der Mädchen!« (646)

»Er hat den ›Herrn mit dem dicken Kopf‹ (den Löwen) des Nachts und ganz allein aufgesucht, um ihn zu tödten; aber der Wangil-el-Uah (König der Oasen) hat ihn doch noch zerrissen und verzehrt ...« (635)
... und die Höhen strahlen im freundlichen Glanze mir zu ihr »Habakek, sei uns willkommen, o Fremdling!« (607)
»Habakek, so sei mir willkommen, Sihdi! ...« (653)
»Ma-el-Zat, Wasser der Vorsehung? Wer hat Dir den Namen des Getränkes genannt, welches sich in dem Gefäße befindet?« (663)

Die letzten beiden Beispiele zeigen Kompositionen Mays, die er aus Vokabeln d'Escayracs – ›Wangil‹ ist ganz offensichtlich ein Abschreib- oder Setzerfehler – und Ausdrücken aus der ›Gum‹ (1878) zusammensetzt: »Du willst in das »Bahr billa ma,« in das »Meer ohne Wasser,« welches Ihr Sahara nennt?« – ... keine Spur, welche auf die Nähe einer Oase oder, wie der Araber sagt, einer »Uah,« deutete. [115]

3.3.2.»Ahir ... Aïr« – Über die Verwendung von Ortsnamen

Selbst bei flüchtigem Lesen von Mays Erzählungen fällt auf, daß er häufig unterschiedliche Schreibweisen für ein und denselben Ort wählt, und zwar sowohl innerhalb einer Erzählung als auch wechselnd in verschiedenen Erzählungen. Gerade diese Maysche Eigenart liefert dem Forscher wichtige Indizien für das Entdecken von Quellen, Texten und Landkarten, wenn er sich – das im Auge behaltend – der Mühe unterzieht, nach ihnen zu suchen.[116] In ›Unter Würgern‹ beispielsweise verwendet May für die Gebirgslandschaft Aïr (auch: Asben) in Niger gleichzeitig die Varianten Ahir und Aïr. Die heute übliche, standardisierte Schreibweise ›Aïr‹ war zwar auch zu Mays Zeiten in Atlanten schon vorherrschend, daneben wurde aber auch noch in der Literatur ›Ahir‹ geschrieben. Gustav Nachtigal z. B. schreibt in seinem Werk ›Sahara und Sudan‹[117] durchgehend ›Ahîr‹. Dazu erläutert Heinrich Barth: »Die Tuareg, sowohl die Kelowi als alle übrigen Stämme, schreiben und sprechen stets ›aïr‹, nur die Araber schreiben ›ahir‹.«[118] May folgt bei der ersten Variante seiner Quelle Escayrac, wo es um den Verlauf von Karawanenwegen geht:

»... diese Imoscharh oder Tuareg sind ein fürchterliches Volk, und die Karawanenstraße von Aïn Salah nach Ahir, Dschenneh und Sakkatu, auf welcher ich meine Güter nach dem Sudan schicke, geht grad durch ihr Gebiet ...« (Würger 608)

Wenn einmal im nordafrikanischen Handel eine Wandlung vorgeht (...) dann würde eine neue Karawanenstraße von Algier über Ain es Salah nach Timbuctu eröffnet werden; von Ain es Salah würde eine Bahn nach Ahir abzweigen, von wo die Karawanen nach Kaschena und Kano ziehen, während über Timbuctu die wichtigen Plätze Dschenneh und Sackatu zu erreichen sind.*) [* Der Weg von Ahir nach Sackatu, der ohnehin schon eine sehr belebte Karawanenstraße bildet, ist viel näher.] (Escayrac 271)

Bei der Plazierung der fiktiven Oase Safileh[119] nördlich des fiktiven Bab-el-Ghud, zwischen Aïr- und Tibestigebirge, muß May dann einen Atlas befragt haben, denn hier konnte er ja nicht auf seine Vorlage zurückgreifen: »*Diese Kaffilah kommt aus Aïr und geht nach Safileh oder gar nach Tibesti,*« bestimmte der Tebu. (Würger 664) Mays Sorglosigkeit im Umgang mit Toponymen läßt sich damit erklären, daß er sich über die Identität nicht im klaren war, er also ahnungslos war, oder daß er keine Zeit hatte, Angleichungen vorzunehmen, oder, was eher zu vermuten ist, es war ihm völlig gleichgültig, ob ein Name hier so und dort anders geschrieben wurde. Ein weites Feld, das seine Bearbeiter denn auch fleißig gepflügt und geeggt, geglättet und geplättet haben.

Die Schreibweise d'Escayracs beibehaltend, erwähnt May in ›Würger‹ die Orte Audschelah, Khartum, Lobeïdh und Soaken. ›Audschelah‹ taucht in den früheren Erzählungen schon einmal auf, und zwar in der Form Augila.[120] Seiner neuen Quelle folgend gibt er diese Varianten auf. Die Schreibung ›Khartum‹ verwendet May nur in ›Würger‹; spätere Erwähnungen der Hauptstadt des Sudan in ›Scepter und Hammer‹, ›Die Sklavenkarawane‹, in den ›Mahdi‹-Romanen und der Erzählung ›Eine Ghasuah‹ haben durchgehend ›Chartum‹. Die Hauptstadt Kordofans, ›Lobeïdh‹, erscheint noch einmal in Mays Werk als *El Abeïd*,[121] ebenso ›Soaken‹ in der Form *Suakin*.[122] Es steht zu vermuten, daß er sich an die frühere Orthographie nicht mehr erinnerte oder den Zusammenhang nicht erkannte, als er eine Karte zu Rate zog. Die auch schon im ›Deutschen Hausschatz‹ vorkommende Form *El Abeïd* war übrigens auf keiner von mir überprüften zeitgenössischen Karte belegt; wahrscheinlich handelt es sich um einen Schreib- oder Setzerfehler, so daß es richtig ›El Obeïd‹ heißen müßte.

Die Beachtung der Schreibweise von Ortsnamen ist für die Ermittlung von Landkarten, die May als Vorlage für die Entwicklung der Reisewege seiner Helden benutzt hat, sehr wichtig, was folgendes Beispiel aus ›Deutsche Herzen, deutsche Helden‹ zeigt. Oskar Steinbach und seine Gefährten befinden sich auf einem Verfolgungsritt in der Libyschen Wüste Ägyptens: *... und dann ging es, so schnell die Kameele zu laufen vermochten, auf Dar el Gus Abu Seïd zu. Dieser letztere Ort ist eine Landschaft, welche zu der sogenannten kleinen Oase gehört. Es war nicht sehr weit bis dorthin. Man erreichte dieses Ziel beim Anbruche des zweiten Morgens, und die Fährte der Verfolgten bewies, daß man sich hart auf den Fersen derselben befand. Sie ritten in das zu der Landschaft gehörige Dorf El Kasr ein und lenkten nach dem Zelte des Scheiks.*[123] Dort erfährt Steinbach: »*Die Männer, welche Du suchst, haben in El Kasr ihre Thiere mit andern vertauscht, dem Scheik viel Geld gegeben und sind dann über Labu nach Kahira geritten ...*«[124]

Diese Angaben Mays enthalten zwei fehlerhafte Angaben. Erstens verwechselt er die beiden ägyptischen Oasen Farafra und Bahrija (Wahat al-Baharija), die schon seit dem Altertum als ›Kleine Oase‹ (Oasis Parva, Oasis Mikra) bezeichnet wurde (im Gegensatz zur Oase Kharga (Al-Khariga, Chargeh, der ›Großen Oase‹)), indem er Dar el Gus Abu Seïd (Al-Quss Abu Said) der Kleinen Oase zuordnet, obwohl diese Landschaft zur Oase Farafra, über 100 km südwestlich davon, gehört. Zweitens gibt es in der Kleinen Oase keinen Ort namens Labu, wohl aber ›Zabu‹ bzw. ›Sabu‹. Diese beiden Fehler weisen auf die Karte ›Nordöstliches Afrika‹ (Blatt 92) des ›Sohr-Berghaus-Atlasses‹[125] hin. Sie enthält ebenfalls die Ortsbezeichnung ›Labu‹, und da sie recht ungenau gestaltet ist, kann man bei flüchtigem Durchsehen durchaus zu dem Schluß kommen, daß die von May erwähnte Landschaft zur ›Kleinen Oase‹ gehört. Zudem enthält diese Karte auch die sonst in diesem geographischen Zusammenhang erwähnten Ortsnamen Mays: *El Ajus*, *El Kasr* und *Mendikkeh*.[126]

Wie wir gesehen haben, ist eine Untersuchung en détail, was Mays Aussagen im allgemeinen und seine geographischen Angaben im besonderen betrifft, zwingend notwendig und unerläßlich, nicht nur in bezug auf ein einzelnes Wort, sondern sogar bis in einzelne Buchstaben hinein. Es kommt vor, daß in der Sekundärliteratur Werke aufgeführt

183

werden, von denen behauptet wird, daß May sie benutzt habe, angebliche Quellen, die jedoch nicht nachgewiesen werden. So wird von Walther Ilmer im Karl-May-Handbuch für den Orient-Teil von ›Deutsche Herzen, deutsche Helden‹ eine Reihe von Büchern angegeben, die May zwar in seiner Bibliothek stehen hatte, aber jedenfalls quellenmäßig nicht benutzt hat.[127] Diese Angaben werden dann von Heinrich Pleticha im Nachwort zu der Bertelsmann Club-Ausgabe von Karl May: ›Die Königin der Wüste‹ ungeprüft übernommen und fleißig weiter kolportiert, wobei selbst Druckfehler literarische Ehren erhalten: »J. Chauvanne« statt richtig »J. Chavanne«.[128] Ebenso fragwürdig sind die Angaben Siegfried Augustins zu ›Eine Befreiung‹ im Nachwort zu Karl May: ›Kara Ben Nemsi und die Rose von Kairwan‹.[129] Dort werden Eduard Vogel, Gustav Nachtigal und Heinrich Barth als Mays Gewährsleute »bei der Schilderung der Sitten und Gebräuche sowie der Örtlichkeiten« vorgestellt. Es wäre schon von Interesse, zu erfahren, welche Schriften dieser Afrikaforscher denn nun von May benutzt worden sein sollen. Eigene Forschungen haben ergeben, daß May sich nicht auf deren Arbeiten gestützt hat. Mays Angaben zu Murzuk beispielsweise sind sehr dürftig ausgefallen, so daß es recht schwierig sein dürfte, eine konkrete Quelle überhaupt auszumachen. Mays Erwähnung *des berühmte(n) und unglückliche(n) Afrikareisende(n) Vogel, der in der Umgegend der Stadt beinahe vierzig Varietäten* [von Palmen] *gezählt (hat)*,[130] weist ganz und gar nicht darauf hin, daß May die Schriften Vogels[131] als Quelle benutzt hat, sondern deutet eher auf einen nach Vogels Tod (1856 in Wadai) erschienenen Zeitschriften- oder Lexikonartikel. Des weiteren erwähnt May lediglich noch *Palmen-, Granaten-, Oliven-, Feigen-, Pfirsich- und Aprikosengärten sowie Wassermelonenfelder*,[132] was so wenig spezifisch ist wie die Tatsache, daß *die Bevölkerung von Murzuk meist aus Muhammedanern besteht;*[133] *die aus Erde gestampften Umfassungsmauern der Stadt* und der *gewaltige Bau des Residenzschlosses*[134] werden auch von anderen Autoren (Richardson, von Beurmann, Brehm, Daniel, Rohlfs) genannt, so daß man diese genausogut als Mays Gewährsleute bezeichnen könnte. Aus Mays Erwähnung von *Dr. Nachtigall* [!] und daraus, daß dieser für den Weg von Murzuk nach Tripolis 37 Tage gebraucht habe,[135] zu folgern, May habe sich auf einen Reisebericht von Gustav Nachtigal stützen können, erscheint etwas kühn. Wieso Augustin in diesem Zusammenhang Heinrich Barth erwähnt, bleibt vorerst sein Geheimnis.

3.4. »*La illaha il' Allah u Mohammed rassul Allah ...*« – Aus dem Koran

Bei d'Escayrac findet sich die Aussage: »Wer mit dem Islam näher vertraut ist, wird diesem Religionssysteme seine Achtung nicht versagen«

(Escayrac 49). Solche allgemeinen Sätze haben May beeinflußt, etwa wenn er im ›Krumir‹ schreibt: *Ich habe mich während meiner Wanderungen unter den Muslimin nie von den Waschungen und Gebeten ausgeschlossen und denke dennoch, ein guter Christ geblieben zu sein.*[136] Andererseits scheint May an der Religion des Islam doch kein tieferes Interesse gehabt zu haben. Die im vorigen Kapitel zitierten Beispiele des ›Ghusl‹ und des ›Teyemmüm‹ untermauern dies. Der Islam bildet für ihn oft nur den Aufhänger, an dem er die Überlegenheit des Christentums festmachen kann, und liefert ihm Material zu humoristischen Einschüben. Man beachte dagegen das pointiert positive Urteil d'Escayracs: »Ich habe schon weiter oben bemerkt, das Manche den Islam verwerfen, er sei ein Cultus in welchem die Materie verherrlicht, der Sensualismus vergöttlicht werde, und daß sie ferner behaupten, er habe seine großen Erfolge lediglich diesem Umstande zu verdanken. Die Sache verhält sich aber ganz anders. Denn der Islam verdient dergleichen Vorwürfe nicht nur nicht, sondern im Gegentheil, jeder einsichtsvolle und unbefangene Beobachter wird zugestehen müssen, daß der Geist dieser Religion ein klösterlicher Geist, und ein wahrhaft muselmännisches Leben auch ein ascetisches Leben sei.« (Escayrac 61) Noch deutlicher zeigt sich der Unterschied in der Haltung beider Autoren, wenn d'Escayrac sagt: »Den Muselmännern ist jeder Fanatismus fremd, der den Glaubensboten zum Henker macht; sie haben bei ihren Siegen stets eine große Mäßigung gezeigt. Der Islam hat sich den Völkern nie mit dem Säbel in der Faust aufgezwungen. Ueberall ist unter der Herrschaft muselmännischer Fürsten den Christen wie den Juden die freie Ausübung ihrer Religion unverwehrt geblieben. Das heilige Grab zu Jerusalem ist noch heute im Besitze der Christen; die Araber und Türken haben nie daran gedacht, es sich anzueignen, oder zu zerstören. Mit Recht konnte Lamartine äußern: ›Mögen die Christen, Hand aufs Herz, sich fragen, was sie wohl mit der Kaaba gemacht hätten, falls Mekka in ihre Hände gerathen wäre? Würden dann wohl noch die Muselmänner dorthin wallfahrten können, um an ihren heiligen Stätten zu beten?‹« (Escayrac 82) Eine Haltung, die so recht im Widerspruch steht zu den als running gag auftretenden Bekehrungsversuchen durch Kara Ben Nemsis Diener, namentlich Hadschi Halef Omar: *Eine Eigenschaft besaß er nun allerdings, welche mir zuweilen recht unbequem werden konnte: er war ein fanatischer Muselmann und hatte aus Liebe zu mir den Entschluß gefaßt, mich zum Islam zu bekehren,*[137] oder zu der Figur des fanatischen Muslims Abd el Fadl, Henker des Bei von Tunis, in der Erzählung ›Christus oder Muhammed‹: »*Allah vernichte dieses Land!« hörte ich den einen in arabischer Sprache sagen. Ueberall stehen diese Götzenbilder, welche dem wahren Gläubigen ein Greuel sind, und vor denen diese Christenhunde die Würde ihrer Häupter entweihen.*«[138] Man denke einmal in diesem Zusammenhang an die unsägliche, ja unerträgliche Szene in ›Er Raml el Helahk‹, wo Kara Ben Nemsi sich so lange weigert, den Sohn des Scheichs vom Tode zu erretten, bis die Tuareg dreimal »*Isa Ben Marryam akbar!*« rufen. Soviel zum Fanatismus. May benutzt Escayrac meist nur als Sprüche- und Zitatensammlung sowie als Rohstofflieferant für die Bearbeitung bestimmter Szenen. Hier sei auf eine merkwürdige Eigenart im Umgang mit einer bestimmten Koranstelle eingegangen, die d'Escayrac schildert. May hat sie ob ihres komischen Aspekts in ›Unter Würgern‹ verarbeitet: das Aufsagen der 109. Sure, Al-Kafirun, um festzustellen, ob jemand betrunken sei:

Würger

»*Hast Du nicht gehört, daß der Prophet sagt:* »*Kullu muskirün haram, Alles, was trunken macht, ist verboten?*««
 »*Sihdi, Du bist weiser als ich; Du kennst sogar die Ilm et tauahhid, die Lehre von dem Einen Gotte und die Gesetze des frommen Schaffey; aber ich darf das Ma-el-Zat trinken, denn es macht mich nicht betrunken!*«
 »*Es hat Dich betrunken gemacht schon mehrere Tage, und auch jetzt hält der Geist des Schnapses Deine Seele gefangen.*«
 »*Meine Seele ist frei und munter, als hätte ich aus der Zemzemiëh getrunken!*«
 »*So sage mir den Surat el kafirun!*«
 Diese Sure ist die hundertundneunte des Koran und findet bei den Muselmännern oft eine eigenthümliche Anwendung. Dieses Kapitel muß nämlich ein Moslem hersagen, wenn man ihn für betrunken hält. Die einzelnen Verse unterscheiden sich nur dadurch von einander, daß dieselben Worte in ihnen eine verschiedene Stellung haben, und ein Betrunkener wird es nur selten dahin bringen, sie nicht zu verwechseln. Deutsch heißt diese Sure: »*Sprich: O ihr Ungläubigen, ich verehre nicht das, was Ihr verehret, und Ihr verehret nicht, was ich verehre, und ich werde auch nicht verehren das, was Ihr verehret, und Ihr werdet nie verehren das, was ich verehre. Ihr habt Eure Religion und ich die meinige.*« *In arabischer Sprache ist al-*

Escayrac

Alle Substanzen, deren Genuß dem Menschen den Gebrauch der Vernunft raubt, erklärt der Islam für unrein. Die Vorschrift ist bestimmt und allgemein. Sie lautet: K u l l u m u s k i r ü n h a - r a m, das heißt: A l l e s w a s t r u n - k e n m a c h t , i s t v e r b o t e n. (62) (...) Wissenschaft von der Einheit Gottes (ilm et tauahhid) (...) (87)
 Das S t r a f g e s e t z b u c h des Islam ist sehr einfach (...) Imam Schafey, dessen Ritus in Aegypten und Arabien der herrschende ist (...) (75)

Der Surat el kafirun findet manchmal eine eigenthümliche Anwendung, denn dieses Kapitel muß ein Muselmann hersagen, den man für betrunken hält. Die einzelnen Verse unterscheiden sich von einander nur dadurch, daß dieselben Worte in ihnen eine verschiedene Reihenfolge haben; und ein Betrunkener wird es nur selten dahinbringen, sie nicht zu verwechseln.*) [* Diese Sure ist die 109. und lautet: Sprich:»O ihr Ungläubigen, ich verehre nicht das was ihr verehret, und ihr verehret nicht was ich verehre, und ich werde auch nie verehren das was ihr verehret, und ihr werdet nie verehren das was ich verehre. Ihr habt eure Religion und ich die meinige.«] (54f.)

lerdings die richtige Recitation eine viel kritischere und schwierigere als im Deutschen.(664)

Die gleiche Szene greift May noch einmal in ›Deutsche Herzen, deutsche Helden‹ in modifizierter Form auf. Nach dem Zitieren der 109. Sure, deren arabischer Name jedoch nicht genannt wird, ergänzt er noch erklärend, abweichend von ›Unter Würgern‹: *In der deutschen Uebersetzung bereits bemerkt man, daß man sich bei dieser Sure sehr leicht versprechen kann. Im arabischen Urtexte aber ist das noch viel schlimmer und gefährlicher, zumal in vielen Gegenden nicht das eigentliche Wort »verehren« gebraucht wird, sondern das noch schwierigere »ta'aghab'an«, welches eigentlich »bewundern« bedeutet. Die vier Silben dieses Wortes mit dem viermal wiederkehrenden Buchstaben »a« erleiden da so verzwickte Umkehrungen und Verwechselungen, daß Einer, der bei vollen Sinnen ist, sehr aufmerken muß, wenn er Fehler vermeiden will. Für einen Betrunkenen aber ist es erst recht unmöglich, die Sure richtig herzusagen. Darum gilt sie als Probe, ob Einer einen Rausch hat oder nicht.*[139] Im obigen Zitat ist es eindeutig das Verb ›ta'aghab'an‹, das auf eine (noch unbekannte) Quelle hinweist. Die gesamte Ergänzung zeigt, daß May sich nicht damit begnügte, vorher benutzte Quellen immer wieder heranzuziehen, sondern stets neue fand und auch finden mußte, einmal aus Gründen der Variation und zum andern, um seine Quellen zu verschleiern. Man könnte so weit gehen und behaupten, daß eine neue Erzählung, die May in Angriff nahm, immer durch das Bereitstellen neuer Quellen bedingt war – wie auch die Erweiterung der Frohe-Stunden-Texte klar belegt. Ein weiteres Beispiel mag das erhellen. Das mohammedanische Glaubensbekenntnis, die Schahada, von May immer wieder in seinen Orienterzählungen zitiert, taucht erstmals in ›Unter Würgern‹ auf: *»La illaha il' Allah u Mohammed rassul Allah, es ist kein Gott außer Gott, und Mohammed ist Gottes Prophet!«* (S. 684) May hat es von d'Escayrac: *»Das einfachste Glaubensbekenntnis ist folgendes: »Es ist kein Gott außer Gott, und Mohamed ist Gottes Prophet.« La ilaha il' Allah u Mohamed rassul Allah.«* (S. 56) In ›Durch Wüste und Harem‹ wird die Schahada in unterschiedlicher Transkription zitiert, was auf eine andere Vorlage weist: *»Aber es ist nicht schwer, zu sagen: La Illa illa Allah, we Muhammed Resul Allah!«*[140] In diesem Falle ist die Quelle ein Lexikon, der ›Pierer‹, wie Schweikert nachgewiesen hat.[141]

4. Die Bedeutung d'Escayracs für Karl May

Zu Anfang seines Aufsatzes schreibt Schweikert etwas voreilig, daß May seine Islamkenntnisse aus dem Konversationslexikon nahm. In bezug auf ›Durch Wüste und Harem‹ ist das durchaus zutreffend. Die erste ausführliche Quelle seines Wissens war aber das Werk d'Escayracs, wobei jedoch einschränkend gesagt werden muß, daß May letztlich den Escayrac ebenso behandelte wie ein Konversationslexikon. Er suchte die kurze, schnelle, oberflächliche Information. Er suchte Bausteine, die er nach seinen Bedürfnissen in Form brachte, Ingredienzien, die er nach seinem Geschmack neu zusammenmischte.»Zur Arbeitsweise Mays ist festzuhalten, daß er sich zielbewußt die Bücher und darin die Kapitel sowie die Artikel aussuchte, die er benötigte, sie durchsah und sich Stichwortlisten entweder im Buch selbst oder auf Zetteln anfertigte, um die Informationen während des Schreibens schnell präsent zu haben. Dabei benutzte er vorwiegend Werke, die zu seiner Zeit zwar teilweise veraltet waren, dabei aber nicht mehr so bekannt, daß die paraphrasierende Übernahme von Textstellen auffallen konnte.«[142] Das trifft auch auf Mays Nutzung des Escayrac zu. Da ich bisher nicht Gelegenheit hatte, Mays Exemplar einzusehen, müßte es allerdings noch auf Anstreichungen und Anmerkungen von seiner Hand untersucht werden. Dessenungeachtet läßt sich allein durch Textvergleich schon feststellen, daß er seine Quelle reichlich als Fundgrube und Wörterbuch genutzt hat, wobei er nur in ganz geringem Umfang größere Textteile übernimmt, vielmehr eine Fülle von ethnographischen Kurzinformationen und orientalischen Sprachexotika einbaut, um dem Erzählkörper ein buntes, realitätsähnliches Gewand überzuziehen. Im geographischen Bereich verwendet er die Angaben des Grafen d'Escayrac in erster Linie dazu, die schon vorhandenen Geographika aus ›Gum‹ (1878) und ›Die Rose von Sokna‹ sowie die Zitate aus Rasch aufzufüllen und zu erweitern, um so ein plastischeres Bild des Raumes zu erzeugen. In der ersten Hälfte der Erzählung ›Unter Würgern‹ bedient er sich dabei der Technik der Quellenmischung.[143] Für die Ausgestaltung der Handlung in der eigentlichen Wüstenregion war die Verwendung seiner Quelle von enormer Bedeutung, so daß man sagen muß, daß ohne das Reisewerk d'Escayracs die Erzählung nicht hätte geschrieben werden können. Die über diese Erzählung hinausführende Bedeutung des Escayrac zeigt sich in Mays Weiterverwendung fremdsprachlicher Ausdrücke und Redewendungen sowie in der Wiederverwendung bestimmter Szenen, Bilder und Motive, die er auf der Grundlage seiner Quelle in ›Unter Würgern‹ entwickelt hat; zu nennen sind beispielsweise Spurenlesen, Messerduell, Trunkenheitsprobe, das Prinzip der Wissensprobe, das Motiv der Blutrache und nicht zuletzt die Verwendung von Koranstellen[144] als Mittel eines pseudoreligiösen Wettstreits.

Angeleitet von der licentia poetica webt Karl May einen eigenartigen orientalischen Zauberteppich saxonischer Provenienz. Er brauchte auf seiner einsamen Reise durch die geträumten Landschaften seines

Selbst von außen entlehnte Bilder, um seine Leser mit auf seine Reise zu nehmen:

Es gab für mich nur Seelen, nichts als Seelen. Und so ist es geblieben, auch als ich sehen gelernt hatte, von Jugend an bis auf den heutigen Tag. Das ist der Unterschied zwischen mir und anderen. Das ist der Schlüssel zu meinen Büchern. Das ist die Erklärung zu allem, was man an mir lobt, und zu allem, was man an mir tadelt. Nur wer blind gewesen ist und wieder sehend wurde, und nur wer eine so tief gegründete und so mächtige Innenwelt besaß, daß sie selbst dann, als er sehend wurde, für lebenslang seine ganze Außenwelt beherrschte, nur der kann sich in alles hineindenken, was ich plante, was ich tat und was ich schrieb ...[145]

May entwarf Umrisse von quasi-realen Landschaften, um dem Leser Wirklichkeiten anzubieten, damit dieser ihm folgen könne: als Dichter sein gutes Recht, als vorgeblich Reisender eine Notwendigkeit.»Und so konnte ihm eine Quelle nicht mehr als Hinweise geben, wie die exotische Kulisse seiner persönlichen Dramen gestaltet werden muß. Dennoch: ohne diese Quellen wäre May nicht der Erfolgsschriftsteller geworden, als der er die größten Wirkungen hatte«[146] Das unterscheidet May wesentlich von anderen Abenteuerschriftstellern des 19. Jahrhunderts wie Balduin Möllhausen, Friedrich Gerstäcker, Charles Sealsfield und anderen. Das macht noch heute seine Werke lesenswert, während andere nahezu vergessen sind, weil er eben nicht wirklich durch reale Landschaften reist, sondern durch eine mythische Geographie – und die ist zeitlos. Der Mythos aber wird gezeugt durch die Umformung realer Vorfindlichkeiten. Und sein Schreiber wurde schließlich selbst zum Mythos.

Anhang

Stellen aus ›Unter Würgern‹ sind nicht besonders gekennzeichnet, sondern nur durch einfache Seitenzahlen markiert. Die Verweise auf andere Werke Mays erheben keinen Anspruch auf Vollständigkeit. Abkürzungen: Gh = Eine Ghasuah; K = Der Krumir; MII = Im Lande des Mahdi II; SH = Scepter und Hammer; SII = Satan und Ischariot II; SLI = Im Reiche des silbernen Löwen I; W = Durch Wüste und Harem; (+) = kommt in den meisten Orienterzählungen vor.

1. Fremdsprachlicher Index

In die Liste aufgenommen wurden alle fremdsprachlichen Ausdrücke, geographische, Personen- und Stammesnamen, die May übernommen hat, auch Bezeichnungen, die oben schon besprochen wurden. Die mit * versehenen Wörter haben eine von Escayrac geringfügig abweichende Schreibweise.

May	Escayrac	May	Escayrac
Abu Bekr: 653	157	Ed dem b'ed dem – en nefs	
Abu Hanifa: 618	80	b'en nefs: 650, 669, 694;	167
Abu Zett: 618	112f.	SH 626*; W 75	
Abu-Thum: 618	178	Eddini: 646	96
Adam: 690	50	El Azhar: 638	87
Aghades: 619	268	El Fathha: 648; SH 515	54
Agreb: 668	45	El Jawuhs: 648	53
Aguid: 617	171	Emir el Mumiain*: 618	52
Ahir: 608, 619	268, 271	En-Nurab: 618, 634, 653f.	112f.
Aïn es Salah*: 619, 644	268, 271	Er-Raït*: 635	56
Aissa: 635	157	Ethar: 618, 653; W 31	286
Akhu: 646	119, 133	Fadharalla-Uëlad-Salem*:	
Ali: 653; W 5	157	618	112, 140
Allah inhal: 649, 664; SH 549	90	Fakih: 619	217
Amaver*: 619	281	Ferkah: 618, 634, 653; W 342	112f.
Amazigh: 687	109	Fiafi: 650; SII 361	11
Ambr el Banat: 646	119, 133	Frik: 684	279
Asraïl: 666	50	Ghadames: 608, 619	268
Assaleh: 619; K 267; MI 578	44	Gharb: 607	2
Audschelah: 619	111, 268	Gharian: 634	3
Ayats: 618	54	Ghat: 608, 619	268
Barah*: 619	276	Ghoba*: 650	11
Bela: 685	6	Ghud: 634, 650, 664, 687	19, 279
Belad el Dscherid: K 249,		Ghusl: 644	58
408	4, 284	Habakek: 607, 653	118f.
Bilma: 618f.	268f.	Hadendoa: 619	281
Bir: 607, 651, 684 (+)	289	Hafizh: 618f.	55
Bla Halef: 620; K 319	7	Haitia: 650; SII 361	11
Bsissa: 646	6	Haschasch: 634	98
Bülbül: 694; SH 595; W 7	201	Hhein: 651, 664	125
Dafira: 646	126	Ia-ou*: 637	44
Darb: 618, 651, 664; W 11	286	I-a-u: SH 594	44
Darharb*: 635	72	Ilm et tauahhid: 664	87
Debbeh: 619	276	Ilm teffir el Kuran*: 619	87
Derna: 634	3	Inhal (Allah inhal)	
Diyeh: 651; SII 374; SLI 333*	75, 168	Imrams Tochter: 635	53
Dongola: 619, 664	113, 268	Issrafil: 666	50
Dokhnkorn: 685	130, 201	Jussef / Jussuf: 638	157
Dschebel: 650; SII 361	11	Kaschenah: 618	267
Dschebel Haraza: 619	276	Kaymar: 619	276
Dschebraïl: 666	50	Khabir: 618, 664 (+)	43
Dschellab: 607	278	Khalid*: 653	157
Dschellaba: 684	277	Kharaz: 646	134
Dschenneh: 608	201	Khardscheh: 618	279
Dschir: 690	268, 271	Khartum: 619	282
Duar: 607, 634 (+)	139	Khatib: 635	73
Eblis: 667	50	Khe khe: 646	125

[May:]	[Esc.:]	[May:]	[Esc.:]
Khela: 650; SII 361	11	Ruay: 619	281
Koamat: 619	276	Sadik: 653	157
Kordofan: 607, 667	280f.	Sahar: SII 361	19
Kubabisch: 618, 634, 667	112f.	Sahel: 650	11
Kubbaschi: 618	112	Sanzür: 619	276
Kullu muskirün haram: 664	62	Sayd*: 635	53
Kuran: 618	54	Schaffey*: 664	56, 75
Kurssi: 619	276	Schiluhh: 687	109
Kussa: 618, 620, 654	178	Selimeh: 618	279
La illaha il'Allah u Mohammed rassul Allah*: 684 (+)	56	Serir (Gestell): 646	139
		Serir (Wüste): 619, 650, 667; SII 361	11
Lagmi: 646; W 54, 385	5		
Leff: 637	9	Seydna Yaya: 669	80
Lobeïdh*: 619	164, 277	Sisch: 620; K 319	7f.
Ma-el-Zat: 663	219	Soaken: 619	281
Maktub ala salamtek: 650	135	Sobha: 644; W 18, 41	2
Mehara: 651, 688	292	Softha: 619	217
Mehari: 651	179, 291	Soleb: 618	279
Merissa: 685, 688; Gh 455*	130, 201	Suras: 618	54
Mikaïl: 666	50	Surat: 619	54
Mohammed Ibn Abdallah el Haschemy*: 620	51	Surat el falak: 619	54
		Surat el ikhlass: 636	163
Monakhirdatteln: 663	7	Surat el Kafirun: 664	54f.
Murdschan: 686	247	Surat en nas: 619	54
Muzra*: 618	177	Surat yesin: 685f.	54
Nedsched: 650	11	Tehama: 650	11
Nogara: 648	175	Tekrur: 684	96
Nurab-a-Tor-el-Khadra: 647	113	Teyemmüm: 607	58
Ombelillah*: 619	276	Tor el Khada: 619	276
Ommu: 687; SH 594*	44	Tschembea*: 669; vgl. jedoch W 422	178
Omram*: 619	281		
Ozaïr: 669	50	Tuschan: 619	81
Parsi: 619	68	Waëdydatteln*: 646	8
Quelb el Kuran*: 685	54	Wangil-el-Uah*: 635	118
Rahad: 646	133	Warr: 650, 690; SII 361	11
Rif: 619	3	Way: 619	276
Rrree*: 651, 685f., 689, 692; W 302	125	Zemzemiëh: 653, 664, 685	294
		Zinder: 618f.	269

191

2. Synopse

Die Gegenüberstellung enthält zwei Abschnitte aus ›Unter Würgern‹, die oben nicht besprochen wurden, und jeweils eine Parallelstelle aus ›Deutsche Herzen, deutsche Helden‹ und ›Eine Befreiung‹.

2.1 Kamele

May

Vielleicht waren es gar Bischarinhedjihn, diese edelste Rasse der Kameele, denen man bei aller Enthaltsamkeit wohl eine ganze Woche lang täglich einen Weg von vierzehn bis sechzehn deutschen Meilen zutrauen kann. Ja, bei den Tuareg trifft man Kameele, welche noch weit mehr zu leisten vermögen. Ich erkannte diese Rasse an den zierlichen Formen, dem verständigen Auge, der breiten Stirn, den herabhängenden Unterlippen, den kurzen, stehenden Ohren, dem kurzen, glatten Haare und der Farbe desselben, welche bei dem Bischarin entweder weiß oder lichtgrau, manchmal auch falb und zuweilen gefleckt ist wie bei der Giraffe. (Würger 644)

Eine Strecke weiter fand ich eine ganz frische Darb (Spur), welche unsere Richtung schief durchschnitt. Sie stammte von einem einzelnen Thiere und war so klein, daß ich vermuthete, das Kameel sei ein Bischarinhedjihn oder wenigstens eines jener Mehara, wie man sie bei den Tuareg in ausgezeichneter Rasse findet. Ein solches Mehari übertrifft an Schnelligkeit, Ausdauer und Enthaltsamkeit sogar oft noch das Hedjihn der Bischara, und besonders sind es dann die Stuten, für welche man einen ganz außerordentlichen hohen Preis bezahlt. (Würger 651)

Escayrac

Der Tuarek hat sein Mehari, dessen Schnelligkeit jene des Pferdes hinter sich läßt; er durchfliegt mit demselben weite Entfernungen wunderbar rasch, und trabt vier bis fünf Tage fast ohne alle Unterbrechung (...) Der Bischarihirt züchtet ein Hedschin von zierlicheren Formen, kurzem glatten Haar, das insgemein weiß oder lichtgrau ist, selten falb, manchmal gefleckt wie bei der Giraffe; die Unterlippe hängt herab, die Ohren stehen und sind kurz, die Stirn ist breit und gewölbt, das Auge blickt verständig (...)
Die schätzbarste Eigenschaft des Satteldromedars ist nicht etwa seine Schnelligkeit, sondern viel mehr noch die wunderbare Fähigkeit die äußersten Anstrengungen zu ertragen. Es giebt solcher Thiere, welche binnen vierundzwanzig Stunden eine Strecke zurücklegen, zu welcher man sonst fünf gewöhnliche Tagmärsche nöthig hat; manche sind im Stande sieben oder acht Tage hintereinander fünfundzwanzig bis dreißig Lieues, also vierzehn bis sechzehn deutsche Meilen, täglich zu machen. Bei den Tuarek soll es Mehara geben, die noch weit mehr leisten; so haben mich diese Nomaden selbst versichert. (291f.)

2.2. Brunnen

May

Es kommt vor, daß das Kameel des Wüstenreisenden an einer Stelle, die ihm nichts Auffälliges bietet, halten bleibt und nicht von ihr wegzubringen ist. Steigt er dann ab, um sie zu untersuchen, so entdeckt er eine Feuchtigkeit des Sandes, welche immer größer wird, je weiter er gräbt, bis er endlich in der Tiefe von einigen Fuß auf Wasser stößt. Der wilde Tuareg hält solche Brunnen sehr geheim. Er breitet über das Wasser ein Fell, welches er sorgfältig mit Sand bedeckt, so daß die Stelle von ihrer Umgebung nicht zu unterscheiden ist. Sie bietet ihm die Möglichkeit, in der Verborgenheit auszuharren, so lange es ihm beliebt, und von ihr aus seine Streifzüge zu unternehmen, von denen er immer wieder zu ihr zurückkehrt. (Würger 690)
»... Hast Du nicht von den geheimen Quellen der Wüste gehört?«
»Wie sollte ich nicht. Das Kameel des dürstenden Wanderers bleibt in der dürrsten Einöde stehen, wo es keinen Tropfen zu geben scheint, und scharrt mit den Füßen im Sande. Der Reiter springt ab und gräbt mit den Händen weiter. Da kommt eine Quelle zum Vorschein. Er trinkt, läßt sein Thier sich satt trinken und füllt sich auch die Schläuche. Dann breitet er seine Decke über die Stelle und legt den Sand auf die Decke, so daß kein Vorüberkommender es ahnt, daß hier eine Quelle sei. Zu dieser Stelle kehrt er dann zurück, wenn er Wasser braucht. Sie bietet ihm Rettung in Noth und Verfolgung. So lange er sie allein besitzt, kann kein Feind ihn überwinden.« (Deutsche Herzen)[147]

Interessant sind die Bijara mektumin d. i. geheimen Brunnen, an denen vorüber oder sogar über welche man reiten

Escayrac

Eigentliche Brunnen findet man in der Wüste nicht. Aber der Nomade welcher die Sahara durchstreift, braucht in den sandigen Boden nicht tief einzugraben; er findet oft schon wenige Ellen tief Wasser, und in einigen Oasen springt es sogar hervor. Unter der Sahara liegen große Wasserseen, artesische Becken. Die Tuareks überdecken manchmal die enge Oeffnung ihrer Brunnen mit Zweigen, legen darüber eine Ochsen- oder Kameelhaut, und werfen über das Ganze eine dünne Lage Sand. Manchmal spürt ein durstiges Kameel diesen verborgenen Schatz doch aus; entdeckt ihn aber der Feind nicht und liegt er in der Nähe seines Gebietes, dann ist der Tuarek in den Stand gesetzt die kühnsten Handstreiche zu wagen; er kann sich in der Wüste selbst in den Hinterhalt legen, lange verweilen und auflauern weil er Wasser hat, und braucht an keinem Brunnen zu erscheinen, wo der Feind ihn wenigstens bemerken, vielleicht auch überfallen würde. (289)

kann, ohne zu ahnen, daß man sich in so großer Nähe des ersehnten Elementes befindet. Ein weitab von der Karawanenstraße streifender Beduine entdeckt durch Zufall einen wasserhaltigen Ort, gräbt den Sand auf, füllt seinen Schlauch, tränkt sein Kameel, breitet seine Decke über das schmale Loch und wirft den Sand wieder darauf. Von nun an besitzt er einen Punkt, an welchem er rasten und sich erholen kann, und hält denselben geheim. Er verräth ihn nur dann, wenn er Nutzen davon haben kann. Diese heimlichen Brunnen befinden sich meist im Besitze von Räubern oder auch ganzen Raubkarawanen, denen ein solcher Bir (Brunnen) große Sicherheit bietet, da sie dann nicht nöthig haben, die an den Karawanenwegen liegenden Brunnen aufzusuchen und sich dabei in Gefahr zu begeben. – (Befreiung)[148]

*

Für zahlreiche Anregungen, Hinweise und gute Gespräche bedanke ich mich herzlich bei Herrn Bernhard Kosciuszko, Köln.
Zu danken habe ich auch den Damen der Kreis- und Stadtbücherei Gummersbach, namentlich Frau Leng und Frau Hasky, die mir bei der Beschaffung von Materialien überaus behilflich waren.

1 Karl May: Unter Würgern. In: Deutscher Hausschatz. V. Jg. (1878/79), S. 664; Reprint in: Karl May: Kleinere Hausschatz-Erzählungen. Hrsg. von Herbert Meier. Hamburg/Regensburg 1982 (künftig: Würger). Bis auf kleinere Abweichungen wurde diese Erzählung nahezu unverändert unter dem Titel ›Die Gum‹ in die Buchausgabe: Karl May: Gesammelte Reiseromane Bd. X: Orangen und Datteln. Freiburg 1894, übernommen.
2 Karl May: Die Gum. In: Frohe Stunden. 2. Jg. (1878), S. 207; Reprint der Karl-May-Gesellschaft. Hamburg 1971
3 Karl May: Im »wilden Westen« Nordamerika's. In: Feierstunden im häuslichen Kreise. 9. Jg. (1883), S. 58; Reprint in: Karl May: Winnetou's Tod. Hrsg. von Roland Schmid. Bamberg 1976
4 Die deutsche Erstausgabe (künftig: Escayrac) erschien mit einem Umfang von 307 Seiten, übersetzt und herausgegeben von Karl Andree in der Verlagsbuchhandlung Carl B. Lock als sechster Band in der Reihe ›Hausbibliothek für Länder- und Völkerkunde‹. Eine textidentische ›Neue Ausgabe‹ mit lediglich verändertem Titelblatt erschien in drei Auflagen in den Jahren 1865, 1867 und 1874 im Verlag von G. Seuf's Buchhandlung in Leipzig. Die deutsche Ausgabe ist eine Bearbeitung des französischen Originals ›Le Désert et le Soudan. Par M. le Comte d'Escayrac de Lauture,

Membre de la Commisssion centrale de la société géographique, Membre de la société asiatique de Paris et de la société orientale‹. Es erschien im Format Groß-Oktav und einem Umfang von 628 Seiten im November 1853 in Paris in der ›Librairie J. Dumaine et F. Klincksieck‹.

In der ›Hausbibliothek für Länder- und Völkerkunde‹ erschien 1855 in deutscher Bearbeitung von Karl Andree als achter Band ein für May ebenfalls wichtiges Quellenwerk: ›Wanderungen durch das Chinesische Reich. Von Huc und Gabet.‹ Vgl. dazu: Bernhard Kosciuszko: Illusion oder Information? China im Werk Karl Mays. In: Jahrbuch der Karl-May-Gesellschaft (Jb-KMG) 1988. Husum 1988, S. 322-40.

5 May: Im wilden Westen, wie Anm. 3, S. 31 und 58f.; May hat diese Erzählung später in Karl May: Gesammelte Reiseromane Bd. IX: Winnetou der Rote Gentleman III. Freiburg 1893, verarbeitet; die Stelle findet sich dort auf den Seiten 369-74.

6 Karl May: Deutsche Herzen, deutsche Helden. Dresden 1885-87, S. 639; Reprint Bamberg 1976; stellvertretend für viele andere ähnliche Szenen sei hier auf die Spurensuche in: Karl May: Giölgeda padiśhanün. In: Deutscher Hausschatz. VII. Jg. (1880/81), S. 256, 268f.; Reprint der Karl-May-Gesellschaft. Hamburg/Regensburg 1977, resp. Karl May: Gesammelte Reiseromane Bd. I: Durch Wüste und Harem. Freiburg 1892, S. 11-17, hingewiesen. – Auf einen Irrtum Mays in der Kennzeichnung der Pferde (Farbe der Haare des ›Braunen‹ weist hin: Karl Konrad Polheim: In den Schluchten der Texte. Das Problem einer historisch-kritischen Karl-May-Ausgabe. In: Jb-KMG 1988. Husum 1988, S. 38.

7 May: Durch Wüste und Harem, wie Anm. 6, S. 11

8 May läßt auch die Indianer auf diese Art die Zeit angeben: *»Wenn grad um die Mittagszeit der Schatten der Eiche fünfmal die Länge meines Bruders hat, wird Winnetou dort ankommen.«* (Karl May: Gesammelte Reiseromane Bd. XIV: Old Surehand I. Freiburg 1894, S. 2).

9 Vgl. dazu auch Helmut Lieblang: Adolf von Wrede und Karl May. Erlebte und fabrizierte Reisebeschreibungen. In: Jb-KMG 1995. Husum 1995, S. 252-61.

10 Eine Oase dieses Namens war in zeitgenössischen Atlanten und Reisebeschreibungen nicht aufzufinden. Namentliche Anklänge finden sich allerdings mehrfach: 1. Zawilah (auch: Suila, Zuilah, Zuwaylah; Gustav Nachtigal schreibt ›Zawila‹), rund 200 km östlich von Murzuk (Marzuq), in Libyen, ehemals Hauptstadt des Fessan und ein Knotenpunkt des Karawanenhandels zwischen dem Sudan und der tripolitanischen Mittelmeerküste. Hier ist anzumerken, daß Gerhard Rohlfs für die um ca. 300 km kürzere Strecke von Murzuk bis Yat in Niger mit einer kleineren Karawane (›Mays‹ Karawane umfaßt 60 Lastkamele, 11 Satteltiere und 3 Pferde) rund 1 Monat brauchte (vorausgesetzt, daß man die ›Räuberfestung‹ El Kasr mit der Oase Djado im nördlichen Niger gleichsetzt). 2. Tafilet (heute meist: Tafilalet, Tafilalt), eine bedeutende Oasengruppe von rund 150 Dörfern in der marokkanischen Sahara, südlich des Atlas. Abuam, der Hauptort der Oase, war für die ganze westliche Sahara zentraler Handelspunkt, wo selbst Waren aus dem Ostsudan (Dongola in der heutigen Republik Sudan) umgeschlagen wurden. Tafilet ist allerdings 2000 km Luftlinie von Djado entfernt; jedoch spielen bei May Zeit- und Entfernungsangaben eine untergeordnete Rolle. 3. Aïn Sefahla in Algerien, eine rund 25 km nördlich von Touggourt (Tugurt) im Wadi Rhir gelegene Oase, die auf der von May benutzten Karte des Capt. Roudaire verzeichnet ist. (May benutzte diese Karte und dazu gehörenden Artikel von Joseph Chavanne, ›Das algerisch-tunesische Binnenmeer‹, für die Beschreibung des Schott el Dscherid in den Erzählungen ›Giölgeda padiśhanün‹ / ›Durch Wüste und Harem‹ und ›Der Krumir‹; vgl. Anton Haider: Karl May und Joseph Chavanne. In: Mitteilungen der Karl-May-Gesellschaft (M-KMG) 32/1977, S. 18-22.) Die Oase Aïn Sefahla liegt zwar auf einem denkbaren Rückweg Kara Ben Nemsis und seiner Gefährten nach Algier, dagegen spricht aber die Tatsache, daß auf der Strecke vor Aïn Sefahla eine Reihe anderer Oasen (z. B. Ghat und Ghadames) liegen, die nach der Durchschreitung der Serir dem erschöpften Wanderer ihr *liebliches Bild* dargeboten hätten. Mays Angaben zufolge müßte die Oase Safileh jedenfalls zwischen dem Aïr-Gebirge und dem Tibesti zu suchen sein, denn *»Diese Kaffilah kommt aus Aïr und geht nach Safileh oder gar nach Tibesti,«* *bestimmte der Tebu.* (Karl May: Unter Würgern, wie Anm. 1, S. 664)

195

11 Franz Kandolf und Adalbert Stütz: Karl Mays Bücherei. In: Karl-May-Jahrbuch (KMJB) 1931. Radebeul 1931, S. 228; Karl Mays Werke. Historisch-kritische Ausgabe. Supplemente Bd. 2: Katalog der Bibliothek. Hrsg. von Hermann Wiedenroth und Hans Wollschläger. Bargfeld 1995, S. 24 (No. 716)
12 May: Gum, wie Anm. 2
13 Karl May: Die Rose von Sokna. In: Deutsche Gewerbeschau. 1. Jg. (1878/79); Reprint in: Karl May: Der Krumir. Seltene Originaltexte Bd. 1. Hrsg. von Herbert Meier. Hamburg/Gelsenkirchen 1985
14 May: Unter Würgern, wie Anm. 1
15 Karl May: Das Hamaïl. In: Der Gute Kamerad, 1. Jg. (1887); Reprint in: Karl May: Die Sklavenkarawane. Hrsg. von Roland Schmid. Bamberg/Braunschweig 1975
16 Karl May: Christus oder Muhammed. In: Karl May: Gesammelte Reiseromane Bd. X: Orangen und Datteln. Freiburg 1894
17 Karl May: Der Krumir. In: Karl May: Gesammelte Reiseromane Bd. X: Orangen und Datteln. Freiburg 1894
18 Karl May: Eine Befreiung. In: Karl May: Die Rose von Kaïrwan. Osnabrück 1894; Reprint Hildesheim-New York 1974
19 Karl May: Er Raml el Helahk. In: Karl May: Gesammelte Reiseerzählungen Bd. XXIII: Auf fremden Pfaden. Freiburg 1897
20 Karl May: Der Kutb. In: Karl May: Gesammelte Reiseerzählungen Bd. XXIII: Auf fremden Pfaden. Freiburg 1897
21 Karl May: Die Liebe des Ulanen. In: Deutscher Wanderer. 8. Bd. Dresden 1883-85; Reprint Bamberg 1993
22 May: Deutsche Herzen, wie Anm. 6
23 May: Durch Wüste und Harem, wie Anm. 6
24 Karl May: Gesammelte Reiseerzählungen Bd. XXI: Satan und Ischariot II. Freiburg 1897
25 Vgl. dazu weiter unten auch das Kapitel: 3.3.2.
26 Vgl. Woiciech Kunicki: Gustav Rasch – ohne Karl May wäre er vergessen. In: M-KMG 61/1984, S. 17-23; das Werk von Rasch (›Siban‹) wird künftig: ›Rasch‹ zitiert.
27 Vgl. Haider, wie Anm. 10.
28 Vgl. Ansgar Pöllmann: Ein Abenteurer und sein Werk. In: Über den Wassern. 3. Jg., Heft 4 (1910) (das Werk von Daniel (›Handbuch‹) künftig: Daniel).
29 Vgl. Lieblang: Adolf von Wrede, wie Anm. 9.
30 Vgl. Helmut Lieblang: Das heutige Tunis. Eine Quelle Karl Mays. In: M-KMG 107/1996, S. 44–48.
31 Vgl. Franz Kandolf: Krüger Bei und der Vater der Fünfhundert. In: KMJB 1924. Radebeul 1924; erneut in: Karl-May-Jahrbuch 1979. Bamberg/Braunschweig 1979, S. 29-37; Ders.: Sir David Lindsay und Krüger Bei. In: Karl-May-Jahrbuch 1979. a.a.O., S. 41-53; Mounir Fendri: Neues zu Karl Mays Krüger-Bei. Das Manuskript des Muhammad ben Abdallah Nimsi alias Johann Gottlieb Krüger. In: Jb-KMG 1992. Husum 1992, S. 277-98.
32 Vgl. Herbert Meier: Karl May und Jules Gérard, die ›Löwentöter‹. In: Jb-KMG 1993. Husum 1993, S. 191-228.
33 Vgl. Franz Kandolf: Schrittmesser und Landkarten. In: KMJB 1925. Radebeul 1924; erneut in: Karl-May-Jahrbuch 1979. Bamberg/Braunschweig 1979, S. 23-28.
34 Zur Begründung, daß May diese Karte benutzt hat, siehe weiter unten das Kapitel 3.3.2.
35 Vgl. Kandolf: Schrittmesser, wie Anm. 33.
36 Vgl. Kandolf: Schrittmesser, wie Anm. 33. Des weiteren muß May diese Karte ebenfalls für die Erzählung ›Christus oder Muhammed‹ (wie Anm. 16) benutzt haben, da sich die von ihm erwähnten Ortsangaben *Bah feitun Lakhderi* und *Bah Merai* sowie der Stamm der *Mutelit* (a.a.O., S. 203f.) gemeinsam auf keiner anderen bekannten zeitgenössischen Karte finden. Außerdem weist er in einer Erzählung aus dem ›Krumir‹ hin: ... *damals, als ich von dem Krumirlande aus nach Süden ritt.* (May: Christus oder Muhammed, wie Anm. 16, S. 203). Der ›Bah feitun Lakhderi‹ und die Stämme der ›Mutelit‹ und ›Saleith‹ werden außerdem noch einmal in May: Kutb, wie Anm. 20, S. 373, genannt.

37 Vgl. Karl Guntermann: Bibliographische Notizen. Neue Folge: ›Im Wilden Westen‹. In: M-KMG 45/1980, S. 26–32; Herbert Meier: Einleitung zu: May: Kleinere Hausschatz-Erzählungen, wie Anm. 1, S. 35; Roland Schmid: Anhang (zu ›Auf fremden Pfaden‹). In: Karl May: Freiburger Erstausgaben Bd. XXIII. Hrsg. von Roland Schmid. Bamberg 1984, A3-6; Helmut Lieblang: Englisch-Ostindien. Eine Quelle Karl Mays. In: M-KMG 108/1996, S. 36–41.
38 May: Gum, wie Anm. 2; May: Sokna, wie Anm. 13; Mays erste Orienterzählung war ›Leilet‹, zuerst erschienen in: Feierstunden am häuslichen Heerde. 1. Jg. (1876/77).
39 Von den insgesamt 39 Textseiten im ›Deutschen Hausschatz‹ enthalten 28 Seiten kürzere oder längere Zitate aus dem ›Escayrac‹.
40 Die Aufzeichnungen Johann Ludwig Burckhardts: Travels in Nubia. London 1819 (dt. ›Reisen in Nubien‹. Weimar 1820) waren die ersten Berichte, die Europa über diese Region erreichten. Mit Eduard Rüppel: Reisen in Nubien, Kordofan und dem peträischen Arabien. Frankfurt a. M. 1829, beginnt die Reihe der Forschungsreisen nach der Eroberung Kordofans durch die Türken im Jahre 1824. Ihm verdanken wir nicht nur die ersten Positionsbestimmungen von vier Orten Kordofans, sondern auch genauere Informationen über die südlichen Nachbarländer der Nuba und Takale. Sein Begleiter, der Physiker Michael Hey, fuhr als erster im Februar 1824 den Bahr al-Abiad 45 Stunden stromaufwärts. Ihnen folgten 1837 Holroyd in: Journal of the Royal Geographical Society. IX. (1839), Joseph von Russegger: Reisen in Europa, Asien und Afrika. 7 Bde. Stuttgart 1841-50, und Theodor Kotschy in: Mittheilungen der k. k. geographischen Gesellschaft. Wien 1857 u. 1858. Ignaz Pallme hielt sich in den Jahren 1838-39 in Kordofan auf und verfaßte eine ›Beschreibung von Kordofan und einigen angränzenden Ländern‹ (Stuttgart/Tübingen 1843). 1840-41 nahm Ferdinand Werne an einer ägyptischen ›Expedition zu Erforschung der Quellen des Weißen Nil‹. Berlin 1848, teil. Im Februar 1848 bereisten Baron Johann Wilhelm von Müller: Fliegende Blätter aus meinem Tagebuche, geführt auf einer Reise in Nord-Ost-Afrika in den Jahren 1847, 1848 und 1849. Stuttgart 1851, Alfred Brehm: Reiseskizzen aus Nordostafrika. Jena 1853, und der in ägyptischen Diensten stehende John Petherick: Egypt, the Soudan and Central Africa. London ca. 1851, den östlichen Sudan. Die Reihe der älteren Forschungsreisenden wird abgeschlossen durch von Schlieffen (1853), Cuny (1858), Lejean und Antinori (1860). – Einen guten Überblick über Reisen im Sudan bieten: Josef Chavanne: Central-Afrika nach dem gegenwärtigen Stande der geographischen Kenntnisse. In: Mittheilungen der kais. und kön. geographischen Gesellschaft in Wien. XIX. Band. Wien 1876; Philipp Paulitschke: Die Sudanländer nach dem gegenwärtigen Stande der Kenntnis. Freiburg i. Br. 1885; Richard Buchta: Der Sudan unter ägyptischer Herrschaft. Leipzig 1888; Bernhard Streck: Sudan. Steinerne Gräber und lebendige Kulturen am Nil. Köln 1982. Paulitschke und Buchta sind Quellenwerke Mays; vgl. Bernhard Kosciuszko: »In meiner Heimat gibt es Bücher«. Die Quellen der Sudanromane Karl Mays. In: Jb-KMG 1981. Hamburg 1981, S. 64-87.
41 Paulitschke: Sudanländer, wie Anm. 40, S. 50
42 Paul Durand-Lapie: Le Comte d'Escayrac de Lauture. Sa vie et ses ouvrages. Paris 1899, S. 10. Deutsche Publikationen geben abweichende Daten an. So vermerken ›Petermann's Geographische Mittheilungen‹ in der Rubrik ›Geographische Nekrologie des Jahres 1868‹ (1869, S. 40) den Januar 1822 als Geburtsdatum, ›Pierers Konversations-Lexikon‹ (7. Aufl. Stuttgart 1890. Bd. 5, Sp. 392) den 6. 12. 1830, desgleichen ›Brockhaus' Konversations-Lexikon‹ (14. Aufl. Leipzig/Berlin/Wien 1902. Bd. 6, S. 225). Den Angaben in der ausführlichen französischen Biographie von Durand-Lapie ist hier der Vorzug zu geben.
43 Karl Andree im Vorwort zu ›Escayrac‹, S. VII
44 Hans Wollschläger: Karl May. Grundriß eines gebrochenen Lebens. Zürich 1976, S. 23
45 Hermann Wohlgschaft: Große Karl May Biographie. Paderborn 1994, S. 62
46 Durand-Lapie, wie Anm. 42, S. 19; im Original:»Sa position de fortune lui permettait de vivre libre et indépendant, ce qui convenait à son caractère fier, aventureux et désintéressé.«
47 Ebd., S. 22; im Original:»L'aspect du désert, l'immensité de ses horizons, son uniformité, son silence impressionnent vivement celui qui le contemple pour la première fois. L'océan, les glaces du pôle produisent seuls sur notre âme une impression semblable.«

48 Buchta, wie Anm. 40, S. 17
49 Notice sur le Cordofan (Nubie supérieure). Paris 1851 (Bulletin de la Société de géographie); Le Désert et le Soudan. Etudes sur l'Afrique au nord de l'équateur, son climat, ses habitants, les moeurs et la religion des ces derniers, avec cartes et gravures sur bois. Paris 1853; vgl. Anm. 4; Mémoire sur le Ragle ou Hallucination du Désert. Paris 1855; De l'influence que le canal des Deux-Mers exercera sur le commerce en général et sur celui de la mer Rouge en particulier. Paris 1855.
50 Mémoire sur le Soudan, géographie naturelle et politique, histoire et ethnographie, moeurs et institutions de l'empire des Fellatas, du Bornou, du Baguermi, du Waday, du Dar-Four. Rédigé d'après des renseignements entièrement nouveaux et accompagné d'une esquisse du Soudan Oriental. Paris 1855-56 (Bulletin de la Société de géographie)
51 Chavanne: Central-Afrika, wie Anm. 40, S. 424 – Als erster Europäer gelangte der deutsche Astronom und Afrikaforscher Eduard Vogel in das streng gegen Fremde abgeschirmte, östlich des Tschadsees liegende Sultanat Wadai. Er wurde dort 1856 ermordet, weil man ihn für einen türkischen Spion hielt. Erst Gustav Nachtigal gelang es in den Jahren 1873-74, das Land zu bereisen.
52 Buchta, wie Anm. 40, S. 22; vgl. auch Paulitschke, wie Anm. 40, S. 50.
53 C. Jomard kommentierte diese Expedition in seinem Aufsatz: Voyage à la recherche des sources du Nil Blanc sous le commandement de M. le comte d'Escayrac de Lauture. In: Bulletin de la Société de géographie. 4e série, XII. Paris 1856.
54 Vgl. Die industrielle Revolution. Spektrum der Weltgeschichte 1800-1850 n. Chr. Amsterdam (Time-Life) 1990, S. 128f.
55 Considérations sur le passé et l'avenir de la Chine. Paris 1862 (Bulletin de la Société de géographie); Aperçu des changements survenus depuis les temps historiques dans le cours des deux grands fleuves chinois, le Hoang-ho et le Yang-tse-Kiang. Paris 1862 (Bulletin de la Société de géographie); Mémoires sur la Chine. Paris 1864. – Daneben widmete er sich noch anderen Themen. 1862 erschienen in London drei Schriften über Telegraphie: Analytic universal telegraphy, Analytic universal code of signals; Telegraphic transmission of the Chinese characters. 1865 veröffentlichte er in Paris eine Untersuchung über ›Le langage, ses lois, application utile de ces lois, avec planches‹ und 1867 seine letzte Schrift ›La guerre, l'organisation de l'armée et l'équité‹.
56 Karl May: Geographische Predigten. 3. Berg und Thal. In: Schacht und Hütte. Blätter zur Unterhaltung und Belehrung für Berg-, Hütten- und Maschinenarbeiter, 1. Jg. (1875/76), S. 157f.; Reprint Hildesheim- New York 1979
57 Wüsten-Bilder. II. Natur- und Menschenleben in der Sahara. In: Die Gartenlaube. 2. Jg. (1857), S. 244-48
58 May: Satan und Ischariot II, wie Anm. 24, S. 361
59 Unter dem Titel ›Aus der Mappe eines Vielgereisten‹ erschienen Mays frühe Amerikageschichten ›Inn-nu-woh, der Indianerhäuptling‹ und ›Old Firehand‹.
60 Eine ähnliche Fata-Morgana-Beschreibung findet sich in: Karl May: Der Geist des Llano estakado. In: Die Helden des Westens. Stuttgart 1890, Sechstes Kapitel ›Geisterstunde‹, besonders S. 371, 379, 382f.
61 Vgl. Rudi Schweikert: Von Befour nach Sitara – in Begleitung der Wilden Jagd Über ein mythisches Muster, die Wissensprobe als artistisches Prinzip bei Karl May sowie etwas über sein Lesen, Denken und Schreiben. Ein Fantasiestück in philologischer Manier. In: Jb-KMG 1994. Husum 1994, S. 104-42.
62 Ebd., S. 111
63 Der Ich-Erzähler und seine Gefährten brechen zwar zügig von Algier zur Rettung des entführten Rénald Latréaumont auf, nutzen aber unterwegs die Gelegenheit, sich auf einer Löwenjagd umzutun, weil Rasch und Gérard erd- und jagdkundliche Vorlagen bereithalten.
64 May: Durch Wüste und Harem, wie Anm. 6, S. 2
65 Ebd., S. 9
66 Auch heute noch werden die Nomadenstämme der Kababisch im Norden Kordofans von Scheichs der Familiendynastie der Aulad Fadlallah (›Fadharalla‹) geführt. »Die Kababisch (von kabsh = Widder), der mächtigste Stamm (ca. 80 000 Angehörige)

unter den Abbala, dessen Weidegebiete das gesamte nördliche Kordofan umfassen, haben mit ihren Awlad Fadlallah eine ähnliche Elite [wie die Shukriya] bekommen. Ahl as sulta, die ›Leute der Macht‹, nennt der einfache Kabbashi sie und sich selbst majbur, ›Untertan‹. Im letzten Jahrhundert bildeten die Widderleute noch einen losen Zusammenschluß von Hirten, die zwischen der Darb al Arba'in, dem Wadi el Milk und dem Wadi Muqaddam umherzogen (...) Erst als zu Beginn unseres Jahrhunderts die britische Verwaltung Ali at Tom von der Fadlallah-Linie zum Nazir [Stammesführer] machte und ihm Gewehre zur Verteidigung Nordkordofans gegen den damals noch unabhängigen Sultan von Darfur zur Verfügung stellte, formierte sich der moderne, einheitliche Stamm.« (Streck, wie Anm. 40, S. 127f.)
Während des Mahdi-Aufstandes im Sudan (1881-98) waren die Kababisch unter ihrem Scheich Saleh Bey Fadlallah uad Salem, einem Sohn des von May nach d'Escayrac genannten Fadharalla-Uëlad-Salem, die größten und erbittertsten eingeborenen Feinde der Mahdisten. Scheich Saleh wurde am 17. Mai 1887 in einem Kampf mit Truppen des Khalifa Abdullahi, dem Nachfolger des Mahdi, bei den Brunnen von Nahbass erschlagen. Vgl. Josef Ohrwalder: Aufstand und Reich des Mahdi im Sudan. Innsbruck 1892, S. 167f.
67 *Nurab-a-Tor-el-Khadra* meint eigentlich einen Unterstamm der ›Nurab‹ am ›Tor-el-Khadra‹ (At-Tur'a al-Khadra), einem versumpften Nebenarm des Weißen Nils, nordöstlich des Djabal Arashkol bei Shabasha in Kordofan gelegen.
68 Karl May: Gesammelte Reiseromane Bd. VII: Winnetou der Rote Gentleman I. Freiburg 1893, S. 153
69 Vgl. Lieblang: Adolf von Wrede, wie Anm. 9.
70 Stellen in anderen Reisewerken machen das deutlich: »Anstatt des Tuches um den Leib, trug sie [ein Bischarinmädchen] den Rahàd, einen ledernen Gürtel mit herabhängenden Franzen und Quasten, die bis zur Mitte der Schenkel reichen und die Stelle des Feigenblattes vertreten*). [* Der Rahàd wird, besonders von den Mädchen, bei allen Völkern des südlichen Nubiens und bei vielen Negervölkern allgemein getragen. Er ist das einzige Kleidungsstück am Körper in der Hütte oder im Zelte, und grösstentheils auch ausserhalb derselben. Eine vorn angehängte Cyprea (Porzellanschnecke) dient als Zeichen der Jungfrauschaft.« (Joseph Russegger: Reise in Egypten, Nubien und Ost-Sudan. 1. Theil. Stuttgart 1843, S. 435) – »Eine kastanienbraune Amazone von reinster Färbung, ein wahres Bild üppigster Jugendkraft, stand nackt bis auf den triefenden Ràhat (Gürtel von Lederschnüren) auf dem Zipfel meines Teppichs.« (Ferdinand Werne: Expedition zur Entdeckung der Quellen des Weißen Nil. Berlin 1848, S. 15) – »Die Kleidung des weiblichen Geschlechts gleicht der der Hassani- und Kababisch-Araber, d. h. die Mädchen gehen bis zum fünften, sechsten Jahre nackt, dann tragen sie den Rahad*) [* Der Rahad ist ein rings um den Körper laufender Gürtel, an dem unzählige runde lederne Riemchen herabhängen, die bis zur Mitte des Schenkels reichen. Dabei fallen dieselben bei jeder Bewegung so in die Vertiefungen des Körpers, dass sie den Zweck einer Kleidung erfüllen.] bis zur vollständigen Entwicklung, wo dieser alsdann mit einem um die Hüften geschlungenen Tuche vertauscht wird. Der übrige Theil des Körpers ist frei und lässt bei den jungen Mädchen nicht selten die schönsten Formen sehen. Die Gesichtszüge derselben sind hübsch, Kopf und Hals ist mit Schmuck von Silber, Bernstein, seltener aber mit Glasperlen verziert; an den Armen und Beinen, so wie in den Ohren und in der Nase tragen sie Ringe von Silber, Messing oder auch nur Eisen. Armbänder von Elfenbein sind nicht gar häufig im Gebrauch; allein ein besonderer Schmuck jüngerer Mädchen oder Jungfrauen sind glänzende Muscheln (cyprea vulgaris), welche am Rahad hängen und die Jungfrau bezeichnen.« (Johann Wilhelm von Müller: Fliegende Blätter aus meinem Tagebuche. Stuttgart 1851, S. 97) – »In Mittel- und Südnubien schlagen die Frauen ein Zeugstück, Gumbar, um die Lenden und nehmen eine Ferda über die Schultern. Die Mädchen tragen statt des Gumbar den Rahat oder Franzengurt, welcher entweder gänzlich oder theilweise die Hüften deckt.« (Robert Hartmann: Die Nilländer. Leipzig-Prag 1884, S. 45)
71 Gert Ueding: »Howgh, ich habe gesprochen«. Beredsamkeit in der Fremde: Mays Rhetorik. In: Jb-KMG 1996. Husum 1996, S. 129

72 May: Winnetou I, wie Anm. 68, S. 152
73 Vgl. Ralf Schönbach: »Zu einem guten Kartenleser gehört schon Etwas ...« Die Quellen der Balkan-Romane Karl Mays. In: Karl Mays Orientzyklus. Hrsg. von Dieter Sudhoff/Hartmut Vollmer. Paderborn 1991, S. 202-18 (205).
74 Vgl. Bernhard Kosciuszko: »Man darf das Gute nehmen, wo man es findet«. Eine Quellenstudie zu Mays Südamerika-Romanen. In: Jb-KMG 1979. Hamburg 1979, S. 169-85.
75 Vgl. Rudi Schweikert: Mit dem Finger auf der Landkarte. In: M-KMG 68/1986, S. 18-22.
76 Karl May: Das Waldröschen oder Die Verfolgung rund um die Erde. Dresden 1882-84; Reprint Hildesheim-New York 1969; Emmas Floßfahrt wird auf S. 1334f. beschrieben.
77 Ebd., S. 1333
78 Eigentlich hätte der Kubbaschi Hassan die Bezeichnung ›Harba‹ benutzen müssen, da er ja kein Saharabewohner ist, sondern aus dem Sudan (Kordofan) stammt.
79 Vgl. May: Gum, wie Anm. 1, S. 17: »*... Sieh diese Flinte, diese Pistolen, diese Muzra**) [* Messer.], dieses Kussa**) [**Zweihändiges Schwert.] und dieses Abu-Thum***) [*** Lanze.], vor dem selbst der kühne Uëlad Sliman flieht!*...« In der Buchausgabe sind die deutschen Bedeutungen der arabischen Bezeichnungen, wohl in Folge eines Setzerfehlers, falsch zugeordnet.
80 Vgl. hierzu auch folgende Stellen: *Der Bewohner der Steppe und Wüste ist ein geborener Dieb und Räuber* (Würger 646); *Gelbe Beduinen, braune Tuareg, dunkle Tebu* (Würger 684)
81 Vgl. Anm. 51.
82 Gustav Nachtigal: Sahara und Sudan. Ergebnisse sechsjähriger Reisen in Afrika. 1. Theil. Berlin 1879, S. 583ff.
83 May: Durch Wüste und Harem, wie Anm. 6, S. 74f.
84 Die Motive ›Blutrache‹/›Blutpreis‹ kommen außer im großen Orientzyklus (Gesammelte Reiseromane Bde. I–VI. Freiburg 1892) auch in folgenden Werken Karl Mays vor: Eine Ghasuah. In: Gesammelte Reiseromane Bd. X: Orangen und Datteln. Freiburg 1894 – Blutrache. In: Gesammelte Reiseerzählungen Bd. XXIII: Auf fremden Pfaden. Freiburg 1897 – Gesammelte Reiseerzählungen Bd. XXV: Am Jenseits. Freiburg 1899 – Gesammelte Reiseerzählungen Bd. XXVI: Im Reiche des silbernen Löwen I. Freiburg 1898 – Gesammelte Reiseerzählungen Bd. XXVII: Im Reiche des silbernen Löwen II. Freiburg 1898 – Gesammelte Reiserzählungen Bd. XXVIII: Im Reiche des silbernen Löwen III. Freiburg 1902.
85 Der Koran wird durch Angabe von Sure (II) und Vers (179f.) zitiert; die Versnumerierung kann je nach verwendeter Ausgabe differieren. Die entsprechende Versnr. in der Reclam-Ausgabe (Der Koran. Aus dem Arabischen übersetzt von Max Henning. Einl. und Anm. von Annemarie Schimmel. Stuttgart 1973 (RUB 4206-10)) ist in diesem Fall 173f.
86 Der Koran. Nach der Übertragung von Ludwig Ullmann. München 1959, S. 38
87 Obwohl heute die Bestimmungen des Qissas in fast allen arabischen Staaten durch die bürgerliche Strafgesetzgebung außer Kraft gesetzt sind, wird er bei den Beduinen zum Teil noch praktiziert. »Nach einem ungeschriebenen Gesetz sind alle Verwandten bis ins 5. Glied verpflichtet, sich an einem Angehörigen des Mörders bis in die 5. Generation zu rächen. Bei den meisten Beduinenstämmen muß derjenige, an dem die Blutrache vollzogen werden soll, in der Lage sein, eine Waffe zu führen. Auch gilt es als unrühmlich, den Gegner hinterrücks oder im Schlaf zu töten.« (Lexikon Arabische Welt. Hrsg. von Günter Barthel/Kristina Stock. Wiesbaden 1994, S. 484)
88 »Und wer seinen Nächsten verletzt, dem soll man tun, wie er getan hat, Schade um Schade, Auge um Auge, Zahn um Zahn; wie er hat einen Menschen verletzt, so soll man ihm wieder tun.« (3 Mos 24, 19-20; zit. nach der Übersetzung Luthers; vgl. 2 Mos 21, 23-25; 5 Mos 19, 21)
89 May: Satan und Ischariot II, wie Anm. 24, S. 374f.
90 Ebd., S. 375f.
91 Ebd., S. 374

92 May: Deutsche Herzen, wie Anm. 6, S. 430
93 Die Erwähnung der ›Karbatsche von Hippopotamushaut‹ in Escayrac könnte Anregung für May gewesen sein, den erstmals im Dezember 1880 im Deutschen Hausschatz (›Giölgeda padishanün‹) auftretenden Hadschi Halef Omar damit auszurüsten, der dieses Instrument – allerdings meist *Kurbatsch* geschrieben – bis ins Spätwerk hinein häufig gebraucht; besonders wenn man bedenkt, daß der in ›Würger‹ agierende Hassan el Kebihr einen Prototyp dieser Figur darstellt. Vgl. hierzu auch: Großes Karl May Figurenlexikon. Hrsg. von Bernhard Kosciuszko. Paderborn 1991, S. 202ff. Ein weiteres Indiz ergibt sich aus der Erwähnung des Namens ›Halef‹ selbst, der ja kein arabischer Personenname ist. May leitet ihn, wie es scheint, aus einer Bemerkung bei d'Escayrac her:»Im Belad el Dscherid nennt man diese Dattelmisgeburten B l a h a l e f und S i s c h (...)« (Escayrac 7). Beide Begriffe verwendet May auch in Würger:»... *Für Beide zusammen gebe ich nicht eine einzige Sisch oder Bla halef (verkrüppelte Dattel)* ...« (Würger 620). Eine interessante psychologische Spur ergibt sich, wenn man das in Zusammenhang bringt mit einer Äußerung Mays in: Karl May: Mein Leben und Streben. Freiburg o.J. (1910); Reprint Hildesheim-New York 1975. Hrsg. von Hainer Plaul: ... *dieser Hadschi ist meine eigene Anima, jawohl die Anima von Karl May! Indem ich alle Fehler des Hadschi beschreibe, schildere ich meine eigenen* ...« (S. 211). Vgl. auch Kosciuszko: Figurenlexikon, a. a. O., S. 209. Walther Ilmer führt den Namen ›Halef‹ auf ›Chalef‹ = ›Kalif‹ (›Stellvertreter‹) zurück. (Walther Ilmer: Karl May – Mensch und Schriftsteller. Tragik und Triumph. Husum 1992, S.84ff.). Ergänzend sei darauf hingewiesen, daß auch schon Mays erste orientalische Diener-Figur, Omar-Arha, in ›Leïlet‹ die Nil(pferd)peitsche schwingt, wofür Alfred Brehms ›Reiseskizzen aus Nord-Ost-Afrika‹ (Jena 1853) als Vorlage dienten. Vgl. dazu Wolfgang Hammer: Karl Mays Novelle ›Leïlet‹ als Beispiel für seine Quellenverwendung. In: Jahrbuch der Karl-May-Gesellschaft 1996. Husum 1996, S. 211
94 Rainer Jeglin: Karl May und die Armenier. In: M-KMG 6/1970, S. 20
95 Karl May: Der Kys-Kaptschiji. In: Karl May: Gesammelte Reiseerzählungen Bd. XXIII: Auf fremden Pfaden. Freiburg 1897, S. 394f.
96 Jeglin, wie Anm. 94, S. 21
97 Auf die Bedeutung Alfred Edmund Brehms als eine Quelle Karl Mays hat zuerst Fritz Maschke: Karl May und Alfred Brehm. In: M-KMG 7/1971, S. 19ff., hingewiesen, besonders auf die ›Fahrt über den Nilkatarakt‹ in ›Leïlet‹ resp. ›Durch Wüste und Harem‹, Kap. 4. Alfred Schneider: Nochmals – Karl May und Alfred Brehm. In: M-KMG 8/1971, S. 14, der sich auf einen Hinweis von Manfred Hecker bezieht, wonach May für die Beschreibung der Krokodilhöhlen von Monfalut Brehms ›Reiseskizzen aus Nord-Ost-Afrika‹ (Jena 1853) benutzt habe, kann seit Kosciuszko: Sudanromane (wie Anm. 40) als widerlegt gelten, der Ernst Marno als Garanten für die Angaben zu den Krokodilshöhlen ermittelte. Bernhard Kosciuszko: ›Leïlet‹ – – ›Eine Rose des Morgenlandes‹. In: M-KMG 63/1985, S. 26-29, wies auch auf Brehms Erzählung ›Eine Rose des Morgenlandes‹ als literarische Vorlage für einen Teil der ›Leïlet‹-Geschichte hin. Zuletzt machte Wolfgang Hammer: Alfred Brehm als Quelle für Mays Arabisch. In: M-KMG 101/1994, S. 17ff., auf Brehm als sprachliche Quelle aufmerksam. Er argumentiert, daß »Mays Arabisch in den ersten Jahren fast ausschließlich auf Brehms häufigen Sprachproben beruht« (S. 17). Das ist insofern nicht stichhaltig, als May durchweg fremdsprachliche Ausdrücke und auch geographische Namen so übernimmt, wie er sie in seinen zur Verfügung stehenden Vorlagen vorfindet (abgesehen von Schreiboder Setzerfehlern). Das belegen die unterschiedlichen Schreibweisen desselben Begriffs in verschiedenen Erzählungen (siehe dazu weiter unten). Was die drei ersten Orienterzählungen – ›Leïlet‹, ›Gum‹ (1878), ›Die Rose von Sokna‹ – betrifft, kommen in ›Leïlet‹ ca. 80 % der Ausdrücke auch bei Brehm vor, einige mit abweichender Schreibung; in der frühen ›Gum‹ sind es etwa 60 % aus Brehm – ebenfalls zum Teil mit Abweichungen –, in der ›Rose von Sokna‹ sind es noch ca. 40 % der fremdsprachlichen Ausdrücke und Redewendungen. Man kann also davon ausgehen, daß May Brehm zwar als sprachliche Quelle ausgeschrieben hat, daneben aber auch noch zumindest eine andere Vorlage gehabt haben muß, weil ein größerer Teil der Ausdrücke dieser Er-

zählungen eben nicht bei Brehm belegt ist. Eine detaillierte Untersuchung zum Komplex May-Brehm ist in Vorbereitung.
98 Siehe dazu die Auflistung im Anhang.
99 May: Rose von Sokna, wie Anm. 13, S. 46 – Vgl. auch May: Durch Wüste und Harem, wie Anm. 6, S. 299, wo dieser Ausdruck von May wieder aufgenommen wird, allerdings mit gegensätzlicher Bedeutung. »*E-o-ah!* – *E-o-ah!*« *Gott sei Dank! Bei dem bekannten Ruf erhob sich das Hedjihn in zwei Rucken, und windschnell ging's nun dahin.* Hierbei handelt es sich nicht um eine Erfindung Mays. Gerhard Rohlfs, der wohl berühmteste deutsche Afrikaforscher des 19. Jahrhunderts, schreibt an einer Stelle seines Werkes ›Quer durch Afrika‹ (Leipzig 1874/75): »›E-o-a! E-o-a!‹ schrien die Kameltreiber (...) Das letzte Gepäck wurde auf die Kamele verteilt und gefestigt, der Zug vollends geordnet, und um halbacht Uhr bewegte er sich, das Mittelmeer im Rücken, gemessenen Schrittes landeinwärts.« (Zit. nach: Gerhard Rohlfs: Quer durch Afrika. Die Erstdurchquerung der Sahara vom Mittelmeer zum Golf von Guinea. Hrsg. von Herbert Gussenbauer. Stuttgart-Wien 1984, S. 38). Ob May Rohlfs als Quelle benutzt hat, ist bisher nicht erwiesen und wird derzeit untersucht.
100 Vgl. auch May: Durch Wüste und Harem, wie Anm. 6, S. 302: »*Rrrrreee, du Vater des Säbels! Bleib fern, sonst sende ich dir eine Kugel!*«
101 Karl May: Scepter und Hammer. In: All-Deutschland/Für alle Welt. IV. Jg. (1879/80), S. 594; Reprint Hamburg/Regensburg 1978
102 Karl May: Der Krumir, wie Anm. 17, S. 267
103 Karl May: Gesammelte Reiseromane Bd. XVI: Im Lande des Mahdi I. Freiburg 1896, S. 578. Diese Schlangenart wird auch von anderen zeitgenössischen Autoren erwähnt: Theodor Kotschy: Umrisse aus den Uferländern des weissen Nil. In: Mittheilungen der k.-k. Geographischen Gesellschaft. 2. Jg. Wien 1858: »Die Schlange heisst bei den meisten Stämmen Python, eine ganz merkwürdige Uebereinstimmung mit dem griechischen Worte, während dieselbe Schlangenart bei den Arabern Assala genannt wird.« (S. 101). Robert Hartmann: Reise des Freiherrn Adalbert von Barnim durch Nord-Ost-Afrika in den Jahren 1859 und 1860. Berlin 1863, schreibt »'Açalah« (S. 86). Beide Autoren, wie auch d'Escayrac, beziehen sich auf die Fauna im Ostsudan. Der Felsenpython oder Assala (Python sebae) gehört zur Familie der Pythoninae, ist also keine Gift-, sondern eine Würgeschlange. Er lebt in den Savannen südlich der Sahara und wird etwa 7 m lang.
104 Adel Theodor Khoury: Gebet. In: A. Th. Khoury/Ludwig Hageman /Peter Heine: Islam-Lexikon. Freiburg i. Br. 1991, S. 281
105 Ebd.
106 Ebd.; diese Ersatzreinigung beruht auf den Koranstellen (wie Anm. 84) IV, 44 und V, 7 (Reclam: IV, 46 / V, 8f.).
107 Kotschy: Umrisse, wie Anm. 103, S. 100
108 Vgl. Kosciuszko: Sudanromane, wie Anm. 40.
109 Ernst Marno: Reisen im Gebiete des blauen und weissen Nil. Wien 1874, S. 204
110 Lexikon Arabische Welt, wie Anm. 87, S. 488
111 May: Gum, wie Anm. 2, S. 205
112 Gemeint ist Selim (Salim) I. ›Yavuz‹, geb. um 1470 in Amasya, gest. 1520 in Corlu; seit 1512 osmanischer Sultan. Unter seiner Regierung wurde das Osmanische Reich zur Vormacht im Vorderen Orient. Nach Eroberung von Mekka und Medina nahm er den Kalifentitel an.
113 Im Sennaar (Al-Djazira, zwischen Weißem und Blauem Nil in Sudan) wurden mit Hilfe dieses Gebräus Affen gefangen. Eduard Freiherr von Callot: Der Orient und Europa. 7. Theil. Leipzig 1854, S. 123: » G e r r i gegenüber liegt ein gleichnamiges Dorf. Ich sah hier grüne und gelbe Affen auf den Bäumen, welche allerlei wunderliche Gesichter schnitten, die Zähne blekten, die tollsten Sprünge, Burzelbäume und andere natürliche akrobatische Künste machten, und zu ganzen Dutzenden beisammen waren. Die Eingeborenen fangen sie mittels eines berauschenden Getränkes, B ü l b ü l genannt, welches sie begierig trinken; dann werden sie entweder abgerichtet und verkauft, oder auch gegessen.«

114 Das erinnert daran, daß Kara Ben Nemsi wohl ständig ein Neues Testament in der Satteltasche mit sich führt. Er verteilt es jedenfalls mehrfach in Mays Werk an bekehrungswillige Moslems.
115 May: Gum, wie Anm. 2, S. 206
116 Das betrifft nicht nur geographische Namen, sondern auch Personennamen. In ›Würger‹ verwendet May z. B. neben dem schon früheren *Isa Ben Marryam, Jesus* (S. 620) die Form *Aissa (Jesus)*, die er von d'Escayrac übernommen hat: »Aissa (Jesus)« (S. 157); auf dieser Seite stehen noch mehrere andere Namen, die May übernimmt. In ›Durch Wüste und Harem‹, wie Anm. 6, S. 490, findet sich noch eine dritte Variante: *Esau*. Daneben benutzt May, je nach Vorlage, verschiedene arabische Sprachformen: Während ›das Meer ohne Wasser‹ in der ›Gum‹ (1878) und in der ›Rose von Sokna‹ *bahr billa ma* (wie Anm. 2, S. 206 bzw. wie Anm. 13, S. 31) heißt, schreibt er in: Karl May: Die Sklavenkarawane. Stuttgart 1893, S. 1: *Bahr bala moïje.*
117 Gustav Nachtigal: Sahara und Sudan. 3 Bde. Berlin 1879-81 und Leipzig 1889
118 Heinrich Barth: Die Imoscharh oder Tuareg, Volk und Land. In: Petermann's Geographische Mittheilungen 1857. Heft VI, S. 250
119 Vgl. Anm. 10
120 May: Gum, wie Anm. 2, S. 206f.
121 Karl May: Gesammelte Reiseromane Bd. XVII: Im Lande des Mahdi II. Freiburg 1896 , S. 11
122 May: Mahdi I, wie Anm. 103, S. 102
123 May: Deutsche Herzen, wie Anm. 6, S. 801
124 Ebd., S. 804
125 K. Sohr/F. Handtke: Vollständiger Universal-Handatlas der neueren Erdbeschreibung über alle Theile der Erde in 114 Blättern, 5. Auflage, vermehrt und verbessert durch Dr. Heinrich Berghaus. Glogau 1865
126 Der Vollständigkeit halber sei erwähnt, daß sich zwei Ortsnamen, wenn auch geringfügig, von der Kartenvorlage unterscheiden: 1. *Abu Mehery* bzw. *Abu Mehary* (May: Deutsche Herzen, wie Anm. 6, S. 805f.) – Karte: Abu Mohary; 2. *Meghara* (ebd., S. 806) – Karte: Mogharah. Hierbei handelt es sich wahrscheinlich um Schreib- oder Druckfehler. Natürlich besteht auch die Möglichkeit, daß May eine weitere Vorlage benutzt hat. Die Argumentation wird dadurch aber nicht beeinträchtigt. Vgl. zu diesem Komplex auch Anm. 36.
127 Walther Ilmer: Werkartikel ›Deutsche Herzen, deutsche Helden‹. In: Karl-May-Handbuch. Hrsg. von Gert Ueding in Zusammenarbeit mit Reinhard Tschapke. Stuttgart 1987, S. 406
128 Karl May: Die Königin der Wüste. In: Karl May's Illustrierte Werke. Hrsg. von Heinrich Pleticha und Siegfried Augustin. Stuttgart 1995, S. 457
129 Karl May: Kara Ben Nemsi und die Rose von Kairwan. Hrsg. von Siegfried C. Augustin und Walter Hansen. München 1995, S. 414
130 May: Befreiung, wie Anm. 18, S. 311f.
131 Vgl. allgemein: Hermann Wagner: Eduard Vogel, der Afrika-Reisende. Leipzig 1860; Elise Polko: Erinnerung an einen Verschollenen. Leipzig 1863; Aufsätze Vogels in: Zeitschrift der Gesellschaft für Erdkunde. Jg. 1854; Petermann's Geographische Mittheilungen. Jg. 1855, 1856, 1857.
132 May: Befreiung, wie Anm. 18, S. 249f.; vgl. auch: May: Rose von Sokna, wie Anm. 13, S. 14.
133 May: Befreiung, wie Anm. 18, S. 242
134 Ebd., S. 313
135 Ebd., S. 335
136 May: Krumir, wie Anm. 17, S. 262
137 May: Durch Wüste und Harem, wie Anm. 6, S. 2
138 May: Christus oder Muhammed, wie Anm. 16, S. 160
139 May: Deutsche Herzen, wie Anm. 6, S. 248
140 May: Durch Wüste und Harem, wie Anm. 6, S. 7
141 Rudi Schweikert: Karl Mays Islamkenntnisse – aus dem ›Pierer‹. In: M-KMG 104/1995, S. 34-39

142 Schönbach, wie Anm. 73, S. 213
143 Vgl. Kosciuszko: Südamerika-Romane, wie Anm. 74.
144 Weitere Belege dazu im Anhang
145 May: Leben und Streben, wie Anm. 93, S. 31
146 Gabriele Wolff: George Catlin: Die Indianer Nord-Amerikas. Das Material zum Traum. In: Jb-KMG 1985. Husum 1985, S. 348-63 (362f.)
147 May: Deutsche Herzen, wie Anm. 6, S. 626
148 May: Befreiung, wie Anm. 18, S. 247f.

WOLFGANG HAMMER

Karl Mays Novelle ›Leilet‹ als Beispiel für seine Quellenverwendung

Als erste Orienterzählung Karl Mays erschien 1876 in Münchmeyers ›Feierstunden am häuslichen Heerde‹ unter dem rätselhaften Pseudonym M. Gisela die Novelle ›Leilet‹,[1] die schon im folgenden Jahr in Roseggers ›Heimgarten‹ als ›Die Rose von Kahira‹ unter Mays Namen, ebenso 1879 als ›Am Nil‹ in ›Sonntagsruhe‹ und 1881 als ›Entführt‹ unter dem Pseudonym Karl Hohenthal in ›Für alle Welt!‹ wieder abgedruckt wurde.[2] Da May sie teilweise – wesentlich erweitert und umgearbeitet – um die Jahreswende 1880/81 für das 2. Kapitel von ›Giölgeda padishanün‹[3] (Kapitel 3 und 4 von ›Durch Wüste und Harem‹[4]) wiederverwandt hat, hat sich die Forschung vor allem mit dieser Spätform beschäftigt; im ›Karl-May-Handbuch‹ gibt es keinen besonderen Beitrag über ›Leilet‹.

Das ist insofern bedauerlich, als manche Untersuchungen von ›Wüste und Harem‹ Textstellen besprechen und zitieren, die im wesentlichen unverändert aus ›Leilet‹ übernommen wurden, ohne daß dies angemerkt wurde.[5] Nun liegt es auf der Hand, daß May in den ereignisreichen Jahren zwischen 1876 und Ende 1880, dem Erscheinungsbeginn des großen Orientromans, eine bedeutende Entwicklung durchgemacht hat, so daß es nicht gleichgültig sein kann, ob ein bestimmter Text vorher oder nachher verfaßt wurde. Man denke nur an die Behauptung des Dieners Omar-Arha »*Mein Herr kennt den Koran und verachtet die Frauen*« (Leilet 7), die, vor seiner Heirat geschrieben, ganz anders zu bewerten wäre als nachher! Schon das ist ein Grund, sich mit ›Leilet‹ eingehend zu beschäftigen.

Aber auch sonst verspricht eine intensive Untersuchung sich zu lohnen; denn selten lassen sich so verhältnismäßig mühelos wie hier Mays Hauptquellen feststellen und aus der Art ihrer Benutzung Schlüsse ziehen.[6] Einige sind bekannt, vor allem Wilhelm Hauffs Märchen ›Die Errettung Fatmes‹ aus ›Die Karawane‹ und Alfred Edmund Brehms Erzählung ›Eine Rose des Morgenlandes‹ aus der ›Gartenlaube‹ 1858;[7] ferner Brehms ›Reise-Skizzen aus Nord-Ost-Afrika‹.[8] Überraschenderweise konnte als weitere Vorlage Schillers Bericht ›Eine großmütige Handlung aus der neuesten Geschichte‹[9] ausfindig gemacht werden. Selbst Chateaubriands ›Atala‹ hat wohl ein wichtiges Motiv beigetragen. Wehnert ermittelte für ›Old Firehand‹, daß May dort »wenigstens drei Textvorlagen (verarbeitet)« hat;[10] wie die ›Verarbeitung‹ der verschiedenen Quellen für ›Leilet‹ erfolgte, läßt in etwa schon die Gliederung erkennen.

I. Die Gliederung

Wie viele seiner Werke gliedert May auch ›Leilet‹ in vier Kapitel, die aber – anders als in seiner Novelle ›Wanda‹ – weder beziffert noch benannt werden. Sie sind von ungleicher Länge, wie die Anzahl der Spalten zeigt:

A. Krankenbesuch im Hause Abraham-Arhas (12 $^1/_2$ Spalten)
 1. Ein Bote holt den Helden zu einer Kranken
 2. Verhandlung mit dem Hausherrn über die Art der Untersuchung
 3. Blick auf die Kranke durch eine Maueröffnung erzeugt Verliebtheit
 4. Untersuchung, Hilfsversprechen, Verabschiedung

B. Vorbereitung und Durchführung der Entführung (9 Spalten)
 1. Zusammentreffen mit Hassan el Reïsahn, der Abraham-Arha als früheren Räuber kennt; Versicherung seiner Unterstützung
 2. Früherer Brief des Bruders über seine Liebe
 3. Eindringen durch den Brunnenkanal, Entführung Leïlets
 4. Entkommen aufs Schiff trotz Verfolgung; Abfahrt

C. Überwindung von Gefahren auf der Flucht (9 Spalten)
 1. Abwehr eines Sandals durch Schuß auf die Reiherfeder des Reïs
 2. Fahrt durch den (2.) Katarakt (von Wadi Halfa)
 3. Rettung Abraham-Arhas von einer Klippe; seine Einschüchterung
 4. Glückliches Bestehen der Gerichtsverhandlung

D. In Kairo bei Bernhardt, dem Bruder, Leïlets Geliebtem (15 Spalten)
 1. Begrüßung Kairos
 2. Verhältnis zu Leïlet seit der Entführung:
  a) Abreise vor Ergehen der Gerichtsentscheidung
  b) Zurückhaltung des Helden vor Leïlet
  c) Leïlet bleibt verschlossen und bittet, ihr nicht zu zürnen
  d) Leïlet bittet bei der Ankunft, sie nicht zu verlassen
  e) Sie verschiebt die Aufklärung beim Lesen seines Namens
 3. Besuch beim Bruder; dessen Bericht über seine Liebe
  a) Bernhardt erkennt ihn kaum: Erklärt das Leïlets Verhalten?
  b) Bernhardts Elend: Er hat die Geliebte verloren

c) Er berichtet, wie er sie kennen gelernt hatte
d) Der Verlust seiner Geliebten, Warde, und die Folgen
e) Er hofft auf die Hilfe seines Bruders
4. Auf dem Weg zum Hotel treffen die Brüder Abrahim-Arha mit einem Fremden; Ahnung, dann Entdeckung der Identität: Leïlet ist Warde
5. Auseinandersetzung mit Abrahim-Arha
a) der Diener Omar-Arha wird bewaffnet herbeigerufen
b) Entlarvung des Räubers, Berufung auf den Konsul
c) Vergleich: Abrahim-Arha verzichtet auf Warde gegen Straffreiheit
6. Schluß: Beide Brüder wollen auf Warde verzichten; sie gehört Bernhardt.

Für die Quellenverwendung ergibt diese Gliederung, daß für die ersten beiden Kapitel offenbar Hauff, für das vierte Schiller den leitenden Gedanken geliefert hat; dem dritten könnten dagegen – zumal für die Gerichtsverhandlung – Mays eigene Erfahrungen zugrunde liegen, die mit Hilfe Brehms an den Nil verlegt werden. Dessen ›Reise-Skizzen‹ ist die inhaltliche Füllung der ersten drei Kapitel, seiner kleinen Erzählung die des vierten Kapitels zu verdanken.

Bereits jetzt läßt sich auch etwas über das Vier-Kapitel-Schema sagen: es gleicht hier dem Aufbau eines fünfaktigen Dramas mit der Abweichung, daß die Exposition, die dort den 1. Akt bildet, nach Bedarf auf die Kapitel verteilt ist, u. a. in Rückblenden, wie sie sich in jedem von ihnen finden. Darin beweist sich hier schon Mays Meisterschaft bei der Gestaltung seiner Anfänge: Auf nur einer halben Seite schildert er die Lage seines Ich-Helden, und schon setzt das Geschehen ein, um freilich sofort mit einer Rückblende von einer Seite Länge den Diener Omar-Arha einzuführen, der mit einem gerade angekommenen Boten verhandelt. Mit der Entführung enthält das 2. Kapitel den Höhepunkt bzw. das vorläufige Ergebnis, das dritte mit der Verfolgung etc. das retardierende Moment, und im vierten findet sich nicht nur das endgültige Ergebnis, das inhaltlich durchaus die gleichfalls übliche Bezeichnung ›Katastrophe‹ rechtfertigt, sondern es bringt auch den von einer alten Definition des Begriffs ›Novelle‹ geforderten ›überraschenden Wendepunkt‹, wie schon Bernhard Kosciuszko[11] aufgezeigt hat. Übrigens wird ›Leilet‹ nur beim ersten Abdruck als Novelle bezeichnet, später – anders als ›Wanda‹ – nicht mehr.

II. Die Ableitung der ersten drei Kapitel aus den Quellen

Während man über den Ich-Helden erst später mehr erfährt, wird sein Diener gleich anfangs nach Brehms Ali gezeichnet: ein türkisch-ägyptischer Invalide, den sein Herr vom Hungertode gerettet und geheilt hatte und der ihm nun beispiellos ergeben war (Brehm 232f.). Zugleich ist er ein Spaßvogel,»Mukle« (ebd. 261), was sich bei Brehm auf zwei Personen verteilt, die aber beide Ali heißen. So verhält er sich gegenüber dem Boten, der den Helden als Arzt zu Hilfe holen will; auch Brehm bietet dafür ein Beispiel (ebd. 76).

Nun setzt der Einfluß von Hauffs Märchen ein, nur daß May – Brehm folgend – den Schauplatz an den Nil verlegt. Hauffs Held hat schon einen mißglückten Versuch gemacht, in das von einem türkischen Großen erbaute ummauerte Haus einzudringen; jetzt gibt er sich als Arzt aus, und es wird ihm angeboten, sämtliche Frauen des Besitzers zu untersuchen. Mays Held dagegen ist wirklich ein deutscher Arzt und wird als solcher gerufen. Ob Hauffs früherer Kapudan-Bassa zugleich der Erbauer ist, bleibt unklar; aber einen Brunnen im Hof, der mit Hilfe eines langen Kanals Trinkwasser herbeiführt, hat er selbst anlegen lassen. In ›Leilet‹ dagegen hat das Gebäude eine Zeitlang unbewohnt gelegen und befindet sich in schlechtem Zustand (vgl. Leilet 9) – wohl davon abgeleitet, daß Brehm nahe beim Katarakt von Wadi Halfa in einer »Schloß« genannten Karawanserei gewohnt hat, die vier Jahre später fast ganz in Trümmern lag (Brehm 78).

Auffällig ist dann die Beschreibung des Hausherrn, der Eindruck, ihn schon gesehen zu haben, sein Gesicht, *diese schönen, feinen und in ihrer Mißharmonie doch so diabolischen Züge* (Leilet 9).[12] Er ist der erste einer Reihe ähnlicher Personen bei May: Bereits 1878 wird in ›Nach Sibirien‹ der Graf von Milanow so beschrieben; statt *diabolisch* heißt es da von seinem Gesicht, es gebe etwas Undefinierbares, das dem Gesicht den *Eindruck ... des Unheimlichen verlieh*;[13] aber später zeigt er *ein mephistopholisches* [sic] *Lächeln*.[14] In der Umarbeitung ›Der Brodnik‹ (1880) fällt das übrigens fort; dagegen gibt es nun, aber auf Stimme und Gestalt eines Helfers bezogen, den vorher fehlenden Eindruck, ihn schon gesehen zu haben.[15] In ›Durch Wüste und Harem‹ tritt als Erweiterung Dorés Darstellung des Teufels hinzu,[16] die bei der Beschreibung Alfonzos im ›Waldröschen‹[17] (1882) und 1894 bei Harry Melton in ›Die Felsenburg‹ wiederkehrt; nur letzterer kommt aber dem Helden bekannt vor.[18] In ›Die Liebe des Ulanen‹ wird 1883 Graf Rallion ausführlich als diabolisch beschrieben, aber ohne Rückgriff auf Doré.[19] Umgekehrt bleiben 1887 in ›Durch das Land der Skipetaren‹ bei dem Mübarek bzw. dem Krüppel Busra nur der Vergleich mit dem Satan und das Gefühl übrig, ihn schon gesehen zu haben.[20] Später gehört der Panther im ›'Mir von Dschinnistan‹ noch einmal zu diesem Typ; aber bei ihm ist das Disharmonische durch unbeherrschtes, wechselndes Verhalten dargestellt; ein Bezug auf den Satan findet sich nicht mehr.

Überblicken wir diese Reihe, so fällt auf, daß außer bei Graf Rallion überall eine Art von Verstellung mitspielt, wodurch mehrfach ein sofortiges Erkennen verhindert wird und nur ein Gefühl übrig bleibt, sich schon getroffen zu haben. Das paßt schlecht zu der von Hans Wollschläger für Abraham-Mamur (so heißt die Figur Abraham-Arha in ›Durch Wüste und Harem‹) und Harry Melton vollzogenen Verbindung mit der Vater-Imago Karl Mays,[21] die höchstens noch für den Mübarek möglich wäre. Stößt sie sich nicht schon daran, daß es hier um ein Mädchen geht? Übrigens scheint bisher unbekannt zu sein, ob May dies Sujet irgendwo entlehnt haben könnte.

Im auf die Personenbeschreibung folgenden Gespräch mit dem Besitzer, der bei May bereits sehr besorgt ist, bei Hauff es dagegen erst nach der Untersuchung einiger seiner Frauen wird, ist beiden gemeinsam, daß die Andeutung, die angeblich Erkrankte müsse sterben, zu einem Wutausbruch des Hausherrn führt: er nennt den Arzt ›Hund‹ und bedroht ihn mit dem Tode, wenn er die Kranke nicht retten könne. Das wirkt etwas übertrieben, wenn das bei May einem Europäer gegenüber geäußert wird; offenbar schlägt hier Hauffs Einfluß durch. Dann spielt in beiden Erzählungen eine Maueröffnung eine Rolle: Bei Hauff reichen die Frauen ihre Hand hindurch, um den Puls fühlen zu lassen; bei May kann der Held unbeobachtet das noch unverschleierte Mädchen sehen, wird von Liebe gepackt und hat nun auch einen persönlichen Grund, eine Entführung zu versuchen. Dann darf er den Puls fühlen, aber die Hand ist fast gänzlich mit Tüchern umwickelt – nach modernen Berichten ein noch heute beliebtes Verfahren! Beide Male kündigt er die Rettung an, bei Hauff durch einen zugeschobenen Zettel, bei May durch mehrdeutige Worte, und gibt ein Mittel, das bei Hauff erst beim zweiten Versuch so stark betäubt, daß Fatme als Scheintote hinausgeschafft wird, bei May dagegen zur Betäubung der Wärterin dient (Leilet 26). Seine Darstellung orientiert sich deutlich an Hauffs Märchen.

Für das 1. Kapitel ist nun ein für May bezeichnender Unterschied festzustellen: während Hauffs Held nicht nur von sich aus die Mädchen – seine Schwester und seine Braut – retten will, sondern auch durch einen Fluch seines Vaters dazu gezwungen wird, entscheidet sich Mays Arzt aus eigenem Antrieb dazu, freilich darin bestärkt durch die plötzliche Verliebtheit. Auch in anderen Frühwerken Mays unternimmt der Held Rettungen verschiedener Art, z. B. in ›Wanda‹ und ›Old Firehand‹, beide Male zugleich als Liebender; in der frühen Erzählung ›Der Oelprinz‹ (1878) dagegen rettet er ein fremdes Mädchen. Dies Thema hat May offenbar damals besonders beschäftigt.

Im 2. Teil findet der Held unerwartet Hilfe durch das Auftauchen seines alten Freundes Hassan el Reïsahn, der ihm mit seiner Dahabië die Flucht ermöglichen kann. Bei Hauff dagegen muß er sich selbst Hilfe holen, die ihm glücklicherweise der Räuber Orbasan zugesagt hatte. Ein solcher Helfer ist natürlich für May undenkbar, da er zu sehr an die Romane der heimatlichen Leihbibliothek erinnern würde. Gleichwohl bleibt Hauffs Anregung nicht ungenutzt: Hassan entlarvt Abrahim-Arha als ehemaligen Räuberhauptmann Hedjahn-Bei, mit dem der Held bereits zusammengetroffen war. Die Einzelheiten gehen z. T. auf Brehm zurück: Dieser berichtet von einem »kühnen und starken Räuber« Harrihdi, der sich selbst dem Vizekönig ausgeliefert hatte und unter der Bedingung, das Land von Räubern zu befreien und sie der Obrigkeit auszuliefern, begnadigt worden war, schließlich aber wegen neuer Untaten die verdiente Strafe gefunden hatte (Brehm 252). Mays Abrahim-Arha dagegen, »*der ... vom Vicekönig begnadigt wurde, um seine früheren Spießgesellen an den Strick zu liefern*« (Leilet 24), hatte sich offenbar mit seiner Beute zur Ruhe setzen wollen, wohl wie Hauffs früherer Kapudan-Bassa, und wurde nun wegen eines durch Brautkauf erworbenen Mädchens, das er noch dazu glühend liebte, vom Helden aufgestört.

Diesem ersten Rückblick auf Vergangenes folgt unmittelbar ein zweiter, der Schillers Beitrag zum 4. Teil vorbereitet: Beim Packen fällt dem Helden ein alter Brief seines Bruders Bernhardt in die Hände, der darin von seiner Liebe berichtet. Wenn er selbst nun im Blick darauf, daß auch ihn inzwischen die Liebe gepackt hat, von Schickung, Glück und Wonne spricht, kann niemand auf den Gedanken kommen, daß sich da ein Verhängnis vorbereitet. Immerhin spielt auch bei Hauff das Schicksal dem Helden zunächst einen Streich: Die erste Entführung – ohne Hilfe des Räubers – war zwar gelungen, aber die Befreite war eine Fremde, der nur ihr Herr einen andern Namen gegeben hatte; auch May wird dies Motiv später anwenden.

Nach einer kurzen Betrachtung, die in zwei Psalmenzitaten gipfelt (Ps 62,2 und 60,14 – Leilet 25), wird die Entführung berichtet. Besteht bei Hauff das Hindernis in dem Umstand, daß der Kanal in einem gemauerten Brunnen endet, der durchbrochen werden muß, so stößt Mays Held unter Wasser auf ein Gitter, das er erst im letzten Augenblick durchbrechen kann (Leilet 26). Hier kommen zweifellos alte Angstträume ins Bild, wie schon Ernst Bloch angemerkt hat;[22] weder Hauff noch Brehm sprechen von einem derartigen Hindernis. Doch könnte Brehms Schilderung der Krokodilhöhlen von Monfalut, die Mays Held im ersten Band des ›Mahdi‹ besuchen wird, mit hineinspielen: Auch dort muß man sich durch einen engen Gang hindurchzwängen und ist vom Ersticken bedroht.[23]

Noch eins ist wichtig: Was Jürgen Wehnert für ›Ein Präriebrand‹ feststellt,[24] trifft auch für Hauffs Märchen zu: Dringt dort der Held zusammen mit mehreren Räubern durch den Kanal und ins Haus ein, so »arbeitet (May) die Einsamkeit des ›Ich‹ heraus« und »betont das Angsterregende der Situation«:[25] *Bei dieser Entdeckung* [des Sperrgitters] *wollte sich doch eine gewisse Aengstlichkeit meiner bemächtigen* (Leilet 26). Ist das nicht eine Untertreibung? Der Held steckt ja in einer

Zwangslage: *entweder gelang es mir, durchzukommen, oder ich mußte ertrinken* (ebd.). Doch verhindert der Charakter der Ich-Erzählung, daß den Leser Verzweiflung befällt, mag die Lage auch noch so aussichtslos scheinen: Der Erzähler ist ja lebend davongekommen![26] In ›Old Firehand‹ wird das einmal ausgesprochen: »*und doch wußte ich vorher, daß Euch die Rettung gelungen sei, denn sonst hätte sie* [Ellen] *Euch ja den Ring nicht geben können*«.[27] Noch eine Berührung gibt es: Der Held in ›Leilet‹ zittert nach der übermenschlichen Anstrengung am ganzen Körper, so wie der in ›Old Firehand‹ nach der Besiegung Finneteys.

Dann ergeben sich neue Schwierigkeiten: Bei Hauff verfehlt man die rechte Tür und muß die Sklaven überwältigen; bei May weckt beim Hinausklettern eine niederprasselnde Leiste die Bewohner, so daß der Held den Besitzer niederschlagen muß, der auf ihn geschossen hatte. Hier erfolgt die Flucht durch das nur verriegelt gewesene Tor, bei Hauff wieder durch den Kanal. Bald darauf endet Hauffs Märchen, so daß es von nun an kaum mehr benutzt wird.

Um so enger schließt sich May auf den letzten zwei Seiten dieses Teils an Brehm an: ein Musterbeispiel dafür, wie genau er Einzelheiten zu recherchieren pflegte. Daß ein Herr aus dem Wasser gezogen werden muß (Brehm 92), daß der Reïs am Schnabel der Dahabië steht (ebd. 60, 240), daß die Kajüte auch den Harem beherbergt (ebd. 61), daß mit dem Wort ›Marhaba‹ Gastfreundschaft gewährt wird (ebd. 169), daß eine Dahabië der Regierung gehören kann (ebd. 240), was ein Firmahn bedeutet, wie May mit Brehm schreibt (ebd. 74), daß der Kenner der Verhältnisse den Gebrauch der Nilpeitsche bevorzugt (auch dieses Wort so bei Brehm, ebd. 48, 78), daß die Dahabië dreieckige große Segel führt (ebd. 60) sowie schließlich die Kurzbeschreibung des Sandals (ebd. 60f.) – all dies findet sich bei Brehm und wird von May ungezwungen zur Schilderung des Reisebeginns zusammengestellt. Um nicht zu sehr in die Einzelheiten zu gehen, wollen wir es bei diesem Beispiel für die Arbeitsweise Mays bewenden lassen; man könnte noch weitere ähnliche Abhängigkeiten belegen. Das zeigt, daß May sich schon damals sehr bemüht hat, seinen Lesern zuverlässige Kenntnisse zu vermitteln, auch wenn er zweifellos viel Arbeit darauf verwenden mußte.

Am Ende des 2. Kapitels stellt sich die Frage, ob Wilhelm Vinzenz mit seiner Vermutung recht hat, May beziehe sich hier auf seinen Versuch, 1881 in Glauchau seinem Hauswirt die Frau abspenstig zu machen.[28] Walther Ilmer stimmt dem zu,[29] doch ich hege Bedenken: Zu klar zeichnet sich Mays Abhängigkeit von Hauffs ›Errettung [sic!] Fatmes‹ durch all die gemeinsamen Einzelheiten ab, als daß man eine so wenig hervortretende biographische Beziehung anzunehmen hätte. Auch Leïlet bittet ja: »*Errette mich!*« und beteuert, sie sei nicht Abraham-Arhas Weib (Leilet 26); zudem ist sie Christin und von ihm gewaltsam entführt worden (Leilet 42) – auch wenn das später dahingehend präzisiert wird, ihr

211

Schwager, ein christlicher Levantiner, habe sie einem Moslem verkauft (Leilet 58f.). Das alles steht doch dem bei Hauff Gegebenen bei weitem näher als den Glauchauer Umständen! Folgerichtig taucht der Titel ›Entführt‹ auch erst 1881 auf, nachdem kurz zuvor bei der Umarbeitung zum ›Tschikarma‹-Kapitel des Orientromans durch die Anwesenheit des Bräutigams und seine versuchte Beteiligung jede eigennützige Absicht des Ich-Helden ausgeschlossen worden war. Die Einführung des Bruders schon jetzt dient also nicht, wie Walther Ilmer meint,[30] zur Minderung der Schuld des Täters, dem letztlich die Entführung nicht zugute kam, sondern ist mit Schillers Einfluß zur Genüge erklärt. Vom ›Einbruch in eine Ehe‹ bleibt um so weniger übrig, als sich zuletzt herausstellt, daß sogar für die Bezahlung des Brautpreises Güter hatten dienen müssen, die Abraham-Arha als Hedjahn-Bei dem Helden geraubt hatte! Die Berücksichtigung der tatsächlich benutzten Quellen läßt also zuweilen biographische Rückschlüsse überflüssig erscheinen.

Der 3. Teil, der vier Ereignisse während der Flucht schildert, schickt zwei kurze Bemerkungen über den Verlauf der Fahrt und das Verhalten des Helden gegenüber Leïlet voraus: die erste als Vorbedingung für das weitere Geschehen in diesem Kapitel, die andere für das des nächsten. Nur dadurch, daß man ihn mit *Freiheit schalten und walten* (Leilet 39) läßt, kann er in der ersten und dritten der folgenden Episoden das Gesetz des Handelns bestimmen; und nur durch seine Zurückhaltung gegenüber dem Mädchen (ebd.) ist es möglich, daß ihr Geheimnis bis zum vierten Teil gewahrt bleibt. Man sieht, wie sorgfältig May den Aufbau geplant hat.

Zuerst gilt es, den sich schnell nähernden Sandal, der Abraham-Arha an Bord hat, in gebührender Entfernung zu halten. May bedient sich hier vor allem zweier Elemente bei Brehm, der für diesen Teil die einzige wesentliche Quelle zu sein scheint. Das eine ist die wiederholte Schilderung der Erlegung von Vögeln oder anderen Tieren, z. T. auf größere Entfernung, wie z. B. einer Nilgans auf einer »wohl dreihundert Fuß entfernten Felseninsel« mit einem einzigen Schuß (Brehm 84). Brehm erlegt Tiere aus wissenschaftlichen Motiven, Mays Held tat das auch, man denke an die ›Sammlungen‹ (Leilet 72), die er anlegte, aber in der konkreten ›Leilet‹-Handlung tut er es, um die Leute in eine heilsame Angst zu versetzen (Leilet 40) und dadurch Blutvergießen zu vermeiden. Soviel sich sehen läßt, tritt dies Motiv hier zum erstenmal auf; es könnte aus Carl Beyschlags ›Gartenlaube‹-Erzählung von 1859, ›Die Prärien‹, stammen, wo ein Trapper namens Dick es vermeidet, Indianer zu töten, und ihnen notfalls die Hand zerschmettert oder den Fuß lähmt. Daß dort die belagerten Helden durch einen Kanal entkommen, könnte May auf jene wohl schon für ›Old Firehand‹ benützte Erzählung gebracht haben.[31] Dagegen findet sich die absolute Treffsicherheit des Helden auch bei Cooper, den May jedenfalls schon kannte.

Das andere Element aus Brehm ist sein auf der ersten Fahrt nach Kairo erlebtes Abenteuer, bei dem Matrosen eines gerammten Schiffes das seine zu entern versuchten und nur durch die Drohung, sie niederzuschießen, davon abgehalten wurden (Brehm 46ff.); bei der dritten Episode greift May noch einmal darauf zurück. Hier fällt nun eine Gemeinsamkeit besonders auf: Sowohl bei Brehm als auch bei May geschieht, von gewissen Voraussetzungen aus, Unrecht. Mays Held kann sich am Schluß dieses Teils vor Gericht rechtfertigen, da seine an sich ungesetzliche Handlung durch die Vergangenheit der Beteiligten ihre Berechtigung findet und sein Firman das übrige tut. Bei Brehm sind aber wirklich die Angreifer im Recht, die nur für das bei dem Zusammenstoß zertrümmerte Steuer Entschädigung haben wollen;»nur unsere gänzliche Unkenntnis des Landes und seiner Bewohner konnte unser Verfahren entschuldigen«, schreibt er (Brehm 48); zudem hatte ihr eigener Reïs sie betrogen.»Die Schändlichkeit des letzteren hätte leicht einige Menschenleben kosten und uns große Unannehmlichkeiten zuziehen können«, heißt es abschließend (ebd.).

Demgemäß vermeidet Mays Held jede Möglichkeit zum Butvergießen: Zuerst läßt er den eigenen Kapitän seinen Freund und Kollegen auf dem Sandal durch einen jungen Schiffer warnen, was aber auf Abrahim-Arha keinen Einfluß hat; dann beweist er seine Treffsicherheit an einem Würgfalken, und schließlich schießt er dem Sandalkapitän die Feder vom Tarbusch, so daß dieser Abrahim-Arha vom Steuer verdrängt, dessen er sich bemächtigt hatte – was ähnlich auch in Brehms Abenteuer geschah. Offenbar sollte Abrahim-Arha zunächst nicht von Gegenmaßnahmen betroffen werden, sondern alles sich auf die Gerichtssitzung konzentrieren.

Nach kurzer Zusammenfassung der noch zu überwindenden Gefahren (Leilet 40) schildert May als zweite Episode in enger Anlehnung an Brehm (238ff., aber auch andere Stellen) die Überwindung des 2. Katarakts bei Wadi Halfa, freilich ohne diesen zu benennen. Etwa zur Hälfte bedient er sich dazu eigener Worte, die naturgemäß mit denen Brehms große Ähnlichkeit haben; bei der Wiederholung des Gesprochenen, vor allem der 1. Sure des Korans, und in seiner Würdigung der mohammedanischen Religiosität (Leilet 40) zitiert er Brehm fast wörtlich. Die Berührung mit 2 Kor 12,9 geht jedoch auf ihn selbst zurück. Dabei vereinfacht er übrigens das im Original durch den Schiffbruch einer dichtauf folgenden Dahabië und das Einschlagen einer falschen Richtung komplizierte Geschehen; es wird so eher eindringlicher.

Unter Benutzung jenes Schiffbruchs bzw. eines entsetzlichen Stoßes, den Brehms Schiff beim Auflaufen auf einen Felsen erlitten hatte, ohne mehr als ein leichtes Leck zu erhalten (Brehm 240), fügt May eine dritte Episode ein: Abrahim-Arha stürzt über Bord, kann sich kaum an einem Felsen festhalten und wird vom Helden gerettet – gewissermaßen um mit ihm quitt zu werden. Der Ägypter aber stürmt nach der Kajüte, und nun greift May auf das anfangs benutzte Abenteuer Brehms zurück: Mit gespannter Pistole verteidigt Omar-Arha den Zugang. So kann der Gegner nichts ausrichten, muß jedoch bis zum nächsten Landeplatz an Bord bleiben, was bei Brehms Enterern nicht nötig gewesen war. Daß er weiter zum Kampf entschlossen ist, wird ausdrücklich betont (Leilet 41). Auch dieses Motiv, daß Wohltaten an einen erbitterten Gegner verschwendet sind, tritt hier wohl zum erstenmal auf; May könnte es von einigen Berichten Brehms über ausgesprochenen Undank abgeleitet haben.

Als letzte Episode dieses Teils folgt die Gerichtsverhandlung, für die May auf eine Schilderung Brehms, die Strafe von 500 Hieben, den Titel Bimbaschi für den leitenden Beamten und sogar auf einen Abdruck des Firmans, zurückgreifen kann (Brehm 146, 285, 198, 245). So findet seine Umkehrung der gegen den Helden erhobenen Anklage wenigstens insofern Glauben, als die Bastonnade Omar-Arhas unterbleibt und, wie erst im folgenden Teil kurz erwähnt wird (Leilet 55), einer Abreise vor dem eigentlichen Urteil nichts im Wege steht. Auf diese Weise ist man zunächst dem Verfolger entkommen, aber nichts wurde entschieden; es handelt sich in diesem Kapitel also wirklich nur um eine Verzögerung der endgültigen Lösung, die nun nach Kairo verlegt wird.

III. Die Ableitung des 4. Kapitels aus neuen Quellen

Die Einleitung des letzten, vierten Teils, eine Begrüßung Kairos, wirkt wie ein Vorläufer von Mays späteren geographischen Einführungen seiner Kapitel. Sie hat ihr Gegenstück bei Brehm, verzichtet aber auf dessen Schilderung des Weintrinkens der Matrosen, »ihres Propheten Lehre vergessend« (Brehm 243). Es verdient Beachtung, daß May – und nicht nur hier! – die einschlägigen Schilderungen zeitgenössischer Reisender in islamischen Ländern gern entschärft hat, ganz im Gegenteil zu dem, was eine Wiener Schmähschrift ihm anzuhängen versucht.[32] Die Stadt als Ort der Lösung könnte insofern den Gebirgshöhen in späteren Werken entsprechen, als beide auf ihre Art eine Abbildung des himmlischen Zions der Apokalypse sind.

Als erste Episode bespricht May dann das Verhältnis seines Helden zu Leïlet. Auch das ist noch einmal viergeteilt und beginnt mit einer allgemeinen Schilderung ihrer bisherigen Beziehungen: Sie war ihm *ein Räthsel* (Leilet 55). Einerseits gab es etwas in ihrem Wesen, was ihn von jeder Annäherung abhielt; andererseits spürte er ihre herzliche Liebe und rückhaltloses Vertrauen zu ihm (ebd.). Vielleicht wirkt sich hier schon das Vorbild des Verhaltens der Brüder bei Schiller aus, von denen keiner seine Liebe erklärt hatte.

Als zweites wird dieser Zwiespalt durch einen kleinen Vorfall am vorigen Abend illustriert: Noch auf dem Schiff hatte Leïlet sich ihm genaht, sich an ihn geschmiegt und gebeten, ihr nicht zu zürnen, sie könne nichts *dafür* (sc. ihre distanzierte Haltung) (ebd. 55f.). Das hatte ihm zwar die Nachtruhe geraubt, ihn aber nicht auf den Gedanken gebracht, auf sie verzichten zu müssen. Ganz im Gegenteil: ... *mein mußte sie werden*, heißt es am Schluß (ebd. 56). Auch Schiller betont, keiner seiner Helden habe ahnen können, daß der eigene Bruder sein Rivale sein werde.

Jenem Vorsatz scheint Leïlets Bitte beim Verlassen des Schiffes am folgenden Morgen Vorschub zu leisten: »*Verlaß mich nicht schon jetzt, sondern nimm mich mit Dir!*« (ebd.), ein Motiv, das Brehms ›Rose des Morgenlandes‹ vorgab. Das geschieht, und nun schließt sich May noch einmal an Brehms Reisen an: sowohl das Hotel d'Orient als auch die Privatwohnung im Bulakh, die dann dem Bruder zugewiesen wird, finden sich bei ihm in diesem Zusammenhang, nicht dagegen Mays Barutsche: Bei Brehm wird auf Eseln geritten (Brehm 243, vgl. 50ff.); er hat ja auch kein Mädchen dabei!

Eine letzte kleine Episode schließt diesen Unterteil: Im Hotel kommt Leïlet abends, um dem Helden gute Nacht zu sagen, wohl auch um mit ihm über ihr Verhalten zu sprechen, sieht dann seinen Namenszug auf der Schreibmappe und verschwindet, indem sie die Aufklärung auf den nächsten Tag verschiebt. Hier sieht man freilich nicht klar: Konnte Leïlet denn europäische Schrift lesen? Denn schon daß sie Italienisch sprach, hatte den Helden verblüfft (Leilet 42), und das besagte ja nicht, daß sie auch die Schrift beherrschte; daß aber der Name nicht arabisch geschrieben sein konnte, geht aus der folgenden Bemerkung hervor, sie habe ihn bisher nur *in seiner arabischen Verdolmetschung gehört* (Leilet 56). Jedenfalls zeigt ihr spürbares Erschrecken an, daß sie nunmehr erkannt hat, daß ihr Retter und ihr Geliebter den gleichen Namen tragen, also wohl Brüder sind! Aber war das nicht immer noch besser, als wenn sie einander fremd gewesen wären?

Da dies alles weder bei Brehm noch bei Hauff einen Anhaltspunkt hat, ist zu fragen, ob May hier einem anderen Einfluß gefolgt sein könnte. Ich vermute Chateaubriands ›Atala‹: Dort – wie auch in seinem ›René‹ – verbirgt die Heldin ein Geheimnis, das ihr die Liebe zum Helden verwehrt und das sie ihm nicht zu offenbaren wagt, obwohl sie es hin und wieder andeutet, um ihr rätselhaftes Verhalten zu rechtfertigen. Liegt in ›Atala‹ eine Verpflichtung zum Zölibat zugrunde und in ›René‹ verbotene Liebe zum eigenen Bruder, so wählt May statt dessen, in Vorbereitung von Schillers Bericht, die schon seit längerer Zeit andauernde Liebe zum Bruder des Retters als Motiv für das Verhalten des Mädchens. Gewiß wäre das auch ohne Kenntnis Chateaubriands denkbar; doch ist die Ähnlichkeit mit ihm immerhin auffällig, zumal sie in der am Anfang des ›Waldröschens‹ rekapitulierten

Haltung Rosa de Rodrigandas gegenüber Dr. Sternau in Paris ein Gegenstück hat.

Die Gliederung des dritten Unterteils ›Besuch beim Bruder‹ ist nicht leicht zu durchschauen, da die Unterteile von ganz unterschiedlicher Länge sind. Vielleicht versteht man es am einfachsten so, daß Bernhardts Bericht vom Kennenlernen Leïlets die Mitte bildet, umrahmt von einer Schilderung seines Verlusts, und daß das Ganze von dem Eindruck, den sein Aussehen macht, eingeleitet, von seinem Angebot, den Bruder zur Geliebten zu führen und ihm zu helfen, beschlossen wird. Das ergäbe einen klar durchdachten symmetrischen Aufbau, der freilich von der bisher befolgten Vierteilung abwiche, aber bei May nicht einzig dastünde.[33]

In der einleitenden Szene findet sich eine frappierende Ähnlichkeit der Motive mit ›Wanda‹, wo im 1. Kapitel der Held seines Äußeren wegen – er kommt gerade vom Löschen eines Brandes, bei dem er Menschenleben gerettet hat – von der Dame seines Herzens als *König aus dem Mohrenlande*[34] zunächst fortgeschickt wird; er erscheint dann aber wieder mit *dem männlich schönen Angesichte*[35] – um nur dies aus der lobenden Beschreibung anzuführen. Nicht anders liegt der Fall in ›Old Firehand‹, nur daß zu dem abgerissenen Äußeren des Helden noch seine angebliche Feigheit kommt; und sogar schon in der ›Rose von Ernstthal‹ tritt der Held als abgerissener Handwerksbursche auf, hier freilich, ohne daß ihm dies bei seiner Geliebten schaden könnte, da sie fast ganz erblindet ist. Dagegen hatte ihre Mutter Anna den armen Studenten Emil *unter dem Einflusse seiner männlichen Schönheit*[36] geliebt![37]

In ›Leïlet‹ wird dies Motiv nun wie nirgends sonst auf den entscheidenden Punkt gebracht: *... so viel weiß doch auch der einfachste Mensch, daß die Liebe vorzugsweise gern durch das Auge ihren Einzug hält, und ich glich jetzt allerdings mehr einem Beduinen ... Das Räthsel war mir gelöst* (Leïlet 57). Wenn May dann fortfährt: *... und zwar auf eine Weise, welche mich nicht ganz ohne Hoffnung für die Zukunft ließ.* (ebd.), so entspricht das der vorgegebenen Situation, kann aber den Eindruck nicht verwischen, daß sich hier ein biographischer Bezug offenbart. Wir wollen dieser Frage einen kleinen Exkurs widmen.

Exkurs: Das unbefriedigende Aussehen des Helden

Auffällig ist zunächst, daß May im ›Buch der Liebe‹ die oben zitierte Regel über den *Einzug* der Liebe keineswegs so uneingeschränkt vertritt, sondern sie auf die Liebe des Mannes zum andern Geschlecht beschränkt! Das Umgekehrte, die Entstehung der Liebe des Weibes zum Manne, wird kaum einmal angesprochen; nur daß sich der Mann *vor-*

waltend in Kraft, das ... Mädchen vorwaltend in Schönheit entwickelt, und sich Kraft und Schönheit gegenseitig anziehen, wird einmal kurz festgestellt.[38] Ist diese Kürze schon befremdlich angesichts der langen Ausführungen über weibliche Schönheit und Anmut als Beweggrund der Liebe, so ist dies doppelt der Fall, wenn man bedenkt, daß ›Leïlet‹ nur kurze Zeit nach dem ›Buch der Liebe‹ erschienen ist und wahrscheinlich innerhalb desselben Jahres geschrieben wurde. Kraft aber hatte hier wie in ›Wanda‹ (und in ›Old Firehand‹) der Held als Retter durchaus bewiesen; wie kommt es dann zu seiner Zurückweisung wegen mangelnder Schönheit in den Erzählungen und zum Fehlen dieses Themas im ›Buch der Liebe‹?

Bereits Wilhelm Vinzenz hat auf den Zusammenhang zwischen Wanda, Ellen und Leïlet hingewiesen, verbindet sie aber mit der sogenannten ›Urszene‹, d. h. der Verstoßung durch die Mutter, die ihren Sohn für schuldig hält.[39] Kann uns der oben zitierte Satz nicht vielleicht auf eine einleuchtendere Spur bringen?

Sucht man in den frühen Berichten über May nach Angaben über sein Aussehen, dann stößt man auf manches Negative, was angesichts seiner erfolgreichen Betrügereien in Erstaunen setzt. Da ist 1864 von »etwas unordentlich lang gewachsene(m)« Haar, von »steif(er) und linkisch(er)« Haltung die Rede,[40] fünf Jahre später von starrem, stechendem Blick und krummen Beinen.[41] Bei der Festnahme 1870 ist er »ein schlanker, dürftiger Mensch, förmlich heruntergekommen und unterernährt«,[42] und auf den Pflichtverteidiger macht er den »Eindruck eines komischen Menschen«.[43] Liegt es da nicht am nächsten, die obige Stelle ernst zu nehmen und zu vermuten, daß May als junger Mann unter seiner dürftigen Erscheinung gelitten und vielleicht deshalb so hektisch um Liebe geworben habe, um darin die fehlende Selbstbestätigung zu gewinnen? Auch daß sich unter den von ihm begangenen Diebstählen so oft Pelzwaren und andere Kleidungsstücke befanden, weist auf diesen Zusammenhang hin. Hat er zwar manches davon gleich wieder zu Geld gemacht, so ist andererseits aktenkundig, daß er anderes vorher »einige Zeit getragen« hatte.[44] War doch für seine Schwindeleien anständige Kleidung unentbehrlich!

Die Überwindung dieses Traumas scheint in ›Der verlorne Sohn‹ dargestellt zu sein. Dort ist der Oberleutnant von Hagenau so häßlich, daß er eine Heirat für unmöglich hält,[45] obwohl auch er zum Retter der Geliebten wird.[46] Sie aber erklärt ihm, daß zwar »*der Mann, wenn er liebt, mehr oder weniger durch die Schönheit der Formen beeinflußt wird. Das Weib liebt weniger die Form als vielmehr den Inhalt. Ich könnte einen schönen Mann hassen und einen häßlichen lieben, beides um ihrer Herzenseigenschaften willen.*«[47] Hängt das damit zusammen, daß May inzwischen geheiratet hatte? Nun gibt nicht mehr die Kraft, erst recht nicht die äußere Erscheinung, sondern der Charakter den Ausschlag für

217

weibliche Liebe: »*Das Wort schön darf doch nicht blos auf körperliche Vorzüge und Eigenschaften Anwendung finden*«, meint Hilda.[48]
Solange aber der notvolle Zustand nicht überwunden ist, zeitigt er als wichtigste Folge die Unsicherheit gegenüber dem andern Geschlecht; nur wenn die Geliebte ohnmächtig ist, wagt der Held sie zu küssen, nachdem er sie unter Lebensgefahr gerettet hat – in ›Wanda‹ ebenso wie in ›Old Firehand‹ –; im ›Verlornen Sohn‹ wird dem Einsiedler Winter daraus ein Strick gedreht.[49] Dagegen berichtet in ›Leilet‹ der von solchen Selbstzweifeln nicht gequälte Bruder, er habe die Geliebte gleich beim ersten Treffen an sich gezogen und geküßt (Leilet 58)! Da sich nichts dergleichen in Brehms Vorlage findet, scheint mir die Annahme eines lange nachwirkenden Traumas bei May einleuchtender zu sein als der Rückgriff auf ganz andere Zusammenhänge, die die Mutter betreffen.

Trotz all dieser Erwägungen ist freilich noch die Möglichkeit in Betracht zu ziehen, daß May aus einer weiteren Quelle ein entsprechendes Sujet übernommen hat; auch dann wäre jedoch zu fragen, aus welchen psychologischen Gründen es ihn so nachdrücklich beeinflußt hätte. Hier böte sich Coopers ›Wildtöter‹ an.[50] Nicht nur in der Beschreibung des Titelhelden, sondern vor allem in einem längeren Gespräch mit Hurry Harry wird festgestellt, daß ihm »ein schönes Aussehen«[51] fehle. Doch geschieht das, ehe ein Mädchen oder gar die Liebe ins Spiel kommt; auch ist Wildtöter weitaus jünger, als Mays Held als Arzt es sein könnte; seinem unbedeutenden Aussehen entspricht eine gewisse Dümmlichkeit, die in deutschen Ausgaben meist unterdrückt wird, und schließlich spielt dies Motiv bei Cooper keine wesentliche Rolle. Dagegen könnte May ihn für den ›Verlornen Sohn‹ wirklich herangezogen haben, da Hilda dort ganz ähnlich argumentiert wie Coopers Judith.[52] Für ›Leilet‹ und die andern Frühwerke Mays dürfte dagegen der biographische Bezug vorzuziehen zu sein, zumal sich auch in späteren Werken entsprechende Spuren finden, denen wir hier nicht nachgehen können.

Als Einleitung von Bernhardts Bericht wird nun zweitens sein Zustand geschildert: Sein Bruder, als Arzt, ist besorgt über den leidenden, kranken Eindruck, den er macht, und erfährt, daß Bernhardt sein Liebesglück verloren hat und seine einzige Hoffnung auf ihn setzt, da er die Verhältnisse besser kenne und vielleicht noch Rat wisse – was sich später bewahrheitet.

Bei Schiller hat sich nach der Entdeckung der gemeinsamen Liebe beider Brüder etwas Ähnliches ergeben: Der ältere hatte versucht, in der Ferne die Geliebte zu vergessen,[53] war darüber aber todkrank geworden und konnte nur durch schleunige Rückkehr gerettet werden. Bei May war dagegen die Trennung unfreiwillig geschehen; das ist nun der Inhalt von Bernhardts Bericht, der zunächst sein Liebesglück mit Warde betrifft.

Dieser mittlere Teil verwendet viele Motive aus Brehms ›Eine Rose des Morgenlandes‹, ist aber viel kürzer; er beschränkt sich zumeist auf dessen mittleres Drittel, in dem das fast tägliche Beisammensein der Liebenden auf dem flachen Dach des Nachbarhauses beschrieben wird. Aus Brehms ›Reise-Skizzen‹ entnahm May die Unterscheidung zwischen den moralisch verkommenen männlichen Levantinern[54] und ihren wunderbaren Frauen, den im Orient *einzigen, denen sich ein Lebensglück anvertrauen läßt* (Leilet 57). Neu sind jedoch die Küsse,[55] mit denen Bernhardt bald das Mädchen überfällt, obwohl er im Gegensatz zu Brehm bei der ersten Begegnung zunächst nicht sprechen kann. Dagegen fehlt bei ihm die bei Brehm so packend beschriebene Beschränkung der sprachlichen Möglichkeiten, die ihn zu eifrigem Lernen des Arabischen veranlaßt. Gemeinsam ist beiden der überschwengliche Eindruck, den Warde macht.

Im letzten Drittel seiner Erzählung berichtet Brehm, wie er wegen des Antritts der Sudanreise Warde verlassen mußte und auf ihre Bitte, sie mitzunehmen, nicht eingehen konnte. Davon übernimmt May nur den Gedanken, daß das Mädchen»... *mit Freuden nach dem Schiffe (ging), denn sie hoffte Dich dort zu finden.«* (Leilet 59). In Wirklichkeit hatte ihr Schwager sie nach Landessitte einem reichen Ägypter zur Frau gegeben, der mit ihr sofort abgereist war, so daß Bernhardts Bewerbung zu spät kam. Alle Nachforschungen waren vergeblich geblieben; daher schließt er seinen Bericht mit den Worten: »*So sind Monde verflossen und haben mir nichts weiter gebracht, als die Ueberzeugung, daß ich verzichten muß ... – was ist aus mir geworden?«* (ebd.) Selbst die Wohnung habe er aufgeben müssen, um nicht etwa durch die Schwester etwas zu erfahren!

Gerade an diese Wohnung aber knüpft sich (als Abschluß dieses Unterteils) eine Hoffnung: Da sie noch leer steht, will der Ich-Held sie zu beziehen versuchen und erwähnt dann die ihm geglückte Entführung Leïlets, um den Bruder weiter zu ermutigen. Unter Mißbrauch von Joh 20, 29 (»*Selig sind, die nicht sehen, und doch glauben, aber am allerseligsten sind, die nicht glauben und doch sehen.«* – Leilet 59)[56] lädt er ihn ein, sie kennenzulernen, und behauptet, selbst seine Warde könne sich mit ihr nicht vergleichen (ebd.). Dadurch erfährt Bernhardt nun endlich, daß auch sein Bruder verliebt ist: »*... diese Krankheit scheint in unserer Familie epidemisch zu werden«* (Leilet 59) – was er ja anfangs in seinem Brief (ebd. 25) nicht für möglich gehalten hatte. Damit ist dieser Unterteil beendet, und auf dem Weg zum Hotel d'Orient nimmt dann das Unglück seinen Lauf ...

Im 3. Unterteil gestaltet May ganz frei aus Eigenem, soweit ich sehe. Unterwegs begegnen die Brüder zwei Männern, Abrahim-Arha zusammen mit einem andern, den Bernhardt als seinen levantinischen Nachbarn bezeichnet. Für ihn ist das ein erster Lichtblick, denn Abrahim-

Arha war es ja, den er bei jenem einmal gesehen hatte! So meint er, das Kommen des Bruders bringe ihm Glück, und will den beiden folgen; die haben sich aber schon selbst auf ihre Spuren gesetzt. Der Ich-Held dagegen wird von einer furchtbaren Ahnung gepackt, *als sei mir ein Keulenschlag mitten hinein in's tiefste Herz versetzt worden* (Leilet 71); noch spricht er nicht aus, was er aus Bernhardts Worten zu folgern gezwungen ist, und eilt nur vorwärts. Das furchtbare Geheimnis der Schillerschen Brüder steht vor seiner Enthüllung.

Der Ich-Held führt seinen Bruder in sein Zimmer, schiebt ihn dann ins Nebengemach, wo Leïlet sich aufhält, und hört, wie sie einander jubelnd begrüßen: *wie von einer riesigen Faust niedergestreckt, brach ich zusammen* (Leilet 71). Nach dem Erwachen wird ihm alles erklärt, auch der Zug aus Hauffs Märchen, daß der Besitzer dem Mädchen einen andern Namen gegeben hatte. Der hatte freilich bei May, wo es nur um ein einziges Mädchen ging, dessen Name im Briefe des Bruders nicht einmal erwähnt war, die Entdeckung des Verhängnisses nur um die kurze Zeit verzögert, die zwischen dem Besuch beim Bruder und dessen Eintritt ins Hotelzimmer vergangen war: ein deutlicher Beweis für die Entlehnung.

Von ganz anderem Gewicht ist der Umstand, daß Mays Schilderung hier sich kaum von der seines Zusammenbruchs nach der Verhaftung wegen angeblichen Uhrendiebstahls unterscheidet, die er in ›Mein Leben und Streben‹[57] beschrieben und in den Werken wiederholt gespiegelt hat. Bedeutet das, daß er außerdem noch einen vergleichbaren Zusammenbruch durch Verlust eines geliebten Mädchens erlitten hat, oder handelt es sich einfach um die Übertragung jener schrecklichen Erfahrung auf eine andere Situation?

Auf den ersten Blick scheint dies letztere wahrscheinlicher zu sein, da in anderen Werken den Haupthelden nichts Ähnliches widerfährt – wenn man nicht hierzu rechnen will, daß im ›Verlornen Sohn‹ Robert Bertram bei dem Versuch, Fanny von Hellenbach zu Hilfe zu eilen, von einem Polizisten niedergeschlagen wird.[58] Dazu kommt, daß bei der Einarbeitung von ›Leilet‹ in ›Giölgeda padîshanün‹ dieser letzte Teil wegfiel; hatte er also für May keine bleibende Bedeutung, oder handelt es sich nur um seinen grundsätzlichen Verzicht auf alles Erotische für die Reiseerzählungen? Schon dieser Umstand kann Bedenken hervorrufen, und weitere treten hinzu.

Bei Nebenfiguren taucht nämlich dieses Motiv nicht nur einmal auf. In ›Deutsche Herzen, deutsche Helden‹ ist es der *von den Frauen umsonst umworbene Rittmeister Günther von Langendorff,*[59] der für Tschita Feuer fängt; aber sie hatte bereits einen Verlobten, und *sie liebte ihn,*[60] so daß er zugrunde gegangen wäre, hätte er sich nicht – genau wie Schillers Helden – auf Reisen begeben. May löst das Problem dadurch, daß Tschita eine Schwester hat, Magda, die Langendorff freilich auch lange vergeblich suchen muß, bevor er – aus dem Roman verschwindet. Wie soll man sich das erklären?

Der auffällige Umstand, daß etwa ein Jahr früher der May noch deutlicher abbildende Buchbinder Wilhelm Heilmann im ›Verlornen Sohn‹[61] gleichfalls im weiteren Verlauf vergessen wurde, läßt einen inneren Zusammenhang vermuten, so daß sich der Verdacht auf Verdrängung verstärkt.

In ›Deutsche Herzen, deutsche Helden‹ kompliziert sich alles aber noch dadurch, daß Langendorffs Freund Karl von Zimmermann, der um seinetwillen auf Magda verzichtet hatte, sie zuletzt doch bekommt![62] Deutet das darauf hin, daß May an eine immer noch schmerzende Wunde rührte?

Denn sogar im Spätwerk gibt es dann in ›Winnetou IV‹ die Erzählung des alten Trappers Max Pappermann,[63] hinter der sich »allem Anschein nach eine Autobiographie« verbirgt.[64] Da treten wie in ›Leilet‹ drei Männer auf, die sich um Aschta bewerben: Tom Muddy, der sie nicht nur liebte, sondern auch haßte und damit Abrahim-Arha gleicht; Wakon, der sie liebt und heiraten soll, also Bernhardts Stelle einnimmt; und der Erzähler, dem es bei dieser Nachricht ist, *»als ob ich ... einen schweren Faustschlag gegen die Stirn bekommen hätte.«*[65] Zwar besteht keine nähere Beziehung zwischen ihm und seinem glücklichen Nebenbuhler, aber er bringt ein noch größeres Opfer als der Ich-Held in ›Leilet‹. Wird hier also doch ein tiefgreifendes Erlebnis Mays dargestellt? Ekkehard Koch, dem freilich Günter Scholdt in manchem widerspricht,[66] sieht darin eine symbolische Darstellung der Brandmarkung Mays durch seine Jugendsünden, trotz der Einkleidung als Liebesgeschichte.[67] Aber angesichts der unbestreitbaren Ähnlichkeit mit der Szene in ›Leilet‹ müßte man dann annehmen, May habe im Abstand von rund vierzig Jahren zweimal auf fast dieselbe Weise versucht, seine Vergangenheit aufzuarbeiten! Ist das wahrscheinlich?

Zudem könnten wir eine einschlägige Erfahrung Old Shatterhands in ›Krüger Bei‹ nachlesen, wenn Heinrich Keiter das Kapitel ›In der Heimath‹ nicht gestrichen hätte! Zwar findet sich die betreffende Stelle, nur wenig überarbeitet, in dem Radebeuler/Bamberger Band ›Professor Vitzliputzli‹, blieb aber bisher fast unbeachtet: Nach Verlust der Geliebten läuft Old Shatterhand in den Wald, wird von einem Gewitter überrascht und fast vom Blitz erschlagen: »Ich stand wie betäubt«.[68] Sollte das nicht ausreichen, eine direkte biographische Spiegelung anzunehmen, dort wie in ›Leilet‹? Ich wage das nicht zu entscheiden. Einerseits gibt es nirgends in der bisher nachgewiesenen, für ›Leilet‹ benutzten Literatur eine so extreme Reaktion des Helden,[69] so daß man May selbst dies Motiv zuschreiben muß, wenn man nicht eine weitere, bisher unbekannte Quelle annehmen will. Anderseits spielt die Frage, ob er in seiner Jugend wirklich eine so tiefgreifende Enttäuschung in ei-

ner Liebesbeziehung erlitten habe, bisher in der Forschung keine wesentliche Rolle; fast alles konzentriert sich auf die Frage möglichen Liebesentzugs (oder seines Gegenteils) in der Kindheit, als könne es solche Erschütterungen später gar nicht mehr geben. Wir müssen also weitere Untersuchungen abwarten.[70]
Mit dem Eintreffen des Levantiners und Abrahim-Arhas im Hotel beginnt die Entscheidung, die der Ich-Held trotz des kaum verwundenen Zusammenbruchs allein in die Hand nimmt (Leilet 71). Sie gliedert sich in vier Szenen:

a) Der Diener Omar-Arha wird hereingerufen und beauftragt, jeden, der den Raum verlassen wolle, niederzuschießen;
b) Abrahim-Arha wird als Wüstenräuber entlarvt (Omar-Arha fungiert als Zeuge) und alles Geraubte von ihm zurückgefordert; daß der Levantiner Warde/Leïlet für das Beutegut verkauft hatte, wird obendrein ins Feld geführt.
c) Abrahim-Arhas Verteidigung, er sei von höchster Stelle begnadigt worden, die auf seine oben erwähnte Gleichsetzung mit Harrihdi zurückgeht, wird durch den Hinweis auf die Macht des deutschen Konsuls entkräftet; die Reaktion des Levantiners macht diesen als Hehler verdächtig.
d) Dann aber erfolgt innerhalb einer Seite der völlig unerwartete Umschwung:»*... wir wollen Worte der Versöhnung miteinander sprechen!*« (Leilet 72). Nicht, wie üblich, in einem spannenden Dialog, sondern in einer kurzen Zusammenfassung wird das Zustandekommen einer Übereinkunft geschildert: *Abrahim-Arha verzichtete auf Warde und ich auf eine gerichtliche Verfolgung gegen ihn.*(ebd. 73) May weist darauf hin, daß der Held damit kein Opfer brachte, da das geraubte Gut doch verloren und eine Bestrafung durchaus zweifelhaft war, man somit alles in solcher Lage Mögliche erreicht hatte. Letztlich beruht die ganze Szene darauf, daß in der Gerichtsverhandlung keine Entlarvung Abrahim-Arhas nötig gewesen war und dieser hier in die Falle tappen konnte.

Offenbar gestaltet May all dies aus Eigenem. Hat es vielleicht etwas mit seinem erstaunlich friedfertigen Verhalten gegenüber dem Buchhalter Scheunpflug zu tun beim Wiedersehen nach Verbüßung der ersten Haftstrafe?[71] Auch dort wird festgestellt, daß ihm niemand seine Karriere verderben könne, da er niemals beabsichtigt habe, Volks- oder gar Fabrikschullehrer zu bleiben: eine Parallele zu dem leichtherzigen Verzicht auf das von Abrahim-Arha Geraubte. Insofern könnte May tatsächlich seinen damaligen Zusammenbruch hier mit ganz andern Bildern dargestellt haben.

Der Schluß geht dann wieder auf Schiller zurück, aber in bezeichnender Abänderung: Nicht mehr die Fähigkeit eines der Brüder, auf die gemeinsame Geliebte zu verzichten, gibt den Ausschlag, sondern die ältere Liebe des Mädchens zu Bernhardt, obwohl auch dieser bereit ist, sie aufzugeben. Bei Schiller dagegen läßt sie widerspruchslos über sich verfügen, wie es ja seinerzeit das Los vieler Mädchen war, und gesteht erst nachher, bei ihrem innerhalb Jahresfrist erfolgendem Tode, daß sie den andern Bruder geliebt habe. Der aber war nach Batavia ausgewandert und blieb zeitlebens unverheiratet – so wie May es schon im ›Old Firehand‹ Winnetou hatte sagen lassen, als er um seines Freundes willen auf Ribanna verzichtete.

Ein solcher Schluß wäre aber Mays Art nicht entsprechend gewesen, die in der Regel »eine heilvolle, durch kein Unrecht mehr gefährdete Zukunft eröffnet«, wie Jürgen Wehnert formuliert.[72] Darum muß seine Novelle auch anders schließen als Schillers Erzählung, die mit dem Tode des von beiden Brüdern geliebten Mädchens ja tragisch endet, auch für den, der nicht ohne sie hätte leben können und sie deshalb zur Frau bekommen hatte. Wie aber wäre ein für alle Beteiligten befriedigender Schluß herbeizuführen? Abraham-Arha hätte ja auf jeden Fall verzichten müssen, und auch für den Ich-Helden gab es keine andere Lösung, so daß er für jenen sich einer Regung des Mitleid nicht erwehren konnte (Leilet 73). Verblüffenderweise sind so die Protagonisten des Guten und des Bösen beide vom gleichen Schicksal betroffen, was noch einmal dagegen sprechen sollte, Abraham-Arha eine Vaterrolle zuzuweisen.

Da May bei dem übersichtlichen Personenbestand der Novelle nicht wie später in ›Deutsche Herzen, deutsche Helden‹ einfach ein weiteres Mädchen als Deus ex machina auftauchen lassen konnte, griff er zu einem erstaunlichen Mittel: dem radikal abgekürzten Schluß. Zwar ist man auch sonst bei ihm zuweilen überrascht von der Plötzlichkeit des Endes; aber hier tritt einerseits noch eine sonderbare Mischung von Ernst und gezwungen wirkendem Witz hinzu (schon vorher hatte Omar-Arha bei der Entlarvung des Räubers unpassende Bemerkungen gemacht), andererseits eine befremdliche Art, die Lösung auszudrücken: Warde scheint beide Brüder in gleichem Maße in ihre Liebe einzuschließen! Daher könnte man argwöhnen, May habe unter großem Zeitdruck geschrieben oder der Schluß sei unsachgemäß gekürzt worden. Beidem steht entgegen, daß für die späteren Nachdrucke nichts geändert wurde; wenigstens für Roseggers ›Heimgarten‹ sollte man das sonst erwarten dürfen.

Oder kann man den sonderbaren Schluß als Indiz dafür werten, daß May hier nicht ernsthaft engagiert gewesen sei, also wenigstens nicht auf die Aufarbeitung einer enttäuschten Liebe geschlossen werden dürfe? Das wäre wohl vorschnell geurteilt angesichts der Tatsache, daß er auch später, vor allem nach der Schilderung von Winnetous Tod 1882[73] (nicht mehr bei der Erweiterung der Szene für ›Winnetou III‹!) keine angemessenen Worte für den Gemütszustand des Ich-Helden findet, obwohl er damals aus einer wirklichen Betroffenheit heraus geschrieben haben muß.[74] Wir haben also den Vorgang aus sich selbst zu deuten.

Worin besteht nun Mays Lösung, der Zukunft alles Tragische zu nehmen? Darin, daß er sie einfach ausschließt, indem er seine Novelle in dem Augenblick enden läßt, da sich die zwangsläufige spätere Trennung noch nicht abzeichnet: in der gemeinsamen, tränenreichen Umarmung der Brüder und des geretteten Mädchens als Ausdruck ihrer gegenseitigen Liebe und Dankbarkeit. Davon soll auch alles Weitere bestimmt werden, ganz gleich, wie es sich im einzelnen gestalten mag! Zwei Kleinigkeiten baut May ein, um das deutlich zu machen: die Szene dauert *lange, lange, ... als wären wir Kinder* (Leilet 73) – bei Kindern spielt der Gedanke an Späteres noch keine Rolle. Und dann platzt Omar-Arha hinein und hätte gern »*auch Jemanden, den ich umarmen könnte*« (ebd.), und wenn es Abraham-Arha wäre – auf möglichst alle, nicht nur auf lange Zeit, soll die Liebe ausgedehnt werden! Mit diesem (leider unerfüllbaren) Wunsch schließt die Novelle.

Fassen wir kurz das Ergebnis unserer Untersuchung zusammen: Vor dem Hintergrund bis ins einzelne gehender authentischer Schilderungen, die zumeist Brehms ›Reise-Skizzen‹ entnommen sind, spielt sich eine Handlung ab, deren tragische Verwicklung May Schillers Bericht verdankt: der Liebe zweier Brüder zum gleichen Mädchen, ohne daß sie darum wüßten. Veranlaßt durch Motive aus Hauffs Märchen, vermehrt um Einzelheiten aus Brehms ›Gartenlaube‹-Erzählung, kommt es zur Entführung des verkuppelten Mädchens aus dem Harem, nachdem im Retter die Liebe erwacht ist, deren Aussichtslosigkeit – vielleicht unter dem Einfluß von Chateaubriands ›Atala‹ – das rätselhafte Verhalten des Mädchens andeutet. Den Verfolgern kann wegen früherer Verbrechen Verzichtleistung abgerungen werden. Da beide Brüder – wie bei Schiller – bereit sind, selbstlos der Geliebten zu entsagen, entscheidet deren ursprüngliche Liebe – gegen Schiller.

Fragt man, wie es zur Verbindung dieser z. T. doch recht verschiedenartigen Quellen gekommen sein könnte, so bietet sich dafür das Motiv der beiden Brüder um so mehr an, als man ja annimmt, May habe unter dem Fehlen eines Bruders gelitten. In Hauffs Märchen erzählt ein Bruder die Rettungstat des andern; in Brehms ›Reise-Skizzen‹ ertrinkt Brehms Bruder im Nil, nachdem er selbst ihm noch Hauffs ›Morgenrot‹ zugesungen hatte (Brehm 268f.); die ›Gartenlaube‹-Erzählung war nötig, um Hauffs Fatme Leben zu verleihen. Schillers Bericht aber bot nicht nur gleichfalls ein dramatisches Geschehen zwischen zwei Brüdern, sondern stellte zugleich die Verbindung zu dem von Brehm und Hauff gebotenen Mädchen unter neuem Aspekt dar, und die Geheimnistuerei von Chateaubriands Heldinnen erleichterte die Verschmelzung so verschiedenartiger Stoffe.

May hat also durch zumeist ganz freie Verwendung vorgegebener Motive aus heute weitgehend unbekannten älteren Quellen eine nicht nur spannende, sondern auch inhaltlich wertvolle Novelle komponiert, die wohl zur Bewältigung eigener Traumata mit beitragen sollte und trotz einiger Schwächen, zumal am Schluß, noch heute den Leser anspricht. Ich meine, sie kann sich durchaus neben den entsprechenden Kapiteln von ›Durch Wüste und Harem‹ behaupten. Die Einzelheiten ihrer Umarbeitung und die Weiterverwendung wichtiger Motive in späteren Werken Mays zu untersuchen, wäre eine zusätzliche reizvolle Aufgabe.

1 Karl May: Leilet. In: Feierstunden am häuslichen Heerde. 1. Jg. (1876/77); Reprint der Karl-May-Gesellschaft. Hamburg 1994 (künftig: Leilet)
2 Wie eine Vergleichslesung zeigt und Ekkehard Bartsch bestätigt, ist der Abdruck in Karl May's Gesammelte Werke Bd. 71: Old Firehand. Bamberg 1967, S. 162-232, keine Wiedergabe der ›Heimgarten‹-Erzählung, sondern eine bearbeitete Fassung von ›Leilet‹. Zu Pater Pöllmanns Kritik der ›Rose von Kahira‹ werde ich in den Mitteilungen der Karl-May-Gesellschaft (M-KMG) Stellung nehmen, da dies hier zu weit führen würde. Von ›Entführt‹ sind wenige Abschnitte in Karl May: ›Scepter und Hammer‹/›Die Juweleninsel‹. Reprint der Karl-May-Gesellschaft. Hamburg/Regensburg 1978, S. 335, 340 und 349, abgedruckt.
3 Karl May: Giölgeda padisha̍nün. In: Deutscher Hausschatz. VII. Jg. (1880/81); Reprint der Karl-May-Gesellschaft. Hamburg/Regensburg 1977
4 Karl May: Gesammelte Reiseromane Bd. I: Durch Wüste und Harem. Freiburg 1892
5 Z. B. in: Gert Ueding: Die Rückkehr des Fremden. Spuren der anderen Welt in Karl Mays Werk. In: Jahrbuch der Karl-May-Gesellschaft (Jb-KMG) 1982. Husum 1982, S. 17; ferner Hermann Wohlgschaft: Große Karl-May-Biographie. Paderborn 1994, S. 272
6 Sie decken sich vielfach mit den Ergebnissen von Jürgen Wehnerts Untersuchung ›... und ich das einzige lebende Wesen in dieser Wildnis. Zur Innovation des Ich-Helden bei Karl May‹ (in: Karl May. Hrsg. von Heinz Ludwig Arnold. München 1987, S. 5-38 (Sonderband Text + Kritik)).
7 Vgl. Bernhard Kosciuszko: ›Leilet‹ – ›Eine Rose des Morgenlandes‹. In: M-KMG 63/1985, S. 26; ebd., auf den Seiten 27ff., wird Brehms ›Gartenlaube‹-Text faksimiliert. Zur Vorlage Hauff vgl. Thomas Ostwald/Siegfried Augustin: Zur Werkgeschichte. In: Karl May: Die Rose von Kahira/Die falschen Excellenzen. Neudruck der Veröffentlichung in Peter Roseggers Zeitschrift ›Heimgarten‹. II. Jahrgang, 1878, Graz-Braunschweig 1977 (Reihe ›Werkdruck-Reprints‹, Verlag A. Graff), unpag. (S. 72ff.).
8 Auf Alfred Edmund Brehm: Reise-Skizzen aus Nord-Ost-Afrika. Jena 1853 als Quelle Mays für ›Leilet‹ weist Fritz Maschke: Karl May und Alfred Brehm. In: M-KMG 7/1971, S. 19ff., hin; Brehms Werk ist wieder zugänglich in einer gekürzten und bearbeiteten Ausgabe: Alfred Edmund Brehm: Reisen im Sudan 1847-1852. Hrsg. von Helmut Arndt. Tübingen 1975; nach dieser Ausgabe wird hier unter Verwendung der Sigle ›Brehm‹ zitiert.
9 Friedrich Schiller: Eine großmütige Handlung aus der neuesten Geschichte. In: Württembergisches Repertorium der Litteratur 1782. In: Schillers Werke. Nationalausgabe. 16. Bd. Erzählungen. Hrsg. von Hans Heinrich Borcherdt. Weimar 1954, S. 3-6; der Text wird als Anhang am Schluß dieses Aufsatzes abgedruckt.
10 Wehnert, wie Anm. 6, S. 25
11 Kosciuszko, wie Anm. 7

225

12 Vgl. in dem Fragment ›Ange et Diable‹ aus der Haftzeit Mays Zustimmung dazu, *den Teufel nicht mehr mit Schwanz, Bockfüßen und Hörnern darzustellen, sondern das diabolische durch Disharmonie einzelner an und für sich schöner Züge wiederzugeben.* (Karl May: Hinter den Mauern und andere Fragmente aus der Haftzeit. In: Jb-KMG 1971. Hamburg 1971, S. 131).
13 Karl May: Nach Sibirien. In: Frohe Stunden. 2. Jg. (1878), S. 741; Reprint der Karl-May-Gesellschaft. Hamburg 1971
14 Ebd., S. 773
15 Karl May: Der Brodnik. In: Deutscher Hausschatz. VI. Jg. (1879/80), S. 694; Reprint in: Karl May: Kleinere Hausschatz-Erzählungen. Hrsg. von Herbert Meier. Hamburg/Regensburg 1982
16 May: Wüste und Harem, wie Anm. 4, S. 100
17 Karl May: Waldröschen oder Die Rächerjagd rund um die Erde. Dresden 1882/84, S. 18; Reprint Leipzig 1988ff.
18 Karl May: Die Felsenburg. In: Deutscher Hausschatz. XX. Jg. (1894), S. 28; Reprint der Karl-May-Gesellschaft. Hamburg/Regensburg 1980
19 Karl May: Die Liebe des Ulanen. In: Deutscher Wanderer. 8. Bd. (1883-85), S. 5; Reprint Bamberg 1993
20 Karl May: Durch das Land der Skipetaren. In: Deutscher Hausschatz. XIV. Jg. (1887/88), S. 188 und 191; Reprint der Karl-May-Gesellschaft. Hamburg/Regensburg 1978 (Buchausgabe: Karl May: Gesammelte Reiseromane Bd. IV: In den Schluchten des Balkan. Freiburg 1892, S. 524, 536)
21 Hans Wollschläger: Der »Besitzer von vielen Beuteln«. Lese-Notizen zu Karl Mays ›Am Jenseits‹ (Materialien zu einer Charakteranalyse II). In: Jb-KMG 1974. Hamburg 1973, S. 158
22 Vgl. Ernst Bloch: Urfarbe des Traums. In: Jb-KMG 1971. Hamburg 1971, S. 11
23 Vgl. Karl May: Gesammelte Reiseromane Bd. XVI: Im Lande des Mahdi I. Freiburg 1896, S. 260; Manfred Hecker wies darauf hin, daß Brehm die Krokodilhöhlen von Monfalut besucht hat; vgl. Alfred Schneider: Nochmals: Karl May und Alfred Brehm. In: M-KMG 8/1971, S. 14; der entsprechende Text aus Brehm: Reise-Skizzen, wie Anm. 8, S. 362-67, wird in den M-KMG 8/1971, S. 15-20, wiedergegeben. Meine Argumentation wird nicht dadurch hinfällig, daß Bernhard Kosciuszko (»In meiner Heimat giebt es Bücher ...«. Die Quellen der Sudanromane. In: Jb-KMG 1981. Hamburg 1981, S. 64-87 (75f.)) nachgewiesen hat, daß nicht dieser Brehm-Text, sondern ein ähnlicher Text des Afrikaforschers Ernst Marno (›Aus allen Welttheilen‹ 1874) May für den ›Mahdi‹ als Vorlage gedient hat. Für die frühe Erzählung ist eine Motiv-Abhängigkeit dennoch möglich.
24 Wehnert, wie Anm. 6, 16ff.
25 Ebd, S. 29
26 Vgl. dazu Eduard Engel: Erfolg. In: Karl-May-Jahrbuch 1932. Radebeul 1932, S. 214.
27 Karl May: Old Firehand. Aus der Mappe eines Vielgereisten Nr. 2. In: Deutsches Familienblatt. 1. Jg. (1875/76), S. 176; Reprint der Karl-May-Gesellschaft. Hamburg 1975
28 Vgl. Wilhelm Vinzenz: Feuer und Wasser. Zum Erlösungsmotiv bei Karl May. Sonderheft der Karl-May-Gesellschaft Nr. 26/1980, S. 25.
29 Vgl. Walther Ilmer: Mit Kara Ben Nemsi ›im Schatten des Großherrn‹. Beginn einer beispiellosen Retter-Karriere. In: Jb-KMG 1990. Husum 1990, S. 291.
30 Vgl. ebd.
31 Vgl. Siegfried Augustin / Rudolf Beissel: Quellen und Vorbilder Mays. Vorstudien zu einer Monographie. In: Vom Lederstrumpf zum Winnetou. Autoren und Werke der Volksliteratur. Hrsg. von Siegfried Augustin und Axel Mittelstaedt. München 1981, S. 67f.
32 Ingrid Hofmann/Anton Vorbichler: Das Islambild bei Karl May. Wien 1979, besonders S. 187ff. und 193f.
33 Ein Beispiel dafür sind die fünf Gerichtsverhandlungen in ›Deadly Dust‹; vgl. dazu Wolfgang Hammer: Die Rache und ihre Überwindung als Zentralmotiv bei Karl May. In: Jb-KMG 1994. Husum 1994, S. 60f.

34 Karl May: Wanda. In: Der Beobachter an der Elbe. 2. Jg. (1875), S. 430; Reprint der Karl-May-Gesellschaft. Hamburg 1974
35 Ebd., S. 431
36 Karl May: Die Rose von Ernstthal. In: Deutsche Novellen-Flora. 1. Bd. (1874/75), S. 187; Reprint in: Karl May: Unter den Werbern. Seltene Originaltexte Bd. 2. Hrsg. von Herbert Meier. Hamburg/Gelsenkirchen 1985
37 Ganz in diesem Sinne sagt in ›Der Weg zum Glück‹ der Zigeuner Jeschko von sich und seinem Bruder: »*Wir Beide lernten ein und dasselbe Mädchen kennen ... Er war hübscher als ich, und sie hatte ihn also lieber als mich ...*« (Karl May: Der Weg zum Glück. Dresden 1886/88, S. 1496; Reprint Hildesheim-New York 1971)
38 Karl May: Das Buch der Liebe. Dresden 1875/76; Reprint der Karl-May-Gesellschaft. Regensburg 1988. Hrsg. von Gernot Kunze (Bd. I: Textband), S. 250
39 Vgl. Vinzenz, wie Anm. 28, S. 24.
40 Leipziger Zeitung. Nr. 198. 20. 8. 1864. Zitiert nach Klaus Hoffmann: Zeitgenössisches über »ein unwürdiges Glied des Lehrerstandes«. Pressestimmen aus dem Königreich Sachsen 1864-1870. In: Jb-KMG 1971. Hamburg 1971, S. 112
41 Ebd., S. 117
42 Hainer Plaul: Alte Spuren. Über Karl Mays Aufenthalt zwischen Mitte Dezember 1864 und Anfang Juni 1865. In: Jb-KMG 1972/73. Hamburg 1972, S. 241
43 Ebd., S. 242; mich persönlich berührt manches spätere Photo Mays ähnlich, zumal Nr. 122 in: Karl May. Biographie in Dokumenten und Bildern. Der große Karl-May-Bildband. Hrsg. von Gerhard Kußmeier und Hainer Plaul. Hildesheim-New York 1978, und auch das dem 3. Band von ›Old Surehand‹ ursprünglich beigegebene.
44 Hainer Plaul: Auf fremden Pfaden? Eine erste Dokumentation über Mays Aufenthalt zwischen Ende 1862 und Ende 1864. In: Jb-KMG 1971. Hamburg 1971, S. 158
45 Karl May: Der verlorne Sohn. Dresden 1884/86, S. 2215f.; Reprint Hildesheim-New York 1970ff.
46 Ebd., S. 2394
47 Ebd., S. 2231; dies ist übrigens schon die Einstellung Judiths in Coopers ›Wildtöter‹!
48 Ebd.
49 Ebd., S. 2259
50 James Fenimore Cooper: Der Wildtöter. Frankfurt a. M. 1977 (Insel Taschenbuch), z. B. S. 13 und 49ff.
51 Ebd., S. 49
52 Ebd., S. 473
53 Dies Stichwort fällt bei May im ›Verlornen Sohn‹, wie Anm. 45, S. 2398, im Blick auf von Hagenau und Hilda Holm, wo es freilich keinen rivalisierenden Bruder gibt. – Schillers Bericht spiegelt sich auch sonst gelegentlich in Mays Werken, nirgends aber so deutlich wie hier; z. B. lieben im ›Waldröschen‹ zwei Brüder Straubenberger das gleiche Mädchen (May: Waldröschen, wie Anm. 17, S. 1596), im ›Verlornen Sohn‹ zwei Brüder Hauck (May: Verlorner Sohn, wie Anm. 45, S. 2400ff.).
54 Brehm bringt in den ›Reise-Skizzen‹ einige Beispiele dazu: man vergleiche nur, was er auf S. 40 über die Griechen schreibt.
55 Auch hierfür gibt es in den ›Reise-Skizzen‹ immerhin die Parallele, daß Brehm im Dorf Koe ein wunderhübsches Mädchen um einen Kuß bittet – allerdings vergeblich!
56 Dergleichen findet sich mehrfach bei May, vor allem in Karl May: Gesammelte Reiseromane Bd. XIV: Old Surehand I. Freiburg 1894, S. 105, 167, 174; vermutlich eine Folge der Überfütterung mit Bibelsprüchen auf dem Seminar, vgl. dazu: Karl May: Mein Leben und Streben. Freiburg o. J. (1910), S. 95; Reprint Hildesheim-New York 1975. Hrsg. von Hainer Plaul.
57 May: Leben und Streben, wie Anm. 56, S. 109
58 May: Verlorner Sohn, wie Anm. 45, S. 242
59 Karl May: Deutsche Herzen, deutsche Helden. Dresden 1886/87, S. 1197; Reprint Bamberg 1976; die Frage, ob der Schluß auch von May herrührt, wird unterschiedlich beantwortet.
60 Ebd.
61 May: Verlorner Sohn, wie Anm. 45, S. 999ff.

62 May: Deutsche Helden, wie Anm. 59, S. 2604
63 Karl May: Gesammelte Reiseerzählungen Bd. XXXIII: Winnetou IV. Freiburg 1910, S. 142-51
64 Ekkehard Koch: Winnetou Band IV. Versuch einer Deutung und Wertung 1. Teil. In: Jb-KMG 1970. Hamburg 1970, S. 140
65 May: Winnetou IV, wie Anm. 63, S. 148
66 Günter Scholdt: Vom armen alten May. Bemerkungen zu ›Winnetou IV‹ und der psychischen Verfassung seines Autors. In: Jb-KMG 1985. Husum 1985, S. 102-51, bes. S. 113f.
67 Koch, wie Anm. 64, S. 141f.
68 Karl May's Gesammelte Werke Bd. 47: Professor Vitzliputzli. Radebeul (1927), S. 148; die beiden ersten Erzählungen enthalten Teile jenes Kapitels in der Bearbeitung von Franz Kandolf, wie in einer Vorbemerkung angegeben wird.
69 In ›Atala‹ vergiftet sich die Titelheldin angesichts ihrer aussichtslosen Lage – und dann hätte ihr doch geholfen werden können!
70 Wohlgschaft, wie Anm. 5, S. 65, rechnet mit derartigen Folgen der unglücklichen Liebe Mays zu Anna Preßler.
71 May: Leben und Streben, wie Anm. 56, S. 108
72 Wehnert, wie Anm. 6, S. 5
73 Karl May: Im »wilden Westen« Nordamerika's. In: Feierstunden im häuslichen Kreise. 9. Jg. (1883)
74 Vgl. Hammer, wie Anm. 33, S. 62.

Anhang

Friedrich Schiller

EINE GROSSMÜTIGE HANDLUNG, AUS DER NEUSTEN GESCHICHTE

Schauspiele und Romanen eröffnen uns die glänzendsten Züge des menschlichen Herzens; unsre Phantasie wird entzündet; unser Herz bleibt kalt; wenigstens ist die Glut, worein es auf diese Weise versetzt wird, nur augenblicklich und erfriert fürs praktische Leben. In dem nämlichen Augenblick, da uns die schmucklose Gutherzigkeit des ehrlichen Puffs bis beinahe zu Tränen rührt, zanken wir vielleicht einen anklopfenden Bettler mit Ungestüm ab. Wer weiß, ob nicht eben diese gekünstelte Existenz in einer idealischen Welt unsre Existenz in der wirklichen untergräbt? Wir schweben hier gleichsam um die zwei äußersten Enden der Moralität, Engel und Teufel, und die Mitte – den Menschen – lassen wir liegen.

Gegenwärtige Anekdote von zween Teutschen – mit stolzer Freude schreib' ich das nieder – hat ein unabstreitbares Verdienst – sie ist wahr. Ich hoffe, daß sie meine Leser wärmer zurücklassen werde als alle Bände des ›Grandison‹ und der ›Pamela‹.

Zwei Brüder, Baronen von Wrmb., hatten sich beide in ein junges vortreffliches Fräulein von Wrthr. verliebt, ohne daß der eine um des andern Leidenschaft wußte. Beider Liebe war zärtlich und stark, weil sie die erste war. Das Fräulein war schön, und zur Empfindung geschaffen. Beide ließen ihre Neigung zur ganzen Leidenschaft aufwachsen, weil keiner die Gefahr kannte, die für sein Herz die schröcklichste war – seinen Bruder zum Nebenbuhler zu haben. Beide verschonten das Mädchen mit einem frühen Geständnis, und so hintergingen sich beide, bis ein unerwartetes Begegnis ihrer Empfindungen das ganze Geheimnis entdeckte.

Schon war die Liebe eines jeden bis auf den höchsten Grad gestiegen; der unglückseligste Affekt, der im Geschlechte der Menschen beinah so grausame Verwüstungen angerichtet hat als sein abscheuliches Gegenteil, hatte schon die ganze Fläche ihres Herzens eingenommen, daß wohl von keiner Seite eine Aufopferung möglich war. Das Fräulein, voll Gefühl für die traurige Lage dieser beiden Unglücklichen, wagte es nicht, ausschließend für einen zu entscheiden, und unterwarf ihre Neigung dem Urteil der brüderlichen Liebe.

Sieger in diesem zweifelhaften Kampf der Pflicht und Empfindung, den unsre Philosophen so allzeit fertig entscheiden und der praktische Mensch so langsam unternimmt, sagte der ältere Bruder zum jüngern:»Ich weiß, daß du mein Mädchen liebst, feurig wie ich. Ich will nicht fragen, für wen ein älteres Recht entscheidet. – Bleibe du hier, ich suche die weite Welt, ich will streben, daß ich sie vergesse. Kann ich das – Bruder! dann ist sie dein, und der Himmel segne deine Liebe! – Kann ich es nicht – nun dann, so geh auch du hin – und tu ein gleiches.«

Er verließ gählings Teutschland und eilte nach Holland – aber das Bild seines Mädchens eilte ihm nach. Fern von dem Himmelstrich seiner Liebe, aus einer Gegend verbannt, die seines Herzens ganze Seligkeit einschloß, in der er allein zu leben vermochte, erkrankte der Unglückliche, wie die Pflanze dahinschwindet, die der gewalttätige Europäer aus dem mütterlichen Asien entführt und fern von der milderen Sonne in rauhere Beete zwingt. Er erreichte verzweifelnd Amsterdam, dort warf ihn ein hitziges Fieber auf ein gefährliches Lager. Das Bild seiner Einzigen herrschte in seinen wahnsinnigen Träumen, seine Genesung hing an ihrem Besitze. Die Ärzte zweifelten für sein Leben, nur die Versicherung, ihn seiner Geliebten wieder zu geben, riß ihn mühsam aus den Armen des Todes. Halbverwest, ein wandelndes Gerippe, das erschröcklichste Bild des zehrenden Kummers, kam er in seiner Vaterstadt an – schwindelte er über die Treppe seiner Geliebten, seines Bruders.»Bruder, hier bin ich wieder. Was ich meinem Herzen zumutete, weiß Der im Himmel. – Mehr kann ich nicht.« Ohnmächtig sank er in die Arme des Fräuleins.

Der jüngere Bruder war nicht minder entschlossen. In wenigen Wochen stand er reisefertig da:»Bruder, du trugst deinen Schmerz bis nach Holland. – Ich will versuchen, ihn weiter zu tragen. Führe sie nicht zum Altar, bis ich dir weiter schreibe. Nur diese Bedingung erlaubt sich die brüderliche Liebe. Bin ich glücklicher als du – in Gottes Namen, so sei sie dein, und der Himmel segne eure Liebe. Bin ich es nicht – nun dann, so möge der Himmel weiter über uns richten! Lebe wohl. Behalte dieses versiegelte Päckchen, erbrich es

nicht, bis ich von hinnen bin. – Ich geh nach Batavia.« – Hier sprang er in den Wagen.
Halb entseelt starrten ihm die Hinterbliebenden nach. Er hatte den Bruder an Edelmut übertroffen. Am Herzen dieses zerrten beide, Liebe und Verlust des edelsten Manns. Das Geräusch des fliehenden Wagens durchdonnerte sein Herz. Man besorgte für sein Leben. Das Fräulein – doch nein! Davon wird das Ende reden.
Man erbrach das Paket. Es war eine vollgültige Verschreibung aller seiner teutschen Besitzungen, die der Bruder erheben sollte, wenn es dem Fliehenden in Batavia glückte.
Der Überwinder seiner selbst ging mit holländischen Kauffahrern unter Segel und kam glücklich in Batavia an. Wenige Wochen, so übersandte er dem Bruder folgende Zeilen:»Hier, wo ich Gott dem Allmächtigen danke, hier auf der neuen Erde denk' ich deiner und unsrer Lieben mit aller Wonne eines Märtyrers. Die neue Szenen und Schicksale haben meine Seele erweitert, Gott hat mir Kraft geschenkt, der Freundschaft das höchste Opfer zu bringen: Dein ist – Gott! hier fiel eine Träne – die letzte – Ich hab' überwunden – Dein ist das Fräulein.

Bruder, ich habe sie nicht besitzen sollen, das heißt, sie wäre mit mir nicht glücklich gewesen. Wenn ihr je der Gedanke käme – sie wäre es mit mir gewesen – Bruder! Bruder! schwer wälze ich sie auf deine Seele. Vergiß nicht, wie schwer sie dir erworben werden mußte. – Behandle den Engel immer, wie es itzt deine junge Liebe dich lehrt. – Behandle sie als ein teures Vermächtnis eines Bruders, den deine Arme nimmer umstricken werden. Lebe wohl. Schreibe mir nicht, wenn du deine Brautnacht feierst. Meine Wunde blutet noch immer. Schreibe mir, wie glücklich du bist. – Meine Tat ist mir Bürge, daß auch mich Gott in der fremden Welt nicht verlassen wird.«

Die Vermählung wurde vollzogen. Ein Jahr dauerte die seligste der Ehen. – Dann starb die Frau. Sterbend erst bekannte sie ihrer Vertrautesten das unglückseligste Geheimnis ihres Busens: sie hatte den Entflohenen stärker geliebt.

Beide Brüder leben noch wirklich. Der ältere auf seinen Gütern in Teutschland, aufs neue vermählt. Der jüngere blieb in Batavia und gediehe zum glücklichen, glänzenden Mann. Er tat ein Gelübde, niemals zu heiraten, und hat es gehalten.

(Schillers Werke. Nationalausgabe. 16. Bd. Erzählungen. Hrsg. von Hans Heinrich Borcherdt. Weimar 1954, S. 3-6)

HANS-JÖRG NEUSCHÄFER

Karl May und der französische Feuilletonroman*

Im folgenden soll das Verhältnis Karl Mays zum französischen Feuilletonroman geklärt werden. In einem ersten Abschnitt wird zu erörtern sein, was der Feuilletonroman von seiner Ursprungsidee her eigentlich ist und wie er sich bis 1884 entwickelt hat. Dies ist das Erscheinungsdatum von Mays Lieferungsroman ›Der Verlorne Sohn‹, der besonders stark vom Zeitungsroman beeinflußt wurde. Der zweite Abschnitt wird dem ›Verlornen Sohn‹ gewidmet sein. Im dritten und letzten Abschnitt wird es um Mays Reiseromane und um die Frage gehen, ob und wie sie sich vom Vorbild des französischen Populärromans emanzipiert haben. Der Abschnitt über den Feuilletonroman wird ausführlicher sein als die beiden Abschnitte über Karl May. Ich denke, daß ich nur so eine Chance habe, den Karl-May-Kennern etwas zu sagen, was sie nicht längst wissen. Andererseits zielt die ausführliche Darstellung des Feuilletonromans von vornherein darauf, das Verständnis Mays aus einer bisher eher vernachlässigten Perspektive zu fördern.[1]

1. Der französische Feuilletonroman

Seit 1836 und mindestens bis zum Beginn des Ersten Weltkriegs war der Feuilletonroman, der in Fortsetzungen erscheinende Erzähltext unter dem berühmten Strich, ein unverzichtbarer Bestandteil der französischen Tagespresse. Er befand sich in den lange Zeit nur vierseitigen, dafür aber sehr großformatigen Zeitungen meist im unteren Drittel der zweiten und dritten Seite, später auch auf der ersten und weiteren Seiten, vom redaktionellen Teil durch einen Balken oder einen dicken Strich abgetrennt. Nach dem Ersten Weltkrieg verschwand er zwar nicht, verlor aber zusehends an Bedeutung, zuerst zugunsten des Kinos, später – und das war entscheidend – zugunsten des Fernsehens, in dem der Feuilletonroman in Form von Fernsehserien gleichsam aufgehoben ist. Dieser Zeitungsroman, genauer: seine Geschichte, seine Produktions-, Distributions- und Rezeptionsbedingungen sowie seine Inhalte wurden in einem Saarbrücker DFG-Projekt, das unter meiner Leitung stand, systematisch untersucht.[2]

* Vortrag, gehalten am 14. 10. 1995 auf der 13. Tagung der Karl-May-Gesellschaft in Bad Segeberg.

231

Von vornherein stand der Feuilletonroman in einem Funktionszusammenhang, der dem der heutigen Massenmedien durchaus vergleichbar ist. Das leuchtet sofort ein, wenn man sich vor Augen führt, wie die Tageszeitung vor und nach der Einführung des Feuilletonromans aussah. Vorher diente die Zeitung fast ausschließlich der politischen, wirtschaftlichen und kulturellen Information und Meinungsbildung, kaum der Unterhaltung und schon gar nicht der Werbung. Entsprechend kleindimensioniert und stabil war die Auflagenhöhe der Tageszeitungen (weniger als 2000 Exemplare pro Ausgabe). Sie bedienten jeweils eine nur enge, politisch deutlich abzugrenzende und darüber hinaus betuchte Klientel: Zeitungen waren teuer. Das änderte sich in Frankreich grundlegend in der Julimonarchie. Jetzt wurde die Geschäftspolitik aggressiver; die Zeitungsverleger versuchten ganz bewußt, ihre Auflagenzahlen zu steigern. Dazu führten sie drei wichtige Neuerungen ein, die überhaupt erst die Grundlage für die Entwicklung eines echten Massenmediums bildeten: 1. eine radikale Verbilligung des Zeitungsabonnements; 2. das Annoncengeschäft (also die Werbung), dessen Einnahmen die Preissenkung kompensieren sollten; 3. den gezielten Einsatz des Feuilletonromans, um den Unterhaltungswert der Zeitung zu steigern.

Der Feuilletonroman stand also von Anfang an in einem kommerziellen Kontext: er wurde als Waffe um die Eroberung von Marktanteilen für seine Trägerzeitung eingesetzt. Deshalb stand er unter Erfolgszwang, ja der Erfolg wurde zum Gradmesser seiner Qualität. Aus dieser Einbindung in die kommerzielle Spekulation, in den Umsatz schnellverderblicher Informations- und Unterhaltungsgüter und in den Konkurrenzkampf um die Gunst der Konsumenten erklärt sich in erster Linie der hektische Stil der Feuilletonromane, die reißerische Anlage und sensationalistische Aufmachung ihrer Geschichten und die melodramatische Gespanntheit ihrer Gefühlswelt.

Der Feuilletonroman ist also alles andere als ein ›autonomes Kunstwerk‹ gewesen, weshalb es keinen Sinn hat, ihn am Maßstab einer normativen Ästhetik zu messen. Viel aufschlußreicher ist es, in der Geschichte des Feuilletonromans nach den Spuren einer Mentalitätsgeschichte des Publikums zu suchen. Denn gerade weil der Feuilletonroman auf breite Leserresonanz angewiesen war, darf man auch annehmen, daß er die Wertvorstellungen und Feindbilder seiner Konsumenten reflektierte. Deshalb sahen wir den Feuilletonroman nicht als das Produkt eines originalen Schöpfungsaktes an, sondern gleichsam als ›Medium‹, als einen Vermittler, der auf der einen Seite kollektive Stimmungen registrierte, der ihnen auf der anderen Seite aber auch erst eine erzählerische Gestalt gab, in der das Publikum den Ausdruck seiner Wünsche und Ängste wiedererkennen konnte.

Gelesen wurde der Feuilletonroman nicht nur zu Hause, sondern auch im Café und in den Lektürekabinetten, in öffentlichen Lesestuben also, wo man gegen ein geringes Entgelt die Zeitung leihweise studieren konnte, wenn man nicht in der Lage war, sie zu abonnieren. Es ist bekannt, daß man vor den ›Cabinets de lecture‹ Schlange stehen mußte, wenn eine Zeitung einen besonders spannenden Roman veröffentlichte. Und noch am Ende des Jahrhunderts, als die Zeitungen so billig geworden waren, daß auch kleine Leute sie kaufen konnten, hatte der Feuilletonroman nichts von seiner Beliebtheit verloren, wie der folgende Ausschnitt aus einem Artikel in der seriösen und nichtsdestoweniger neidischen Monatsschrift ›Revue des deux mondes‹ beweist. Ich übersetze:

Stellen wir uns vor, wir kommen vom Ball. Es ist zwischen sechs und sieben Uhr morgens, und vom Fond unserer Kutsche aus beobachten wir das Schauspiel einer Pariser Straße. Arbeiter gehen zu den Fabriken, Fuhrmänner fahren auf ihren Karren vorbei, Hausmeister öffnen die Tür. Wir kreuzen den Weg der Milchhändler und Brotausträgerinnen. Und was bemerken wir? All diese Leute, oder fast alle lesen die Zeitung. Und was lesen sie darin? Das Feuilleton! Ein, zwei Stunden später hat das Leben wieder voll eingesetzt: Die Läden haben geöffnet, Trubel und Verkehr wieder begonnen; der Angestellte geht ins Büro, das Dienstmädchen zum Markt, der Verkäufer ins Geschäft. Doch die Zeitung ist immer noch das Leitmotiv der Straße. Was tut der Metzgerjunge auf dem Weg zu den Bestellungen? Er liest Zeitung. Öffnet man den Korb des Dienstmädchens, so findet man darin die Zeitung. Eines Morgens ging jemand in der Markthalle spazieren und wählte einen Gang, in dem niemand war. Ein tiefes Schweigen herrschte in der Halle. Und was lasen alle Marktfrauen inmitten ihrer ausgestellten Ware und ihrer Hühnchen? Sie lasen Zeitung. Und was lasen sie darin? Das Feuilleton! (...) Ob schädlich oder unschädlich, und leider eher schädlich, ist der Feuilletonroman heute tatsächlich das tägliche Manna der Massen.[3]

Auch wenn dieses Stimmungsbild gewiß übertrieben ist, kann man ihm doch gut entnehmen, wie wichtig der Feuilletonroman für die Verbreitung der Zeitung war. Tatsächlich kann man den Zusammenhang von Feuilletonroman-Einsatz und Auflagensteigerung an mehreren Beispielen auch mit Zahlen belegen. Ponson du Terrail z. B. brachte 1865/66 mit ›La Résurrection de Rocambole‹ dem ›Petit Journal‹ innerhalb von acht Monaten einen Zuwachs von 68 000 Lesern. Das entsprach einer Auflagensteigerung von 31%, die nachweislich nicht durch andere Umstände (etwa sensationelle Ereignisse im Tagesgeschehen) hervorgerufen wurde und die weit über das hinausging, was das Blatt im gleichen Zeitraum sonst zulegte.

Es ist deshalb kein Wunder, daß gute Feuilletonroman-Autoren sehr gefragt waren und daß es die Stars unter ihnen, neben Ponson vor allem Alexandre Dumas (père) und Eugène Sue, zu märchenhaften Honoraren brachten. Ponson und Dumas bekamen bis zu 40 000 frs für einen Roman. Auch wenn dies nur ausnahmsweise geschah, ist es enorm. Man muß sich vor Augen halten, daß diese Summe ungefähr einer Viertelmillion Mark in unserer gegenwärtigen Währung entspricht und daß so gefragte Autoren in einem Jahr oft mehrere Titel plazierten. Deshalb ist auch schon früh der Verdacht aufgekommen, daß ein einzelner so viel gar nicht allein schreiben konnte. In der Tat haben die bekanntesten Autoren eine Reihe von Zulieferern beschäftigt, und es begann jedenfalls schon in der französischen Julimonarchie das, was heute voll ausgebildet ist: die arbeitsteilige – und für einige auch lukrative – Unterhaltungsindustrie.

Natürlich waren nicht alle Feuilletonroman-Schreiber auf Rosen gebettet. Gleichwohl gab die Zeitung einer Menge von Autoren Publikationschancen; sie war jedenfalls im 19. Jahrhundert der wichtigste Arbeitgeber für Literaten. Dennoch hat uns die Masse von Texten überrascht, die wir entdeckten. Sie sind die lange Zeit unsichtbar gebliebene Basis des ›Literaturhöhenkamms‹, der in den Literaturgeschichten bisher ganz allein in Betracht kam. Die Menge der Texte war so groß, daß wir uns für die Auswertung auf vier Querschnittsjahre – 1844, 1860, 1884 und 1912 – beschränken mußten. Für diese Schnittjahre wurde allerdings die gesamte Feuilletonroman-Produktion sämtlicher Pariser Tageszeitungen ermittelt, in der Annahme, daß sich am Vergleich der jeweils späteren mit den vorhergehenden Schnitten die Entwicklung, an den einzelnen Querschnitten selbst der Zustand des Feuilletonromans zu einem gegebenen Zeitpunkt werde ablesen lassen.

Die Auswahl der Schnittjahre erfolgte nach praktischen und historischen Gesichtspunkten. Zum einen war darauf zu achten, daß sie einigermaßen gleichmäßig verteilt sind, zum anderen sollten sie repräsentativ sein für größere historische Abschnitte (Julimonarchie, Zweites Kaiserreich, Dritte Republik). Vor allem aber war die Bedeutung der Daten für die Geschichte des Feuilletonromans selbst zu berücksichtigen. 1844 kann als ein erster Höhepunkt der Entwicklung bezeichnet werden: zwischen 1842 und 1844 erschienen die ›Klassiker‹ von Dumas (›Le Comte de Monte-Cristo‹ und ›Les Trois Mousquetaires‹) und Sue (›Les Mystères de Paris‹ und ›Le Juif errant‹). 1860 befand sich der Feuilletonroman infolge der repressiven Zeitungspolitik Napoleons III. in einer schwierigen Situation – hier ließ sich die zählebige Legende von seinem angeblichen Niedergang widerlegen. 1884 brachte, nachdem drei Jahre zuvor die Pressefreiheit eingeführt worden war, einen absoluten Höhepunkt in der Produktion des Feuilletonromans, der nun auch eine erstaunliche Vielfalt an Formen und Themen entwickelte. 1912 schließlich mußten wir deshalb als Endpunkt setzen, weil die Kriegsereignisse 1914 eine normale Feuilletonroman-Produktion nicht mehr zuließen, so daß 1914 als Vergleichsjahr nicht in Frage kam. Andererseits erwies sich das Jahr 1912 insofern als gute Wahl, weil gerade hier die seismographischen Eigenschaften eines Mediums besonders zur Geltung kamen, das immer dann empfindlich reagierte, wenn etwas

Bedrohliches in der Luft lag. In diesem Fall brachte die nahende Weltkatastrophe eine große Zahl von antizipierenden Kriegs- und Science-Fiction-Romanen hervor.

Über diese Schnittjahre hinaus wurde die Feuilletonroman-Produktion noch über einen zusammenhängenden Längsschnitt verfolgt, und zwar für die Jahre 1860 bis 1870. Diese Zeit war deshalb für die Geschichte des Feuilletonromans besonders wichtig, weil in der Mitte der sechziger Jahre eine weitere Umstrukturierung der Presselandschaft stattfand. Die traditionellen Meinungsblätter bekamen Konkurrenz durch die neuartige, jetzt ganz auf Unterhaltung und Sensationsmache setzende Boulevard- oder Billigpresse, die nicht mehr ausschließlich im Abonnement (wie bisher), sondern stärker im Einzelverkauf vertrieben wurde – zu dem nun für jedermann erschwinglichen Preis von fünf centimes. Diese ›Presse à un sou‹ (1 sou = 5 centimes) setzte den Feuilletonroman erst recht in den Mittelpunkt ihrer Zeitungskonzeption, sei es dadurch, daß sie mehrere gleichzeitig abdruckte, oder dadurch, daß sie ihn täglich einsetzte und auch mit großangelegten Werbeaktionen ankündigte. Das widersprach dem Usus früherer Jahre, wo der Feuilletonroman zwar ein selbstverständliches Unterhaltungsangebot darstellte, aber doch eher zurückhaltend offeriert wurde und auch nicht jeden Tag erschien, denn er stand noch in Konkurrenz zu anderen Angeboten (der Theaterrezension oder der Parlamentsberichterstattung z. B.), denen er von Fall zu Fall und ohne Vorwarnung weichen mußte.

Insgesamt haben wir in den vier Schnittjahren und im Längsschnitt von 1860 bis 1870 211 Tageszeitungen, 743 Autoren und 1410 Romane erfaßt. Erst diese Zahlen machen deutlich, wie wichtig das Phänomen des Feuilletonismus war und wie sehr es die ganze erzählende Literatur des 19. Jahrhunderts durchdrang. Denn es waren ja keineswegs nur die namenlosen Autoren, die für die Zeitungen schrieben; auch die großen taten es. Und andererseits begegnet der Stil des Feuilletonromans nicht nur in den Zeitungen selbst, sondern auch in vielen Texten außerhalb von ihnen. Autoren wie Balzac, George Sand und Emile Zola sind überhaupt erst ganz zu verstehen, wenn man sich klar macht, bis zu welchem Grad sie im Feuilletonismus wurzelten. Sämtliche Romane Zolas wurden zunächst für die Zeitung geschrieben und erschienen erst später als Buch; überhaupt ist die ganze Bewegung des Naturalismus ohne die Vertriebsbasis der Zeitung nicht denkbar. Und umgekehrt ist ein Roman wie Victor Hugos ›Les Misérables‹, obwohl er nicht in der Zeitung erschien, seiner ganzen Machart nach eigentlich ein typischer Feuilletonroman.

Was das Publikum anbelangt, so waren die Leser bestimmt nicht ausschließlich kleine Leute, wie es der Verfasser des Artikels in der ›Revue des deux mondes‹ zu suggerieren versuchte. Dies schon gar nicht in den ersten Jahren des Feuilletonromans. In den 40er und 50er Jahren waren die Zeitungen noch zu teuer, die Analphabetenrate in den unteren Schichten noch zu hoch, als daß man von etwas anderem als von einem bürgerlichen Publikum ausgehen konnte. Andererseits hat der Feuilletonroman schon von Anfang an auf die Erweiterung seines Leserpotentials in das Kleinbürgertum und in die Arbeiterschaft hinein spekuliert. Schon in Sues ›Les Mystères de Paris‹ (1842) fällt die Sonderstellung des Portierehepaares Pipelet auf, das vom Helden ständig angesteuert und also vom Autor umworben wird. Übrigens ist Madame Pipelet noch Analphabetin und läßt sich Gedrucktes von ihrem Mann vorlesen. Auch in Wirklichkeit dürfte der Feuilletonroman zuerst durch die vorlesende Vermittlung Lesekundiger in die unteren Schichten eingedrungen sein. Sie konnten die ausgelesenen Zeitungen von einer Herrschaft abbekommen oder sich das Lesevergnügen in den ›Cabinets de lecture‹ billig verschaffen. Ein wirkliches Massenpublikum bekam der Feuilletonroman aber gewiß erst im letzten Drittel des 19. Jahrhunderts, als die Lesefähigkeit rapide zunahm und auch die Kaufkraft der kleinen Leute für die regelmäßige Zeitungslektüre ausreichte. Gleichwohl wird der bürgerliche Standpunkt weiter bevorzugt bedient. Man kann deshalb sagen, daß der Feuilletonroman im wesentlichen eine Lektüre für ein bürgerlich gesinntes oder mentalisiertes Publikum war, daß er sich aber keineswegs bloß an die Begüterten wandte, übrigens auch nicht nur an die Männer, wie der hohe Anteil von ›Frauentiteln‹ (meist Romane über Eheprobleme) sowie die erstaunlich große Anzahl weiblicher Autoren beweist (die sich allerdings meist hinter männlichen Pseudonymen versteckten).

Der Feuilletonroman war, wie gesagt, auf breite Zustimmung angewiesen. Deshalb mußten sich seine Autoren Geschichten ausdenken, die weitgespannte, möglichst auch entgegengesetzte Interessen befriedigen und untereinander vermitteln konnten. Ich demonstriere das an den zwei erfolgreichsten Repräsentanten aus der Frühzeit der Gattung, die zugleich zwei ganz verschiedene Typen des Feuilletonromans repräsentieren: an Eugène Sues ›Les Mystères de Paris‹ (1842/43 im ›Journal des Débats‹ erschienen) und an Alexandre Dumas' ›Le Comte de Monte-Cristo‹ (1844-46 im gleichen Blatt erstgedruckt).

Mit Sues ›Les Mystères de Paris‹ beginnt in Frankreich die Geschichte des Sozialromans, die mit Zolas Rougon-Macquart-Serie am Ende des Jahrhunderts auf ihren Höhepunkt gelangte. Gezeigt wird bei Sue – wir befinden uns 1842/43 wohlbemerkt mitten in der Julimonarchie und damit im Sog eines erstmals schrankenlos expandierenden Wirtschaftsliberalismus –, wie durch die neuen ökonomischen Bedingungen – repräsentiert durch die Geldgier der romannotorischen Bösewichter – ganze Familien zerstört und wie deren Ernährer in unverschuldete Not, ja in die Kriminalität getrieben werden. Kurz: es wird eindringlich der Zusammenhang von Ausbeutung und Verelendung beschworen, mit besonderem Augenmerk auf die Proletarisierung einst angesehener und durchaus solider Kleinbürgerexistenzen. Damit wird vordringlich das Interesse der kleinen Leute bedient.

Auf der anderen Seite aber steht – und damit dürfen sich auch die Angehörigen der oberen Schichten verstanden und ernstgenommen fühlen – die Lichtgestalt des Großfürsten Rodolphe de Gérolstein, der nicht nur unendlich reich, sondern auch unendlich barmherzig ist und wie eine Mischung aus Superman und Erlöser, aus Abenteuerheld und Jesus Christus wirkt. Er stürzt sich – um eine frühere Verfehlung zu sühnen – inkognito in die Pariser Unterwelt, in den demi-monde und in das Arbeitermilieu, aber auch in die Welt der unrechtmäßig reich gewordenen Halsabschneider. Überall waltet er seines quasi göttlichen Amtes: die Bösen zu bestrafen und die unschuldig in Not Geratenen zu retten und zu belohnen, sofern sie ihr schweres Los zuvor mit Resignation ertragen und sich nicht etwa aufmüpfig gezeigt oder gar revolutionär dagegen aufgelehnt haben. Es wird also bei Sue die Anerkennung des sozialen Elends mit der Hoffnung auf einen wertkonservativen Paternalismus verknüpft, der entweder durch direkte Aktionen oder durch die Einrichtung und Finanzierung mildtätiger Institutionen die schlimmsten Folgen der Ausbeutung kompensiert, das Gefühl für soziale Gerechtigkeit lebendig hält, das etablierte gesellschaftliche System aber nicht nachhaltig in Frage stellt. Im Hintergrund steht dabei stets die Hoffnung auf die Möglichkeit der Wiederherstellung harmonischer Familienverhältnisse, die gleichsam als Symbol, aber auch als Indikator für intakte oder gefährdete gesamtgesellschaftliche Verhältnisse fungieren. Fleur-de-Marie (man beachte den symbolbeladenen Namen!), die verlorengegangene, vorübergehend in die Prostitution abgesunkene, dennoch intakt gebliebene, schließlich wiedergefundene, vom Vater eigenhändig befreite und – wenn auch nur für kurze Zeit – in die Familie reintegrierte Tochter des Großherzogs ist gleichsam die Inkarnation von Gefährdung und Erlösung, von Deklassierung und Rekompensation, die in e i n e r Person die ganze soziale Spannweite des Romans umfaßt.

Während wir in den ›Mystères de Paris‹ ein Paradigma für die Sehnsucht nach Erlösung durch einen anderen, Höheren, Mächtigeren, kurz durch einen Übervater haben, bietet Dumas' ›Comte de Monte-Cristo‹ eine ganz andere Identifikationsmöglichkeit an. Er verkörpert die Sehnsucht nach Selbstbefreiung und nach ausgiebiger Rache an denen, die uns unversehens ins Elend gestürzt haben. Tatsächlich ist bei Dumas die Hauptfigur selbst ein Deklassierter, der seine Rehabilitierung eigenhändig betreibt. Edmond Dantès, ein junger Handelsschiffskapitän, hat zu Beginn des Romans alles andere als hochfliegende Pläne. Er erstrebt nichts weiter als eine mittlere bürgerliche Existenz und ein harmonisches Familienleben. Das aber verhindern seine Gegenspieler, skrupellose Arrivisten, die großen Vorteil aus seiner Demütigung ziehen. Während sie hoch hinauskommen, fällt Dantès in die Kerkertiefen des Château d'If. Erst nach Jahren unverdienten Leidens kommt er durch eine glückliche Fügung frei, entdeckt, durch einen Mitgefangenen entsprechend instruiert, den unermeßlichen Monte-Cristo-Schatz und widmet sich fortan, als Graf von Monte Cristo (der er eigentlich gar nicht sein wollte), der raffiniert inszenierten Rache und der Wiederherstellung der Moral. Am Schluß sind die Glücksjäger bankrott und entehrt, Monte Cristo kann sich mit der schönen Haydée in ein Inselrefugium zurückziehen – und die biederen Durchschnittsbürger im Roman dürfen ihren auf bescheidenen Gewinn gerichteten Geschäftssinn fortan wieder ungestört walten lassen.

Ich habe die Handlung sowie die Sympathie- und Antipathielenkung dieses über weite Strecken außerordentlich spannenden, stellenweise meisterhaft erzählten Romans absichtlich aufs Äußerste reduziert, um zu zeigen, daß der Feuilletonroman seinen Lesern keine bloße Phantastik bot, sondern ein Szenario, das sie mit ihren konkreten Lebensinteressen in Beziehung setzen konnten. Dabei wird deutlich, daß ›Le Comte de Monte-Cristo‹ die Deklassierungsangst, die gerade in der Julimonarchie grassierte, im Schicksal des Edmond Dantès gleichsam aufnimmt, um sie mittels der Konstruktion einer kompensatorischen Handlung zu beschwichtigen. Hierin besteht eine gewisse Ähnlichkeit mit Sues ›Mystères de Paris‹.

Aber im Unterschied zu Sue sind der erniedrigte Dantès und der superreiche Graf von Monte Cristo ein und dieselbe Person. Und da der Retter von Haus aus kein Adliger mehr ist, sondern ein (Klein-)Bürger, der erst selbst erlöst werden muß, steht er der Masse der Feuilletonroman-Leser näher als der ferne Märchenheld Rudolf von Gerolstein. Aber auch Dantès-Monte Cristo bricht letztlich nicht mit der vorgegebenen gesellschaftlichen Ordnung. Er ist auch noch kein Selfmademan wie Old Shatterhand, der den Platz an der Sonne auf eigene Faust erkämpfen muß. Vielmehr handelt auch er letztlich noch in höherem Auftrag. Das kann man schon an seinem Namen ablesen, der nicht von ungefähr an Christus erinnert, aber auch daran, daß er den immensen Reichtum, der ihm überhaupt erst die ökonomische Basis für seine Gegenattacken bereitstellt, nicht etwa selbst entdeckt oder gar erobert hat, sondern daß er ihm durch einen providentiellen Zufall gleichsam zugeteilt wird. Bezeichnenderweise benutzt Monte Cristo ihn im folgenden auch nicht in erster Linie dazu, sich selbst zu etablieren, sondern fast ausschließlich dazu, um die gestörte soziale Ordnung zu retablieren und den Status quo zu restaurieren.

Man sieht: der Feuilletonroman hatte durchaus eine ›Lebenshilfe‹-Funktion. Dies war wohl – wie man auch aus den spärlich erhaltenen Leserbriefen entnehmen kann – zugleich der Hauptgrund für seine große Beliebtheit und macht verständlich, warum die Zeitungen so gute Geschäfte mit ihm machen konnten. Darüber hinaus hatte er ganz offensichtlich die Aufgabe einer Wertorientierung: Was im Sinne der bürgerlichen Moral akzeptabel und was ›unanständig‹ war, konnte man am Ausgang der Geschichten und am Schicksal der beteiligten Personen unmittelbar ablesen. Kaum ein Feuilletonroman auch, der nicht, im guten wie im bösen, dargelegt hätte, wie eine bürgerliche Familie zu funktionieren hat. Und schließlich hatte der Feuilletonroman in einer Zeit, in der Nachrichten noch spärlich flossen und auch unsicher waren, eine Informationsfunktion, die ihn, trotz des Trennungsbalkens, in die Nähe der Nachrichtensparten des redaktionellen Teils rückte: an den Börsenteil, die Gesellschaftsnachrichten, den Bereich der Tagespolitik, aber auch das ›Vermischte‹ – französisch: ›fait divers‹ – aus dem Bereich der Kriminalchronik. Daß der Feuilletonroman tatsächlich – und zwar von Anfang an – einen solchen journalistischen Aspekt hatte, kann man am ›Comte de Monte-Cristo‹ ebenfalls sehen, wo man über die Geschäfts- und Handelspraktiken, über die Konkursregelungen und die Nachrichtenübermittlung in der Julimonarchie ebensoviel erfährt wie über den Strafvollzug und die politische Stimmung im Land.

Im übrigen verteidigte der Feuilletonroman zunächst eine frühbürgerliche Austeritäts- und Bescheidenheitsgesinnung gegen die Gefahren eines als schrankenlos und bedrohlich hingestellten Wirtschaftsliberalismus. Er ist im Prinzip also antikapitalistisch eingestellt, wobei es sich natürlich nicht um einen ›linken‹, sondern um einen konservativen Antikapitalismus handelte. Es war eine der wichtigsten Feststellungen unserer Untersuchung, daß der Feuilletonroman diese konservative Haltung relativ unbeeinflußt von der Tendenz der jeweiligen Trägerzeitung durchhält und daß er damit zu einer Art Ruhepol im liberalistischen ›struggle for life‹ wurde. Dies allerdings nicht in der idyllischen Manier der ›Gartenlaube‹; vielmehr setzt sich die bewahrende Lösung immer erst nach langen Kämpfen, oft im letzten Augenblick oder dank eines Deus ex machina durch. Das zeigt zugleich, daß der Feuilletonroman zwar vom ›wishful thinking‹ durchaus beherrscht war, daß er darüber aber keineswegs die Augen vor den realen Gefahren verschloß.

So jedenfalls lagen die Dinge in den Schnittjahren 1844 und 1860. Erst im Querschnitt von 1884 läßt sich eine deutliche Sinnesänderung ausmachen. Man muß deshalb annehmen, daß zwischen den Schnittjahren von 1860 und 1884 ein Mentalitätswandel und eine Umorientierung der Wertvorstellungen einsetzte. Zwar bleiben die Wertsetzungen im Prinzip konservativ, aber sie verlieren deutlich an normativer Strenge. Charakteristisch für den neueren Feuilletonroman (ab 1884) ist infolgedessen das ständige Schwanken zwischen moralischen Bedenken und permissivem Gewährenlassen, zwischen der Rücksicht auf traditionelle Werte und der bisweilen schon zynischen Hinnahme neuer Verhaltensmöglichkeiten. Die Grenzen der bürgerlichen Moral, überhaupt der bürgerlichen Identität, die im frühen Feuilletonroman ziemlich scharf umrissen waren, beginnen sich also zu verwischen.

Die nachlassende Strenge schlägt sich auch in einer größeren Akzeptanz gegenüber Themen und Betrachtungsweisen nieder, die früher verpönt waren. Das wiederum hat zur Folge, daß das Spektrum der Untergattungen oder der Spielarten des Feuilletonromans seit den achtziger Jahren wesentlich vielfältiger wird und daß die traditionellen Gattungsmuster allmählich umfunktioniert werden. Ich greife drei Beispiele aus dem Schnittjahr 1884 heraus, das auch das Erscheinungsjahr des ›Verlornen Sohnes‹ ist.

1. Der Ehebruchs- und Scheidungsroman: 1884 war das Jahr, in dem die Abgeordnetenkammer das umstrittene Scheidungsgesetz verabschiedete. Es etablierte sich schnell ein ganz neues Genre, das wir den ›Ehebruchs- und Scheidungsroman‹ genannt haben. Hier kann man abermals sehen, wie ›journalistisch‹ der Feuilletonroman auf die Tagesaktualität reagierte, zumal die politische Diskussion in den Romanen gleichsam weitergeführt wird. Man kann im Scheidungsroman einen umfunktionierten Familienroman sehen, an dessen Ende nicht mehr, wie früher, die Idee der unverbrüchlichen, sondern die der auseinanderfallenden Familie steht.

2. Der Sozialroman: Dieser erlebt in den achtziger Jahren eine neue Blütezeit, und zwar aus zwei ganz verschiedenen Anlässen. Der eine ist das wachsende Interesse des eher verängstigten bürgerlichen Publikums an der ›sozialen Frage‹. Den anderen Anstoß gab das neuhinzukommende Massenpublikum, zu dem auch Arbeiter gehörten, so daß deren Welt mitberücksichtigt werden mußte. Beiden Anlässen entsprachen vor allem die Romane Zolas und des hauptsächlich von ihm repräsentierten Naturalismus. Auch der Naturalismus nahm zugleich Ansätze des frühen Feuilletonromans auf. Der Sozialroman der achtziger Jahre hat allerdings eine ganz andere Handlungsgrundlage. Waren in den vierziger Jahren die Unterschichtler noch bloße Objekte paternalistischen Wohlwollens, so werden sie jetzt selbst zu Subjekten der Handlung.

3. Der Sittenroman: Er ist für die veränderten Wertvorstellungen vielleicht am stärksten kennzeichnend. Der Sittenroman befriedigte das Interesse an ›Skandalen‹, an öffentlichen und an privaten. Privat geht es um erotische Eskapaden; öffentlich um geschäftliche, vor allem um die großen Finanzskandale der Dritten Republik. Der Bankenzusammenbruch erscheint dabei als d a s Fanal der gefährdeten bürgerlichen Solidität. Das Eigenartige dieser Gattung ist nun, daß sie den Leser nur halbherzig zur Empörung über derartige Entgleisungen anhält, ja, daß sie mehr oder weniger ungeniert zugleich auf die Faszination spekuliert, die das prickelnde Spiel um alles oder nichts ebenso ausübt

wie die fiktive Teilhabe an erotischen Abenteuern – beides Dinge, zu denen dem Durchschnittsbürger normalerweise die Risikobereitschaft fehlt. Man findet diese Zweideutigkeit am eindrucksvollsten in Maupassants ›Bel Ami‹ (1885) und in Zolas ›Argent‹ (1891) – beides Feuilletonromane, in denen das Motiv des Börsen- und Finanzkrachs mit der Lust am Voyeurismus gekoppelt ist.

2. Karl Mays Lieferungsromane (am Beispiel von ›Der verlorne Sohn‹[4])

Wenn wir uns nun dem deutschen Autor zuwenden und dabei noch einmal Revue passieren lassen, was zur Geschichte des französischen Feuilletonromans vorher ausgeführt wurde, drängen sich sofort zwei Feststellungen zu Mays Lieferungsromanen der achtziger Jahre, speziell zum ›Verlornen Sohn‹ auf:

1. Karl May i s t ganz offensichtlich von der Feuilletonroman-Tradition Frankreichs stark geprägt worden; zumindest sind die weitgehenden strukturellen und ideologischen Übereinstimmungen mit Händen zu greifen.

2. Gleichzeitig ist aber auch zu sehen, daß es sich im wesentlichen um Übereinstimmungen mit dem französischen Feuilletonroman der vierziger Jahre, nicht mit dem des Schnittjahres 1884, das auch das Erscheinungsjahr vom ›Verlornen Sohn‹ ist, handelt.

Zur Erinnerung: Bei der Betrachtung des französischen Feuilletonromans konnten wir im Querschnitt durch 1884 zwei auffällige Trends beobachten, die es vorher nicht gegeben hatte: zum einen die Frivolisierung der bürgerlichen Moral; zum anderen die Einführung der Unterschichtenperspektive in die Spielart des Sozialromans, besonders durch Zola. Von beidem kann bei May keine Rede sein. Selbst in den Bordellszenen der Bände III und IV des ›Verlornen Sohnes‹ wird gerade nicht lüsterner Voyeurismus bedient, sondern ist alles darauf angelegt, die einschlägigen, nun allerdings vervielfachten Fleur-de-Marie-Martyrien im Sinne strengster Wohlanständigkeit zu reparieren, ja ungeschehen zu machen. Und auch die Darstellung des sozialen Elends anhand vieler Einzelschicksale bleibt, so eindringlich es stellenweise beschrieben wird, im wesentlichen im Rahmen dessen, was schon von Sue geboten wurde, vor allem im Rahmen einer braven Resignationsbereitschaft, die auf Gnadenbeweise und Reparationen ›von oben‹ wartet.

Auffällig und in gewisser Weise originell ist allerdings – denn ich kenne keine Parallelen aus der französischen Literatur –, daß im ›Verlornen Sohn‹ b e i d e Typen des klassischen französischen Feuilletonromans, der Sue- und der Dumas-Typ mit ihren jeweils ganz verschiedenen Fokussierungen der erzählten Welt, zu einer Art von feuilletoneskem Gesamtkunstwerk vereinigt werden, das gewiß auch hybride Züge aufweist und die Länge der französischen Originale noch um ein Vielfaches übertrifft.

Dem Sue-Schema entspricht die Darstellung des sozialen Elends und seiner Gründe (verbrecherische Geldgier) auf der einen und der Erlösung durch eine aristokratische, mit außerordentlichen Vollmachten ausgestattete Retterfigur (den Fürsten von Befour, auch ›der Fürst des Elends‹ genannt) auf der anderen Seite. Dem Geist Sues entsprechen ferner die Obrigkeitshörigkeit der Gutwilligen sowie der laufend wiederholte Hinweis auf einen gütigen Monarchen, der von Anfang an seine schützende Hand über den Helden hält, und auf eine um Gerechtigkeit bemühte, wenn auch quälend langsam arbeitende Justiz, kurz: auf ein gewiß reformbedürftiges, im Grunde aber intaktes politisch-soziales System. Sue entsprechend ist ferner die romantische, genauer die melodramatische Form der Narration, die den Leser von einem Extrem ins andere treibt und ihm keine vermittelnde Besinnung erlaubt. Die Oberbösewichter – allen voran der Erbschleicher Franz von Helfenstein sowie der Miethai Seidelmann und der jüdische Pfandleiher Levi, kurzum: die kapitalistischen Halsabschneider – sind abgefeimt, ekelhaft und abscheulich selbstsüchtig. Die Lichtfiguren dagegen – allen voran der unschuldig verurteilte Gustav Brandt, alias Fürst von Befour, sowie der Journalist Max Holm und der um seine adlige Herkunft geprellte Dichter Robert Bertram – sind engelhaft rein und penetrant altruistisch. Dem Opfermut unschuldig Leidender bleibt nichts erspart, was an Erniedrigung und psychischer Qual denkbar ist. Aber diese fast schon mythisch-archetypische Konfrontation zwischen dem Prinzip des Guten und dem Prinzip des Bösen macht nur die e i n e Seite des ›Verlornen Sohnes‹ aus. Die andere ist wesentlich aufgeklärter und für den modernen Leser erträglicher, und just diese andere Seite ist dem Einfluß des Dumas-Schemas zu verdanken.[5]

Dem Vorbild Dumas' entspricht vor allem die Modellierung des Haupthelden: Wie Edmond Dantès will Gustav Brandt zunächst nur eine mittlere, ja eine kleine Existenz mit bescheidenen Ansprüchen. Er ist ein begabter Polizeibeamter mit einem ausgesprochen bürgerlichen Berufsethos und einer – schon zu Beginn des Romans unter Beweis gestellten – professionellen Kompetenz. Dann erfolgt, wieder wie bei Dumas, die falsche Anschuldigung, die Erniedrigung des Protagonisten bis in die Tiefen des Zuchthauses, ja bis zur drohenden Todesstrafe, schließlich die weit weg führende Flucht und die mirakulöse Wiederkehr des von Gustav Brandt zum Fürsten von Befour mutierten Exsträflings, dem, wie dem Grafen von Monte Cristo, seine unerschöpflichen Geldmittel providentiell in den Schoß gefallen sind, ohne daß wir etwas über die Umstände dieses Zufalls erfahren. Die Wandlung des armen Brandt zum superreichen Befour fällt ebenso in die mit Schweigen übergangene »Erzählkerbe«[6] wie die Nobilitierung und Berufung von

Edmond Dantès zum Grafen von Monte Cristo. Und wie im ›Comte de Monte-Cristo‹ übernimmt, nachdem er die Mittel dazu hat, der Erniedrigte selbst die Initiative, zur eigenen Rehabilitierung, aber auch zur Rache an den Gegenspielern und zur Befreiung jener, die, wie er, unschuldig in materielle und seelische Not geraten sind. Wie Monte Cristo ist Befour zwar von höchster Stelle bevollmächtigt, die Justiz zu beschleunigen, ja die Gerechtigkeit selbst in die Hand zu nehmen und diese Restauration just bis zur Wiederherstellung des Status quo zu treiben; er ist also alles andere als ein Revolutionär oder Systemveränderer. Nichtsdestotrotz ist er – wie Monte Cristo – insofern eigenständig, als er die Erniedrigung und die Beleidigung nicht mehr einfach hinnimmt, sondern sich tatkräftig dagegen zur Wehr setzt. Und wie bei Dumas haben wir es hier mit einem Typ des Helden zu tun, der moralische Beleidigung und soziale Deklassierung am eigenen Leib erfahren hat, ja der selbst ›von unten‹ kommt und der das ihm zugefallene Vermögen sogleich als Sozialverpflichtung begreift und dementsprechend verteilt. Die vielen hämischen Kommentare, die diesem und anderen Populärromanen des 19. Jahrhunderts in der Zeit des westdeutschen Salonsozialismus, d. h. in den siebziger Jahren, zuteil wurden und die derlei ›Trivialliteratur‹ als billige Vertröstung abqualifizierten (als ob Literatur je etwas anderes als kompensatorisch gewesen wäre), verkannten allesamt die zweifellos echte, weil aus der Tiefe des erschütterten Gerechtigkeitssinns kommende Sehnsucht nach sozialer Erlösung, wie sie einem solchen Handlungsschema zugrunde liegt.

Kennzeichnend für das Dumas-Schema ist schließlich auch der Einsatz rationaler Mittel zur Bewältigung der verfahrenen Situation und zur Bestrafung der Schuldigen. Hier herrscht nicht mehr – wie noch im Sue-Schema – ein quasi biblischer Rachegedanke vor; Auge um Auge (die Blendung des Chourineur!), Zahn um Zahn; ausschlaggebend wird jetzt vielmehr die professionelle Schulung des ehemaligen Kriminalbeamten, der Spuren zu lesen, Überwachungen zu organisieren, Daten zu sammeln und auszuwerten, Mitarbeiter einzusetzen, Schlüsse zu ziehen, aber auch Kapital einzusetzen versteht, bis die Bösewichter überführt und mit Hilfe der staatlichen Justiz dingfest gemacht worden sind. Letztlich besiegt Brandt/Befour seine Widersacher durch die höhere Intelligenz, durch das überlegene Wissen und durch die bessere Strategie – alles Eigenschaften, die auch in den späteren Reiseromanen Mays, d. h. bei Kara Ben Nemsi und Old Shatterhand, die Grundlage eigenständigen und erfolgreichen Handelns sind. Tatsächlich hatte schon Monte Cristo fachliches Wissen – besonders im Finanz- und Börsenwesen – angewandt, um einen seiner Hauptgegner, den Bankier Danglars, nicht etwa physisch zu vernichten, sondern systematisch in den Bankrott zu treiben. Der Beleidigte, der nicht mehr bloß auf Abhilfe hofft, sondern diese – freilich erst nach himmlischer Weichenstellung – selbst organisiert und herbeiführt, ist insofern durchaus auf der Höhe der Zeit. Dennoch führt kein Weg an der Feststellung vorbei, daß Karl May im ›Verlornen Sohn‹ sich im wesentlichen auf Darstellungsmuster stützt, die im Feuilletonroman Frankreichs vierzig Jahre zuvor entwickelt worden waren. Insofern muß man seine Lieferungsromane, zumindest im konkreten Fall des ›Verlornen Sohnes‹, wohl eher als epigonal bezeichnen.

3. Karl Mays Reiseromane (am Beispiel von ›Winnetou I‹[7])

Mit Old Shatterhand, dessen Initiation man just in ›Winnetou I‹ miterlebt,[8] entsteht freilich ein neuer Typ von Populärromanheld. Einerseits ist auch er noch ein sozial Geschädigter, der den unerfreulichen Verhältnissen in der Heimat entflohen ist und der sich – wie viele reale Auswanderer jener Zeit auch – in das Land der (noch) unbegrenzten Möglichkeiten begeben hat. Andererseits emanzipiert er sich eben dadurch von den religiösen und gesellschaftlichen Vorbehalten, die in Frankreich noch in beiden Romanmodellen gegolten hatten: Bei Sue war der Held selbst noch ein Adliger; bei Dumas wurde er nachträglich nobilitiert. Und in beiden Fällen wurden die Protagonisten so stark von providentiellen Ereignissen begünstigt, daß sie im höheren Auftrag, fast wie die Repräsentanten Gottes, zu handeln schienen. In Mays Reiseerzählungen ist das nicht mehr so. Speziell in ›Winnetou I‹ ist der Protagonist wirklich ein Selfmademan, der sich die Kompensation für die zu Hause erlittene Unbill selbst erarbeitet und erkämpft: Als Hauslehrer und Landvermesser muß er zunächst zeigen, was er kann; dann wächst er in die Westmannrolle hinein, zunächst als Lehrling von Sam Hawkens, später als Schüler und Freund Winnetous. Bei den Apachen legt er gleichsam die Meisterprüfung ab und wird am Ende des ersten Teils in die Selbständigkeit entlassen. Sichtbares Zeichen dafür ist die Übernahme der Verfolgung des geldgierigen Santer, die er von nun an (in Zusammenarbeit mit von ihm angeleiteten Helfern) selbst zu verantworten hat. Damit arbeitet sich Old Shatterhand an die Rächer- und Erlöserrolle erst selbst heran, zu der die Helden früherer Feuilleton-Romane vom Himmel berufen wurden. Dabei spielt nur noch die eigene Qualifikation eine Rolle, kein ererbtes oder geschenktes Privileg. Und auch in Zukunft fällt dem schon Berühmten nie ein Erfolg in den Schoß; alles muß gründlich erarbeitet, strategisch vorgeplant und kriminalistisch ausgekundschaftet werden: erst dann erfolgt der spektakuläre Zugriff, bei dem sich kein Wunder mehr ereignet, sondern höchstens das Resultat sorgfältiger Vorbereitung zu bestaunen ist.[9] Das Kennzeichen des Mayschen Reiseromans ist es ja gerade, daß nichts mehr dem Zufall oder der

Providenz überlassen wird. Selbst wenn die anderen glauben, es sei ein Wunder geschehen oder der Protagonist habe übernatürliche Kräfte – z. B. wenn dieser es mitten im Llano estacado auf die Verdurstenden regnen läßt –, waren in Wahrheit nur die physikalischen Kenntnisse im Spiel, die der Held sich in seiner Ausbildung angeeignet hat. Soweit Old Shatterhand noch die alte Funktion des Feuilletonroman-Helden erfüllt – Erlöser oder wenigstens Helfer der Unterdrückten zu sein, hier der bedrohten Indianerstämme, sowie Verfolger der in Santer personifizierten Geldgier, die am Elend der Unterdrückten schuld ist –, tut er dies mit einer ganz anderen Zielsetzung als seine Vorgänger: er hat sich nicht nur selbst durch gezieltes Erlernen von Handlungskompetenz emanzipiert; er möchte – in der Nachfolge des von weißen Rowdies ermordeten Klekih-petra – auch die unterdrückten Indianer dazu bringen, sich durch Lernen eine Basis zur Selbstbefreiung zu schaffen.

Daß er dieses letzte Ziel trotz spektakulärer Zwischenerfolge nicht erreichen und daß er den Tod Winnetous ebensowenig verhindern kann wie den seines Vaters, seiner Schwester und seines Übervaters Klekihpetra, daß er also letztlich den Untergang jener bedrohten Vorbild-Familie mit ansehen muß, zu deren Schutz er, wie einst Gerolstein und Monte Cristo, doch angetreten war, zeigt, wie der Populärroman bei Karl May trotz allem vom ›wishful thinking‹ Abschied zu nehmen beginnt. Genauer: den Wunschtraumcharakter gibt es selbstverständlich auch in den Reiseromanen noch, aber er beschränkt sich auf die immer wieder neue Bestätigung der eigenen Umsicht, Geschicklichkeit und Tapferkeit. Gegen die großen politisch-historischen Umwälzungen aber ist Old Shatterhand letztlich machtlos. Darin unterscheidet sich der Reiseroman nicht nur vom französischen Feuilletonroman, sondern auch von den Lieferungsromanen, denn in den beiden letztgenannten Gattungen wurde ja noch die Illusion genährt, Superman, der herausragende einzelne, könne das Rad der Geschichte anhalten, ja zurückdrehen. Im Reiseroman ist das nicht mehr so; und dieses Scheitern des ›Helden‹ gibt Anlaß zu melancholischen Reflexionen, in denen er selbst – ganz anders als Gerolstein, Monte Cristo und Befour – über die Unerfüllbarkeit seines Wunsches nachdenkt.[10] Und nicht nur das: erst die Unerreichbarkeit des utopischen Ziels veranlaßt den Protagonisten überhaupt dazu, selbst zur Feder zu greifen und schriftlich Rechenschaft abzulegen über sein Tun.

Dies geschieht bei May – ebenfalls im Unterschied zum französischen Feuilletonroman, aber auch zum ›Verlornen Sohn‹ – bezeichnenderweise in der Ich-Form. Bezeichnend deshalb, weil das Ego, das geschädigte und an jedem Romananfang erneut verkannte, das einzige ist, was am Ende noch gerettet bzw. erlöst werden kann; mit anderen Worten: letztes Ziel des Reiseromans ist nicht mehr die Rettung der Menschheit, sondern die Selbstbestätigung.

Daß der Held zum Erzähler wird und umgekehrt: daß der Erzähler sich durch die Modellierung der Heldenrolle selbst therapiert oder Trost spendet – dieses Selbstreflexivwerden des Populärromans war in Frankreich vollends unbekannt. Erst im Reiseroman ist Karl May wirklich zu sich selbst gekommen.

1 Dennoch ist auch hier an Vorgängerschaft zu erinnern. Für mich besonders förderlich: Volker Klotz: Woher, woran und wodurch rührt ›Der Verlorene Sohn‹? Zur Konstruktion und Anziehungskraft von Karl Mays Elends-Roman. In: Jahrbuch der Karl-May-Gesellschaft (Jb-KMG) 1978. Hamburg 1978, S. 87-110; vgl. auch: Ders.: Abenteuer-Romane. Sue, Dumas, Ferry, Retcliffe, May, Verne. München 1979.
2 Hans-Jörg Neuschäfer/Dorothee Fritz-El Ahmad/Klaus-Peter Walter: Der französische Feuilletonroman. Die Entstehung der Serienliteratur im Medium der Tageszeitung. Darmstadt 1987; vgl. auch Hans-Jörg Neuschäfer: Populärromane im 19. Jahrhundert. Von Dumas bis Zola. München 1976 und Ders.: Eugène Sue et le roman feuilleton. In: Romanistische Zeitschrift für Literaturgeschichte 4 (1978), S. 401-20.
3 Revue des deux mondes. Vol. 17, Période V (1903); der Autor des Artikels hieß Maurice Talmeyr.
4 Karl May: Der verlorne Sohn. Dresden 1883-85; Reprint Hildesheim-New York 1970ff.
5 Zur Gestaltung des Helden vgl. außer Klotz (wie Anm. 1) auch: Erwin Koppen: Christliche Mythen bei Alexandre Dumas und Karl May. In: Mythos und Mythologie in der Literatur des 19. Jahrhunderts. Hrsg. von Helmut Koopmann. Frankfurt a. M. 1976, S. 199-211; Manuel Köppen/Rüdiger Steinlein: Karl May: Der verlorene Sohn oder Der Fürst des Elends (1883-85). Soziale Phantasie zwischen Vertröstung und Rebellion. In: Romane und Erzählungen des Bürgerlichen Realismus. Neue Interpretationen. Hrsg. von Horst Denkler. Stuttgart 1980, S. 274-92 (bes. S. 279-82); Gert Ueding: Die Rückkehr des Fremden. Spuren der anderen Welt in Karl Mays Werk. In: Jb-KMG 1982. Husum 1982, S. 15-39 (bes. S. 27ff.).
6 Klotz: Abenteuer-Romane, wie Anm. 1, S. 66
7 Karl May: Gesammelte Reiseromane Bd. VII: Winnetou der Rote Gentleman I. Freiburg 1893
8 Vgl. dazu auch: Gerhard Neumann: Karl Mays ›Winnetou‹ – ein Bildungsroman? In: Jb-KMG 1988. Husum 1988, S. 10-37; Gunter G. Sehm: Der Erwählte. Die Erzählstrukturen in Karl Mays ›Winnetou‹-Trilogie. In: Jb-KMG 1976. Hamburg 1976, S. 9-28; Bernd Steinbrink: Abenteuerliteratur in Deutschland. Studien zu einer vernachlässigten Gattung. Tübingen 1983; Christoph F. Lorenz: Old Shatterhand. In: Großes Karl-May-Figurenlexikon. Hrsg. von Bernhard Kosciuszko. Paderborn 1991, S. 486-92.
9 Vgl. Viktor Böhm: Berechnung und Überraschung. Erzähl- und Handlungsalgorithmen im Werk Karl Mays. In: Jb-KMG 1988. Husum 1988, S. 99-116; Volker Neuhaus: Old Shatterhand und Sherlock Holmes. In: Karl May. Hrsg. von Heinz Ludwig Arnold. München 1987, S. 146-58 (Sonderband Text + Kritik).
10 *Ich kann nur klagen, aber nichts ändern*, schreibt May angesichts des Untergangs der Indianer (May: Winnetou I, wie Anm. 7, S. 5).

HELMUT SCHMIEDT

Identitätsprobleme
Was ›Satan und Ischariot‹ im Innersten zusammenhält*

Wenn man im Karl-May-Handbuch nachschlägt, um sich den Plot des Romans ›Satan und Ischariot‹ in Erinnerung zu rufen, stößt man zunächst auf folgende Sätze: »Der deutsche Ich-Erzähler Old Shatterhand trifft in Mexiko mit dem Mormonen Harry Melton zusammen. Melton wirbt Arbeitskräfte für eine ›Hazienda del Arroyo‹ an, und ein Schiff bringt zu diesem Zweck deutsche Auswanderer herbei. Um dem abgelegenen Ort Guaymas zu entkommen, schließt sich der Held der Gruppe um Melton an.«[1]

Diese Formulierungen fassen in der gebotenen Kürze treffend zusammen, wie die Handlung einsetzt. Was sie in diesem Rahmen nicht mitteilen können, sind die merkwürdigen Voraussetzungen, unter denen die genannten Hauptfiguren miteinander umgehen. Das vordergründig unkomplizierte, freundliche und für beide Seiten nützliche Verhältnis zwischen Shatterhand und Melton stützt sich nämlich auf falsche, fingierte Namen und Identitäten. Harry Melton, der sich außerordentlich fromm und gegenüber den Auswanderern, dem Haziendero und Shatterhand uneigennützig und hilfsbereit zu benehmen scheint, ist ein Heuchler, ein arger Bösewicht, der gerade jetzt allerlei finstere Pläne verfolgt. Aber auch Old Shatterhand bekennt sich nicht zu dem, was er ist: Er kommt nach langem Aufenthalt in der Wildnis mit zerlumpter Kleidung daher, verschweigt seinen allseits bekannten Kriegsnamen und gibt sich gegenüber dem Wirt seiner Herberge wie auch vor Melton als *Litterat* (I 13)[2] aus, was den Mormonen dazu bewegt, ihm eine Anstellung als Buchhalter auf der Hazienda in Aussicht zu stellen.

Diese Konstellation allein würde noch keine besondere Aufmerksamkeit auf sich ziehen; daß Mays Ich-Held seine Identität verbirgt, ist – denken wir nur an die Old-Death-Episode in ›Winnetou II‹ oder an den vermeintlichen ›Gräbersucher‹ zu Beginn des ersten ›Surehand‹-Bandes – nichts Ungewöhnliches, und daß ein Verbrecher sich verstellt und seine wahren Absichten verschweigt, kann erst recht nicht überraschen. Aber die Dinge liegen komplizierter. Old Shatterhand ahnt

* Vortrag, gehalten am 13. 10. 1995 auf der 13. Tagung der Karl-May-Gesellschaft in Bad Segeberg.

von Anfang an, daß mit dem frommen Mann etwas nicht stimmt, und schließt sich ihm in der Rolle des Biedermanns an, um die Gefahr zu ergründen, die seinen Landsleuten möglicherweise droht. Umgekehrt gibt Melton zwar vor, der Versicherung des ›Litteraten‹ zu glauben, er sei trotz des übereinstimmenden bürgerlichen Namens nicht der berühmte Westmann Old Shatterhand, doch später (vgl. I 63ff.) stellt sich heraus, daß er ihn von Anfang an durchschaut und nur mitgenommen hat, um ihn besser unter Kontrolle halten zu können. Und es geht noch weiter mit den doppelbödigen Verstellungen: Selbst als Shatterhand erfährt, daß er erkannt worden ist, agiert er einige Zeit weiter unter der Maske des Greenhorns, genauso, wie auch Melton von der Voraussetzung ausgeht, den Argwohn des Begleiters erregt zu haben. Mit anderen Worten: jeder der Protagonisten schlüpft vor dem anderen in eine Rolle, die sein eigentliches Wesen kaschiert; sie wissen zwar, daß der Gegenspieler diese Manipulation durchschaut, aber das hält sie nicht davon ab, sie vorerst weiterzutreiben.

Noch komplexer wirkt die Situation, sofern man bedenkt, daß May in diesem Roman die Identität von Autor, Erzähler und Ich-Held auf eine bisher unbekannte Weise forciert: Wir treffen das Ich ja nicht nur als Heros Old Shatterhand im Wilden Westen und als Kara Ben Nemsi im Orient an, sondern auch als einen *Herr(n) Doktor* (II 239), dessen Familienname einem der zwölf Monate entspricht (vgl. III 34f.), und als Mitglied eines Gesangvereins in Dresden, wo er von Winnetou besucht wird. Wenn wir nun zu Beginn des Textes erfahren, daß Old Shatterhand vor seinem Eintreffen in Guaymas als Journalist gearbeitet hat und sich daher mit einigem Recht als der ›Litterat‹ ausgibt, der sein empirischer Schöpfer de facto ist, wenn diese Prätention aber als Verkleidung dient, die jedoch sogleich durchschaut wird, so ergibt sich ein virtuoses innerliterarisches Durcheinanderwirbeln der realen Person Karl May und ihres auf mehreren Ebenen fiktiven Ichs.

Wie gesagt: das Rollenspiel als solches, das Agieren unter dem Deckmantel einer falschen oder absichtsvoll mißverständlichen Identität kommt in Mays Romanen nicht selten vor. Man hat denn auch »den lustbetonten Wechsel von Verstellung und Enttarnung«,[3] den »Heldentypus der verdeckten Überlegenheit«[4] wiederholt beschrieben, und die Beobachtung, daß ein »unbezähmbarer Drang zum Rollenspiel«[5] in Leben und Werk Mays waltet, veranlaßte Claus Roxin dazu, in ihm einen Pseudologen zu erkennen. Manchmal läßt sich sogar die Grundkonstellation ganzer Romane mit entsprechenden Hinweisen erfassen: »falsche Söhne, falsche Väter, ein falscher Graf, falsche Ärzte, falsche Geistliche, falsche Richter«[6] – mit dieser Liste hat Heinz Stolte treffend umrissen, welche Probleme die Lichtgestalten im ›Waldröschen‹ plagen. Aber die Lage ist dort und in den meisten anderen Romanen Mays bei weitem nicht so kompliziert wie im ›Satan‹: Ziemlich rasch werden die Rollenspieler durchschaut, und dann kommt es in erster Linie darauf an, der richtigen Erkenntnis zur falschen Identität in der Praxis des Handelns Geltung zu verschaffen. In den zitierten Passagen um Shatterhand und Melton geht es dagegen nicht um derart schlichte Aufdröselungen dessen, was ist; May hat die Schraube des Spiels um Masken und Rollen noch ein beträchtliches Stück weiter gedreht, denn nicht die Erkenntnis der Wahrheit und die daraus zu ziehenden Konsequenzen stehen im Vordergrund des Interesses, sondern die Funken, die sich aus kunstvollen Verhüllungen schlagen lassen.

Die These, die den folgenden Ausführungen zugrunde liegt, lautet nun, daß der aufwendige und folgenreiche Umgang mit dem Identitätsproblem in ›Satan und Ischariot‹ alles andere als nur eine Sache der Exposition ist; weit über den Anfangsteil hinaus steht dieses Thema zur Diskussion. Es prägt die Rhetorik des Romans ebenso wie die Entwicklung der Geschichte, die er erzählt; es ist in der Makrostruktur nachweisbar und in der Mikrostruktur. Sie werden dazu noch eine Vielzahl von Beispielen hören; für jetzt sei nur darauf verwiesen, daß nicht bloß der Weg zum ersten großen Verbrechenskomplex – zu dem um die Hazienda und das Bergwerk Almaden alto – über dieses Thema führt, sondern daß im Mittelpunkt des zweiten ein gigantischer Betrug steht, bei dem sich ein Mann aufgrund der Ähnlichkeit mit einem anderen ein Millionenvermögen erschleicht, tatkräftig unterstützt von seinem Vater, der eigentlich ein amerikanischer Schwerverbrecher ist, aber als ranghoher tunesischer Offizier zu größtem Ansehen gelangt.

Man könnte diesen Komplex in die verschiedensten übergreifenden Zusammenhänge einordnen. Zum Beispiel in literarhistorische: der Umgang mit den heikleren Aspekten der Identitätsbildung und -findung zieht sich wie ein Leitmotiv durch die Geschichte der neueren Dichtung. Sätze wie Rimbauds »Je est un autre«[7] sind weithin bekannt geworden, und wer sich etwas näher mit den berühmten Romanen Max Frischs und ihrer Erforschung befassen will, lernt so ziemlich als erstes, daß es darin eben um das Problem der Identität gehe und daß einem Satz wie »Ich bin nicht Stiller!«,[8] mit dem der Roman ›Stiller‹ beginnt, eine geradezu programmatische Funktion zukommt. Denkbar wäre auch, die Beobachtungen zum Text hinsichtlich ihrer Prägung durch die Persönlichkeit seines Autors zu prüfen; da wäre dann der erwähnte Befund zur pseudologia phantastica ebenso ertragreich heranzuziehen wie manches von dem, was Walther Ilmer in seinen Überlegungen zu den latent autobiographischen Seiten des Romans gesagt hat.[9]

Ich möchte aber auf anderes hinaus. In den letzten Jahren ist wiederholt gefordert worden, die textinternen Besonderheiten des Mayschen Erzählens noch genauer als bisher unter die Lupe zu nehmen. Mir scheint, daß der hohe Rang, den schon und gerade die ›Satan‹-Exposition dem Identitätsthema einräumt, zu entsprechenden Analysen in diesem Punkt herausfordert. Von der Beleuchtung der übergreifenden Zusammenhänge, so reizvoll sie sein könnte, sehe ich also weitgehend ab und frage statt dessen, wie May denn nun im einzelnen mit diesem Komplex verfährt, was er daraus macht, in welcher Hinsicht er damit umgeht.

Zunächst einmal ist zu zeigen, wie gründlich May auf das Motiv der falschen bzw. vorgespielten und dann durchschauten Identität bis in Einzelheiten zurückgreift. Als Old Shatterhand Harry Melton und die Gruppe der Auswanderer verlassen hat, stößt er auf drei Indianer vom Stamm der Mimbrenjos, und obwohl er sich ihnen von der Sache her ohne weiteres gleich zu erkennen geben könnte, betreibt der Erzähler seine Identifizierung als einen aufwendigen Akt (vgl. I 103ff.). Etwas später warnt Old Shatterhand den Besitzer der Hazienda del Arroyo vor den Intrigen des Mormonen; er tut dies aber nicht als Old Shatterhand, sondern präsentiert sich als der, dem Melton die Stelle des Buchhalters versprochen hat und der folglich Zutritt zur Hazienda verlangen kann (vgl. I 115ff.). Feindliche Indianer erkennen Old Shatterhand nicht wieder, als er sich *umgekleidet* (I 242) hat, ein wenig das Gesicht verhüllt und mit veränderter Stimme spricht. Winnetou bietet noch im ersten ›Satan‹-Band, aus dem die bisherigen Beispiele stammen, ein vergleichbares Kunststück: Im Schutz der Dunkelheit nähert er sich einem gefesselten Indianer, tut so, als sei er einer seiner Schicksalsgenossen, der sich heimlich befreit habe, und zettelt ein Gespräch an, das ihm wichtige Informationen vermittelt (vgl. I 457ff.). In Band II taucht der Ölprinz Konrad Werner in einer Szene erstmals auf, in der es ihm Mühe bereitet, Shatterhand zu erkennen, denn er hat ihn nur einmal kurz vor längerer Zeit und unter ganz anderen Umständen gesehen (vgl. II 201ff.). Als Winnetou durch Nordafrika reist, schlüpft er in die Rolle eines Somali Ben Asra, und einmal läßt er sich – wiederum geschützt vom nächtlichen Dunkel – einige Stunden lang für Old Shatterhand alias Kara Ben Nemsi halten (vgl. II 411ff.), eine Manipulation, deren Erfolg nicht erstaunlich ist, denn *wir hatten uns vollständig ineinander hineingelebt* (II 491). Am Ende von ›Satan II‹ geben sich die dem Helden feindlich gesonnenen Uled Ayun als befreundete Meidscheri aus, um ihn und seine Freunde in die Falle zu locken (vgl. II 494); in Band III imitiert dies zum gleichen Zweck ein Yuma-Indianer, der sich zunächst als harmloser Zuni präsentiert hat (vgl. III 211); und wie Winnetou in der Rolle eines feindlichen Indianers Wichtiges erkundet, so agiert Old Shatterhand vorübergehend als sein Gegenspieler Thomas Melton, mit gleichem Erfolg (vgl. III 331f.). Hin und wieder machen sich tendenziell parodistische Züge bemerkbar: Die Töne eines quakenden Frosches bieten einem feindlichen Häuptling die Gelegenheit, Old Shatterhand mit einem solchen Tier zu vergleichen; tatsächlich werden sie von einem Mimbrenjo erzeugt, der Shatterhand damit verabredungsgemäß signalisiert, daß er zur Hilfe bereitsteht (vgl. I 223 und 227).

Die Beispiele zeigen unter anderem, daß Karl May im Prozeß seines Erzählens geradezu Reihen bildet, in denen nicht nur das Motiv des Verstellens als solches wiederholt wird, sondern auch die näheren Umstände und Absichten wiederkehren, unter geringfügig veränderten äußeren Voraussetzungen. Aber nicht allein die Repetition im schlichtesten Sinne dominiert; manchmal verbindet May sie mit dem Kompositionsprinzip der Umkehrung. Es wurde schon erwähnt, daß Harry Melton den ihm scheinbar freundlich gesonnenen Old Shatterhand von Guaymas zur Hazienda mitnimmt, um ihn beaufsichtigen zu können; umgekehrt ist später der Westmann bereit, Melton bei seinem Weg von der Hazienda zur Grenze des dazugehörigen Landes *mitzunehmen*, um ihn zu *beobachten* (I 132); jeweils gilt es, den zu erwartenden Attacken des Gegners unter dem Schein der falschen Rolle vorzubeugen.

Des weiteren belegen die Beispiele, daß die Manipulation mit der Identität sich auf ganz unterschiedliche Weise vollzieht. Man kann, ohne irgendeine mit den Händen zu greifende Tarnung, schlicht behaupten, ein anderer zu sein. Man kann aber auch dank günstiger äußerer Gegebenheiten, wie sie etwa die nächtliche Finsternis bildet, in eine Rolle schlüpfen. Und man kann sich schließlich im buchstäblichen Sinne maskieren, verkleiden und dabei auch seine Stimme verstellen. Die Identität, die man vorspielt, kann frei erfunden, aber auch die einer tatsächlich existierenden Figur sein. Vieles ist da also möglich, und eine derart facettenreiche Ausfaltung des stetig wiederkehrenden Motivs verhindert Monotonie und Langeweile.

Da so häufig und intensiv die Frage nach der wahren Identität traktiert wird, ist es nicht erstaunlich, daß dieses Phänomen auch in die Gespräche der Figuren mit beträchtlicher Vehemenz eindringt. Manch ein Satz bezeugt eindrucksvoll, wie sehr dieser oder jener der Vorspiegelung falscher Tatsachen erliegt; so ist Krüger-Bei erst einmal nicht davon abzubringen, in einem Schurken einen Tugendbold zu sehen, und verkündet auf Kara Ben Nemsis Andeutung von Skepsis: *»Kalaf Ben Urik ist der größte Ehrenmann und strengste und gläubigste Moslem«* (II 308f.). Manchmal lassen sich die verwirrten Verhältnisse nur mit höchst eigenwillig oder gar paradox klingenden Formulierungen erfassen: *»Wenn Sie den Menschen einen Ehrenmann nennen, so ist der größte Schuft ein Caballero«* (I 385), sagt Old Shatterhand über Harry Melton; mit den Worten *Da er mich für Old Shatterhand hielt, der ich ja auch war* (I 85), beginnt eine Erläuterung zum Verhalten derselben Figur. Small Hunter *»ist eigentlich der Begleiter dessen, für den er sich ausgiebt«* (II 272), lautet ein aufklärerischer Satz nicht etwa über Small Hunter, sondern über Jonathan Melton, und in einer weiteren Wendung über ihn und die allgegenwärtige Judith Silberberg ist die Rede von *»seinem Weibe, welches nicht sein Weib ist«* (III 135).

Besonders ausführlich und gelegentlich auch einfallsreich geht die

Sprache mit der religiösen Etikettierung des Brüderpaares Harry und Thomas Melton um; der ›Satan‹ im Titel der Buchausgabe ist bekanntlich auf Harry gemünzt, ›Ischariot‹ auf Thomas alias Kalaf Ben Urik. Beide Assoziationen werden ziemlich rasch an die beiden Schurken geheftet, und fortan zieht sich eine lange Kette von Formulierungen durch den Text, in denen etwa von einem *Teufel in Menschengestalt* (II 33), einem Lachen, das *teuflisch* (II 124) wirkt, einem *diabolisch* (III 191) und zugleich schön erscheinenden Gesicht und vom Judas-Charakter des Thomas Melton (II 408, 433, 450f., III 491) die Rede ist. Aber auch hier liegen die Dinge nicht durchgängig einfach. Als Ischariot gilt zwar in erster Linie Kalaf Ben Urik alias Thomas Melton, der seinen Förderer Krüger-Bei und später sogar den eigenen Sohn verrät, aber auch Harry wird mit diesem Begriff belegt, weil er den Besitzer der Hazienda, der so etwas wie sein Arbeitgeber ist, bösartig hintergeht (I 394). Darüber hinaus scheuen sich die wenig achtbaren Figuren nicht, ihrerseits die Feinde, also die guten Menschen, mit dem Reich des Satans in Verbindung zu bringen, sei es, daß sie Old Shatterhand *den Teufel* (I 217) grüßen lassen, im Teufel einen *Gehilfe(n)* (II 356) der Edlen entdecken oder gar Old Shatterhand selbst als *Satan* (III 479) und, wie bei Harry Melton geschehen, *Teufel in Menschengestalt* (III 488) bezeichnen; wieder macht sich das Prinzip der Umkehrung bemerkbar.

Die religiös-mythische Dimension, die der Text den Protagonisten zuteilt, verknüpft sich gelegentlich virtuos mit den Irritationen, die hinsichtlich ihrer irdischen Persönlichkeit bestehen. So belauscht Old Shatterhand zu jener Zeit, da er noch die Rolle des ›Litteraten‹ und Harry Melton die des frommen Mormonen spielt, diesen im Gespräch mit einem Spießgesellen, und er wird dabei Zeuge der Äußerung, Old Shatterhand sei ein ganz gefährlicher Bursche und stehe mit *dem leibhaftigen Satan im Bunde* (I 70): eine hochgradig doppelbödige Feststellung, denn tatsächlich harmonieren ja der Westmann und ›Satan‹ Harry Melton an der Oberfläche ihrer Unternehmungen miteinander, und ›leibhaftiger‹ als die Romanfigur Melton kann man sich Gottes Widersacher kaum vorstellen. Eine der letzten diesbezüglichen Stellen des Romans bietet einen Fluch Jonathan Meltons an Old Shatterhand: »*Der Satan vernichte Euch!*« (III 494) – womit wir wieder am Anfang angelangt wären, denn letztlich ist es ja sogleich das Bestreben Harry Meltons, den von ihm vermuteten Umtrieben Old Shatterhands möglichst wirkungsvoll in den Weg zu treten. Wir sehen, wie sehr Karl May auch im Rahmen der – ansonsten eher schwach ausgeprägten – religiösen Implikationen[10] mit Identitätsfixierungen und ihren Erschütterungen spielt.

Es ist eine Banalität, daß zur Identität des Menschen der Name gehört, und die gerade registrierten Benennungen bilden nur einen Teil des Spiels, das der Roman auch mit diesem Aspekt unseres Themas treibt: Um Namen, um das, was sie mitteilen, signalisieren und bedeuten, geht es immer wieder. Wenn Old Shatterhand und Winnetou erkannt werden, wenn ihr Name fällt, dann zeitigt dies oft – wie Harald Eggebrecht schon beobachtet hat[11] – unmittelbare und weitreichende Konsequenzen für das Geschehen: Gute Menschen freuen sich und fühlen sich durch die Nähe zu den Heroen be- und gestärkt; böse Menschen erschrecken, verfallen sogar in Tatenlosigkeit und Panik oder flüchten kurzerhand. Umgekehrt vermag Old Shatterhand aus den Namen, die ihm zu Ohren und zu Gesicht kommen, in schöner Regelmäßigkeit treffliche Schlüsse zu ziehen: Von einem Indianer, der ›schwarzer Biber‹ heißt, vermutet er, daß er *sehr geschickt im Schwimmen und Tauchen sei* (II 170); als er den Namen Kalaf Ben Urik hört, kommt ihm der *wie ein selbstgemachter* (II 270) vor, und er ahnt gleich, daß mit seinem Träger etwas nicht stimmt; auf wenigen Seiten wird geschildert, wie Shatterhand allein dank der Namen die richtige Identität von Menschen und die falsche Identität einer Sache erkennt: *Pajaro heißt Vogel* (III 140), also sind die Musiker, die unter den Künstlernamen Marta und Francisco Pajaro auftreten, seine ehemaligen Schützlinge Martha und Franz Vogel, während der Wein, der für viel Geld gekauft wurde, nicht der ist, als der er gelten soll, denn auf dem Etikett steht als Herkunftsort ›Riedesheim‹ statt ›Rüdesheim‹ (III 147f.). Über eine äußerst zwielichtige Figur bemerkt Winnetou: »*Wie sein eigentlicher Name ist, weiß ich nicht; er wird gewöhnlich der Player genannt*« (I 378); der Mann gehört zunächst zur Partei der Schurken, aber als ›Spieler‹ nutzt er – in dieser Hinsicht eine von ganz wenigen Figuren in Mays Gesamtwerk – die Chance, die Seite zu wechseln, und am Ende befindet er sich in der Reihe der guten Menschen. Die Koryphäen indes sind über solche Vagheiten erhaben, und so nimmt ein Winnetou klaglos die Rolle an, die ihm auf seiner Afrikareise oktroyiert wird: »*Nennt Winnetou wie ihr wollt; er bleibt doch der Häuptling der Apatschen*« (II 278).

Man sieht, daß sich das Spiel um richtige und falsche Identitäten und alles, was damit zusammenhängt, wie ein Netz über den Roman legt; besser noch: daß kaum etwas in diesem Roman geschieht, was nicht im engeren oder wenigstens im weiteren Sinne mit der Identitätsproblematik zu tun hat bzw. mit ihr verbunden ist. Ich habe diese Dominanz bisher überwiegend anhand vieler einzelner Szenen und Motive nachzuweisen versucht, doch das, was für die ersten Erlebnisse von Old Shatterhand und Harry Melton gilt, gilt auch für den gesamten Roman: Er wird in seinen großen Linien, in seiner Tektonik, in den Grundstrukturen seiner Entwicklung ebenfalls durch das Identitätsthema geprägt. So agiert Shatterhand über Hunderte von Seiten hinweg in der Begleitung von zwei vorerst namenlosen Söhnen eines befreundeten Mimbrenjohäuptlings; das Unternehmen dient ihnen dazu, sich durch große Taten an der Seite des berühmten Mannes die Namen zu erwerben, mit denen sie *in die Reihen der erwachsenen Krieger treten* (II 198), und daß sie schließlich Yumatöter und Yumaskalp heißen, verrät unmißverständlich, wie eng diese Ambition der Identitätsbildung und die erfolgreich absolvierten abenteuerlichen Prüfungen zusammenhängen. Noch substantieller erscheint, was die drei Hauptschurken teils allein, teils miteinander anstellen bzw. anstellen wollen: Harry Melton hat zwar von den Mormonen den Auftrag erhalten, Land zu erwerben, aber seine Aktivitäten – vom Überfall auf die Hazienda bis zur Ausbeutung der deutschen Auswanderer als elende Arbeitssklaven im Quecksilberbergwerk – lösen sich radikal vom Ausgangspunkt seiner Mission, und der Verbrecher Melton hat mit dem frommen Mann, den er zeitweise mimt, ebensowenig gemein wie mit dem gesetzestreuen Gehilfen einer Anwaltskanzlei, als der er später agiert; sein Neffe Jonathan ist dem Millionenerben Small Hunter zum Verwechseln ähnlich bis auf den ungewöhnlichen Umstand, daß der echte Hunter an jedem Fuß sechs Zehen hat, und er nutzt die Ähnlichkeit, um sich in den Besitz von dessen Reichtum zu bringen; sein Vater Thomas Melton, der sich als Kalaf Ben Urik das Vertrauen Krüger-Beis ebenso erschleicht wie Harry dasjenige des Haziendero und des Rechtsanwalts, hilft ihm dabei, indem er Hunter erschießt, und er lockt überdies seinen arglosen Gönner in eine profitträchtige Falle, aus der dieser nicht lebend herauskommen soll. Der Plot des Romans dreht sich im wesentlichen darum, wie die Helden versuchen, teils die Umsetzung der finsteren Pläne zu verhindern, teils die Folgen ihrer Realisierung rückgängig zu machen. Am Ende wird der eine Judas auch noch zum Feind des eigenen Sohnes und zum Brudermörder am anderen, am ›Satan‹, und Old Shatterhands Prophezeiung, der mehrfache *Verräter* (III 587) werde, wie sein biblisches Vorbild, im Selbstmord enden, bestätigt sich (vgl. III 609); so hat auch die lange durchgehaltene biblische Konstellation noch ihre Erfüllung gefunden.

Der Text bietet zudem, wie das genauere Hinsehen zeigt, nicht nur vage Entsprechungen zwischen den verschiedenen Verbrechenskomplexen; Karl May greift vielmehr insbesondere bei Jonathan Meltons Erbschleichunternehmungen in Nordafrika manches von dem auf, was sich schon in der Exposition findet. Der falsche Small Hunter, zu dessen Plan es gehört, Personen kennenzulernen, die bei Bedarf *für (s)eine Echtheit eintreten* (II 298), engagiert, wie einst sein Onkel, im Ich-Helden *seinen heimlichen Gegner ... als Verbündeten* (II 289); wie Harry Melton tut er das aber nur zum Schein, denn de facto verfolgt er ganz andere Absichten als die offen ausgesprochenen; wie damals tritt das Ich nicht unter seinem wirklichen, bekannten Namen auf, wie damals unternimmt es mit dem vermeintlichen Verbündeten zunächst eine Schiffsfahrt. Dann aber spitzen sich die Komplikationen im Vergleich noch zu: Der falsche Hunter und der Held reisen weiter in Begleitung von Personen, die Old Shatterhand alias Kara Ben Nemsi kennen und nicht ahnen, daß er nicht identifiziert werden möchte. Was ist da dem Betrüger gegenüber zu tun? Old Shatterhand verfällt auf den famosen Gedanken, das, was der Gauner ihm in der Realität vormacht, als Fiktion zu imitieren: Er behauptet keß, aufgrund einer äußeren Ähnlichkeit fälschlich für jenen Kara Ben Nemsi gehalten worden zu sein und diese Rolle aus bestimmten Gründen weiterspielen zu wollen (II 315ff.). So kehrt auch das frühe Wissen Harry Meltons um die wahre Identität des ›Litteraten‹ wieder, allerdings in verzerrter, ins Scheinhaft-Phantastische umgebogener Form, doch diese Konstruktion wird beglaubigt durch den Umstand, daß sie nur eine Spiegelung der Ereignisse um Jonathan Melton und Small Hunter ist.

Wir sehen also, wie eng das Geschehen um das Verbrechen Jonathan Meltons an dasjenige im ersten Teil des ersten Bandes anknüpft. Um so mehr Aufmerksamkeit verdient die Frage, was sich denn bei so viel Übereinstimmung verändert, und auch da gibt es – wie sich bei meinem letzten Hinweis schon angedeutet hat – allerlei zu bemerken. Zu beobachten ist insbesondere eine wachsende Souveränität der guten Menschen im Umgang mit dem Problem. Im Identitätsgewusel der Exposition verrät sich nicht zuletzt eine gewisse Ratlosigkeit des Ich-Helden: Er ahnt zwar, daß Harry Melton Übles vorhat, aber es dauert lange, bis er es in allen Einzelheiten durchschaut, und die Maske des ›Litteraten‹ dient dazu, Aufklärung zu erhalten. Die ist im zweiten Teil dann aber Kara Ben Nemsi, als er in die Rolle des Geschäftsmanns Mr. Jones an die Seite Jonathan Meltons tritt, schon vollständig zuteil geworden, so daß er nunmehr unter viel günstigeren Bedingungen die Auseinandersetzung aufnimmt. Umgekehrt verlieren die Schurken an Kompetenz: Harry Melton weiß von Anfang an, wen er vor sich hat, Jonathan dagegen fällt lange Zeit auf das abstruse Rollenspiel des Mr. Jones und auch auf Winnetous Tarnung herein. Die Gewichte haben sich eindeutig zugunsten der guten Menschen verschoben, jedoch nicht so kraß, daß die nun völlig ungefährdet zu Werke gehen könnten. Auch weiterhin müssen sie vorübergehend Niederlagen einstecken, und immer noch – etwa im Fall der Uled Ayun, die sich als Meidscheri ausgeben – spielen dabei falsche Identitäten eine maßgebliche Rolle. Immerhin lehrt der Blick auf die Makrostruktur des Romans, daß der Kampf um richtige und manipulierte Rollen trotz gegenteiliger Bemühungen der Feinde zunehmend eine Domäne der guten Menschen wird.

Zu diesen übergreifenden Perspektiven gehört es, wenn wir nun noch genauer beobachten, wie Identitäten enthüllt oder gar erst entwickelt werden, wie sich Persönlichkeiten bilden und zum Gegenstand des Gesprächs werden. Zum einen finden wir da die schon bekannten weitreichenden Entsprechungen zwischen dem Namen einer Person und dem, was sie leistet: Wer einen Yuma tötet oder einen Yuma skalpiert, heißt Yumatöter oder Yumaskalp, und daß die Namen Old Shatterhand und

Winnetou die Feinde zu Recht in Angst und Schrecken versetzen, bestätigt sich in den Aktionen dieser Männer immer wieder; Identität ist und wirkt in diesen Fällen als etwas, für das der Träger ganz und gar verantwortlich zeichnet und das nicht mißzuverstehen ist. Aber es gibt noch eine andere Seite.

Ich habe schon kurz darauf hingewiesen, daß der Erzähler Old Shatterhands Identifizierung bei der ersten Begegnung mit Mimbrenjos als eine aufwendige Aktion betreibt (vgl. I 103ff.): Er inszeniert sie förmlich, wie May es ja überhaupt manchmal liebt, die erfolgreichen Unternehmungen der Helden quasi als Schauspiel einzurichten.[12] Das Kennzeichen dieser Inszenierung ist es, daß die Figur sich nicht einfach vorstellt – was sie an anderen Stellen natürlich des öfteren auch tut –, sondern daß die äußeren Umstände dazu führen, daß sie erkannt wird. Eine ganze Reihe weiterer Szenen akzentuiert den gleichen Aspekt. Bei der Wiederbegegnung von Old Shatterhand und Winnetou erkennt der Weiße den Roten schon von weitem an dessen Pferd, an der Decke und am Leuchten der Nägel auf der Silberbüchse; umgekehrt identifiziert Winnetou den Blutsbruder vorerst nicht, weil der auf einem fremden Pferd sitzt und ungewöhnlich gekleidet ist (vgl. I 253f.). Später erkennt ein feindlicher Häuptling Winnetou, als der ins Licht des hell strahlenden Mondes tritt (vgl. I 282), und wie sehr Äußerlichkeiten zum Wesen einer Person gezählt werden, verrät sich in den Worten eines Mimbrenjojungen, der dem erstmals im imposanten Dreß auftretenden Shatterhand verrät: »*so haben wir Knaben uns Old Shatterhand vorgestellt*« (I 242). Keine dieser Szenen entbehrt von der Sache her der Plausibilität; dennoch fällt auf, welche Betonung der Erzählvorgang setzt. Es scheint, als sei hier jeweils die Bestimmung von Identität für die Betrachter etwas, das maßgeblich durch äußere Umstände geprägt wird, als wachse Identität den Personen zumindest teilweise von außen zu. Der Erzähler selbst präsentiert dazu eine passende Formulierung: *Kleider machen auch hier wie überall Leute* (II 250).

Dieser Gesichtspunkt der partiellen Fremdsteuerung von Identität steht an anderen Stellen noch sehr viel krasser zur Diskussion: da, wo es nicht um die Identifikation einer Person durch Dritte geht, sondern wo diese sich selbst auszubilden und zu bewähren hat. Daß die Autonomie des Menschen, an deren Verherrlichung Mays Helden mit ihrem Umherstreifen in der ›freien‹ Wildnis beharrlich arbeiten, eine heikle Angelegenheit ist, daß folglich auch die Ambition, radikal ›ich‹ zu sagen, stets von den Widerständen bedroht ist, deren sie doch zu ihrer Durchsetzung auch bedarf – denn die eigene Identität formt und bestätigt sich ja wesentlich durch die Auseinandersetzung mit anderen –: das alles deutet sich gelegentlich selbst im Fall Old Shatterhands an. Einmal muß er beispielsweise etwas tun, was er ganz und gar nicht mag, was aber von einem *Krieger meines Schlages* (I 110) unbedingt verlangt wird. Sehr viel deutlicher kristallisiert sich dieses Problem jedoch im Hinblick auf die Frauenfiguren und ihre Umgebung heraus.

Bekanntlich sind es zwei weibliche Wesen, denen in ›Satan und Ischariot‹ eine nennenswerte Funktion zukommt: Martha Vogel, die mit Hilfe Old Shatterhands zu einer großen Sängerin ausgebildet wird, und Judith Silberstein, die ebenso attraktive wie geldgierige Jüdin mit Zügen einer femme fatale. Auf den ersten Blick scheint es sich bei Judith um eine wenn auch moralisch anrüchige, so doch in hohem Maße selbstbestimmte Persönlichkeit zu handeln, um eine Frau, die weiß, was sie will, und der die Männer unterwürfig in Scharen nachlaufen; bei ihrem ersten Auftreten scharwenzeln um sie herum ihr Vater, der sie abgöttisch verehrt, und ein ehemaliger Liebhaber, der es sich nicht nehmen läßt, sie nach Amerika zu begleiten. Sieht man jedoch genauer hin, so ist Judith von einer merkwürdigen Leb- und Reglosigkeit, einer Starre, die sich zwar als Aktionismus tarnt, aber im Kern einer monoton ablaufenden Mechanik gleicht, die für sich selbst nicht verantwortlich ist und zwangsläufig immergleiche Ergebnisse zeitigt. Als Shatterhand sie erstmals zu Gesicht bekommt, ist sie gekleidet wie für *einen Maskenball* (I 40), einen Typus von Veranstaltung also, in dem Identitäten unverbindlich simuliert statt de facto gelebt werden. Der zu ihrer Reisegesellschaft gehörige ehemalige Liebhaber hat schon vor einiger Zeit einem Offizier weichen müssen; schuld an Judiths Untreue war indes *nicht seine Person, sondern seine Uniform* (I 49), und zumindest teilweise schuld an ihrer späteren kurzen Beziehung zu Harry Melton wird der Umstand sein, daß der Verletzte ihrer als Krankenpflegerin bedarf (vgl. I 181). Die solcherart auf Äußerlichkeiten einer Beziehung zurechtgestutzte Persönlichkeit Judiths wird dann von Old Shatterhand mehrfach funktionalisiert: Zu Beginn des zweiten Bandes erscheint sie ihm als *ein wertvolles Tauschobjekt* (II 21), zu Beginn des dritten als der *Regenwurm an meiner Angel, mit welcher ich die Meltons fangen wollte* (III 41); Judiths Beziehung zu immer neuen Lebensabschnittsgefährten wird also in den Dienst der Pläne ihrer Gegner gestellt. Daß Judith vom *Kaufpreis meines Herzens* (III 480) spricht, als sei dies ein Ding, daß sie sich nach eigenem Eingeständnis so sehr *an den Reichtum gewöhnt* hat, daß sie ohne ihn nicht nur *nicht leben (mag)*, sondern auch nicht leben *kann* (III 260), paßt ins Bild: Bei aller demonstrativ ausgestellten Habgier und Skrupellosigkeit ist sie weit eher ein teilweise von innerer und äußerer Fremdbestimmung geprägter Apparat als ein selbstbewußt, reflektiert und souverän handelndes menschliches Ich. Man muß nicht einmal die autobiographische Dimension einer Emma-Pollmer-Spiegelung bemühen, um es zu verstehen, wenn diese Darstellung schließlich auch Judiths physische Behandlung durch die Männer einschließt: Old Shatterhand kommt ihr des öfteren recht nahe und erwägt, sie körperlich zu züchtigen, ein Thema, über das er auch gern mit ihr spricht; einmal wird sie kahlgeschoren, und als ein Gefährte Shatterhands sie auf seinem Pferd fortschaffen soll, hofft er auf rege engere Kontakte: »*Je mehr sie sich wehrt, desto lieber ist es mir*« (III 603). Den kuriosen Gipfel dieses Spiels um Äußerlichkeiten und Zwänge, um die Verfügbarkeit und Degradierung einer sich selbst ganz anders deutenden Frau bildet der Umstand, daß sie nicht einmal über einen konstanten Namen verfügt: Der Autor nennt sie mal Judith Silberstein, mal Judith Silberberg;[13] mit dem zweiten Namen wird sie zusätzlich dem Quecksilberbergwerk Almaden alto assoziiert, einem höchst schauerlichen und unheilvollen Ort.

Zweifellos sind in die Darstellung Judiths allerlei antisemitische Klischeevorstellungen eingeflossen, wie sie die Literatur seit langem durchwucherten. Aber Martha Vogel, die nach dem ersten Eindruck ganz anders charakterisiert wird, gleicht Judith in vielem. Auch ihre Vita weist zwar diverse Züge einer Erfolgsgeschichte auf: Sie stammt aus *sehr ärmlichen Verhältnissen* (II 227) und entkommt ihnen, indem sie sich einerseits zur Ehe mit einem Millionär entschließt und andererseits ihre Stimme ausbildet, so daß sie später als grandiose Sängerin Triumphe feiert. Bei genauerer Prüfung ergibt sich jedoch ein verändertes Bild. Die Ehe scheitert. Wenn Martha spricht, teilt sie meistens Empfindungen der Sorge und der Angst mit, als gehe es in ihrem Leben vor allem darum. Am Ende erweist es sich – was noch viel schwerer wiegt –, daß selbst ihre Rolle als Künstlerin eher durch Einwirkungen von außen als durch eigene Entschlüsse bedingt war: Der Musiker, der sie entdeckt und gefördert hat, »*nahm mich unter einen Zwang, dem nur sehr schwer zu widerstehen war*« (III 146). Daß sie im Finale als Leiterin einer karitativen Einrichtung amtiert, ist zwar löblich, aber es überführt ihre gesamte vorherige Existenz des Irrtums, und zu verdanken hat sie das neue Unternehmen Old Shatterhand und seinen Freunden, die ihr das zugrundeliegende Millionenerbe verschafft haben.

Auf einige Männer in der Umgebung dieser Frauen färben die Passivität und der Mangel an selbstbestimmter Ich-Identität ab. Marthas Bruder Franz beteiligt sich zwar zeitweise an der Suche nach den Erbschleichern; aber wenn es dabei ernst wird, muß er beiseite treten, warten, still sein, und selbst dies endet gelegentlich mit seiner Gefangennahme; seine größte außerkünstlerische Tat ist es, Winnetou nach Dresden zu geleiten. Noch schlimmer steht es um den ehemaligen Liebhaber Judiths, Herkules genannt: Er ist ihr völlig verfallen und reist ihr permanent nach, obwohl er keine Chance hat, die alte Beziehung zu erneuern. Dabei verfügt auch er nicht über einen unverwechselbaren Namen: Die Bezeichnung Herkules verdankt sich seiner früheren Tätigkeit als Zirkusartist, so daß denn auch regelmäßig von d e m Herkules oder vom *Goliath* (I 178) die Rede ist. Der Mann existiert nur noch als Funktion seiner Vergangenheit; kurz nach seiner Ankunft im Wilden Westen existierte er gar nicht mehr.

Mays Darstellung der Judith und der Martha partizipiert an gängigen Vorstellungen vom Wesen der Frau, an traditionsreicher ›imaginierter Weiblichkeit‹.[14] Eine feministisch orientierte Literaturkritik müßte ihre helle Freude daran haben, wie May Martha zu einer emotionsreichen, passiven, der männlichen Stütze bedürftigen und daher um so attraktiveren Frau macht und Judith zu ihrem offensiver und aggressiver sich gebärdenden, für männliche Attacken also ideal disponierten Gegenstück. May versäumt es im Hinblick auf Judith denn auch nicht, die Unterschiede im Bereich dessen, was man früher ›Geschlechtscharaktere‹ genannt hat, ausdrücklich auf den Begriff zu bringen, und er formuliert sie bezeichnenderweise mit dem Hinweis auf unerfreuliche Seiten: *»Wenn eine Squaw Böses thut, so sieht das Böse viel häßlicher aus, als wenn ein Mann es thut«* (III 459), verkündet Winnetou. Dabei klingt unterschwellig sogar noch die andere Seite an: die Angst des Mannes vor der erotisch aktiven Frau; bei Klaus Theweleit[15] läßt sich nachlesen, wie es sich in diesem Zusammenhang mit dem Schmutz verhält, der Judith in Form von Haarschuppen, einem ungewaschenen Hals und Trauerrändern an den Fingernägeln anhaftet (vgl. III 34). Bezeichnend ist auch, was der Autor am Ende mit den Damen anstellt: Judith verschwindet im Indianerland, und die männliche Phantasie mag sich ausmalen, was da mit ihr geschieht; Marthas umfassende Wohltätigkeit wird schon sprachlich auf ganz andere Weise fixiert als das bisherige abenteuerliche Geschehen, »die Geschichte degeneriert zum frömmlerischen Schmachtfetzen«.[16] Wenn es stimmt, daß das Frauenbild der Männer sich aus Vorstellungen von der Frau als Hure und als Mutter zusammensetzt, so gebührt May das Verdienst, diese Komponenten in reinster Ausprägung und doch ohne anstoßerregende Deutlichkeit sortiert zu haben.

Mays Roman handelt also auch – und keineswegs nur nebenbei – von der Ideologie der Geschlechter-Differenzen. Es wäre aber verfehlt, die Hinweise zur unzulänglichen Souveränität, zum Mangel an eigenständig reflektierter Ich-Identität bei Martha und Judith ausschließlich in diesem Rahmen zu sehen; immerhin ist zu beobachten, daß Männer davon nicht unberührt bleiben, und die vorher genannten Beispiele deuten zumindest an, daß auch generell die männliche Selbstbestimmung der Persönlichkeit an Grenzen stößt. Der Roman stellt dar – vorrangig, aber nicht ausschließlich an Frauen –, daß die Vorstellung vom autonom für die eigene Persönlichkeit verantwortlichen Ich partiell vielleicht eine Illusion ist.

Faßt man nun alle unsere Beobachtungen zusammen, so ergibt sich ein recht zwiespältiger Befund. Das Identitätsthema in den verschiedensten Facetten prägt den Roman so sehr, daß die These, es halte ihn in seinem Innersten zusammen, gewiß nicht fehl geht; ich habe hier eine solche Fülle von Beispielen vorgelegt, um diesen Gedanken auch

schon in rein quantitativer Hinsicht zu stützen. Dabei zeigt sich, daß
May einerseits der Vorstellung zur Souveränität des Ich von Anfang an
und in zunehmendem Maße Geltung verschaffen will: Das penetrante
Jonglieren mit Identitäten verbirgt nicht, daß der Jongleur weiß, was er
bewegt, daß der Erzähler ausweist, was hinter den Rollenspielen
steckt, und schließlich alles ins Erfreuliche wendet. Andererseits
bleibt, wie zuletzt erörtert, einiges zurück, was Sand ins Getriebe
streut: daß über die Persönlichkeit von außen verfügt wird, daß zur
Identität des einzelnen gehört, was andere ihm auferlegen und an ihm
erkennen. So gestaltet sich, dem Zeugnis des Romans nach, Identität
im Spannungsfeld von Selbständigkeit und Zwang, Autonomie und
Oktroi, Unverwechselbarkeit und Kategorisierung, wobei die erstgenannten Kräfte dominieren. Derart vom Erzählkontext gelöst, klingt
dieser Befund vielleicht banal, und zweifellos zielt er auf eine gedankliche Konstruktion, die heute keineswegs mehr sensationell klingt;
aber daß ein Abenteuerroman vom Ende des 19. Jahrhunderts von ihr
lebt und sie unter so vielen verschiedenen Aspekten ausführlich entfaltet, zerlegt und zur Anschauung bringt, verdient zweifellos Aufmerksamkeit und Respekt.

Die früher erwähnte autobiographische und die kultur- und literaturgeschichtliche Dimension ließen sich nun noch genauer ausleuchten. Es
liegt auf der Hand, wie sehr das ambivalente Verständnis von Identität
und Rollenspiel den Pseudologen Karl May beschäftigen muß, und es
ist verständlich, wenn der verspätete Aufklärer May sich zwar engagiert
und umsichtig des Problems annimmt, das manche zeitgenössischen
und viele künftige Autoren beschäftigt, am Ende aber den Akzent doch
eher auf die klaren Konturen und die Verantwortung des einzelnen
setzt. Diese Linien sollen hier ebensowenig weiter verfolgt werden wie
Fragen nach der Zuordnung solcher Tendenzen in den Kontext der zeitgenössischen Psychologie; Aufmerksamkeit muß hingegen noch der
Umstand auf sich ziehen, daß ›Satan und Ischariot‹ Zweifel an der Identität auch des eigenen Textes aufwirft. Was haben wir mit diesem Opus
eigentlich vor uns? Wie ist es, dem eigenen Zeugnis nach, zu etikettieren?

Auf die quantitativ begrenzte, im Grunde aber beträchtliche Rolle,
die Mays Romane dem Schreiben, der Schrift, dem Umgang mit und also auch dem Charakter von Texten einräumen, ist schon gelegentlich
hingewiesen worden, z. B. von Gerhard Neumann in Darlegungen zur
»Faust, die den Jagdhieb und die Feder führt.«[17] Nicht anders präsentiert sie sich hier: Auch im ›Satan‹ bedient sich Shatterhand seiner
schlagkräftigen Extremität mehrfach, um Feinde zu überwältigen, aber
schon die zweite Textseite stellt ihn als Journalisten vor; bald danach firmiert er als ›Litterat‹, und eine seiner ersten Bewährungsproben besteht darin, im Gästebuch des Hotels von Guaymas mit unzulänglichem

Schreibgerät eine Eintragung vorzunehmen – er scheitert an dieser Aufgabe (vgl. I 10f.)!

Die Exposition führt also gleich das Thema Schreiben mit ein, und so stellt sich auch von da aus die Frage, was denn eigentlich unter dem Titel ›Satan und Ischariot‹ zu Papier gebracht worden ist. Der Erstdruck im ›Deutschen Hausschatz‹ wird dort teils als ›Reiseerzählung‹, teils als ›Reiseroman‹ vorgestellt, Begriffe, von denen zumindest der zweite traditionsgemäß nur für fiktionale Texte steht. Die Buchausgabe erscheint dann zwar unter dem Reihentitel ›Karl May's gesammelte Reiseerzählungen‹, aber das Werk ›Satan und Ischariot‹ speziell wird auf dem nächsten Blatt mit der doppeldeutigen Formulierung ›Reiseerlebnisse/ von/ Karl May‹ vorgestellt. Der Text sieht sich von Anfang an in das Spannungsfeld von Fiktion und Realitätswiedergabe, Phantasie und wirklichkeitsgetreuem Bericht gestellt, und die Lektüre zeigt, daß er dieser Linie konsequent folgt.

Zum vermeintlichen Realcharakter tragen wesentlich die eingangs schon erwähnten Hinweise auf Mays Heimatstadt Dresden als Wohnort Old Shatterhands alias Kara Ben Nemsis, auf den Familiennamen, der einem der zwölf Monate entspricht, und einiges andere bei: Nie zuvor hat der Autor seine Romanwelt derart eng und demonstrativ an seine empirische, für interessierte Leser in Grenzen nachprüfbare Existenz gebunden. Daß der Ich-Erzähler ausweislich des vorliegenden Textes jener ›Litterat‹ ist, auf dessen Rolle er sich zeitweise zurückzieht, vermittelt dieser Konstruktion eine solide Grundlage. Hinzu kommt das Spiel mit allgemeinen historischen Fakten: Im Hintergrund der Aktionen Harry Meltons werden Bemühungen »*um das Einnisten der Mormonen in dieser Gegend*« (I 381) ausgemacht, und auch in Nordafrika wird der Eindruck eines Umgangs mit der Realgeschichte erweckt, wenn Steuern, die Beduinen dem Herrscher von Tunis schulden, eine längere Ereignisfolge in Bewegung setzen.

Andererseits gibt es implizite und explizite Elemente, die in die gegenteilige Richtung orientieren. Die schon zitierte substantielle Weisheit, daß Kleider Leute machen, verweist auf Gottfried Kellers berühmte Novelle. Die vielen Worte zu Teufel und Ischariot und das, was May in den Aktionen daraus macht, ordnen das Geschehen schemenhaft in eine Sphäre mythisch-religiöser Provenienz ein. Die gleich zu Beginn erfolgende Etikettierung Harry Meltons als Satan wird erst einmal damit begründet, seine Gesichtszüge glichen jenen, *welche der geniale Stift Gustave Dorés dem Teufel verliehen hat*, und wenn man danach liest, daß zwar *jeder einzelne Teil dieses Kopfes, dieses Gesichtes ... schön* war, daß ihnen aber in der *Gesamtheit ... die Harmonie* fehlte – *Wo aber die Harmonie fehlt, da kann von Schönheit nicht die Rede sein* (I 24) –, dann ergibt sich der Eindruck, die Figur Melton werde hier im wesentlichen als Gegenmodell zu den ästhetischen Idealen der Weimarer Klassik geschaffen, die sich durch kaum etwas anderes so sehr auszeichnen wie durch weitgespannte Vorstellungen von den Details, die sich in einem harmonischen Gesamtbild stimmig zusammenfügen. All diese Textelemente widersprechen zwar nicht ausdrücklich der erzählenden Rekapitulation wirklicher Ereignisse, haben aber doch erst einmal weniger damit zu tun als mit der Mobilisierung verschiedenster literarischer und kultureller Traditionen und verweisen insofern eher auf den Begriff ›Roman‹ als auf die Bezeichnung ›Reiseerlebnisse‹; dem Germanisten fällt dazu der Begriff Intertextualität ein. Im gleichen Sinne zu verstehen sind die Bezüge zu Schnabels ›Insel Felsenburg‹, über die Rudi Schweikert berichtet hat,[18] und die unliebenswürdige Bemerkung vom »frömmlerischen Schmachtfetzen« am Romanende zieht in ihrem sachlichen Kern gleichfalls innerliterarische Vorprägungen ans Licht.

Was haben wir also, nach der Prätention des Textes, vor uns, einen Roman oder die schriftliche Wiedergabe realer Erlebnisse? Letztlich läuft das alles wohl auf etwas hinaus, was wir in vielen epischen Werken dieses Autors finden: Das eine ist mit dem anderen aufs intensivste verknüpft; man kann sich eine eigenwillige Variante der Gattung Märchen vor Augen führen, aber man kann auch mit dem Finger auf der Landkarte entlangfahren und die Reisen des Ich nachvollziehen, als hätten sie tatsächlich stattgefunden.

Was ›Satan und Ischariot‹ aus dem Gesamtwerk des Autors heraushebt, ist also zunächst einmal die Intensität, mit der May sein Doppelspiel betreibt: So wie die Story den tückischen Umgang mit dem Identitätsproblem unter diversen Vorzeichen weit über das sonst übliche Maß hinaus forciert, so geht dieser Text besonders entschieden sowohl in die eine als auch in die andere Richtung. Zudem hält er die Dinge da, wo er den Komplex explizit zur Sprache bringt, auf wundersame Weise in der Schwebe.

Es findet sich nämlich eine ganze Reihe von Stellen, an denen mit äußerst zwiespältigem Ergebnis auf den literarischen Charakter des Geschehens verwiesen wird. Der jüngere der beiden Schurken Weller, der eine Zeitlang als Kajütenwärter seine finsteren Pläne verfolgt, wird als *famoser Schauspieler* (I 198) gepriesen – aber Old Shatterhand hat ihn sofort durchschaut. Der mündliche Bericht über den ersten Teil der Abenteuer wird von einer Zuhörerin mit *einem Romane* (I 401) verglichen – aber die Dame ist eine überkandidelte und unsympathische Person, die so wenig von den Verhältnissen des Wilden Westens weiß, daß sie ein solches Urteil eigentlich gar nicht abgeben kann. Eine andere Verwendung der Gattungsbezeichnung findet sich, als Harry Melton den Bericht über die jüngst von ihm verübten Untaten »*einen Roman, der geradezu unmöglich ist*« (II 67), nennt; und Thomas Melton weiß sich bei Old Shatterhands ironischen Vorhaltungen nicht anders zu helfen als mit der Aufforderung: »*Laßt mich mit Euern Romanen in Ruh'!*«

(II 467). Im Sinne einer Abwehr dessen, was geschieht, geschehen ist bzw. geschehen sollte, ist auch mehrfach von Komödien die Rede, und zwar wieder mit gegensätzlichen Akzenten: Mit der Wendung, man wolle mit ihm wohl *Komödie spielen*, faßt der hoffnungslos verliebte Herkules einmal die Ankündigung der nächsten Unternehmungen Judiths zusammen und erntet daraufhin die Bemerkung, hoffentlich habe »*die Komödie mit Ihnen endlich einmal ein Ende*« (II 127); »*daß es nicht so leicht ist, mit uns Komödie zu spielen*« (III 264), hält Old Shatterhand Judith im Blick auf fehlgeschlagene Intrigen vor. Einzeln – je im Spannungsfeld zwischen den Dispositionen der Sprecher und dem sachlichen Gehalt ihrer Äußerungen – wie in der Summe verwenden diese Stellen literarische Gattungsbezeichnungen als etwas, mit dem sowohl auf eine von den betreffenden Textpartien referierte innerliterarische ›Realität‹ als auch auf pure Phantasie verwiesen wird, auf Übernommenes und auf selbständig Geschaffenes, Wiedergegebenes und autonom Fabuliertes und nicht zuletzt auf Sein und Schein. Derartige Passagen finden sich natürlich auch in anderen Werken, auch in denen anderer Autoren; ›Satan und Ischariot‹ treibt die Dinge aber wiederum besonders weit.

Im Umgang mit der Identität der Figuren zeichnet sich der Text durch die Erwartung aus, daß am Ende wohl doch alles eindeutig und zum Besten sämtlicher guten Menschen zu klären sei, mag da auch ein Rest an unauflösbaren Zweifeln zurückbleiben. Was die eigene Identität – Roman oder Reiseerlebnis? – angeht, so verharrt er in einem produktiven Neben- und Gegeneinander, das mal die eine, mal die andere Seite in den Vordergrund rückt und am Ende die spannungsreiche Beziehung zwischen dem Schriftsteller mit dem Monatsnamen und den biblischen Mächten des Bösen virtuos ausbalanciert.

Selbst da, wo der Text über sich selbst nachdenkt, weiß man nie genau, worauf diese Reflexion denn nun eigentlich zielt. Als Winnetou und Old Shatterhand die räumlichen Umstände in Augenschein nehmen, unter denen sie eine Gruppe von Feinden gefangennehmen wollen, formuliert May die folgende Passage: »*Wieder ein Thalkessel!*« *sagte Winnetou ... Der Apatsche hatte wohl Grund, diese Worte auszusprechen. Ja, wieder einmal so ein Thalkessel! Während unserer Kreuz- und Querzüge hatten solche Kessel wiederholt eine bedeutende Rolle für uns gespielt. Wie oft waren diese Oertlichkeiten für unsere Gegner verhängnisvoll geworden, während wir uns stets gehütet hatten, unsern Aufenthalt in einer derartigen Falle zu nehmen! Und wenn dies einmal nicht zu umgehen gewesen war, so hatten wir es fast immer zu bereuen gehabt.* (III 222)

Zweifellos kann jeder routinierte May-Leser Belegstellen en masse angeben. Aber wer spricht hier eigentlich? Vordergründig betrachtet, ist das der Ich-Held in seiner Position des ›Litteraten‹, der nun daheim am Schreibtisch sitzt und sich daran erinnert, was die geschilderte spezielle Situation mit seinen anderweitigen wildwestlichen Erfahrungen verbindet. Es spricht aber auch, nur oberflächlich kaschiert, der empirische Schriftsteller Karl May über sein Schreiben: darüber, daß seine Texte intensiv mit Wiederholungen arbeiten, daß seine Geschichten nach bestimmten Regeln ablaufen, daß der verläßlichen Zuordnung von Landschaft und Ereignis eine wichtige Funktion zukommt. Indem Winnetou und die Ich-Figur pointiert über die Beschaffenheit eines Abenteuers nachdenken, reflektiert der Autor über die Mittel, mit denen er seiner fiktiven Abenteuerwelt Konturen verschafft. Man kann diese beiden Aspekte zwar voneinander unterscheiden, aber sie tauchen im Text eben nicht getrennt voneinander auf.

Während also May, was die Identitätsprobleme seiner Figuren angeht, den ernsten Verwirrungen nicht ausweicht und doch, alles in allem, einer Klärung zustrebt, behandelt er die Identität des Textes derart, daß Realität und Fiktion einander unauflöslich durchdringen; wir nehmen z. B. teil an religiösen Konstruktionen, die innerweltlich gedeutet werden, und pseudo-realen Geschehnissen, in denen die aus der Bibel bekannten Mächte des Guten und Bösen miteinander kämpfen, an literarästhetischen Selbstreflexionen, die die Plausibilität des vermeintlich empirischen Geschehens stützen, und schlichten Sachdarstellungen, in denen der Schriftsteller Karl May über seine Kunst und sein Handwerk nachsinnt. Für die Wirkung ist diese Konstruktion von herausragender Bedeutung: Was kann es Reizvolleres für Leser geben, die aufs schönste träumen wollen und doch nicht möchten, daß man ihnen ein X für ein U vormacht?

1 Hartmut Kühne: Werkartikel ›Satan und Ischariot I – III‹. In: Karl-May-Handbuch. Hrsg. von Gert Ueding in Zusammenarbeit mit Reinhard Tschapke. Stuttgart 1987, S. 260
2 Mays dreibändiger Roman ›Satan und Ischariot‹ wird zitiert – mit der Angabe der ›Satan‹-Bandnummer und der Seitenangabe im Text – nach der ersten Buchausgabe: Gesammelte Reiseerzählungen Bd. XX – XXII. Freiburg 1897. Die vorher im ›Deutschen Hausschatz‹ erschienene Fassung liegt vor als zweibändiger Reprint der Karl-May-Gesellschaft und der Buchhandlung Pustet, Regensburg 1980, unter den Titeln ›Die Felsenburg‹ und ›Krüger-Bei‹/›Die Jagd auf den Millionendieb‹. Zur Textgeschichte vgl. Kühne, wie Anm. 1, S. 259f.
3 Ulf Abraham: Die Angst vor der Entdeckung und die Entdeckung der Angst. Ein Motiv bei Franz Kafka und Karl May. In: Deutsche Vierteljahrsschrift für Literaturwissenschaft und Geistesgeschichte. 59. Jg. (1985), Heft 2, S. 330
4 Manfred Karnick: Rollenspiel und Welttheater. Untersuchungen an Dramen Calderóns, Schillers, Strindbergs, Becketts und Brechts. München 1980, S. 25
5 Claus Roxin: Vorläufige Bemerkungen über die Straftaten Karl Mays. In: Jahrbuch der Karl-May-Gesellschaft (Jb-KMG) 1971. Hamburg 1971, S. 79
6 Heinz Stolte: ›Waldröschen‹ als Weltbild. Zur Ästhetik der Kolportage. In: ebd., S. 31; vgl. ferner zum Umgang mit Identitäts- und Rollenspielen in verschiedenen Romanen Mays: Heinz Stolte: Mein Name sei Wadenbach. Zum Identitätsproblem bei Karl May. In: Jb-KMG 1978. Hamburg 1978, S. 37-59; Joachim Biermann: Die Spur führt in

die Vergangenheit. Überlegungen zur Thematik der Identitätssuche in Karl Mays ›Old Surehand‹. In: Karl Mays »Old Surehand«. Hrsg. von Dieter Sudhoff und Hartmut Vollmer. Paderborn 1995, S. 243-76; grundlegend zum Thema: Gert Ueding: Das Spiel der Spiegelungen. Über ein Grundgesetz von Karl Mays Werk. In: Jb-KMG 1990. Husum 1990, S. 30-50, besonders S. 39-45.
7 Rimbaud: Brief an Paul Demeny v. 15. Mai 1871. In: Œuvres. Paris 1960, S. 345
8 Max Frisch: Stiller. Frankfurt a. M. 1965, S. 9
9 Vgl. dazu die Vor- und vor allem die Nachworte der in Anm. 2 genannten Reprints der Zeitschriftenfassungen.
10 Vgl. Helmut Mojem: Karl May: Satan und Ischariot. Über die Besonderheit eines Abenteuerromans mit religiösen Motiven. In: Jb-KMG 1989. Husum 1989, S. 84-100.
11 Vgl. Harald Eggebrecht: Sinnlichkeit und Abenteuer. Die Entstehung des Abenteuerromans im 19. Jahrhundert. Berlin-Marburg 1985, S. 209ff.
12 Vgl. Hans-Otto Hügel: Das inszenierte Abenteuer. In: Marbacher Magazin 21. 1982, S. 10-32.
13 Vgl. die Nachweise zu den Einzelheiten ihres Auftretens in: Großes Karl-May-Figurenlexikon. Hrsg. von Bernhard Kosciuszko. Paderborn 1991, S. 625f.
14 Vgl. Silvia Bovenschen: Die imaginierte Weiblichkeit. Exemplarische Untersuchungen zu kulturgeschichtlichen und literarischen Präsentationsformen des Weiblichen. Frankfurt a. M. 1979.
15 Vgl. Klaus Theweleit: Männerphantasien. 2 Bde. Reinbek 1980. In meinem Literaturbericht des Jb-KMG 1981, S. 357f., habe ich diese Arbeit kurz vorgestellt und auch auf die Figur der Judith verwiesen.
16 Mojem, wie Anm. 10, S. 98
17 Gerhard Neumann: Das erschriebene Ich. Erwägungen zum Helden im Roman Karl Mays. In: Jb-KMG 1987. Husum 1987, S. 87
18 Vgl. Rudi Schweikert: Artistisches Erzählen bei Karl May: ›Felsenburg‹ einst und jetzt. Der erste Teil der ›Satan und Ischariot‹- Trilogie vor dem Hintergrund des ersten Teils der ›Wunderlichen Fata‹ von Johann Gottfried Schnabel – und ein Seitenblick auf Ernst Willkomms ›Die Europamüden‹. In: Jb-KMG 1992. Husum 1992, S. 238-76.

CHRISTOPH F. LORENZ

Von Ziegen und Böcken, »Alten Knastern« und jungen Studenten
›Leitmotive‹ des frühen Karl May*

1

»Hier sitz ich am Herd / Und setze mein Haupt / Der Wissenswette zum Pfand: / Mein Kopf ist dein ,/ Du hast ihn erkiest, / Erfrägst du dir nicht, / Was dir frommt / Lös' ich's mit Lehren nicht ein.«[1] Hier spricht einer, der Herberge sucht und einen recht unbarmherzigen Wirt vorfindet, der ihm weder Rast noch Obdach gewähren will, ein Mann, der sich selber nur den ›Wanderer‹ nennt. Freilich weiß der Kenner Richard Wagnerscher Kunst, daß es sich bei diesem ›Wanderer‹ aus ›Siegfried‹, dem zweiten Tag der ›Ring‹-Tetralogie, in Wahrheit um Göttervater Wotan höchstpersönlich handelt, und im Libretto hat Wagner einen Hinweis darauf hinzugefügt, der die Identität Wanderer = Wotan belegt, doch aus der Partitur, der maßgeblichen, könnte man es sich kaum erklären, zunächst jedenfalls nicht, denn der Wanderer wird mit einer feierlichen, seltsam modulierten Akkordkette eingeführt, die bisher im ›Ring‹-Zyklus noch keine Rolle spielte und die seit Hans von Wolzogen denn auch ›Wanderer-Motiv‹ heißt. Belassen wir es im Moment bei diesen vagen Andeutungen zur Wagnerschen Leitmotivtechnik, auf die wir später noch zurückkommen müssen: jedenfalls geht es hier, in der zweiten Szene des ersten Aufzugs ›Siegfried‹, um eine »Wissenswette«, wie Wagner selber sagt. Mime, der mürrische Zwerg und überforderte Schmied (der natürlich, so suggeriert es Wagner unterschwellig, ahnt, wer sein unheimlicher Gast ist), will den Wanderer so schnell wie möglich loswerden. Er bietet ihm keine Gastfreundschaft an, dieser aber zwingt Mime zur Wissenswette: Wenn der Wanderer drei Fragen Mimes beantworten kann, darf er sein Haupt behalten, wenn nicht, verliert der Wanderer das Leben. Mime, töricht genug, nimmt die Wette um Leib und Leben an – vielleicht, weil er meint, dabei nichts verlieren zu können. Seine Fragen zielen auf jene Geschlechter, mit denen die Welt des Vorspiels zum ›Ring‹, des ›Rheingold‹, bevölkert ist, die dort die Protagonisten bilden: Zwerge, Riesen und Götter, jeweils repräsentiert durch die jeweiligen Motive, die Wagner zur Charakterisierung der Ge-

* Vortrag, gehalten am 13. 10. 1995 auf der 13. Tagung der Karl-May-Gesellschaft in Bad Segeberg.

schlechter dieser Elementarwesen und Gottheiten ersonnen hat. Schon hier könnte man fragen: Warum sind Mimes Fragen nicht komplizierter, wo er doch schon ahnt, wen er vor sich hat? Die Antwort ergibt sich aus dem Zusammenhang: Mime fragt das, was im Kreis seines Wissens liegt, was er selbst beantworten könnte, er fragt also nicht über seinen Horizont hinaus. Deutlich wird, daß Mime ganz in der Vergangenheit lebt: Er weiß, was sich abgespielt hat vor dem Fluch des Nibelungen, er kennt die tragische Geschichte des Wälsungengeschlechts, das Wotan sich selber ›heranzüchtete‹ auf der Suche nach dem einen wahrhaft freien Helden, er weiß, daß das zertrümmerte Schwert Notung heißt, aber die Zukunft, die kann er weder ahnen noch sehen. So ist ja Mime auch tatsächlich unfähig, das Schwert Notung wieder zu schmieden, weil er sich fürchtet: vor den Folgen seines Tuns, vor dem, was in Zukunft passieren wird. Weil Mime also ein im wahrsten Sinne ›ewig Gestriger‹ ist, wendet sich die Wissenswette am Ende gegen ihn selbst: Wotan nämlich, weit entfernt davon, die Schmiede eilends zu verlassen, nachdem er ›seine‹ drei Fragen leicht beantwortet hat, nimmt nun umgekehrt Mimes Haupt zum Pfand für die Einlösung einer zweiten Wissenswette. Nun ist es Wotan alias Wanderer, der die Fragen stellt, und der ängstliche Mime, der beim Beantworten mehr und mehr ins Schwitzen gerät. Die ersten beiden Fragen kann Mime lösen: Es geht ja hier um jene Dinge, die Wagner in der ›Walküre‹ abgehandelt hat, um das Wälsungengeschlecht und um das Schwert Notung. Die letzte Frage aber zielt in jene Zukunft, die Mime nicht mehr erfassen und begreifen kann: »Wer wird aus den starken Stücken / Notung, das Schwert, wohl schweissen?«[2] Da verzweifelt Mime, seine List versagt; der Wanderer hat sein Haupt gewonnen, verzichtet aber großmütig darauf, es Mime abzuschlagen: »Verfallen lass ich es dem, / Der das Fürchten nicht gelernt.«[3] Damit verschwindet der Wanderer und läßt Mime in Sorge und Angst, den unkundigen Leser und Hörer aber mindestens ebenso rätselnd zurück ...

Eine merkwürdige Szene. Gewiß denkt man hier an ein Motiv, das in Märchen und Mythos immer wieder auftaucht: die Rätselwette, die drei Fragen, die Leben und Tod bedeuten, und ähnliches. Wer kennte nicht die schöne Prinzessin Turandot, mit ihren für eine ganze Reihe von Freiern tödlichen Rätseln? Wer dächte nicht an die Sphinx der griechischen Mythologie, halb Löwe, Viertel Jungfrau und Viertel geflügeltes Himmelswesen, die dem Wanderer, so er nach Theben will, in den Weg springt und ihn erwürgt, wenn er ihre drei Rätsel nicht lösen kann? Immer scheint es in solchen Märchen-Rätseln und Wissensproben um Wesentliches zu gehen, buchstäblich um Leben und Tod. Oft muß der Name einer Person erraten werden; der Name gilt ja schon in der altjüdischen Weisheit als Chiffre für den Menschen, der dahintersteht; bekannt ist das Wort des Propheten Jesaja vom Namen, bei dem Gott den Menschen ruft: »Du bist mein!« Nicht zufällig wird das bei so vielen Beerdigungen als Schrifttext verlesen. ›Den Namen nennen‹, das heißt, erkennen, was den Menschen im Innersten bewegt, seine wahre Natur begreifen. In vielen Versionen des Turandot-Stoffes, so auch in dem Opernbuch, das die Librettisten Adami und Simoni 1924 für Giacomo Puccinis Oper schrieben, ist der Name ›Turandot‹ eine der Rätsellösungen und lautet die Aufgabe, die Kalaf dann der Turandot stellt, seinen Namen herauszufinden. Die Fragen der Sphinx nach dem Wesen, das am Morgen auf vier Beinen, mittags auf zweien und abends auf dreien geht, zielt auf die Natur und die Schicksale des Menschen, auf seinen Alterungsprozeß. Auch in der Volkspoesie vieler Länder begegnet uns die ewige Rätselfrage, die zugleich die Frage nach dem Sinn des Menschenlebens selber ist, so in einem jiddischen Gedicht, das Maurice Ravel 1914 in seinen ›Deux Mélodies Hébraïques‹ vertonte, überschrieben ›L'Enigme Eternelle‹, eben ›Das ewige Rätsel‹: »Frägt die velt die alte casche: Tralalala / Entfert men: Tralalala. / Und azmen kun velen tzagen: Tralalala.« (»Frägt die Welt die alte Frage: Tralalala. Man antwortet: Tralalala. Und da es niemand sagen [beantworten] kann: Tralalala.«)[4] Hier haben wir dann gleich eine mögliche Antwort auf die Frage, die einzige, die uns die Volksweisheit der alten Juden zu geben weiß: Das Lied, das Singen, das Sich-Verschweigen im Trällern einer in sich wieder rätselhaften Melodie, die Ravel in seiner unübertrefflichen Art eingefangen hat, wenige Monate, bevor die Menschheit in Mitteleuropa sich wieder einmal anschickte, die Sinnfragen des Lebens mit Waffengewalt zu beantworten.

Kehren wir von dieser Exkursion zu unserem Anfangsthema zurück: der Wissenswette in Wagners ›Ring‹ und ihrer Bedeutung. Eines haben wir ja bereits angedeutet: Mimes Unfähigkeit, Notung zu schmieden. Seine schlauen Pläne, sich selber in den Besitz des Nibelungenhorts zu setzen, scheitern weder an seinem Verstand noch an seiner Entschlossenheit. Sie scheitern an der grundsätzlichen Unfähigkeit Mimes, in die Zukunft zu schauen, seiner völligen Fixierung auf vergangenes und totes Wissen. Nun fragt man sich freilich: Ist es nicht menschlich, die Zukunft nicht zu kennen? Und wer kann denn Zukünftiges schauen? Darauf gibt Wagner eine Antwort, aber nur verdeckt durch seine Kompositionstechnik. Seit Hans von Wolzogen ist der Begriff ›Leitmotiv‹ zum Standardwort jedes Wagnerianers geworden. Wagner selber drückte sich sehr vorsichtig aus, er sprach lieber von »thematischen Keimen« oder ähnlichem.[5] Jedenfalls ist die Musik Wagners spätestens seit ›Lohengrin‹ durchzogen von einem Netz wiederkehrender Motive, die in enger Verbindung stehen zu bestimmten Elementen der Handlung. Wenn also ›Siegfried‹ beginnt, so erklingt, noch bevor der Vorhang sich geöffnet hat, das Fafner-Motiv im Fagott: d. h., der kundige Zuhörer, der in Wagners Sprache eingeweiht ist, weiß nun, daß es im zweiten Tag der Tetralogie um den Nibelungenhort gehen wird und um den Versuch, ihn dem Drachen Fafner abzuluchsen. Und so geht es weiter, Schlag auf Schlag: Vom Beginn des ›Siegfried‹ an gibt es nur noch weniges wirklich neues musikalisches Material: Das meiste ist bekannt aus den früheren beiden Teilen, und indem Wagner damit spielt, testet er gleichzeitig das Erinnerungsvermögen des Hörers.

Nun könnte man einwenden: Diese Leitmotivtechnik zielt doch im Grunde genommen immer wieder auf Vergangenes ab: Ein Motiv erschließt sich bei seinem ersten Hören nur in den wenigsten Fällen in seiner wahren Bedeutung dem Hörer, erkennbar und verständlich wird es eigentlich erst, wenn es mehrfach auftaucht, und dann in bestimmten Sinnzusammenhängen. Richard Wagner, so scheint es, ist demselben Laster verfallen wie sein Mime, er lebt als Komponist (auf die Dauer eines zusammenhängenden Stücks gesehen) immer in der Vergangenheit, in der Wiederholung bekannter Motive. Scheinbar, müssen wir betonen. Wäre dem nämlich so, so könnte man Wagner wohl kaum als Erfinder dieser musikalisch-textbezogenen Motivtechnik bezeichnen. Wiederkehrende Motive zur Charakterisierung bestimmter Personen und Vorgänge gibt es nämlich schon in Carl Maria von Webers ›Freischütz‹ von 1821, bei Heinrich Marschner und sogar in Robert Schumanns dramaturgisch wenig glücklicher ›Genoveva‹-Oper, nach Tieck aus dem Jahre 1848, dort als ›Erinnerungsmotive‹ bezeichnet. Hätte Wagner also nichts anderes getan, als diese ›erinnerungsartige‹ Motivtechnik seiner Vorläufer schematisch zu übernehmen, man könnte ihn bestenfalls einen geschickten Musik-Schmied und einen tüchtigen Handwerker nennen (wie das Herr Mime ja auch ist), aber eben kaum das große, revolutionäre Genie einer neuen Ära des Musik-Dramas im wahrsten Sinne des Wortes. Aber: Wagners ›Leitmotive‹ sind eben nicht Motive, die einfach unverändert wiederholt und auf Stichwort des Textes aneinandergereiht werden: Schon von der ›Walküre‹ an bemerkt man, wie der Komponist die Motive verändert, rhythmisch und melodisch erst kaum, aber vor allem durch Transposition in neue Tonarten und später durch ganz neue, kühne harmonische Variationen. ›Siegfried‹ ist nicht nur ein Musterbeispiel für die Verwendung und Wiederholung von Altbekanntem und Bewährtem (und spätestens seit Hans von Wolzogen ist es ja ein beliebtes Wagnerianer-Spiel geworden, sich gegenseitig im Auffinden und Benennen der kompliziertesten Motivfragmente zu übertreffen), sondern vor allem ein Eldorado für Komponisten, die lernen wollen, wie man aus vorgegebenen motivischen Strukturen Neues schafft, wie man bekannte Motive miteinander verwebt und sie variiert, so daß eine ganz innovative und bisher unbekannte musikalische Struktur entsteht. Das heißt kurzgefaßt und damit natürlich auch ein bißchen vereinfacht: Die Wagnersche Leitmotivstruktur arbeitet nicht primär in der Vergangenheit, sie ist (in der Weiterverarbeitung und Umstrukturierung der Motive) vornehmlich auf

›Zukunft‹ ausgerichtet, und so ist es denn auch kein Zufall, wenn neue Motive im ›Siegfried‹ und in der ›Götterdämmerung‹ sich meist als Varianten aus den alten ableiten lassen. Im Terminus der Wissenswette gesprochen: Wer das Fürchten nicht kennt, sprich: nicht beim Altbewährten stehenbleibt, sondern aus dem vorgegebenen Motivmaterial das größtmögliche Potential für die Zukunft herausholen kann, der schmiedet das Schwert und der gewinnt die Wissenswette. Hinter der Gestalt des Wanderers, der in tragischer Allwissenheit sein Geschick bereits kennt und es nicht verändern kann, sondern lediglich dafür wirkt, daß es sich ›wie vorbestimmt‹ verwirklicht, verbirgt sich auch der allwissende Komponist, der – anders als Mime – im ersten Aufzug des ›Siegfried‹ bereits weiß, was sich im letzten dieses Musikdramas ereignen wird (und daß Wagner gerade vor diesem letzten Aufzug eine schöpferische Kompositionspause von acht Jahren einlegen mußte, klingt in diesem Zusammenhang vielleicht eher wie die Ironie des Schicksals). Aber: Anders als Wotan/Wanderer ist der Komponist Wagner ein freier Mensch, der selber über das Schicksal seiner Motive entscheiden kann und nicht – wie sein ›freier Held‹ Siegfried – anfällig ist für Tränke des Vergessens und der Vernebelung.

2

Verlassen wir hier das Gebiet der Rätsel- und Schicksalsfragen in Märchen und Mythos und die rätselhafte Kompositionswelt des Richard Wagner und begeben uns auf den sicheren Boden des gewiß weit weniger rätselhaften und überschaubareren Frühwerks von Karl May. Es ist ein merkwürdiger Zufall, daß uns die sichere Hand einiger May-Kenner und der erfreuliche Detektiv Zufall im Laufe von acht Jahren die Kenntnis zweier bis dato unbekannter May-Texte verschafft hat, und zwar handelt es sich hier um das Fragment um den Prinzen Otto Victor von Schönberg-Wildauen, vielleicht aus Mays frühester Schaffenszeit, höchstwahrscheinlich aber 1874/75 vor Beginn seiner Redakteurstätigkeit bei Münchmeyer entstanden und durch die Vermittlung des Karl-May-Verlegers Roland Schmid 1986 von Herbert Meier im Jahrbuch der Karl-May-Gesellschaft 1986 erstveröffentlicht,[6] und die Humoreske ›Ziege oder Bock‹, im Jahrgang 1879 des ›Neuen deutschen Reichsboten‹ (tatsächlich im September 1878 erschienen, da die Jahrgänge des ›Reichsboten‹ sich immer auf das jeweils nächste Jahr beziehen) publiziert und durch die Findigkeit Jürgen Wehnerts und Peter Richters nun der Öffentlichkeit wiedergeschenkt.[7] Schaut man die in diesen beiden Texten verarbeiteten Motive etwas genauer an, so fällt zweifellos auf, daß ›Ziege oder Bock‹ die Anregungen und Hinweise des frühen Fragments recht genau aufnimmt, so daß man wohl vermuten kann, daß May bei der Abfassung der Humoreske in die alte Skizze mehr als nur einmal geschaut hat.

Darüber hinaus gibt es aber noch einige andere frühe May-Texte, die mit dem ›Otto-Victor-Fragment‹ einiges gemeinsam haben, als da wären die Dessauer-Anekdote ›Die drei Feldmarschalls‹, der Anfang des Romans ›Auf der See gefangen‹ und die Humoreske ›Die verwünschte Ziege‹. Stellt man die Daten dieser Texte nebeneinander, so verwundern solche Motivparallelen keineswegs:

– Otto-Victor-Fragment (entstanden vielleicht 1874/75)[8]
– Die drei Feldmarschalls (erschienen April 1878)[9]
– Auf der See gefangen (Abdruck begann Mai 1878)[10]
– Die verwünschte Ziege (erschienen Juni 1878)[11]
– Ziege oder Bock (erschienen September 1878).[12]

Dies besagt nun freilich nicht unbedingt, daß diese kurzen Erzählungen bzw. die Anfangsteile des umfangreichen Romans ›Auf der See gefangen‹ wirklich in dieser Reihenfolge entstanden sind. Vielmehr legt der mehr oder weniger enge Zusammenhang zwischen den Motiven dieser Texte nahe, daß May sie – mit Ausnahme des frühen Fragments, das man mit Fug und Recht als Urzelle des ganzen Komplexes bezeichnen dürfte – mehr oder weniger parallel oder jedenfalls kurz hintereinander verfaßt und niedergeschrieben hat.

Werfen wir dazu also einmal einen Blick auf die erwähnten motivischen Zusammenhänge. Im frühen Fragment sind es vor allem drei Motive, die auffallen:

1. Die wiederholte Frage nach der Bedeutung des ›heutigen Tages‹, oder, wie es im Fragment heißt, *von wegen heut*.[13] (Beim dritten Mal wird diese Frage dann endlich geklärt, nämlich durch die Ankunft der Haushälterin Krakehlinchen: Der rätselhafte und wunderbare Tag ist der Geburtstag des Prinzen.)

2. Die Geschichte von der Witwe in Frankreich, die der Diener Heinz während eines Feldzugs mit dem Prinzen getroffen und die ihn offenbar sehr beeindruckt hat. Diese Geschichte kann er bereits im Fragment nicht zu Ende erzählen.

3. Das kuriose Dreiecksverhältnis zwischen dem manchmal knurrigen Prinzen, einem seltsamen ›Original‹, seinem vertrauten Leibdiener, der im Krieg ein Bein verloren hat und seinen Herren trotz ihrer häufigen Streitigkeiten liebt, und der umständlichen und ›krakeelenden‹ Haushälterin.

Machen wir uns einmal den Spaß, diese Motive als ›Leitmotive‹ zu bezeichnen, wobei wir von allem Anfang an Richard Wagner und noch mehr Hans von Wolzogen um Verzeihung bitten wollen. Die Frage nach dem ›heutigen Tag‹ ist vom frühen Fragment offenbar relativ nahtlos in den Anfangsteil des Romans ›Auf der See gefangen‹ übergegangen.

Zweimal spricht der ›alte Knaster‹ den heutigen Tag an, und jedesmal weiß der Leibdiener nicht, was damit gemeint ist; erst beim dritten Mal, auf den Hinweis, dieser Tag sei für den Prinzen »*der böseste im ganzen Jahre, und wenn er kommt, so wünsche ich stets, ich möchte gestorben sein*«,[14] errät Heinz, was gemeint ist: nämlich der Tag, an dem der Sohn des Prinzen wegen angeblichen Doppelmordes verhaftet wurde.

May hat das Motiv, und wir wollen es einmal in Anlehnung an die einleitenden Ausführungen als das der ›Rätselfrage‹ bezeichnen, im frühen Fragment durch die dreimalige Wiederholung besonders betont, aber in einer wenig befriedigenden Weise aufgelöst. Daß alle die gewundenen Fragen des Prinzen am Ende nur darauf abzielen, daß ›heute‹ der Geburtstag des alten Herren sei, hat May wohl selber an seinem frühen Versuch so wenig gefallen, daß er das Fragment prompt an dieser Stelle enttäuscht abbrach (es sei denn, der Rest des Textes ist aus irgendwelchen Gründen verlorengegangen; doch Duktus und Charakter dieses Fragments wie auch der vergleichbaren Texte ›Offene Briefe eines Gefangenen‹, ›Hinter den Mauern‹ und des noch unveröffentlichten Fragments ›Der verlorene Sohn‹[15] deuten eher darauf hin, daß May wirklich nie mehr als diese Textanfänge schrieb und die Arbeit daran dann abbrach). Interessant ist es nun, daß Herbert Meiers Vermutung, das ›Prinz-Otto-Victor-Fragment‹ sei so etwas wie ein Programm des frühen Karl May,[16] durch die Evidenz des Fundes von ›Ziege oder Bock‹ bestärkt wird. Möglich immerhin, daß May das ›Otto-Victor-Fragment‹ noch ein Weilchen fortsetzte, wie Herbert Meier annimmt, der es für unwahrscheinlich hält, daß May einen Text mitten im Satz abgebrochen habe,[17] aber dennoch ist offenkundig, daß May hier, was das Motiv der Rätselfrage und des besonderen Tages angeht, in eine Sackgasse geraten war.

Als May den Anfangsteil von ›Auf der See gefangen‹ schrieb, mag er sich an diese Ausgangssituation seines Fragments erinnert haben; nun aber gab er dem *heutigen Tag* eine besondere, sinngebende Betonung, indem er ihn zum Schicksalstag machte und dann geschickt die folgende Kriminalgeschichte anknüpfte. An anderer Stelle ist gezeigt worden, daß die Rahmenhandlung der ›Auf der See gefangen‹-Romankonstruktion, also das an das Otto-Victor-Thema anknüpfende erste Kapitel und das letzte Romankapitel mit den deutlichen burlesken und humoristischen Akzenten, im Ganzen des Romans nicht überzeugt.[18] Wie May aber das Motiv des besonderen Tags in ›Auf der See gefangen‹ zum Auftaktmotiv und gleichzeitig zur Verknüpfung von Rahmenhandlung und Kriminalgeschichte verwendete, das zeugt von seiner deutlichen Entwicklung, was die erzählerischen Fähigkeiten angeht. Auch das Motiv des übermäßigen Tabakgenusses (dargestellt im Bild der Tabakswolke, die den ›alten Knaster‹ im ›Otto-Victor-Fragment‹, in ›Auf der See gefangen‹ und in ›Ziege oder Bock‹ stets einhüllt) hat sich in ›Auf der See gefangen‹ in sinnvoller Weise gewandelt: Jetzt symbolisiert die Tabakswolke auf höherer Ebene die Sphäre der düsteren Gedanken, der Gespenster der Vergangenheit, die den Prinzen bedrängen: *Der Prinz war an das Fenster getreten. Die trüben Erinnerungen stiegen alle wieder in ihm auf; die Tabakswolke, welche um seinen Kopf wirbelte, wurde immer größer und dichter, und von Zeit zu Zeit ließ sich ein kurzes Räuspern und Knurren vernehmen, wie es der Fall zu sein pflegte, wenn er unangenehme Gedanken hegte ...»Herr Lieutenant, finstre Geister sind, wenn sie im Herzen alt werden durften, nicht mit einem einzigen Anlauf zu besiegen ...«* (See 386). Daß dies Gleichnis ›Tabakswolken = finstere Geister‹ hier zutrifft, belegt übrigens auch die Haltung von Fräulein Wanda, dem Mündel des Prinzen und belebenden weiblichen Element des Hauses, die die Raucherei des ›alten Knasters‹ ablehnt und bemerkt, »... *Deine Pfeifen sind am häßlichsten ...«* (See 323), eben weil sie offenbar die bösen Geister der Vergangenheit nicht durch Rauchopfer besänftigen, sondern sie geradezu herbeirufen möchte.

Daß diese Wandlung des schönen Geburtstages in einen düsteren Schicksalstag nicht ein Zufall oder eine Laune Mays, sondern bewußte Weiterentwicklung eines Leitmotivs durch den Dichter ist, zeigt ›Die verwünschte Ziege‹. In dieser gibt es sonst keine weiteren Anknüpfungen an das ›Otto-Victor-Fragment‹, sondern nur die eine Motivparallele des Unglückstages, hier allerdings wieder gewandelt. Jetzt ist es der groteske Glauben des Stadtrates Hampel an Geister, Gespenster, Unglückstage, schlechte Vorzeichen und verhexte Kreaturen, der ein wesentliches komisches ›movens‹ der Handlung ist. Jürgen Wehnert und Peter Richter meinten, daß dieses Motiv des Unglückstages sowohl in ›Auf der See gefangen‹ als auch in der ›Verwünschten Ziege‹ eine so wesentliche Rolle spiele, sei ein Indiz dafür, daß ›Auf der See gefangen‹ und ›Die verwünschte Ziege‹ in engem Zusammenhang niedergeschrieben worden seien.[19] Dabei übersehen sie allerdings, daß das Motiv des ›besonderen Tages‹ auch schon im ›Otto-Victor-Fragment‹ vorkommt; May scheint es nach diesem frühen Ansatz zum Schicksals- oder Unglückstag umgearbeitet zu haben, und in dieser Form tritt es in ›Auf der See gefangen‹, in ›Die verwünschte Ziege‹ und in ›Ziege oder Bock‹ gemeinsam, wenn auch mit unterschiedlicher Akzentuierung auf (in ›Ziege oder Bock‹ nicht mehr in der Form einer Wissensfrage, sondern nur als Bestandteil des lebhaften Aberglaubens des Krakehlinchens und des Leibdieners Heinz). Auch der Zusammenhang zwischen Rätsel- und Wissensfrage und dem besonderen resp. unheilvollen Tag ist wichtig. Die Frage taucht – mechanisch wiederholt in der rituellen Dreierzahl – sowohl im Fragment als auch in dem Anfang des ›Criminalromans‹ auf, in ›Die verwünschte Ziege‹ oder ›Ziege oder Bock‹ sogar als Hauptmotiv der Handlung, denn in beiden Geschichten geht es um eine ›Wissenswette‹: Im Vertrauen auf seine bürgerliche Stellung und seine sagenhaften Lateinkenntnisse wettet Hampel im felsenfesten Glauben daran, als ›officer and gentleman‹ könne man ihm nichts vormachen, und wettet der Prinz, man lasse sich nicht an der Nase herumführen, schon gar nicht von einem elenden Mehlkleister (›Verwünschte Ziege‹[20]) resp. armen Studenten (›Ziege oder Bock‹[21]). In beiden Fällen erweist sich das Vertrauen auf Stand, Rang und Bildung als ebenso unbegründet wie Mimes Behauptung, »Mime, der kühne / Mime ist König, / Fürst der Alben, / Walter des Alls!«[22] – am Ende des ersten Aktes liegt er verschreckt am Boden, im zweiten Akt verliert er dann endgültig das »weise Haupt«. »Nach eitlen Fernen forschtest Du«,[23] wirft der Wanderer Mime vor – Gleiches könnte man zumindest von Hampels Lateinsprüchen und seinem vertrackten Aberglauben behaupten.

Wenden wir uns dem zweiten Leitmotiv der frühen Erzählungen und Humoresken, die wir heute betrachten, zu: der unterbrochenen bzw. wiederholten Geschichte. Dies ist ein im Werk Karl Mays späterhin noch sehr wichtiges und erstaunlich fruchtbares Motiv;[24] auch hier hat May aus den anfänglichen Andeutungen des Fragments im weiteren Verlauf der Motivgeschichte bedeutend mehr gemacht, als man zunächst vermuten könnte. Wenn der Confusionsheinrich im Fragment von der jungen Witwe erzählt, die er während der Befreiungskriege in Frankreich kennenlernte – *Anno Vierzehn*[25] –, so ist das im Fragment durchaus nicht mehr als ein blindes Motiv, eine konfuse Geschichte, erzählt von einem konfusen Gesellen und nicht zum großen Bedauern des Lesers rechtzeitig abgebrochen. In ›Die drei Feldmarschalls‹ begegnet man dem Motiv dann in seltsamer Verkleidung wieder. Zeit und Ort sind anders: Nun hat May das Herr-Diener-Verhältnis vom ›erfundenen‹ Paar ›Prinz Otto Victor‹ und ›Confusionsheinrich‹ (wobei der Prinz immerhin eine fiktive Gestalt mit historisch belegtem Namen ist[26]) auf den historischen Fürsten Leopold von Anhalt-Dessau und seinen (allerdings ganz fiktiven) Leibhusaren Heinz übertragen. Dabei sind manche Züge bei beiden ›Paaren‹ vergleichbar: Die ebenso grimmige wie gutmütige Gestalt des Prinzen wie des Fürsten mit ihren jeweiligen Idiosynkrasien, aber auch die beiden Leibdiener, der konfuse Stelzfuß Heinz und der körperlich intakte, aber in seiner Lieblingsrolle als Erzähler permanent verhinderte Husar Heinz, erscheinen als Varianten ein- und desselben Figurentypus, wie ihn May im Fragment vorgeprägt hatte.

Neben manchen Zügen übernahm May nun auch das Motiv der unterbrochenen (Liebes-)Geschichte mit in die ›Die drei Feldmarschalls‹ hinein, variierte es aber in einer Weise, die dem Thema nun plötzlich Bedeutung und Gehalt verleiht. Trotz der Transposition an die Donau, in das Bayern des Jahres 1704 und mitten in die Feldzüge Prinz Eugens, des ›Tapferen Ritters‹, hinein hat sich der Kern der Geschichte nicht verändert, wohl aber ihre Auslegung, denn für den Leibhusaren Heinz ist die Liebe nur noch eine *Dummheit* (›Die drei Feldmarschalls‹[27]), über die er bei anderen, etwa dem Wachtmeister Bellheimer, lachen kann. Insgesamt aber hat die dreimal erzählte und immer unterbrochene Geschichte von der Begegnung mit der schönen Witwe traurig-melancholischen Charakter; es war die einzige Liebe in Heinz' Leben, und daß sie durch das Eintreffen der Ordonnanz des Prinzen Eugenius offenbar – der Leser kann das ja nur erraten – nie ›erblüht‹ ist, diese Leidenschaft, erscheint als große Wunde im Leben des Leibhusaren, als schmerzliche Versagung, die gespiegelt wird im Fatum, nie diese Geschichte zu Ende erzählen zu können. Nicht zufällig finden sich in den ›Drei Feldmarschalls‹ auch Hinweise darauf, wie viel Unglück Heinz *mit dieser seiner Lieblingsgeschichte*[28] hat. Die wiederholte Geschichte von der schönen Witwe wird also bereits in der Dessauer-Anekdote zum ›running gag‹ mit tieferem Hintersinn. Das setzt sich in ›Auf der See gefangen‹ fort, wo die wiederholte Geschichte (nun wieder, wie billig, da es ja um den ›alten Knaster‹ geht und nicht um den ›alten Dessauer‹, *anno Vierzehn* (See 323) spielend) fünfmal erzählt und unterbrochen wird, viermal im ersten Kapitel und einmal im die Hauptgeschichte des Romans quasi umarmenden zehnten Kapitel, das die Rahmenhandlung und die Humoreske wieder aufnimmt. Auch hier macht May deutlich, daß die wiederholte Geschichte mehr ist als bloß ein schöner, zündender Gag. In der Tatsache, daß Heinrich immer wieder beim Erzählen der einzigen und selbst leider unvollendeten Liebesgeschichte seines Lebens unterbrochen und durch verschiedenste Zwischenfälle von ihrer Vollendung, zumindest im Erzählvorgang, abgehalten wird, spiegelt sich der Charakter der Figur wider: Die Liebesversagung (oder der Liebesverzicht) wird zum komischen Erzählabbruch verändert; wie Ifra an seiner fehlenden Nase lebenslang leidet und folglich immer wieder von ihr erzählen muß,[29] wie Pfotenhauers schicksalhaftes Osterexamen mit der nicht beantwortbaren Frage, ›warum die Vögel Federn haben‹, nahtlos in eine Karriere als Ornithologe mündet,[30] so ist auch hier der große Makel im Leben des Leibdieners gleichzeitig als seine schönste Erinnerung, seine liebste Geschichte verklärt worden. Daß auch Karl May aus seinem größten Makel, seinen frühen kriminellen Verfehlungen, sein größtes Kapital, seine unbezwingliche Fabulierkunst, zu schlagen vermochte, das sei hier in Parenthese nur angedeutet und keineswegs ausgeführt, stehen autobiographische Deutungen des Mayschen Werks doch zur Zeit nicht gerade hoch im Kurs.[31] Hier sei nur festgehalten, daß May das Motiv der wiederholten und unterbrochenen Geschichte schon in den ›Drei Feldmarschalls‹, aber stärker noch in ›Auf der See gefangen‹ weiterentwickelt und vertieft hat. In ›Die verwünschte Ziege‹ spielt dieses Motiv auch deshalb keine Rolle, weil May außer dem Grundmotiv der ›Wissenswette‹ und der ›Rätselfrage‹ hier keine weiteren Themen des ›Otto-Victor-Fragments‹ verarbeitet hat. ›Ziege oder Bock‹ aber hat, wie übrigens auch die anderen Stränge der Handlung, soweit sie im Fragment erkennbar sind, dieses Motiv noch einmal gesteigert, indem die wiederholte Geschichte nun nicht mehr fünfmal, sondern neunmal erzählt wird und als fester Bestandteil durch beinahe alle Abschnitte der Geschichte läuft. Darüber mehr an späterer Stelle.

Als drittes ›Leitmotiv‹ der frühen May-Geschichten wurde die seltsame ›Dreiecksbeziehung‹ zwischen Prinz, Leibdiener und Haushälterin bereits erwähnt. Wieder ist dieses Thema im Fragment nur angedeutet; in den ›Feldmarschalls‹ und in der ›Verwünschten Ziege‹ spielt es keine Rolle, weil diese das Fragment nur sehr verdeckt als Quelle benutzen. Um so wichtiger sind die Unterschiede zwischen den beiden späteren Fassungen des Fragments, dem Anfang von ›Auf der See gefangen‹ und der Humoreske ›Ziege oder Bock‹.

In der Romanfassung hat May, weil er die Humoreske in den Rahmen einer gewagten, aber nicht ganz geglückten ›Gattungsmischung‹ einpassen wollte,[32] anpassen mußte, alle übertrieben grotesken und ausschließlich im Sinne einer mechanistischen Auffassung von Komik wirkenden Elemente des Fragments gestrichen. So ist das Verhältnis zwischen Prinz und Diener auch in ›Auf der See gefangen‹ immer noch herzlich, trotz eines rauhen Umgangstons. Die umständlichen und den ›Confusionsheinrich‹ bezeichnenden Redewendungen des Fragments wie *in wiefern denn, worauf denn*[33] sind in ›Auf der See gefangen‹ weggefallen, ebenso wurde die stereotype Anrede *Dorchlaucht* reduziert und der ebenso stereotype Hinweis »*Heinz, Du bist ein Esel!*«[34] ganz eliminiert. Dafür ist der Umgangston in der Eingangsszene zwischen Herr und Diener im Roman ganz soldatisch geworden, auch besteht der Prinz auf der Anrede *Herr Oberst*. Auch die komische Erscheinung der umständlich-widerborstigen Haushälterin erscheint in ›Auf der See gefangen‹ in manchen Zügen etwas konkretisiert. Ihr Leibesumfang wird im Fragment nur als *kugelrunde Figur*[35] charakterisiert, während es in ›Auf der See gefangen‹ schon etwas konkreter erwähnt wird, daß sie kaum durch die Türe hindurchpaßt.[36]

Insgesamt hat May die humoristischen Ansätze der frühen Fragmentfassung in ›Auf der See gefangen‹, wohl im Interesse der Gattungsmischung, erheblich reduziert. Anders in ›Ziege oder Bock‹, wo auch der Untertitel schon verrät, daß es hier *humoristisch* zugehen soll. Es ist interessant zu beobachten, daß May in dieser Fassung die Andeutungen des frühen Fragments vor allem in Hinsicht auf groteske Komik peinlich genau ausgewertet hat. So fehlen die Hinweise des ›Otto-Victor-Fragments‹ auf den *Confusionsheinrich*, den *Studentenkarl* und das *Wimmerlinchen*[37] ebenso wenig wie der Versuch, durch den Gebrauch unsinniger Redewendungen die Gestalt des Confusionsheinrich deutlich zu charakterisieren, was im Fragment nur angedeutet war.

Die ›Ziege oder Bock‹-Fassung hat darüber hinaus der May-Forschung zu einigen interessanten zusätzlichen Erkenntnissen über das Fragment verholfen. So darf, nachdem jetzt die Druckfassung vorliegt, die in vielen Punkten sich sehr viel deutlicher an dem frühen Fragment orientiert als die bisher bekannte Version in ›Auf der See gefangen‹, unter Umständen auch darüber spekuliert werden, ob es nicht vielleicht in irgendwelchen verschollenen Zeitschriften auch noch Zweitfassungen von ›Hinter den Mauern‹ mit beträchtlich größerem Umfang zu entdecken gäbe. Zum anderen erklärt die ›Ziege oder Bock‹-Humoreske, daß mit dem ›Wimmerlinchen‹ (im Jahrbuch der Karl-May-Gesellschaft 1986, S. 89, bedauerlicherweise zum »Wiannerlinchen« verlesen) tatsächlich die Haushälterin gemeint ist, die der Prinz in ›Ziege oder Bock‹ so gern als *Wimmerliese* bezeichnet. May hat die Andeutungen des Fragments in der Humoreske erheblich konkretisiert. Einmal, indem er die Gestalt des Studentenkarl erfand, des jungen Herrn Schmidt, der hochbegabt ist und mit der vom ›alten Knaster‹ erhaltenen finanziellen Förderung nicht nur seine Eltern, einen *blutarme(n) Zeug- und Leinweber* und dessen Frau, sondern auch noch andere Bedürftige unterstützt, ein Teufelskerl mit einer Spielernatur, der sogar bereit ist, seinen Lebensunterhalt, die Subsidien des Prinzen, für ein zweifelhaftes Wettunternehmen einzusetzen. Wer sich hinter der Gestalt des liebenswürdigen Hasardeurs mit der hohen Begabung aus dem *niedrigsten, tiefsten Ardistan*[38] verbirgt, das herauszufinden, überlasse ich gern der Phantasie des mit Mays Biographie vertrauten Lesers. Hier sei nur darauf hingewiesen, daß May das komische Verhältnis zwischen Prinz, Diener und Haushälterin in ›Ziege oder Bock‹ nicht nur humoristisch ausschlachtet, sondern auch psychologisch erklärt: Der Prinz und Heinrich sind durch langes Junggesellentum zu einem merkwürdigen *Weiberhaß*[39] verführt worden, der sich nun vor allem gegen die ebenfalls überaus seltsame, altjüngferlich-spießige Adeline mit ihrem ausgeprägten Geister- und Gespensterglauben richtet.

Soviel zu den drei Hauptmotiven oder -motivkomplexen, die die drei direkt miteinander verwandten Texte ›Prinz-Otto-Victor-Fragment‹, ›Auf der See gefangen‹, Anfangskapitel, und ›Ziege oder Bock‹ einerseits miteinander verbinden und sie andererseits eine Brücke bilden lassen zu der ebenfalls frühen Dessauer-Humoreske und der ›Verwünschten Ziege‹. Daß May bei dieser Um- und Weiterverarbeitung alter ›Leitmotive‹ ebenso phantasievoll wie genau vorgegangen ist, belegen kleinste Details: So ist im Fragment davon die Rede, die Jungfer Adeline soll *die blauen Zimmer in Stand setzen,*[40] offenbar als Quartier für den zu erwartenden Geburtstagsbesuch, ein Motiv, das im Fragment blind bleibt und nicht weiter ausgeführt wird. Als May aber den Text für ›Auf der See gefangen‹ revidierte und neu wendete, fielen ihm offensichtlich auch jene blauen Zimmer wieder ein; nun sollen sie als Quartier für den Polizeilieutenant von Treskow dienen.[41]

Eine weitere subtile Übernahme eines kleinen, scheinbar nebensächlichen Details scheint May zur Hauptidee der ›Verwünschten Ziege‹ verholfen zu haben: Die Haushälterin verspätet sich in ›Auf der See gefangen‹ um fünf Minuten mit dem Kaffee, was ihr den strengen Tadel des ›alten Knasters‹ einbringt, und sie entschuldigt sich damit, Heinz habe *die Milch verschüttet*.[42] Von der verschütteten Frühstücksmilch ist es dann nur noch ein kleiner Schritt für die Phantasie Karl Mays zu der eigensinnigen Vorliebe des Stadtrats Hampel und des Prinzen in ›Ziege oder Bock‹ für Ziegenmilch und ihre strenge Ablehnung der Kuhmilch. Man sieht, wie gerade solche Kleinstmotive von May aufgegriffen, abgewandelt und in wahrhaft neuartiger Weise zu ganzen Handlungssträngen ausgearbeitet werden, und fühlt sich – zumindest mit dem bekannten Körnchen Salzes – an Wagners Leitmotivtechnik erinnert.

3

Kehren wir zu der Frage zurück, die schon einmal anklang: In welcher Reihenfolge hat May die Texte ›Ziege oder Bock‹ und ›Die verwünschte Ziege‹ geschrieben? Ein schlüssiger Beweis läßt sich hier nicht führen. Peter Richter und Jürgen Wehnert sind der Ansicht, ›Ziege oder Bock‹ und ›Auf der See gefangen‹ seien »kurz hintereinander niedergeschrieben worden«, und zwar »um die Jahreswende 1877/78«.[43] ›Ziege oder Bock‹, obwohl später erschienen als die ›Verwünschte Ziege‹, wäre demnach die erste Fassung der Humoreske und ›Die verwünschte Ziege‹ der zweite Versuch, erheblich variiert. Anders als bei einigen vergleichbaren Hypothesen der Karl-May-Forschung[44] hat diese Vermutung einiges für sich: Zum einen sagt die Erscheinungsweise bei Texten, die allesamt (die ›Feldmarschalls‹ eingerechnet) innerhalb weniger Monate, von April bis September 1878, gedruckt wurden, nichts über ihre tatsächliche Entstehung aus. Wirklich plausibel scheint die Annahme, ›Die verwünschte Ziege‹, die ein wesentlich geschlosseneres Bild bietet als die lange und ein wenig disparate Fassung ›Ziege oder Bock‹, sei Mays ›letztes Wort‹ zu diesem Stoff gewesen. Betrachtet man aber die Arbeitsweise des frühen May im ganzen, so wirkt diese Hypothese doch zweifelhaft. May begann in seinem Frühwerk mit kleineren Versuchen in unterschiedlichen Genres des Erzählens: Humoresken, exotischen Reiseerzählungen, einem historischen Roman. Danach unternahm er den Versuch, in ›Auf der See gefangen‹ diese verschiedenartigen Gattungen zu einem Ganzen zu bündeln, und experimentierte in diesem Buch auch in formaler Hinsicht mit dem Prinzip der ›Gattungsmischung‹. Dabei diente die frühe Otto-Victor-Geschichte des Fragments, nun sinnvoll weiterentwickelt mit dem Motiv des Schicksalstages, als Aufhänger und Handlungseinstieg. Etwa gleichzeitig übernahm May das Motiv der Freundschaft zwischen Herr und Diener und der wiederholten Geschichte von der Witwe in Frankreich in ›Die drei Feldmarschalls‹, wobei er wiederum zwei literarische Formen miteinander verband, die Anekdote und die Episode. Will die Anekdote, das ›Nicht-Herausgegebene‹, wie es wörtlich übersetzt heißt, dem Leser den Eindruck vermitteln, hier würde eine wahre Begebenheit aus dem Leben einer prominenten Person erzählt, die zwar auf mündlicher Erzähltradition beruht, dennoch aber wesentliche und charakteristische Züge der betreffenden Persönlichkeit offenlegt, so ist die Episode ein ›Einschiebsel‹ (ursprünglich das Einschieben von dialogischen Partien in ein Chorlied der griechischen Tragödie), ein in sich abgeschlossener Teil eines größeren Prosawerks, der selbständig ist und dennoch mit dem Ganzen sinnvoll verbunden.[45] Bezogen auf Mays Humoresken heißt das, daß sowohl ›Die drei Feldmarschalls‹ als auch ›Ziege oder Bock‹ anekdotisch sind insofern, als eine scheinbar zufällige Begebenheit aus dem ›wirklichen Leben‹ einer historischen oder pseudo-historischen Persönlichkeit erzählt wird, und episodisch, weil anhand einer bestimmten Begebenheit aus dem Leben der betreffenden Person Charakteristisches und Typisches dieser fiktiven oder tatsächlichen Figur enthüllt werden soll. Die Fiktion, es handele sich um eine wirkliche Begebenheit, in den Untertiteln von ›Ziege oder Bock‹ und ›Die drei Feldmarschalls‹ recht explizit ausgeführt (*Humoristische Episode aus dem Leben des ›alten Knasters‹* bzw. *Bisher noch unbekannte Episode aus dem Leben des ›alten Dessauers‹*), findet sich sogar in der Groteske ›Die verwünschte Ziege‹, wobei der Untertitel einen *Schwank aus dem wirklichen Leben* verheißt, was angesichts des kuriosen Inhalts und der recht deutlichen Kritik am Verhalten der ›Honoratioren‹ einer Kleinstadt nahezu satirisch wirkt. May hat also sowohl in ›Die drei Feldmarschalls‹ als auch in ›Die verwünschte Ziege‹ und in ›Ziege oder Bock‹ Anekdotisches und Episodisches mit dem Grundcharakter der Humoreske vermischt. Geht man nun von der These aus, May habe seine Themen zunächst im kleinen Rahmen ausprobiert, bevor er sie zu umfangreicheren Texten umwandelte, so hat die Vermutung einiges für sich, May habe zunächst die ›ernste‹ Variante des ›Otto-Victor-Fragments‹ für ›Auf der See gefangen‹ genutzt, um sie dann wiederum völlig umzuarbeiten zur Humoreske ›Die verwünschte Ziege‹, die immerhin mit dem Anfang von ›Auf der See gefangen‹ sowohl das Motiv der verhexten Tage oder Unglücksdaten als auch das der Frühstücksmilch gemeinsam hat. Danach versuchte sich May dann wiederum an einem ›Großentwurf‹: Wie er in ›Auf der See gefangen‹ unterschiedliche Romangattungen auf kürzestem Raum miteinander mischte (und damit letztlich scheiterte), so versuchte er in ›Ziege oder Bock‹, das Motiv der Frühstücksmilch, der ›Ziege-und-Bock‹-Vertauschung und der Wissenswette miteinander im Rahmen einer komplizierten, vielfach verästelten und duplizierten Motivvariation zu verbinden.

›Ziege oder Bock‹ wirkt nämlich gar nicht wie der erste, noch unreife Versuch einer Geschichte, sondern umgekehrt wie das Produkt einer übertriebenen Anstrengung, aus einigen kleineren humoristischen Motiven ein kunstvolles Ganzes zu schaffen – ›artistisches Erzählen‹, diesmal aber eher bemüht und mißlungen. Das wird schon im äußeren Aufbau der Humoreske deutlich: May strapaziert seine Erzählrituale des Wiederholens und Variierens sozusagen bis zur Erschöpfung. Mystische Zahlen, auch in ›Die drei Feldmarschalls‹ und ›Auf der See gefangen‹ mehrfach präsentiert, werden für den ›plot‹ der Handlung von ›Ziege oder Bock‹ nicht nur ebenfalls herangezogen, sondern regelrecht ausgebeutet. Dreimal versucht der Leibhusar Heinz in ›Die drei Feldmarschalls‹, seine Geschichte von der französischen Witwe geschickt zu plazieren, dreimal wird er unterbrochen. Dies korrespondiert mit dem Motiv der drei Männer, die sich in der Dessauer-Anekdote jeweils als Wirt Fährmann ausgeben und für den Dessauer gehalten werden, nämlich der Dessauer selbst, sein ihm gefolgter treuer Heinz und der richtige Fährmann. Überhaupt liebt May die heilige Zahl Drei: Dreimal wird Peter Polter in ›Auf der See gefangen‹ in beinahe gleicher Weise beschrieben,[46] dreimal die Anekdote vom Schimmel in der Oper (das letzte Mal verstümmelt) in der ›Juweleninsel‹ erzählt. In ›Ziege oder Bock‹ hat May nun die Motivwiederholung so toll getrieben, daß die Geschichte von der Witwe in Frankreich nicht dreimal, sondern gleich drei mal drei Male erzählt wird. Auch die Zahl Fünf, schon in ›Auf der See gefangen‹ sowohl in der Grundanlage von 2 x 5 Kapiteln, die sich paarweise ergänzen, als auch in der fünfmaligen unterbrochenen Witwen-Geschichte bedeutsam, taucht in ›Ziege oder Bock‹ oft auf, sowohl in der mechanischen Repetition bestimmter Scherze (so wird das Wort *Esel* im Zusammenhang mit dem Diener Heinz nicht nur einmal, sondern an einer Stelle gar fünfmal in kurzer Folge benutzt[47]) als auch in der zentralen Ziege-oder-Bock-Vertauschungsgeschichte. In der ›Verwünschten Ziege‹ hatte sich May noch mit dreimaliger Vertauschung begnügt: Erst wird die Ziege vom findigen Buchbinder in den diabolischen Bock umgewandelt, dann unter Einwirkung des heiligen Vollrad in eine Ziege ›zurückverwandelt‹, dann aber wieder zum Bock ›gemacht‹.[48]

In ›Ziege oder Bock‹ wollte sich May mit solchen schlichten Scherzen nicht begnügen: So wird die Ziege beim erstenmal auf dem Botengang der abergläubischen Adeline listig in den Bock vertauscht, beim zweitenmal – nun in Begleitung des nicht minder abergläubischen Heinz – erst wieder der Bock mit der Ziege und vice versa vertauscht, beim dritten Mal geschieht der Schelmenstreich wiederum doppelt (erst Bock zu Ziege, dann Ziege wieder zu Bock) und sogar unter den Augen des mißtrauischen Prinzen! Jede Vertauschung ist also nicht nur eine Wiederholung, sondern jedesmal wird der Streich auch ein bißchen schwerer gemacht, erst durch Beiziehung eines Zeugen (Heinz), dann schließlich unter der Regie des Prinzen selbst. Mays Freude am rituellen Zahlenspiel hat sich auch in der Gesamtanlage der Erzählung ausgewirkt: Sieben Abschnitte, auch dies ja eine heilige Zahl, hat die Humoreske: erst die Exposition mit der Schilderung der unterschiedlichen Charaktere des Prinzen, seiner Haushälterin und des Leibdieners, mit der Einführung der bisher (im Fragment) nur angedeuteten Gestalt des Studentenkarl und mit der entscheidenden Wissenswette, die die Vertauschungsmechanismen in Gang setzt (S. 61-72 (in ›Ziege oder Bock‹)). Die Abschnitte 2, 4 und 6 der Humoreske sind jeweils der Vertauschung von Ziege und Bock gewidmet, wobei dies erst einmal der Adeline allein widerfährt (S. 72-74), beim zweiten Mal dann doppelt, und dazu in Beisein des ›Zeugen‹ Heinz (S. 78-80), und im sechsten Abschnitt der Geschichte sogar unter der Aufsicht des Prinzen (S. 83-86), wobei wiederum zweimal vertauscht wird. Sind die geraden Abschnitte der Humoreske also den Vertauschungen gewidmet, so beginnen alle ungeraden Abschnitte (1, 3, 4 und 7) mit demselben Bild: Der Prinz steht am geöffneten Fenster und raucht (S. 61, 74, 80 und 87), wobei May sich beim letzten Mal die Freude gemacht hat, das Motiv abzuwandeln: Nun steht der Prinz zwar wieder am Fenster, doch vor Kummer hat er sich noch nicht einmal das geliebte Pfeifchen angesteckt, bevor sich dann die Rätsel allesamt aufklären.

May hat also beträchtlich viel Kunst und Artistik aufgewandt, um das harmlose Motiv von Ziege und Bock gleich fünfmal und das Bild des Prinzen am Fenster viermal dem Leser sozusagen als ›running gag‹ vorzuführen. Damit nicht genug, gibt es aber noch weitere rituelle Motivwiederholungen in der Humoreske. Die wichtigste unter ihnen ist zweifellos Heinz' immerwährende und nie fertiggestellte Geschichte von der französischen Witwe, die neunmal erzählt wird, davon viermal im ersten Abschnitt der Geschichte (S. 62 zweimal, S. 67 und einmal indirekt als Hinweis des Studentenkarls, S. 66), in dem zweiten, ganz der Einführung des Ziegenmotivs gewidmeten Teil nicht, dafür aber dann durchlaufend in den Abschnitten 3-7 jeweils einmal (S. 76, 80, 82, 85 und 88). Und noch ein weiteres Motiv läuft durch die ganze Geschichte: die Erwähnung des ›wilden Jägers‹ namens Samiel, den Adeline auf dem Theater gesehen hat und der sich mit ihren Unglücksphantasien und abergläubischen Ritualen (alle dreihundertdreiunddreißig Schritte dreimal um die Ziege herumzugehen, damit sie nicht verhext wird, S. 72, 79) aufs beste verbindet. Fünfmal wie die erste Ziegenvertauschung findet sich auch das Samiel-Motiv, erstmals im zweiten Abschnitt (S. 72) und dann in den Abschnitten 4-7 jeweils einmal (S. 80, 81, 84 und 88), also auch dies ein echter ›running gag‹.

Aus dem Gesagten ergeben sich zwei Folgerungen. Zum einen scheint es mir, als sei ›Ziege oder Bock‹ keine Frühfassung, sondern vielmehr eine erheblich erweiterte und durch literarische ›Taschenspielertricks‹ angereicherte Zweitfassung der scheinbar harmlosen Humoreske ›Die verwünschte Ziege‹. Dies wird besonders deutlich im Bemühen Mays, die bekannten Motive der Wissenswette, des Rätselspiels, des Unglückstages und der Ziege-Bock-Thematik nicht nur miteinander zu kombinieren, sondern auch noch durch Duplikationen und raffiniertes Spiel mit Wiederholungen und Verknüpfungen von Motiven zu steigern. Zum zweiten scheint es, daß May hier bei seiner ›Zukunftsentwicklung‹ der Leitmotive an einem toten Punkt angekommen war. Trotz des erheblichen Kunstaufwandes, durch den sich ›Ziege oder Bock‹ von der ›Verwünschten Ziege‹ unterscheidet, wirkt die Geschichte ja nicht stärker, im Gegenteil. Wie der berühmte »getretene Quark« in Goethes scharfzüngigem Aphorismus machen auch die kunstreiche Wiederholung des Motivs, die Zahlenspiele, das Ritual des Wiederholens und Verschachtelns die Kerngeschichte keineswegs schärfer, sondern nur breiter, nicht stark. In der ›Verwünschten Ziege‹ ist die Grundkonstellation klar und die Moral von der Geschicht' auch: Ein borniert auf Wohlstand, Bildung und Ansehen pochender Kleinstadtfunktionär wird in seine Schranken verwiesen und durch Gelächter bestraft. Sein schlauer Gegenspieler, der nur aus Geldmangel keine akademische Bildungshöhe erklimmen durfte,[49] aber gewinnt nicht nur durch die Entlarvung des Anmaßenden, sondern wird durch die Liebe der Tochter des Gestraften belohnt. In ›Ziege oder Bock‹ fehlt nicht nur diese versöhnende Liebesgeschichte, so daß das Ganze trotz des erheblichen Aufwandes recht unbefriedigend ausgeht: Die drei Hagestolze bleiben einsam und unbeweibt auf ihrem Schloßberg, der Studentenkarl verliert zwar seine Subsidien nicht, gewinnt aber weder eine schöne Frau noch letztlich unsere Hochachtung (weil die Streiche nur durch die Wette, nicht aber, wie in der ›Verwünschten Ziege‹, durch eine Kränkung motiviert werden), und man fragt sich ohnehin, ob in Anbetracht des letztlich gutmütigen Charakters des ›alten Knasters‹ dieser die Drohung, dem Karl Schmidt seine finanzielle Unterstützung zu streichen, wenn er die Wissenswette verliert, wirklich wahrgemacht hätte. May hat gewiß an den verschiedenen Stufen vom einfachen Charakter des Fragments bis hin zur komplizierten Anlage der Humoreske viel hinzugelernt an erzählerischer Raffinesse, aber wirklich weiterentwickelt haben sich seine ›Leitmotive‹, zumindest in der ›Ziege oder Bock‹-Fassung, nicht. Es ist durchaus vorstellbar, daß May dies selber gespürt hat und sich darum mit den Anstrengungen der Humoreske endgültig von einer Motivkette verabschiedete, die ihn offenbar doch zumindest zeitweilig recht lebhaft beschäftigt hatte.

4

Bleibt die Frage: Was hat May denn an diesen Motiven, die wir im Vorstehenden etwas genauer betrachtet haben, so sehr fasziniert, daß er immer wieder leitmotivartig zu ihnen zurückkehrte? Und weiter: Was verbindet die etwas trivialen Humoresken des jungen May mit den mystischen Ideen des späten Werks? Darauf gibt es, wie immer, keine einfache Antwort, sondern gleich mehrere. In der ›Verwünschten Ziege‹ wie in ›Ziege oder Bock‹ geht es auch und sehr wesentlich um Aberglauben. Der Aber-Glaube aber ist, wie das Wort verrät, ein verkehrter Glaube, d. h., ist dem frommen, gottgläubigen Menschen die Natur, die Welt und ›was sie im Innersten zusammenhält‹ von Grund auf heilig, so wird für den abergläubischen Menschen alles, von der Zahl bis zur Ziege, vom angeblichen Unglückstag bis hin zu alltäglichen Geschehnissen, zum möglichen Tummelplatz für die Dämonen, ja, für Satan höchstpersönlich. Ganz natürlich schließen sich abergläubische Gedanken vor allem dort an, wo ursprünglich das Göttliche sich manifestiert; so gibt es zahllose Überlieferungen, daß sich in der Nacht vor einem wichtigen kirchlichen Fest die Dämonen tummeln und austoben, vom amerikanischen ›Halloween‹, dem Vorabend des Allerheiligenfestes (›All Hallows Eve‹), an dem sich allerlei Dämonen und Geister sowie die Seelen der Verstorbenen zum teuflischen Reigen treffen, über die bekannte Johannisnacht bis hin zur Bartholomäusnacht, der Nacht vor dem Fest des heiligen Apostels Bartholomäus (24. August), in der nach der Überlieferung die Dämonen umgehen. (Nicht zufällig hat die Blutnacht des Hinschlachtens der Hugenotten in der französischen Geschichte den Beinamen ›Bartholomäusnacht‹ bekommen, nicht nur weil es sich in der Nacht vor dem Fest des Heiligen ereignete, sondern weil sich die schrecklichen Ereignisse im Gedächtnis des Volkes mit bereits kursierenden abergläubischen Vorstellungen verbinden konnten.) Der scheinbar greuliche Unsinn, den Adeline und Heinz sich in ›Ziege oder Bock‹ über den Bartholomäustag zusammenspinnen, ist also durchaus keine abwegige Erfindung Mays. Wenn dem Ottendorfer Fleischer an Bartholomäi sich angeblich ein Kalb in eine *sechsbeinige Katze*[50] oder gar in eine *zwölfbeinige Seeschlange*[51] verwandelt, so muß man daran denken, daß der heilige Bartholomäus als Patron der Fleischer, Fischer und Handschuhmacher gilt. Was also dem gläubigen Menschen als Segen eines heiligen Mannes erscheint, das wird dem Abergläubischen zum Fluch der Dämonen. Wie genau May in den Heiligenkalendern Bescheid weiß, zeigt nicht nur der Hinweis auf den heiligen Ludwig, König von Frankreich, der in der Tat der Heilige des 25. Augusts, des Tags nach dem Bartholomäusfest, ist,[52] sondern auch der Hinweis auf den heiligen Vollrad in ›Die verwünschte Ziege‹. Vollrad war ein Einsiedler, der im Rheinland, unweit der Gemarkung Winkel, gelebt haben soll.

Aus der Klause bei Winkel, westlich von Mainz, nicht weit von dem berühmten Schloß der Metternichs, Schloß Johannisberg, wurde im Mittelalter der Überlieferung zufolge ein Nonnenkloster. Als das ursprünglich im Grauen Haus zu Winkel ansässige Geschlecht der Herren von Greiffenclau um 1300 durch Rodungen daran ging, das Waldgebiet, in dem Vollrad gelebt haben sollte, urbar zu machen, nannten sie das Schloß, dessen mächtiger Wohnturm im Jahre 1330 vollendet wurde, ›Schloß Vollrads‹, zu Ehren des Heiligen. Kurioserweise sollte das Geschlecht derer von Greiffenclau im Jahre 1930 sich mehr oder weniger zufällig, aber jedem Leser der ›grünen‹ Karl-May-Verlags-Ausgabe unvergeßlich, mit dem Namen Karl May verbinden. Als Dr. Euchar Albrecht Schmid nach einem Ersatz für den ihm unpassend erscheinenden Namen Königsau in der Bearbeitung der ›Liebe des Ulanen‹ suchte, fiel ihm der in seiner fränkischen Heimat wohlbekannte Name derer von Greifenklau ein. Zwei Mitglieder dieser Sippe, Johann Philipp und Karl Philipp, waren von 1699-1719 bzw. von 1749-54 Fürstbischöfe von Würzburg und Herzöge von Franken, und eine Bamberger Brauerei trägt noch heute den Greifenklauschen Namen. So kam es, daß 1930 der Band 59 der Gesammelten Werke Karl Mays in der Bearbeitung des Karl-May-Verlags den Titel ›Die Herren von Greifenklau‹ bekam.[53]

Zurück zum heiligen Vollrad: Wenn Hampel in der ›Verwünschten Ziege‹[54] auf dem Kalender feststellt, daß der 2. Oktober der Tag des heiligen Vollrad ist, der durch seine Güte wieder ins Lot bringt, was am 1. Oktober, angeblich einem Unglückstag, an Bösem geschah, so muß man daran denken, daß der heilige Vollrad, der Legende nach, wie der heilige Antonius vom Teufel in seiner Klosterzelle besucht wurde, der Versuchung aber sieghaft widerstand.

Der scheinbar abergläubische Unfug, den May in seinen Humoresken so breit ausführt, hat also durchaus seine tiefere Bedeutung. Auch die die ›Verwünschte Ziege‹ einleitende Reflexion darüber, daß die ersten Tage jedes Quartals angeblich schreckliche Unglückstage seien, also der 1. Januar, der 1. April, der 1. Juli und der 1. Oktober,[55] erweist sich als Verballhornung eines frommen Glaubens, wonach der Jahreslauf heilig ist und bestimmte Tage im Wechsel der Jahreszeiten als besonders fruchtbringend gelten. Immer aber hat der Aberglaube auch mit dem Gedanken an Schuld und Sünde zu tun; so verbindet sich in der ›Verwünschten Ziege‹ das Motiv des Unglückstages mit den biblischen Berichten und den frommen Legenden über die Erbsünde der Menschen, die Sintflut und die Vernichtung von Sodom und Gomorrah als Strafe für menschliche Verfehlungen und schließlich den Sturz Luzifers aus dem Himmel, als Strafe für seinen Hochmut.

Letztlich ist der Aberglaube also die Angst vor der Rache der Götter, vor der Bestrafung von Sünde und Verstoß gegen heilige Gebote. Damit verbunden ist auch die in der germanischen Mythologie so wichtige

Geschichte von der ›Wilden Jagd‹ – Rudi Schweikert hat bereits Wichtiges zu ihrer Verwendung durch May gesagt.[56] Auch in ›Ziege oder Bock‹ spielt May auf die ›Wilde Jagd‹ an: Samiel, fünfmal dort erwähnt, ist der Name des Wilden Jägers im ›Gespensterbuch‹ von Apel und Laun, der Quelle für Webers ›Freischütz‹ (und auf dieses Stück spielt May ja an, wenn er in der Humoreske ›Ziege oder Bock‹ die Adeline davon faseln läßt, daß sich ihr der Samiel auf dem Theater gezeigt habe[57]). Samiel aber wird auch bei Weber mit dem Teufel gleichgesetzt. Nun hat Jacob Grimm in seiner ›Deutschen Mythologie‹ ausführlich das Motiv der Wilden Jagd behandelt. Seiner Ansicht nach steckt hinter der Bezeichnung ›Das wütende Heer‹, unter der die Wilde Jagd auch fungiert,»Wuotans Heer«[58] Dies ist ein Gedanke, den es nachzuvollziehen lohnt. Für den abergläubischen Menschen in der Zeit nach Einführung des Christentums zeigten sich in stürmischen Nächten die alten Götter, drohend und wütend über den Abfall der Menschen vom Glauben an Wuotan und seine göttlichen Freunde; das Wilde Heer treibt die typischen Beschäftigungen der heidnischen Götter: Krieg, Kegelspiel, Jagd.[59] Mit dieser Vorstellung verbanden sich dann auch christliche Ideen. Die Wilde Jagd wurde umgedeutet zur Strafe für einen Jägermeister, der gegen das Verbot verstoßen haben soll, am Sonntag zu jagen. Hier wirken auch mythologische Vorstellungen mit hinein, wie sie sich bei vielen Völkern finden: Die Jagd ist ein göttliches Privileg, denn die Haine und Wälder sind den Göttern geweiht. Wer in heiligen Hainen jagt oder die Götter in ihren Mysterien aufstöbert, wird getötet, wie Aktäon, der Diana im Bade erblickte. Die Wilde Jagd ist also auch als Strafe zu verstehen für den Ungehorsam der Menschen gegenüber den göttlichen Geboten, oder anders: Die Götter selbst rächen sich an den Menschen, indem sie unheilvoll und tobend in stürmischen Nächten am Himmel jagen.

Wer oder was wird bestraft in ›Ziege oder Bock‹ und ›Die verwünschte Ziege‹? Die Antwort liegt auf der Hand: Hampel, der sich allwissend wähnt, und der ›alte Knaster‹, der meint, man könne ihm nichts vormachen, verstoßen gegen göttliche Gebote und gegen ein Privileg des Menschen: über seine eigene Unwissenheit zu lachen.»Tutto nel mondo è burla. / L'uom è nato burlone« lassen Arrigo Boito und Giuseppe Verdi am Ende ihrer geistreichen Vertonung des Shakespeareschen Stoffes von den ›Merry Wives of Windsor‹ den Hörer wissen: Alles ist Spaß auf Erden, der Mensch ein geborener Tor. Weil Hampel und Prinz Otto Victor dies nicht einsehen, sich für unfehlbar und nicht zu täuschen und damit für gottähnlich erklären, weil sie in frevelnder Hybris göttliche Privilegien sich anmaßen, werden sie bestraft mit der Wilden Jagd und dem scheinbaren Wirken des Satans auf Erden (denn der Ziegenbock ist, alter Überlieferung zufolge, ein Symbol für Satan selbst). Auch Sir John Falstaff in Shakespeares Komödie und Verdis

Oper übrigens trifft dasselbe Schicksal. Weil er im Vertrauen auf seine Privilegien als ›officer und gentleman‹ meinte, die Tugend der Frauen anderer Männer nicht achten zu sollen, wird er mit der Wilden Jagd bestraft, um Mitternacht zur Eiche von »Herne the Hunter« im Park von Windsor bestellt (hinter dem Namen Herne steckt wahrscheinlich eine Verballhornung Dietrich von Berns alias Dideric de Berne, der nach weitverbreiteten deutschen Überlieferungen auch als ›Wilder Jäger‹ genannt wird[60]) und scheinbar von der Wilden Jagd überfallen: Es sind aber nur die lustigen Weiber mitsamt ihren Helfern, und so endet das Ganze, wie bei Karl May, nicht tödlich, sondern im Gelächter.

Wir haben das Motiv, das ›Ziege oder Bock‹ und ›Die verwünschte Ziege‹ beherrscht, als ›Wissenswette‹ benannt. Hier geht es nicht um die Lösung von Rätselfragen, sondern um das menschliche Wissen, die menschliche Erkenntnis schlechthin und die ihnen von Gott gesetzten Grenzen. In seinem bemerkenswerten Vortrag für die Dresden-Radebeuler Tagung der Karl-May-Gesellschaft 1993 hat Ulrich Schmid das ›Zu-sich-selbst-Kommen‹ des Menschen als ein zentrales Anliegen des Pädagogen und Schriftstellers, des Seelenführers und Phantasten Karl May bezeichnet.[61] Der ›alte Knaster‹ und der Stadtrat Hampel, sie können nicht zu sich selbst kommen, weil sie die dem Menschen gesetzten Grenzen überschreiten wollen. Folglich müssen sie durch Gelächter von ihrer Verblendung und ihrer Menschenfeindlichkeit geheilt werden. Dabei bedarf es jeweils eines Menschen, der die Wissensprobe mit ihnen wagt und ihnen die Grenzen ihres Wissens aufzeigt. Wir haben am Anfang gesehen, daß bei Wagner erst Mime als Rätselmeister auftritt, dann aber sich der Wanderer als der wahrhaft Wissende erweist und Mime die Grenzen seiner Weisheit schmerzlich klarmacht. Holfert und Karl Schmidt bei May sind nun die Rätselmeister, die die jeweils weit älteren Konkurrenten der Wissenswette von ihrer Hybris kurieren. Es scheint, daß es für May weniger darauf ankommt, die richtigen Antworten alle zu kennen, als die richtigen Fragen zu stellen. *Darum war von je meine Lieblingsgestalt die Sphinx. Die sagte nichts; die ließ nur rathen. Darum wurde sie nicht gehaßt und nicht beneidet. Aber ich habe ihr leider nicht nachgestrebt, denn sie lag so still, und ich liebte die Bewegung. Darum gab ich nicht Räthsel auf, sondern ich plauderte. Pfui, wie dumm!* bekennt May in einem Brief an Sascha Schneider vom 8. 7. 1904.[62] Die Sphinx, wir sagten es zu Beginn, zielt mit ihren Fragen auf die Existenz des Menschen, auf den Sinn seines Lebens. Auch Karl May, selbst wenn er scherzt, zielt auf jene Existenzfragen, auf die Lösung jener dunklen Rätsel, die sich um Kommen und Gehen des Menschen auf Erden bewegen. Auch wenn er selber nicht immer die Antwort wußte, in den Andeutungen seiner Leitmotive, in seinen oft versteckten Anspielungen auf Wilde Jagd und eifersüchtige Götter, auf Menschen, die nicht zu sich selbst kommen können, weil sie in erster Linie die Erwartungen ihrer Mitmenschen an ihren Stand, ihre Bildung und ihre Stellung in der Welt befriedigen müssen, weil sie vor allem ihre eigenen, übertriebenen Vorstellungen von ›sich selbst‹ vor Augen haben und nicht das, was sie wirklich darstellen sollen, hat May tatsächlich einen kleinen Beitrag zur Lösung der großen Schicksalsfrage geleistet. Wenn er in ›Mein Leben und Streben‹ das Menschheitsproblem mit dem *Karl May-Problem* gleichsetzt,[63] scheint das maßlos übertrieben und eitel. Umgekehrt aber wird es wahr: In den Problemen des Menschen May auf dem Weg zu sich selber, in den Bildern seiner Werke wird auch ein wenig von den Rätseln und möglichen Antworten auf die Frage der Mitmenschen nach dem Sinn ihres Lebens und Strebens deutlich.

So sei den vielen Rätseln und Märchen am Ende noch ein weiteres an die Seite gestellt: Jacob Grimm berichtet, daß es noch eine zweite Ausprägung des Aberglaubens von der Wilden Jagd gibt, nämlich die Wilde Jagd als »feierlichen Umzug weiblicher Gottheiten«,[64] angeführt von Frau Holda, die einerseits mit der antiken Venus, andererseits mit der germanischen Fricka, der Gattin Wuotans, Schützerin der Ehe und der Liebe, identifiziert wird. Diese erst schrecklichen, dann aber segenspendenden und freundlichen Gottheiten hat Goethe in der 1813 entstandenen Ballade vom ›Getreuen Eckart‹ als »wütiges Heer«, als »die unholdigen Schwestern« beschrieben, die aber durch das Trankopfer, die Libation in Gestalt des von den Kindern geholten Biers, beschwichtigt werden und sich diesen als »hold« erweisen.[65] Ist die Wilde Jagd Wuotans zunächst ein zorniges, rächendes Götterheer, so wandelt sich dieses Bild in der Umdeutung der Sage zum Zug freundlicher, segenspendender Frauen. Und merkwürdig: Hat Karl May davon etwas gewußt? In der ›Verwünschten Ziege‹ ist es Hampels Tochter Anna, in ›Auf der See gefangen‹ Fräulein Wanda, die liebend und freundlich den Fluch der schlechten Vorbedeutungen, der üblen Omen und der als Wilde Jagd dahintobenden, ob der Hybris der Sterblichen erzürnten Götter brechen und den Spuk wandeln in Liebe und Ehe (Wanda mit Treskow, der auch die Unschuld Max von Schönburg-Wildauens bewiesen hat und damit den düsteren ›Bannfluch‹ über dem Hause des alten Prinzen brach, Anna mit Holfert, der seinerseits die Gespenster, an die Hampel glaubt, durch Gelächter und List vertreibt). Nur in ›Ziege oder Bock‹ fehlt die Versöhnlichkeit eines solchen Liebes-Schlusses und Liebes-Bundes. Vielleicht liegt es daran, daß einen die Humoreske so wenig befriedigt; ihr fehlt ein wenig von der Weisheit des Märchens, die May programmatisch für sein ganzes Werk in Anspruch nehmen wollte: *So, das ist das Märchen! Aber nicht das Kindermärchen, sondern das wahre, eigentliche, wirkliche Märchen, trotz seines anspruchslosen, einfachen Kleides die höchste und schwierigste aller Dichtungen, der in ihm wohnenden Seele gemäß.*[66] Den feinen Verästelungen solcher Märchenweisheit auch in manch scheinbar trivialem Frühwerk Karl Mays nachzuspüren – das sollte heute meine Aufgabe sein.

Mag mancher vielleicht besonders die letzten Ausführungen für zu spekulativ halten, so nehme ich unbescheiden ein wenig Karl Mays eigene, stolze Behauptung auch für diese Interpretationsansätze in Anspruch: *und was man mir heut nicht glaubt, das wird man morgen glauben lernen.*[67]

*

Aus gegebenem Anlaß erlaube ich mir, von der Regel abzuweichen, daß man einen Vortragstext nicht mit einer Widmung versehen soll. Hartmut Kühne, dem Freund und Kollegen, an dessen 60. Geburtstag am ›verhexten‹ 13. Oktober 1995, anläßlich der 13. Tagung der KMG, dieses Referat gehalten wurde, sei es in Dankbarkeit für langjährige Freundschaft und guten Rat gewidmet.

*

1 Richard Wagner: Gesammelte Schriften. Hrsg. von Julius Kapp. Bd. 4. Leipzig o. J., S. 155
2 Ebd., S. 160
3 Ebd., S. 161
4 Vgl. dazu Christoph F. Lorenz: Artikel ›Leitmotiv‹. In: Reallexikon der deutschen Literaturwissenschaft. Hrsg. von Klaus Weimar u. a. Berlin (noch nicht erschienen).
5 Ebd.
6 Karl May: Das Otto-Victor-Fragment. In: Jahrbuch der Karl-May-Gesellschaft (Jb-KMG) 1986. Husum 1986, S. 89-95
7 Karl May: Ziege oder Bock. In: Neuer deutscher Reichsbote. Jg. 1879. In: Karl May: Ein wohlgemeintes Wort. Frühe Texte aus dem ›Neuen deutschen Reichsboten‹ 1872-1886. Mit einer Einleitung von Peter Richter und Jürgen Wehnert. Lütjenburg 1994, S. 61-88 (Veröffentlichung aus dem Karl-May-Archiv. Bd. 2); etwa zeitgleich mit Richter/Wehnert konnte Lothar Schmid (Karl-May-Verlag, Bamberg) ein Exemplar des ›Neuen deutschen Reichsboten 1879‹ erwerben. Er stellte mir freundlicherweise schon längere Zeit vor Erscheinen des Reprints Kopien der May-Erzählung für Forschungszwecke zur Verfügung.
8 Herbert Meier:»Prinz Otto Victor, der Confusionsheinrich, der Studentenkarl und das Wiannerlinchen ...«. Ein Programm? Anmerkungen zu einem frühen Fragment-Text Karl Mays. In: Jb-KMG 1986. Husum 1986, S. 99
9 Karl May: Die drei Feldmarschalls. In: Weltspiegel. 2. Jg. (1878); Reprint der Karl-May-Gesellschaft. Hamburg 1974.
10 Karl May: Auf der See gefangen. In: Frohe Stunden. 2. Jg. (1878), S. 322f.; Reprint der Karl-May-Gesellschaft. Hamburg 1971 (zitiert im Text: See)
11 Karl May: Die verwünschte Ziege. In: Weltspiegel. 2. Jg. (1878); Reprint der Karl-May-Gesellschaft. Hamburg 1974
12 Richter/Wehnert: Einleitung. In: May: Ein wohlgemeintes Wort, wie Anm. 7, S. 17
13 May: Otto-Victor-Fragment, wie Anm. 6, S. 90
14 May: Auf der See gefangen, wie Anm. 10, S. 322f.
15 Vgl. dazu Meier, wie Anm. 8, S. 107, Anm. 19.
16 Ebd., S. 102-06
17 Ebd., S. 105
18 Vgl. dazu Christoph F. Lorenz: Die wiederholte Geschichte. Der Frühroman ›Auf der See gefangen‹ und seine Bedeutung im Werk Karl Mays. In: Jb-KMG 1994. Husum 1994, S. 161-70.

19 Vgl. Richter/Wehnert, wie Anm. 12, S. 17, Anm. 52.
20 May: Die verwünschte Ziege, wie Anm. 11, S. 729
21 May: Ziege oder Bock, wie Anm. 7, S. 64
22 Wagner, wie Anm. 1, S. 173
23 Ebd., S. 161
24 Vgl. dazu Lorenz: Die wiederholte Geschichte, wie Anm. 18, S. 182-85.
25 May: Otto-Victor-Fragment, wie Anm. 6, S. 90
26 Meier, wie Anm. 8, S. 103
27 May: Die drei Feldmarschalls, wie Anm. 9, S. 602
28 Ebd., S. 666
29 Karl May: Gesammelte Reiseromane Bd. I: Durch Wüste und Harem. Freiburg 1892
 – Ders.: Gesammelte Reiseromane Bd. II: Durchs wilde Kurdistan. Freiburg 1892, vgl.
 Lorenz: Die wiederholte Geschichte, wie Anm. 18, S. 183f.
30 Karl May: Die Sklavenkarawane. Stuttgart 1893 – vgl. Lorenz: Die wiederholte Geschichte, wie Anm. 18, S. 184.
31 Gert Ueding: Eine fröhliche Koexistenz der Methoden und Lesarten. In: Arbitrium 2/1994; wieder abgedruckt in: KMG-Nachrichten 103/März 1995, S. 9ff.
32 Vgl. zur Problematik der ›Gattungsmischung‹ bei May Harald Fricke: Literatur und Literaturwissenschaft. Beiträge zu Grundfragen einer verunsicherten Disziplin. Paderborn 1991, S. 130ff.
33 May: Otto-Victor-Fragment, wie Anm. 6, S. 89f.
34 Ebd., S. 90
35 Ebd., S. 91
36 May: Auf der See gefangen, wie Anm. 10, S. 322
37 May: Otto-Victor-Fragment, wie Anm. 6, S. 92
38 Karl May: Mein Leben und Streben. Freiburg o. J. (1910), S. 8; Reprint Hildesheim-New York 1975. Hrsg. von Hainer Plaul
39 May: Ziege oder Bock, wie Anm. 7, S. 64
40 May: Otto-Victor-Fragment, wie Anm. 6, S. 89
41 May: Auf der See gefangen, wie Anm. 10, S. 371
42 Ebd., S. 322
43 Richter/Wehnert, wie Anm. 12, S. 17
44 So vertritt Rudi Schweikert: Babieça, Befour, Bhowannie. In: Mitteilungen der Karl-May-Gesellschaft 100/1994, S. 30, die Auffassung, May habe der Göttin Bhowannie in Abweichung von der Tradition in ›Scepter und Hammer‹ in freier Phantasie schützende und bewahrende Züge verliehen und folglich könnten die entsprechenden Passagen der ›Juweleninsel‹, in denen Bhowannie als Rächerin und Todesgöttin ohne positive Aspekte erscheint, früher entstanden sein als die von Schweikert herangezogenen Sätze aus ›Scepter und Hammer‹. Diese Annahme, wonach der später erschienene Roman zumindest partienweise früher entstanden sein könnte als sein Vorgänger, basiert allerdings auf einem Irrtum des Verfassers. ›Bhowannie‹ leitet sich von der angloindischen Schreibung ›Bhowanee‹ ab, und dieser Göttername entspricht dem Sanskritnamen ›Bhawânî‹. Die Göttin Bhawânî aber hat traditionell ein Tages- und ein Nachtgesicht (vgl. dazu Christoph F. Lorenz: Verwehte Spuren. Zur Handlungsführung und Motivverarbeitung in Karl Mays Roman ›Die Juweleninsel‹: In Jb-KMG 1990. Husum 1990, S. 278). Mays Phantasie hat also nicht die Gestalt der indischen Göttin »zu einer ambivalenten, auch mütterlich-bewahrenden Gottheit« umgeschmolzen, wie Schweikert: Von Befour nach Sitara – in Begleitung der Wilden Jagd. Über ein mythisches Muster, die Wissensprobe als artistisches Prinzip bei Karl May sowie etwas über sein Lesen, Denken und Schreiben. Ein Fantasiestück in philologischer Manier. In: Jb-KMG 1994. Husum 1994, S. 130, behauptet. Seine Hypothese ignoriert die Tatsachen der indischen Mythologie.
45 Vgl. dazu Gero von Wilpert: Sachwörterbuch der Literatur. Stuttgart [7]1989, Artikel ›Anekdote‹ und ›Episode‹.
46 Lorenz: Die wiederholte Geschichte, wie Anm. 18, S. 171
47 May: Ziege oder Bock, wie Anm. 7, S. 62-63
48 May: Die verwünschte Ziege, wie Anm. 11, S. 745f.

49 Ebd., S. 730
50 May: Ziege oder Bock, wie Anm. 7, S. 72
51 Ebd., S. 75
52 Ebd., S. 79
53 Für die freundlichen Auskünfte zur Familienhistorie der Familie von Greiffenclau und der Geschichte von Schloß Vollrads bin ich Herrn Erwein Graf Matuschka-Greiffenclau, Schloß Vollrads, Oestrich-Winkel, zu großem Dank verpflichtet.
54 May: Verwünschte Ziege, wie Anm. 11, S. 745
55 Ebd., S. 667
56 Schweikert: Von Befour nach Sitara, wie Anm. 44, S. 116-21
57 Vgl. May: Ziege oder Bock, wie Anm. 7, S. 72, und anderswo.
58 Jacob Grimm: Deutsche Mythologie. Bd. 2. Frankfurt a. M., Berlin, Wien 1981, S. 766
59 Ebd., S. 790
60 Ebd., S. 781
61 Ulrich Schmid: Kupferstecher, Kuhhirt, Seelenführer. Nachdenken über Willy E. und Wiltrud von B. In: Jb-KMG 1994. Husum 1994, S. 30-50
62 Empor zum Licht! Zur Entstehungsgeschichte der Sascha-Schneider-Titelbilder für die Gesammelten Reiseerzählungen Karl Mays. Hrsg. von Lothar Schmid. Bamberg 1991, S. 30
63 May: Leben und Streben, wie Anm. 38, S. 300
64 Grimm, wie Anm. 55, S. 790
65 Johann Wolfgang von Goethe: Gedichte in zeitlicher Folge. Frankfurt a. M. 1982, S. 663ff.
66 May: Leben und Streben, wie Anm. 38, S. 141
67 Ebd.

GUDRUN KEINDORF

Formen und Funktion des Reisens bei Karl May.
Ein Problemaufriß*

Es ist eine bekannte Tatsache, daß Karl May ein Mann war, der Reiseerzählungen schrieb, der, abgesehen von seinem letzten Lebensjahrzehnt, selbst nicht in ferne Länder reiste und der trotzdem bzw. gerade deshalb den Nimbus des Reisenden pflegte. Diesen letzten Eindruck festigt der Karl-May-Verlag in Bamberg, indem auf der letzten Umschlagseite der Taschenbücher bzw. auf den Vorsatzblättern der ›grünen Bände‹ Kartenausschnitte oder Weltkarten mit Kennzeichnung der Schauplätze erscheinen.[1] Diese Karten suggerieren, es handele sich um eine Art Reiseführer, der es den Lesern ermöglicht, die Reisen des Helden nicht nur passiv-lesend, sondern auch aktiv-touristisch nachzuerleben.

In der Vergangenheit mangelte es nicht an Versuchen, May als ›Baedeker-Ersatz‹ zu verwenden. In den sechziger Jahren verfolgte Peter Groma die Route des Orientzyklus und begab sich auf Winntous Spuren;[2] zehn Jahre später reisten die Journalisten um Braumann gleich 13 Bänden hinterher,[3] wobei sie einmal mehr durch Kartenbeilagen Authentizität suggerierten.

Insgesamt wird die Tatsache, daß in Karl Mays Werken gereist wird, allenfalls konstatiert, in der Regel aber nicht weiter beachtet. Zwar stellt sich Annette Deeken die Frage nach dem Abenteuertourismus Karl Mays; ihre Hypothese, daß »er aber zu weiten Teilen die Gewohnheiten und gewohnheitsmäßigen Wunschmuster des Touristen reproduziert«,[4] beleuchtet den Schriftsteller aus der Sicht der modernen Tourismuskritik in der Nachfolge Enzensbergers[5] und unterschlägt dabei die Tatsache, daß er zunächst als Kind seiner Zeit zu betrachten ist. Unabhängig davon, ob die oben zitierte Hypothese haltbar ist oder nicht, kann sie doch allenfalls rezeptionsgeschichtlich (›Hat Karl May einen Einfluß auf den modernen Touristen?‹) angewandt werden, denn der Tourismus als gesamtgesellschaftliche Erscheinung ist zu Mays Zeiten erst im Entstehen. An dieser Nahtstelle setzen die folgenden Überlegungen an. Karl May wird als Zeitzeuge verstanden, der zeitgenössische Reiseformen und -möglichkeiten in seine Bücher integriert und sie seinen Intentionen gemäß verwendet. Zudem werden methodische Fragestellungen, z. B. in bezug auf Möglichkeiten und Grenzen einer Quel-

---

* Vortrag, gehalten am 13. 10. 1995 auf der 13. Tagung der Karl-May-Gesellschaft in Bad Segeberg.

lenforschung, angeschnitten. Der vorliegende Beitrag versteht sich als ›Problemaufriß‹, der ohne Anspruch auf Vollständigkeit einen Überblick schaffen will. Auf eine ausführliche Diskussion der Sekundärliteratur mußte aus Platzgründen verzichtet werden; es wird aber auf sie in den Anmerkungen verwiesen.

Bei seiner Haftentlassung am 2. 5. 1874 gibt May als Lebensplan ›Auswanderung‹ an. Angesichts seiner Vergangenheit ist dieser Wunsch durchaus verständlich; wer möchte nicht möglichst viel räumlichen Abstand zwischen unangenehme Erinnerung und Gegenwart bringen? In der Realität kehrt May in seinen Heimatort zurück, um von dort aus nicht nach Amerika, sondern nach Dresden abzuwandern.

Vielleicht gerade deshalb spielen Auswanderer immer wieder eine entscheidende Rolle in seinen Erzählungen. Die Zirkusreiterin Miß Ella wird in der ›Juweleninsel‹ von der Rache nach Amerika getrieben, wo sie als Bowie-Pater den Spuren vergangenen Unrechts nachspürt – ein trivial-romantisches Motiv jenseits der Realität. Auch Mays Alter ego Old Shatterhand startet seine amerikanische Karriere als Auswanderer: *Unerquickliche Verhältnisse in der Heimat und ein, ich möchte sagen, angeborener Thatendrang hatten mich über den Ocean nach den Vereinigten Staaten getrieben, wo die Bedingungen für das Fortkommen eines strebsamen jungen Menschen damals weit bessere und günstigere waren als heutzutage.*[6]

Mit diesem einen Satz beschreibt May die Motivation des Ich-Erzählers, nach Nordamerika zu reisen. Helmut Schmiedt, der diesen Abschnitt unter einem linear-zeitlichen Aspekt betrachtete, stellte fest, daß dies »aber im wesentlichen schon alles (ist), was wir über seine Vergangenheit erfahren: Der Roman beginnt mit seiner Ankunft in den USA, ausführliche Rückblicke auf die vorhergehenden Lebensabschnitte gibt es nicht, die ›Unerquicklichkeit‹ wird nicht näher erläutert«.[7] Ein Grund hierfür ist in der Gesamtanlage des Romans zu finden. Das Kapitel ›Ein Greenhorn‹ hat erzähltechnisch die Funktion, den Ich-Erzähler möglichst schnell in den äußeren Handlungsablauf zu fügen und ihn zugleich von der Masse der Neuankömmlinge abzuheben.

Ein etwas ausführlicheres Bild entwirft May in ›»Weihnacht«!‹. Während einer mehrtägigen Fußwanderung treffen der Ich-Erzähler und sein Freund Carpio auf eine Auswandererfamilie, bestehend aus einem alten Mann mit einer jüngeren Frau und einem etwa 16 Jahre alten Jungen. Der einige Jahre zuvor ausgewanderte Ehemann der Frau hatte ihnen Schiffspapiere geschickt, und sie hatten sich zu Fuß auf den Weg nach Bremen gemacht, um dort das Schiff zu erreichen. Die bezahlten Schiffslegitimationen waren von einem New Yorker Agenten der damals erst ein Jahr bestehenden Bremer Lloyd ausgestellt, und die Fahrt war für die ersten Tage des Februar festgesetzt.[8]

Auch in diesem Fall bleiben weitere Einzelheiten aus. May bevorzugt

in »»Weihnacht!«‹ den längeren Prolog und vermeidet auf diese Weise
Rückblenden, die den Handlungsverlauf hemmen würden. Die Über-
leitung zum Geschehen in Amerika gelingt mit einem einzigen Satz:
Eine Reihe von Jahren war nach dem bisher Erzählten vergangen ...[9]
Im Westen trifft der Ich-Erzähler – jetzt nicht mehr der Schüler
Sappho, sondern der Westmann Old Shatterhand – erneut auf die Auswanderer. Deren Gründe, die Heimat zu verlassen, werden nur angedeutet. *Es war ihnen ein großes Unrecht geschehen, dem sie wehrlos ge-
genübergestanden hatten. Man hatte eine, wie es schien, sehr schwere
Schuld auf sie geworfen, deren Folgen, also der Bestrafung, zu entgehen,
sie geflüchtet waren.*[10]

Dieses Fluchtmotiv ist erzähltechnisch bedingt und nicht unbedingt
als typisch für die Motive realer Auswanderer zu betrachten. Anders
sieht es mit der politisch motivierten Flucht aus: Klekih-petra in ›Winnetou I‹[11] und Old Firehand in ›Winnetou II‹[12] verlassen Deutschland
im Anschluß an die 48er Revolution, deren Scheitern durchaus als Auslöser für Auswandererpläne anzusehen ist. Wieder anders sieht es mit
der Reisegruppe der Steinschneider aus dem Fichtelgebirge in ›Winnetou III‹[13] aus. Diese hatte sich am Heimatort zusammengefunden, die
gesamte Reise gemeinsam vorbereitet und unternommen und versucht
dann am Zielort, eine neue Existenz aufzubauen.

Auswanderer schiffen sich ein[14]

Genau solch eine Reisegruppe war es, die in Mays Jugend von Hohenstein-Ernstthal aus nach Amerika aufbrach. Wenn auch die in der Selbstbiographie aufgezählten Leistungen in punkto Erwerb von Fremdsprachenkenntnissen einem gewissen Rechtfertigungsbedürfnis entsprechen und als wohl übertrieben angesehen werden müssen, so bleibt doch die Tatsache bestehen, daß Mays eigene Erfahrungswelt die Realität der Auswanderung einschloß. Er entwirft in ›Winnetou III‹ ein idyllisches Bild von einer eingeschworenen Gemeinschaft, die die gesamte Reise zusammen macht und sich auch am Ziel nicht auflöst. Hinter dieser scheinbaren Idylle versteckt sich das Wissen um die Härten der Reise, die sich nur durch festen Zusammenhalt mildern ließen. Epidemien wie Cholera, Ruhr oder Typhus waren auf den großen Schiffen[15] an der Tagesordnung.

Hatte man diesen Transport überlebt, so zwangen finanzielle ebenso wie sprachliche Schwierigkeiten den einzelnen dazu, sich auch in der Neuen Welt der Gruppe anzuschließen.[16]

Zusammenfassend läßt sich sagen, daß May keinen ›Auswandererroman‹ schreibt. Das Motiv ›Auswanderung‹ dient ihm als Mittel, um Personen von A nach B, an den Handlungsort zu bringen. Diese Personen erscheinen entweder einzeln (als Helden) oder in Gruppen (als von den Helden zu rettende Masse). Einzelheiten über Reisedauer, Kosten, soziale Hintergründe oder Erwartungshaltungen[17] spielen dabei kaum eine Rolle. Gleichzeitig aber ist in der zweiten Hälfte des 19. Jahrhunderts die Auswanderung ein gesellschaftliches Phänomen, das allgemein geläufig und präsent ist. Es sind häufig die sozial Schwachen, die alle Brücken abbrechen, um sich in Amerika ein neues Leben aufzubauen. Analphabetismus und finanzielle Schwierigkeiten am Zielort sind oft genug Gründe, warum der Kontakt zur Heimat nur sporadisch hergestellt werden kann oder ganz abbricht.[18] Es muß also in bezug auf das Thema Auswanderung mit einer gewissen Lesererwartung gerechnet werden, denen Mays Erzählungen entgegenkamen.

Während die Auswanderung eine lineare Reise, d. h. von einem Ort zum Ziel ist, hat die Handelsreise in der Regel einen zirkulierenden Charakter; der Weg führt zurück zum Ausgangspunkt der Reise. Unter den Handelsreisenden in Mays Erzählungen fällt ein Kolporteur, Ali der Buchhändler, auf,[19] der selbstgeschriebene Zettel mit heiligen Sprüchen verkauft, die er als aus dem heiligen Mekka stammend ausgibt. Eigentlich hätten die Hüter der Kaaba diese Zettel schreiben sollen, aber Ali hat sie selbst hergestellt und macht nun Geschäfte mit der Gutgläubigkeit der Leute. Was May an anderer Stelle sicher als üblen Betrug gebrandmarkt hätte, erhält in diesem Fall seine Berechtigung dadurch, daß Ali seinen gelähmten Vater ernähren muß. Der fromme Betrug wird noch weiter dadurch gemildert, daß Ali von den Reichen mehr für seine Zettel verlangt als von den Armen.

Mit der Einführung des Kolporteurs in die Handlung schafft May für die Leser ein vertrautes Element, das es ermöglicht, sich im exotischen Rahmen zurechtzufinden. Der Orientzyklus entstand in dem gleichen Zeitraum, in dem May das zweite Mal für Münchmeyer arbeitete. Die Einführung des Wanderbuchhändlers Ali hat also wohl biographische Hintergründe; diese Überlegung wird durch die Tatsache gestützt, daß der Beruf Alis für den weiteren Handlungsablauf völlig belanglos ist. Aus diesem Grund liefert May auch keine weiteren Informationen, etwa über Wanderungskreis, Reisegeschwindigkeit oder gar die Motivation, den Beruf zu ergreifen.[20] Für eine biographische Spiegelung spricht zudem die Szene um die Uhr. Der Kolporteur Ali (May als Kolportageschriftsteller) ist überzeugt, ein Meisterwerk zu erschaffen. Kara Ben Nemsi (Mays Wunsch-Ich) führt ihm mit seiner ›High-tech-Repetieruhr‹ die wahren Möglichkeiten des Berufes vor Augen.[21]

Auch ein anderer Handelsreisender des Orientzyklus ist wohl biographisch bedingt, wie Walther Ilmer 1984 ausführte.»In Martin Albani manifestiert sich nämlich der Anfang 1870 als angeblicher A-l-b-i-n W-a-denbach herumstreunende May«.[22] Ilmer erklärt die Entstehung der Madi Arnaut/Martin Albani-Episode nicht nur aus einer reinen Buchstabenspielerei, sondern als Exotisierung des eigenen Erlebens und Positivierung des eigenen Ichs in der Phantasie. Im konkreten Fall werden die negativen Aspekte auf Albani übertragen, den May alsbald ertrinken läßt, um so ein Stück bösen Teil-Ichs versinken zu lassen.

Anders als die Handlungsreisenden, die man ihrer Produkte wegen frequentiert und dann wieder vergißt, finden die Forschungsreisenden im 19. Jahrhundert ein reges Interesse in der breiten Öffentlichkeit: *»Ich heiße Emil Schwarz und bin hier, um die Fauna und Flora des Landes zu studieren und in möglichst vielen Präparaten mit nach Hause zu nehmen.«*[23] *– »Der letzte Bote, der mir aus der Seriba ... Omm et Timsah ... gesandt wurde, teilte mir mit, daß dort zwei Weiße, ein junger und ein alter, eingetroffen sind, welche Gewächse suchen, um sie zwischen Papierblätter zu legen, und Käfer, Schlangen und allerlei Gewürm fangen, welches sie in Flaschen stecken.«*[24]

Mit diesen knappen Sätzen kennzeichnet May die Gründe für den Aufenthalt der drei Gelehrten Emil und Joseph Schwarz und Ignatius Pfotenhauer im Sudan. War in ›Winnetou I‹ die Auswanderung der Grund für die Ankunft des Helden am Schauplatz der Abenteuer, so ist es in der ›Sklavenkarawane‹ der Wissensdurst. Die Erzählung entstand auf Anregung des Verlegers Spemann, den Schauplatz nach Afrika zu verlegen. Vor dem zeitgenössischen Hintergrund der »Kämpfe um Ausrottung des Sklavenhandels im südlichen Ägypten und im Sudan«[25] zeigt die Erzählung eine Aktualität, die der damaligen Diskussion Rechnung trägt. Der Sklavenhandel wird aufs schärfste verdammt, und May gibt sich alle Mühe, die Farbigen als – zumindest auf seelischem

Gebiet – gleichwertige Menschen darzustellen, um gegen das zu seiner Zeit geläufige Vorurteil, es handele sich um ›eher den Tieren als den Menschen vergleichbare Wesen‹, vorzugehen. Der Kampf um die Menschenrechte der Farbigen wurde vor allem von Dr. Emin Pascha geleitet, der auch in Deutschland sehr populär war – nicht zuletzt deshalb, weil das seine Heimat war.

Erst 1862 hatten Speke und Grant die Nilquellen entdeckt, 1865-67 durchquerte Rohlfs Nordafrika von Tripolis nach Lagos, 1867-73 erforschte Livingstone das Kongogebiet, und 1869-74 durchquerte Nachtigal die Sahara und den Sudan. Während May an der ›Sklavenkarawane‹ schrieb, durchquerte Stanley Zentralafrika.[26] All diese Expeditionen wurden international mit starkem Interesse verfolgt – ein Grund mehr, den Schauplatz einmal nach Schwarzafrika zu verlegen.

Die gesamte Erzählung ist nach didaktischen Überlegungen konzipiert; ethisch-humanitäre Überzeugungen in bezug auf die Sklavenfrage sind ebenso bruchlos in die Handlung integriert wie erdkundlicher, völkerkundlicher, botanischer und zoologischer Lehrstoff.[27] Interessant ist in diesem Zusammenhang Mays Umgang mit den Quellen. 1981 hat Bernhard Kosciuszko die Quellen der Sudanromane herausgearbeitet.[28] Eines der wesentlichen Werke, die May benutzte, ist ein 1874 in Wien erschienenes Buch von Ernst Marno, das sich unter der laufenden Nummer 501 in Mays Bibliothek befindet.[29] May verwendet Marnos Werk als Informationsquelle bezüglich Naturkunde, Ethnologie und Geographie; in bezug auf die Sklavenfrage argumentiert er jedoch völlig anders. Während Marno als Darwinist die Sklaverei als Teil der Naturgesetze ansieht und sich lediglich für eine Milderung der Härten einsetzt, veröffentlicht May ein glühendes Credo gegen die Sklaverei. Er vertritt sogar die heute noch modern klingende Vorstellung einer ›Hilfe zur Selbsthilfe‹, indem er Schwarz vorschlagen läßt, bei den Niam-niam eine Forschungsstation anzulegen, um neue Beschäftigungsfelder für die einheimische Bevölkerung zu schaffen, denn: *»Wenn sie mit Hilfe eines solchen Handels das verdienen, was sie brauchen, so werden sie von dem verderblichen Sklavenhandel lassen.«*[30]

Die Quellenzitate machen nur einen Bruchteil des Gesamtumfanges der ›Sklavenkarawane‹ aus und haben den Zweck, knappe Realitätsmale für die Abenteuerhandlung zu setzen. Dabei legt May sein Vorwissen der unterprivilegierten Schicht als Selbstdarstellung in den Mund, ein in der europäischen Reiseliteratur seit der frühen Neuzeit gängiges Verfahren.

Neben den mehr oder weniger wörtlichen Zitaten muß man bei May jedoch noch mit anderen Quellen rechnen. Seine Kindheit nach der Wiedererlangung des Augenlichtes ist geprägt von dem umbarmherzigen Einpeitschen von Wissen seitens des Vaters. May beschreibt in seiner Selbstbiographie eindrucksvoll, wie er gezwungen war, unnützes

Wissen auswendig zu lernen, ohne daß er die Chance gehabt hätte, zu lernen, wie man mit dem erworbenen Wissen umgeht. Somit ist gerade bei ihm mit einem hohen Prozentsatz an erinnertem Wissen zu rechnen. Zwar hat die Lehrerausbildung das genannte Manko aufgedeckt; es ist jedoch davon auszugehen, daß May sich von der in der Jugend eingeübten Art der Wissensaufnahme nicht vollständig lösen konnte. Entsprechend wird er oft erinnertes Wissen verwandt haben, ohne sich über dessen Herkunft Rechenschaft abzulegen. Dieses erinnerte Wissen entstammt zwangsläufig dem zeitgenössischen Diskurs über das entsprechende Thema. Zeitungsberichte,[31] Vorträge und Gespräche mit Bekannten sind als Quellen ebenso in Rechnung zu setzen wie seine Bibliothek.[32] Greift er also, wie in der ›Sklavenkarawane‹, ein aktuelles Thema auf, so tritt er gewissermaßen in Dialog mit seinen Lesern, die ebenso wie er an der zeitgenössischen Diskussion teilhaben.

In diesem Zusammenhang dürfen Bildquellen als Träger assoziativen Wissens nicht unerwähnt bleiben. In der zweiten Hälfte des 19. Jahrhunderts sind populärwissenschaftliche Zeitungen wie der ›Globus‹ sehr beliebt.[33] Eine dort abgebildete Zeichnung von Sklaven, die von Händlern zurückgelassen wurden, korrespondiert mit Mays Beschreibung der Zustände auf der Reise vom zerstörten Dorf der Farbigen zur Seriba der Sklavenjäger.

Da May den entsprechenden Jahrgang des ›Globus‹ besaß, könnte das Bild durchaus eine Inspiration geboten haben. Andererseits löst die

Aus ›Innerafrika I‹ (Globus. 29. Jg. (1876)), S. 164

Lektüre seiner Erzählung wiederum Assoziationen bei den Lesern aus. Zeitschriften wie die ›Gartenlaube‹ arbeiten sehr stark mit Abbildungen, die beim Lesen erinnert werden. Es ist gerade diese Art des Autor-Leser-Dialogs, die als eine wichtige Grundlage für den Erfolg der Erzählungen angesehen werden muß. Diese Aussage ist keineswegs auf die Orient-Romane beschränkt. Zu Mays Zeiten sind die Indianer-Kriege in Nordamerika wenn nicht Tagesgespräch, so doch zumindest in der Öffentlichkeit präsent. Zu einem Zeitpunkt, an dem der Ausspruch vom ›toten Indianer, der ein guter Indianer ist‹ weitgehend unwidersprochen bleibt, macht May einen Angehörigen der nordamerikanischen Urbevölkerung zum Hauptheld.

Das südamerikanische Pendant zur ›Sklavenkarawane‹ bildet ›Das Vermächtnis des Inka‹. Wissenschaft und die Fähigkeit, allen Gefahren zu trotzen, sind hier nicht in einer Person vereint, wie es bei den Brüdern Schwarz und bei Pfotenhauer der Fall ist, sondern aufgeteilt zwischen dem kühnen, alles überblickenden Vater Jaguar – der sich später als Mann herausstellt, der in der Wissenschaft durchaus mitsprechen kann – und dem Paläontologen Dr. Morgenstern, dem ein skurriler Zug nicht abzusprechen ist. Einerseits ist er so von seiner Wissenschaft durchdrungen, daß er seine Umwelt vergißt, andererseits hält er ein geheimes Waffenlager für das Skelett einer Riesenschildkröte. Dabei kommt die Wissensvermittlung keineswegs zu kurz. Neben eingestreuten lateinischen Vokabeln gibt es immer wieder Einschübe zur Entwicklungsgeschichte der Erde, die durchaus dazu geeignet sind, jugendliche Leser zu einer weitergehenden Beschäftigung mit dem Thema anzuregen. Über der liebevollen Schilderung des Dr. Morgenstern darf – das gilt auch für die ›Sklavenkarawane‹ – nicht übersehen werden, daß May keinesfalls das Ziel einer Forschungsreise beschreibt. Wo z. B. bei Jules Vernes ›Reise zum Mittelpunkt der Erde‹ Wissensdurst, Reise und Abenteuer[34] sich wechselseitig bedingende Elemente der Erzählung sind, bildet hier die Forschungsreise nur den Anlaß, einen Akteur an den Schauplatz des Geschehens zu bringen. Die Hauptreise dient dazu, einen Knaben namens Anton Engelhardt auf dem Weg von Buenos Aires zu seinem Vater nach Lima zu begleiten. Dieser Reisegruppe schließt sich Morgenstern an. Daß er schließlich sein Megatherium findet, ist nicht Ergebnis seiner Reise, sondern eine List des Vaters Jaguar, um den lästigen, weil ungeschickten, Reisebegleiter loszuwerden: *Der Vater Jaguar aber sagte zu Geronimo, als sie mit den andern nach dem Lagerplatz zurückgekehrt waren und sich dort niederließen: »Ich habe meinen Zweck erreicht. Dieser Gelehrte wird uns mit seinem Diener keinen Schaden mehr machen. Die beiden bleiben hier fest kleben. Ich glaube, sie ließen sich von zehn Pferden nicht fortziehen. Wir können also ruhig hinauf in die Berge, ohne befürchten zu müssen, daß sie uns wieder einen ihrer Eulenspiegelstreiche spielen«.*[35]

Auch die moslemische Pilgerreise, die Hadsch, bildet für May eine Möglichkeit, Abenteuerhandlung in Szene zu setzen. Im ersten Band des Orientzyklus bedient er sich des Streitgesprächs, um Informationen über das moslemische Weltbild – insbesondere in bezug auf Himmel und Hölle – an die Leser zu bringen[36] und um so religiöse Toleranz zu wecken. In der Erkenntnis, daß Vorurteile im wesentlichen auf Unkenntnis oder Falschinformation[37] beruhen, bemüht sich May, durch teilweise seitenlange Informationen, diese Unkenntnis zu verringern. So läßt er Scheik Malek erklären, wie ein ordnungsgemäßer Besuch in Mekka auszusehen hat.[38] Die darauf folgende Pilgerreise Halefs, im wesentlichen vom Ablauf her korrekt beschrieben,[39] bildet den Auslöser für ein neues Abenteuer und bleibt im Gesamtkontext des Bandes eine Episode.

Die wohl berühmteste Reise eines Europäers nach Mekka stellt die von Burton, Anfang der fünfziger Jahre des vorigen Jahrhunderts, dar. Damals war es für einen Christen lebensgefährlich, eine solche Reise zu unternehmen. Genauso gefährlich aber war es für einen Moslem, Christen bei der Ausführung behilflich zu sein. So entschuldigt sich ein anderer europäischer Mekkareisender, Heinrich Freiherr von Maltzan, für das späte Erscheinen seiner Reisebeschreibung mit dem Hinweis, er habe das Leben seines arabischen Helfers nicht gefährden wollen und erst dessen natürlicher Tod habe ihn bewogen, das Buch mit vierjähriger Verspätung zu veröffentlichen.[40] Maltzan hatte, nachdem er 1853 Burton in Kairo getroffen hatte, beschlossen, ebenfalls diese Reise zu unternehmen. Nach Vervollständigung seiner Sprachkenntnisse schloß er sich mit falschem Paß einer Pilgerkarawane an und besuchte Mekka während des Wallfahrtmonats.

Der Reisende Kara Ben Nemsi muß sich ebenfalls verstellen, um die heilige Stadt betreten zu dürfen. Das stellt auch Amscha, die Tochter Scheik Maleks und Karas Mitwisserin, fest: »*Du gleichst ganz und gar einem Eingeborenen; aber trägt ein Araber solche Waffen? Laß deine Flinte hier und nimm die meinige dafür*«.[41]

Damit hören die Parallelen zu Maltzan weitgehend auf. Während dieser sich vollständig assimiliert, weigert sich Kara, dieses zu tun. Seine Motivation offenbart er in einem Gespräch mit dem Triester Kaufmann Martin Albani, von dem bereits weiter oben die Rede war: »*Und Sie wissen auch, wie sich die Pilger zu benehmen haben?*« »*Auch das; doch ist gewiß, daß mein Benehmen nicht genau das der Pilger sein würde. Wollte ich ihren Gebräuchen folgen, mich den vorgeschriebenen Ceremonien unterwerfen und gar zu Allah beten und seinen Propheten anrufen, so würde dies gewiß eine Versündigung gegen unsern heiligen Glauben sein.*« ... »*Darf man der Wissenschaft nicht ein Opfer bringen?*« »*Doch, aber kein solches. Uebrigens bin ich gar kein Mann der Wissenschaft. Sollte ich Mekka je erreichen, so hat es nur den Wert, daß ich es gesehen habe und unter Bekannten einmal davon erzählen kann*«.[42]

Diese Motivation – auf den ersten Blick rein touristische Neugierde – hat ihren Grund in der Struktur des Handlungsmusters, das die Abenteuerreise in einzelnen Erlebnishöhepunkten abhandelt, so daß auf das spezielle Erlebnis Mekka nichts weiter als nur ein Schlaglicht fallen kann. Der Versuchung, den eigenen Glauben doch noch zu verleugnen, kann Kara nicht erliegen, denn kaum an der Kaaba angekommen, wird er erkannt – von Abu Seïf, dem Räuber, dem er erst kurz vorher entkommen war. Mit dem Moment des Erkennens setzt eine wilde Verfolgungsjagd ein, die aus dem Stadtbild Mekkas wieder herausführt. Damit ist das Thema Pilgerreise abgehandelt. May erledigt sozusagen im Vorbeiritt, was er den Lesern schuldig ist – die Bestrafung des Räubers und Mädchenschänders Abu Seïf. Die Flucht aus Mekka bildet dann wiederum den Anlaß zu einem abrupten Schauplatzwechsel, der May der Mühe enthebt, eine Reiseroute zu beschreiben, und der direkt in das nächste Abenteuer führt: *Ich war mit den Ateïbeh bis in die Wüste En Nahman gezogen, da ich es nicht wagen konnte, mich im Westen des Landes sehen zu lassen. Die Nähe von Maskat verlockte mich, diese Stadt zu besuchen.*[43]

Mays Hauptpersonen bewegen sich stets einzeln oder in kleinen Zusammenschlüssen auf ungebahnten Wegen; interessant ist also die Frage nach der Bewertung des Reisens. Im ersten Band des Orientzyklus legt May Kara Ben Nemsi ein eindeutiges Bekenntnis zum Individualtourismus in den Mund: *»Man hört und liest jetzt sehr oft, daß das Leben immer nüchterner werde und es gar keine Abenteuer mehr gebe. Vor nun wenigen Wochen sprach ich mit einem viel gereisten Gelehrten, welcher geradezu die Behauptung aufstellte, man könne die alte Welt von Hammerfest bis zur Capstadt und von England bis nach Japan durchreisen, ohne nur eine Spur von dem zu erleben, was man Abenteuer nennt ... Eine Reise per Entreprise oder mit Rundreisebillet wird sehr zahm sein, selbst wenn sie nach Celebes oder zu den Feuerländern gehen sollte. Ich ziehe das Pferd und das Kamel den Posten und Bahnen, das Kanoe dem Steamer und die Büchse dem wohl visierten Passe vor; auch reise ich lieber nach Timbuktu oder Tobolsk als nach Nizza oder Helgoland; ich verlasse mich auf keinen Dolmetscher und auf keinen Bädeker ...«*[44]

Offensichtlich braucht der Mensch das Abenteuer; da das Leben selbst immer ›zahmer‹ wird, muß er auf Reisen gehen, um so etwas wie einen ›thrill‹ mitzubekommen: *»Die Recken früherer Zeiten zogen aus, um Abenteuer zu suchen; die jetzigen Helden reisen als Commis-voyageurs, Touristen, Sommerfrischler, Bäderbummler oder Kirmeßgäste; sie erleben ihre Abenteuer unter dem Regenschirme, an der Table d'hôte, bei einer imitierten Sennerin, am Spieltische und auf dem Scating-Ring.«*[45]

Allerdings sind es nicht solche Durchschnittstouristen, die in Mays Erzählungen eine Rolle spielen. Als Tourist in Reinkultur taucht immer wieder der Typus vom reisenden Engländer auf, dem Geld nichts bedeutet und der nur durch die Welt reist, um Abenteuer zu erleben, die er dann zu Hause im Reiseclub erzählen kann. Sir David Lindsay (›Durch Wüste und Harem‹, ›Durchs wilde Kurdistan‹, ›Von Bagdad nach Stambul‹, ›Der Schut‹, ›Im Reiche des silbernen Löwen III‹), Sir Emery Bothwell (›Die Gum‹, ›Satan und Ischariot II/III‹) und Sir John Raffley (›Der Girl-Robber‹) sind die drei Gentlemen, die dem Ich-Erzähler in verschiedenen Episoden immer mal wieder über den Weg laufen, ihn durch ihre Eigentümlichkeiten in zahlreiche Abenteuer reißen, ihn andererseits aber auch durch ihre Großzügigkeit aus pekuniären Engpässen retten.

Um die Verwendung des ›Typus vom reisenden Engländer‹ einzuordnen, ist ein kleiner Exkurs zur Geschichte der Reise nötig.[46] Bis weit in das 18. Jahrhundert hinein bedeutet Reise nicht Vergnügen, sondern Beschwerlichkeit. Entsprechend ist das Reisen zweckorientiert und wird als notwendiges Übel betrachtet. Ende des 18. Jahrhunderts sorgen technische Verbesserungen im Kutschenbau für mehr Komfort, die Einrichtung von regelmäßig befahrenen Postlinien vermindert die Risiken der Reisen. Der Ausbau dieses Verkehrssystems sorgt in der Folgezeit für eine gewisse Demokratisierung des Reisens, indem nun auch Bevölkerungsschichten, die traditionellerweise nicht oder zu Fuß reisten, die Möglichkeit bekamen, den Postwagen zu benutzen. Zudem kommt ein kulturelles Antriebsmoment hinzu. Im Zuge der Aufklärung wird das Reisen in bürgerlichen Kreisen als Muß bewertet und damit salonfähig. In England setzt dieser Prozeß – bedingt durch die frühere Industrialisierung mit der damit verbundenen Entstehung einer

Engländer fahren mit Extrapost in Deutschland (Radierung Deutsches Postmuseum, Frankfurt a. M.)[47]

301

neureichen Bürgerschicht – wesentlich eher ein als in Deutschland. Entsprechend sind es zuerst reisende Engländer, die den Kontinent besuchen, die Alpen als Ziel entdecken und aus sportlichem Ehrgeiz zu Gipfelstürmern werden. Eine zeitgenössische Radierung spiegelt den Eindruck wider, den diese frühen Touristen gemacht haben.

Mit seinen reisenden britischen Gentlemen verwendet May also ein den Lesern geläufiges Motiv. Addiert werden angeblich nationaltypische Attribute wie Wettleidenschaft, Wortkargheit und ein Hang zu ›Eigentümlichkeiten‹. Dazu gesellt sich ein auf kolonialistische Erfolge gegründeter Nationalstolz, der bei Lindsay und Raffley – dessen Entwicklung in ›Und Friede auf Erden‹ in diesem Zusammenhang unberücksichtigt bleibt – zu einer Unfähigkeit führt, sich den jeweiligen Situationen anzupassen. So reist Lindsay mit einer eigenen Dampfjacht, zwei Dienern und umfangreichem Gepäck; die Pferde kommen gleich beim ersten Abenteuer abhanden, weil Lindsay, statt Wache zu halten, auf einem weit entfernten Hügel nach ›Fowling-Bulls‹ Ausschau hält.[48] Nach der glücklichen Wiedererlangung der Pferde verlangt Kara Ben Nemsi eine Reduzierung der Ausrüstung: *Lindsay wollte anfangs sehr viel Gepäck und auch Proviant mitnehmen, ich aber hatte ihn zu einer andern Ansicht gebracht. Wer ein Land kennen lernen will, der muß auch lernen, sich auf die Gaben desselben zu beschränken, und ein Reiter darf nie mehr bei sich haben, als sein Tier zu tragen vermag.*[49]

Es wird nicht weiter erläutert, was Lindsay alles mit sich führen wollte, man erfährt nur von einer *rätselhafte(n) Hacke,*[50] die im Ernstfall nicht zu gebrauchen ist, und an anderer Stelle von einer *Hat-Box,* von der sich der Lord nicht trennen will.[51]

Diese Beschränkung auf das Allernotwendigste entspricht in keiner Weise dem üblichen Verhalten europäischer Reisender um die Jahrhundertwende. So zählt ein 1910 erstmals ins Deutsche übersetzter britischer Ratgeber[52] auf 40 Seiten die notwendigen Kleinigkeiten einer solchen Reise auf: Wollene Unterkleidung, Hemden, Westen, Leibbinde, Tropenhelm, weicher Hut, Sonnenschirm mit weißem Überzug und ein bis zwei Ersatzüberzügen, Strümpfe und Socken aus ungebleichter Wolle, Stiefel, Nägel zum Benageln der Sohlen, Schuhe, Gamaschen, Hausschuhe, Moskitonetz, Schnürsenkel, Leder, Handwerkszeug zum Besohlen der Stiefel, Tropenanzüge in verschiedenen Variationen, Gesellschaftsanzüge, Hosenträger, Gürtel, wasserdichter Regenmantel, warmer wollener Überzieher, Poncho, wollene Pyjamas mit Verschluß vorne gegen Erkältungen, Schlafsack, Wolldecken, baumwollene Laken, Zelt mit Doppeldach, Bettstelle, zusammenlegbare Roßhaar- oder Korkmatratze, Kopfkissen, Leinenbezüge, fester Tisch mit hölzerner Platte und zusammenlegbaren eisernen Füßen, tragbare Stühle, mit Waschständer kombinierte Badewanne aus Segeltuch oder Aluminium, zusammenlegbare Lampen, Kochgeschirr (Kessel, Kochtöpfe,

Backapparat, Bratpfanne, Kuchenbleche, Küchenbesteck, Schüsseln, Gewürze), Speisegeschirr für sechs Personen, Tischtuch, Servietten, Büchsenöffner, Korkenzieher, Streichhölzer, Spirituskocher, Proviantkisten (konzentrierte Nahrungsmittel, Tee, Kaffee, Kakao, Fleischkonserven, getrocknetes Gemüse, Mehl, Zwieback), Reiseapotheke, Filter, Handtücher, Schwämme, Seife, Zahnbürsten, Zahnpasta, Aluminiumkämme, Rasierzeug, Nagelbürsten, Haarschneidemaschine, zusammenlegbarer Spiegel, Reisetoilette, Klosettpapier (vor der Verwendung von Zeitungspapier wird wegen der Infektionsgefahr gewarnt), Desinfektionsmittel, photographische Ausrüstung, Feldstecher, Taschenuhren mit Weckvorrichtung, Barometer, Thermometer, Kompasse, Entfernungsmesser, Landkarten, Nähausrüstung, Sattelzeug, Reitausrüstung, Jagdausrüstung, Eingeborenenartikel zum Tausch und als Geschenk.

Diese sicher noch nicht vollständige Aufzählung gibt einen bezeichnenden Einblick in den Gepäckumfang europäischer Reisender auf fremden Kontinenten und läßt erahnen, was der ›reisende Engländer‹ auf seiner Jacht transportierte. Die Manie, alles immer dabei haben zu müssen, um so wenig wie möglich auf die Erzeugnisse des bereisten Landes angewiesen zu sein, war schon in der Mitte des 19. Jahrhunderts weit verbreitet und sorgte für einen wirtschaftlichen Ausschwung der Zulieferindustrien, die sich gegenseitig mit immer praktischeren und

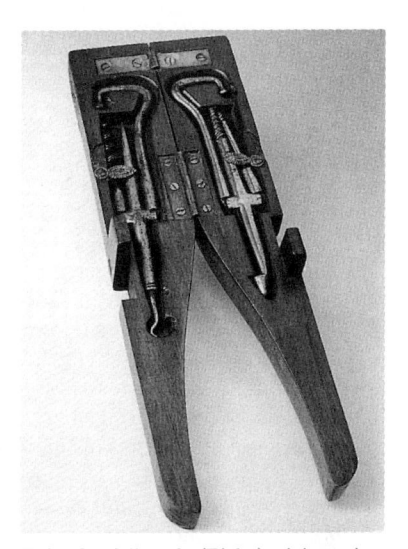

Reise-Stiefelknecht (Eiche) mit integriertem Werkzeug (Schuhanzieher, Korkenzieher, Schraubenzieher kombiniert) England, 19. Jahrhundert[53]

Klappstuhl einer Tisch- und Stuhlgarnitur als Reisezubehör, Mitte 19. Jahrhundert. Bügel der Lehne nach unten geklappt[54]

komprimierteren Reisegerätschaften zu überbieten versuchten, wie der Reise-Stiefelknecht mit integriertem Werkzeug oder der Klappstuhl illustrieren.

Sir John Raffley mit seiner geliebten ›Chair-and-umbrella-pipe‹, die er vom ›Travellers-Club‹ in London geschenkt bekommen hatte, ist in ›Der Girl-Robber‹ eine gelungene Karikatur diese Typus eines Reisenden.[55] Auch sein Reiseclub ist keineswegs eine Maysche Fiktion, sondern bereits 1872 als einer von 78 Clubs in London belegt. Eine der Clubregeln gab an, »that no person be considered eligible to the Traveller's Club who shall not have travelled out of the British Islands to a distance of at least 500 miles from London in a direct line«.[56]
Der ›echte Held‹ reist natürlich nur mit dem Nötigsten versehen. Allerdings unterlaufen May gelegentlich Flüchtigkeitsfehler. So hat Kara Ben Nemsi in ›Durch Wüste und Harem‹ bei der Flucht vom Schiff des Abu Seïf die *Uhr, den Kompaß, das Geld* bei sich und rettet die unersetzlichen Gewehre;[57] nach nur wenigen Stunden in Dschidda, die völlig mit der Bekanntschaft Martin Albanis ausgefüllt sind, führt er bei den Ateïbeh Papier und Schreibzeug mit sich, ohne daß man zu sagen wüßte, woher er es gezaubert haben könnte. Ohne Reiseschreibzeug hätte auch das Abenteuer um die Aladschy[58] nicht stattfinden können. Hier ist der Drang, sich als Reiseschriftsteller zu präsentieren,[59] stärker als die Einsicht, daß ein solches Reiseschreibzeug (siehe Tafel I) nur bedingt in dem Gepäck eines Abenteurers Platz findet, als den er sich ausdrücklich bezeichnet: *Freilich war dies nicht so leicht, als es sich erzählen läßt. Welche umständlichen und umfangreichen Vorbereitungen trifft der Schweizerreisende, ehe er sich anschickt, einen der Alpenberge zu besteigen! Und was ist sein Unternehmen gegen dasjenige eines einsamen Westmannes, der es wagt, im Vertrauen auf nur sich allein und seine gute Büchse Gefahren entgegen zu gehen, von denen der zahme europäische Tourist gar keine Ahnung hat! Aber gerade diese Gefahren sind es, die ihn locken und bezaubern.*[60]
Der Abenteurer Kara Ben Nemsi/Old Shatterhand bewegt sich also ebensowenig auf gebahnten Pfaden wie die zahlreichen anderen Helden seiner Erzählungen. Hauptfortbewegungsmittel ist das Pferd. Hier ist an erster Stelle der berühmte Rih zu nennen. May hat die Schwierigkeit, einem Publikum den Genuß eines Rittes auf einem edlen Araberhengst beschreiben zu müssen, das – ebenso wie er selbst – wohl zu großen Teilen ein solches Pferd noch nicht einmal zu Gesicht bekommen hatte: *Die Geschwindigkeit einer Lokomotive oder eines Eilkameles hätte nicht vermocht, diejenige dieses Pferdes zu erreichen, und dabei war der Lauf desselben überaus glatt und gleichmäßig.*[61] *– »Er flog erst wie ein Pfeil und dann wie ein Gedanke.«*[62] *– Für Rih genügte das Wörtchen ›kawahn – schnell!‹ Kaum hatte ich es gesprochen, so flog er wie ein Pfeil dahin. In kaum einer Minute hatte ich die enge Schlucht erreicht. Der Rap-*

Tafel I: Reiseschreibzeug um 1850, Holz, Leder, Samt, Messing und andere Materialien

Tafel II: Plakat von Carl Flemming, Glogau, vor 1893

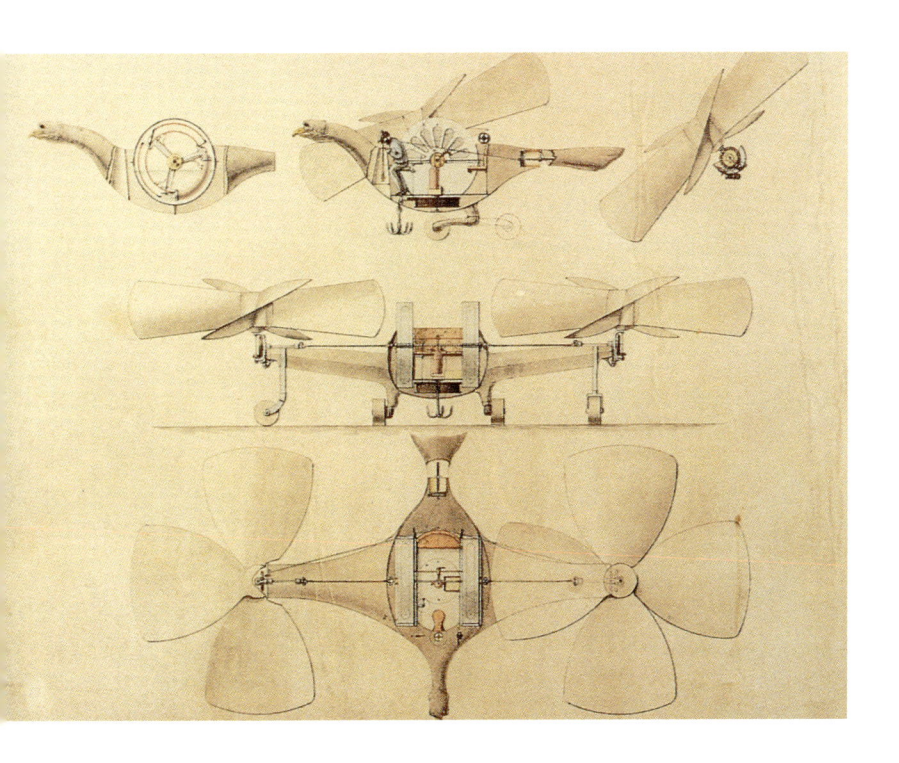

Tafel III: Kolorierter Plan des Schwenkpropellerflugzeugs ›Deutscher Adler‹ von Wilhelm Bauer, 1870

pe schoß zwischen den engen Felsen dahin wie ein Bolzen im Blasrohr.[63]
– Bei diesen Worten schoß ich an ihm vorüber. *Es war, wie wenn ein Eilzug an einem langsamen Güterzug vorübersaust.*[64] Diese vier Zitate haben ihren Ursprung in der zeitgenössischen Eisenbahn-Rezeption. Ursprünglich werden Tier und Maschine als Gegensatz gesehen. »Das Tier bewegt sich nicht gleichmäßig und kontinuierlich vorwärts, sondern auf unregelmäßig humpelnde Weise (...) Dies ist deutlich spürbar beim Reiten (...) Eine Maschine kennt derartige Beschränkungen nicht; die Lokomotive fährt gleichmäßig und schnell auf den Schienen, nicht im geringsten eingeschränkt durch die Geschwindigkeit ihrer Bewegungen«.[65] Diese Faszination von Geschwindigkeit, Gleichförmigkeit, Regelmäßigkeit und beliebiger Dauer entwickelt sich im Verlauf der folgenden Jahrzehnte zu einem feststehenden Topos, den die Generation Mays bereits verinnerlicht hat. Indem May nun Rih mit den Attributen ausstattet, die eigentlich der Maschine zustehen, beweist er zum einen, daß seine Pferdekenntnis äußerst gering ist. Zum anderen – und das ist der entscheidende Punkt – erhebt er Rih in den Status modernster Technologie; ja Rih ist dieser sogar überlegen, weil er nicht an die Schienen gebunden ist. Diese Beobachtung gründet sich nicht nur auf die Zitate, in denen Pferd und Eisenbahn direkt miteinander verglichen werden, sondern auch auf die übrige Bildersprache. So vergleicht der englische Politiker Thomas Creevy 1829 die Zugfahrt mit einem Flug.[66] Die Eisenbahn wird zudem immer wieder als Projektil beschrieben, in dem die Reisenden durch die Landschaft geschossen werden. Noch 1889, als die Eisenbahn kulturell vollkommen assimiliert ist, hat die Projektilmetapher nicht an Attraktivität verloren. »›Fünfundsiebzig Meilen die Stunde‹«, heißt es in einem technischen Text aus diesem Jahr, »›das sind hundertundzehn Fuß pro Sekunde, und die Energie von vierhundert Tonnen, die sich mit dieser Geschwindigkeit bewegen, ist fast doppelt so groß wie die eines 2000-Pfund-Schusses, der von einem 100-Tonnen-Armstronggeschütz abgefeuert wird‹«.[67] In diesen Rahmen lassen sich die von May verwandten ›Pfeil‹- und ›Bolzen im Blasrohr‹-Vergleiche problemlos einfügen.

Die Technologie Eisenbahn hat noch weitere Auswirkungen. Immer wieder beschrieben wird der Verlust von Zeit und Raum. Es kommt zu der Entwicklung eines ›Panoramablicks‹, der darauf zurückzuführen ist, daß, vom Zugfenster aus betrachtet, die nächstgelegene Landschaft nur unscharf zu erkennen ist und das Auge daher gezwungen wird, sich einen weiter entfernten Punkt zu suchen, der scheinbar langsamer passiert wird. Die Reisenden nehmen darum – im Gegensatz zur herkömmlichen Reise – Landschaft nicht als kontinuierlichen Raum wahr, sondern als einen Bereich, in dem das Raum-Zeit-Kontinuum außer Kraft gesetzt ist. Die Eisenbahnreise wird nicht als Strecke empfunden, sondern als Verbindung zweier Stationen.

Diese Beobachtung korrespondiert in auffälliger Weise mit Mays Erzähltechnik, die, wie oben angedeutet, Abenteuer in Erlebnishöhepunkten abhandelt, dem Weg zwischen diesen Punkten aber kaum Beachtung schenkt: *Wollten wir die gerade Richtung nach Menlik einhalten, so hätte uns der Weg nach Boltischta geführt. Aber der gerade Weg ist nicht stets der kürzere. Es lagen uns da eine Menge Höhen und Querthäler im Wege. Um die unausbleiblichen Beschwerden und Zeitversäumnisse zu vermeiden, bogen wir nach Norden ab, damit wir über die Kruschemahöhe hinweg das Thal des Domus oder Karlyk erreichten.*[68]

Die durchreiste Landschaft wird en passant erwähnt, ins Detail geht May nur, wenn er eine bestimmte Landschaftsform für die Abenteuerhandlung benötigt, sei es als Kulisse für Begegnungen, Verfolgungen, Beschleichungen oder Kämpfe: *Gegen Mittag befanden wir uns auf einer Hochebene, welche sich dann steil nach Dospad-Dere hinabsenkte. Es gab da keinen eigentlichen Weg, und es wurde uns schwer, uns durch die zahlreichen und dichten Buschgruppen zu winden, welche uns hinderten. Als wir an einer dieser Gruppen vorüberkamen, that Rih ganz plötzlich einen Seitensprung.*[69] Es folgt die Szene, in der die tote Christin aufgefunden wird. Die Büsche werden nicht als reale Landschaftselemente beschrieben; sie sind Teil der Handlung.

Neben der genannten Rezeption der zeitgenössischen Diskussion um die Eisenbahn finden sich auch Belege für eine direkte Bewertung.[70] Die Eisenbahn ist einerseits in der Wildnis Verbindung zur Zivilisation,[71] andererseits aber Mittel zum Zweck bei der Vertreibung der amerikanischen Urbevölkerung, die in ›Winnetou I‹ durch die Ermordung Klekihpetras und den Kampf mit Kiowas und Apachen thematisiert wird.

Die Erschließung von Eisenbahnstrecken verläuft im 19. Jahrhundert in Europa und Amerika äußerst unterschiedlich. In Amerika sind Arbeitskräfte teuer, Land ist jedoch billig zu haben, da die Eigentumsrechte der ansässigen Urbevölkerung negiert werden. Die amerikanischen Eisenbahngesellschaften nehmen daher lieber Umwege in Kauf, als daß sie die Kosten durch Brückenbauten bzw. Einebnungen in die Höhe treiben würden.[72] Diesem Fakt trägt May Rechnung, wenn er die Arbeit des Vermessungstrupps beschreibt, dem Old Shatterhand angehört: *Die Bahn sollte durch die Prairien dem Laufe des südlichen Canadian folgen; die Richtung war also bis zum Quellgebiete desselben vorgezeichnet, während sie von New-Mexiko an durch die Lage der Thäler und Pässe ebenso vorgeschrieben wurde. Unsere Sektion aber lag zwischen dem Canadian und New-Mexiko, und wir hatten die geeignete Richtung also erst zu entdecken.*[73]

Dann aber schwenkt er plötzlich auf den europäischen Standpunkt um. Die Argumente, die Intschu tschuna gegen das Handeln des Vermessungstrupps anbringt, entsprechen ganz der zeitgenössischen europäischen Diskussion: »*Besitzen wir denn nicht dasselbe Recht, welches du in deinem Hause, in deinem Garten besitzest?*«[74] In Europa ist Land äußerst knapp und entsprechend teuer, die industrielle Revolution hat Arbeitskräfte freigesetzt, die entsprechend billig zur Verfügung stehen. Demgemäß bemühen sich die europäischen Eisenbahngesellschaften um eine möglichst gerade Streckenführung und nehmen dafür aufwendige Gleisbauarbeiten in Kauf. Gleichzeitig setzt eine Diskussion um die neue Technologie ein, deren Argumente – heute wie damals – sind: ›Neue Technologie ja – aber nicht vor meiner Tür‹. Dieser Umschwung in ›Winnetou I‹ ist gewollt. May stellt sich so eindeutig auf die Seite der Urbevölkerung, daß er die amerikanische Position gar nicht weiter verfolgen kann. Er muß sie aber anführen, zum einen, um die Läuterung Old Shatterhands wirkungsvoll in Szene setzen zu können, zum anderen aber, weil sie gleichsam die Folie für die Szene zwischen den Apachen und den Ingenieuren bildet, die wiederum die Voraussetzung für Rattlers Provokation und die anschließende Ermordung Klekih-petras bildet. Indem May sich – in Form des Ich-Erzählers – und die Apachen auf die europäische Position setzt, macht er die Leser gleichsam zu Verbündeten, da ihnen die Argumente durch den zeitgenössischen Diskurs geläufig sind. Oder anders ausgedrückt: Gerade dadurch, daß May seine Apachen in dieser Szene so europäisch argumentieren läßt, schafft er die Grundlage für eine Identifikationsebene zwischen Leser und (rotem) Held, die wiederum unumgänglich notwendig ist, um sein Anliegen glaubhaft zu vermitteln: *Ihm* [Winnetou] *will ich hier das wohlverdiente Denkmal setzen, und wenn der Leser, welcher es mit seinem geistigen Auge schaut, dann ein gerechtes Urteil fällt über das Volk, dessen treues Einzelbild der Häuptling war, so bin ich reich belohnt.*[75]

Zusammenfassend läßt sich sagen, daß May geschickt zeitgenössische Strömungen der Reiseliteratur aufgreift und in seine Werke integriert. Es geht ihm dabei nicht nur darum, seine Helden an den Ort der Handlung zu bringen; vielmehr ist das Hantieren mit zeitgenössischen Topoi notwendig, um Leserakzeptanz zu erhalten, vor allem aber, um sich selbst als einen real Reisenden in Szene zu setzen. Letzteres geschieht nicht nur durch die Belegung der Ich-Helden mit typischen Attributen, wie dem Reiseschreibzeug, sondern auch durch die bekannten Postkartenserien in Verkleidung. Die Selbstinszenierung als Old Shatterhand und Kara Ben Nemsi beruht nicht auf einer skurrilen Idee, sondern ist als selbstverständlicher Gestus des Gereisten zu betrachten. So stellt sich z. B. der britische Botschafter Gerald H. Portal in seinem Reisebericht über Abessinien im entsprechenden Kostüm dar, und auch Balduin Möllhausen verschmäht die Selbstdarstellung im Trapperkostüm nicht.[76]

Der Zusammenbruch dieser Selbstinszenierung Karl Mays führt bekanntermaßen zu dem Phänomen, das allgemein als ›der Umbruch‹ be

Gerald H. Portal im abyssinischem Kostüm[77]

zeichnet wird. Einer der auslösenden Faktoren hierfür war sicher die Erkenntnis des – nun real reisenden – May, daß die Wirklichkeit der Wunschräume der Phantasie nicht standhielt. Frappierenderweise gelangt der Mann, der sich nur auf den gebahnten Pfaden des Tourismuswesens bewegte, zu einer Kritik am zeitgenössischen Kolonial- und Orienttourismus, die eine erstaunliche Weitsicht zeigt und sowohl auf moderne Verhältnisse übertragen wie auch verallgemeinert werden darf, vielleicht mit der einen Ausnahme, daß die Souvenirs heute nicht mehr aus Deutschland, sondern aus der sogenannten ›dritten oder vierten Welt‹ stammen:

Da sind zunächst die Touristen. Man gehe einmal durch die Scharia Bab el Hadid nach dem Bahnhofe, um diese Leute bei ihrer Ankunft aussteigen zu sehen. Sie kommen eigentlich nicht, sondern sie werden gebracht; sie steigen nicht aus, sondern sie werden ausgestiegen. Sie bilden Cook- oder Stangen-»Herden« [siehe Tafel II], welche sich jeder Selbständigkeit begeben und ihren Hirten zu parieren haben. Sie sind nicht mehr Personen oder gar Individualitäten, sondern einfach Gegenstände des betreffenden Reisebureaus. Im Bahnhofe aus- und vor den Hotels wieder abgeladen, haben sie die Zimmer zu nehmen, die man für sie bestimmt, zur vorgeschriebenen Zeit zu essen und zu schlafen, um zwischen diesen Zeiten truppweise auf die touristische Weide getrieben zu werden. Sie machen den Eindruck der Unwissenheit und der Hilflosigkeit, und jeder Eingeborene, dessen Dienste sie in Anspruch nehmen müssen, hält es für sein gutes Recht, ihre Unkenntnis möglichst auszubeuten ... er steht dabei, wenn sie bei ihren Einkäufen bei Dingen, welche aus

Deutschland kommen und dort eine Mark kosten, vielleicht den zehnfachen Preis bezahlen ... Der Tourist, besonders der sogenannte »Herdentourist«, hat seine Individualität daheim gelassen und bringt nichts als nur seine Neugierde und seinen Geldbeutel mit; er ist ein personifiziertes Bakschisch, welches das Abendland dem Morgenlande bringt. Dieses Bakschisch ... bringt dem eigentlichen Oriente wohl keinen, am allerwenigsten aber einen geistigen Nutzen. Seine Seele aber bleibt nicht unberührt.[78]

Der sogenannte ›Umbruch‹ führt in bezug auf die Reiseformen zu einem grundlegenden Umschwung von der Horizontalen zur Vertikalen. Diese Aussage bezieht sich zunächst auf das Ziel der Reise: es geht nun nicht mehr darum, Abenteuer zu erleben, sondern ›dem Frieden entgegenzugehen‹[79] und sich innerlich weiterzuentwickeln: *Die Fahrt verlief äußerlich ereignislos, wenn ich die Begegnungen mit anderen Schiffen nicht als Ereignisse bezeichnen will. Dieser Mangel wurde aber mehr als vollständig durch das ausgeglichen, was sich zu inneren, seelischen Begebenheiten entwickelte.*[80]

Die zeitgenössischen Reiseformen werden von May nach wie vor aufgenommen. Dies gilt in besonderem Maße für ›Und Friede auf Erden!‹ und ›Winnetou IV‹, wo die realen Reisen des Autors vor die innere Handlung geblendet werden, speziell für die Reiserouten, die ab einem bestimmten Punkt in Richtung auf eine Traumlandschaft verlassen werden. Es gilt aber auch für bestimmte Plätze, die einen Eindruck auf May hinterließen und die er auch ganz offen benennt. So beschreibt er die Landschaft in ›El Hadd‹, dem Grenzland von Ardistan zu Dschinnistan, als vergrößerte Version des Vierwaldstätter Sees.[81] Und es gilt im besonderen Maße für die allgemeine Reiserichtung, aus der Tiefe in die Höhe des Berglandes.

Doch auch scheinbare Traumbilder stehen auf einer sehr realen Grundlage, wie das folgende Beispiel zeigt. In ›Winnetou IV‹ wird ein Teil der Handlung am Mount Winnetou durch den Jungen Adler und den von ihm konstruierten Flugapparat getragen. May verstand sich selbst als Aviatiker,[82] besuchte Flugschauen, um sich über technische Neuerungen auf dem laufenden zu halten, und faßte den körperlichen Flug als Sinnbild für einen geistigen Flug auf, wie Hartmut Schmidt herausstellte.[83] Schmidt bemerkt, daß es im Erscheinungsjahr von ›Winnetou IV‹ keine Maschine gab, die als Vorbild hätte dienen können. Es sei aber kurze Zeit später ein durchaus ähnliches Modell entwickelt worden, das allerdings nicht flog.

Schmidts Ausführungen können den Anschein erwecken, als sei der von May beschriebene Flugapparat des Jungen Adlers eine Neuschöpfung des Schriftstellers. Dies ist nicht der Fall. Bereits 1870 hat Wilhelm Bauer im Auftrag Ludwigs II. von Bayern ein Schwenkpropellerflugzeug zeichnerisch entworfen (Tafel III), das dem Gerät des Jungen Adlers sehr ähnlich sieht:

Es handelte sich, soviel sah ich sogleich, um einen Flugapparat, aber um keine der bis jetzt bekannten Konstruktionen. Ich sah für heut nur zwei eigenartige flordünne Flügel im Entstehen ...[84] *Wir traten in den Turm und stiegen die vielen Stufen bis zum platten Dach hinauf. Da stand auf vier Beinen ein großes, vogelähnliches Gebilde mit zwei Leibern, zwei ausgebreiteten, mächtigen Flügeln und zwei Schwänzen. Die beiden Leiber vereinigten sich vorn durch ihre Hälse zu einem einzigen Kopfe, zu einem Adlerkopfe. Sie waren aus federleichten, aber außerordentlich festen Binsen geflochten. Was sie enthielten, sah man nicht, höchst wahrscheinlich den Motor. Im übrigen bestand der Apparat aus fast gewichtslosen Stoffen, die aber unzerreißbar waren und große Tragfähigkeit besaßen. Die Schwänze waren höchst eigenartig gestaltet. Zwischen den Leibern war ein bequemer Sitz angebracht, welcher Platz für zwei Personen gewährte. Es gab verschiedene Drähte, deren Bestimmung nicht gleich beim ersten Blick zu erkennen war, doch konnte man sich denken, daß sie zur Beherrschung und Lenkung des großen Vogels dienten.*[85]

Wilhelm Bauer, der sich Mitte des 19. Jahrhunderts vor allen Dingen durch die Konstruktion von Unterseebooten einen Namen machte, hat seinen Flugapparat 1870 entworfen, um ihn als Aufklärer über Paris einsetzen zu lassen, doch fand sich kein Investor. Aus patriotischen Gründen nannte Bauer sein Flugzeug ›Deutscher Adler‹.[86]

Wenn auch der ›Deutsche Adler‹ und das Flugzeug des ›Jungen Adlers‹ konstruktiv nicht völlig übereinstimmen, so bildet der erstere dennoch ein bis in die Namensebene so ähnliches Gebilde, daß die Vermutung, May habe ihn gekannt, nicht von der Hand zu weisen ist. Die herkömmliche Quellenkunde ist in bezug auf eine Beweisführung sicher überfordert. Mutmaßungen, die auf Mays Bekanntschaft mit dem bayerischen Königshaus fußen, können allenfalls den Charakter von Indizien haben. Die Tatsache, daß der Vermittlungsweg (derzeit) nicht rekonstruierbar ist, bedeutet weder, daß May den ›Deutschen Adler‹ nicht kannte, noch, daß er im Zuge einer geistigen Neuschöpfung ›aus Versehen‹ einen ähnlichen Apparat entwarf.

In diesem Zusammenhang ist ein weiterer Punkt zu bedenken. Das Alterswerk ist voller (Gegen-)Bilder zum wilhelminischen Deutschland: stürzende bzw. nicht fertig gestellte Denkmale (das Reiterstandbild der Ussul, der tönerne Winnetou), Neubauten bzw. wieder entdeckte Bauten, die nur friedlichen Zwecken dienen (Raffley Castle, das alte Ard).[87]

Vielleicht ist der Apparat des Jungen Adlers, der dreimal um den Berg der Medizinen fliegt, um den Indianern die verlorene Medizin wiederzubringen, das bewußte Gegenbild zum ›Deutschen Adler‹, der dem Krieg dienen sollte. Vielleicht aber ist er die Adaption des ›Deutschen Adlers‹, der »auf die unseren Geschützen noch zu fern liegende Stadt und Regierung einen Druck mittels Dynamit auszuüben [vermag], welcher den Frieden diktieren würde (...)«,[88] denn: »*Hat der Krieg eine eiserne Hand, so habe der Friede eine stählerne Faust!*[89]

Diese letzte Überlegung weist über den Rahmen der historischen

Reiseformen weit hinaus und berührt ein weitgehend ungeklärtes Moment im Werk des späten May, die Frage nach seinem Verhältnis zum wilhelminischen Kaiserreich und nach dessen Spiegelung im Spätwerk. Wie das Beispiel vom Jungen Adler und vom ›Deutschen‹ Adler zeigt, helfen Einzelüberlegungen hier nicht weiter.

1 Der Karl-May-Verlag, Radebeul, gab in den vierziger Jahren eine Serie ›Landkarten mit Reisewegen zu Karl May's Erzählungen‹ heraus: 1. ›Nordamerika‹ 2. ›Der Orient‹ 3. ›Beiderseits vom Äquator‹. Der Karl-May-Verlag, Bamberg, bietet eine Mappe mit ›Karl-May-Landkarten‹ an, die die ›Vorsatzblätter-Karten‹ gesammelt enthält.
2 Vgl. Peter Groma: Auf den Spuren Karl Mays. Frankfurt a. M. 1964; Ders.: Auf Winnetous Spuren. Berlin/Frankfurt a. M. 1965.
3 Vgl. Auf den Spuren von Karl May. Reisen zu den Stätten seiner Bücher. Hrsg. von Randolph Braumann. Düsseldorf/Wien 1976.
4 Annette Deeken:»Seine Majestät das Ich«. Zum Abenteuertourismus Karl Mays. Bonn 1983, S. 7 (Abhandlungen zur Kunst-, Musik- und Literaturwissenschaft 339)
5 Vgl. Hans Magnus Enzensberger: Vergebliche Brandung in der Ferne. Eine Theorie des Tourismus. In: Merkur. 1. Jg. (1958), Heft 8; Wiederabdruck in Ders.: Einzelheiten I. Frankfurt a. M. 1962.
6 Karl May: Gesammelte Reiseromane Bd. VII: Winnetou der Rote Gentleman I. Freiburg 1893, S. 9
7 Helmut Schmiedt: Balduin Möllhausen und Karl May: Reiseziel St. Louis. In: Karl May. Hrsg. von Heinz Ludwig Arnold. München 1987, S. 135 (Sonderband Text + Kritik)
8 Vgl. Karl May: Gesammelte Reiseerzählungen Bd. XXIV:»Weihnacht!«. Freiburg 1897, S. 113
9 Ebd., S. 117
10 Ebd., S. 198
11 May: Winnetou I, wie Anm. 6, S. 128
12 Karl May: Gesammelte Reiseromane Bd. VIII: Winnetou der Rote Gentleman II. Freiburg 1893, S. 551f.
13 Vgl. Karl May: Gesammelte Reiseromane Bd. IX: Winnetou der rote Gentleman III. Freiburg 1893.
14 Abbildung aus: Hans-Otto Meissner: Erster Klasse in den Wilden Westen. Abenteuerliche Reiseerlebnisse aus der Pionierzeit der Eisenbahn: München – San Fransisco 1873. München 1987, S. 51
15 Vgl. Heinz Burmester: Rückblick auf die Beförderung von Auswanderern mit Segelschiffen. In: Beiträge zur deutschen Volks- und Altertumskunde. 21. Jg. (1982), S. 93-102.
16 Vgl. hierzu mit weiterführender Literatur: Peter Mesenhöller:»Auf, ihr Brüder, laßt uns reisen fröhlich nach Amerika«. Reisebericht und Reiseliteratur im Kontext der deutschen Amerikaauswanderung des frühen 19. Jahrhunderts. In: Der Reisebericht. Hrsg. von Peter J. Brenner. Frankfurt a. M. 1989, S. 363-82 (suhrkamp taschenbuch 2097)
17 Vgl. Peter Assion: Fremdheitserwartung und Fremdheitserfahrung bei den deutschen Amerikaauswanderern im 19. Jahrhundert. In: Notizen. 28. Jg. (1988), S. 157-67.
18 Vgl. Peter Mesenhöller: Der Auswandererbrief. Bedingungen und Typik schriftlicher Kommunikation im Auswandererprozeß. In: Der große Aufbruch. Studien zur Amerikaauswanderung. Hrsg. von der Hessischen Vereinigung für Volkskunde durch Peter Assion. Marburg 1985, S. 111-24 (Hessische Blätter für Volks- und Kulturforschung 17); Elisabeth Gohrbandt:»Selbst bei einem drei Jahre langen Urbarmachen einer Wildnis wird man nur ein Settler, aber kein Westmann.« Auswanderer und Siedler in Karl Mays Nordamerikaerzählungen. In: Jahrbuch der Karl-May-Gesellschaft (Jb-KMG) 1995. Husum 1995, S. 165-205.

19 Karl May: Gesammelte Reiseromane Bd IV: In den Schluchten des Balkan. Freiburg 1892, S. 102f.
20 Vgl. Rudolf Schenda: Volk ohne Buch. Studien zur Sozialgeschichte der populären Lesestoffe 1770-1910. Frankfurt a. M. 1970, hier S. 228-70.
21 May: In den Schluchten des Balkan, wie Anm. 19, S. 220
22 Walther Ilmer: Das Märchen als Wahrheit – die Wahrheit als Märchen. Aus Karl Mays ›Reiseerinnerungen‹ an den erzbirgischen Balkan. In: Jb-KMG 1984. Husum 1984, S. 97f.
23 Karl May: Die Sklavenkarawane. Stuttgart 1893. S. 33; Reprint Bamberg/Braunschweig 1975; in der ›Sklavenkarawane‹ werden im Sudan herumreisende Händler – Dschelabi – beschrieben (S. 21f.), und zwei davon, Hadschi Ali (der ›Vater des Gelächters‹) und der Ungar Stephan Uszkar, begleiten Emil Schwarz bei seinen weiteren Abenteuern im Sudan.
24 Ebd., S. 64
25 Vgl. Heinz Stolte: Werkartikel ›Die Sklavenkarawane‹. In: Karl-May-Handbuch. Hrsg. von Gert Ueding in Zusammenarbeit mit Reinhard Tschapke. Stuttgart 1987, S. 337-42 (337f.).
26 Vgl. Tim Youngs: Travellers in Africa. British Travelogues, 1850-1900. Manchester/New York 1994; Cornelia Essner: Deutsche Afrikareisende im 19. Jahrhundert. Zur Sozialgeschichte des Reisens. Stuttgart 1985 (Beiträge zur Kolonial- und Überseegeschichte 32); Helmut Lieblang:»Sieh diese Darb, Sihdi ...«. Karl May auf den Spuren des Grafen d'Escayrac de Lauture. In: Jb-KMG 1996. Husum 1996, S.132-204.
27 Vgl. Stolte: Sklavenkarawane, wie Anm. 25; Ders.: Ein Literaturpädagoge. Untersuchungen zur didaktischen Struktur in Karl Mays Jugendbuch ›Die Sklavenkarawane‹. In: Jb-KMG 1972/73. Hamburg 1972, S. 171-94; Jb-KMG 1974. Hamburg 1973, 172-94; Jb-KMG 1975. Hamburg 1974, S. 99-126 (auch in: Ders.: Der schwierige Karl May. Zwölf Aspekte der Transparenz eines Schriftstellers. Husum 1989, S. 134-230).
28 Vgl. Bernhard Kosciuszko:»In meiner Heimat gibt es Bücher ...«. Die Quellen der Sudanromane Karl Mays. In: Jb-KMG 1981. Hamburg 1981, S. 64-87.
29 Ernst Marno: Reisen im Gebiete des blauen und weißen Nil, im egyptischen Sudan und den angrenzenden Negerländern in den Jahren 1869 bis 1873. Wien 1874 – Vgl. Karl Mays Werke. Historisch-kritische Ausgabe: Supplemente Bd. 2: Katalog der Bibliothek. Hrsg. von Hermann Wiedenroth und Hans Wollschläger. Bücherhaus Bargfeld. 1995, S. 22.
30 May: Die Sklavenkarawane, wie Anm. 23, S. 181; vgl. auch: Eckehard Koch: Im Lande des Mahdi. Karl Mays Roman zwischen Zeitgeschichte und Moderne. In: Jb-KMG 1995. Husum 1995, S. 262-329 (Koch untersucht den ›Mahdi‹-Roman Mays; dabei geht er ausführlich auf die Problematik des Sklavenhandels ein).
31 Vgl. Karl May: Gesammelte Reiseromane Bd. V: Durch das Land der Skipetaren. Freiburg 1892, S. 150: *Ein angenehmes Gefühl ist jedoch nicht, zwischen zwei bärenstarken und bis an die Zähne bewaffneten Wegelagerern zu sitzen ... Liest man doch sogar heutzutage in fast jeder Nummer irgend einer Zeitung von gewaltsamen Grenzüberschreitungen, Räubereien und Ausplünderungen.*
32 *Ich hatte einmal ein altes geographisches Werk über die Türkei in den Händen gehabt.* (May: In den Schluchten des Balkan, wie Anm. 19, S. 426)
33 Vgl. Rudolf K. Unbescheid: Globus. Eine Quelle Karl Mays wird vorgestellt. In: Magazin für Abenteuer-, Reise- und Unterhaltungsliteratur. Heft 48 (1985), S. 19-26; Heft 50 (1985), S. 56-63 (Freundlicher Hinweis von Karl Serden, Ubstadt).
34 Vgl. Friedrich Wolfzettel: Jules Verne. München-Zürich 1988, S. 28ff.
35 Karl May: Das Vermächtnis des Inka. Stuttgart 1895, S. 457; Reprint Bamberg/Braunschweig 1974
36 Karl May: Gesammelte Reiseromane Bd. I: Durch Wüste und Harem. Freiburg 1892, S. 3-8
37 So schreibt May in bezug auf die gegenseitigen Vorurteile von Chinesen und Europäern: *In unzähligen Büchern, Zeitungen und sonstigen Veröffentlichungen wird dieses billige Urteil breiter und immer breiter getreten ... und bildet ein so unausrottbares*

Bestandteil unserer geistigen Existenz, daß wir gar nicht auf den Gedanken kommen, zu fragen, ob es ein wahres und also berechtigtes sei. (Karl May: Gesammelte Reiseerzählungen Bd. XXX: Und Friede auf Erden! Freiburg 1904, S. 202)
38 May: Durch Wüste und Harem, wie Anm. 36, S. 290ff.
39 Vgl. Ali Sariati: Hadsch. Bonn 1983.
40 Vgl. Heinrich von Maltzan: Meine Wallfahrt nach Mekka. Reise in der Küstengegend und im Innern von Hedschas. 2 Bde. Leipzig 1865, S. IV-V.
41 May: Durch Wüste und Harem, wie Anm. 36, S. 296f.
42 Ebd., S. 239
43 Ebd., S. 317
44 Ebd., S. 244f.
45 Ebd., S. 245f.
46 Vgl.: Wolfgang Kaschuba: Aufbruch in die Welt der Moderne. Bürgerliches Reisen nach 1800. In: Zeit der Postkutschen. Drei Jahrhunderte Reisen 1600-1900. Hrsg. von Klaus Beyrer. Karlsruhe 1992, S. 222-35.
47 Abbildung aus: Zeit der Postkutschen, wie Anm. 46, S. 133
48 May: Durch Wüste und Harem, wie Anm. 36, S. 320
49 Ebd., S. 332
50 Ebd., S. 325
51 Karl May: Gesammelte Reiseromane Bd. II: Durchs wilde Kurdistan. Freiburg 1892, S. 144
52 Vgl. Charles Forbes Harford: Ratgeber für die Ausrüstung von Reisenden nach Übersee und Tropen. Praktische Ratschläge für Forschungsreisende, Expeditionen, Auswanderer. Berlin 1910; reiches Bildmaterial findet sich in: Reiseleben – Lebensreise. Zeugnisse der Kulturgeschichte des Reisens. Sammlung P.-J. van Tienhoven. Hrsg. vom Schleswig-Holsteinischen Landesmuseum, Schloß Gottorf. Schleswig 1992.
53 Abbildung aus: Reiseleben, wie Anm. 52, S. 69
54 Abbildung aus: Ebd., S. 85
55 Vgl. Karl May: Der Girl-Robber. In: Karl May: Gesammelte Reiseromane Bd. XI: Am Stillen Ocean. Freiburg 1894, S. 383-476 (389).
56 Vgl. John Timbs, F.S.A.: Clubs and Club Life in London. With anecdotes of its famous coffee houses, hostelries and taverns from the seventeenth century to the present time. London 1872, S. 199; gemeint ist die englische Meile à 1,61 km. (Übersetzung des Zitats: ›daß keine Person bei der Auswahl für den Traveller's Club erwogen wird, welche nicht außerhalb der Britischen Inseln gereist ist, und zwar zumindest 500 Meilen von London entfernt auf direkter Strecke.‹)
57 Vgl. May: Durch Wüste und Harem, wie Anm. 36, S. 220
58 May: Durch das Land der Skipetaren, wie Anm. 31, S. 146
59 Vgl. Andreas Hartmann: Reisen und Aufschreiben 1795. Die Rolle der Aufschreibsysteme in der Darstellung des Fremden. In: Notizen. 28. Jg. (1988), S. 499-505.
60 Karl May: Gesammelte Reiseromane Bd. IX: Winnetou der Rote Gentleman III. Freiburg 1893, S. 357
61 May: Durch Wüste und Harem, wie Anm. 36, S. 418
62 May: Durch das Land der Skipetaren, wie Anm. 31, S. 378
63 Karl May: Gesammelte Reiseromane Bd. VI: Der Schut. Freiburg 1892, S. 206
64 Ebd., S. 632
65 James Adamson: Sketches of our Information as to Rail-roads. New-Castle 1826, S. 51f.; zitiert nach: Wolfgang Schivelbusch: Geschichte der Eisenbahnreise. Zur Industrialisierung von Raum und Zeit im 19. Jahrhundert. Frankfurt a. M. 1989, S. 15
66 Schivelbusch, wie Anm 65, S. 20
67 Vgl. ebd., S. 53.
68 May: In den Schluchten des Balkan, wie Anm. 19, S. 336
69 Ebd., S. 337
70 Vgl. auch Ingmar Winter: »Das eiserne Roß hat eine böse Stimme«. Die Darstellung der Eisenbahn bei Karl May. In: Hartmut Schmidt: »Die Naturkraft ist ihm untertan«. Sonderheft der Karl-May-Gesellschaft Nr. 57/1985, S. 39-50.
71 Vgl. May: Winnetou III, wie Anm. 60, S. 22: *Sollte sie* [die Linie] *das Gleis der bezeich-*

313

netenBahn bedeuten? ... Auf meinem jetzigen Halte trat ich seit langer Zeit wieder in Beziehung zu der Civilisation. Ich brauchte beim Nahen eines Zuges nur ein Zeichen zu geben, um einsteigen und nach West oder Ost davondampfen zu können.
72 Vgl. Schivelbusch, wie Anm. 65, S. 84ff.
73 May: Winnetou I, wie Anm. 6, S. 36
74 Ebd., S. 123
75 Ebd., S. 5f.
76 Vgl. Balduin Möllhausen: Wanderungen durch die Prärien und Wüsten des westlichen Nordamerika. Neudruck München o. J., S. 530 (Verlag Lothar Borowski).
77 Abbildung aus: Youngs, wie Anm. 26, S. 40
78 May: Und Friede auf Erden!, wie Anm. 37, S. 45ff.
79 Karl May: Gesammelte Reiseerzählungen Bd. XXXI: Ardistan und Dschinnistan I. Freiburg 1909, S. 22
80 May: Und Friede auf Erden!, wie Anm. 37, S. 451
81 Karl May: Gesammelte Reiseerzählungen Bd. XXXII: Ardistan und Dschinnistan II. Freiburg 1909, S. 626
82 Vgl. z. B. Wilhelm Kress: Aviatik. Wie der Vogel fliegt und wie der Mensch fliegen wird. Wien 1905; Dieter Sudhoff: Der beflügelte Mensch. Traumflug, Aviatik und Höhenflug bei Karl May. In: Jb-KMG 1986. Husum 1986, S. 110-54.
83 Vgl. Hartmut Schmidt: Anmerkungen zu einer Tagebucheintragung Karl Mays. In: Mitteilungen der Karl-May-Gesellschaft 56/1982, S. 25-29.
84 Karl May: Gesammelte Reiseerzählungen Bd. XXXIII: Winnetou IV. Freiburg 1910, S. 520
85 Ebd., S. 577
86 Vgl. Jean Louis Schlim: Ludwigs Traum vom Fliegen und andere bayerische Flugphantasien. Oberhaching 1995, S. 54ff.; Herbert Studtrucker: Der Erfinder Wilhelm Bauer. In: Industriedenkmäler des 19. Jahrhunderts im Königreich Bayern. Hrsg. von Klaus-Jürgen Sembach und Volker Hätsch. München 1990, S. 18ff.; ich danke beiden Autoren für ihre freundliche Unterstützung.
87 Vgl. Peter Krauskopf: Von Männern und Müttern, Türmen und Höhlen. Über das Abenteuerliche im nationalen Mythos. Mit Bildern von Thomas Range. In: Die horen. 178. Jg. (1995), S. 55-80; Krauskopf versucht eine erste Annäherung aus rezeptionsgeschichtlicher Sicht.
88 Brief vom 22. 9. 1870 von Wilhelm Bauer an den Badearzt Geheimrat Renz. Schlim, wie Anm. 86, S. 55; Studtrucker, wie Anm. 86, S. 19
89 May: Ardistan und Dschinnistan I, wie Anm. 79, S. 17

Nachweise zu den Bildtafeln:

Tafel I: Reiseschreibzeug um 1850, Holz, Leder, Samt, Messing und andere Materialien. 6 x 27,5 x 7 cm. Deutsches Postmuseum, Franfurt a. M.
Abbildung aus: Zeit der Postkutschen. Drei Jahrhunderte Reisen 1600 – 1900 Hrsg. von Klaus Beyrer. Karlsruhe 1992, S. 163

Tafel II: Plakat von Carl Flemming, Glogau, vor 1893. 83 x 56,5 cm. Museum für Kunst und Gewerbe, Hamburg
Abbildung aus: Zeit der Postkutschen, a. a. O., S. 261

Tafel III: Kolorierter Plan des Schwenkpropellerflugzeugs ›Deutscher Adler‹ von Wilhelm Bauer, 1870
Bildarchiv des Deutschen Museums, München
Abbildung aus: Jean Louis Schlim: Ludwigs Traum vom Fliegen und andere bayerische Flugphantasien. Oberhaching 1995, S. 54

PETRA KÜPPERS

Karl Mays Indianerbild und die Tradition der Fremdendarstellung
Eine kulturgeschichtliche Analyse

Eine Frage, die immer wieder im Bereich der Karl-May-Forschung anklingt, ist, ob denn nun May eher ein Rassist oder ein wahrer Menschenfreund war. Der wohldokumentierte Umgang Mays gerade mit nordamerikanischen Indianern liefert einige Aufschlüsse, und Arbeiten, die entweder die eine oder die andere Seite beleuchten, sind in Fülle erschienen. Dieser Aufsatz versucht sich dem Problem auf eine neue, aus dem kulturwissenschaftlichen Umfeld kommende Weise zu nähern. Er untersucht das Werk Karl Mays im Hinblick auf die kulturgeschichtlichen Traditionen des Umgangs mit dem Fremden und bringt so literaturspezifische Ansätze in Verbindung mit anthropologischen und kunstgeschichtlichen Aspekten.

Den Mayschen Romanen ist im Laufe ihrer wechselvollen akademischen Rezeption Verfälschung, Ungenauigkeit oder Lügenhaftigkeit im Umgang mit der realen Welt Amerika und deren Einwohnern vorgeworfen worden. Ethnographisch genaue, psychologisch durchdacht erlebte Kulturkontakt-Situationen wurden zum Vergleich herangezogen, um die Trivialliteratur eines Schriftstellers, der erklärtermaßen ›die Jugend bilden solle‹, zu bewerten. Dabei ist oft übersehen worden, daß die Dienstbarmachung des Fremdenbildes als Eigenreflexion, d. h. als Aussage über das Eigene und nicht das Fremde, ein fester Bestandteil der europäischen Kulturgeschichte ist. Die Darstellung der Indianer durch Karl May wird oft – je nach Blickrichtung – als »historisch falsch«, »progressiv« oder »abwertend« eingestuft.[1] Die Realität der nordamerikanischen Indianer mischt sich in die Literaturanalyse und macht Kritiker zu Moralaposteln oder Murmelzählern. Diese Studie wird den real existierenden nordamerikanischen Ureinwohner außer acht lassen, genauso wie die gerade in der May-Forschung in Literaturanalysen wohl durchleuchtete historische Position deutschen Bürgertums / Arbeiterwesens gegenüber der Neuen Welt im 19. und frühen 20. Jahrhundert. Mich interessieren archetypische Erzählfiguren der modernen Mythologie, die Konstituenten einer bürgerlich-westlichen Geisteswelt, auf die May sich in seiner Darstellung des Fremden berufen kann.

Ein kurzer Überblick über die Nutzung des Fremdenbildes in den

Traditionen europäischen Denkens wird die historischen Wurzeln des Mayschen Indianerbildes aufzeigen, und in zwei folgenden Teilen werden die Spuren dieser Traditionen im Winnetou-Bild und in einem allgemeineren Überblick über die gesamtindianische Kultur als exotische Kultur erhellt. Ausgewählte Szenen aus den nordamerikanischen Reiseromanen[2] liefern dabei das Untersuchungsmaterial. Als Methode dient die ›kulturelle Semiotik‹, eine Arbeitsweise, die die kulturellen Inhalte der Darstellungsweise entschlüsselt.[3] Es werden Textsegmente als Indikatoren kulturell geprägter Konnotationen, als ›Stimmungsträger‹ mit assoziativ zu erfassendem Inhalt gewertet und analysiert. Indem so die verschiedenen Isotopieebenen oder Bedeutungsfelder, die ein Begriff oder eine Wendung heraufbeschwören kann, benannt werden, können die Darstellungen auf die ihnen zugrunde liegenden, auch durchaus widersprüchlichen, kulturellen Traditionen zurückgeführt werden.

Die Kategorien des Anderen

Die Beschäftigung mit dem Fremden: Dies ist die große Geschichte, die ›Metanarrative‹, der Kultur. Als notwendige Voraussetzung zur Beschäftigung mit dem Eigenen, zur Gruppenbildung, zur Ausbildung eines Gruppenbewußtseins setzt die Beschäftigung mit dem Anderen früh in der Geschichte der Zivilisation ein. Märchen, Sagen, Gedichte trugen schon vor der konkret politisch-ökonomischen Marginalisierung von Juden, Frauen, sozialen Gruppen etc. den Stempel der Abgrenzung: Die schillernde Grenze zwischen ›Leben‹/›Tod‹, ›fremdartiger Wald‹/›sicheres Dorf‹ ist ein Thema all dieser Formen.
  Das erste Beispiel von Gruppenabgrenzung führt zurück zu einer Schnittstelle zwischen Märchen und Reisebericht; lange vor Kolumbus' Zeiten unterliegt die Berichterstattung anderen Gesetzen als der wissenschaftlich objektiven Darstellung von Fakten. Die ersten Informationen von den ›Anderen‹, deren Spuren sich in Karl Mays Imagination aufzeigen lassen, finden sich in der Antike. Die Antike kannte eine reiche Tradition an Reiseberichten und baute sich ein festes Vokabular im Umgang mit den dabei entdeckten ›Anderen‹ auf. Außer Herodot und seinen Fabelwesen ist besonders ein römischer Enzyklopädist für die mittelalterliche Beschäftigung mit den Anderen wichtig: Plinius der Ältere ist der Schreiber einer großen Naturgeschichte (77 n. Chr.), die den Wissensstand der damaligen Epoche in allen Disziplinen zu vereinen suchte. Durch beständiges Abschreiben, kompilative Erfassungsmethoden verfestigte sich diese Enzyklopädie zu Gemeingut: Durch immerwährendes Wiederholen des Alten in allen neueren Texten gewannen die alten Texte eine außerordentliche Autorität.

Plinius berichtete von dem ›ganz Anderen‹, von Tiermenschen und Fabelwesen, von Kopfständern und Einfüßern. Gleich neben seinen Hundskopfwesen stehen Informationen zu den wirtschaftlich interessanten Punkten des fremden Landes: zu Gewürzen und Farben. Der kolonialistisch-ökonomische Aspekt des Fremdenbildes tritt schon hier in Erscheinung.

Die Information über die ›ganz Anderen‹, die Antipoden, wurde weiterverbreitet, war die naturalisierte, die normale Sicht auf die Außenwelt. Der Osten wurde systematisch exotisiert, eine Gegenwelt wurde geschaffen, die das Bekannte konzentrierte, die ›Welt‹ als ›Menschenwelt‹ im überschaubaren Rahmen hielt und sie konzentrisch auf eine Mitte hin zu organisieren half: »In both writers [Plinius und Herodot], the monstrous human races are a part of a system of roughly concentric circles with their centre in the region of Italy or Greece. The further one progresses from the centre, the wilder the inhabitants become. At the same time, regional specificity becomes relatively unimportant. It is the similarity between extremes of wildness in Ethiopia, Skythia or India which links them together, rather than their situation to other, less wild peoples of their own region.«[4]

Sir John Mandevilles ›Travels‹, ca. 1356, und Sebastian Münsters ›Cosmographia‹, ca. 1544 im deutschsprachigen Raum, sind zwei neuzeitliche Vertreter der plinischen Tradition. Die Plinischen Rassen sind die Prototypen der ›ganz Anderen‹, derer, die kaum Menschen sind, der Tiermenschen (Fischmenschen, Hundeköpfer), der Kannibalen (die berühmten Anthropophagi), der körperlich (Einäuger, Brustaugen, Riesenohren) oder sozial (Weib-Geber – die, die jedem Gast ihre Frau anbieten, oder die Tauben) Deformierten und Grotesken.

Die Entdecker der Neuen Welt brachten dieses Vokabular des Umgangs mit den weit entfernten Gestaden aufgrund ihrer mittelalterlichen Erziehung und Sozialisation mit sich und fanden so – ›man sieht, was man kennt‹ – auch ihre Bestätigungen. Die Indianer als Un-Menschen im Sinne von ›keine Menschen‹, als Tiere, als biologisch anders und als Objekte des Exotismus sind bekannte Stereotypen, die wir in der May-Analyse vereinzelt noch wiederfinden werden.

Ein zweites Bild vom Fremden, genauso wichtig für die Tradition des Umgangs mit Indianern in den westlichen Kulturformen, ist das Bild des Barbaren. Wieder führt uns dieser Begriff zurück zur Antike.[5] ›Barbar‹ ist ein griechischer onomatopoetischer Begriff (hergeleitet vom ›Gebrabbel‹ der fremden Sprache) mit dem Bedeutungsgehalt ›der Fremde‹. Der Inhalt von ›Fremdsein‹ war bei den Griechen gefüllt mit: Menschen, die nicht die Polis kannten, sich nicht der griechischen Sprache und der griechischen Ideale bedienten. Als Beispielsethnie dienten die Skythen, mit denen sich die Griechen Fehden lieferten und die sie als Bedroher ihrer Kultur verstanden. Mit der Schaffung des Konzepts vom ›Barbaren‹ trat auch gleich ein zweiter Umgang mit dem Konzept ein: Schon von den Griechen an gibt es Gruppen, die den Barbaren – ähnlich wie es Montaigne und Rousseau später wieder taten – die verlorene Unschuld der Zivilisation in ihrer Dekadenz zusprachen und sie idealisierten. Meistens jedoch wurden die rein negativen semantischen Felder ›barbarisch = wild, bedrohlich und gegen die Zivilisation gerichtet‹ als eigentliche Bedeutung erkannt. Damit rechtfertigte die Qualifizierung einen Freibrief für moralische Abwertung und Aggression unter dem Mantel des Eigenschutzes oder Bekehrungsversuche im Auftrag der Zivilisation.

Die Idee des Barbarischen als nicht-griechisch bzw. später nicht-römisch blieb erhalten bis zur Machtübernahme durch die germanischen Eroberer. Dann kam im frühen Mittelalter eine Bedeutungsänderung auf: Barbaren waren die, die nicht christlich waren. Die semantischen Felder ›Grausamkeit‹, ›Einfachheit‹ wurden beibehalten. Die erfolgte Bedeutungsänderung war wichtig für das Bild eines geographischen Christentums, das die Kreuzzüge um Jerusalem rechtfertigen mußte. Nachdem sich dann aber in Europa bzw. in dessen Einzugsbereich kaum noch Nicht-Christen befanden, zumindestens auf dem Papier, änderte sich die Bedeutung des Wortes ›Barbar‹ wieder: Als Bedeutungsgehalt tritt nun die Unmenschlichkeit auf, die in abgeschwächter Form auch heute noch den Hauptinhalt des Wortes kennzeichnet.

Die wichtigste Aussage, die im Bild des Barbaren gemacht wird, ist die einer wie auch immer bedrohenden Andersheit. Diese Bedrohung kann auf unterschiedlichen Ebenen wirksam sein, abhängig von der Auslegung des Systems, das mit einem Fremden fertig werden muß. Je nach Eigendefinition wird so eine kulturelle Bedrohung in einer Gesellschaft, die sich als kulturelle Insel, als isoliert und gefährdet versteht, definiert oder eine religiöse in einer Kultur, die sich in erster Linie über religiöse Zusammenhänge und Hierarchien definiert.

Die andere, entgegengesetzte Art der Bewertung der ›Anderen‹ ist das bekannte Stereotyp des ›edlen Wilden‹. Als Begriffsschöpfung Christoph Kolumbus in den Mund gelegt, geistert der ›edle Wilde‹ durch die Literatur der Aufklärung. Wir sehen seinen Vorläufer bei Tacitus und all den anderen Zivilisationskritikern und heute in der Walt-Disney-Neuverfilmung der Pocahontas-Mythe.

Für die Untersuchung der Einflüsse, die sich in literarischen Werken wie Mays Reiseromanen niederschlagen, sind besonders die Diskussionen der Aufklärer wichtig. Bedeutung für die gesamte geisteswissenschaftliche Welt erlangte dieses Konzept zunächst durch Michel de Montaigne in seinem Essay ›Von den Menschenfressern‹, später durch Jean-Jacques Rousseau. Die ›Edler-Wilde-Debatte‹ als ideologische Grundsatzfrage ist oft ins politische Kreuzfeuer ihrer Zeit geraten, so als Diskussion über die Sklaverei oder die amerikanischen Völkermorde. Gerade in den Jahren der ›Feier‹ des 500 Jahre alten westlichen Blicks auf die Neue Welt gibt es genug Literatur zu diesen Entwicklungen.[6] Gerd Stein stellt den Zusammenhang zwischen dem ›edlen Wilden‹ und der Machtausübung dar: »Die europäische Vorstellung vom edlen Wilden ist ein Wiedergutmachungsversuch, der die Verunglimpfung und Greueltaten begleitete, denen die Indianer, Neger und Südseeinsulaner ausgesetzt waren, seit die Weißen sie entdeckt hatten (...) Das Bild vom edlen Wilden (hat) eine fatale Funktion, denn unaufkündbar ist es der ungeheuren Arroganz der Weißen gegenüber den Wilden verbunden (...) Trotz aller Gutmütigkeit verliert die eigens zugestandene Menschlichkeit nicht ihren gönnerhaften und damit herrschaftlichen Charakter (...) Der edle Wilde ist eine Funktion des Kolonialismus.«[7]

Hier sollen nur einige wenige, im Rahmen der späteren Literaturanalyse wichtige Merkmale dieses ›edlen Wilden‹ besprochen werden:

Nach Rousseau ist der ›edle Wilde‹ dem Urzustand, dem sogenannten Naturzustand der Menschheit, viel näher als der zivilisierte Mensch, er stellt die hehren und unverdorbenen Anfänge der menschlichen Gesellschaft dar. Der Naturzustand wurde hier im Gegensatz zu der Theorienbildung um Thomas Hobbes' ›Leviathan‹ und dessen Grundthese, dem Kampf aller gegen alle, positiv bewertet. Montaigne beschreibt den guten Wilden als nicht überfeinert, nicht sich und der Welt entfremdet: Er kennt keine Kunst. Weder Theater noch Literatur oder Malerei sind hier Ausdruck für die Trübung des Blickes des Menschen, für seinen Versuch, Entfremdung von seinen Körpervorgängen zu kompensieren und so ›gesellschaftsfähig‹ zu sein.[8] Kunst im modernen Sinne findet nur als Feier der Gemeinschaft statt: im Volksfest. Die Einigkeit und Brüderlichkeit werden zur Feier, durch Freude geprägt. Der Mensch ist durch keine Konzepte, auch nicht durch das der Sexualmoral, geknechtet. Die Aufsplitterung der Gesellschaft durch Machtkonzentrationen, die Ausbildung von autoritären Strukturen hat hier noch nicht stattgefunden. Keine weiten Verzweigungen innerhalb des Systems machen Spezialisierung und dadurch Differenzierung notwendig.[9]

Die Entdeckung der Tahitianer in den sechziger Jahren des 18. Jahrhunderts fand schnell Interpreten, die hier in einer neuen, in ihrer Ausprägung offensichtlich völlig anderen Fremdheit als der der schon entdeckten fremden Länder den verheißenen Naturzustand fanden: eine Welt ohne Autorität, ohne Arbeit, ohne Knechtschaft, naturverbundene, gesunde und schöne Menschen, neugierig, frei von Angst. Die Fremden wurden zu ›Kindern‹, und dieses Bild der jungen Menschheit prägte auch in der Kunst die Darstellungsweisen. Neben dem barbarischen Wilden, der eher den frühen Menschheitszustand nach Hobbes präsentierte, trat nun also der edle Wilde auf: in den Ausprägungen des Edelmanns, der Einfachheit oder des Kindes. Hier fand der Westen im Versuch der Interpretation aus dem Eigenen eine Welt, die einen neuen, utopischen Anfang darstellen konnte.

In einer Zeit, in der Gesellschaftskritik mit Verzweiflung über die Misere des neuen modernen Menschen und Zukunftsängste in einer säkularisierten Welt mit dem Glauben an die Allmacht der menschlichen Vernunft aufeinanderprallten, sind diese unterschiedlichen Projektionen auf die neuen und anderen Menschen – ›edel‹, ›barbarisch‹, ›tierisch‹, ›kindlich‹ – in ihrem Nebeneinander denkbar. Sie mischen sich noch viel später, in den auf traditionellen Darstellungsweisen beruhenden Zeichnungen Mays, zu einem Cocktail der Gegensätze, in dem die Rasse ›Indianer‹ zum Träger der verschiedensten Erzählstrategien werden kann.

Während die bisher dargestellten Bildkomplexe um die Gestalt des Fremden – Nicht-Mensch, Barbar und ›edler Wilder‹ – die gängigsten Register der Repräsentation des Anderen in Philosophie und Kunst sind, finden sich noch andere, kleinere Symbolfelder. Eines davon ist die Figur des seiner Macht beraubten Objekts des Blickes. Viele Fremde wurden nicht nur als märchenhafte Gestalten oder Protagonisten von Erzählungen in die westlichen Welt importiert, viele wurden persönlich nach Europa geschafft. Sie waren Beweis und Ausstellungsstück, ihre Fremdartigkeit erregte neben Abscheu auch ästhetische und sexuelle Erregung. Als Schmuckstücke oder als Monstrositäten wurden sie ausgestellt, entweder in den berüchtigten Tierschauen der Hagenbeck-Vorläufer oder in den Salons der Reichen. Der Mechanismus der Entmachtung durch die Sanktionierung des Blickes wurde installiert: Die fremden Menschen wurden zu Schaustücken reduziert, als andersartig waren sie interessant, nicht in ihren menschlichen Qualitäten. Kein Blick-›Kontakt‹ fand statt, keine Annäherung, kein Verstehen. Diese Einstellung der Gesellschaft gegenüber Fremden fand gleichfalls Eingang in die Malerei der Zeit, besonders in das Genre der Salonmalerei. Hier wurde der Wilde als Versatzstück benutzt, er bekam den Wert einer Schmucktasse, einer chinesischen Vase, schwang sich höchstens noch zum Statusobjekt auf, z. B. in Form einer indischen Kinderfrau im Hintergrund kolonialistischer Offiziersfamilienportraits.

Auch in den spezifischen Strukturen des literarischen Genres finden wir diese Art des Exotismus. Der Einheimische wird lediglich als Stilmittel, als Staffage benutzt, ist ohne Handlungsbedeutung, dient als Hintergrund der europäischen Helden.

Die moderne Psychoanalyse nach Lacan und besonders die Anwendung dieser Theorien auf die moderne feministische Filmtheorie liefern das Material, das eine weitere Form der Domestizierung des Fremden erkennen läßt: Der Fremde wird kastriert, indem er die Position der Frau einnimmt. Die Position des Objekts des männlich/patriarchalen

Blickes ist im westlichen Diskurs mit der Frau besetzt, aber jede Randgruppe kann diesen Platz einnehmen.[10] Der ethnisch Andere kann also zum Betrachtungsobjekt werden, der Subjektivität des Blickes beraubt: wie die Frau im Pin-up, so der Schwarze im Zoo, hinter Gittern. Das gängige Beispiel ist der steppende Neger oder das schwarze männliche Pin-up, das die Funktion des Spektakels, das normalerweise die weiße, beleuchtete Frau einnehmen würde, übernommen hat.[11]

Sein Äußeres wird zum Reiz – er ist fremd, weil er anders aussieht, so wie die Frau, die durch ihre äußeren sekundären und primären Geschlechtsmerkmale, also Äußerlichkeiten, erregend wirkt. Die Kraft des Anderen, seine Bedrohung als ›das Andere‹, erschüttert die Festigkeit des Ichs, indem eine Alternative zum Zentralbild des Weißen/Männlichen in den Blick rückt. Durch die Fortnahme der Individualität, durch die Reduktion auf Oberfläche wird diese Kraft zerstört.

Bis zum Zeitalter der Aufklärung waren Fiktion und Forschungsbericht über ›Wilde‹ oft ein und dasselbe. Fiktionales und Nicht-Fiktionales wurden nicht sauber getrennt, die Literatur als Massenkultur war noch nicht vorhanden. Objektivität kam als Wertmaßstab einer Berichterstattung kaum Bedeutung zu. Erst mit der Entwicklung des bürgerlichen Romans trat der Wilde, z. B. in ›Robinson Crusoe‹ oder ›Gullivers Reisen‹, in das Licht der bewußten Fiktion (wenn auch der bürgerliche Roman die Fiktionalität seines Inhalts problematisierte, genau wie May selbst seine Romane ab 1896 als *Reiseerzählungen* bezeichnen ließ[12]).

In der Wissenschaft sah man sich zwischen dem 16. und 18. Jahrhundert genötigt, Modelle zu entwickeln, die eine Integration von Fremden auf einer neuen Basis, nicht auf der bis dahin vorherrschenden christlichen Weltinterpretation, ermöglichten. Die Aufklärung als der »Ausgang des Menschen aus seiner selbstverschuldeten Unmündigkeit« (Kant) löste die christlich bestimmte Weltsicht ab; sie erklärte alles und ermutigte weiterführende Fragen. Nun war es der Wissenschaft erlaubt, auf den Spuren eines Francis Bacon zu wandeln, gleichzeitig aber war sie auch gezwungen, für die Welt und ihr So-Sein eine neue Erklärung zu finden: Die neugewonnene Freiheit beinhaltete gleichzeitig den Zwang, alles zu sehen, alles zu verstehen. Das Vorhandensein von fremden Völkern war ein Faktum, das in die Weltsicht eingebaut und erklärt werden mußte. Die Fremden wurden (z. B. in der physischen Anthropologie) auf ihre Andersartigkeit hin untersucht. Ein Bemühen um objektive Feststellung von Daten über den Fremden als andere, eigenständige Kultur fand selten statt. Die Interessen der Forscher waren vielfältig: Sie reichten von der Legitimation von Herrschaftsansprüchen (z. B. im Kolonialisations- oder Sklavereizusammenhang)

321

und damit verbundenen wirtschaftlichen Interessen bis hin zu dem Versuch, eine Ordnung der Welt gemäß einer hierarchisch-theologischen Weltsicht zu erstellen. So stand ein unausgesprochenes Forschungsinteresse hinter der Suche nach Fakten, Bewertung wurde zum Ziel der Untersuchung.

Im folgenden sollen nun einige der wissenschaftlichen Diskurse über die ›Anderen‹ dargestellt werden. Aus der Fülle von pseudowissenschaftlichen Herangehensweisen an das Anderssein des Anderen wurden solche ausgewählt, die für ein ›geistiges Bild‹ des Fremden von Bedeutung waren, d. h., die auch in die darstellende Kunst eingingen oder sonst für individuelle Charakterisierungen (wie wir sie bei May finden werden) wichtig wurden. Ausgangspunkt der beiden vorgestellten Ansätze ist die physische Realität des Anderen, das Erscheinungsbild. Es wird zum Instrument der Kategorisierung und Bewertung.

Die Physiognomie-Forschung geht von der These aus, daß alles Innerliche sich äußerlich widerspiegelt und daß Einzelcharaktere und Rassenmerkmale in der äußeren Form zu erkennen sind. Der griechisch-klassische Körperbau und das ebenmäßige, westeuropäische Gesicht wurden gleichgesetzt mit perfektem Charakter: Außen ist Innen. Kleinste Abweichungen von diesem abendländischen Idealbild konnten in bezug auf den Charakter gedeutet werden.

Diese europäischen Ideale mit all ihrer Fragwürdigkeit wurden auch für außereuropäische Kulturen und Rassetypen als Wertmaßstab verwendet. So konnte man nun nicht nur Individuen, sondern ganzen Rassen charakterliche Merkmale zuordnen, in der Mehrzahl negative, das System der weißen Unterdrückung affirmierende. Eine in sich schlüssige Kategorisierung aller Menschen war gefunden, ein ›wissenschaftliches‹ Bewertungssystem geschaffen.[13] Dieses System, Kulturen und Fremde in Beziehung zu sich selbst zu setzen und so leitende Maßstäbe zu finden, verlor aufgrund seiner Breitenwirksamkeit und Visualität seine Wirkung auf die europäische Kultur nie ganz, wie z. B. die Rassenkataloge der Nationalsozialisten zeigen.

Ein weiterer naturwissenschaftlicher Ansatz der Einordnung des Anderen, besonders des Schwarzen, entsprang der Biologie. Die Evolutionstheorie entwickelte sich langsam, immer neue Erklärungen für die Entstehung der Arten wurden gefunden. Zu Beginn dieser Forschungsrichtung stand das Bestreben, den Weißen in seiner theologisch fest gegründeten Position als Krone der Schöpfung zu belassen.[14] In einer Hierarchie der Zoologie rangierten Neger als Tiere oder zumindest als unterentwickelte Menschen. Im Zusammenhang mit diesen Bestrebungen stand die Suche nach dem fehlenden Glied zwischen Mensch und Affe.

Die Frage stellte sich nicht so sehr nach dem Ursprung der Gesellschaft, sondern nach der Gliederung und Einordnung der unterschiedlichen Phänomene von Menschheit in ein Gesamtbild. In der physischen Anthropologie wurden Erkenntnisse über Schädelformen (Prognathieuntersuchungen), Gehirnvolumen, Knochenbau etc. entwickelt, die die Forscher so auslegten, daß sie den Neger in die Entwicklungsreihe vom Affen bis zur Krone der Schöpfung, dem Weißen, stellten, wie besonders in Zeichnungen drastisch deutlich gemacht wurde. So konnten fremde Rassen in ein neues Bewertungssystem, ein biologisches im Gegensatz zu dem ästhetisch-moralischen der Physiognomieforschung, gestellt werden.

Die verschiedenen Vorstellungswelten, die der Umgang mit der Möglichkeit von Andersartigkeit in der Entwicklung des europäischen Geistes hervorbrachte, sollen im folgenden in der Welt Karl Mays aufgespürt werden.

Ein Konglomerat von Bildern: Ein Bündel namens Winnetou

Untersuchungsobjekt ist die zentrale Stelle der deutschen Indianerimagination, der erste Auftritt von Held Winnetou. Die Auswertung der Darstellung Winnetous und seines Vaters Intschu tschuna wird dabei nicht auf ihre Eigenschaften, ihre Handlungsbedeutung, ihre Psychologie[15] eingehen, sondern auf das äußere Bild, das von ihnen gezeichnet wird, die körperliche Erscheinung und die Assoziationen, die damit verbunden sind.[16]

Die beiden betreten die Szene des Romans, als sie von Klekih-petra gerufen werden, mit einem *Indianerwort*[17], welches unser Erzähler *nicht verstand*[18] – das Fremde zeigt sich sofort auf linguistischer Ebene, eine Gemeinschaft anders als die der Vermesser wird heraufbeschworen, zwei Gruppen sind gebildet. Die Spannung steigt: Aus dem Wald, dem romantisch/unheimlichen Ort des Geheimnisses, erscheinen zwei *außerordentlich interessante Gestalten,*[19] langsam und würdevoll – zwei Vertreter einer anderen Welt stehen damit im krassen Gegensatz zu der bewegten Szene und den würdelosen Beleidigungen, die dieser Szene im Lager der Vermesser vorangingen.

Dem Verlangen des Genres nach Einbrüchen des Abenteuerlichen und Geheimnisvollen in das Bekannte, Alltägliche wird hier Genüge getan. Die Machtposition, die das mächtige Andere gegenüber dem Eigenen erhalten könnte, wird aber sofort zurückgenommen; die Wesen werden sofort bezeichnet, gefaßt, kategorisiert: *Es waren Indianer*[20] – die Kategorisierung fällt leicht – die Situation ist anders als bei Klekih-petra (einem Weißen, der bei Roten lebt), bei dem man die Rassenzugehörigkeit nicht gleich erkennen konnte.

Gleichfalls leicht fällt eine weitere Kategorisierung; neben der Kategorie der Rasse ist die zweite, die der biologischen, d. h. genealogischen

Verhältnisse, leicht vom Äußeren abzulesen, d. h. natürlich, naturalisiert: *Indianer und zwar Vater und Sohn, wie man gleich auf den ersten Blicke erkennen mußte.*[21]

Die Öffnung der Komplexe ›Geheimnis‹, ›würdevoll‹, sofort verbunden mit den Konnotationen ›biologisch determiniert‹, ›rassisch‹ (d. h. durch den Rassenamen festlegbar) – dies alles vollzieht sich gleich im ersten Absatz. Im folgenden sollen nun die nächsten zwei längeren Abschnitte betrachtet werden. Der erste beschreibt Intschu tschunas Äußeres, der zweite Winnetous.

Die erste Isotopieebene, die ich betrachten möchte, ist die des Tieres in der Darstellung der beiden Charaktere. Konnotationen des Tierischen als ein konstituierender Komplex in der Definition ›Wilder‹ finden sich bei Vater und Sohn. In Anklängen finden sich Tier-Metaphern bei der Beschreibung des Körperbaus Intschu tschunas: Er ist *sehr kräftig gebaut ... aus seinen Bewegungen konnte man auf große körperliche Gewandtheit schließen*[22], und in den Attributen, die den beiden zugeordnet sind: *Adlerfeder, Stachelschweinsborsten.*[23]

Die Körperlichkeit, die in den ersten beiden Ausdrücken angesprochen wird, ist von einer anderen Qualität als die Sensualität oder erarbeitete Körperbeherrschung, die wir in späteren Besprechungen von Indianern in dieser Arbeit finden werden. Obwohl an sich neutral, erhalten diese Ausdrücke in Verbindung mit dem Motivkomplex ›Indianer‹ eine Spannung, einen Wertinhalt, sie verbinden sich mit Bildern von natürlicher Notwendigkeit, Primitivität, wo Kraft und Massigkeit, aber auch Gewandtheit Überlebenswert haben. Daß diese Körperlichkeit am Anfang der Beschreibung Intschu tschunas steht, verweist auf den Rang des Körpers im angenommenen Weltbild des ›Naturkinds‹ oder – krasser – Tieres.

Von größerer Bedeutung für das Evozieren von Tiernähe als diese körperlichen Attribute ist meiner Meinung nach aber die Erwähnung von Adler und Stachelschwein in Verbindung mit der Kleidung. Leder bedeutet zwar Tierhaut, hat aber als Zivilisationsprodukt, als etwas von Menschen Fabriziertes, nicht die Konnotationen, die naturbelassene, nur verarbeitete Materialien wie Borsten und Federn haben. Als nichtdomestizierte Tiere stehen Adler und Stachelschwein vollständig außerhalb der kulturellen Tätigkeit des europäischen Menschen, haben sogar eine Assoziation von Freiheit: der Adler als eines der wichtigsten Freiheitssymbole der westlichen Kultur, das Stachelschwein in seiner Abschottung, seinem Widerstand und in seinem Exotismus. Die *Adlerfeder* und die *Stachelschweinsborsten* öffnen neben der Verbindung des Körpers mit dem Bereich des Tierhaften noch einen weiteren Bereich. Die *Adlerfeder* wird erwähnt mit dem Zusatz *das Zeichen der Häuptlingswürde*,[24] die *Stachelschweinsborsten* werden im Zusammenhang mit der Beschreibung der Kleidung Winne-

tous als Schmuck beschrieben.²⁵ Die Tiermaterialien verbinden so nicht nur den konkreten individuellen Körper des Indianers mit der Tierwelt, sondern auch die Kultur der Indianer mit den Kategorien des Tierischen. Hierarchie und Ordnungsschemata, also die Machtstruktur einer Gesellschaft, werden mit der Feder verbunden, der künstlerische Bereich mit der Funktion der Borsten als Verzierung. Diese Verbindung von Kultur und Körper taucht auch anderweitig auf: *dunkle(s) Haar ... in einen helmartigen Schopf aufgebunden*²⁶ – der Begriff ›Helm‹, aus dem militärischen Sprachgebrauch stammend, ist hier kein äußerliches Accessoire, sondern Teil des Körpers. So werden zwei Aussagen deutlich:
1) Es existiert eine indianische Kultur, d. h. die Fähigkeit zur Ordnung und zu Selbstbestimmung: sonst gäbe es keine Insignien von Macht. Und es gibt ästhetischen Willen: Der Trieb zum Spiel und zum ›Unnötigen‹ wurde lange als Attribut des Menschlichen und des Verstandes gesehen;
2) Diese Kultur wird als eng verknüpft mit Symbolen aus der Natur und mit der körperlichen Präsenz der Angehörigen dieser Kultur dargestellt, ist also eine sinnliche Kultur (im Gegensatz zum keine Insignien tragenden Kongreßabgeordneten oder zu Kunstformen wie Literatur).

Der Bereich Hierarchie und ihre äußeren Zeichen in den Attributen der Kleidung wurden bereits besprochen, aber die noch vor der Kleidung bestehende Verbindung von Hierarchie mit antidemokratischen Prinzipien und Determinanz im Sinne der Physiognomieforschung findet sich ebenfalls: *Sein ernstes Gesicht war ein echt indianisches, doch nicht so scharf und eckig, wie es bei den meisten Roten ist. Sein Auge besaß einen ruhigen, beinahe milden Ausdruck, den Ausdruck einer stillen, innern Sammlung, die ihn seinen gewöhnlichen Stammesgenossen gegenüber überlegen machen mußte.*²⁷

Die folgenden Stereotypen, Darstellungstraditionen des ›Anderen‹, finden sich also in der untersuchten Textstelle:

– Rassenfestlegung durch äußerlich körperliche Merkmale
– Abwertung der Gesichtsbildung dieser Rasse
– Abweichung von dieser Norm bedeutet/erlaubt positive Bewertung (d. h., wer weniger rassisch geprägt ist, hat bessere Erfolgschancen – dies wird sich besonders in dem Vergleich einer späteren Winnetou-Schilderung zeigen)
– Äußerer Ausdruck ist verbunden mit innerer Einstellung
– ›normale‹ Indianer haben den Zustand ›innerer Sammlung‹ nicht, sind also unterlegen, sind nicht ruhig und still (d. h. ›sie sind eine laute Horde, die nicht lange überlegt‹).

Aufgrund dieser ideologischen Hintergründe der Textstelle ist also festzuhalten, daß die Kultur der Indianer als ›eigene‹, in ihrer eigenen Ausprägung nicht als gleichberechtigt empfunden wird; es wird ein eurozentristischer Maßstab angelegt, wenn Intschu tschuna gerade durch sein Abweichen von der vermeinten rassischen Norm herrschaftsberechtigt ist.

In der bekanntesten, oft wiederholten Schilderung des Äußeren Winnetous, die in ›Winnetou I‹ nur unvollständig ist, wird dieser Punkt der eurozentristischen Beurteilung noch deutlicher. Winnetous Beschreibung wird in ›Old Surehand I‹ erweitert: *Die Züge seines ernsten, männlich schönen Gesichtes waren fast römisch zu nennen, nur daß die Backenknochen kaum merklich hervorstanden. Die Farbe seiner Haut war ein mattes Hellbraun mit einem leisen Bronzehauche.*[28]

Der *herrlichste der Indianer*[29] ist also schon fast weiß. *Römisch*[30] wirkt als Inbegriff des Weißen, als Gegensatz zum Barbar. ›Rot‹ als die dem Indianer typischerweise zugeschriebene Gesichtsfarbe wird hier euphemistisch zum matten Hellbraun (mit Konnotationen von zurückhaltend, zivilisiert, eben nicht ›wild‹) mit einem Bronzehauch (Bronze ist das erste vollständig domestizierte Metall, ein Kunstprodukt, nur von der Zivilisation geschaffen, nicht natürlich vorkommend – somit mit Assoziationen von Geformtheit und Künstlichkeit).

Die Tradition des zivilisationskritischen Gegenbildes zur Dekadenz des Westens hinterläßt Spuren in der Beschreibung Intschu tschunas und Winnetous.

Die vorherigen Abschnitte zeigten die Möglichkeit auf, eine Rasse oder ganze Kultur in zwei individuellen Körpern herabsetzend abzubilden. Nun sollen die positiven Konnotationen dieser Möglichkeit untersucht werden. Diese beziehen sich auf die ›Einfachheits‹-Utopie, auf das Ideal der autarken Lebensweise, ein Ideal, welches der bürgerliche May – als Stellvertreter für die bürgerliche wilhelminische Kultur – in seinen Romanen durchschimmern läßt. *Sein Kopf war unbedeckt... Der Anzug bestand aus Mokassins, ausgefransten Leggins und einem ledernen Jagdrocke, dies alles sehr einfach und dauerhaft gefertigt. Im Gürtel steckte ein Messer, und an demselben hingen mehrere Beutel, in denen alle die Kleinigkeiten steckten, welche einem Westmanne nötig sind.*[31]

Ein Gegensatz wird hier geschaffen zu den Schilderungen eleganter Toiletten, sowohl der weiblichen als auch der männlichen Bourgeoisie. ›Satan und Ischariot II‹ enthält eine Textstelle, die das Unbequeme und Unnatürliche der westeuropäisch-bürgerlichen Kleidung gerade an der Figur Winnetou vorführt: *Und wie sah der gewaltige Krieger aus! Eine dunkle Hose, eine ebensolche Weste, um welche ein Gürtel geschnallt war, einen kurzen Saccorock; in der Hand einen starken Stock und auf dem Kopfe einen hohen Cylinderhut, den er nicht abgenommen hatte!* ...

Die Gestalt, in welcher er seinen Shatterhand vor sich sah, war gar so zahm, und die Figur, welche der tapferste Krieger der Apatschen bildete, war so friedlich und so drollig ... Ich ahnte, weshalb er den Hut nicht abnahm; er hatte die Fülle seines reichen, dunkeln Haares unter denselben verborgen.[32] Die Restriktion, der Winnetou als Naturkind unterworfen wird, kommt gerade in dem (gesellschaftlichen) Zwang, seinen Hut aufzubehalten, zum Ausdruck. Neben ihm – verkleidet als etwas ganz anderes – wird auch Old Shatterhand zur ›zahmen‹ Figur; das Natürliche, das sich des Zwanges noch bewußt ist, entlarvt die Konvention des ›naturalisierten‹ Bürgerlichen.

Die zitierte Passage aus ›Winnetou I‹ gibt über das einfach Zweckmäßige der Kleidung hinaus auch Auskunft über die Lebensführung. Als besser als die westlich-bürgerliche wird sie z. B. in einer weiteren Passage aus der Deutschland-Episode in ›Satan und Ischariot II‹ anhand der ›Überlegenheit‹ Old Shatterhands, der sich die Gewohnheiten seiner Freunde zu eigen gemacht hat, dargestellt: *... umfangreicher Reisevorbereitungen bedurfte es nicht, da ich alles, was dazu gehört, stets für den augenblicklichen Gebrauch beisammen habe:*[33] Die Abhängigkeiten des bürgerlichen Lebens treffen den Westläufer nicht. Und ein Greenhorn ist einer, der *der Reinlichkeit wegen einen Waschschwamm von der Größe eines Riesenkürbis und zehn Pfund Seife mit in die Prairie (schleppt) und ... sich dazu einen Kompaß bei(steckt), welcher schon am dritten oder vierten Tage nach allen möglichen andern Richtungen, aber nie mehr nach Norden zeigt.*[34]

Die wenigen Habseligkeiten der Indianer, ihre Lebensweise in Leder- oder Birkenhütten, je nach Jahreszeit, wirken wie das Elysium der Unabhängigkeit von den Produkten der kapitalistisch-industriellen Produktion der Herren- und Maschinenhierarchie.

Selbst die Religionsausübung ruht auf dem Prinzip einer erdverbundenen Einfachheit, wo komplizierte metaphysische Zusammenhänge zugunsten einer zwar durch den Manitou-Begriff dem Christenmenschen nahegebrachten, in der Ausübung aber pantheistischen Naturverehrung verschwinden. Die Körper- und Erdverbundenheit der Religion läßt sich in den Beschreibungen unserer ersten Apachen finden: *Der Medizinbeutel hing an seinem Halse, daneben die Friedenspfeife mit dem aus heiligem Thone geschnittenen Kopfe ... Auch er trug den Medizinbeutel am Halse und das Calummet dazu.*[35]

Wie auch das christliche Kreuz befinden sich die Attribute der Religion nahe am Körper (Hals und, wenn auch im anderen Wortgebrauch, dennoch aus dem ›Körperregister‹: *Kopfe*). Die drei Ausdrücke *Medizinbeutel, Friedenspfeife* oder *Calummet* sind aus der Literatur um den Wilden Westen bekannt, ihre Verbindung zu Religion, aus den Begriffen selber ja nicht zu entnehmen, also dem Leser vermutlich klar. Dem

327

Nicht-Eingeweihten wird May noch später in seinem Roman Aufklärung geben.

Die zweite Verbindung neben dem Körperlichen, die May mit dem zitierten Satz schafft, ist die zur Erde: *heilige(r) Thon*. Hier wird das Wort ›heilig‹ aus dem Vokabular des Religiösen verwendet und in Zusammenhang gebracht mit dem Naturstoff Ton. Für den christlich gebildeten Leser evoziert der *heilige Thon* die paradiesischen Menschenkinder vor dem Sündenfall, die vorhistorisch edlen Wilden, deren säkularisierte Beschreibung Rousseau lieferte: Adam und Eva, von Gottes Hand aus Erde geschaffen und zunächst edel und wild.

›Beutel‹ und ›Pfeife‹ signalisieren darüber hinaus auch noch einmal die Praxisbezogenheit der Wilden, ihre nichts verschwendende Einfachheit: Anders als das christliche Kreuz sind hier Gebrauchsgegenstände mit religiösem Wert behaftet. Dagegen wirkt die Bezeichnung ›Calummet‹ als semantisch sinnloses Wort, wenn der Zusammenhang der einschlägigen Western-Literatur nicht bekannt ist, als Exotismus, und unterstreicht so die Fremdartigkeit der anderen Kultur.

Ein weiteres kulturelles Phänomen, welches wir aus der Darstellung der beiden Indianer in Erfahrung bringen können, ist die Einstellung zur Historizität. Eine Kulturäußerung eines Volkes ist das bewußte Fortschreiben seiner eigenen Geschichte, als Stärkung des Selbstgefühls, der Gruppenidentität. Die Wichtigkeit dieser kulturellen Äußerung für die europäische Kulturentwicklung läßt sich beispielsweise am Stellenwert der griechischen Poeten (als Geschichtsschreiber) oder der Minnesänger als Boten der Vergangenheit messen. Ein Medium: Gesang, Erzählung (Phänomene oraler Historie) oder Literatur (fiktional und nicht-fiktional), dient als Übermittler und Träger. Diese Medien werden gepflegt, gehortet (in den Klosterschreibwerkstätten, in Büchereien) und bleiben zugänglich.

In der Hand hielt er ein doppelläufiges Gewehr, dessen Holzteile dicht mit silbernen Nägeln beschlagen waren. Dies war das Gewehr, welches sein Sohn Winnetou später unter dem Namen Silberbüchse zu so großer Berühmtheit bringen sollte.[36] Wenn auch nicht sofort sichtbar, versteckt sich hier doch ein Stück Geschichte. Aus anderen Passagen des Mayschen Werkes erfahren wir von dem Brauch, beim Töten eines Feindes Kerben in den Gewehrlauf zu schnitzen (Sans-ear, Fred Walker). Wir finden also ein Trägermedium, welches eine Geschichte erzählt, ein Stück Vergangenheit niedergeschrieben auf seiner Haut enthält. Dieses Medium ist hier ein Gewehr – trotz aller Zivilisationskritik wird die Errungenschaft der schriftlichen Niederlegung des Geschehens nicht als unwert angetastet, diese ›primitive‹ Art des Geschichtsbewußtseins, das sich nur an persönlicher Geschichte (des Waffenträgers) orientiert, muß so also abwertend wirken.

Ein weiteres Medium der Geschichtlichkeit ist ›der Sohn‹, Mittel der

Fortsetzung des Ichs in die Zukunft in einfachster, biologischer Form. ›Winnetou‹ wird zum Medium, er erbt die Waffe seines Vaters.

In der Darstellung Winnetous, von seinen ersten Schilderungen bis zum späten Roman ››Weihnacht!‹‹, ist noch ein weiteres Register geöffnet. Etwas wird ausgesprochen, das normalerweise in der Literatur nur metaphorisch oder in vergleichender Analyse herausgearbeitet werden kann: die Weiblichkeit des Fremden:[37]

Gewiß hätte ihn manche Dame um dieses herrliche, blauschimmernde schwarze Haar beneidet.[38]
Aber sein Auge vergrößerte sich und ein leuchtender Glanz inniger Liebe strahlte mir aus demselben entgegen.[39]
Einen Bart trug er nicht; in dieser Beziehung war er ganz Indianer. Darum war der sanfte, liebreich milde und doch so energische Schwung seiner Lippen stets zu sehen, dieser halbvollen, ich möchte sagen, küßlichen Lippen ... seine Augen (waren) fromme Madonnen-, wenn er freundlich zusprach, liebevolle Frauen-, wenn er aber zürnte, drohende Odins-Augen.[40]

Ob homoerotische Züge die Schilderung Winnetous prägen oder nicht, soll nicht Gegenstand dieser Betrachtung sein,[41] sondern das Register der Weiblichkeit und die damit verbundenen Machtstrukturmöglichkeiten.[42]

In der ersten der oben zitierten Passagen wird Winnetous Haar mit dem von Damen verglichen und seine Erscheinung in einen Wertungszusammenhang mit Frauen gestellt – seine Haare sind schöner als die von manchen Frauen. So wird sein Körper aus dem männlichen Bewertungskanon (kräftig, ausdauernd ...) herausgeholt und in einen anderes System gestellt. Früher in der Passage wird seine Kleidung als *zierlicher gefertigt*[43] gekennzeichnet – auch kein Attribut, welches man ›strotzender‹ Männlichkeit traditionell zuordnen würde: Winnetou läuft außer Konkurrenz – mit der Einordnung seiner Haare in das weibliche Bewertungsschema durch einen Mann, Old Shatterhand, wird er, der ethnisch ›Andere‹, das ›Neue‹ im europäischen Zusammenhang, vergleichbar mit dem bekannten ›Anderen‹ der westlichen Gesellschaft: der Frau.

Auch die zweite Stelle benutzt Formulierungen, die aus dem Bereich ›Weiblichkeit‹ entstammen, um Winnetou zu charakterisieren. Die großen Augen sind ein Stereotyp der Frauendarstellung. Diese Augen sehen selber nicht, nehmen nicht auf, sind nicht Instrumente, die Welt einzunehmen, d. h. zu unterwerfen, sondern ihre Funktion ist anders definiert: Sie vergrößern sich (geben also noch mehr Aufprallfläche für den besitzergreifenden Blick auf sie) und strahlen aus, d. h. geben etwas ab, was durch den aufnehmenden Blick verarbeitet wird. Statt ›Fenster zur Welt‹, d. h. Mittel, die Welt in sich hineinzuholen und zu beherrschen, sind sie reduziert auf die Funktion ›Fenster der Seele‹, d. h., sie entblößen auch die innere Disposition des Beschriebenen dem Blick des Betrachters.

Die dritte Passage nimmt diese Bedeutungen wieder auf und ergänzt sie: Allen Indianern wird ein Teil der äußeren Bestimmung von Männlichkeit abgesprochen: Sie sind ohne Bart. So ist der Indianer bereits herabgesetzt in der abendländisch-sexuellen Hierarchie. May zeigt den Effekt: Winnetous Mund ist den Blicken frei ausgesetzt, kann betrachtet werden; der männliche Bart als Schutz gegen den Blick der anderen und als Symbol der phallischen Kraft fehlt. Die ultimative Überwindung der Subjektivität des Anderen, von reiner Unterwerfung durch den Blick bis zu körperlicher Beherrschung, treibt ins Blickfeld durch die Qualifizierung der Lippen als *küßliche* – die Penetration als letzte Machtgebärde. Ein Kuß als Penetration der Intimsphäre eines Individuums wird so stellvertretend zur Vergewaltigung einer Rasse – mit der Sanktion des freien Blicks auf sexuell gewertete Körperlichkeit fällt die Barriere des Persönlichkeitsrechts.

Der Fremde Winnetou wird domestiziert: Die Frau Winnetou, leuchtend schön als Objekt, aber der Sprengkraft der Herausforderung beraubt, tritt auf.

Diese detaillierte Analyse der Motivkomplexe und Traditionen der Darstellung des Fremden in der Beschreibung von Intschu tschuna und Winnetou zeigt die Verflechtung der (unterschiedlich bewerteten) Komplexe

– Fremder = Tier / negativer Primitivismus
– Fremder = ›edler Wilder‹ / positiver Primitivismus
– Fremder = Frau.

Die Analyse der Beschreibung zweier bedeutender Indianer bei Karl May erbrachte eine vielfältige Ausbildung von traditionellen Motiven, die eine eindeutige Festlegung des Indianerbildes selbst in der normalerweise durchgehend positiv gesehenen Figur Winnetou[44] unmöglich macht. Der Maysche Mythos des edlen Helden und wahren Menschen Winnetou, (nahezu[45]) auf gleicher Stufe mit seinem Bruder Old Shatterhand stehend, wird so bereits in der ersten Einführung, der ersten visuellen Wirkung dieses Charakters – in seiner Körperlichkeit – als ein kompliziertes Konglomerat entlarvt.

Die Figurenentwicklung bleibt gefangen in den alten Topoi der Fremdendarstellung und -regulierung. Eine erzählerisch positive Bewertung (durch die Assoziation mit der überragenden Positiv-Gestalt Old Shatterhand) kann Winnetou nicht aus dem Gemenge der Feind-/Fremdenbilder heben, es bedarf dieser genauen textuellen Analyse, bevor man die Stellung der Figur im Binnenmythos der Romane mit Gewinn betrachten kann.[46]

Die Indianer als exotische Rasse

Im folgenden soll das Gesamtbild der Indianer als Exoten untersucht werden. Die Spuren der von der westlichen Welt erstellten Kategorien von ›Anders-Sein‹ in Mays Indianerbild sind das Untersuchungsobjekt. Untersuchungsregister sind die exotischen Elemente der Fremddarstellung, die Elemente also, die die Gruppierungen der Indianer zu Fremden machen, die nicht in die Kategorien der ›Normalität‹, des Eigenen fallen.

Der methodische Ansatz wird umgekehrt: Wurde bisher durch Detail-Analyse eine Liste der vorhandenen Konnotationen einer Textstelle erstellt, so werden nun ausgewählte Textbeispiele in Kategorien eingeordnet. Dieses Vorgehen bietet sich wegen der breiten Streuung der Textstellen zur indianischen Kultur sowie der wiederholten Darstellung einiger ihrer spektakulären Elemente (z. B. Martergewohnheiten, Medizintragen) bei May an.

Die Untersuchung schaut zwischen die Ritzen dieser nur scheinbar einheitlichen Charakterisierung der Indianer: Die Raster der Welt, die jeder Leser, jeder Schreiber als Erbe westlicher Zivilisation und Sozialisation mit sich trägt, schimmern in den rezipierten oder gewählten Elementen der Figurendarstellung durch. Unser Vokabular für die Darstellung der Welt ist von den Gedankenschranken, die unser Zivilisationsprozeß errichtete, determiniert.

Die semantischen Felder von ›Teufel‹ und ›Barbar‹ aus der Frühzeit der Beschäftigung mit dem Fremden tauchen gerade in der Gruppendarstellung der ›Anderen‹, der verschiedenen Indianerstämme, immer wieder auf: *darauf folgte ein Geheul, welches so schrecklich klang, als ob es von tausend Teufeln ausgestoßen würde.*[47]

Der Name des Widersachers Gottes, des pferdefüßigen Luzifers, in Verbindung mit den Fremden Amerikas findet sich an vielen Stellen im Mayschen Werk, besonders dann, wenn ein Stamm bei Angriffen als Mob (also als nichtindividuelle, nichtmenschliche Masse) auftritt und mit einem Prädikat charakterisiert werden soll. Wenn das Ich der Mensch ist, so ist der Andere das Andere – die Ausgrenzung greift sein Menschsein an, verdammt ihn aus dem Kreis der Menschen in die Bannkreise der Hölle. Er ist kein Mensch mehr, auch kein Tier, er nimmt die christliche Gegenposition zum Menschen ein.[48]

Die Kategorie von Grausamkeit, die wir ebenfalls in der antiken Tradition der Fremdenerfassung vorgefunden haben, findet sich auch in der Mayschen Charakterisierung der ›Roten‹: *Diese Umarmung auf dem Scheiterhaufen hatten sich die raffinierten Roten ausgesonnen, um die Todesqual der Opfer zu erhöhen.*[49] Dies ist nur ein Beispiel für die teuflische Grausamkeit mit ihrem Erfindungsreichtum, die die indianische Rasse in Mays Romanen auszeichnet. Der ›Gruseleffekt‹ der

331

Fremdendarstellung zur Befriedigung der trivialen Unterhaltungsansprüche als Aufgabe der Sensationsliteratur seit Mandevilles viel aufgelegten Reisebeschreibungen wird hier erneuert.

Gefühllose, antihumanistische, vorneuzeitliche, nicht von den Idealen des Christentums geleitete Wesen können die Indianer sein – also Barbaren im humanistischen Sinne. Old Shatterhand berichtet über die Kiowas: *Indem ich eines der roten Gesichter nach dem andern betrachtete, sah ich keines, welches ich einem Feinde gegenüber einer mitleidigen Regung für fähig gehalten hätte.*[50] Die milde Haltung des Helden Old Shatterhand Feinden gegenüber aus seiner christlich-humanistischen Gesinnung heraus ist den Barbaren neu, und selbst Winnetou muß lernen, sich darin einzufühlen.

Die Verbindung zwischen Indianer und Dämonie kann auch über subtilere Kanäle als die direkte Benennung ›teuflisch‹ und ›grausam‹ laufen. Auch die Charakterisierung durch Tiereigenschaften wird für die Stammesdarstellungen gebraucht, wie es ja auch schon bei der Einzelcharakterisierung Winnetous und Intschu tschunas im vorigen Kapitel gezeigt wurde. Sprache ist hier ein wichtiges Unterscheidungsmerkmal: Der Sprachgebrauch der Indianer, ihre Metaphorik und Bildersprache, die Lutz als gehobene Indianersprache dem Rassismusdeutsch, der ›verstümmelten Sprechweise‹ der bösen Stämme, gegenübergestellt,[51] kann im Lichte der Kataloge von Konzeptualisierungen des Fremden im ersten Kapitel auch anders gedeutet werden: »*Das ist Intschu tschuna, der oberste der Apachenhunde! Ich muß sein Fell, seinen Skalp haben!*«[52] / »*... deine Zunge ist nicht eine Zunge, sondern ein Schlangenzahn, welcher Gift ausspritzt.*«[53] Solche Metaphern stehen in der Tradition der Fremdensicht, die ich in dem Kapitel über das ›Ganz Andere‹ darstellte: Sie weisen assoziativ zurück auf die Hundeköpfe und Tiermenschen in der Tradition des Plinius.[54] Diese Indianer konzeptualisieren in der Mayschen Welt ihre Umgebung in den Kategorien der plinischen Gestade, voll von ›ganz Anderen‹: So ist der Comanche vom Apachen und der Utah vom Kiowa meilenweit entfernt.

Weitere Assoziationsfelder des Bereichs Tier/Indianer neben den bereits in der Winnetou-Analyse genannten (Körperdarstellung, Bekleidung) lassen sich finden: Eine enge Verbindung besteht zwischen den Indianern und den (bei den Weißen domestizierten – mit Hufeisen versehenen, ihres Instinktes verlustig gegangenen –, bei den Roten ›wilden‹) Pferden. Diese erkennen Indianer am Geruch, der anders ist als der der Weißen. Die Möglichkeit der engen Verbindung von Indianern und Pferden bis zur Körpersymbiose zeigt sich in dem Kunststück, hinter der Flanke des Pferdes zu verschwinden,[55] und dadurch, daß Westmänner sehen können, ob sich Indianer vor ihnen befinden: Indianer kann man gewöhnlich durch die Spuren ihrer Pferde identifizieren (denn diese gehen ja bekanntlich ›barfuß‹, unbeschlagen).

Indianer gehen nicht nur Einheiten mit Tieren ein, sie haben auch Fähigkeiten wie Tiere:[56] »*Ein Roter hat den untrüglichen Ortssinn des Vogels, der meilenweit gerade nach seinem Neste fliegt* ...«[57] Oft werden ihre Bewegungsfähigkeiten mit Panthern, mit Raubtieren, Rehen etc. verglichen: *Winnetou ... mit seiner schlangenglatten Geschmeidigkeit*[58] oder *Ich sah den Häuptling auf dem Wasser liegen wie ein Raubtier.*[59] Auch die Verbindung Indianer/Büffel zeigt die Nähe der Kultur der Indianer zu der sie umgebenden Tierwelt: *Der Rote wußte nur zu gut, daß er ohne diese Herden nicht leben könne, sondern zu Grunde gehen müsse, und hütete sich infolgedessen stets, mehr Fleisch zu machen, als er brauchte.*[60] Die Nähe Indianer/Tier ist eine Nähe, die einschränkt, die unbeweglich macht. Indianer brauchen Büffel und haben keine Ausweichmöglichkeit: Ohne sie sterben sie unweigerlich aus. Auch die Pferde-Verbindung schränkt ein bzw. macht den Weißen in seiner Anpassungsfähigkeit überlegen: So reibt sich Old Shatterhand mit Mugwartpflanzen ein (verbindet sich also intensiv mit einem Teil der Indianernatur), so daß ein Indianerpferd nicht merkt, daß er ein Weißer ist, und hüllt sich zusätzlich in Indianerdecken, um das Pferd auch optisch zu täuschen.[61] Der Weiße kann demnach in die Naturwelt der Indianer eindringen, wenn gewissen Äußerlichkeiten Genüge getan wird. Dagegen können Indianer den Weißen nicht täuschen, ihre biologische Natur nicht verstecken: Old Surehand wird schließlich in seiner Identität als Halbindianer ›entlarvt‹.

Ein letzter Tieraspekt der Indianerdarstellung bezieht sich auf ein Körperattribut – das allgegenwärtige Fett: *und der Geruch des Fettes, welches ein so wichtiger indianischer Toilettenartikel ist, sagte mir, daß es Rothäute seien.*[62] Das körpereigene Sekret Fett wird von den Indianern verstärkt durch Hinzufügen von außen; sie machen sich also biologischer als biologisch, sie betonen ihre Körperlichkeit, die Nähe zu Wasservogel und Biber. Diese Tierkörperlichkeit, etwas, was den menschlichen Körper mit seiner natürlich schwachen Fettsekretion mit dem des Tieres verbindet, stellt May in der zitierten Textstelle als ein Gesamtmerkmal der indianischen Rasse dar.

Die Kulturäußerungen der Indianer sind wie die körperlich-individuellen Merkmale ebenfalls häufig mit Tierassoziationen verbunden, so z. B. die Kommunikation: *Er war in seiner Rede durch den dreimaligen Schrei eines Adlers unterbrochen worden.* »*Das sind die Späher der Kiowas,*« *sagte er.* »*Sie sitzen da oben auf den Bäumen.*«[63] Adler, Ochsenfrosch, Kojote, Eule, Spottvogel – alle diese Tierlaute dienen zur Verständigung, sind anerkannte Kommunikationsmittel der Roten, tauchen in allen Romanen immer wieder auf.

Auch die Darstellung von Lagerstätten und Gerichtsbarkeit der Indianer gehört in diesen Zusammenhang. Die Kiowas ›sitzen auf den Bäumen‹ (wie die Affen: eine unübersehbare Konnotation, die an die postdarwinistischen Stammbaum-Illustrationen der Ordnung der menschlichen Rasse in die Abstammungsreihe vom Affen erinnert). Auch die errichteten, d. h. kulturell geschaffenen Lagerstätten der Stämme bzw. die Orte sozialer Handlungen, wie z. B. der Gerichtsbarkeit – beides Kulturmerkmale –, werden mit Tieren in Zusammenhang gebracht: Die Naiini-Comanchen aus ›Old Surehand I‹ lagern im Hasental; die Capote-Utahs benutzen das Bärental als Stätte eines Gottesgerichts: Sie schicken Old Surehand in dieses Tal, damit er sich den Bären stelle und so sein Leben freikaufe oder verliere.[64]

Die Liste der Assoziationen Indianer/Tierwelt könnte beliebig fortgesetzt werden (z. B. im Bereich der Wertebildung oder der Herrschaftsstruktur), da dies sicher die reichste Metaphern-Quelle Mays darstellt. Ich wende mich aber jetzt weiteren Konnotationsfeldern zu, zunächst dem des Kannibalismus.

Gefangene werden vor ihrem Tode ausreichend und gut mit Nahrung versorgt – siehe das Aufpäppeln Old Shatterhands in ›Winnetou I‹ oder: *»Die Roten fütterten uns und gaben uns zu trinken, doch nicht etwa aus Menschenfreundlichkeit, sondern um uns für einen schlimmern Tod zu stärken.*[65] Die Konnotation des Hänsel, der von der bösen Hexe im Käfig gemästet wird, ist offensichtlich. Auch das Knöchelchen als Täuschungsmanöver existiert bei May: Old Shatterhand täuscht Schwäche vor und übt seine Muskeln mit den Sitzsteinen seines Wigwams (›Winnetou I‹).

Foltermethoden wie das Rösten/Verbrennen der Gefangenen bzw. das Zerschneiden des Fleisches in Riemen tauchen in einigen Indianerdarstellungen Mays auf, und zwar in den Beschreibungen der Martern, denen die Indianer ihre Gefangenen aussetzen. Beide Vorgänge sind mit den Ritualen der Essenszubereitung assoziativ verbunden: In den Berichten des ›Fleischmachens‹ der Indianer wird deren Angewohnheit, das Fleisch in Riemen zu trocknen, um so einen Trockenvorrat zu erhalten, beschrieben. So wird der alte Plinische Topos der Anthropophagi weitergetragen, und zwar u. a. in den Bereich des Gastmahls, in dem erkennbare Akte aus der eigenen Kultur, nämlich das Ritual der Gastfreundschaft (Essen wird gereicht), pervertiert und in sein Gegenteil verkehrt werden (der Gast wird nur für seinen Tod gestärkt). So (und nicht nur in dem Motiv der Gefangenentötung, eine immerhin ja auch in der europäischen Geschichte bekannte Handlungsweise) wird eine größtmögliche Distanz zwischen Rot und Weiß geschaffen.

Nacktheit ist ein weiteres wichtiges Motiv in der Darstellung des Anderen. Das Motiv der tierischen Nacktheit aus der frühen Fremddarstellung findet sich bei May in den Darstellungen der jeweils ›bösen‹ Indianerstämme, mit besonderer Beliebtheit in den Beschreibungen von Zweikampfgegnern: *Aus der Reihe der Roten trat ein Krieger von wahrhaft herkulischen Körperformen ... Dann entkleidete er die obere Hälfte seines Körpers. Wer diese nun enthüllten Muskeln sah ...*[66] / [Peteh] *setzte sich gar nicht erst nieder, sondern warf den Jagdrock und das Jagdhemde ab, so daß sein Oberkörper und die Arme vollständig entblößt waren ... wenn man diese kolossale Brust und diese massigen Arme sah ...*[67] Im Gegensatz dazu betont die Beschreibung der Entkleidung Intschu tschunas für den Schwimmwettkampf (wo doch Nacktheit viel angemessener wäre) die ›Angezogenheit‹ – wie bei Old Shatterhand, der seine abgelegten Kleidungsstücke eher aufzählt als seine entblößten Körperteile, ist dies auch beim ›guten‹ Indianer der Fall: *Intschu tschuna entkleidete sich bis auf die leichte, indianische Hose, steckte den Tomahawk in den Gürtel, nachdem er die andern in demselben befindlichen Gegenstände entfernt hatte.*[68] Nacktheit ist bei May ein Zeichen der Inferiorität gegenüber den Weißen und gegenüber den jeweils ›guten‹ Indianern (so sind z. B. Winnetou oder Schiba-bigk meistens angezogen). Old Surehand als halber Roter kann mit dem Vokabular der Nacktheit beschrieben werden: *Seine mächtigen Glieder waren ganz in Leder gekleidet, doch so, daß die von der Sonne gebräunte Brust unbedeckt blieb.*[69] Auch kann er in dieser Szene, da er schläft, betrachtet werden, ohne selbst zu sehen – die Funktion der Bereiche ›Objekt des Blickes = Machtverlust‹ wurden bereits in der Besprechung der ideologischen Konnotation Fremder/Weiblichkeit dargestellt.

In der Nacktheit zeigt sich auch wieder die Reduktion auf das Körperliche. Die Bedeckung der Blöße in der Weise Petehs, des Blutindianers, erfüllt genau diesen Zweck: *Sein Schopf war mit Skalpen geschmückt; seine Brust hing voller Skalpe; aus lauter Skalpen bestand sein Gürtel; auf seinen Schultern und Achseln waren Skalpe gleich Epauletten angebracht, und um die Unterschenkel schlossen sich Skalpe in Form von Gamaschen.*[70] Hier wird der Körper Petehs mit Körperteilen bedeckt, die inhärente Nacktheit wird dadurch nur gesteigert – zwar ist er nicht mehr verwundbar den Blicken ausgesetzt, aber die Reduktion seiner Welt auf Körperlichkeit und mangelnde Reflexion (Skalpe sind keine Symbole, sondern reale Platzhalter für den getöteten Feind) erhöht.

Exotismus kann nicht nur die Betrachtensweise des ›ganz Anderen‹ als Wesen oder Kultur sein, sondern oft auch des ›Fremden‹ der eigenen Kultur. So ist das Fremde (zum traditionellen Zentrum, dem weißen Mann) auch ›die Frau‹ oder ›das Kind‹. Die Kategorie ›Frau‹ und ›Weiblichkeit‹ in Verbindung mit dem Indianer wurde bereits in der Winnetou-Analyse intensiv besprochen. Die Kategorie ›Kind‹ verbindet sich mit dem Topos des ›edlen Wilden‹ und soll darum in diesem Lichte untersucht werden.

Auf sympathisch anrührende Weise werden Indianer manchmal ironisch als ›kindlich‹ dargestellt[71] oder mit entsprechenden Redefloskeln als ›Kinder‹ patronisierend angesprochen: *Die Söhne der Comanchen /*

diese Tochter der Racurroh[72]. Apanatschka, sonst durchaus heroisch, bleibt in der Handlungsbewertung ein Kind, da er immer wieder durch das sich entfaltende Geheimnis in die Kategorie der Familie und des verlassenen Kindes gerückt wird.

Der Aspekt des Kinderspiels zeigt sich im Umgang mit Ritualen: Sie erscheinen wie die selbstgewählten Ritualhandlungen von Kindern, die jederzeit in den Bereich der Phantasie zurückgedrängt werden können, wenn sich die Situation ändert: *Einer der Tänzer war infolge seiner allzu lebhaften Bewegungen dem Wasser zu nahe gekommen; der weiche Uferrand wich unter seinem Fuße, und er fiel in den Tümpel. Ein allgemeines Gelächter erscholl, und alle Augen richteten sich auf den triefenden Büffelimitator.*[73] Die Rollen ›Zuschauer‹, ›Priester‹, ›Ausführende des Rituals‹ können durchbrochen werden, verschiedene Realitätsebenen sind nebeneinander offen: Man denke sich, was in der Kirche passierte, wenn der Priester den Kelch fallen ließe – nur Kinder würden lachen; sie können die Handlung auch als mißlungenes Spiel, ohne inneren Wert, sehen – die Erwachsenen wären peinlich berührt: Moral, Tradition und andere eherne Werte wurden verletzt.

Der humorvolle Umgang mit einem Ritual wird durch die dargestellte Reaktion der Beteiligten legalisiert: Da sie selber es nicht zu ernst zu nehmen scheinen, ist ein Lächeln des Lesers über den *Büffelimitator* erlaubt.

Die eigenen Maßstäbe der Indianer (Zurückhaltung, Würde, Schmerzunempfindlichkeit) werden immer wieder in konkreten Handlungen aufs heftigste durchbrochen, wie auch die Verhaltenskodizes von Kindergemeinschaften diesen Schwankungen, hervorgerufen durch die Kluft zwischen machbarer Wirklichkeit und Anspruch, unterliegen:

Jetzt hatten wir das Vergnügen, eine sich vor Erstaunen fast wie toll gebärdende Indianerschar zu sehen und zu hören.[74]
... alle sechshundert Indsmen drängten nach dem Lager, um mir zu folgen; jeder wollte vorwärts und keiner zurückbleiben. Das gab einen unbeschreiblichen Tumult, einen Wirrwarr, bei dem einer den andern hinderte. Viele Pferde wurden reiterlos; es gab einen förmlichen Kampf, bei dem es auch nicht ohne Verletzungen abging. Hütten wurden beschädigt oder gar niedergerissen; lose Teile der Kleidung, fliegender Federschmuck und ähnliche Dinge gingen verloren.[75]

Der Sinn für die Ordnung der Dinge kann verloren gehen, die Proportionen geraten außer Gefüge. Der Körper, die Behausungen, die Kleidung, die Herrschaftsmerkmale: Sie alle fallen einem kurzfristigen Chaos zum Opfer, einer Überraschung. Die feste Ordnung erweist sich als leicht erschütterbar. Diese Situation, eine Konfrontation mit nicht durch bestehende Verhaltensmaßregeln definierten Mächten, ergibt sich auch in ›Winnetou III‹: *Die Häuptlinge saßen still am Boden, sichtlich nicht wissend, wie sie sich jetzt zu benehmen hätten.*[76]

Die Indianer sind auf eine kindliche Weise psychologisch beeinflußbar: Man denke etwa an Old Shatterhands Auftreten Intschu tschuna gegenüber in der Marterpfahlszene in ›Winnetou I‹. Oder sie sind durch Düpierungen und Taschenspielertricks zu beeindrucken; Beispiele sind die Naivität der Kiowas, die den vermeintlichen, allesvernichtenden Sprengstoff in der Blechdose Old Shatterhands fürchten (›Winnetou I‹) oder das in den Gewehrlauf gesteckte Porträt der Häuptlinge, das die Seelen der Indianer aufs Papier bannt (›Winnetou III‹). Dies sind ebenfalls Konnotationen zum Aspekt ›Kind/Wilder‹, beide stehen staunend ergriffen vor der Wunderwelt der Erwachsenen.

Die Überrumpelung durch Tricks und Kniffe der ›großen‹ Weißen befreit auch die sonst so sehr zurückgehaltene Emotionalität der Indianer: Schahko Matto, der Osagenhäuptling, erzählt, wie sein Stamm auf die Show eines Taschenspielers reagierte: *»Er ließ alles, alles kommen und verschwinden, wie es ihm gefiel. Wir haben ihn für einen so großen Zauberer gehalten, wie bei den roten Männern keiner gefunden werden konnte. Alle Männer und Frauen, alle Knaben und Mädchen haben ihm mit Erstaunen, oft mit Entsetzen zugesehen.«*[77] Der Häuptling zeigt auch noch nach vielen Jahren deutlich seine kindliche Bewunderung, und er verbindet selber die Erwachsenen der Indianer mit der Kinderwelt in seiner Aufzählung der Bewunderer.

›Wissensvergleich‹ ist ein weiterer Bereich, in dem eine Konnotation von ›Kindheit‹ aufgebaut wird. So haben die Indianer als Rasse dasselbe Problem, dem 7jährige Kinder der westlichen Zivilisation ausgesetzt sind (die Indianer aber determiniert permanent): *Kein Naturindianer kann so wie wir bis hundert zählen.*[78]

Auch der Aspekt ›Lernen‹ steht in Konnation mit ›Kindheit‹. Die Minderwertigkeit der ›Anderen‹ kann zunächst einmal dadurch signalisiert werden, daß Lernfähigkeit abgesprochen wird: *»Dumme Kerls, sie werden doch nie klug!«* *»Sie dürfen sich nicht darüber beschweren, daß sie keine Gelegenheit gehabt hätten, gescheit zu werden. Ihr [Old Shatterhand] habt ihnen genug gute Lehren erteilt.«*[79] Aber auch die Darstellung des Lernens als ›kinderspielartig‹ – eben nicht wissenschaftlich-analytisch, wie im Abendland üblich – ist herabsetzend: *Wir krochen in den Wäldern herum, wobei ich vortrefflich Unterricht im Anschleichen erhielt.*[80]

Mit dem Kinderspiel sind wir auch bei einem weiteren Aspekt der Indianerdarstellung: der Lust an der Maskerade. Mays Indianer bemalen sich gern. Sie reiben sich die Gesichter mit Fett ein, bemalen sie (oder sich gegenseitig) mit Kriegsfarben: Gruppenzugehörigkeit und innere Disposition werden in taktilsensuelle Signale umgesetzt. Primärfarben ermöglichen Gruppenbildung und Gruppenidentifikation: Das Räuber-Gendarm-Spiel wird auf die reale Ebene umgesetzt. Mays Indianer spielen. Die abenteuerromanhafte Schwarz-Weiß-Zeichnung der Welt und die Überschaubarkeit des Spielbrettes, der Romanwelt Mays, sind nur zwei Indizien der Kindlichkeit aller Beteiligten.

Der Spaß am Verkleiden, am ›etwas werden‹ durch das Aufsetzen, Hinzufügen,[81] ist eine kindhafte Beschäftigung, die vor der Eigendefinition, der festgeprägten Persönlichkeit steht. Zusammen mit der ›Matsch-Qualität‹ der Farben wird diese Maskerade zum Nachspiel von Kindlichkeit.

Der Aspekt der Farbigkeit des Bemalens öffnet einen weiteren interessanten Konnotations-Bereich: das Vorhandensein von Färbung, die damit im Gegensatz zum nicht gefärbten Bleichgesicht steht.[82] Der Rote – wie der Schwarze also schon im Namen als ›anders‹ bezeichnet – erhöht den Aspekt des Andersseins noch künstlich durch weiteres Auftragen von Farbe auf sein Gesicht.

Diese Untersuchung zeigte einige der traditionellen Entfremdungsmechanismen, die im Mayschen Indianerbild mitwirken, auf. Auf vielen Ebenen fanden sich Verweise zum Nicht-Menschlichen (Teufel, Barbar, Tier), Nicht-Zivilisierten (Nacktheit), Nicht-Herrschenden (Nacktheit und Kinder), Nicht-Weißen (Farben). Die Sprache der Indianer ist von Verweisen zum Anderen, zum Tier, durchsetzt, der Körper und die Kulturäußerungen bleiben diesem Rahmen verhaftet.

Die Kategorie des Kannibalismus als einer angstbesetzten Vorstellung Europas wird in ihren Konnotationen gerade von dem zentralen (da für den Fortgang der Abenteuerhandlung so wichtigen, weil spektakulären) Aspekt der Gefangenschaft und Folterung aufgenommen.

Der Unterschied zum ›Wir‹, zum zivilisierten Europäer, bleibt in der kindlich-körperlichen Nacktheit gewahrt. Ein weiterer entfremdender Effekt der Nacktheit liegt in der Konnotation von Objekthaftigkeit, Ent-Individualisierung, die den betrachtenden Blick erlaubt.

Körperhaftigkeit bestimmt auch das nächste Bild vom Anderen: Das Zivilisations-Kind im Indianer hat den Reflexionsschritt weg vom eigenen Körper noch nicht vollzogen, noch ist es Gefangener des eigenen Körpers. Hier laufen auch die Kategorien von ›edler Wilder‹ und ›primitiver Barbar‹ zusammen: Die Sehnsucht nach der Kindheit bestimmt das Bild.

Schlußbetrachtung: Das Gefängnis des Körpers

Diese Arbeit beleuchtete den Umgang Karl Mays mit den Indianern. Dabei wurden die traditionellen Darstellungsregister des Fremden zu Hilfe genommen, um in genauer Textanalyse Isotopiefelder ausmachen und diesen Traditionen zuordnen zu können. Die vielschichtige Auseinandersetzung des Westens mit der übrigen Welt zeigte so Spuren in der fiktiven Welt Mays.

Die Historie des Genres – der Abenteurerliteratur oder des fiktiven Reiseberichts – setzt ihre Regeln für die Entfaltung der Handlung, und die Schranken im Kopf des Schriftstellers und des Lesers, die eine westliche Sozialisation errichtete, bestimmen sogar die narrativ positive Indianerdarstellung.

Verschiedene, in ihrer Wertung sogar konträre ›Fassungen‹ für die Bedrohung von außen, für den, der die Einheit der eigenen Gruppe zu sprengen droht, wurden zum Einsatz gebracht: Die Skala reicht vom ›edlen Wilden‹ bis zum Tier.[83]

Allein die Feststellung und Aufzählung der Einflüsse auf Karl May würde diese Arbeit nicht rechtfertigen, interessanter ist das Ergebnis der genauen Textanalyse: Es zeigt auf, wo der Ort des Fremden ist, wie die verschiedenen Bewertungskategorien am Objekt Indianer festgemacht werden.

In der Beschreibung Winnetous und Intschu tschunas, außerdem in den untersuchten Textstellen zur Indianerkultur, kristallisierte sich eine Kategorie heraus, die allen Registern der Fremddarstellung zu eigen war und nur jeweils unterschiedlich bewertet wurde: der Aspekt der Körperlichkeit.

Beim ›edlen Wilden‹ ist diese Körperlichkeit die ›Nicht-Entfremdung‹, die ›Direktheit‹; beim Tier/Teufel/Barbar = Nicht-Mensch ist die Körperlichkeit nicht positiver Ausdruck der Nähe zur Natur, sondern Indiz der Primitivität im negativen Sinne. Ebenfalls in die Felder der Minderwertigkeit wurde der Fremde als Frau oder Kind gedrängt: Wieder bestimmt der Körperzustand, also die biologische Determination, die Zuordnung. Die Mechanik der Geschlechterbeziehung z. B. wird als Schablone verwendet für die Art und Weise, wie das anziehend Andere bearbeitet werden kann. Dies folgt den Kategorien der Weiblichkeit, für dessen ›Benutzung‹ es Mechanismen und Machtstrukturen gibt.

In allen dargestellten Fällen – Tier, Teufel, Barbar, edler Wilder, Frau, Kind – findet eine Reduktion auf das determinierende Körperliche statt; und das Einschränkend-Begrenzende dieses Attributs wird in vielfältigen Kontexten – z. B. Geschichte und Religion – deutlich gemacht.

Wie die Wissenschaft – beispielsweise die Physiognomieforschung – den ›Anderen‹ auf den Körper reduziert, auf etwas Greifbares, Vergewaltigbares, etwas, das nicht die Fähigkeit zur Transzendenz und Erhebung hat, so bleibt auch der Indianer Mays das Gegenüber, das durch seine betonte Körperlichkeit Objekt der Untersuchung und damit anders als man selbst werden kann. Das ›Ich‹ steht hinter der ethnologischen Kamera, sitzt hinter der Feder oder beim abendlichen TV-Konsum im Wohnzimmer.

Die Metapher des Körpers ist also der Brennpunkt, durch den bei Karl May der indianische Andere die alten Kategorien der Fremdendarstellung reaktiviert. Der *nackte Körper* des *riesige(n) Patient(en)* der *rote(n) Nation*[84] als determinierende Hülle, als Barriere und Grenzstein ist es, der (auf der assoziativen, bildlichen Ebene) das verhindert, was May auf der Ebene des Autorkommentars bedauert: Der Rote hat sich nicht entwickeln können.

Das Todesjahr Karl Mays liegt zum Zeitpunkt dieser Untersuchung über 80 Jahre zurück, aber die Beschäftigung mit den ›Anderen‹ ist eine Geschichte, die weitergeschrieben wird. Die Indianer der westlichen Welt wurden von anderen ›Roten‹ abgelöst, und gerade jetzt ist diese lange Saga wieder im Umbruch – arabische und östliche Feindbilder werden umgewertet, und Asylanten-Abwehr und ›White Supremacy‹-Vokabular zeigen aufs neue die Brüchigkeit des Eigenen. Wenn sich auch die Bezeichnungen des Anderen wandeln, die Faszination, die das Exotische auf uns ausübt, wie auch unsere Kategorien der Abwehr/Verarbeitung/Inkorporation des Anderen bleiben.

Diese Arbeit, zusammen mit vielen anderen in der modernen Kulturwissenschaft – Fachgebiet Alteritätsforschung –, soll das Bewußtsein für die Mechanik unserer Weltsicht schärfen. Unsere Welt ist nicht natürlich, sondern ein Koordinatennetz der Gedankenkonstrukte, in das unser Geist mit den spitzen Nadeln der Analyse Löcher bohren kann.

1 Eine interessante Studie der ethnologischen Wertigkeit von Karl Mays Indianerdarstellung findet sich in: Brigitte Fleischmann: Pueblo, Tomahawk und Pemmikan. Karl Mays ›Archäologie‹ der Welt der Apache. In: Jahrbuch der Karl-May-Gesellschaft (Jb-KMG) 1994. Husum 1994, S. 285-98.
2 Dieser Studie liegen die Romane ›Winnetou I-III‹, ›Old Surehand I-III‹, ›Satan und Ischariot I-III‹ und »Weihnacht!«« zugrunde.
3 Vgl. die Darstellung von Semantik als Hilfsmittel der Literaturanalyse, die Definition von Sem, Isotopie und Konnotation in der kurzen Einführung von Jochen Schulte-Sasse und Renate Werner in: Jochen Schulte-Sasse/Renate Werner: Einführung in die Literaturwissenschaft. München 1977, Kapitel 5-7. Grundlegende Autoren dieser Richtung sind Roland Barthes oder Umberto Eco. In der Filmwissenschaft wird die dargestellte Methode in einem ähnlichen Kontext wie in meiner Arbeit z. B. von Richard Dyer in seinen Analysen der Konnotationen der Darstellung von ›Weiß‹ als Rassebegriff verwendet (Richard Dyer: Marilyn Monroe, Heavenly Bodies. Film Stars and Society. New York 1986).
4 Peter Mason: Deconstructing America. Representations of the other. London-New York 1990, S. 79 [Übersetzung P. K.: Sowohl Plinius als auch Herodot gruppieren die monströsen menschlichen Rassen innerhalb eines Ringsystems mit dem Zentrum in der Region um Italien und Griechenland. Je weiter vom Zentrum entfernt lebend, desto wilder werden die Bewohner. Gleichzeitig wird regionale Spezifität relativ unbedeutend. Die Ähnlichkeit der extremen ›Wildheit‹ von Äthiopien, Skythien und Indien bindet diese Länder zusammen; das Verhältnis dieser Einwohner zu anderen, weniger fremdartigen Bewohnern in ihrer eigenen Umgebung ist nicht ausschlaggebend.]
5 Die folgende Darstellung orientiert sich im wesentlichen an W. R. Jones: The Image of the Barbarian in Medieval Europe. In: Comparative Studies in Society and History. Bd. 13 (1971), S. 376-407.
6 Vgl. z. B.: Lust an der Geschichte: Amerika. Die Entdeckung und Entstehung einer neuen Welt. Hrsg. von Wolfgang Behringer. München-Zürich 1992, oder die deutsche

Neuauflage des modernen Klassikers der Alteritätsforschung: Tvatan Todorov: The Conquest of America. The Question of the other. New York 1982 (Ders.: Die Eroberung Amerikas. Frankfurt a. M. 1985).

7 Gerd Stein: Die edlen Wilden. Frankfurt a. M. 1984, S.9f.

8 Vgl. Nobert Elias: Über den Prozess der Zivilisation. Bern-München 1969 (Erstausgabe 1936).

9 Zur Entwicklung des Mythos des guten Wilden vor Montaigne und zwischen ihm und Rousseau siehe das Kapitel ›Edle Wilde – Rohe Barbaren. Vorgeschichte eines Mythos‹. In: Ingrid Heermann: Mythos Tahiti: Südsee und Realität. Stuttgart 1987, S. 10-13.

10 Diskussionen über die Feminisierung des Orients finden sich z. B. in Edward Said: Orientalism. London 1978; im germanistischen literaturwissenschaftlichen Bereich untersucht die Arbeit von Sigrid Weigel: Topographien der Geschlechter. Kulturgeschichtliche Studien zur Literatur. Reinbek 1990, im Kapitel ›Zum Verhältnis von Wilden und Frauen im Diskurs der Aufklärung‹ die wechselseitige Beeinflussung der Darstellungstraditionen.

11 Über die Machtstrukturen hinter der Darstellung von schwarz/weiß, männlich/weiblich schreibt Dyer in: Heavenly Bodies, wie Anm. 3. Er schreibt im Kapitel über den schwarzen Film-Star Robeson: »The visual treatment of Robeson suggests analogies with the visual treatment of women, in so far as it reproduces the feeling of subordination of the person looked at; but the classicism of the approach plays down and may even dispel altogether the eroticism of the images. What is produced is the idea of passive behaviour.« (S. 124) [Übersetzung Ulrike Müller-Haarmann: Die visuelle Darstellung Robesons legt insofern Parallelen zur visuellen Darstellung der Frau nahe, als sie das Gefühl der Unterordnung der dargestellten Person hervorruft; das Klassische des Ansatzes schwächt die erotische Dimension der Bilder oder löst sie sogar ganz auf. Das Ergebnis ist die Vorstellung von Passivität.]

12 *Was ich in »Winnetou« erzählt habe, ist Alles erlebt; ich erfinde überhaupt nichts. Die Ueberschrift meiner Bücher »Reiseromane«, ist falsch; sie wird nächstens in »Reiseerlebnisse« umgeändert werden.* (Brief Karl May an die Familie Wolff-Malm vom 13. 6. 1896. In: Jb-KMG 1992. Husum 1992, S. 348) – Ab dem Band XVIII ›Im Lande des Mahdi III‹ (Freiburg 1896) lautete der Reihentitel nicht mehr ›Karl May's gesammelte Reiseromane‹, sondern ›Karl May's gesammelte Reiseerzählungen‹.

13 Daß auch viele Physiognomie-Schilderungen Karl Mays diesem Prinzip folgen, zeigt die Beschreibung Harry Meltons: *Die Nase war leicht gebogen und nicht zu scharf; die zitternde Bewegung ihrer hellrosagefärbten Flügel ließ auf ein kräftiges Temperament schließen. Der Mund glich fast einem Frauenmunde, war aber doch nicht weibisch oder weichlich geformt; die etwas abwärtsgebogenen Spitzen desselben ließen vielmehr auf einen energischen Willen schließen. Das Kinn war zart und doch zugleich kräftig gebaut, wie man es nur bei Personen findet, deren Geist den tierischen Trieben überlegen ist.* (Karl May: Gesammelte Reiseerzählungen Bd. XX: Satan und Ischariot I. Freiburg 1897, S. 24) Auch die Übertragung dieser Prinzipien auf eine ganze Nation ist bei May nicht selten: *Die stark entwickelten Kauwerkzeuge und das breit vortretende Kinn ließen auf Egoismus, Rücksichtslosigkeit und überwiegend tierische Affekte schließen, während die obere Hälfte des Gesichtes eine bedeutende, absichtlich verborgene Verschlagenheit verriet. Wenn dieser Mann nicht ein Armenier war, so gab es überhaupt keine Armenier!* (Karl May: Der Kys-Kaptschiji. In: Karl May: Gesammelte Reiseerzählungen Bd. XXIII: Auf fremden Pfaden. Freiburg 1897, S. 394).

14 Mit Hilfe der biologischen Forschung das offenkundig Andere in eine Werteskala zu pressen, um so Hierarchien aufzubauen, ist eine Forschungsrichtung, die nicht auf den außereuropäisch Anderen beschränkt blieb: Auch das eigene Fremde, die Frau, wurde parallel zur Fremdendarstellung kategorisiert. Eine grundlegende Arbeit auf diesem Gebiet ist Gilman Sander: Difference and Pathology. Stereotypes of Sexuality, Race and Madness. London 1985.
Die verschiedenen Positionen im Kampf um die Rassenforschung und deren Wertungen werden in einem interessanten Aufsatz aus der ethnologischen Forschung zusam-

mengefaßt: Anthony Synott/David Howes: From Measurement to Meaning. Anthropologies of the Body. In: Anthropos 87 (1992), S. 147-66.
15 Zahlreiche Aspekte der Winnetou-Figur werden in ihrer historischen Entwicklung vorgestellt in: Karl Mays ›Winnetou‹. Hrsg. von Dieter Sudhoff und Hartmut Vollmer. Frankfurt a. M. 1989.
16 Mit »ihre körperliche Erscheinung« ist immer die am häufigsten überlieferte, oft zitierte Darstellung gemeint, die die untersuchten Reiseerzählungen (bis auf gewisse auf frühere Stadien der Winnetou-Figur zurückgehende Eigenschaften des Apachen in ›Winnetou II/III‹) bestimmt. Ein historischer Überblick über die Entwicklung der Winnetou-Figur kann aus Platzgründen hier nicht gegeben werden; vgl. dazu Franz Kandolf: Der werdende Winnetou. In: Sudhoff/Vollmer, wie Anm. 15, S. 179-95, sowie Christoph F. Lorenz: Artikel ›Winnetou‹. In: Großes Karl-May-Figurenlexikon. Hrsg. von Bernhard Kosciuszko. Paderborn 1991, S. 727-49.
In der wiederentdeckten Kurzgeschichte Karl May: Winnetou. Eine Reiseerinnerung. In: Omnibus. 17. Jg. (1878); abgedruckt in: Jb-KMG 1980. Hamburg 1980, S.175-88, wird ein ganz anderes Bild unseres Lieblingsapachen gezeichnet: *Er schien im Anfange der fünfziger Jahre zu stehen, seine nicht zu hohe Gestalt war von ungewöhnlich kräftigem und gedrungenem Bau ... aus dem Regentuche ... sah der verrostete Lauf einer Büchse hervor, die vielleicht schon manchem »Westmanne« das letzte Valet gegeben hatte.* (S. 177)
17 Karl May: Gesammelte Reiseromane Bd. VII: Winnetou der Rote Gentleman I. Freiburg 1893, S. 108
18 Ebd.
19 Ebd.
20 Ebd.; Indianer als Sammelbezeichnung ohne Eingehen auf geographische Unterschiede kennzeichnet den Großteil der Indianerliteratur. Hartmut Lutz: ›Indianer‹ und ›Native Americans‹. Zur sozial- und literarhistorischen Vermittlung eines Stereotyps. Hildesheim 1985, schreibt dazu: »Winnetous Äußeres ist durch Charakteristika von Plains- und Prärieindianern geprägt (...) Die optischen Anregungen stammen hier, wie bei Wörishoffer, von Bodmer und Catlin und entsprechen dem romantischen Prärieindianerstereotyp. Mit dem Aussehen und der Kleidung der Apache hat Winnetou nichts gemein.« (S. 342)
21 May: Winnetou I, wie Anm. 17, S. 108
22 Ebd., S. 109
23 Ebd.
24 Ebd.
25 Ebd.
26 Ebd.
27 Ebd.
28 Karl May: Gesammelte Reiseromane Bd. XIV: Old Surehand I. Freiburg 1894, S. 320
29 Ebd.
30 Die Gesichtsbildung wird in allen Beschreibungen Winnetous als an den kaukasisch-klassischen Typ gemahnend dargestellt (*römisch*), und somit positiv hervorgehoben vom ›Rest‹ seiner Rasse.
31 May: Winnetou I, wie Anm. 17, S. 109
32 Karl May: Gesammelte Reiseerzählungen Bd. XXI: Satan und Ischariot II. Freiburg 1897, S. 248f.
33 Ebd., S. 263
34 May: Winnetou I, wie Anm. 17, S. 8
35 Ebd., S. 109
36 Ebd.
37 Johanna Bossinade liest ›Winnetou‹ als Spiel mit der Weiblichkeit, allerdings im Spannungsfeld von Androgynität und Narzißmus, in der Nachfolge Lacans: Johanna Bossinade: Das zweite Geschlecht des Roten. Zur Inszenierung von Androgynität in der ›Winnetou‹-Trilogie Karl Mays. In: Jb-KMG 1986. Husum 1986, S. 241-67.
38 May: Winnetou I, wie Anm. 17, S. 110
39 May: Old Surehand I, wie Anm. 28, S. 321

40 Karl May: Gesammelte Reiseerzählungen Bd. XXIV: »Weihnacht!«. Freiburg 1897, S. 277ff.
41 Dies Unternehmen hat Arno Schmidt schon ausführlichst auf sich genommen, der mit seiner Arbeit ›Sitara und der Weg dorthin. Eine Studie über Wesen, Werk & Wirkung Karl Mays‹. (Frankfurt a. M. 1979 (Taschenbuchausgabe – Erstausgabe 1963)) ein frisches (weil homophobes) Lüftchen durch die May-Forschung hat wehen lassen. In diesem Unterkapitel zeige ich, wie man dieselben Zitate, die Schmidt bei seiner Sicht der Verweiblichung Winnetous untersucht, um sie dann zu kommentieren mit: »What a man! Aber ich will mir & dem Leser wohlfeile Ironie ersparen, und mich lediglich auf die Frage beschränken: wenn Ihnen ein Bekannter, oder Junge, von seinem ›Freunde‹ in Wendungen der obigen Art vorschwärmte, was würden Sie dann denken? – –: !?! – –: Sehr richtig; einverstanden.-« (S. 26f.), anders deuten kann, wenn man sie in die Darstellungstraditionen des Anderen und nicht (nur) in die Zusammenhänge biographischer Deutungsversuche Mays stellt.
42 Da ich nicht in die Tiefen der psychoanalytischen Sicht auf dieses Weiblichkeitsmotiv einsteigen möchte, bleibt ein Aspekt des Bildes unerwähnt: die Mütterlichkeit. Eine Besprechung dieses Bereichs des Motivs (wenn auch leider ohne feministische Analyse der Machtverteilung) findet sich bei Wolfram Ellwanger/Bernhard Kosciuszko: Winnetou – eine Mutterimago. In: Sudhoff/Vollmer, wie Anm. 15, S. 366-79.
43 May: Winnetou I, wie Anm. 17, S. 109
44 Ein schönes Beispiel für diese Vielfalt der Einflüsse auf Karl Mays Winnetou und das (offensichtliche) Vergnügen, diese Einflüsse zurückzuverfolgen findet sich bei Werner Poppe: ›Winnetou‹. Ein Name und seine Quellen. In: Sudhoff/Vollmer, wie Anm. 15, S. 33-39; Poppe faßt die Überlegungen der May-Forschung über die Quellen des Namens ›Winnetou‹ zusammen und gelangt über Besprechungen von tatsächlichen Indianersprachen und ihre mögliche Rezeption durch May in Deutschland zu der Meinung, auch in der Namensgebung wäre der Indianermaler George Catlin Inspirationsquelle für May gewesen.
Die inzestuösen Verwicklungen der verschiedenen Kunstformen, die sich in diesen genealogischen Untersuchungen zeigen, stellen ein vergnügliches Puzzlespiel für den/die kulturgeschichtlich interessierte(n) Forscher(in) dar.
45 Das ›nahezu‹ ist darin begründet, daß Old Shatterhand in ›Winnetou I‹ Winnetou gegenüber stets dominant ist, vgl. dazu Lorenz, wie Anm. 16, S. 740.
46 Claus Roxin: »Winnetou« im Widerstreit von Ideologie und Ideologiekritik. In: Sudhoff/Vollmer, wie Anm. 15, S. 283-305, versucht, ein überwiegend positives Bild von Mays Indianerbild zu zeichnen, und will sich damit gegen Lutz' Metapher des durch Übernahme der weißen Zivilisation hochgewerteten ›apple-indian (red outside, white inside)‹ absetzen. Er kommt zu dem Schluß, »daß der ›Winnetou‹ tendenziell kein kolonialistisches, obskurantistisches oder gar rassistisches, sondern ein humanes, der interkulturellen Verständigung dienliches Buch ist.« (S. 300) Als Argumente werden z. B. angeführt, daß europäische Schönheitsvorstellungen, die die ›guten‹ Indianer wie Winnetou prägen, keine eurozentrisch abwertende Sicht der Indianer darstellen, sondern diese aufwerten, »indem (...) ihre edelsten Vertreter einem für allgemeingültig gehaltenen klassischen ästhetischen Ideal entsprechen (...), das die Weißen in der Schilderung Mays durchweg nicht erreichen« (S. 296).
Ich möchte in die Debatte, ob ein eurozentrisches Modell ›besser‹ als das andere sei, weil eins auf-, eins abwerte, nicht eintreten und somit keine moralischen Urteile über einen Schriftsteller fällen, der als Kind seiner Zeit verstanden werden muß, sondern ich will gerade auf die Widersprüchlichkeiten und Brüche in der Indianerdarstellung, ausgelöst durch die unterschiedlichen Traditionen, aufmerksam machen.
47 May: Winnetou I, wie Anm. 17, S. 238
48 Die moderne Version des Mensch/Teufel-Schemas, der Alterisierung durch Dämonisierung, ist der Vampir im London des 19. Jahrhunderts, Dracula; im 20. Jahrhundert wird diese Rolle auch von Außerirdischen, von Aliens, übernommen.
49 Karl May: Gesammelte Reiseerzählungen Bd. XXII: Satan und Ischariot III. Freiburg 1897, S. 88
50 May: Winnetou I, wie Anm. 17, S. 212

51 Lutz, wie Anm. 20, S. 314
52 May: Winnetou I, wie Anm. 17, S. 292
53 May: Satan und Ischariot III, wie Anm. 49, S. 105
54 Wie übrigens auch einige der verwendeten Stammesnamen (Schwarzfüße oder Blutindianer) und die Selbstdarstellung der Shoshonen und Upsarokas mit Schlangenleibern bzw. in Vogelgestalt im ›sprechenden Leder‹-Brief in ›Weihnacht!‹ (May: Weihnacht, wie Anm. 40, S. 206ff.) in den Mischwesen der antiken Weltvorstellung ihre Ahnen haben könnten.
55 Karl May: Gesammelte Reiseromane Bd. IX: Winnetou der Rote Gentleman III. Freiburg 1893, S. 170f.
56 Meine Leseweise der Tiermetaphorik als negativ-primitive Konnotation der Indianerdarstellung wurde auch anders interpretiert: »In meinen Ordensburgen wird eine Jugend heranwachsen, vor der sich die Welt erschrecken wird. Das freie, herrliche Raubtier muß erst aus ihren Augen blitzen.« So der, der May als einen Lieblingsautor vereinnahmte: Adolf Hitler, in: Hermann Rauschning: Gespräche mit Hitler. Wien-Zürich-New York 1940, S.237.
57 May: Old Surehand I, wie Anm. 28, S. 337
58 May: Winnetou I, wie Anm. 17, S. 294
59 Ebd., S. 359
60 Karl May: Gesammelte Reiseerzählungen Bd. XIX: Old Surehand III. Freiburg 1896, S. 427
61 May: Old Surehand I, wie Anm. 28, S. 276f. – Vgl. zum Geruch der Indianer auch: »... Aber der Geruch, der Geruch! Ein Indianer riecht doch wie – – wie – – hm, wie sage ich doch nur gleich? Er riecht nach Schmutz, nach Herberge, nach – – nach – – na, mit einem Worte, er riecht eben wild! Ein Weißer hat diese sonderbare Ausdünstung nicht.« »Der riecht wohl civilisiert anstatt wild?« fragte ich lachend. »Ja, civilisiert; so ist es.« (ebd., S. 279f.)
62 May: Satan und Ischariot III, wie Anm. 49, S. 93
63 May: Winnetou I, wie Anm. 17, S. 231
64 Die Indianer sind wie die Heiden des Alten Testaments; sie schicken Old Surehand ins Bärental wie die Perser Daniel in die Löwengrube.
65 May: Satan und Ischariot III, wie Anm. 49, S. 86
66 May: Winnetou I, wie Anm. 17, S. 280
67 May: Weihnacht, wie Anm. 40, S. 496
68 May: Winnetou I, wie Anm. 17, S. 356f.
69 May: Old Surehand I, wie Anm. 28, S. 171
70 May: Weihnacht, wie Anm. 40, S. 403
71 Der Umgang der Kiowas mit den Zigarren in ›Winnetou I‹ (wie Anm. 17, S. 186f.) gemahnt an eine überzeichnet dargestellte erste Schmauchstunde.
72 May: Winnetou III, wie Anm. 55, S. 228 und S. 248
73 May: Old Surehand III, wie Anm. 60, S. 55
74 Ebd., S. 442
75 May: Weihnacht, wie Anm. 40, S. 437
76 May: Winnetou III, wie Anm. 55, S. 236
77 May: Old Surehand III, wie Anm. 60, S. 103
78 May: Satan und Ischariot I, wie Anm. 13, S. 162
79 May: Old Surehand I, wie Anm. 28, S. 303 – Vgl. aber die Passage über die Apachen, die allerdings in Winnetou einen exzellenten Lehrmeister hatten: *Old Surehand freute sich über unsre Apatschen. Er bemerkte, daß sie fast militärisch geschult waren. Eines so vortrefflich eingerichteten Proviantwesens wie sie konnte sich wohl kein andrer Indianerstamm rühmen, und als ich ihm während des Rittes erzählte und erklärte, welche Mühe sich Winnetou gegeben und welche Umsicht er aufgewendet hatte, um aus seinen Mescaleros eine Elitetruppe zu machen, wuchs die Hochachtung, welche er bisher vor diesem Häuptlinge empfunden hatte, noch weit mehr.* (ebd., S. 316)
80 May: Winnetou I, wie Anm. 17, S. 432
81 Durch ein ›Hinzufügen‹ stolzer und mächtiger geworden ist z. B. ein Häuptling der Comanchen in ›Winnetou III‹, der auf *seinem büffelledernen Jagdrocke als besondere*

Zierde zwei thalergroße Messingknöpfe (hatte). (May: Winnetou III, wie Anm. 55, S. 234)
82 Die Mechanismen von ›Weiß‹ als Leerzeichen in unserem kulturellen Weltbild werden untersucht von Richard Dyer: White. In: Screen. Bd. 29. Nr. 4 (1988), S. 44-65: »In the real of categories, black is always marked as a colour (as the term ›coloured‹ egregiously acknowledges), and is always particularising; whereas white is not anything really, not an identity, not a particularising quality, because it is everything – white is no colour because it is all colours. (S. 45) [Übersetzung Ulrike Müller-Haarmann: In der Welt der Kategorien ist ›schwarz‹ immer als Farbe gekennzeichnet (was auch der Begriff ›farbig‹ offenkundig verdeutlicht) und daher immer spezifiziert, während ›weiß‹ eigentlich nichts Bestimmtes bedeutet, keine Identität, keine signifikante Eigenschaft, da es alles ist: ›Weiß‹ ist keine Farbe – es ist alle Farben.]
83 Vgl. hierzu das neuere Urteil über die Anti-May-Kampagne: eine »Gesellschaft von Zylinder-, Säbel- und Korsetträgern machte mobil gegen einige Reste von Wildnis in ihrem Innern«. (Andreas Graf: Abenteuer und Sinnlichkeit. Ein Versuch. In: Jb-KMG 1993. Husum 1993, S. 340).
84 May: Winnetou I, wie Anm. 17, S. 1

RAINER JEGLIN

Neumünster – Waldheim:
Hans Falladas Karl-May-Lektüre*

1. ›Hinter den Mauern‹

Hans Fallada, der »volkstümliche Erzähler und Chronist der wechselvollen Jahrzehnte nach dem Ersten Weltkrieg«,[1] teilt mit Karl May den etwas zweifelhaften Ruf, ein ›Volksschriftsteller‹ der Deutschen zu sein; unter diesem Titel jedenfalls sind beide posthum von ihren Verlegern erfolgreich vermarktet worden. Obwohl aus völlig unterschiedlichen Milieus stammend, zeigen ihre Lebensläufe dahingehend eine gewisse Analogie auf, daß beiden ein verzweifelter Aufstieg von einer jeweils völlig gescheiterten Existenz zum populären Schriftsteller gelungen ist. Aufgrund ihrer dramatischen Lebensläufe scheinen beide mit ihren großen sozialen und individuellen Erfahrungsfonds dafür geschaffen zu sein, kollektive Nöte und Sehnsüchte in ihrer Literatur aufgreifen und verarbeiten zu können. Dieses ›Geheimnis ihres Erfolges‹ ist eng verknüpft mit zwei Gefängnissen, nämlich mit Waldheim und Neumünster.

Was Waldheim, in dem May vier Jahre (1870-1874) einsaß, für May bedeutete, ist in diesem Kreis wohl zu gut bekannt, um länger ausgeführt werden zu dürfen; deshalb rekapituliere ich lediglich ein paar der gängigsten Feststellungen (und Thesen) aus der biographischen Forschung.[2] Der Aufenthalt in diesem sächsischen Gefängnis bildet den Tiefpunkt, aber auch das eigentliche Ende von Mays krimineller Karriere. Eine Reihe von Straftaten, die sich aus unserer distanzierten Perspektive eigentlich nur tragikomisch ausnehmen und vor allem spätpubertäre Züge aufweisen, haben May insgesamt sieben Jahre Leben hinter Gittern eingebracht; diese Eskapaden jenseits der Legalität belegen weniger kriminelle Energie als vielmehr eine fast kindliche, jedenfalls überreiche und ungezügelte Phantasie sowie eine gewisse Reifeverzögerung des jungen May, die sich u. a. erklärt mit einer narzißtischen Kontaktschwäche als Folge einer wohl eher den ärmlichen Verhältnissen geschuldeten, lieblosen Aufzucht und Erziehung; verstärkt wurde dies durch die ebenfalls milieubedingte Erblindung in der frühkindlichen Entwicklungsphase. Wie der junge Karl sich schon in der Pubertät

* Vortrag, gehalten am 13. 10. 1995 auf der 13. Tagung der Karl-May-Gesellschaft in Bad Segeberg.

durch einen pseudologischen Lektürerausch ein besseres, größeres und weiteres Leben phantasierte, so kompensiert der über Zwanzigjährige mit seinen kriminellen Aktionen die Mickrigkeit der eigenen Existenz und des sozialen Milieus; mit einigem Recht wird man sie sogar als ohnmächtige Rebellionen gegen die verfehlte Kindheit und Jugend auf der untersten Etage der Gesellschaft deuten können.

Waldheim, dieses ›Hinter den Mauern‹,[3] bedeutete aber nicht nur Tiefpunkt, sondern vor allem die große biographische Wende. Die ›Resozialisierung durch progressiven Strafvollzug‹ (u. a. mit rigiden Anstaltsregeln wie Arbeitspflicht und Schweigegebot) lehrte May die (Über-)Macht der sozialen Verhältnisse und staatlichen Institutionen endgültig anzuerkennen; May *fügte*[4] sich dort und verließ belehrt am 2. Mai 1874 das Gefängnis. Diese Strafe bewirkte, wie wir wissen, beim 32jährigen zweierlei: zum einen werden die heftigen Innenkonflikte nun in die Literatur überführt, so daß fortan May nur während der literarischen Arbeit in einer glanzvolleren Ersatzwelt lebt. Zum anderen gelingt ihm mit diesem Sublimierungsmittel der soziale Ausweg und Aufstieg aus der gescheiterten beruflichen und persönlichen Sozialisation zum Kultautor vieler Lesergenerationen.

Keine 30 Kilometer nordwestlich von unserem Tagungsort entfernt liegt die Kreisstadt Neumünster, ein kleiner Bahnknotenpunkt im holsteinischen Landesteil und in den 20er Jahren mit ungefähr 40 000 Einwohnern eine Arbeiterstadt mit Tuch- und Lederfabriken in einer ansonsten ländlichen Umgebung und – mit einem ›Zentralgefängnis‹. In ihm verbüßte Rudolf Ditzen, Sohn des ehemaligen Reichsgerichtsrates Wilhelm Ditzen, von März 1926 bis Februar 1928 eine Strafe wegen Unterschlagung in vier Fällen. Nach der Entlassung ist Rudolf Ditzen, der sich in Anspielung auf den stets die Wahrheit verkündenden Pferdekopf in Grimms Märchen von der ›Gänsemagd‹ bereits 1919 als erfolgloser Autor zweier Romane das Pseudonym Fallada zugelegt hat, mit 34 Jahren das, was man eine gründlich verkrachte Existenz nennen darf, die wegen mehrerer Sanatoriumsaufenthalte u. a. wegen Drogenmißbrauchs und wegen einiger Vorstrafen am Vorabend der Weltwirtschaftskrise kaum darauf hoffen konnte, noch irgendeinen Platz in der Gesellschaft zu finden.

Unter einem etwas verallgemeinernden-literaturpsychologischen Blickwinkel erscheint Ditzen-Falladas Lebensweg mit seiner verzögerten Reifung zum Schriftsteller nach einer (kriminellen) Irrfahrt wie eine Wiederholung (oder Fortsetzung) von Mays Weg zur Literatur, allerdings mit einem höheren familiären Milieu als Hintergrund und anderen generationsspezifischen Erfahrungen als Ausgangslage. Denn auch der junge Ditzen war von Anfang an ein ›Pechvogel‹ in der Familie und in der Schule. Als Kind erkrankt Rudolf oft und lange, seine Unfälle beim Spiel und im Haus bringen ihn nicht selten in Todesnähe. Eine sehr labile Gesundheit und ein zähes Pech begünstigen und verstärken eine problematische Charakterentwicklung, die sich u. a. auch darin äußert, daß bei Rudolf eine extrem frühe und heftige Lesesucht zum Ausbruch gelangt. Konfrontiert mit dem Wertekanon einer bildungsbürgerlichen Familie vor dem Ersten Weltkrieg in nahezu klassischer Ausprägung, zeigen sich bei Rudolf Neigungen zu teils depressiven, teils schwärmerischen Rückzügen in (literarische) Nischen einerseits, zu gelegentlichem Auftrumpfenwollen, ja arrogantem Gehabe andererseits. Die Schule, genauer: das wilheminische Gymnasium, steigerte dabei die Ansätze zur persönlichen Desintegration: »Dich werden wir schon zurechtkriegen.« – Diese ›pädagogische‹ Losung und Drohung verrät das sich nun abzeichnende Martyrium Falladas in dem Begrüßungssatz des Schulleiters.[5] Von den Klassenkameraden wegen seiner schwächlichen Konstitution gehänselt, im Unterricht wegen des strengen Regiments der Lehrerschaft und wegen der aus dem Elternhaus mitgeschleppten Versagensangst blockiert, führt der Leidensweg nach etlichen Umschulungen zu regelrechten Katastrophen, nämlich zu einem angekündigten Selbstmordversuch mit anschließendem Sanatoriumsaufenthalt und – kaum von dort entlassen und nun Internatsschüler – zu der spektakulären, in der Öffentlichkeit viel beachteten ›Gymnasiasten-Tragödie in Rudolstadt‹. Am 16. 10. 1911 duellieren sich die beiden lebensmüden und einseitig nur noch literarisch interessierten Schüler Ditzen und dessen einziger Freund von Necker. Was gemäß dem wilheminischen Krieger- und Ehrkanon, dem ja damals in Anlehnung an die aristokratische Elite auch das Bildungsbürgertum frönte, als konventionelles Duell vorgetäuscht werden sollte, war wohl weit eher der Versuch eines inszenierten Doppelselbstmordes aus Protest und Überdruß an der Schule und allen anderen verhaßten Sozialisationsagenturen. Nachdem Ditzen seinen Freund dabei tödlich verletzt hatte, mißlang der anschließende Selbstmordversuch.

Das nun erforderliche psychiatrische Gutachten, das Ditzen eine verminderte Zurechnungsfähigkeit gemäß § 51 StGB zum Zeitpunkt des (Pseudo-)Duells attestiert und dessen Ergebnis, nämlich Fallenlassen der Anklage und abermalige Einweisung in ein Sanatorium, den Wünschen der Eltern vollkommen entsprach, überspitzt zwar in einzelnen Formulierungen, bündelt dafür wesentliche Charakterzüge des 17jährigen: Ditzen »gehört in die Kategorie der Psychopathen, bei denen sich die Anfänge einer krankhaften psychischen Entwicklung bis in die Kindheit zurückverfolgen lassen. Vor allem fällt die ungleichmäßige Entwicklung der geistigen Fähigkeit mit einseitiger Hervorkehrung phantastischer, gewissermaßen künstlerisch-literarischer Begabung auf, bei gleichzeitiger Entwicklungshemmung auf anderen Gebieten. Dazu gesellt sich eine krankhafte affektive Reaktion gegen die Vorgänge der Umwelt, die ihn zu einem eigentümlichen, verschlossenen, unzufriedenen und unsozialen Menschen schufen, einem Menschen, der infolge der einseitigen Hervorkehrung egozentrischer Denkrichtung mit Überbewertung der eigenen Persönlichkeit als hochmütig galt.«[6] Kein »verwirrter Prolet« (so Bloch über May), sondern ein aus der Lebensbahn geworfener Bürgersohn betritt für zwei Jahre die geschlossene Anstalt. Sowohl Rang und Namen der Familie als auch ehrgeizige, aber wenig talentierte erste literarische Versuche nach der Entlassung konnten den weiteren Abstieg nur verzögern. Fallada wird Angestellter, Buchhalter und ›Rendant‹ in verschiedenen Gutsherrschaften, er wechselt dabei häufig die Stellungen und lernt im Berlin der Kriegsjahre die dort aufblühende Morphinistenszene kennen. Die Drogenabhängigkeit führt schließlich zu zwei Unterschlagungen, um sich Morphium oder Alkohol zu beschaffen. Zwei Gefängnisstrafen – 1924 für sechs Monate in Greifswald und die zwei Jahre Neumünster – markieren ebenso wie bei May eine ›Lebenswende‹,[7] denn die Metamorphose zum eigentlichen Schriftsteller Hans Fallada wird durch sie eingeleitet.

Die erste Strafverbüßung in Greifswald zeigt erste Schritte zu einer Art literarischen Selbsttherapie. Weil Fallada erst ein halbes Jahr nach dem Urteilsspruch die Strafe anzutreten braucht, kann er zusammen mit einem Freund versuchen, Strategien einzuüben, den bevorstehenden Drogenentzug hinter Gittern durchzustehen. Vorzeitig wird dabei der Plan realisiert, ein Gefängnistagebuch zu führen, das eine Vorstufe zur literarisch-realistischen Selbstreflexion darstellt. Der Haftantritt in Neumünster erfolgte dagegen unter sehr viel ungünstigeren Bedingungen, weil Fallada ohne selbsttherapeutisches Moratorium sofort ins ›Zentralgefängnis‹ gesteckt wurde. Vorheriger exzessiver Drogenkonsum und völlige Demoralisierung »versetzen ihn« unter diesen Umständen »in einen lethargischen Zustand«, aus dem er »erst ein halbes Jahr vor seiner Entlassung wieder erwacht, als es um Strafnachlaß und seine Resozialisierung geht.«[8] Ähnlich May in Waldheim durchläuft Fallada in Neumünster eine Phase der schonungslosen Selbsterkenntnis und völligen Unterwerfung: »Sieben Jahre liege ich nun schon an der Kette der Sucht, mal Kokain, mal Morphium, mal Äther, mal Alkohol. Sanatorium, Irrenanstaltsaufenthalte, Leben in der Freiheit, gebunden an die Sucht, eine löste die andere ab.« Neumünster wird zu einer Robinsonade ›hinter den Mauern‹: »Der Mann, der ins Gefängnis kommt, gleicht Robinson (...) Alle Fähigkeiten, die er in seinem Leben draußen entwickelte, helfen ihm nichts (...) Er muß noch einmal von vorn anfangen. Will er ein einträgliches Leben führen, muß er verlernen, was er wußte, und lernen, was Robinson lernte.«[9] Trotz mancher Tiefschläge bis 1944, bis zu Falladas endgültigem Rückfall an der Seite einer Morphinistin, sind die Drogensüchte niedergerungen, Fallada ist in Neumünster zum normalen Leben bekehrt, indem er in armen Verhältnissen sich als Annoncenschreiber, Abonnentenjäger und schließlich sogar als eine Art ›Lokal-Redakteur‹ im ›General-Anzeiger‹ Neumünsters abmüht.

Jürgen Manthey, Falladas erster wirklicher Biograph, dessen Interessen- und Erklärungsschwerpunkt in der Rowohlt-Monographie auf charakterpsychologischem Feld liegt und der deshalb Falladas Werke als »unverblümteste Selbstdarstellungen«[10] analysiert, deutet diese Knast- und Lehrjahre in Holstein dahingehend als einen Kompensationsvorgang, daß das Verlangen, sich mit Drogen in einen Zustand permanenter tagträumerischer Passivität zu versetzen (Manthey sieht als Ursache für diesen Drang zur Selbstauslöschung den unbewältigten Vater-Sohn-Konflikt), in einen Schreib- und Schaffensrausch kanalisiert wird. Fallada hat dieser Deutung der Vorgänge in Neumünster den Weg gewiesen, wenn er über die Arbeit an ›Bauern, Bonzen und Bomben‹, seinem ersten ›eigentlichen‹ Roman, notiert: »Es war wie ein Rausch oft gewesen, aber ein Rausch über alle Räusche, die irdische Mittel spenden können. (...) Nein, es war schon so, ich hatte von einem Gift getrunken, das ich nicht wieder loswerden konnte aus meinem Körper und Geist.«[11] Folgerichtig betont Fallada die rauschhafte Art und Weise seiner literarischen Arbeit, was mit Mays schubartigem Schaffen in gewisser Hinsicht vergleichbar ist: »(...) ich fing an, irgendwas zu kritzeln, irgendein Sätzchen (...), bloß um doch was zu schreiben (...) Und plötzlich fängt die Feder an zu eilen, plötzlich weiß ich, wie alles weiterzuführen ist, plötzlich überstürzen sich die Einfälle nur so, und mein Kopf wird immer heißer, so schnell kann ich gar nicht schreiben.«[12] Die Vergleichbarkeit in der Schaffensweise beider Autoren hat allerdings mindestens an dem Punkt ihr Ende erreicht, wo es um die stilistische Überarbeitung geht. May sagte, er feile nie[13] – was für die meisten seiner Schaffensjahre zutrifft –, während Falladas manischer Schub sich nicht nur auf die pure Erfindung, sondern ebenso auf die nachfolgenden Verbesserungen und Veränderungen erstreckte.

Vergleichbar sind Weber- und Richtersohn darüber hinaus in der Bewertung ihrer gescheiterten Lebensläufe vor dem literarischen Durchbruch als jeweils kräftigen Inspirationsquell ihrer Werke. Ohne die erlittene Deklassierung, so Fallada, hätte er bestenfalls Literatur zweiter oder dritter Hand schreiben können.

Trotz gewisser Analogien in den Schriftstellerbiographien darf ich an dieser Stelle das Unvergleichliche, ja das Gegensätzliche in ihnen nicht unterschlagen. Als erstes ist der schon häufiger erwähnte Milieuunterschied und somit der unterschiedliche Rang der literarischen Resozialisierungsprozesse im jeweiligen Lebenslauf hervorzuheben. Während nämlich Mays Weg über gescheiterter Lehrerlaufbahn, Straffälligkeit und Lohnschreiberei in der Kolportage zum Erfolgsschriftsteller der Jahrhundertwende einen vergleichsweise linearen Aufstieg nach 1874 darstellt, erscheint Falladas ›Leben und Streben‹ mit Ausnahme des

15jährigen Lichtblicks zwischen 1928 und 1943 als ein existentieller und sozialer Abstieg. 1912 stirbt der Webersohn immerhin in einer großbürgerlichen Villa ›im Rosenroten‹; 1947 beendet der Richtersohn, als ›Appendix‹ von den Ärzten der Charité den Medizinstudenten zur Abschreckung vorgeführt, sein Leben erbärmlich als hoffnungsloser Fall von Drogensucht.

Der zweite große Gegensatz ist darin zu erkennen, daß May aus seiner biographischen Erfahrung heraus eine eskapistisch-exotische Literatur schuf, während Fallada im ganzen zu einem kritischen Realismus tendierte. Gelingt es May, das Real-Ich literarisch zu überhöhen und zu idealisieren, so daß daraus eine heroische Identifikationsfigur für evasionssüchtige Leser im Kaiserreich wurde, verläuft Falladas literarische Therapie dazu konträr: die am eigenen Leibe erfahrene psycho-soziale Desintegration wird verallgemeinert und zur kleinbürgerlichen Pechvogel-Figur ›verdichtet‹, die einem krisengeschüttelten Lesepublikum am Ende der Weimarer Republik Selbsterkenntnisangebote unterbreitet. Diese völlig unterschiedliche Verarbeitungsstrategie läßt sich beispielhaft anhand derjenigen Werke vor Augen führen, die die Kerkererfahrungen unmittelbar aufgreifen. Werden in Mays ›Verlornem Sohn‹ mit der heroischen Hilfe des ›Fürsten des Elends‹ alle Mauern gesprengt, so regrediert Willi Kufalt, Hauptfigur in ›Wer einmal aus dem Blechnapf frißt‹, gegen seinen Willen zu »ein bißchen Kot«, »zur Mikrobe, bösartig, die man vernichten muß«, zu dem, »was die Umwelt will.«[14]

2. Karl May im ›Klassenkampf der Jugend‹

Ob man nun Mantheys Deutung von Falladas desaströsem Lebensweg folgt, die unter Rückgriff auf psychoanalytische Theoreme eine »Spaltung des Bewußtseins«, ja sogar eine »Zweiteilung der Persönlichkeit«[15] in die gescheiterte Bürgerexistenz Ditzen und in den manischen Schriftsteller Fallada konstatiert, oder ob man dieses Lebensschicksal aus etwas allgemeinerer, sozialgeschichtlicher Perspektive im Kontext der deutschen Generationsgeschichte betrachtet, allemal erscheint das Elternhaus, insbesondere der Vater, als ursächliche Instanz für das biographische Scheitern und den damit paradoxerweise gekoppelten literarischen Erfolg. Der Vater Wilhelm Ditzen (1852-1937) verkörpert das schroffe Gegenteil dessen, was sein Sohn geworden ist: wie sein Schulfreund und späterer Reichskanzler Bethmann Hollweg absolviert er das Traditionsgymnasium Pforta, studiert danach zielstrebig Jura, um schließlich die Richterlaufbahn mit dem ehrenvollen Amt eines Reichsgerichtsrates in Leipzig zu krönen. Geradlinigkeit, Ausdauer, Triebverzicht um fast jeden Preis, preußische Pflichterfüllung sowie eine festgefügte, konventionelle Moral (und Prüderie) prägen Falladas Elternhaus, das dabei kulturelle Aktivitäten durchaus einschließt. Enge Grenzen sind aber dem Sohn für eine neue und eigenständige Welterfahrung jenseits des wilhelminischen Bildungs- und Verhaltenskanons gesetzt. Unberaten in den Triebnöten, frühzeitig ahnend, dem Karrieremuster des Vaters nicht gewachsen zu sein, artikuliert sich in der Sucht- und Drogenlaufbahn des Sohnes der ohnmächtige Aufstand gegen die übermächtige Welt des Vaters. Konsequenterweise betreiben Falladas spätexpressionistische Romanerstlinge ›Der junge Goedeschal‹ und ›Anton und Gerda‹ die Aktion Vatermord, indem sie vor allem die repressive Bürgermoral attackieren. Aber auch noch in den ›eigentlichen‹, neusachlich-gesellschaftskritischen Romanen taucht der »Urhaß der Kinder gegen die Eltern«[16] leitmotivisch immer wieder auf.

Trotz aller pathologischen Auswüchse fügt sich Falladas Revolte gegen den Vater, die zeitlebens fixiert bleibt auf diese einmal erlebte und erlittene Übermacht, die zugleich aber konsequenter, radikaler und darum auch tragischer verläuft als die der meisten seiner Zeitgenossen aus vergleichbarem Milieu, in das ein, was im Zuge der Wandervogel- und Jugendbewegung der ›Klassenkampf der Jugend‹[17] genannt wurde. Als Falladas ›Alterskohorte‹, also die 90er Jahrgänge des vorigen Jahrhunderts, die transitorische Phase zwischen Jugend und Erwachsensein durchlebte, hatte die wilhelminische Gesellschaft insgesamt ein Jugendkult erfaßt. Auf der Seite der erwachsenen Eliten feierte man sich als eine ›junge‹, nach Weltgeltung strebende Nation mit einem ›jungen‹ Kaiser an der Spitze, wobei die Wehrtauglichkeit der jungen Generationen als ein wichtiges Problem der Jugendpflege begriffen wurde. Auf der anderen Seite protestierten bildungsbürgerliche Jugendliche gegen diese Vereinnahmungsversuche, gegen die als erstarrt geltende materialistische Großstadtzivilisation des industriestaatlich organisierten Kapitalismus und gegen den ›billigen Patriotismus‹ der Väter, die als ›Alte Herren‹ in den diversen studentischen Verbindungen die nationalen Feiertage nur noch ›ruhmredig‹, am Ende – und das heißt am Stammtisch – sogar Bier trinkend und schwadronierend begingen. »Ein Blutwechsel tut der Nation not«, fordert in diesem Zusammenhang der rechtsintellektuelle Arthur Moeller van den Bruck, »eine Empörung der Söhne gegen die Väter, die Ersetzung des Alters durch die Jugend.«[18] Und der Schulreformer Ludwig Gurlitt (1855-1931), als Gymnasiallehrer a. D. den ›linken‹ Flügel der Jugendbewegung hier repräsentierend, seit 1902 Mitglied des ›Wandervogel Ausschuß für Schülerfahrten‹ sowie Leiter eines Jugenderholungsheimes in Steglitz bei Berlin (und ab 1918 auch uns als May-Apologet bekannt), formuliert als erwachsener Sympathisant in der Schrift zum ersten »Freideutschen Jugendtag« auf dem Hohen Meißner im Oktober 1913 (dabei handelte es sich um eine jugendbewegte Gegenveranstaltung zur monströs geratenen Hundertjahrfeier der

Vielvölkerschlacht in Leipzig):»Die deutsche Jugend will gesund, stark, tätig, lebensfreudig, genußfähig, froh und hochgemut sein, mit einem Worte: jung. Damit ist schon ein reiches Lebensprogramm gegeben: Kampf gegen alles, was Leib und Seele vergiftet, gegen alles, was sich nicht vertragen will mit einem unverdorbenen deutschen Gewissen. Die Jugend bringt ihre gesunden, freien Instinkte mit und wird noch besser als wir Alten erkennen, was ihr dienlich ist. Sie hat es schon selbst erkannt und gefunden: der neu erwachte Wandertrieb, das tiefe Versenken in die heimatliche Natur, die Flucht vor den mit Bier- und Tabakdunst erfüllten Gasthäusern mit ihren engen Gesprächen und ihren herabziehenden und sinnbetäubenden Vergnügungen, aber auch die Abkehr von dem falschen Pathos kirchlicher Veranstaltungen und von der Talmifreude staatlich kommandierter patriotischer Jubelfeste, die Rückkehr zu echt deutscher Jugendtracht, zur Mäßigkeit in Speis und Trank, zur schlichten Volkspoesie und ihren fast schon verklungenen Weisen – das alles und noch manches mehr sind schon schöpferische Taten auf dem Wege völkischer Gesundung und Verjüngung.«[19]

Zu dem Zeitpunkt, als Gurlitt und andere voller Emphase zur Teilnahme am Meißner-Fest aufriefen, hat zwar ein großer Teil von Falladas Alterskohorte bereits ihre May-Lektüre abgeschlossen und durch andere Kultautoren, etwa Friedrich Nietzsche, erweitert und ersetzt, dennoch hat May an diesem »Protest gegen die Stadtkultur und die bürgerliche Bildung« mit seinem »Aufbruch in die Wälder«, den »langen Wanderungen und romantischen Lagerfeuern«[20] einen wesentlichen Anteil. Denn May stand an vorderer Stelle der Lesesozialisation dieser Altersgruppen; gegen die wilhelminische Erwachsenenliteratur und damit auch gegen Mays erwachsene Erstleser der frühen neunziger Jahre, die sich ab der Jahrhundertwende vom einstigen Schriftsteller-Liebling unter dem Eindruck der diversen Anti-May-Kampagnen abgewendet hatten, erhob Falladas Generation ihren Kultautor zum eigentlichen ›Jugendschriftsteller‹, der er bis heute – allerdings mit anderen Konnotationen – geblieben ist. Während heute das vermeintlich Jugendschriftstellerische bei May in dem unbedarft-schlicht erscheinenden Weltbild (vor allem in der permanenten Schwarz-Weiß-Malerei) und in dem einfachen Schreibstil erblickt wird, betont z. B. Gurlitt 1918 im Hinblick auf Mays Wirkung auf die Vorkriegsjugend, daß May in »einer Epigonenzeit« einer von »den wenigen« gewesen sei, »der sich jung fühlte und sein Lebtag in Frühlingsstimmung lebte. Das war seine Mission und das war sein Glück.«[21] Diese Gleichsetzung von Volk und Jugend zeigt Gurlitts ›volkspädagogische‹, d. h. in diesem Fall politisch-kulturelle Intention bei den publizistischen Bemühungen um May, wobei sie sich mit den Meißner-Jugendlichen wiederum darin treffen, daß auch sie in Teilen bestrebt waren, ihren Protest nicht im Elfenbeinturm verharren zu lassen, sondern hofften, die abseits stehende proletarische

Jugend für ihr Verjüngungsprogramm der kaiserzeitlichen Gesellschaft zu gewinnen. In diesem Sinn deutet Gurlitt fünf Jahre später, nach dem verlorenen ›Großen Krieg‹, in den so viele Generationsgenossen Falladas 1914 begeistert und opferwillig gezogen sind, Mays Bücher als abermaligen, nun aber um so notwendigeren Integrationsfaktor für die nationale Erneuerung. Trotz aller Apologetik, die sich im übrigen auch gegen den ebenfalls auf dem Meißner anwesenden May-Hasser Ferdinand Avenarius und gegen dessen elitäre Kunstvorstellungen im nachhinein richtet, können Gurlitts May-Schriften verdeutlichen, wie und als was große Teile der Meißner-Generation ihren May gelesen und verstanden haben, nämlich sowohl als jugendlich-rauschhafte, gegenkulturelle Lektüre wie auch als klassenübergreifendes, hochmoralisches Evasions- und Integrationsangebot an alle ›Jungen‹ (die vom May-Werk gewiß vorgegebene Beschränkung auf den männlichen Teil der Jugend ist spätestens seit dem Wandervogel eine stillschweigende Voraussetzung).

Entgegen abgeklärt-erwachsener Zivilisations- und Großstadtliteratur, so führt Gurlitt zum jugendlichen Lektüreverhalten an, sei May das Beispiel eines ›Rausch-Künstlers‹, so wie ihn Nietzsche verstanden habe, daß nämlich der Rausch »das Gefühl der Kraftsteigerung und Fülle« sei, weil May eben »aus innerstem Drang«, »im Rausch« geschrieben hätte und »deshalb [!] auch begeisternd auf die Jugend« wirke. Gurlitt benennt sodann die vermeintlich klassenübergreifenden Werte und Ideale, die die bildungsbürgerliche Jugend bei ihrem May suchte und fand: Entgegen dem »Klassenhaß« und der stupiden »Machtpolitik des Staates« in der Wirklichkeit macht May auf literarischem Gebiet »den Tanz um das goldene Kalb, die Mechanisierung, Entseelung der Welt nicht mit; ihm sind Technik, Ware, Bequemlichkeit des Lebens und Genuß nicht Dinge, auf die es ankommt, denn sein Leben ist auf Geistiges gerichtet.«[22] Die hier noch 1918 lobend hervorgehobenen antiindustriellen, antimaterialistischen Elemente in Mays Erzählungen, deren objektiver Anteil an der spezifisch deutschen »antiindustriellen ›Gesinnungsversteifung‹«[23] innerhalb vieler Lesergenerationen, decken sich durchaus mit der verschwommen-idealistischen Programmatik des Meißner-Festes insofern, als bereits 1913 »gegen die Zerreißung der Nation« alle jugendlichen Seelen empor zu einer reinen »Begeisterung für höchste Menschheitsaufgaben« geführt werden sollen, damit sie zu einem »erfrischenden, verjüngenden Strom« für das »Geistesleben des Volkes« werden.[24]

Die ernsthafte Sorge, nicht nur eine bürgerlich abgehobene Jugendsezession abzugeben, vielmehr den Kontakt zum ›Volk‹ nicht zu verlieren, mischte sich von Anfang an mit elitärem, geistesaristokratischem Sendungsbewußtsein. Nicht ohne Grund avancierte Nietzsche, neben heute recht abseitig anmutenden Texten wie Langbehns ›Rembrandtdeutscher‹ oder Walter Flex' ›Wanderer zwischen beiden Welten‹, schon vor 1914 zu einem vielgelesenen ›Jugendautor‹. Vor allem ›Also sprach Zarathustra‹ darf als Kultbuch bezeichnet werden, wird doch in ihm von einem ›Reich der Jugend‹ geträumt, das die jungen Leser in der Lektüre vermeinten bestätigt zu sehen. Jenseits der historischen, sozialen und moralischen Korsettstangen der Erwachsenenwelt, in der sich der nur ›Gute‹ betätigt, agiert der ›Edle‹ als Vorläufer des Übermenschen, indem er für sich alle Begrenzungen überwindet und in einer gottlosen Zeit neue, angemessene Tugenden schafft: Ihm ist der ›Gute‹ nur ›im Wege‹, denn:»Altes will der Gute, und daß Altes erhalten bleibe.«[25] Das Schicksal dieser zunächst Unverstandenen und Auserwählten ist seelische Einsamkeit, im ›Zarathustra‹ bildlich übersetzt in Wüste und wilde Bergeshöhen als bevorzugten Aufenthaltsorten der ›Edlen‹. Gurlitt rückt May in die Nähe Nietzsches, wenn er z. B. behauptet: May »überwindet Sentimentalität, Weltschmerz, Sünde und Reue, und findet Erlösung im Kampf.«[26] Diese Verbindung von zwei gedanklichen und literarischen Antipoden – wenn man sich auf die Werke selbst und deren ideengeschichtlichen Gehalt beschränkt – ist keine nur private Marotte des Nietzsche- und May-Verehrers Gurlitt; auch andere haben diese Verbindung betont, am deutlichsten der ›völkische‹ Literaturwissenschaftler Josef Nadler.[27] In unserem Zusammenhang ist zu sagen, daß das Amalgam Edelmensch-Übermensch der insgesamt synthetisierenden Rezeption damaliger Jugendlicher entsprochen haben dürfte. Entsprechend ihrer Lesegeschichte und ihrer Mentalität stellt Nietzsche die gedankenüberfrachtete, philosophisch überhöhte Fortsetzung von Mays naiv-moralischen Ausbruchs- und Abenteuerphantasien dar. Die Lebensform der jeweiligen Helden läßt sich ja auch leicht assoziativ vermischen: Die Edel- und Übermenschen leben weit ab, hoch erhoben über den materialistischen Zivilisationssümpfen, auf Gipfeln, nahe dem Licht durchstreifen sie heroisch-einsame Landschaften. Der Hohe Meißner als alternativer Versammlungsort von 1913 veranschaulicht dieses prätendierte Erhabenheitsgefühl ebenso wie die berühmte Ikone der Jugendbewegung, nämlich Fidus'»Lichtgebet«.[28]

Ein wesentlicher Grund für die May-Begeisterung der Jahrhundertgeneration war doch wohl, so wie später auch, das Eskapismusangebot der Texte, wobei nicht allein das ›exotische Gewand‹[29] faszinierte, sondern ebenso der geschilderte Austritt einer Gruppe von abenteuerlustigen Edelmenschen aus der zivilen Massengesellschaft mit ihren undurchschaubaren Interessengegensätzen. Organisiert ist diese literarische Sezession in mehr oder minder mönchisch-asketischen Männerbünden mit der charismatischen Ich-Figur als Anführer. Nietzsches im Kern anders gemeintes Motto ›Gefährlich leben!‹ konnte vor dem Hintergrund der vorher erfolgten May-Lektüre mit dieser Abenteuerwelt verknüpft werden: das Ich bewahrt und bewährt sich durch die Tat einerseits, und andererseits geht es ein in die exklusive Gemeinschaft gleich Fühlender. Dieser lektüregestützte, phantasierte heroische Männerbund, »ein Gegenmodell zum verweichlichenden Familienleben« des wilhelminischen Alltags,[30] wurde durchaus konkret, denn schon vor 1914 kam die gegenkulturelle Jugend- und Wandervogelbewegung paradoxerweise den bereits erwähnten Umarmungsversuchen der (militärischen) Obrigkeit dahingehend entgegen, daß sie auch unter dem Eindruck ihrer Lektüren Gelände- und Kriegsspiele mit nächtlichen Manövern und anschließenden Lagerfeuern organisierte. Neben heroisch-jugendlicher »Vaterlandsliebe«, »Willensstärke oder Abhärtung« wurden dabei militärische Fähigkeiten erprobt, nämlich: »Zurechtfinden im Gelände, Überwinden von Hindernissen, Orientierung bei Nacht, Anschleichen und Ankriechen, Springen und Stürmen, Streifen und Spähen« (das uns Mayanern bekannte ›Rekognoszieren‹), »Kartenlesen« und vieles mehr wurde ›gespielt‹. Mit Recht wird man in diesem Zusammenhang von einer selbstverschuldeten »Funktionalisierung der bürgerlichen Jugendbewegung für militärische Zwecke«[31] sprechen dürfen. Mays Anteil daran sollte zumindest einmal im Rahmen einer noch ausstehenden Studie über ›May und der Wandervogel‹ (oder so ähnlich), trotz der unbestrittenen Pazifismen im Werk selbst, kritisch überdacht und geprüft werden. Viele der jungen Männer von Langemarck kannten ihren May genau und gingen trotzdem (oder deshalb?) unter dem mächtigen Eindruck der Ideen von 1914, die die Jugendbewegung mitproduziert hat, ins Feld, und viele junge Männer schlossen sich als (ehemalige) May-Leser nach 1918 trotz der Kriegsniederlage während der problematischen Phase der Jugendbewegung zur Zeit der Weimarer Republik paramilitärischen Männerbünden mit jungen charismatischen Offizieren aus dem Krieg als Anführer an. Mit Blick auf die gewaltigen Brüche der deutschen Geschichte, auf die Jugendgenerationen vor 1914 und nach 1918 zeigt sich doch auch wieder einmal die Binsenweisheit, daß Kultautoren wie Karl May selten ihren Werken an sich ihre große Wirkung verdanken, sondern weit mehr den ›Rezeptionskontexten‹. Was Fallada und seine Alterskohorte in May hinein- und herausgelesen haben, bestimmt dessen Wirkung und damit das deutsche Mentalitätsmuster bis weit nach 1945!

Falladas Kontakt zum Wandervogel war zwar nur kurz, dafür aber – wie es zum ewigen Pechvogel paßt – völlig katastrophal. Nach längerem Überreden der skeptischen Eltern nimmt er an einer fünfwöchigen Wanderfahrt nach und durch Holland im Sommer 1910 teil. Das bemerkenswerte Ungeschick des knapp 17jährigen, seine Unbeholfenheit in praktischen Dingen machen ihn schnell zum gehänselten Außenseiter. Als einziger – auch dies bezeichnend – kehrt Fallada an Typhus erkrankt zurück. In die gleiche Zeit fällt Falladas heftige Schwärmerei für Nietzsche, die länger anhält (ein Nietzsche-Band wird beim schwer verwundeten Gymnasiasten 1911 in Rudolstadt gefunden) und die bis in Romane wie ›Wolf unter Wölfen‹ oder ›Wir hatten mal ein Kind‹ hineinwirkt, wo junge Außenseiter oder Gestrauchelte jenseits der Gesellschaft ihren Weg zu gehen versuchen. Im Februar 1910 bekommt der Vater vom Carola-Gymnasium in Leipzig den besorgten Hinweis, daß sein Sohn Nietzsche lese. Eine heimliche Kontrolle der Bibliothek des Sohnes verläuft zwar ergebnislos, doch der Vater ist zu Recht mißtrauisch, vor allem vorgewarnt aus früheren Lektürephasen seines Sohnes. Väterliche Kontrollen betrafen vor Nietzsche ganz besonders Karl May. Vor allen anderen Süchten hat Fallada als erste eine Lesesucht entwickelt, die er zeitlebens beibehält. Das unverstandene Unglückskind entdeckte zunächst in der Abenteuerliteratur ein Refugium und eine Stütze; die Lektüre mußte, was May betraf, heimlich erfolgen, denn gerade die May-Sucht war dem Vater ein Dorn im Auge: »Da lag ich dann Stunden und Tage und las und las. Ich wurde nicht müde, meinen Marryat und meinen Gerstäcker« – die waren offenbar väterlicherseits geduldet – »und den heimlich geliehenen Karl May zu lesen. Je unerträglicher mir mein Alltagsleben erschien, um so dringlicher suchte ich Zuflucht bei den Helden meiner Abenteuerbücher.«[32] Wilhelm Ditzens schroffe May-Gegnerschaft folgt dem Bildungsdünkel, den may-lesende Jugendliche nach 1900 unter dem Eindruck der Pressefehden um May von ihren Vätern zu erleiden hatten. Indessen: ein wenig kann man die Skepsis des Kammergerichtsrates in Berlin 1905 gegenüber May und dessen Wirkung auf junge Gemüter auch nachvollziehen, animierte diese Lektüre den Sohn doch dazu, den Vater zu bestehlen. So wie einst May unter dem Eindruck von ›Rinaldo Rinaldini‹ und anderen edlen Banditen aus dem Weber- und Familienelend zu entkommen versuchte, plante Rudolf mit einem Schulfreund, inspiriert von May und anderen, nach Hamburg auszureißen und von dort als Schiffsjunge die große weite Welt kennenzulernen. Goldmünzen im Wert von dreißig Mark wurden dazu aus dem Schreibtisch des Vaters entwendet. Doch am Tage des Aus- und Aufbruchs aus dem wilhelminischen Familiengefängnis wurden beide Jungen mit dem Geld ertappt und gestellt. Für den Vater muß dies ein Trauma gewesen sein: der Sohn eines aufstrebenden, angesehenen Richters als Dieb!

Aus der Sicht des Sohnes erscheint das May-Verbot als ein ähnlich schikanöser Akt wie etwa der Zwang zur Teilnahme an den öden Hausmusikabenden, in denen die Bildungsbürgerlichkeit zelebriert wurde. Und so wie sich Fallada in seiner Haßliebe zum Vater dadurch ›rächt‹, daß er zur klassischen Musik erst nach dem Tod des Vaters findet,[33] so rächt sich der schließlich erfolgreiche Schriftsteller am Vater, indem er 1932 vom ersten größeren Honorar (für ›Bauern, Bonzen und Bomben‹) die komplette Radebeul-Ausgabe kauft, sie dann in Carwitz, seinem mecklenburgischen Domizil während der Nazi-Zeit, nicht nur mehrfach liest, sondern ihr auch einen Ehrenplatz im Bücherschrank einräumt. Erst 1945 mit seinem letzten und endgültigen Abgleiten in die Drogensucht verläßt und verliert Fallada mit Carwitz auch seinen Karl May. 1942 kann er noch in dem autobiographischen Erinnerungsbuch ›Damals bei uns daheim‹ über seine May-Liebe und über seine Vater-Beziehung auch in diesem Punkt schreiben:»Übrigens Karl May – es ist mir heute noch unverständlich, warum mein (...) Vater eine so tiefe Abneigung grade gegen diesen Autor hatte. Er war darin unerbittlich. Wir durften uns nie einen Karl May ausleihen, und als Onkel Albert dem Ede und mir ein paar Bände May geschenkt hatte, mußten wir sie beim Familienbuchhändler in schicklichere Lektüre umtauschen. Vater hat damit nur erreicht, daß meine Liebe zu Karl May immer weiter unter der Asche schwelte. Als ich dann ein Mann geworden war und ein bißchen Geld hatte, habe ich mir alle fünfundsechzig Bände Karl May auf einmal gekauft. Während ich dies schreibe, stehen sie grüngolden aufmarschiert in der Höhe meines rechten Knöchels. Ich habe sie nun alle gelesen, nicht nur einmal, sondern mehrere Male. Jetzt bin ich gesättigt von Karl May, ich werde sie kaum wieder lesen. Aber nun schlüpft mein Ältester in den Ferien hier herauf und holt sich einen Band nach dem anderen, bettelt vor dem Schlafengehen um fünf Minuten Aufschub – alles dasselbe und doch alles ganz anders. Denn ich hindere ihn nicht, ich raube ihm auch nicht die Illusion, der Held befinde sich wirklich in tödlicher Gefahr – ich will doch einmal gegen Vater recht behalten.«[34]

3. Old Jumble und Tredup

Ähnlich wie bei Falladas Generationsgenossen Zuckmayer, Graf oder Remarque,[35] die zu Mays jugendlichen Verehrern der späten Kaiserzeit zählen und die dann in der Endphase der Weimarer Republik als kritische, neusachliche Realisten selber schriftstellerisch tätig wurden, hat auch bei Fallada das Lektüre-Idol der Jugend nicht in dem Sinne direkt gewirkt, daß Inhalte, Themen oder Motive der Abenteuerbücher aufgegriffen und verarbeitet werden; in stofflich-thematischer, aber auch wirkungsintentionaler Hinsicht erscheint Mays heroisch-exotische Phantasiewelt geradezu als ein Gegenkontinent zur Wirklichkeitsorientierung dieser Autorengruppe. Der Name Karl May wie auch verschiedene May-Anspielungen tauchen dennoch in Falladas Romanen gelegentlich auf, vorzugsweise dann, wenn eine Romanfigur sich an die Vorkriegszeit erinnert und im Zusammenhang damit die May-Lektüre mehr oder weniger verklärt.

Eine Ausnahme in diesem für Mayaner zunächst etwas ernüchternden Befund über die unmittelbaren literarischen Beeinflussungen stellt

Falladas erster großer Roman ›Bauern, Bonzen und Bomben‹ dar, der die Neugeburt des Schriftstellers einleitet. Das ehrgeizige Romanprojekt nach dem hier umrissenen lebensgeschichtlichen Tiefpunkt im Zentralgefängnis von Neumünster erzwang eine Besinnung und einen gewissen Rückgriff auf literarische Vorbilder. Große Realisten des 19. Jahrhunderts wie Flaubert oder Maupassant stehen an erster Stelle der Lehrmeister, doch gleichzeitig schleicht sich an markanter Stelle ironisch gebrochen Karl May ein. Der *beste Lehrmeister* aber ist, um Mays Bonmot zu gebrauchen,[36] auch für Fallada *das Leben*. Obgleich Falladas Romane in der Regel nicht als Autobiographie gelesen werden können und wollen, macht sich der Autor, wie so viele andere, die Methode zu eigen, Selbsterlebtes mit Erfundenem oder Recherchiertem zu mischen, in Figuren eigene Charaktermerkmale und reale Persönlichkeiten zu verschmelzen und zu verdichten. Ohne Kenntnis der Schriftstellerbiographie, die erst mit Mantheys Monographie von 1963 in Einzelheiten bekannter geworden ist, ist ›Bauern, Bonzen und Bomben‹ 1931 vom zeitgenössischem Lesepublikum zu Recht und völlig hinreichend als ein schonungsloser, bisweilen reportageähnlicher Schlüssel- und Dokumentarroman über Ereignisse in der holsteinischen Provinz gelesen worden.

Ausgerechnet Neumünster ist ein halbes Jahr nach der Haftentlassung der Ort, wo Fallada als Annoncenwerber und Redakteur – wer denkt hier nicht an May – einer Lokalzeitung beruflich wieder Fuß fassen muß, wo er in die sozialen, ökonomischen und politischen Krisenwirklichkeiten der sterbenden ersten Republik eintauchen muß. Aus Neumünster wird zwar im Roman die pommersche Landstadt Altholm, aus dem sozialdemokratischen zweiten Bürgermeister Lindemann die einzige »halbwegs sympathische Figur«[37] Gareis, aus Fallada der armselige Abonnentenjäger und Möchtegern-Redakteur Tredup, der übrigens als einziger die im Roman geschilderten und zugespitzten Ereignisse um die holsteinische Landvolkbewegung mit dem Leben bezahlen muß. Aber trotz dieser dichterischen Veränderungen decken sich die Grundzüge der Romanhandlung mit den historischen Vorgängen.

In den Jahren 1927-28 begann zunächst an Schleswig-Holsteins Westküste die 1929 sich verschärfende Krise der dortigen Landwirtschaft. Bauern wehrten sich gegen existenzbedrohende Zwangsvollstreckungsmaßnahmen der sozialdemokratisch geführten preußischen Regierung. Der Roman beginnt damit, daß eine solche Hofpfändung von den Bauern durch Gegengewalt vereitelt wird (als Vorlage dient hierzu das Beidenflether Ochsenfeuer in der Wilstermarsch vom 19. November 1928). Dieser handgreifliche Bauernprotest wird von Tredup fotografiert. Er verkauft diese Fotos, damit er endlich etwas Geld für sich und seine Familie dazu verdient, an den sozialdemokratischen Regierungspräsidenten Temborius in Stolpe (im Realfall war dies Regierungspräsident Abegg in Schleswig), der daraufhin die bäuerliche Protestbewegung als Bedrohung für die Republik ansieht, zumal auf Seite der Bauern deutschnationale, vor allem aber rechtsradikale, terrorbereite Gruppierungen agieren, die – auch dies wirklichkeitskonform – versuchen, die Bauernwut als Mittel ihres Kampfes gegen das ›jüdischparlamentarische Aussaugesystem‹[38] zu nutzen. Nachdem die Bauern zu einer Demonstration in die nahe Kreisstadt Altholm aufgerufen haben und es zu einem Bombenattentat auf den Regierungspräsidenten gekommen ist, setzt Temborius den ebenfalls sozialdemokratischen Bürgermeister und Polizeichef von Altholm, Gareis, dahingehend unter Druck, den angekündigten Aufmarsch der Landvolkbewegung zu verbieten. Gareis, ein Pragmatiker, arbeitswütiger Lokalmatador und Kämpfer für die Belange seiner Stadt, widersetzt sich diesem Ansinnen, weil er es für eine überzogene Reaktion hält und weil er weiß, daß die Stadt ihr bäuerliches Um- und Hinterland bitter nötig hat. Der deutschnationale Chefredakteur Stuff, Tredups Vorgesetzter, wiegelt mit tendenziös manipulierten Artikeln die Bauern gegen die sozialdemokratischen ›Bonzen‹ in Altholm, Stolpe und Berlin auf. So kommt es zu dem, was im wirklichen Neumünster und in der Republik ab dem 1. August 1929 der ›schwarze Donnerstag‹ genannt wurde. Wegen der ungeschickten und übernervösen Polizeieinsatzleitung endet die Demonstration mit Tumulten und Verletzten, so daß Gareis, schon um den ihm untergebenen Polizeioberinspektor Freksen zu stützen, die Demonstration auflösen und deren Anführer verhaften lassen muß. Die aufgebrachten Bauern reagieren ihrerseits auf einem nächtlichen ›Landthing‹ damit, einen Wirtschaftsboykott über Altholm zu verhängen.[39] Gegen Stuff und seine Sympathisanten in Stadt und Land setzt Gareis bei dessen Verleger durch, daß Tredup den Redakteursposten erhält, damit in dem anstehenden Prozeß gegen die Anführer der Demonstration neutraler berichtet wird. Doch der ungeschickt-naive Pechvogel Tredup durchschaut das Intrigenspiel der Mächtigen nicht – er muß sogar kurzzeitig in der Haftanstalt unter dem Verdacht einsitzen, der Bombenleger zu sein –, so daß er versucht, mit dem heimlich auf dem Land versteckten Geld für seine Pfändungsfotos ein neues Leben in einer anderen Stadt zu beginnen. Tredup wird aber, als er sein Geldversteck in der Nacht aufsucht, vom rabiaten und in Altholm schwerverletzten Bauern Banz erschlagen, der in dem Geldgräber seinen mißratenen Sohn vermutet. Während Tredups Frau der Meinung ist, ihr Mann habe sich ohne sie und die Kinder mit dem Geld aus dem Staube gemacht, wird Gareis infolge einer Intrige von seinen Parteifreunden als Sündenbock geopfert und entlassen. Zurück bleibt eine von Gruppeninteressen vollends paralysierte Stadt, die für die gesamte Weimarer Republik steht, weil Altholm, die »kleine Stadt« – wie Fallada im Vorspruch zum Roman vermerkt –, »für tausend andere« steht »und jede große auch.«[40]

Ungefähr in der Romanmitte (somit ›zentral‹ im Doppelsinn des Wortes) findet sich eine Szene, die Fallada aus der Erinnerung an seine May-Lektüre erdacht und erfunden hat: Oberlandjäger Zeddies-Haselhorst gerät in einen Zielkonflikt zwischen seiner Staatsloyalität und seiner Ehefrau, die als Bauerntochter mit der Gegenseite sympathisiert. Deshalb kommt für Zeddies ein offizielles Auskundschaften der geheimnisvollen Bauernversammlung auf einem nächtlichen Thingplatz nicht in Frage. Aber er »möchte seine kleine Freude« trotzdem haben, weil ja immer gut ist, um mit Old Shatterhand zu reden, zu wissen, ›wen man vor sich hat‹. Der Leser erfährt den heimlichen Pirschweg, wie bei May üblich, mit Hilfe eines Dialoges des Landjägers mit seiner ortskundigeren Frau. Über Felder und Wiesen durch »taunasses Gras« muß Zeddies sich zu seinem privaten Abenteuer schleichen, um schließlich an einen Bach zu gelangen, der ihn zum Thing führt: »Dann krempelt er die Hosen auf und steigt ins Bachbett. Der Boden ist reiner Sand, so kommt er rasch vorwärts. Dann wird das Wasser seichter (...) Er kommt nur langsam voran, der Schlamm hält seine Füße fest. Von Zeit zu Zeit bleibt er stehen« und schaut dabei wie Old Shatterhand »auf zu den Sternen, er vergewissert sich, daß er die rechte Richtung hat« (was man als holsteinischer Landgendarm 1929 doch so alles beherrschen muß!).

In dieser Episode werden nicht allein Anschleichtricks der May-Helden wiederholt (wie z. B. diejenigen aus dem 1. Band von ›Old Surehand‹[41]), sondern es wird zugleich eine may-zünftige Zugabe angefügt, weil Zeddies erleben muß, daß nicht nur er im Dunkeln die Bauern ausspionieren will: »plötzlich (...) hält er inne. Er riecht Rauch. Es kann nicht sein, daß der Rauch schon« von der eigentlichen Versammlung kommt, da »der Wind mehr schräg seitlich« steht. Da muß sich jeder Trapper fragen, wer denn »hier im Sumpf« ein Lagerfeuer brennt. »So sehr es ihn nach der Versammlung drängt, sein Jägerinstinkt wird wach, und leise tastet er schräg weiter nach links (...) Der Rauchgeruch wird stärker, der Boden trockener. Ein dichtes Gebüsch und darüber ein schwacher Lichtschein, rötlich, von einem Holzfeuer.« Wir sind nicht mehr im Schleswig-Holstein von 1929, sondern in den ›dark and bloody grounds‹, deshalb muß der Erzähler eine unmißverständliche Reverenz vor seiner Quelle machen: »Dem Oberlandjäger kommt eine Erinnerung an seine Jugendzeit, als er noch Indianerschmöker las: Karl May und Sitting Bull und den letzten Mohikaner.« Durch einen uns bekannten, nur leicht verwandelten Trick will Zeddies den Unbekannten aus der Reserve locken: »Er nimmt eine Patrone und wirft sie schräg seitlich gegen das Feuer zu, es klingt, als rasche jemand zwanzig Meter von ihm im Gebüsch. Er lauscht, aber nichts rührt sich«, denn »es ist kein Schläfer« mehr da.[42] Also wird der Bauernthing wieder wichtiger. Der Weg geht durch den Bach; am Rande einer ansteigenden Heidefläche bei Findlingen halten die Bauern im Mondschein ihren Gerichtstag über das verhaßte Altholm im besonderen, über das ›System‹ im allgemeinen. Als nochmalige May-Zugabe erweist sich, daß Zeddies ebenfalls beim Lauschen den Unbekannten vom Lagerfeuer antrifft. Beide lauschen solange einträchtig, bis sie beide von einem Bauern entdeckt werden. Während der Unbekannte aber sich dabei überraschenderweise als Sympathisant der Bauern entpuppt, muß Zeddies-Shatterhand durch ein wagemutiges Manöver fliehen: »(...) frei muß er sein, und er schnellt die Knie hoch, trifft mit voller Wucht mitten in das Gemächte des Mannes. Der stößt einen Schrei aus, dem schon die Luft fehlt.« Zeddies »springt in das Sumpfwasser, das fett in sein Gesicht klatscht, hastet mit schweren, klumpigen Füßen. Knüppel hört er fallen, rechts und links von sich, Steine schlagen breit ins Wasser«,[43] aber Zeddies gelingt die Flucht ...

Gerade diese und andere die Bauern betreffenden Szenen im Roman, dessen eigentlicher Schwerpunkt auf der Darstellung des destruktiven (Klein-) Stadtmilieus liegt, haben auch bei vielen wohlwollenden Fallada-Kritikern eher Ablehnung oder Unverständnis hervorgerufen. Von ›Operette‹ oder ›Kolportage‹ ist bei ihnen mit gewissem Recht die Rede; das lange May-Zitat im ansonsten neusachlichen Kontext erscheint in der Tat wie ein Fremdkörper, überrascht zumindest. Der Städter Fallada, der wie viele seiner Herkunft das Land und die Bauern kaum kannte, viel eher dabei agrarromantischen Illusionen aufsaß, inszeniert die Bauernversammlung als eine ›indianisch-germanische‹ Gerichtsszene. Bei aller Kritik ist Fallada dahingehend zu entschuldigen, daß es zunächst nur zu verständlich ist, wenn er bei der Darstellung ihm unvertrauter Milieus auf literarische Vorbilder zurückgreift. Darüber hinaus erscheint mir die May-Reminiszenz auch nicht völlig deplaziert, denn rechtsintellektuelle Propagandisten der Landvolkbewegung wie auch eine Reihe von Bauernführern versuchten in der Tat, das Antizivilisatorische der Bewegung durch archaisch anmutende Inszenierungen zu unterstreichen.

Wenn man behaupten kann, daß Zeddies' Belauschen und glückliches Entkommen fast ungebrochen dem erlesenen Old-Shatterhand-Muster entspricht, so zeigt eine andere nächtliche, aber eindringlichere, dafür aber tragischer verlaufende Land- und Lauschepisode, daß Fallada in ›Bauern, Bonzen und Bomben‹ noch in der Negation seinen Karl May auch immer (halb-)bewußt im Kopf hatte. May selbst hat ja bekanntlich in ›»Weihnacht!«‹ von der Schriftstellermethode Gebrauch gemacht, den unglücklichen Teil seines persönlichen Schicksals in Old Shatterhands Jugendfreund Carpio, dem Wirrkopf ›Old Jumble‹ in far west, literarisch abzuspalten[44] (man möchte sagen: zu entsorgen). Ähnlich verfährt Fallada mit Tredup: dieser Old Jumble in Holstein stirbt daher einen Tod als Anti-Shatterhand, nämlich zufällig, unerkannt und unbeabsichtigt erschlägt ihn Bauer Banz. »Welche sind, die haben kein

Glück‹, sagt Banz und meint sich.«[45] Dies ist der Versuch des neugeborenen Schriftstellers, sein bisheriges Unglück zu begraben. Auf diese Art und Weise ist May, der Gegenstand unserer kritischen Bewunderung, lange vor den Segeberger Spielen und gar nicht weit von hier über den Umweg der pommerschen Verfremdung und Verallgemeinerung nun doch noch nach Schleswig-Holstein gelangt.

1 So der stereotype Klappentext zu verschiedenen Fallada-Romanen in den Taschenbuchausgaben des Rowohlt-Verlages; hier zitiert nach Hans Fallada: Bauern, Bonzen und Bomben. Reinbek bei Hamburg 1964, S. 2.
2 Siehe hierzu vor allem Claus Roxin: Mays Leben. In: Karl-May-Handbuch. Hrsg. von Gert Ueding in Zusammenarbeit mit Reinhard Tschapke. Stuttgart 1987, S. 62-123.
3 So der Titel eines Textfragmentes Karl Mays, wiedergegeben in: Jahrbuch der Karl-May-Gesellschaft (Jb-KMG) 1971. Hamburg 1971, S. 124
4 ... *ich fügte mich* (Karl May: Mein Leben und Streben. Freiburg o. J. (1910), S. 170)
5 Zit. nach Jürgen Manthey: Hans Fallada. Reinbek bei Hamburg 1963, S. 14 (Rowohlts Monographien); weitere wichtige Fallada-Biographien sind: Werner Liersch: Hans Fallada. Sein großes kleines Leben. Hildesheim 1993 – Tom Crepon: Leben und Tode des Hans Fallada. Frankfurt a. M.-Berlin-Wien 1984 – Klaus Farin: Hans Fallada. »Welche sind, die haben kein Glück«. München 1993.
6 Zit. nach Liersch, wie Anm. 5, S. 73
7 Siehe Manthey: Hans Fallada, wie Anm. 5, S. 65ff.
8 Tom Crepon und Marianne Dwars: An der Schwale liegt (k)ein Märchen. Hans Fallada in Neumünster. Neumünster 1993, S. 19
9 Zit. nach ebd., S. 19
10 Jürgen Manthey: Hans Fallada oder die unbewältigte Krise. In: Hans Fallada. Werk und Wirkung. Hrsg. von Rudolf Wolff. Bonn 1983, S. 117ff. – Siehe hierzu auch Manthey: Hans Fallada, wie Anm. 5, S. 74f.
11 Hans Fallada: Wie ich Schriftsteller wurde. In: Hans Fallada: Lieschens Sieg und andere Erzählungen. Reinbek bei Hamburg 1973, S. 210
12 Ebd., S. 209
13 ... *ich feile nie* (May: Mein Leben und Streben, wie Anm. 4, S. 228)
14 Hans Fallada in einem Romanexposé von 1932, wiederabgedruckt als Klappentext in der neuen Taschenbuchausgabe des Aufbau-Verlages: Hans Fallada: Wer einmal aus dem Blechnapf frißt. Berlin 1994
15 Manthey: Fallada oder die unbewältigte Krise, wie Anm. 10, S. 120
16 Zit. nach Manthey: Hans Fallada, wie Anm. 5, S. 123
17 Titel eines programmatischen Aufsatzes von Friedrich Bauermeister. In: Der Aufbruch 1. Heft 1 (1915), S. 2f. – Siehe hierzu Corona Hepp: Avantgarde. Moderne Kunst, Kulturkritik und Reformbewegungen nach der Jahrhundertwende. München 1987, S. 85
18 Arthur Moeller van den Bruck: Die Deutschen. Bd. 1. Minden 1904, S. 142
19 Ludwig Gurlitt in einem ›Freundeswort‹. In: Freideutsche Jugend. Zur Jahrhundertfeier auf dem Hohen Meißner 1913. Jena 1913; wiederabgedruckt in: Hoher Meißner 1913. Der Erste Freideutsche Jugendtag in Dokumenten, Deutungen und Bildern. Hrsg. von Winfried Mogge und Jürgen Reulecke. Köln 1988, S. 163 (Edition Archiv der deutschen Jugendbewegung Bd. 5)
20 Hans-Georg Gadamer: Das Drama Zarathustras. In: Nietzsche-Studien. Internationales Jahrbuch für die Nietzsche-Forschung. Bd. 15/1986. Berlin 1986, S. 2
21 Ludwig Gurlitt: Gerechtigkeit für Karl May! (1918/19); zit. nach: Karl May's Gesammelte Werke Bd. 34: »Ich«. Bamberg 1992, S. 531
22 Ebd., S. 522
23 So – bezugnehmend auf Hans Rosenberg – Regina Hartmann: Blockhaus und Sennhütte. Behaustheitsphantasien bei Karl May und Ludwig Ganghofer im Kontext zeitgenössischer Befindlichkeit. In: Jb-KMG 1994. Husum 1994, S. 145

24 Aus dem zweiten Aufruf zum Hohen-Meißner-Fest. In: Mogge/Reulecke, wie Anm. 19, S. 86
25 Friedrich Nietzsche: Werke in drei Bänden. Hrsg. von Karl Friedrich Schlechta. München 1960, Bd. II, S. 309; siehe hierzu auch Thomas Herfurth: Zarathustras Adler im Wandervogelnest. Formen und Phasen der Nietzsche-Rezeption in der deutschen Jugendbewegung. In: Jahrbuch des Archivs der deutschen Jugendbewegung. Bd. 16 (1986-87). Burg Ludwigstein 1986-87, S. 79ff.
26 Gurlitt: Gerechtigkeit, wie Anm. 21, S. 499
27 Vgl. Josef Nadler: Literaturgeschichte des Deutschen Volkes. Bd. III. Berlin 1938, S. 568. Hierzu auch Arno Schmidt, der Mays ›Silbernen Löwen‹ als die Auseinandersetzung Mays mit Nietzsche interpretiert: »Wie betroffen muß May die Erkenntnis gemacht haben, daß man seine Gestalten (...) zum ›Übermenschen‹ Nietzschescher Prägung stempeln könnte!« (Arno Schmidt: Abu Kital. Vom neuen Goßmystiker. In: Ders.: Dya Na Sore. Gespräche in einer Bibliothek. Karlsruhe 1958, S. 180).
28 Siehe hierzu Klaus Jeziorkowski: Empor ins Licht. Gnostizismus und Licht-Symbolik in Deutschland um 1900. In: Klaus Jeziorkowski: Eine Iphigenie rauchend. Aufsätze und Feuilletons zur deutschen Tradition. Frankfurt a. M. 1987, S. 152-80 – Jeziorkowski verknüpft u. a. Fidus' Lichtgebet mit ähnlichen Bildkomplexen bei Karl May; ebenso Hermann Glaser: Die Kultur der Wilhelminischen Zeit. Topographie einer Epoche. Frankfurt a. M. 1984, S. 11-47.
29 *Ich erzähle also rein deutsche Begebenheiten im persischen Gewande...* (May: Mein Leben und Streben, wie Anm. 4, S. 211)
30 Jürgen Reulecke: Im Schatten der Meißner-Formel: Lebenslauf und Geschichte der Jahrhundertgeneration. In: Mogge/Reulecke, wie Anm. 19, S. 18
31 Die genannten Spiele und Übungen werden aufgezählt u. a. in einem: Kriegsjahrbuch 1916 für Volks- und Jugendspiele. Berlin/Leipzig 1916, S. 127f.; hier zit. nach Joachim Wolschke-Bulmahn: Kriegsspiel und Naturgenuß. Zur Funktionalisierung der bürgerlichen Jugendbewegung für militärische Ziele. In: Jahrbuch des Archivs der deutschen Jugendbewegung. Bd. 16, wie Anm. 25, S. 261.
32 Hans Fallada: Damals bei uns daheim. Erlebtes, Erfahrenes und Erfundenes. Reinbek bei Hamburg 1955, S. 48
33 Siehe Manthey: Hans Fallada, wie Anm. 5, S. 11.
34 Fallada: Damals bei uns daheim, wie Anm. 32, S. 148
35 Siehe Rainer Jeglin: Zweimal Osnabrück, Pappelgraben. Karl-May-Erinnerungen im Werk von Erich Maria Remarque. In: Erich Maria Remarque Jahrbuch/Yearbook V (1995), S. 52-64.
36 Karl May: Gesammelte Reiseromane Bd. XII: Am Rio de la Plata. Freiburg 1894, S. 12
37 So Ernst Weiß in einer Rezension von 1931, in: Ernst Weiß: Die Kunst des Erzählens. Essays, Aufsätze, Schriften zur Literatur (Gesammelte Werke Bd. 16). Hrsg. von Peter Engel und Volker Michels. Frankfurt a. M. 1982, S. 389
38 Siehe hierzu Günter Caspar: Fallada-Studien. Berlin/Weimar 1988, S. 28; ferner Gerhard Stoltenberg: Politische Strömungen im schleswig-holsteinischen Landvolk. Ein Beitrag zur politischen Meinungsbildung in der Weimarer Republik. Düsseldorf 1962.
39 Segeberg, damals ohne Karl-May-Spiele um jede Einnahmequelle kämpfend, bot sich gegen Neumünster den Bauern als neuer Veranstaltungsort an, wie Redakteur Ditzen in seinen nächtlichen Notizen, dem späteren Steinbruch zu seinem Roman, vermerkt. Siehe Crepon/Dwars, wie Anm. 8, S. 90.
40 Fallada: Bauern, Bonzen und Bomben, wie Anm. 1, S. 5 – die folgenden Fallada-Zitate ebd., S. 169-76
41 Karl May: Gesammelte Reiseromane Bd. XIV: Old Surehand I. Freiburg 1894, S. 105ff.
42 Fallada, Bauern, Bonzen und Bomben, wie Anm. 1, S. 171
43 Ebd., S. 176
44 Vgl. Helmut Schmiedt: Karl May. Leben, Werk und Wirkung. Frankfurt a. M. ³1992, S. 174-79; Rainer Jeglin: Wertartikel ›»Weihnacht!«‹. In: Karl-May-Handbuch, wie Anm. 2, S. 272-77.
45 Fallada, Bauern, Bonzen und Bomben, wie Anm. 1, S. 363

PETER KRAUSKOPF

Deutsche Zeichen, deutsche Helden
Einige Bemerkungen über Karl May und den deutschen Film, Fritz Lang und Thea von Harbou

> Ich denke, ich weiß, warum mir ›Der Spiegel‹ angeboten hatte, über Lang zu schreiben: In ›Im Lauf der Zeit‹ ist er anwesend, es wird von den ›Nibelungen‹ geredet, man sieht zwei Fotos von ihm, eines davon aus ›Le Mépris‹. Ich hatte das nicht im Sinn. In diesem Film über das Bewußtsein von Kino in Deutschland hat sich der verlorene, nein der verpaßte Vater von selbst eingestellt, hat sich eingeschlichen.
>
> Wim Wenders[1]

1. Teil: Ein deutsches Volkslied

Es ist eine große verpaßte Gelegenheit in der Filmgeschichte, daß der Regisseur Fritz Lang (5. 12. 1890 – 2. 8. 1976) nie einen Karl-May-Film gedreht hat. Gleich zwei Mal hätte das Schicksal es fügen können, daß der Schöpfer von Filmklassikern wie ›Metropolis‹ oder ›M‹ das Werk des meistgelesenen Schriftstellers in der deutschsprachigen Weltprovinz durch die Bildsprache des Mediums Film in die universelle Weltfolklore hätte integrieren können. Denn zwei Mal war er nahe dabei, als man sich bemühte, Karl May zu verfilmen, und zwei Mal war er doch Lichtjahre davon entfernt. Sein Schaden war es nicht, wie sein Œuvre beweist; Karl May hätte jedoch, diese Einschätzung sei gewagt, nur gewinnen können.

Die erste verpaßte Gelegenheit ergab sich, als 1920 die USTAD-FILM gegründet wurde, deren Absicht es war, »in jedem Geschäftsjahr fünf Karl-May-Filme zu drehen«.[2] Doch nicht Fritz Lang und seine Frau, die Drehbuchautorin Thea von Harbou (27. 12. 1888 – 1. 7. 1954), die nach dem Ersten Weltkrieg ihre Karriere im Filmgeschäft begannen, waren an dieser Gründung beteiligt, sondern der »Schriftsteller Dr. Adolf Droop (und seine Frau), die Drehbuchautorin Marie-Luise Droop, geb. Fritsch, der Regisseur Ertugrul Mouhssin-Bey, der (Film-)Kaufmann Joh. Friedr. Knevels und der Verlagsdirektor Dr. Euchar Albrecht Schmid aus Radebeul«.[3] Drei Projekte konnte die Firma im Jahr 1920 realisieren: ›Auf den Trümmern des Paradieses‹, ›Die Todeskarawane‹ und ›Bei den Teufelsanbetern‹. Zu weiteren Karl-May-Verfilmungen kam es nicht; Streit um die künstlerische Ausrichtung der Filme und die Wirren der Inflation führten dazu, daß die Produktion eingestellt wurde.⁴ Von den Filmen existieren heute keine Kopien mehr, so daß über ihre Qualität keine Aussagen gemacht werden können.

Die zweite verpaßte Gelegenheit war Ende der fünfziger Jahre, als der Filmproduzent Artur Brauner die vor den Nazis nach Amerika emigrierten Regisseure Fritz Lang und Robert Siodmak zurück nach Deutschland in die Bundesrepublik holte. In dieser Zeit begann man erneut, Karl May für den Film zu entdecken; in den späten fünfziger Jahren erst zaghaft mit ›Die Sklavenkarawane‹ (1958) und ›Der Löwe von Babylon‹ (1959), mit riesigem Erfolg dann in den frühen sechziger Jahren. ›Der Schatz im Silbersee‹ unter der Regie von Harald Reinl eröffnete 1962 die erfolgreichste deutsche Filmserie der Geschichte. Robert Siodmak sollte im Rahmen dieser Serie drei Karl-May-Filme für Artur Brauner drehen: ›Der Schut‹ (1964) und die zweiteilige Waldröschen-Adaption ›Die Pyramide des Sonnengottes‹ und ›Der Schatz der Azteken‹ (1965). Fritz Lang jedoch verfilmte endlich einen Stoff, den Thea von Harbou bereits in den frühen zwanziger Jahren für ihn entwickelt hatte, das zweiteilige Indien-Abenteuer ›Der Tiger von Eschnapur‹ (1958) und ›Das indische Grabmal‹ (1959). 1960 folgte dann noch ›Die tausend Augen des Dr. Mabuse‹, eine späte Fortsetzung seiner Erfolge aus der Stumm- und frühen Tonfilmzeit und Initialfilm einer den Karl-May-Filmen ähnlichen Serie von Horror-Krimis.

Dabei wäre kaum ein anderer Regisseur so dazu prädestiniert gewesen, Karl May zu verfilmen wie Fritz Lang. Bereits seine erste Regiearbeit im Jahr 1919, die er nach einem eigenen Drehbuch ausführte, trug den Titel eines 1917 erschienenen⁵ Karl-May-Buches: ›Halbblut‹. Unter diesem Titel hatte E. A. Schmid Mays Jugenderzählung ›Der schwarze Mustang‹ im Rahmen der ›Gesammelten Werke‹ herausgebracht, und wenn Lang auch nicht der Geschichte um den Comanchen-Häuptling Tokvi Kava und seinen halbblütigen Enkel Ik Senanda folgt, so übernimmt er doch die fragwürdige rassistische Ideologie der Erzählung – aus heutiger Sicht irritierend, für die Karl-May-Rezeption nach dem Ersten Weltkrieg vermutlich symptomatisch. *Er war jedenfalls ein Mestize*, kolportiert May eine gängige rassistische Meinung – und auch die Radebeuler Bearbeitung verfälscht da nichts –, *einer jener Mischlinge, welche zwar die körperlichen Vorzüge, aber dazu leider auch die moralischen Fehler ihrer verschiedenfarbigen Eltern erben.*⁶

Fritz Langs ›Halbblut‹ war dagegen ein klassischer Vamp: »Ressel Orla in der Rolle einer Frau minderwertigen Charakters, als Kind mit dem Blut zweier Rassen, das ›von beiden Rassen nur die schlechten Eigenschaften erbt‹«.⁷

Lang hatte, so seine Monographin Lotte H. Eisner, »wie alle damals, in seiner Jugend Karl-May-Romane verschlungen.«⁸ »Ich las alles durcheinander«, schrieb Lang in einer autobiographischen Skizze im Jahr 1934, »Theosophie, Geschichte, Schopenhauer, Kierkegaard,

Nietzsche, die deutschen und österreichischen Klassiker; Shakespeare, Hans Sachs, Bücher über Okkultismus, Karl May und Jules Verne, den ›Golem‹ von Meyrink«.[9] Auf Wunsch seiner Eltern, des Wiener Stadtbaumeisters Anton Lang und seiner Frau Paula, sollte Fritz wie sein Vater ebenfalls Architektur studieren, doch sein Interesse galt mehr der Malerei, so daß er schließlich die Kunstgewerbeschule in München besuchte. Von dort aus machte er 1911/12 eine ausgedehnte Weltreise, die ihn auch nach Konstantinopel führte. In einer Homestory des ›Film-Kurier‹ vom 12. 10. 1929 berichtete er,

wie er dort in den Bazaren Aufnahme gefunden habe, die von Herzen kam:»Es ist, als ob sie es gefühlt haben, daß ich bemüht war, mich auf sie einzustellen – auch ohne ihre Sprache zu sprechen. Erstaunlich die innere Vorbereitung, die eben Karl Mays Bücher vermittelt haben. Schon bei der ersten Exkursion in die Altstadt schien es mir, als ob ich vertrauten Boden aufsuchte.

Man ermißt die Farbigkeit der Schilderungen erst dann, wenn man sie mit der Wirklichkeit verglichen hat.«[10]

1913 ließ sich Lang in Paris nieder, wo er sich als Postkartenmaler und Karikaturist seinen Lebensunterhalt verdiente. Bei Ausbruch des Ersten Weltkriegs kehrte Lang nach Wien zurück, wurde als Leutnant verwundet und fand im Hospital wieder zum Schreiben und Malen. Seine großen Vorbilder waren Gustav Klimt und Egon Schiele; es existiert ein Selbstporträt Langs im expressiven Stil Schieles.

Im Jahr 1916 begann Lang als Schauspieler zu arbeiten und Drehbücher zu schreiben, die von dem Filmproduzenten und -regisseur Joe May (nicht verwandt mit Karl May, eher ein Wahl-Namensvetter, eigentlich hieß er Julius Otto Mandl) verfilmt wurden. 1918 siedelte Lang nach Berlin über und drehte seinen ersten eigenen Film ›Halbblut‹. Neben zwei anderen Filmen folgte die zweiteilige Abenteuer-Filmserie um einen Inka-Schatz, ›Die Spinnen. Teil 1: Der goldene See‹ und ›Teil 2: Das Brillantenschiff‹,[11] in der Lotte H. Eisner eine »Rückkehr zu Karl May (Schatz im Silbersee)«[12] sah. Und nicht nur dies: Carl de Vogt, der Darsteller des ›Spinnen‹-Helden Kay Hoog und schon der Partner von Ressel Orla in ›Halbblut‹, sollte in den Karl-May-Filmen der USTAD-FILM zwei Jahre später den Kara Ben Nemsi spielen.

1920 lernte Lang die Drehbuch- und Romanautorin Thea von Harbou kennen, die er 1922 heiratete und mit der er dann alle seine Stumm- und Tonfilmklassiker bis 1932 realisierte.[13] »Eine anfänglich stark emotionale Beziehung, gemeinsame deutschnationale Überzeugungen, der künstlerische Gleichklang bei den Filmen, die ›Liebe‹ zu Tieren und zu Karl May«[14] bildeten das Fundament der Ehe. Bei Karl May »gibt es nur Enthusiasmus«, wußte 1929 der ›Film-Kurier‹ über das Paar zu berichten. »Karl May bedeutet in diesem Kreise nicht Erinnerung an phantasievolle Lektüre der Vergangenheit, sondern Gegenwartsfreude, Entspannungsstoff.«[15]

Auch Thea von Harbou, am 27. 12. 1888 in Tauperlitz bei Hof geboren und auf einem Landgut in der Sächsischen Schweiz und in Niederlößnitz bei Dresden aufgewachsen, nicht weit von Karl Mays Wohnort Radebeul, war seit ihrer Kindheit leidenschaftliche Karl-May-Leserin. Ihr Großvater Hans Eugen d'Alinge war Direktor der Strafanstalt in Zwickau, als May dort von 1865 bis 1868 einsaß.[16] In einem Feuilleton für die Illustrierte ›Die Woche‹ schrieb sie Weihnachten 1926 über ›Meine erste Liebe‹:

Wenn die zwei Worte ›Erste Liebe‹ das Gefühl umgrenzen, das ein junges Geschöpf zum erstenmal zu allen Höhen der Glückseligkeit und allen Tiefen der Verzweiflung schleudert, dann galt meine erste Liebe Winnetou, dem großen Häuptling der Apatschen. Diese Liebe kam in mein Leben, als ich zwölf Jahre alt war; und ich bin ihr treu geblieben bis auf den heutigen Tag.[17]

Weiter schreibt sie:

Und so drückte mir eines schönen Tages der Buchhändler, der meinen unersättlichen Hunger nach Abenteuerbüchern kannte, den ersten Karl-May-Band von Winnetou in die braunen Mädelpfoten. Von dem Tag an war's aus. Ich hatte die erste große Liebe meines Lebens gefunden, und sie hat mich mit einer Maßlosigkeit und Ausschließlichkeit erfüllt, die sonst wohl selten bei einem Kinde zu finden sind, noch dazu, wenn der Gegenstand dieser Liebe der Schemen einer Dichtung ist. Ich leugne durchaus nicht, daß die Liebe zu diesem ›roten Gentleman‹ weit bestimmender für die Entwicklung meines Charakters war als alle besten mir erteilten Lehren; denn immer war in mir die Sehnsucht, gütig, tapfer, ritterlich und schweigsam zu sein, wie Winnetou es war. In der Schweigsamkeit mindestens habe ich es zu einer erstaunlichen Vollkommenheit gebracht, ganz gewiß ein Segen für meine Umgebung.

Wie jede wahrhaftige Liebe, hat auch diese Schmerz und Kummer bis zu einer fast tödlichen Schwermut erfahren: als ich las, Winnetou sei tot. Beim Begreifen dieses Erlebnisses wurde ich krank, und kein Mensch und kein Arzt begriff, was mir fehlte und warum ich tagelang unter strömenden Tränen lebte – um so weniger, als ich ganz lautlos weinte und im übrigen, meinem Vorbild getreu, aufs hartnäckigste schwieg. Die Rettung aus diesem furchtbarsten Weh meiner Kindheit und Jugend fand ich endlich selbst in einem holden Selbstbetrug: Ich beschloß, den Tod Winnetous nicht zu glauben, und habe das Buch, das von seinem Tod erzählt, nie wieder angerührt. Vielleicht gerade dadurch hat diese kindische und so unaussprechlich törichte Liebe etwas Ewiges, etwas von einem unausrottbaren Gefühl bekommen, und lange Jahre trug ich oberhalb meines linken Handgelenks, mit Nadeln tief eingeritzt, ein lateinisches W, und bis zum heutigen Tage ist das große W des Sternenhimmels, die schöne Kassiopeia, mein Lieblingssternbild geblieben, und ich kann es nie betrachten, ohne, wenn auch noch so flüchtig, an die erste Liebe meiner Kindheit, an Winnetou, den Häuptling der Apatschen, zu denken.[18]

Franz Josef Weiszt beschreibt in seiner Romanbiographie ›Karl May. Der Roman seines Lebens‹ einen Besuch der jungen Thea von Harbou bei dem alten Karl May: » ›So sagen sie doch, Meister – haben Sie daheim noch Erinnerungsstücke an Winnetou, den Unvergleichlichen?‹

Fritz Lang (1890–1976)   Thea von Harbou (1888–1954)

Quelle: Fred Gehler, Ullrich Kasten: Fritz Lang – Die Stimme von Metropolis. Berlin 1990 (Henschel Verlag)

Fritz Lang: ›Die Nibelungen‹ (1924)
Quelle: Heide Schönemann: Fritz Lang – Filmbilder. Vorbilder. Potsdam 1992
(Filmmuseum Potsdam)

Harald Reinl: ›Winnetou 1. Teil‹ (1963)
Quelle: Archiv Peter Krauskopf

Ein junges Mädchen aus alter Adelsfamilie ist es, die ihn im Kreise der Verehrer mit dieser Frage bedrängt (...) Ihr Name wurde bekannt: Thea von Harbou.«[19]
Von dieser Begegnung her scheint das handsignierte Exemplar von Mays Drama ›Babel und Bibel‹ zu stammen, das im ›Film-Kurier‹ erwähnt wird.[20] Nach ihrem Tod 1954 fand man in Thea von Harbous Nachlaß noch 22 Bände Karl May und einige Radebeuler Karl-May-Jahrbücher, die auf einer Auktion der Karl-May-Gesellschaft versteigert worden sind.
Im Juli 1924 besuchten Fritz Lang und Thea von Harbou die ›Villa Shatterhand‹ und trugen sich ins Gästebuch ein. »In Sehnsucht nach dem nächsten Wiedersehen«, schrieb Thea von Harbou, und Fritz Lang fügte hinzu: »In Dankbarkeit für all das Viele, was ich aus diesem Haus bekommen habe.« Eine weitere Eintragung Thea von Harbous datiert vom Juni 1927: »In alter Liebe!«[21]
In den seltensten Fällen sind jedoch ganz direkt Motive aus den Werken des geliebten Schriftstellers in die Filme von Lang und Harbou eingegangen. 1992 hatte das Filmmuseum Potsdam eine Ausstellung unter dem Titel ›Fritz Lang. Filmbilder, Vorbilder‹ ausgerichtet, für die Exponate aus der bildenden Kunst zusammengetragen wurden, die die Bildkompositionen ihrer Filme beeinflußt haben.[22] Ganz deutlich lassen sich da Vorbilder nachweisen, die die beiden zitiert, kopiert, imitiert und in ihren Filmen zu neuen Kunstwerken kompiliert haben. Sucht man ähnliche literarische Vorbilder in den Werken Karl Mays, läßt sich dort der Ursprung der Inspiration nicht direkt nachweisen. Verweisen einzelne Motive auf Karl May, so ist das meist ein Verweis auf die Gattung ›Abenteuerroman‹ schlechthin, in deren Tradition Mays Erzählungen stehen.
Eine der ersten Zusammenarbeiten von Fritz Lang und Thea von Harbou war 1920 die Erstellung eines Drehbuches nach Harbous Roman ›Das indische Grabmal‹ von 1913, das Lang für Joe May als Zweiteiler unter den Titeln ›Der Tiger von Eschnapur‹ und ›Das indische Grabmal‹ verfilmen sollte. Es kam jedoch zum Zerwürfnis mit Joe May, so daß dieser die Indien-Filme schließlich selbst inszenierte. 1938 sollte es ein Tonfilm-Remake von Richard Eichberg geben, und Lang selbst widmete sich dem Stoff dann Ende der fünfziger Jahre.
So sehr der Stoff, eine exotische Abenteuergeschichte, in der gleichen Tradition wie die Erzählungen von Karl May steht, ist der direkte Einfluß jedoch sehr begrenzt. Für Thea von Harbou war Indien ein Traumland. Nach der Trennung von Fritz Lang lebte sie mit dem Inder Ayi Tandulkar zusammen; schon früh sympathisierte sie mit dem Nationalsozialismus und schätzte besonders die rassistische Lehre vom Ursprung der Arier in Indien. Für May war Indien nie ein bevorzugter Schauplatz gewesen. Lediglich die kurze Episode ›Der Girl-Robber‹

aus dem Band ›Am Stillen Ocean‹ spielt auf Ceylon. May erzählt dort ausgiebig von einer Elefantenjagd; eine Tigerjagd, das zentrale Motiv der Indien-Filme, kommt bei ihm nicht vor.

Das Motiv der Maharani, die sich in einen Europäer verliebt und mit ihm flüchtet, findet sich bei May in dem frühen Fortsetzungsroman ›Die Juweleninsel‹. Schon da ist die Liebesgeschichte von einem elegisch-fatalistischen Hauch umgeben, und Fritz Lang mochte Ende der fünfziger Jahre bei seinem Remake des Stoffes davon durchaus inspiriert sein. 1920 jedoch, als das erste Drehbuch nach Harbous Roman entstand, kannten Lang und Harbou ›Die Juweleninsel‹ bestimmt nicht. Der Zeitschriften-Erstabdruck aus dem Jahr 1881/82 war so gut wie verschollen, und die Radebeuler Fassung sollte im Rahmen der ›Gesammelten Werke‹ erst 1926 erscheinen.

›Der müde Tod‹ (1921) war das erste große Meisterwerk von Lang und Harbou. In dem als ›deutsches Volkslied in sechs Versen‹ apostrophierten Episodenfilm zeigt die Figur des Todes einem Mädchen drei Lebensgeschichten, von denen zwei im Bagdad der Kalifen und im alten China spielen. Auch hier mag die Karl-May-Lektüre Anregungen geliefert haben, besonders die humoristisch gefärbte China-Episode gemahnt in ihrer karikierenden Darstellung der chinesischen Kultur an Mays Jugenderzählung ›Der blau-rote Methusalem‹. Das Motiv des Bettlerkönigs und seiner Untergebenen, die in Mays China-Erzählung einen – wesentlich effektiveren – Staat im Staate bilden, taucht in Langs und Harbous Tonfilm ›M‹ (1931) als ›Ganovenkonferenz‹ auf, auf der sich die Unterwelt unter der von Gustaf Gründgens dargestellten Figur des ›Schränkers‹ zusammentut, um den Kindermörder zu finden, wozu die Polizei nicht fähig ist. Reales Vorbild für die Konferenz waren die sogenannten ›Verbrechervereine‹, zu denen sich in den zwanziger Jahren viele Kriminelle zusammenschlossen, um auf ihre ›Ganovenehre‹ zu pochen. Bereits im zweiten Teil der ›Spinnen‹ hatte es eine durchorganisierte Unterwelt unter dem Chinesenviertel einer Großstadt gegeben.

Möglicherweise wirkte auch der USTAD-Film ›Auf den Trümmern des Paradieses‹ nach dem Kapitel ›Der Überfall‹ in der Reiseerzählung ›Von Bagdad nach Stambul‹ inspirierend auf die Konzeption des ›Müden Todes‹. Auch dort tritt in der Vorhandlung, die tausend Jahre zurückliegt und in die Kara Ben Nemsi in Fantasy-Manier zurückblickt, der Tod auf. Ein eindrucksvolles Foto befindet sich in dem Programmheft zu dem Film.[23]

In der Tradition von Karl Mays Kolportageromanen, besonders des ›Verlornen Sohns‹, stand der Roman von Norbert Jacques, der als Vorlage für Langs und Harbous zweiteiligen Film ›Dr. Mabuse, der Spieler‹ und ›Inferno‹ (1922) diente. In ihrem letzten gemeinsamen Film ›Das Testament des Dr. Mabuse‹ (1932) ließen Lang und Harbou die Gestalt des genialischen Verbrechers noch einmal aufleben, ebenso wie Lang allein in seinem letzten Film im Jahr 1960, ›Die tausend Augen des Dr. Mabuse‹.

Besonders die vielen Masken, in denen Mabuse in den Stummfilmen sein Unwesen treibt, erinnern sowohl an den ›Fürsten des Elends‹, den positiven Helden des ›Verlornen Sohns‹, als auch an seinen verbrecherischen Gegenpart, den Baron von Helfenstein. Doch ebenso wie bei der ›Juweleninsel‹ muß überlegt werden, ob Lang und Harbou Mays ›Verlornen Sohn‹ überhaupt kennen konnten. In den ›Gesammelten Werken‹ sind Teilstücke des Romans erst in den dreißiger Jahren erschienen; der als Motivfundus möglicherweise relevante Band ›Der Fremde aus Indien‹ 1939, also lange nach Entstehen der Mabuse-Filme. Ob Lang und Harbou den Mayschen Originalroman von 1883/85 kannten, muß spekulativ bleiben. Ob sich die Münchmeyerschen Hefte im Besitz der großbürgerlichen Familien befanden, in denen Lang und Harbou aufwuchsen, kann bezweifelt werden; daß sie sich als jugendliche May-Enthusiasten die umstrittene Fischer-Ausgabe, deren letzte Auflage 1908 erschien,[24] besorgten, ist ebenfalls nicht anzunehmen. Doch ganz auszuschließen ist es nicht; im gleichen Jahr erschien die erste literarische Veröffentlichung der 20jährigen Thea von Harbou,[25] und die Backfischschwärmerei für die Werke Karl Mays mochte sich in ein professionelles Interesse verwandelt haben, auch und besonders für die als ›abgrundtief unsittlich‹ denunzierten Kolportageromane.

Die künstlerischen Verbindungen zwischen Lang, Harbou und Karl May liegen viel tiefer als in oberflächlichen Motivähnlichkeiten. Die ›Filmschöpfer‹ und der ›Volksschriftsteller‹ arbeiteten jeweils für die modernsten Massenmedien ihrer Zeit, May für Zeitschriften und die Kolportage, Lang und Harbou für den Film. Die massenhafte Verbreitung dieser Medienprodukte setzte eine hochtechnisierte Industrie voraus, die nach kommerziell ausgerichteten Prinzipien arbeiten mußte. Produktion und Distribution waren nach rein wirtschaftlichen Kriterien organisiert, und inhaltlich standen die Künstler, die in diesen Medien arbeiteten, ständig im Konflikt mit dem Massengeschmack. Noch 1929 beklagte Hans Richter in seinem Pamphlet ›Filmgegner von heute – Filmfreunde von morgen‹: »Wie kommt es, daß das Niveau im Ganzen so tief steht?«[26] und forderte: »Ob der Film eine unterhaltende, instruierende oder aktivisierende Absicht hat, er sollte den Menschen freier, stärker, klüger machen, nicht blöder.«[27] Die Seufzer, die Karl May sechsundvierzig Jahre zuvor in einer Abrechnung mit der Kolportageliteratur unter dem Titel ›Ein wohlgemeintes Wort‹ zu Papier brachte, stoßen ins gleiche Horn: *Einer der Haupthebel, welche bei der Volkserziehung in Bewegung gesetzt werden müssen, sind jedenfalls die Bibliotheken, und bei einsichtsvoller Leitung und einer guten, verständigen Wahl der Bücher ist ihr Einfluß ein unberechenbar günstiger.*[28]

Lang und Harbou und Karl May waren jeweils unbestrittene Stars im kommerziellen Kulturbetrieb ihrer Zeit und genossen auf dem Höhepunkt ihrer Karrieren eine gewisse künstlerische Autonomie. Der Erfolg von Karl Mays ›Gesammelten Reiseerzählungen‹ erlaubte dem Schriftsteller die Wende zum Alterswerk, während Fritz Lang und Thea von Harbou in ›Metropolis‹, dem teuersten Film seiner Zeit, so gut wie unkontrolliert ihre Vorstellungen umsetzen konnten. Beidemal folgte die finanzielle Katastrophe auf dem Fuße. Mays Spätwerk ›ging‹ nicht mehr so gut wie die klassischen Reiseerzählungen, was zur Entfremdung mit seinem Verleger Fehsenfeld führte; ›Metropolis‹ stürzte die UFA fast in den Ruin, der nach dem wirkungslosen Einstieg der amerikanischen Unternehmen Paramount und Metro-Goldwyn-Mayer durch das Engagnement des deutschnationalen Medienzaren Alfred Hugenberg abgewendet werden konnte.

Bei aller Ähnlichkeit ihrer Position im ökonomischen Gefüge des Kulturbetriebes, das Bild vom Künstler, das Lang und May boten, könnte unterschiedlicher nicht sein. In seiner autobiographischen Skizze ›Freuden und Leiden eines Vielgelesenen‹ entwirft May das Bild des Schriftstellers, der unermüdlich produziert: *Ich werde um Manuskript gedrängt, habe seit gestern Nachmittag drei Uhr, also sechzehn Stunden lang, am Schreibtische gesessen und kann, auch wenn ich nicht gestört werde, vor abends acht Uhr nicht fertig werden. Die Nacht, oft zwei, drei Nächte hintereinander, ohne dann am Tage schlafen zu können, ist überhaupt meine Arbeitszeit ...*[29] Franz Kandolf, der unermüdliche Bearbeiter der Werke Karl Mays, dämonisierte diese Arbeitsweise in seiner Version des May-Textes:»(...) Aber diese innere Stimme wird gar bald übertönt von einer anderen, die mir hundertmal in dieser Nacht ins Ohr flüstert: ›Der Verleger wartet auf deinen Roman! Darum schreibe – schreibe –!‹«[30] Vorbild dafür war eine Äußerung Mays in ›Mein Leben und Streben‹: *Ich schreibe nieder, was mir aus der Seele kommt, und ich schreibe es so nieder, wie ich es in mir klingen höre.*[31]

Ein Bild wie aus Fritz Langs Film ›Das Testament des Dr. Mabuse‹, der sechs Jahre nach Kandolfs May-Bearbeitung herauskam. Dort sitzt der verrückte Dr. Mabuse in der Zelle des Irrenhauses und schreibt, ähnlich, wie Helmut Schmiedt das Bild des Schriftstellers Karl May entwirft: »May schrieb einen beträchtlichen Teil seiner Texte beinahe wie im Trancezustand; seine Einfälle brachte er sofort zu Papier, ohne sie später einer Zensur durch die zur rationalen Kalkulation fähigen Instanzen seines Ich oder einer Korrektur nach ästhetischen Gesichtspunkten zu unterziehen; erst ab Mitte der neunziger Jahre arbeitete er zeitweise mit dem Bemühen um größere Distanz. Diese Art des Schreibens erklärt manche Eigenheiten, insbesondere Mängel seines Stils.«[32]

Ganz anders stellten sich Fritz Lang und Thea von Harbou dar. Es gibt ein Foto von Thea von Harbou, wie sie ganz geschäftsmäßig ihrer

Sekretärin beim Tippen eines Drehbuchs über die Schulter sieht; auf einem anderen Foto wird die Zusammenarbeit des Ehepaars wie das gemütliche Schmökern nach Feierabend dargestellt: Fritz lässig auf dem Sofa liegend, Thea in einem Buche blätternd.

Im Gegensatz zum Literaten May arbeiteten Lang und Harbou auch mit weiteren Kreativen zusammen, wie es die Kollektivkunst Film fordert. Nannte Karl May sein Arbeitszimmer gelegentlich seine *Gruft*[33], so kann es keinen größeren Gegensatz zu den fabrikhallen-großen Filmateliers geben, in denen Fritz Lang seine Filme inszenierte. In monumentalen Kulissen mit dem Megaphon Massen von Statisten, Technikern und Schauspielern dirigierend, war er der Führer auf dem Set, ein Künstlertypus im Sinne Nietzsches mit dem Drang zum ›Stilwillen im Film‹, so der Titel eines Aufsatzes[34] von 1924.

May hingegen sah sich anders: *Es gibt Leute, welche meinen Stil als Muster hinstellen; es gibt Andere, welche sagen, ich habe keinen Stil; und es gibt Dritte, die behaupten, daß ich allerdings einen Stil habe, aber es sei ein außerordentlich schlechter. Die Wahrheit ist, daß ich auf meinen Stil nicht im Geringsten achte.* Und weiter: *Ich verändere nie, und ich feile nie. Mein Stil ist also meine Seele, und nicht mein »Stil«, sondern meine Seele soll zu den Lesern reden. Auch befleißige ich mich keiner sogenannten künstlerischen Form. Mein schriftstellerisches Gewand wurde von keinem Schneider zugeschnitten, genäht und dann gar gebügelt. Es ist Naturtuch.*[35]

Langs ›Wille zum Stil‹, wie er besonders rein in ›Die Nibelungen‹ zum Ausdruck kommt, und Mays ›Stillosigkeit‹ haben jedoch einen gemeinsamen Nenner. Beide sind Symboliker. May behauptete im Alter, daß *alle diese Reiseerzählungen als Gleichnisse, also bildlich resp. symbolisch zu nehmen* seien.[36] »Unverkennbar ist«, schreibt Helmut Schmiedt, daß »Mays Werk von Anfang an insofern bildlichen Charakter besitzt, als es persönliche und sozial repräsentative Defizite und Leiden des Autors umphantasiert in eine Kette von teilweise exotisch drapierten ›Befreiungsgeschichte(n)‹.«[37] Im Spätwerk setzte May die Technik des Symbolisierens bewußt ein, und seine »Motive (...) gewinnen (...) jetzt ständig zusätzliche Dimensionen größten Ausmaßes (...)«[38] Für May dienten die Symbole der Verschlüsselung, waren eine Möglichkeit, Dinge, die er nicht aussprechen wollte oder konnte, doch auszusprechen, tief in der Hoffnung, der Leser würde sie dennoch verstehen.

Langs ›Symbolik‹ hatte einen anderen Ursprung. Als Stummfilmpionier wollte er eine eindeutige, verständliche Filmsprache entwickeln, die der Zuschauer sofort verstehen konnte. So behauptete »Lang (...) immer wieder, daß er die Symbole in der Stummfilmzeit nur deswegen verwendete, weil er sie dort für notwendig hielt (sie mußten das ersetzen, was später, im Tonfilm, durch den gesprochenen Dialog zum Ausdruck kommen konnte).«[39]

Besonders die stummen Science-Fiction-Filme ›Metropolis‹ und ›Frau im Mond‹ sind voll von Symbolen, die heute zu allgemeinen Formeln der Filmsprache gehören und nach wie vor das Bild von der Zukunft prägen. Genialisch war die Idee des Countdowns für ›Frau im Mond‹, den Lang erfand, um den genauen Zeitpunkt des Raketenstartes dem Zuschauer eindeutig mitzuteilen, und der später Eingang in die reale Raumfahrt fand. Die Darstellung der Zukunftsstadt in ›Metropolis‹ beeinflußte moderne Science-Fiction-Filme wie ›Blade Runner‹ (1982, Regie: Ridley Scott) und ›Robocop‹ (1987, Regie: Paul Verhoeven). 1984 kam ›Metropolis‹ erneut in die Kinos. Der Disco-Musiker Giorgio Moroder hatte den Film mit moderner Musik unterlegt, so daß er nach fast sechzig Jahren wie ein moderner Videoclip wirkte.

Aus der Suche nach solch klar verständlichen Formeln, seien es einzelne Bilder oder Handlungselemente und -sequenzen, sahen sich Lang und Harbou in der gesamten Kulturgeschichte um. Besonders für ›Die Nibelungen‹ mit ihren Zeichen setzenden, ornamentalen ikonographischen Bildern zitierten sie Vorbilder aus der bildenden Kunst. So geht das bekannteste Bild des Films, ›Siegfried durch den deutschen Wald reitend‹, auf Arnold Böcklins Gemälde ›Das Schweigen im Walde‹ und den Bamberger Reiter zurück, das Filmbild ›Siegfried von Hagens Lanze durchbohrt‹ auf eine Jugendbuchillustration des Wiener Werkbund-Künstlers Carl Otto Czeschka,[40] um nur einige Beispiele zu nennen. Für das Publikum waren diese Filmbilder eine klar verständliche Ikonographie. Eine kunsthistorisch gebildete Elite hatte ihre Wiedererkennungseffekte, aber auch der ›gemeine‹ Kinogänger verstand sie sofort. Schließlich waren die Vorbilder von Meistern des graphischen Fachs entworfen und hatten ihre kommunikative Funktion schon längst bewiesen.

Klar verständliche Formeln fanden Lang und Harbou auch in der Kolportageliteratur und damit auch bei Karl May. Mehr als die Vorlagen aus der Kunstgeschichte prägten die trivialen Versatzstücke den Geschmack und die Verständnisfähigkeit des Publikums, an das sich das Massenmedium Film wandte. Nicht umsonst wurde Thea von Harbou für die Formelhaftigkeit der Sprache in ihren Romanen kritisiert, wurde die Drehbuchautorin als ›Lady Kitschener‹ belächelt.[41]

Heinz Stolte hatte 1936 in seiner Dissertation ›Der Volksschriftsteller Karl May‹[42] auf Märchen, Sagen und Legenden als den volkstümlichen Ursprung von Mays Erzählungen hingewiesen, auf die ›Formelhaftigkeit ihrer Sprachgebärden und Motive‹, und lieferte damit dem Konzept des ›Volksschriftstellers‹, unter dem Karl May seit Gründung des Karl-May-Verlages systematisch vermarktet wurde, die volkskundlich-literaturwissenschaftliche Bestätigung. So, wie die Vermarktung funktionierte (und auch heute noch funktioniert), kann sie jedoch auch als Lehrbeispiel für eine moderne Massenkommunikation gelten.

Das mögen auch Fritz Lang und Thea von Harbou empfunden haben. Ihr Film ›Der müde Tod‹ scheint die Übertragung des ›Volksschriftsteller‹-Konzeptes auf den Film zu sein. Thea von Harbou hatte eine Reihe von ›Legendenfilmen‹ für Joe May geschrieben, und auch die Rahmenhandlung von ›Der müde Tod‹ ist in einem romantischen, legendenhaften Ton gehalten. »Die in die Rahmenhandlung eingelassenen orientalische (...) und chinesische [sic] Erzählungen entsprachen dagegen stark dem ›konventionellen Jagd-, Lauf- und Verfolgungsfilm‹, einer Vorliebe von Fritz Lang und sicher eine Konzession an den vermeintlichen Publikumsgeschmack«, schreibt Reinhold Keiner,⁴³ doch sie sind mehr. Es scheint, als haben Lang und Harbou Stoltes Erkenntnisse fast fünfzehn Jahre zuvor vorweggenommen und die Formeln des Trivialen neben die tradierten Gattungen in die massenmediale ›Volkskunst Film‹ integriert.

Politisch waren Lang und Harbou deutschnational geprägt, und so galt ihr Interesse besonders einer typisch ›deutschen‹ Filmsprache, durchaus im Kontrast zu den kommerziellen Erfolgen des Hollywoodfilms und den formalen Meriten der sowjetischen Filmkunst. »Hier liegt für mein Gefühl die ethische Aufgabe des Films und speziell des deutschen Films«, schrieb Lang in ›Stilwille im Film‹ über seine Absichten bei ›Die Nibelungen‹, »Gehe hin in alle Welt und lehre alle Völker!«⁴⁴

Bei dem Versuch, eine typisch deutsche Symbolsprache zu finden, trafen sich Lang und Harbou wiederum mit den Symbolwelten Karl Mays. Angelpunkt ist dabei die Architektur. Lang, der verhinderte Architekt, schätzte bei seinen Mitarbeitern besonders die Filmarchitekten Robert Herlth, Otto Hunte, Erich Kettelhut und Karl Vollbrecht, die für ihn fast alle großen Stummfilme ausstatteten. Vorbild für die Kollektivarbeit beim Film waren für ihn die ›Dombauhütten‹ des Mittelalters.

Architekturphantasien prägen von Anfang an auch die Abenteuerlandschaften in den Erzählungen von Karl May. Besonders Türme, die auf unterhöhltem, oft durch den Einfluß von Wassermassen brüchig gewordenem Untergrund stehen und häufig einbrechen, findet man von den frühen Kolportageromanen – wie etwa der Turm im Wald von Ortry in ›Die Liebe des Ulanen‹ – über die klassischen Reiseerzählungen – der Karaul in ›Der Schut‹ – bis hin zum Alterswerk – das Hohe Haus in ›Im Reiche des silbernen Löwen‹ oder das Winnetou-Denkmal in ›Winnetou IV‹.⁴⁵ Intuitiv spiegelt May besonders im Alterswerk damit auch die topographische Metaphorik, die den deutschen Nationaldenkmälern des Wilhelminismus eigen ist, wie etwa dem Kaiser-Wilhelm-Denkmal auf dem Kyffhäuser.⁴⁶

Von seinen ersten Filmen an sind ›Türme und Katakomben‹ Versatzstücke, mit denen Fritz Lang arbeitet. Schon in ›Die Spinnen‹ ist eine alte Inkastadt mit ihren Ruinen und Höhlen Schauplatz, im zweiten Teil

375

gibt es sogar eine unterirdische Stadt. Die Türme des Maharadschapalastes in ›Der Tiger von Eschnapur‹ stehen auf brüchigen Katakomben, die durch eine Überflutung zum Einsturz gebracht werden sollen. In ›Metropolis‹ zitieren Lang und Harbou den Turm von Babel (mit dem Gemälde von Pieter Bruegel), genauso wie May sich mit seinen Turmbauten in ›Im Reiche des silbernen Löwen‹ auf dieses Bauwerk bezieht.[47] Die Oberwelt mit den Wolkenkratzern und die Unterwelt mit den Maschinenhöhlen in ›Metropolis‹ erinnern an Mays Mythologie von ›Ardistan und Dschinnistan‹. Durch eine assoziationsreiche Kompilation aus Texten von Thea von Harbou zu ›Metropolis‹ und Karl Mays Vortrag ›Empor ins Reich der Edelmenschen‹[48] legen Fred Gehler und Ullrich Kasten in ihrem Buch ›Die Stimme von Metropolis‹ die Möglichkeit einer ›Utopie von rechts‹ nahe.[49] Dabei übersehen sie jedoch, daß Mays utopischer Pazifismus, wie er ihn in ›Und Friede auf Erden‹ darstellt, im krassen Gegensatz zu Thea von Harbous rassistischen Überzeugungen steht.

In ›Die Nibelungen‹ zeigen Lang und Harbou den Zusammenhang zwischen der Abenteuer- und der Nationalsymbolik der Türme und Höhlen auf. »Ich glaube«, sagte Lang,[50] »ich bin mir vom ersten Augenblick an der Verantwortung bewußt gewesen, die ich mit dem Unterfangen, Regisseur des Nibelungenfilms zu werden, auf mich nahm. Denn es (...) handelte sich (...) um das geistige Heiligtum einer Nation. Es mußte mir also darauf ankommen, in einer Form, die das Heilig-Geistige nicht banalisierte, mit den Nibelungen einen Film zu schaffen, der dem Volke gehören sollte.« Der Kontrast von turmartigen Burgbauten und tatsächlichen Höhlen oder höhlenartigen Bauten prägt die Struktur des Films: »Nie ist in den zweiteiligen Filmen Langs der zweite nur die Fortsetzung des ersten. Symmetrie, wie in den Bildern, herrscht auch in der Erzählung. (...) Den ragenden Burgen des ersten Teils, den strengen Bögen und Pfeilern (...) antworten im zweiten (...) erdnahe Bauten, manche aus Lehm geformt.«[51]

Die konsequente nationalistisch gefärbte Symbolsprache von ›Die Nibelungen‹ machte die Nazis auf Fritz Lang aufmerksam. Nach der Machtergreifung bot Goebbels dem ›Halbjuden‹ Lang die ›Ehrenarierschaft‹ und die ›Führerschaft des deutschen Films‹ an; Lang, dessen Film ›Das Testament des Dr. Mabuse‹ in Deutschland schon verboten war, emigrierte schleunigst nach Amerika. Von Thea von Harbou, die den Ideen des Nationalsozialismus nahestand, jedoch erst 1940 NSDAP-Mitglied wurde, war er mittlerweile geschieden.[52]

Nach einem Zwischenspiel in Paris, wo er Franz Molnars ›Liliom‹ verfilmte, kam er nach Hollywood, wo er bis 1956 vierundzwanzig Filme drehte, meist düstere Kriminalfilme im Stil des ›film noir‹ oder Auseinandersetzungen mit dem latenten Faschismus in der Gesellschaft und dem Nationalsozialismus. Zusammen mit Bertolt Brecht arbeitete er an dem Film ›Hangman also die‹ (1942), der das Attentat auf Heydrich zum Thema hat.

Drei Western sollte Fritz Lang in Hollywood drehen, ›The Return of Frank James‹ (1940, deutscher Titel: ›Rache für Jesse James‹), ›Western Union‹ (1941, deutscher Titel: ›Überfall der Ogalalla‹) und ›Rancho Notorious‹ (1951, deutscher Titel: ›Engel der Gejagten‹). Man sollte denken, daß man in Langs Western, die vom Genre her so eng mit Karl Mays Reiseerzählungen verwandt sind, besonders viele May-Anklänge findet. Doch Lang mußte sich zu sehr an die Konventionen dieses uramerikanischen Genres halten, als daß er seiner Karl-May-Leidenschaft freien Lauf hätte lassen können.

Langs erster Western ›The Return of Frank James‹ war die Fortsetzung von ›Jesse James‹ (1939, deutscher Titel: ›Jesse James – Mann ohne Gesetz‹) von Henry King, der mit dem Mord an dem legendären Outlaw endet. Langs Film erzählt die Rache, die Jesses Bruder Frank an den Mördern ausführt. »Vergessen Sie nicht, daß der Western nicht bloß die Geschichte dieses Landes ist, er ist, was die Nibelungen-Saga für die Europäer ist«,[53] bemerkte Lang, der damit den Film in die Kontinuität seines Werkes stellte.

»Das Wort Schreiten gibt es im Amerikanischen nicht«,[54] stellte Lang einmal fest und formulierte damit den großen Unterschied zwischen seinen deutschen und seinen amerikanischen Filmen. Dabei ist der Western noch das Genre, in dem am meisten geschritten wird. Doch das Schreiten des Sheriffs die Straße hinunter zum ›show down‹ mit dem Bösewicht ist mit dem ornamentalen Schreiten der Ritter in den ›Nibelungen‹ nur zum Teil zu vergleichen. Auch im Western ist das Schreiten Ausdruck von Macht und Herrschaft – schließlich will der Sheriff Recht und Ordnung herstellen. Doch anders als bei den ›Nibelungen‹, wo das Schreiten das Aufgehen des Individuums im Ornament darstellt, ist das Schreiten des Sheriffs der individuelle Ausdruck seines Selbstverständnisses als Bürger und Demokrat. Zudem beinhaltet das Schreiten im Western eindeutige erotische Implikationen, etwas, was den schreitenden Nibelungen Langs vollends abgeht. Einem Mannequin gleich schreitet der Westernheld auf hochhackigen Cowboystiefeln einher und wiegt sich dabei in den Hüften, was durch den Revolvergurt noch verstärkt wird. Eine witzige Verbindung zwischen dem Western-Schreiten und Fritz Langs Schreiten brachte der Regisseur Paul Verhoeven mit seinem ›Robocop‹ auf die Leinwand. Der futuristische Maschinenpolizist ist der Maschinenfrau aus ›Metropolis‹ nachempfunden und schreitet knarzig wie ein Nibelung durch die Stadt der Zukunft, wo er als Sheriff für Recht und Ordnung sorgt.

Einer der berühmtesten ›Schreiter‹ des amerikanischen Films war der Schauspieler Gary Cooper, dessen lange Beine zu seinem Markenzeichen wurden. Seit 1925 als Westerndarsteller im Filmgeschäft, formulierte er 1952 in ›High Noon‹ (deutscher Titel: ›Zwölf Uhr mittags‹) das Schreiten des Sheriffs als aufrechten Gang des Demokraten in seiner definitiven Form. Regie führte dabei Fred Zinnemann, wie Fritz Lang ein gebürtiger Österreicher und Karl-May-Kenner, und inszenierte den Film mit einer stark symbolischen Filmsprache, die in ihrer Konsequenz an Fritz Langs Stil erinnert. Das Finale in Langs ›Western Union‹, so Lotte H. Eisner,»hat denselben heroischen Rhythmus wie das Schlußduell in ›High Noon‹.«[55]

Mit Gary Cooper inszenierte Fritz Lang 1946 den Agentenfilm ›Cloak and Dagger‹ (deutscher Titel: ›Im Geheimdienst‹). In einer verworfenen Drehbuchfassung des Films sollte Cooper in eine Alpenfestung der Nazis eindringen, einen zweistöckigen Bergbunker, im oberen Stock Spuren von entfernten Maschinen, im unteren die Leichen von Sklavenarbeitern. »Ein Schacht in einem Gipfel«, beschreibt Enno Patalas[56] die Topographie dieses grauenhaften Ortes – wie das Quecksilberbergwerk Almaden alto in Karl Mays ›Satan und Ischariot‹. Während der Dreharbeiten kam es zu einer marginalen Begegnung, die in der Rückschau eine überraschende Bedeutung bekommt. Als Lichtdouble für Gary Cooper hatte man aufgrund seiner großen Ähnlichkeit mit dem Filmstar den jungen Schauspieler Lex Barker engagiert, der in den sechziger Jahren in der Rolle des Old Shatterhand im deutschen Film Karriere machen sollte. Doch darüber später.

Spuren von Langs May-Lektüre in ›The Return of Frank James‹ zu finden bedarf schon einiger Findigkeit. Daß das Gesicht des Frank-James-Darstellers Henry Fonda mit dem Schnurrbart, der hohen Stirn und dem nach hinten gekämmten Haar an Fotos von Karl May erinnert, lag sicherlich nicht in der Absicht des Regisseurs. Am ehesten erinnert noch die Gerichtsverhandlung am Ende des Films an Karl May – ein ›court room drama‹, wie es im amerikanischen Film immer wieder vorkommt und das auf dem Prinzip der angelsächsischen Rechtsordnung basiert, daß Ankläger und Verteidiger durch eine mehr oder weniger perfekte Show die Geschworenen von der Schuld bzw. Unschuld des Angeklagten überzeugen müssen.

In seinen Orientromanen erweist sich Karl May auf ganz eigene Art als ein Schilderer von ›court room dramas‹, etwa wenn Kara Ben Nemsi in ›Durch das Land der Skipetaren‹ als Angeklagter den als Heiligen geltenden Mübarek vor Gericht als Bösewicht entlarvt und damit seine eigene Unschuld beweist. Ähnlich ist auch die Gerichtsszene in ›The Return of Frank James‹ aufgebaut, in der Frank James, der durch die Machenschaften der Eisenbahngesellschaft als Mörder vor Gericht steht, nachweist, daß der als Ankläger auftretende Eisenbahnvertreter der eigentliche Übeltäter ist.

›Western Union‹, Langs zweiter Western, geht auf eine Erzählung von Zane Grey zurück, die von dem Bau einer Überlandtelegraphen-Leitung handelt. Lang, der die Drehbücher zu seinen amerikanischen Filmen auch immer selbst bearbeitete, mußte bei diesem Stoff sicherlich an Mays ›Winnetou I‹ denken. So kommt in dem Film ein kauziger, skalpierter Westmann vor, der an Sam Hawkens erinnert – aber auch ein Versatzstück der anglo-amerikanischen Westernliteratur ist. Interessant ist die Darstellung des von Robert Young gespielten Greenhorns. Er taucht, wie Old Shatterhand in ›Der Sohn des Bärenjägers‹, in einem blitzsauberen Trapperanzug auf und provoziert damit den Spott seiner Umgebung. Doch dann erweist er sich als Meisterreiter, als er einen wilden Hengst zureitet – wie der junge Old Shatterhand in ›Winnetou I‹.

›Rancho Notorious‹ mit Marlene Dietrich in der Hauptrolle, sicherlich Langs bester Western, ist ein ›film noir‹ im Western-Gewand und weist keinerlei May-Bezüge auf. Lediglich der deutsche Verleihtitel ›Engel der Gejagten‹ wirkt wie eine Variation des letzten Bandes von Mays ›Deutsche Herzen, deutsche Helden‹, ›Der Engel der Verbannten‹. Doch das geht sicherlich nicht auf Fritz Lang zurück.

Wesentlich ergiebiger in seinen May-Bezügen ist der Mantel-und-Degen-Film ›Moonfleet‹ (deutscher Titel: ›Das Schloß im Schatten‹), den Lang 1954 mit dem späteren Old-Surehand-Darsteller Stewart Granger in der Hauptrolle drehte. Der Film nach einem Roman von John Meade Falkner erzählt die Geschichte des Waisenjungen John Mohune, der in den Ort Moonfleet zu seinem vermeintlichen Vater kommt, dem Anführer einer Schmugglerbande. Es entwickelt sich eine ›boy-hero‹-Geschichte. Durch die unbeirrbare Liebe seines ›Sohnes‹ wird das Herz des verschlagenen Räuberhauptmannes weich, und gemeinsam machen sie sich auf die Suche nach einem Diamanten, dessen Erbe der Junge ist. Der Diamant ist im Schacht eines Brunnens versteckt, in den der Junge mit einem Eimer hinabgelassen werden muß.

Die Geschichte des kleinen Jungen, der aufbricht, um bei den Räubern Unterstützung zu finden, mochte Lang aus Karl Mays Autobiographie ›Mein Leben und Streben‹ bekannt sein. Dort erzählt May, wie er aus eben diesem Grund von zu Hause weggelaufen ist.[57] Das Motiv ›Schmuggeln‹ taucht bei May immer wieder auf, so im ›Verlornen Sohn‹ – der Junge im Film ist auch ein solcher – und ganz besonders in den ersten beiden Bänden von ›Im Reiche des silbernen Löwen‹, wo die Sillan den kostbaren Safran in den Särgen der Leichenkarawanen verstecken.

Das Versteck der Schmuggler in ›Moonfleet‹ ist eine Grabhöhle auf dem Dorffriedhof, wo auch der Sarg des ritterlichen Vorfahren des kleinen Waisenjungen steht. Bewacht wird die Höhle von einer grausigen Engelsstatue. Diese Kulissen des Films erinnern in vielen Details an die Topographien Karl Mays, an die Wasserengel aus ›Ardistan und Dschinnistan‹ und an die Schmugglerhöhle im Turm von Babylon in ›Im Reiche des silbernen Löwen‹. Auch das Hinablassen des Jungen in den

Brunnenschacht am Ende des Films ist eine Szene, die sich Karl May nicht besser hätte ausdenken können. Nach ›Moonfleet‹ sollte Fritz Lang noch zwei Kriminalfilme in Amerika drehen, um dann auf Einladung des Berliner Filmproduzenten Artur Brauner nach Deutschland zu kommen und seine Versionen von Thea von Harbous Indienstoff ›Der Tiger von Eschnapur‹ und ›Das indische Grabmal‹ zu drehen. Von der zeitgenössischen Kritik in Deutschland verrissen, von den cinephilen Franzosen geliebt, sind die farbenprächtigen Filme eine düstere Abenteuerphantasie mit packenden Bildern von sich auftürmenden Palästen und unterirdischen Höhlen und Katakomben. Das Zusammentreffen des von Paul Hubschmid gespielten deutschen Architekten Harald Berger mit der Karawane der Tempeltänzerin Seetha erinnert ein wenig an das Zusammentreffen Kara Ben Nemsis mit der Karawane des Kammerherrn in ›Im Reiche des silbernen Löwen‹.[58] Hier wie dort kommt es zu einer Szene am Brunnen einer Karawanserai. Paul Hubschmid schützt Seetha vor den Belästigungen der Soldaten, indem er mit der Rechten und der Linken je einen ergreift, beide hochhebt und mit dem Köpfen zusammenschlägt – wenn man will, eine bitterböse Interpretation Kara Ben Nemsis als Vertreter des deutschen Imperialismus. Old Shatterhand springt so mit den Chinesen in ›Der schwarze Mustang‹ um. Im Band ›Halbblut‹ der ›Gesammelten Werke‹, der die Erzählung (unter diesem neuen Titel) enthält, mag Fritz Lang auch die Geschichte ›Von Mursuk bis Kairwan‹, die Bearbeitung von Karl Mays Erzählung ›Eine Befreiung‹, gelesen haben.[59] Dort beweist ein Medaillon, daß das jüdische Mädchen Rahel europäischer Abstammung ist; in Langs ›Tiger von Eschnapur‹ weist eine alte Gitarre und ein irisches Volkslied auf die europäische Abstammung der Tempeltänzerin Seetha hin. Das Kindergebet ›Christi Blut und Gerechtigkeit‹ deutet in Karl Mays gleichnamiger Erzählung ebenfalls auf die europäische Abstammung der Kurdin Schefaka hin; Lang mag diese Erzählung aus dem Sammelband ›Orangen und Datteln‹ gekannt haben.[60]

2. Teil: Das Testament des Fritz Lang

Thea von Harbou galt, nachdem Fritz Lang vor den Nazis geflohen war und Deutschland verlassen hatte, immer noch als die ›Cosima von Babelsberg‹, als die ›Hohe Frau des deutschen Films‹.[61] Nach 1933 bearbeitete sie weiterhin »routiniert literarische Vorlagen für den Film (...) Auch ideologisch bedeutete der nationalsozialistische Film für die Autorin keinerlei Umstellung; ihre vor 1933 geschriebenen Drehbücher belegen geradezu (...) die geistige Kontinuität im deutschen Filmschaffen, die personell nur durch den Aderlaß der vorwiegend rassisch bedingten Emigration behindert wurde.«[62] Die Nazis hatten die besten Filmemacher aus Deutschland vertrieben, so daß die künstlerische Qualität des Films der zwanziger Jahre nicht mehr erreicht werden konnte.

An Richard Eichbergs Tonfilm-Remake ihres Indienstoffes im Jahr 1938 war Thea von Harbou nicht beteiligt, genausowenig wie an dem Karl-May-Film ›Durch die Wüste‹, der 1936 entstand. Beide Filmprojekte wurden mit erstaunlichem Aufwand an Original-Schauplätzen in Indien bzw. Ägypten gedreht, erreichten aber nicht die Qualität, die entsprechende zeitgenössische Abenteuerfilme aus Hollywood zu bieten hatten. An einen Fritz Lang reichten die Regisseure Richard Eichberg und Johannes Alexander Hübler-Kahla bei weitem nicht heran. May-Freunde schätzen den Film ›Durch die Wüste‹ als ziemlich werkgetreue Verfilmung und wegen der verhaltenen Kara-Ben-Nemsi-Darstellung durch den Schauspieler Fred Raupach. Doch für einen Zuschauer, der sich den Film nicht mit so viel Wohlwollen ansieht, erweist sich ›Durch die Wüste‹ als recht langweilig. Der Schriftsteller May gilt zu Recht als Meister der Spannung, und wenn man bedenkt, welche spannenden Filme zu der Zeit anderswo entstanden, wirkt ›Durch die Wüste‹ als durchweg dilettantisch inszeniert. So fragt sich z. B. der aufmerksame Zuschauer, wieso die Überquerung des Salzsumpfes so gefährlich ist, wenn die Mörder bis auf Schußweite herankommen und dann in vollem Galopp fliehen können. Das Finale des Films ist völlig konzeptionslos. Da reitet Kara Ben Nemsi durch die Wüste, und die Kamera folgt ihm, als würde sie von einem zufällig anwesenden Touristen geführt. Das gibt den Aufnahmen zwar einen gewissen dokumentarischen Charakter, doch dramaturgische Elemente zur Spannungssteigerung fehlen gänzlich. Der Film war auch kein großer Erfolg, so daß mögliche Fortsetzungen nicht gedreht wurden.

Künstlerische Erbin Fritz Langs in Nazideutschland wurde Leni Riefenstahl. Hochtalentiert führte sie das aus, dem sich Lang durch Flucht entzogen hatte. Sie stellte die Filmsprache in den Dienst der Nationalsozialisten. In ihren Propagandafilmen ›Triumph des Willens‹ (1935) und auch ›Olympia‹ (1938) imitierte sie den ikonographischen Stil von ›Die Nibelungen‹ und ›Metropolis‹. Über ›Triumph des Willens‹ schreibt der Filmhistoriker Erwin Leiser:»Bildkompositionen, die zum großen Teil von Fritz Langs monumentalem Stummfilmepos ›Die Nibelungen‹ übernommen waren, zeigen Hitler als den neuen Siegfried und seine Anhänger als Statisten in einer riesigen Wagner-Oper, als Teile einer anonymen Masse, die er ganz in der Hand hat.«[63]

Leni Riefenstahl hatte ihre Filmkarriere als Schauspielerin in den Bergdramen von Arnold Fanck begonnen und im Jahr 1930 bei der Arbeit an ›Stürme über dem Montblanc‹ den Stuntman Harald Reinl (1908-1986) kennengelernt, der nach dem zweiten Weltkrieg der führende Regisseur von Unterhaltungsfilmen in der Bundesrepublik

werden sollte. Reinl wurde ihr Regieassistent und arbeitete am Drehbuch ihres 1940 begonnenen Films ›Tiefland‹ mit, den beide zusammen in den fünfziger Jahren fertigstellten.[64]
1962 sollte Harald Reinl schließlich für den jungen Filmproduzenten Horst Wendlandt Karl Mays ›Der Schatz im Silbersee‹ verfilmen und damit eine Welle ins Leben rufen, die es bis 1968 auf siebzehn Filme[65] brachte.

Der immense Erfolg der Serie resultierte unter anderem aus der Tatsache, daß Reinl sich als gelehriger Schüler seiner Mentorin Leni Riefenstahl und ihres Vorbildes Fritz Lang erwies und endlich eine gültige filmische Ikonographie für Karl Mays literarische Vorlagen fand.

Reinls Karl-May-Filme sind wie die Filme Fritz Langs Filme der Symbole und Signale: Winnetous weißer Indianer-Anzug im Kontrast zu seinem schwarzen Haar, Old Shatterhands aufs äußerste reduziertes Trapperkostüm, die eindrucksvollen Bilder der jugoslawischen Landschaften und die eingängige Musik von Martin Böttcher, die riesigen Verbrecherbanden – all das setzte Reinl mit eindeutiger Zeichenhaftigkeit ein, so daß der Zuschauer eine klare Orientierung hat, wohin er mit seiner eigenen Phantasie folgen muß. Dieser Stil sollte auch die Karl-May-Filme anderer Regisseure prägen. Im ›Schatz im Silbersee‹ gefunden, waren die Formeln der Karl-May-Filme definiert, so daß Rückgriffe auf die literarischen Vorlagen immer weniger notwendig wurden.

Als Literaturverfilmungen im engeren Sinne konnten die Karl-May-Filme kaum gelten. Am ehesten hielt sich – neben Siodmaks ›Der Schut‹ – noch ›Der Schatz im Silbersee‹ an die literarische Vorlage, doch glättete Drehbuchautor Harald G. Petersson die strukturellen Brüche, die Mays gleichnamige Jugenderzählung auszeichnen. Der Filmplot reduziert die Handlung auf die Verfolgung des verbrecherischen Roten Cornels als eine Kette von Abenteuern, die die Helden bestehen müssen, durchaus in dem Sinne, wie May seine Jugenderzählung zu Beginn angelegt hat. Doch May sprengt diese Struktur nach etwas mehr als der Hälfte seiner Erzählung,[66] wenn er den Roten Cornel einfach fallen läßt und die gerechte Bestrafung des Schurken eher nebenbei erzählt, ein neues Helden- und Schurkenpersonal einführt und die bislang geographisch und soziologisch weitgehend korrekte Schilderung des Wilden Westens durch eine schon auf sein Spätwerk hinweisende Fantasy-Landschaft ersetzt. Das Filmdrehbuch hingegen bleibt konsequent linear und endet mit dem Untergang des Roten Cornels.

Diese Vereinfachung der Erzählstruktur hatte zur Folge, daß die Helden-Doppelspitze des Buches, Old Firehand und Old Shatterhand, zu einer Figur, dem Film-Old-Shatterhand, zusammengezogen werden konnte. Das raubte dem Film-Old-Shatterhand jene psychologisch so facettenreiche Dimension, die die Figur, von Karl May ursprünglich als Ich-Held für die Reiseerzählungen konzipiert, in die in der dritten Person erzählte Jugenderzählung ›Der Schatz im Silbersee‹ mit einbrachte. So präsentiert sich das vielschichtige Alter ego Karl Mays im Film als eine eindimensionale Ikone, die mit dem amerikanischen Schauspieler Lex Barker überzeugend besetzt worden war.

Von Anfang an wollte Filmproduzent Horst Wendlandt Lex Barker für diese Rolle haben. Der am 8. Mai 1919 im Staat New York geborene Alexander Crichlow Barker (gest. 11. 5. 1973) hatte 1949 in ›Tarzan's Magic Fountain‹ (Regie: Lee Sholem) die Rolle des Urwald-Helden von dem in die Jahre gekommenen, legendären ersten Tonfilm-Tarzan Johnny Weissmueller übernommen und bis 1953 in vier weiteren Filmen diesem Popkultur-Mythos eine überzeugende Figur verliehen; weiterhin spielte er in einigen Western, Abenteuer-, Kriegs- und Kriminalfilmen, u. a. den Apachen-Häuptling Mangas Coloradas in ›War Drums‹ (1957, Regie: Reginald Le Borg, deutsche Titel: ›Rebell der roten Berge‹ und ›Häuptling der Apatschen‹) und – besonders bemerkenswert – den Lederstrumpf in der Cooper-Verfilmung ›The Deerslayer‹ (1957, Regie: Kurt Neumann), ein Werk, das in vielen Details als Vorläufer für Harald Reinls Karl-May-Verfilmungen gelten kann. Seit 1958 versuchte Barker wie viele andere amerikanische Schauspieler, die im von dem neuen Medium Fernsehen schwer gebeutelten Hollywood keine Karrierechancen mehr für sich sahen, sein Glück in Europa. Eine kritische, autobiographisch inspirierte Studie dieser Situation lieferte er in einer kleinen Nebenrolle als alkoholsüchtiger Ex-Tarzan-Darsteller und Filmdiven-Gatte in Federico Fellinis ›La dolce vita‹ (1960). In zahllosen, heute vergessenen italienischen oder spanischen Abenteuerschinken mimte er edle Korsaren, tapfere Ritter oder rebellische Freiheitskämpfer.[67] Auf solche Rollen festgelegt, war Lex Barker dem jugendlichen Kinopublikum der Sonntagsmatineen bestens vertraut, so daß seine Besetzung als Old Shatterhand in einem Karl-May-Film als sichere Bank gelten konnte.

Seine ersten Auftritte in deutschen Filmen hatte Barker unter der Regie von Harald Reinl in zwei Folgen der ›Dr. Mabuse‹-Serie,[68] die der Filmproduzent Artur Brauner ins Leben gerufen hatte, nachdem Fritz Lang im Jahr 1960 seinen Helden des Bösen aus der Stummfilmzeit in ›Die tausend Augen des Dr. Mabuse‹ noch einmal hatte aufleben lassen.

Daß ausgerechnet ein Amerikaner dem deutschen Helden Old Shatterhand die Verkörperung verlieh, hatte im Jahr 1962 gute Gründe. Nach dem zweiten Weltkrieg waren die USA die Weltmacht Nummer 1 geworden, und die nach dem Zusammenbruch von Nazideutschland nach einem neuen Selbstverständnis suchende Bundesrepublik orientierte sich politisch und kulturell an den Werten des ›american way of life‹. Besonders die Western-Filme, die in den fünfziger Jahren eine Hochblüte erlebten, boten in ihrer Mischung aus rebellischem Drang nach Freiheit und Abenteuer und ihren konservativen, bisweilen sogar reaktionären Wertvorstellungen von ›law and order‹ gerade für das desorientierte deutsche Publikum eine willkommene Fluchtlandschaft. Aufgrund der verbrecherischen Entfesselung des zweiten Weltkriegs durch die Nazis jeglicher moralischer Rechtfertigung von Gewaltanwendung beraubt, bot die entrückte und ritualisierte ›action‹ der Western ein notwendiges emotionales Ventil. Man war es über, die Welt am deutschen Wesen genesen zu lassen, und man genas schließlich selbst gerade am amerikanischen Wesen.

Zudem war der deutsche Film nie ein ›action‹-Film gewesen, und gerade der Film der fünfziger Jahre zog sich in Harmlosigkeit und Biederkeit zurück. Die männlichen Stars jener Zeit taugten kaum als Helden für einen Karl-May-Film; sie reichten höchstens für die Besetzung von komischen Rollen. So spielte Dieter Borsche in den Orientfilmen der Serie den Sir David Lindsay, und O. W. Fischer war in einem nicht realisierten Projekt als ›blau-roter Methusalem‹ vorgesehen.

Eine gute Old-Shatterhand-Figur hätte in den fünfziger Jahren vielleicht Joachim Hansen abgegeben, der mit der Rolle eines Fliegers in dem Kriegsfilm ›Der Stern von Afrika‹ (1956, Regie: Alfred Weidenmann) bekannt geworden war und in dem Norwegen-Film ›Das Erbe von Björndal‹ (1960, Regie: Gustav Ucicky) in einer Bärenjagdszene oldshatterhandeske Fähigkeiten bewies. Hans Albers, der einzige deutsche Filmstar des Tonfilms, dem man ›action‹ abgenommen hatte und der auch für ein nicht realisiertes Karl-May-Film-Projekt in der vierziger Jahren vorgesehen war, war mittlerweile zu alt.

Die Besetzung des Winnetou warf andere Probleme auf. Bereits Karl May hatte diese Figur viel bewußter als Ikone angelegt als seinen Old Shatterhand, so daß sie ohne große Abstraktion für den Film adaptiert werden konnte. Anders als bei dem für ideologische Fehlinterpretationen anfälligen Old Shatterhand konnte man sich zudem bei der Konzeption des Film-Winnetou ungebrochen auf die Bühnentradition dieser Figur beziehen, die seit den zwanziger Jahren bestand. So profilierte Schauspieler wie Hans Otto oder Will Quadflieg hatten den Winnetou dargestellt; Anfang der sechziger Jahre hatte Heinz-Ingo Hilgers, der Winnetou auf der Bad Segeberger Freilichtbühne, durch die Fernsehübertragungen der Aufführungen eine große Popularität bekommen.[69] So war die darstellerische Winnetou-Ikonographie schon ziemlich ausdefiniert und mußte für den Film nur noch mit einem Schauspieler ›gefüllt‹ werden.

Die Dreharbeiten zu ›Der Schatz im Silbersee‹ hatten schon begonnen, da wußte Produzent Horst Wendlandt noch nicht, wer die Rolle des Apachen-Häuptlings übernehmen sollte. Man dachte an Horst Buchholz oder den spanischen Schauspieler Gustavo Rojo; mit dem englischen Dracula-Darsteller Christopher Lee[70] machte man sogar Probeaufnahmen. Schließlich fand bei den Berliner Filmfestspielen die folgenschwere Begegnung Wendlandts mit dem bis dahin unbekannten französischen Schauspieler Pierre Brice (geb. 6. 2. 1929) statt. In ihm erkannte Wendlandt die Ideal-Besetzung für den edlen Apachen-Häuptling. Schon bald verschmolzen Pierre Brice und seine Rolle zu einer Einheit, die die große integrative Kraft der Karl-May-Filme wurde. Während Lex Barker Old Shatterhand nur verkörperte, war Pierre Brice Winnetou.

Beide Film-Figuren verband, daß sie nicht wie differenzierte Charaktere funktionierten, sondern wie ikonenhafte Chiffren, die ein perfekter Ausdruck der einprägsamen Zeichenhaftigkeit von Harald Reinls Inszenierungsstil waren. Besonders wirkungsvoll waren dabei die von Irms Pauli entworfenen Kostüme; vor allem Lex Barkers Old-Shatterhand-Outfit wirkt wie eine Abstraktion des Westmanns-Anzugs, den Karl May so detailliert beschreibt.[71] Der hellbraune Wildleder-Anzug harmoniert stilvoll mit dem blonden Haar des Schauspielers und verleiht ihm den goldenen Glanz eines Heldendenkmals aus Bronze; der Film-Old-Shatterhand trägt keine Revolver im Gürtel, was die mythischen Kräfte seiner Schmetterfaust unterstreicht. Zu Beginn von ›Der Schatz im Silbersee‹ hängt noch ein Hut am Sattel, doch der kommt bald abhanden, so daß der Film-Old-Shatterhand fortan barhäuptig durch den wilden Westen reitet. Auch trägt er kurzzeitig als Reminiszenz an den literarischen Old Shatterhand einen blonden Vollbart, doch den rasiert er sich in einer Szene demonstrativ ab, um der Figur endgültig das in zeitlos moderner Schönheit strahlende Antlitz von Lex Barker zu geben. Hier wird besonders der Ursprung des Film-Old-Shatterhands in der Old-Firehand-Figur aus ›Der Schatz im Silbersee‹ deutlich, die ja auch mit demonstrativer Bartlosigkeit auftritt.[72]

Quelle für die Ikonographie der Karl-May-Filme war selbstverständlich auch die große Tradition des amerikanischen Western-Films. Der englische Filmhistoriker Allan Eyles attestiert ›Winnetou 1. Teil‹ durchaus eine ›De-Mille-Grandeur‹.[73] Der Filmpionier Cecil B. De Mille hatte in den dreißiger Jahren zwei große Western inszeniert, in denen viele Motive vorkamen, die der Karl-May-Leser auch aus Mays Büchern kennt, ›Union Pacific‹ (1939) und ›The Plainsman‹ (1937, deutscher Titel: ›Der Held der Prärie‹). Die packenden Szenen vom Eisenbahnbau in ›Union Pacific‹ mögen die Produzenten von ›Winnetou 1. Teil‹ dazu angeregt haben, über die Maysche Vorlage hinauszugehen und Sequenzen mit einer Lokomotive in ihren Film einzubauen.

›The Plainsman‹ erzählt in unbekümmerter Geschichtsklitterung von Wild Bill Hickock, seiner Liebe und Calamity Jane und seiner Freundschaft zu Buffalo Bill und General Custer. Dem Karl-May-Kenner bieten die Kostüme von Wild Bill Hickock und Buffalo Bill aufschlußreiche Einblicke in die Ikonographie des werdenden Film-Old-Shatterhands. Das Kostüm des von James Ellison dargestellten Buffalo

Bill ist den historischen Fotos des bekannten Scouts, Büffeljägers und Zirkusdirektors nachempfunden und erinnert mit den hohen Wasserstiefeln an Karl Mays Kostüm, in dem er sich, inspiriert von der gleichen Quelle, in den 1890er Jahren selbst als Old Shatterhand hatte fotografieren lassen. Dennoch wirkt es in dem über vierzig Jahre später entstandenen amerikanischen Western entsetzlich altmodisch.

Von zeitloser Modernität ist dagegen die Darstellung des Wild Bill Hickock durch Gary Cooper. Bereits im Jahr 1932 hatte Siegfried Kracauer diesen amerikanischen Schauspieler in einer Filmkritik zu dem Kriminalfilm ›City Streets‹ (1931, Regie: Rouben Mamoulian, deutscher Titel: ›Straßen der Weltstadt‹) als den »reinste(n) Old Shatterhand« beschrieben. Als einer »der neuen Mannstypen, mit denen Filmamerika uns beschert, gleicht er dem großen Freund Winnetous an sieghaftem Wesen, selbstbewußtem Auftreten, Kühnheit und Listen. (...) Auch darin stimmt sein Ebenbild mit ihm überein, daß er eigentlich nie schießt, um einen Unhold zu töten. Sein Edelmut ist viel zu gewaltig dazu.«[74]

In ›The Plainsman‹ sollte Cooper zu einem ikonographischen Vorläufer für den Film-Old-Shatterhand werden. Als Wild Bill Hickock trägt er ein ähnliches Trapperkostüm wie sein späteres Lichtdouble Lex Barker in der Rolle des deutschen Wildwest-Helden. Über die frappierende Ähnlichkeit von Lex Barker und Gary Cooper erzählte Lilli Palmer, Coopers Partnerin in Fritz Langs ›Cloak and Dagger‹, in ihrer Autobiographie eine kleine Anekdote. »Dort stand Gary Cooper und sah mich an. Ich schielte, heiß unter der Schminke, in seine Richtung, glaubte zu sehen, wie er ein wenig grinste. Jetzt drehte er sich um und lächelte verlegen. Der Regieassistent stellte vor: ›Mister Lex Barker. Mister Barker wird Mister Coopers Rolle in dieser Probeaufnahme spielen!‹«[75]

Ideologisch gesehen verzichteten die Karl-May-Filme nicht nur auf den Nationalismus, der im Sinne des Rooseveltschen ›new deal‹ die beiden Cecil B. DeMille-Filme positiv amerikanisch beseelt, sondern auch auf den der Filmsprache von Fritz Lang. Statt dessen orientierte man sich an den liberalen Indianerfilmen der fünfziger Jahre, die sich bemühten, ein korrekteres Bild der amerikanischen Ureinwohner zu zeichnen als bislang im Western üblich. ›Broken Arrow‹ (1950, Regie: Delmer Daves, deutscher Titel: ›Der gebrochene Pfeil‹) mit James Stewart erzählt von der verbürgten Freundschaft des Scouts Tom Jeffords zu dem Apachen-Häuptling Cochise, die von May-Forschern gelegentlich als historische Quelle für Mays Freundespaar Winnetou und Old Shatterhand angesehen wird. Nicht umsonst hatte der Karl-May-Verlag in den sechziger Jahren die literarische Vorlage von ›Broken Arrow‹, Elliott Arnolds Roman ›Blood Brother‹, unter dem Titel ›Cochise‹/›Blutsbrüder‹ in seine Reihe ›Fahrten und Abenteuer‹ aufgenommen.

Der May-Leser findet viele vertraute Motive in dem Film, etwa die tragisch endende Romanze von Jeffords und Cochises Schwester Sonseeahray, die an die von Old Shatterhand und Nscho-tschi erinnert. Sonseeahray wurde von der Schauspielerin Debra Paget gespielt, die sich damit für die Rolle der Tempeltänzerin Seetha in Fritz Langs Indien-Filmen ›Der Tiger von Eschnapur‹ und ›Das indische Grabmal‹ empfahl.

Cochise-Darsteller Jeff Chandler sollte den Apachen-Häuptling auch in der Quasi-Fortsetzung des Films ›Taza, Son of Cochise‹ (1954, Regie: Douglas Sirk, deutscher Titel: ›Taza, der Sohn des Cochise‹) spielen. Die Rolle des Taza war mit dem jungen Rock Hudson besetzt, in dem Allan Eyles einen Vorläufer von Pierre Brice als Winnetou sah.[76]

Eine weitere wichtige Inspirationsquelle für die Karl-May-Western war der Film ›The Last Hunt‹ (1955, Regie: Richard Brooks, deutsche Titel: ›Die letzte Jagd‹ und ›Satan im Sattel‹) mit Robert Taylor, der sich kritisch mit der Abschlachtung der amerikanischen Büffel auseinandersetzt und in vielem Karl Mays Haltung diesem Problem gegenüber teilt. Für ›Winnetou 1. Teil‹ wurden die Büffel-Aufnahmen direkt aus ›The Last Hunt‹ übernommen, so daß der aufmerksame Zuschauer immer wieder über einen geradezu münchhausianischen Effekt schmunzeln muß. Da legt der finstere Mario Adorf hinter einem Felsen im jugoslawischen Dalmatien das Gewehr an und schießt los, und im fernen Wyoming oder Montana fällt ein Büffel tot um.

Die zweite und wichtigere Übernahme aus ›The Last Hunt‹ war die von Robert Taylors Partner Stewart Granger (6. 5. 1913 – 16. 8. 1993), der in drei Karl-May-Western[77] in der Rolle des Old Surehand Lex Barker als Winnetous weißen Co-Helden ersetzen sollte. Als skrupel-behafteter Büffeljäger ist Granger in ›The Last Hunt‹ so sympathisch und politisch korrekt wie der junge Old Shatterhand bei Karl May. Auch viele andere Rollen, die der gebürtige Engländer in seiner erfolgreichen Hollywood-Karriere spielte, prädestinierten ihn zum Karl-May-Helden. Neben seinen Western-Auftritten war der auch privat ausgezeichnete Schütze z. B. als der Rider-Haggard-Held Quatermain in ›King Solomon's Mines‹ (1950, Regie: Compton Bennett, Andrew Marton, deutscher Titel: ›König Salomons Diamanten‹) überzeugend. Ideal besetzt war er mit der Titelrolle in dem Mantel- und Degen-Film ›Scaramouche‹ (1952, Regie: George Sidney, deutscher Titel: ›Scaramouche, der galante Marquis‹). Mit Fritz Lang drehte er 1954 den Schmugglerfilm ›Moonfleet‹, auf den wir schon zu sprechen gekommen sind.

Obwohl der größere Star und zweifellos der bessere Schauspieler als Lex Barker, hatte Granger nicht die ikonographische Präsenz des Old-Shatterhand-Darstellers. Das mag daran liegen, daß schon der literarische Old Surehand bei weitem nicht die Heldenqualitäten von Old Shatterhand aufweisen kann. Zudem entsprach die von Stewart Granger verkörperte Figur in keiner Weise der Vorlage und wies eine Eigenschaft auf, die die ikonographische Konzeption der Karl-May-Filme zu sprengen drohte: Selbstironie. Im Arsenal der literarischen May-Helden entspricht die Figur, die Stewart Granger als Old Surehand spielt, am ehesten noch dem Emery Bothwell aus ›Satan und Ischariot‹.

Doch bei allen Mängeln und Inkonsequenzen, die einzelne Filme der Karl-May-Serie der sechziger Jahre aufwiesen, stellte sie die früheren Versuche, May-Bücher zu verfilmen, weit in den Schatten. Bereits 1958 hatten Georg Marischka und der spanische Regisseur Ramón Torrado Karl Mays Jugenderzählung ›Die Sklavenkarawane‹ verfilmt; 1959 folgte ›Der Löwe von Babylon‹ von Torrado und Johannes Kai. Beide Filme weisen jedoch nicht die konsequente Filmsprache auf, die die Winnetou-Filmserie auszeichnet.

Es mag an der bereits erwähnten Unfähigkeit der Deutschen in den fünfziger Jahren gelegen haben, deutsche ›action‹-Helden zu kreieren, daß in zwei Filmen auch zwei Kara-Ben-Nemsi-Darsteller ›verschlissen‹ wurden. In ›Die Sklavenkarawane‹ war es der ältliche Viktor Staal, der frisch rasiert und fern der Heimat mit hochgekrempelten Hemdsärmeln vergeblich versuchte, dem deutschen Helden Gestalt zu verleihen. Der jüngere Helmuth Schneider, der die Rolle in ›Der Löwe von Babylon‹ übernahm, kam in seinem durchaus prächtigen Beduinenkostüm Karl Mays Beschreibung des Kara Ben Nemsi zwar ziemlich nahe, doch war er als Vollbartträger in der Entstehungszeit des Films modisch überhaupt nicht ›up to date‹.

Eindeutig ikonographisch chiffriert waren in den beiden Filmen nur die komischen side-kicks des Helden, Georg Thomalla als Hadschi Halef Omar und Theo Lingen als Sir David Lindsay. Lingen spielte übrigens schon die komische Nebenrolle in den Indienfilmen von 1938. Hier ging Karl Mays Typenschilderung mit der Chargen-Besetzung des deutschen Films eine durchaus folgerichtige Einheit ein, ohne daß jene jedoch die Qualitäten der literarischen Vorlagen erreichten.

Die Auswahl der Werke Mays, die die Vorlagen für die beiden Filme lieferten, war nur wenig überzeugend. Mit ›Die Sklavenkarawane‹ wählte man ausgerechnet eine Erzählung, in der der populäre Kara Ben Nemsi gar nicht vorkommt. Das hatte zur Folge, daß das Drehbuch massiv in die Maysche Originalstory eingriff und zusammen mit dem Harems-Motiv aus ›Durch die Wüste‹ auch Kara Ben Nemsi kurzerhand gewaltsam hineinschrieb. Wenn man schon so weit ging, hätte man auch gleich den bekannteren und mythisch wie kommerziell wesentlich eindeutiger dimensionierten Titel ›Durch die Wüste‹ für den Film wählen können.

Anders als die frei erfunden Filmtitel der 60er-Jahre-Serie, die immer auf die Signalwirkung des Namens ›Winnetou‹ bauten, enthielt ›Der Löwe von Babylon‹ überhaupt keine Reizworte mehr aus dem klassischen Titelrepertoire Karl Mays. Der Karl-May-Verlag (KMV) hatte in den fünfziger Jahren für seine Reihe der ›Gesammelten Werke‹ Mays vierbändige Reiseerzählung ›Im Reiche des silbernen Löwen‹ aufgeteilt und gemäß der Entstehungsgeschichte die dem Alterswerk zugehörigen Bände III und IV unter dem Sammeltitel ›Die Schatten des Ahriman‹ als ›Im Reiche des silbernen Löwen‹ und ›Das versteinerte Gebet‹ herausgebracht. Die ersten beiden Bände stutzte man im Sinne der Erstveröffentlichung im ›Deutschen Hausschatz‹ auf den Band 27 ›Bei den Trümmern von Babylon‹ und drei Kurzerzählungen in dem Sammelband 26 ›Der Löwe der Blutrache‹ zurück. Beide Buchtitel waren in den fünfziger Jahren noch sehr jung und hatten noch längst nicht den Wiedererkennungs-Effekt, den klassische Titel wie ›Winnetou‹, ›Durch die Wüste‹ oder auch die KMV-Erfindung ›Unter Geiern‹ haben. Für den Film wählte man nicht einmal einen der beiden neuen Buchtitel, sondern zog sie zu einem noch synthetischeren Titel zusammen. Daß das Kinopublikum kaum eine Karl-May-Assoziation haben konnte, liegt auf der Hand.

Inhaltlich hält sich das Drehbuch von ›Der Löwe von Babylon‹ eng an den Band ›Bei den Trümmern von Babylon‹. Die Höhle mit der überdimensionalen Götzenstatue, die das Hauptquartier der Schmugglerbande bildet, erinnert an eine B-Film-Fassung der Kulissen von Fritz Langs im gleichen Jahr entstandenen Indienfilmen ›Der Tiger von Eschnapur‹ und ›Das indische Grabmal‹, in denen Debra Paget ihren Tempeltanz ausführt.

Schon früh erkannte der Filmhistoriker Joe Hembus, daß ›Der Schatz im Silbersee‹ ein Markstein in der deutschen Filmgeschichte war. Hembus, der 1961 mit seinem polemischen Pamphlet ›Der deutsche Film kann gar nicht besser sein‹ mit ›Papas Kino‹ der Adenauerzeit abgerechnet und dem ›jungen deutschen Film‹, der in dem legendären ›Oberhausener Manifest‹ wurzelte, den Weg gewiesen hatte, behandelte erstaunlicher Weise ausgerechnet die Karl-May-Filme und besonders ihren wichtigsten Regisseur Harald Reinl mit viel Wohlwollen. Am 2. 10. 1963 lobte Hembus in der ›Fuldaer Volkszeitung‹, wie liebevoll Reinl seine Karl-May-Film-Ikonographie gestaltete:

B-Western-Regisseur Reinl (befindet sich) gegenüber seinen Hollywood-Kollegen in einem unschätzbaren Vorteil, als es bisher keine europäische Western-Produktion gab. Der Hollywooder B-Western ist das Produkt einer durchorganisierten Maschinerie, in der alles standardisiert ist (...) Die ›Rialto‹-Produktion [so der Name von Horst Wendlandts Produktionsfirma; P. K.] wirkt dagegen wie die Jungfrau, die sich der ersten Liebe hingibt: ein bißchen unbeholfen vielleicht, aber von leidenschaftlichem Eifer erfüllt. Da wird wochenlang durch Jugoslawien gefahren, bis man die wildeste Landschaft findet, da werden für eine einzige Sequenz ganze Pueblos und Western-Siedlungen gebaut, deren weitere Verwendung man nicht einmal ins Auge faßt, da wird jedes Stück Garderobe extra angefertigt, jedes Requisit sachkundig zurechtgebastelt, und keine Einstellung von Bedeutung wird etwa dem Wirken eines zweiten oder dritten Teams überlassen, sondern möglichst echt und sorgsam erarbeitet.[78]

Später brachte Hembus den filmhistorischen Wert von ›Der Schatz im Silbersee‹ auf eine knappe Formel:»Die größte Stunde des bundesrepublikanischen Films in seiner meist nicht verstandenen und nicht vorhandenen Qualität als Showbusiness, die fruchtbare Vermählung des meistgeliebten Subgenres der deutschen Trivialliteratur mit dem international populärsten Filmgenre.«[79]
Das, was dem ›Schatz im Silbersee‹ einen Platz in der internationalen Filmgeschichte weit über das bundesrepublikanische Segment hinaus zuweist, ist die Tatsache, daß mit dem Film den Amerikanern das Monopol entrissen wurde, allein Western drehen zu können. ›Der Schatz im Silbersee‹ öffnete das Tor für eine europäische Westernkultur, die bewies, daß das Genre in seinem mythischen Gehalt mehr ist als nur der amerikanische Heimatfilm; der Western ist ein universelles Stück Weltfolklore. So gesehen erfüllte Harald Reinl das, was Fritz Lang einst von seinen ›Nibelungen‹ erhoffte:»Gehe hin in alle Welt und lehre die Völker!« Leider konnten die Karl-May-Western, die dem ›Schatz im Silbersee‹ folgten, diese Funktion nicht mehr erfüllen und mußten sie an den Italo-Western abtreten. Bezeichnend war da Sergio Leones ›Für eine Handvoll Dollar‹ (1964, Regie: Sergio Leone), der eine minutiöse Nachahmung von Akira Kurosawas Samurai-Film ›Yojimbo‹ im Western-Milieu war. Ein Italiener inszeniert mit deutschem Geld eine japanische Vorlage als amerikanischen Genrefilm: Nichts könnte die Universalität des Westerns besser definieren.

Nachdem Fritz Lang 1960 seinen letzten Mabuse-Film gedreht hatte, trat er nur noch einmal mit einem Film in Erscheinung, und zwar als Darsteller. Jean-Luc Godard ließ ihn in ›Le Mépris‹ 1963 als den alten Filmregisseur Fritz Lang auftreten, der daran scheitert, im Rahmen der kapitalistisch organisierten Filmindustrie die Odyssee zu verfilmen. Fritz Lang in der Rolle des letzten Homeriden – im deutschen Film sollte Harald Reinl diese Rolle tatsächlich innehaben.

Harald Reinl wußte, in wessen Fußstapfen er getreten war. 1966 zollte er Fritz Lang seinen letzten Tribut und drehte seine Version der ›Nibelungen‹ ganz im Stil seiner Winnetoufilme und vermählte damit in fast rührender Lächerlichkeit die erfolgreichste deutsche Filmserie mit der Kunst des wichtigsten deutschen Filmschöpfers. Doch die verpaßten Gelegenheiten der Filmgeschichte konnten damit nicht rückgängig gemacht werden. Ganz im Gegenteil. Sie wirken um so schmerzlicher.

1 Wim Wenders: Der Tod ist keine Lösung. In: Wim Wenders: Emotion Pictures. Essays und Filmkritiken 1968-1984. Frankfurt a. M. 1986, S. 128
2 Rudolf W. Kipp: Nachwort: Dr. phil. A. Droop. In: A. Droop: Karl May – Eine Analyse seiner Reise-Erzählungen. Reprint der ersten Buchausgabe (1909). Bamberg 1993, S. N11.
3 Ebd.
4 Ebd., S. N12f.

5 Zu den Erscheinungsdaten der ›Gesammelten Werke‹ bis Bd. 50 vgl. das Nachwort zu Karl May's Gesammelte Werke Bd. 48: Das Zauberwasser. Bamberg 1979.
6 Karl May: Der schwarze Mustang. Stuttgart 1899, S. 10
7 Der Film. 5. 4. 1919; zitiert nach Reinhold Keiner: Thea von Harbou und der deutsche Film bis 1933. Hildesheim-Zürich-New York 1984 (²1991), S. 61f.
8 Lotte H. Eisner: Die dämonische Leinwand. Frankfurt ⁴1979, S. 244 – In ihren Memoiren ›Ich hatte einst ein schönes Vaterland‹ (Heidelberg 1984, S. 9f.) bekennt sich die Eisner selbst ausdrücklich zu Karl May.
9 Autobiographie von Fritz Lang. In: Lotte H. Eisner: Fritz Lang. London 1976 (Übersetzung der englischen Originalausgabe), S. 11
10 Fred Gehler/Ullrich Kasten: Fritz Lang. Die Stimme von Metropolis. Berlin 1990, S. 143f.
11 Alle biographischen Angaben nach: Fritz Lang. Hrsg. von Peter W. Jansen und Wolfram Schütte. München 1976, S. 143f.
12 Eisner: Fritz Lang, wie Anm. 9, S. 33
13 Bei folgenden Filmen arbeiteten Fritz Lang als Regisseur und Thea von Harbou als Drehbuchautorin zusammen: ›Das wandernde Bild‹ (1920), ›Die Vier um die Frau‹ (1921), ›Die Sendung des Yogi‹ (1921), ›Der müde Tod‹ (1921), ›Dr. Mabuse, der Spieler‹ (1922), ›Inferno‹ (›Dr. Mabuse‹, 2. Teil, 1922), ›Die Nibelungen: Siegfrieds Tod‹ (1924), ›Die Nibelungen: Kriemhilds Rache‹ (1924), ›Metropolis‹ (1927), ›Spione‹ (1928), ›Frau im Mond‹ (1929), ›M‹ (1931), ›Das Testament des Dr. Mabuse‹ (1932); Angaben nach: Ludwig Maibohm: Fritz Lang. Seine Filme, sein Leben. München 1981.
14 Keiner, wie Anm. 7, S. 71
15 Gehler/Kasten, wie Anm. 10, S. 143
16 Über Hans Eugen d'Alinge siehe Hainer Plaul: »Besserung durch Individualisierung«. Über Karl Mays Aufenthalt im Arbeitshaus zu Zwickau von Juni 1865 bis November 1868. In: Jahrbuch der Karl-May-Gesellschaft (Jb-KMG) 1975. Hamburg 1974, S. 127-99 (190f., Anm. 21).
17 Zit. nach: Old Shatterhand läßt grüßen. Literarische Reverenzen für Karl May. Hrsg. von Christian Heermann. Berlin 1992, S. 168
18 Zit. nach dem Wiederabdruck: Thea von Harbou: Meine erste Liebe. In: Karl-May-Jahrbuch 1927. Radebeul o. J., S. 494ff.
19 Franz Josef Weiszt: Karl May. Der Roman seines Lebens. Böhmisch-Leipa 1940, S. 334 – Vgl. Keiner, wie Anm. 7, S. 172 (Anm. 22).
20 Gehler/Kasten, wie Anm. 10, S. 143
21 Gästebucheintragungen zit. nach: Mitteilungen der ›Arbeitsgemeinschaft Karl-May-Biographie‹. Band 1, S. 181ff. (Archiv-Edition. Hrsg. von Ekkehard Bartsch. Bad Segeberg o. J.)
22 Dokumentiert in Heide Schönemann: Fritz Lang. Filmbilder, Vorbilder. Potsdam 1992
23 Abgedruckt in: Karl May im Film. Eine Bilddokumentation. Hrsg. von Christian Unucka. Dachau 1980 (unpag.)
24 Anonym (Karl May): Der verlorene Sohn. 5 Bde. Dresden o. J. 1908 – siehe auch Hainer Plaul: Illustrierte Karl May Bibliographie. Leipzig 1988, S. 316f. (Nr. 444).
25 Keiner, wie Anm. 7, S. 38
26 Hans Richter: Filmgegner von heute – Filmfreunde von morgen. Mit einem Vorwort von Walter Schobert. Frankfurt ²1981, S. 97
27 Ebd., S. 53
28 Karl May: Ein wohlgemeintes Wort. In: Neuer deutscher Reichsbote. Deutscher Haus- und Geschichts-Kalender 1883. Reprint in: Karl May: Ein wohlgemeintes Wort. Frühe Texte aus dem ›Neuen Deutschen Reichsboten‹ 1872-1886. Lütjenburg 1994, S. 129
29 Karl May: Freuden und Leiden eines Vielgelesenen. In: Deutscher Hausschatz. XXIII. Jg. (1897), S. 2; Reprint in: Karl May: Kleinere Hausschatz-Erzählungen. Hrsg. von Herbert Meier. Hamburg/Regensburg 1982
30 Karl May: Old Shatterhand a. D. In: May: Zauberwasser, wie Anm. 5, S. 490
31 Karl May: Mein Leben und Streben. Freiburg o. J. (1910), S. 228; Reprint Hildesheim-New York 1975. Hrsg. von Hainer Plaul

32 Helmut Schmiedt: Karl May. Leben, Werk und Wirkung. Frankfurt a. M. ³1992, S. 20
33 Karl May: Gesammelte Reiseerzählungen Bd. XXIX: Im Reiche des silbernen Löwen IV. Freiburg 1903, S. 2 u. ö. – Vgl. Hans Wollschläger: Karl May als Leser. In: Karl Mays Werke. Historisch-kritische Ausgabe. Supplemente Bd. 2: Katalog der Bibliothek. Hrsg. von Hermann Wiedenroth und Hans Wollschläger. Bargfeld 1995, S. 125-35 (insbes. 125f.).
34 Fritz Lang: Stilwille im Film. In: Jugend. Heft 3 (1924). Abgedruckt in Gehler/Kasten, wie Anm. 10, S. 161
35 May: Mein Leben und Streben, wie Anm. 31, S. 228
36 Ebd., S. 209
37 Helmut Schmiedt: Handlungsführung und Prosastil. In: Karl-May-Handbuch. Hrsg. von Gert Ueding in Zusammenarbeit mit Reinhard Tschapke. Stuttgart 1987, S. 164
38 Ebd., S. 165
39 Cornelius Schnauber: Fritz Lang in Hollywood. Wien 1986, S. 64f.
40 Diese und weitere Beispiele in Schönemann, wie Anm. 22, S. 34 und 19
41 Keiner, wie Anm. 7, S. 163
42 Heinz Stolte: Der Volksschriftsteller Karl May. Ein Beitrag zur literarischen Volkskunde. Radebeul 1936; Reprint Bamberg 1979
43 Keiner, wie Anm. 7, S. 75
44 Wie Anm. 34
45 Vgl. Peter Krauskopf: Von Männern und Müttern, Türmen und Höhlen. In: die horen. Zeitschrift für Literatur, Kunst und Kritik. 178 (1995), S. 54-80.
46 Ebd., S. 63
47 Z. B. Karl May: Gesammelte Reiseerzählungen Bd. XXVII: Im Reiche des silbernen Löwen II. Freiburg 1898, S. 1-116 (Kapitel ›Beim Turm von Babel‹)
48 Gehalten am 22. März 1912 in Wien; teilweise Wiedergabe in allen Auflagen von: Karl May's Gesammelte Werke Bd. 34: »Ich«. Radebeul bzw. Bamberg 1917ff.; Genaueres über den Vortrag bei: Ekkehard Bartsch: Karl Mays Wiener Rede. Eine Dokumentation. In: Jb-KMG 1970. Hamburg 1970, S. 47-80
49 Gehler/Kasten, wie Anm. 10, S. 131f.
50 Ebd., S. 177
51 Enno Patalas: Kommentierte Filmographie. In: Jansen/Schütte, wie Anm. 11, S. 91
52 Vgl. Karin Bruns: Kinomythen 1920-1945. Die Filmentwürfe der Thea von Harbou. Stuttgart 1995, S. 108; Boguslaw Drewniak: Der Deutsche Film 1938-1945. Düsseldorf 1987, S. 141. – Für eine Reihe von Präzisierungen an dieser und anderen Stellen danke ich vielmals Ruprecht Gammler, Bonn.
53 Patalas, wie Anm. 51, S. 110
54 Ebd., S. 56
55 Eisner: Fritz Lang, wie Anm. 9, S. 206
56 Patalas, wie Anm. 51, S. 120
57 May: Mein Leben und Streben, wie Anm. 31, S. 79
58 May: Im Reiche des silbernen Löwen II, wie Anm. 47, S. 170ff.
59 Vgl. Karl May's Gesammelte Werke Bd. 38: Halbblut. Radebeul 1916; die Originaltexte: May: Der schwarze Mustang, wie Anm. 6, und Karl May: Eine Befreiung. In: Karl May: Die Rose von Kaïrwan. Osnabrück 1894, S. 242-352.
60 Karl May: Christi Blut und Gerechtigkeit. In: Gesammelte Reiseromane Bd. X: Orangen und Datteln. Freiburg 1894, S. 511-44 (ebenso noch im gleichnamigen Band der Radebeuler ›Gesammelten Werke‹)
61 Vgl. Bruns, wie Anm. 52, S. 5.
62 Keiner, wie Anm. 7, S. 165f.
63 Erwin Leiser: »Deutschland erwache!«. Propaganda im Film des Dritten Reiches. Reinbek ²1978, S. 30
64 Vgl. Charles Ford: Leni Riefenstahl. Schauspielerin, Regisseurin und Fotografin. München 1982, S. 137.
65 Vierzehn Filme der Serie waren Western (wenn man auch den Südamerika-Film ›Das Vermächtnis des Inka‹ als Western bezeichnen will), in elf trat Winnetou auf, sieben

Mal an der Seite von Old Shatterhand, drei Mal mit Old Surehand, einmal mit Old Firehand:
1962 ›Der Schatz im Silbersee‹, Regie: Harald Reinl,
1963 ›Winnetou 1. Teil‹, Regie: Harald Reinl,
1963 ›Old Shatterhand‹, Regie: Hugo Fregonese,
1964 ›Der Schut‹, Regie: Robert Siodmak,
1964 ›Winnetou 2. Teil‹, Regie: Harald Reinl,
1964 ›Unter Geiern‹, Regie: Alfred Vohrer,
1965 ›Der Schatz der Azteken‹, Regie: Robert Siodmak,
1965 ›Die Pyramide des Sonnengottes‹, Regie: Robert Siodmak,
1965 ›Der Ölprinz‹, Regie: Harald Philipp,
1965 ›Durchs wilde Kurdistan‹, Regie: Franz Josef Gottlieb,
1965 ›Im Reiche des silbernen Löwen‹, Regie: Franz Josef Gottlieb,
1965 ›Winnetou 3. Teil‹, Regie: Harald Reinl,
1965 ›Old Surehand 1. Teil‹, Regie: Alfred Vohrer,
1965 ›Das Vermächtnis des Inka‹, Regie: Georg Marischka,
1966 ›Winnetou und das Halbblut Apanatschi‹, Regie: Harald Philipp,
1966 ›Winnetou und sein Freund Old Firehand‹, Regie: Alfred Vohrer,
1968 ›Winnetou und Shatterhand im Tal der Toten‹, Regie: Harald Reinl.
66 Im Kapitel ›In der Klemme‹ (Karl May: Der Schatz im Silbersee. Stuttgart 1894, S. 279ff.)
67 Eine Übersicht über die Filme Lex Barkers gibt Manfred Christ: Von Tarzan bis Old Shatterhand. Lex Barker und seine Filme. Tuningen o. J. – Zur Biographie siehe: Arild Rafalzik/Fritz Tauber: Lex Barker. Eine Bild-Biographie. München 1994.
68 ›Im Stahlnetz des Dr. Mabuse‹ und ›Die unsichtbaren Krallen des Dr. Mabuse‹, beide 1961, Regie: Harald Reinl ·
69 Vgl. Peter Krauskopf:»Pferde, Action, Explosionen«. Winnetou auf der Bühne. In: Karl Mays ›Winnetou‹. Studien zu einem Mythos. Hrsg. von Dieter Sudhoff und Hartmut Vollmer. Frankfurt a. M. 1989, S. 430-46.
70 Thomas Winkler: Die Karl-May-Film-Story, o. O., o. J., S. 13
71 Etwa Karl May: Der Sohn des Bärenjägers. Stuttgart 1890, S. 56, und May: Schatz im Silbersee, wie Anm. 66, S. 279f.
72 May: Schatz im Silbersee, wie Anm. 66, S. 10 – Der Bart des Film-Old-Shatterhands taucht nur noch einmal in ›Winnetou 1. Teil‹ auf, allerdings nur, um optisch die Zeitspanne darzustellen, die Old Shatterhand verwundet im Apachen-Pueblo daniederliegt. Doch sobald er in den Old-Shatterhand-Anzug schlüpft, noch vor der blutsbrüderlichen Vereinigung mit Winnetou, ist der Bart wieder ab. In ›Winnetou und das Halbblut Apanatschi‹ hat Lex Barker für eine kurze Szene das Old-Shatterhand-Kostüm gegen einen Anzug aus Stoffhose, Weste und Hemd vertauscht, ein seltsam unmotivierter Verweis auf den Charakter hinter der Ikone.
73 Joe Hembus: Westernlexikon. München 1976, S. 708
74 Siegfried Kracauer: Old Shatterhand unter Gangstern. In: Siegfried Kracauer: Kino. Essays, Studien und Glossen zum Film. Hrsg. von Karsten Witte. Frankfurt a. M. 1974, S. 219
75 Lilli Palmer: Gute Lilli, dickes Kind. Zürich 1974, S. 200
76 Hembus: Westernlexikon, wie Anm. 73, S. 708
77 ›Unter Geiern‹, ›Der Ölprinz‹, ›Old Surehand 1. Teil‹
78 Joe Hembus: Der deutsche Film kann gar nicht besser sein. Ein Pamphlet von gestern. Eine Abrechnung von heute. München 1981, S. 200
79 Hembus: Westernlexikon, wie Anm. 73, S. 520

HELMUT SCHMIEDT

Literaturbericht

Daß es im Umgang mit Karl May nichts gibt, was es nicht gibt: die Feststellung klingt klischeehaft, banal, wenn nicht gar albern, bestätigt sich im einzelnen aber immer wieder auf erstaunliche Weise. Vor dem Berichterstatter liegen drei neuere May-Editionen, die in beträchtlichem Maße kurios wirken: ein Reprint, der am Fuß des Buchrückens das Zeichen eines Verlags aufweist, der mit dieser Veröffentlichung offenbar nichts zu tun hat; der Neudruck eines als bisher ›verschollen‹ etikettierten Romans, den so mancher May-Sammler in Form eines Reprints von 1977 mühelos aus dem Bücherschrank ziehen kann; das ohne jede Detailkommentierung dargebotene Faksimile einer Handschrift, das sich als Teil einer historisch-kritischen Ausgabe anpreist.

Indessen weist jeder dieser Fälle eine besondere Geschichte auf, und es wäre verfehlt, die gesamte Angelegenheit nur als Ärgernis zu verbuchen. Was die zuerst genannte Ausgabe betrifft, so muß man zum besseren Verständnis rund zwei Jahrzehnte zurückblicken: Damals, 1973-75, publizierten der Karl-May-Verlag und der Braunschweiger Verlag A. Graff ansehnliche Reprints der ersten, bei der Union Deutsche Verlagsgesellschaft in Stuttgart erschienenen Buchausgaben jener Erzählungen Mays, die ursprünglich im ›Guten Kameraden‹ veröffentlicht worden waren (Reprints der Zeitschriftenversionen bot später die Karl-May-Gesellschaft). Der als letzter vorgesehene Band der Reihe, ›Der Sohn des Bärenjägers‹, ließ aus unerfindlichen Gründen bis 1995 auf sich warten.[1] Zwar ist der Graff-Verlag an dem Unternehmen nun augenscheinlich nicht mehr beteiligt, aber Büchersammler lieben bekanntlich die Trefflichkeit auch der äußeren Eindrücke, und so wird es die meisten freuen, daß der Buchrücken des ›Bärenjäger‹ analog zu den früheren Bänden gearbeitet ist und auf den ›Karl-May- wie auf den Graff-Verlag verweist. Es wäre allerdings wohl ratsam gewesen, die eigenartige Konstellation für Nicht-Eingeweihte gleich auf den vorderen Blättern zu erläutern.

Der Inhalt des Bandes ist hochwillkommen. Das Buch enthält die Texte des ›Bärenjäger‹ und des ›Geist des Llano estakado‹ – seinerzeit zusammengefaßt unter dem Reihentitel ›Die Helden des Westens‹ – und im Anhang, wie schon der entsprechende Reprint der ›Sklavenkarawane‹, eine Reihe kürzerer Beiträge Mays für den ›Guten Kameraden‹. Ein Nachwort, das eine bessere Strukturierung verdient hätte, informiert über verschiedene Aspekte im Zusammenhang mit diesen Arbeiten Mays, insbesondere über ökonomische und vertragliche Hintergründe, die auch mit Hilfe einiger Briefe und anderer Dokumente erhellt werden. Den Abschluß bildet die Wiedergabe von zwei größeren Textstellen der ›Kamerad‹-Fassung des ›Bärenjäger‹, die für die Buchausgabe gestrichen wurden; zwar wird die Placierung dieser Passagen im ersten ›Kamerad‹-Jahrgang genau nachgewiesen, aber eine Erklärung, an welcher Stelle der hier präsentierten Textversion sie zu denken wären, fehlt leider. Alles in allem mag man den Reprint als einen Nachzügler, auf dessen Erscheinen vielleicht schon nicht mehr zu hoffen war, freudig begrüßen und ihn dennoch mit einem gewissen Kopfschütteln in die Reihe der Vorgänger stellen.

Vorgänger weist auch ›Winnetou und der Scout‹ auf, das schon auf dem Umschlag als erster Buchdruck eines zuvor angeblich verschollenen May-Romans etikettierte Projekt:[2] Unter den Titeln ›Winnetou und der Schwarze Hirsch‹ bzw. ›Winnetou und der Detektiv‹ haben S. C. Augustin und Walter Hansen bereits zu Beginn der 80er Jahre ›unbekannte Geschichten aus dem Wilden Westen‹ und einen ›wiederentdeckten Kriminalroman von Karl May‹ (so die damaligen Anpreisungen) bearbeitet und herausgegeben (vgl. Jahrbuch der Karl-May-Gesellschaft (Jb-KMG) 1983, S. 260; Jb-KMG 1984, S. 263). Verschollen im üblichen Sinne ist jemand bzw. etwas, wenn er/es für tot bzw. verloren gehalten wird. Davon kann in diesem Fall keine Rede sein. Selbst wenn man außer Betracht läßt, daß May später höchstpersönlich die Geschichte um den alten Haudegen Old Death leicht verändert in ›Winnetou II‹ integrierte, ist die Apostrophierung fragwürdig, denn erst vor zwei Jahrzehnten hat die Karl-May-Gesellschaft die Erzählung im Rahmen ihrer ›Hausschatz‹-Reprints wieder zugänglich gemacht.

Der Text als solcher läßt sich ertragreich und mit Vergnügen lesen. Mays Ich-Erzähler verkörpert hier zumindest partiell noch tatsächlich jenes Greenhorn im Wilden Westen, das er in der ›Winnetou II‹-Version mehr oder weniger überzeugend simulieren muß, und so beobachtet man ihn bei allerlei ärgerlichen Mißgeschicken, die später stets nur mit doppeltem Boden daherkommen. Wer autobiographische Implikationen sucht, wird mit der Gestalt eines am Rande des Wahnsinns dahintaumelnden Dichters sowie mit Old Death und seiner dunklen Vergangenheit gut bedient, und die Realhistorie Nordamerikas hat May hier so konkret wie sonst kaum je einbezogen. Leider haben die Herausgeber Mays Text in siebenunddreißig (!) kleine Kapitel unterteilt – eine Analogie zum ästhetischen fast food etwa der Zwei-Sekunden-Szenen in Videoclips, die hoffentlich nicht Schule machen wird. Und wo ist in dieser Ausgabe eigentlich der Ku-Klux-Klan geblieben?

Freude – darüber, daß ein gewichtiger May-Text in immerhin einigermaßen authentischer Gestalt einem breiten Publikum angeboten wird – und Ärger – ob der erwähnten Unerquicklichkeiten – dürften sich vor dieser Edition halbwegs die Waage halten, und ähnlich konträre Reaktionen kann, nein: muß der zweite Supplement-Band der historisch-kritischen May-Ausgabe erlangen:[3] Kein früherer Band der Reihe sollte mit Recht so viel Aufmerksamkeit erlangen wie dieser, und zugleich ist noch keiner den Ansprüchen einer historisch-kritischen Edition so wenig gerecht geworden.

Karl May hat 1903 und 1905 die Bücher seiner Bibliothek mit Schildchen versehen, numeriert und zugleich den Bestand in einem von ihm selbst handschriftlich angefertigten Verzeichnis in siebzehn Hauptgruppen unterteilt und registriert; die einzelnen Titel werden darin nicht bibliographisch exakt erfaßt, sondern nur mit Stichworten und Autornamen versehen: eine Lösung, die den pragmatischen Zwecken des von May selbst so genannten ›Katalogs‹ vollkommen entsprach. Passend zur Neueröffnung der ›Villa Shatterhand‹ am 30. März 1995 – dort kann ja nun erstmals auch Mays Bibliothekszimmer in Augenschein genommen werden – wurde das Verzeichnis publiziert. »Das Faksimile gibt Karl Mays Bibliotheks-Katalog in getreuer Reproduktion der Handschrift wieder; Format und Papier entsprechen dem Original« (S. 135), heißt es in den Erläuterungen: Das Unternehmen atmet also so weit wie möglich den Hauch des Authentischen; selbst eine große Zahl von Blättern, die May schon mit Seitenzahlen versehen, dann aber nicht weiter beschriftet hat, wird in dieser Form verfügbar gemacht. Es leuchtet unmittelbar ein, welche Attraktivität diese Edition für May-Freunde besitzt.

Für jene Interessenten, die der Sache auf den Grund gehen möchten, bietet sie jedoch zu wenig, denn die Stichworte, mit denen May gearbeitet hat, verraten in vielen Fällen nicht, um welche Bücher oder Texte es sich handelt, und auf jede zusätzliche Erläuterung wurde ebenso verzichtet wie auf eine Transkription der – heute sicher nicht mehr für jedermann lesbaren – Handschrift. Wer beispielsweise in der Abteilung ›Philosophie‹ stöbert, stößt zwar bei »Schopenhauer« wenigstens auf die Titelangabe »Parerga und Paralipomena«, unmittelbar davor aber muß er sich mit den Namen »Giordano Bruno«, »Richard Wagner«, »Nietzsche« (S. 57) und den Registerzahlen begnügen – was sich dahinter verbergen? Man erfährt es nicht, und so kann man sich von den Bildungsschätzen, die May im eigenen Haus besaß, nur ein grobes Bild machen; zumindest ist die Heranziehung des – seinerseits nicht gerade über jeden Zweifel erhabenen und hier auch nicht genannten – Verzeichnisses erforderlich, das sich im Karl-May-Jahrbuch (KMJB) 1931 (Radebeul), S. 212ff., findet. Kurz und gut: der Band ist im wesentlichen eher was fürs Herz als legitimes Teilstück einer historisch-kritischen Ausgabe. Da hilft auch nicht das umsichtige Nachwort, das Hans Wollschläger über ›Karl May als Leser‹ beigesteuert und mit einigen allgemeinen Hinweisen zu Bibliothek und Katalog versehen hat, oder die weit in die Zukunft blickende Ankündigung, ein »annotiertes Gesamt-Verzeichnis« des Bibliotheksbestands einschließlich der von May nicht registrierten Titel sei »für den Band IX.1 der Historisch-kritischen Werkausgabe vorgesehen« (S. 135), oder der Umstand, daß der Band nur (?) als ›Supplement‹ daherkommt. Gerade weil man dem Unternehmen einer historisch-kritischen May-Ausgabe allen Erfolg wünschen und den Herausgebern für ihren Mut und ihr Engagement höchsten Respekt zollen muß, ist es erforderlich, auf derartige Unzuträglichkeiten deutlich hinzuweisen.

Erfreulicher steht es um die Fortschritte der Ausgabe im nicht-supplementären Bereich: ›Der verlorne Sohn‹ ist da, jener ›Roman aus der Criminal-Geschichte‹, dessen Handlung unverkennbar in Dresden und der näheren Umgebung zu denken ist.[4] In keinem anderen seiner Werke hat May empirisch-reale Eindrücke und weit ausgreifendes Phantasieren derart unmittelbar verbunden und auf seine Heimat projiziert, nie sonst kam er dem, was man einen Schlüsselroman nennt, so nahe. Aber nicht nur unter diesem Aspekt ist das Werk von Belang, auch zahlreiche andere Gesichtspunkte – von der schon im Titel sich ankündigenden Prägung durch das biblische Motiv über die krasse Darstellung ökonomisch-gesellschaftlicher Mißstände bis zur Adaptation einiger von Sue und Dumas bezogener Muster (vgl. Hans-Jörg Neuschäfers Beitrag in diesem Jahrbuch) – verdienen Aufmerksamkeit und sind zum großen Teil auch schon gründlich kommentiert worden. Um so erstaunlicher ist es, daß gerade dieses Werk in der Fassung der Erstveröffentlichung seit dem Olms-Reprint der frühen siebziger Jahre nicht mehr bzw. nur im Auszug (vgl. Jb-KMG 1994, S. 347 f.) zugänglich war. Die historisch-kritische Edition bietet nun den gesamten Text der Erstausgabe in sechs Bänden, wie üblich ergänzt um einen – diesmal besonders weit ausgreifenden – Editorischen Bericht im Anhang des letzten Bandes.

Der Karl-May-Verlag hat auch die Reihe der ›Gesammelten Werke‹ fortgesetzt. Nachdem zuletzt aus dem Fundus des ›Verlornen Sohns‹ geschöpft wurde, ist jetzt auf die bisher unveröffentlichten Teile des ›Waldröschen‹ zurückgegriffen worden: ›Die Kinder des Herzogs‹ bieten – in bearbeiteter Form – jene Episode um den Herzog Eusebio von Olsunna, der sich die Existenz des nachmaligen Dr. Sternau sowie die Feindschaft der Brüder Cortejo gegenüber den Grafen von Rodriganda verdanken, ferner einige weitere Passagen, deren Handlungsorte die Pariser Unterwelt und Rheinswalden bei Mainz sind.[5] Das Ganze erscheint – darin dem Original nicht in jeder Hinsicht unähnlich – wie ein notdürftig zusammengesetzter Flickenteppich, der mit manchen Einzelteilen durchaus reizvoll wirkt, sei es in den fulminanten Liebesszenen (S. 406: »ihre vollen Lippen schwollen ihm gewährend entgegen«), sei es mit seinen unfreiwillig grotesken Zügen, wie etwa in jener Szene, da »Doktor Karl Sternau« (so die Überschrift des 13. Kapitels, S. 334) über Dutzende von Seiten hinweg ein aristokratisches Publikum in Deutschland mit Wildwest-Kunststücken unterhält, ohne daß sich daraus irgendeine Konsequenz für den Fortgang der Handlung ergäbe. Anerkennung verdient, daß die Bearbeiter einen beträchtlichen Teil der von May verwendeten Fremdwörter beibehalten und in Fußnoten erläutert haben; so kann der geneigte Leser mit Hilfe dieses Bandes z. B. lernen, was »Sylphiden« und »Grisetten« (S. 172) sind.

Zu den ›Abenteuerschriftstellern‹ des 19. Jahrhunderts, die Karl May in hohem Maße beeinflußt haben, gehört Balduin Möllhausen; Andreas Graf hat darüber ausführlich berichtet (vgl. Jb-KMG 1991, S. 324ff.). Wer aber ein eigenes Bild von diesem einstmals so populären Autor gewinnen will, hatte in den letzten Jahren kaum Möglichkeiten, sich mit Hilfe des aktuellen Buchangebots zu informieren, denn Möllhausen spielte darin keine Rolle. Um so erfreulicher ist es, daß jetzt ein von Graf herausgegebenes Taschenbuch erschienen ist, das zehn Wildwesterzählungen Möllhausens enthält, dazu ein Nachwort, eine Zeittafel, Textanmerkungen und einige alte Illustrationen, die z. T. von Möllhausen selbst stammen.[6] Ob der ›deutsche Cooper‹, wie man ihn genannt hat, noch einmal ein größeres Publikum finden wird, steht dahin; sicher aber ist ein solcher Band für alle von Belang, die wissen möchten, auf welches literarische Terrain sich May mit seinen Geschichten aus den ›dark and bloody grounds‹ begab.

Die bibliographischen Bemühungen um May-Veröffentlichungen im deutschsprachigen Raum haben in den letzten Jahren vor allem dank der Arbeiten von Hainer Plaul (vgl. Jb-KMG 1990, S. 332ff.) und Uwe Kahl (vgl. Jb-KMG 1995, S. 382) große Fortschritte gemacht; die beiden Werke decken den Zeitraum bis 1945 ab. Noch etwas weiter greift nun das Verzeichnis aus, das Aiga Klotz im Rahmen ihrer mehrbändigen Bibliographie zur ›Kinder- und Jugendliteratur in Deutschland 1840 – 1950‹ vorlegt; es werden darin, trotz des Titels, teilweise auch noch Editionen aus der Zeit nach 1950 aufgeführt.[7] Erscheinungsjahre und -orte, Neuauflagen, Auflagenhöhen, Herausgeber, Bearbeiter, Illustratoren: über diese und weitere Dinge gibt die Bibliographie so weit wie möglich Auskunft. Das Ganze ist alphabetisch geordnet, konzentriert sich im Gegensatz zu Plaul und Kahl auf selbständig erschienene Titel – von May werden 450 genannt, dazu Klara Mays ›Mit Karl May durch Amerika‹ – und bietet ergänzend einige Übersichtstabellen, die beispielsweise die Erfolgsgeschichte der vier ›Winnetou‹-Bände und eine synoptische Liste der ›Gesammelten Werke‹ von Freiburg über Radebeul bis Bamberg präsentieren. Wenn man bedenkt, daß May nur einer von vielen hundert Autoren ist, mit denen sich Klotz in ihrem voluminösen Unternehmen beschäftigt, wirkt die Fehlerquote, auf die man mit Hilfe von Stichproben schließen kann, erstaunlich gering; z. B. werden der

Bamberger Edition ›Schacht und Hütte‹ einmal »Gesammelte Erzählungen« (S. 171) zugeschrieben, ein anderes Mal erscheint sie als »Sammelband kleinerer Artikel« (S. 173), was beides falsch bzw., für sich allein genommen, unvollständig ist. Insgesamt wirkt das Verzeichnis imponierend und außerordentlich instruktiv; es spricht Bände, wenn selbst der stets gestrenge Kritiker Rudi Schweikert das Urteil »akzeptabel, ja respektabel« fällt (Mitteilungen der Karl-May-Gesellschaft 102/1994, S. 52).

Auch das Genre der romanhaften Darstellungen zu Karl May ist im Berichtszeitraum weiter gepflegt worden: Walter Püschel widmet sich den Berliner Prozessen um Karl May und Rudolf Lebius (1910/11).[8] Der Autor ist aber nicht nur an einer literarischen Rekonstruktion und Deutung empirischer Vorgänge interessiert, sondern verwickelt seinen Helden darüber hinaus in eine Reihe merkwürdiger Abenteuer, bei denen ein gestohlenes Rentier, der Zirkus Sarrasani, die Sozialdemokratie, der Berliner ›Wintergarten‹ – mit Auftritten von Henry Houdini und Otto Reutter, ohne Auftritt der Nackttänzerin Olga Desmond – sowie Egon Erwin Kisch und ein gewisser Bronstein, dessen Kriegsname Leo Trotzki lautet, mehr oder weniger wichtige Rollen spielen. May wird ohne überschwengliche Verehrung, aber mit deutlicher Sympathie gezeichnet; manchmal, z. B. wenn er über die edelmenschlichen Belange eines Kellners spricht (vgl. 107f.), darf man spekulieren, ob sich der Autor Püschel über May oder May über sich selbst lustig macht. Das Ganze ist gewiß weniger subtil geraten als Peter Henischs Schilderung der Begegnung zwischen May und Kafka (vgl. Jb-KMG 1995, S. 371ff.), bietet aber ein insgesamt recht vergnügliches Leseerlebnis.

Als der Berichterstatter in den frühen 80er Jahren daranging, einen Sammelband zur May-Forschung zusammenzustellen, tat er das mit dem stolzen Bewußtsein, in dieser Hinsicht – wenn man von den verschiedenen Jahrbuch-Reihen absieht – so ziemlich als erster aktiv werden zu können. Mittlerweile gibt es ähnliche Bände in großer Zahl, und im Jahr 1995 sind gleich zwei weitere erschienen.

Zunächst sei verwiesen auf das May-Heft der ›horen‹, das noch von dem 1994 verstorbenen Gründer und Herausgeber dieser Zeitschrift, Kurt Morawietz, »auf den Weg gebracht« (S. 7) worden und ihm nun auch gewidmet ist; die einzelnen May-Artikel in früheren ›horen‹-Ausgaben haben eine imponierende Ergänzung gefunden.[9] Gesammelt wurden Abhandlungen sowohl zur Lebensgeschichte als auch zu Werk und Wirkung, wobei der letztgenannte Aspekt und dabei wiederum die May-Rezeption in der DDR dominieren. Im folgenden konzentriere ich mich auf die umfangreicheren Beiträge; der Band bietet darüber hinaus einer Reihe kleiner, z. T. künstlerischer Arbeiten und zahlreiche Zitate prominenter Persönlichkeiten.

Zur Einführung gibt Heiko Postma (S. 13ff.), anknüpfend an ›»Weihnacht!«‹, einen Überblick zur Vita Mays. Walther Ilmer (S. 21ff.) folgt mit Darlegungen zu den empirischen Reisen, die May unternommen hat, und verbindet dies mit Ausblicken auf die seelische Beschaffenheit des Autors, die psychische Funktion, die – wie am Beispiel des ›Kutb‹ erläutert wird – seine Werke für ihn besaßen, und auf die märchenhaften Züge seines Erzählens. Martin Lowsky (S. 37ff.) skizziert, welche Rolle die Mathematik in Mays literarischem Kosmos spielt, indem er sich durch geometrische Figuren anregen ließ und sie zu gewichtigen Textelementen verwandelte: »Keimzellen seines Phantasierens sind eben auch die abstrakten Dreiecke und Vielecke, die sich rasch auf dem Papier entwerfen lassen« (S. 40) und dann beispielsweise in markanten Landschaftsformationen wiederkehren. Rudi Schweikert (S. 45ff.) schildert eine weitere Auswertung des ›Pierer‹: May hat aus diesem Lexikon Zahlen und das Vaterunser in fremden Sprachen bezogen und, zur Verstärkung der Authentizitätssuggestion, in seine Texte integriert. Peter Krauskopf (S. 55ff.) informiert über Türme in Mays Werk und deren autobiographische Implikationen sowie darüber, wie May Bauwerke als Kontrafakturen zu den steingewordenen Zeugnissen wilhelminischer National-Mythologie einsetzt, insbesondere zum Kaiser-Wilhelm-Denkmal der alten Kaiserburg Kyffhäuser. Ralf Schönbach (S. 81ff.) stellt die May-Romanbiographien von Dworczak bis Henisch vor und konzentriert sich dabei, sehr zu Recht, vor allem auf Loest und Kreiner. Ein Beitrag von Hans Wollschläger (S. 104ff.) – der auch in dem weiter unten noch zu erwähnenden Wollschläger-Sammelband auftaucht – protokolliert die Fortsetzung des fiktiven Gesprächs zwischen dem famosen Gunter A. Ösler und den beiden Herausgebern der historisch-kritischen Werkausgabe, wobei es um die sachlichen und ökonomischen Perspektiven dieser Edition geht, aber auch um manches andere, z. B. um »die Entwicklungshinderung der so raren Erscheinung ›Geist‹« (S. 106) und über Mays »Kitsch als Kritik an Geschichte und Realität« (S. 114).

Die übrigen Beiträge widmen sich dem Thema ›Karl May in der DDR‹. Die ›horen‹ bieten dazu keine Bestandsaufnahme, die nur noch von historischem Interesse wäre; vielmehr fällt der Blick in die Vergangenheit nicht nur komplex, sondern auch derart widersprüchlich und provozierend aus, daß über die allgemeinen Aspekte des Themas wie auch über die Rolle einzelner Personen nun erst recht gestritten werden kann: eine Konsequenz, die sich wohl schon mit der Auswahl der Beiträger ankündigte, denn sie alle entstammen selbst der DDR und gehörten auf die eine oder andere Weise zur dortigen ›Karl-May-Szene‹.

Gerhard Henniger (S. 135ff.) und Christian Heermann (S. 143ff.) beziehen sich zu beträchtlichen Teilen auf die gleichen, ins Grundsätzliche gehenden Auseinandersetzungen, die in der SBZ und DDR um Karl May geführt wurden, doch betrachten sie sie unter völlig gegensätzlichen Vorzeichen: Was der erste, Henniger, als »erbittert geführte öffentliche Diskussionen« (S. 135) rubriziert, also als Beleg für eine halbwegs funktionierende demokratische Streitkultur, rechnet der zweite, Heermann, »zahllosen Unsäglichkeiten« (S. 168) zu, hinter denen alles andere als der Wille zur aufrichtigen Auseinandersetzung gestanden habe. Anschließend kommt Erich Loest (S. 171ff.) zu Wort, der über den speziellen Aspekt der Vorgeschichte seines May-Romans berichtet und dabei ausgerechnet Henniger in wenig freundlicher Weise erwähnt. Den allgemeineren Zusammenhängen wiederum widmet sich Klaus Hoffmann (S. 175ff.), und er hebt dabei sein eigenes mutiges und z. T. erfolgreiches Eintreten für eine Rehabilitierung Mays hervor. Just Hoffmann ist dann aber auch der große Bösewicht in Hainer Plauls Beitrag (S. 187ff.), dem umfangreichsten des Bandes: In diesem mit vielen Zitaten aus Dokumenten angereicherten Bericht über ›Die Szene um Karl May als Zielobjekt der Staatssicherheit‹ (Untertitel) fungiert er als mehrjähriger Stasi-Mitarbeiter, dem der eigene Vorteil über jede sonstige Rücksicht gegangen sei; andere Repräsentanten der ›Szene‹ tauchen ebenfalls auf, und der Karl-May-Gesellschaft werden Fehleinschätzungen und ein gravierendes Desinteresse an der Aufhellung des gesamten Komplexes nachgesagt.

Christian Heermann hat kurz nach dem Erscheinen der ›horen‹ gleich auch noch ein ganzes Buch über May und die DDR vorgelegt.[10] Vieles von dem, was die Beiträge der Zeitschrift bringen, kehrt darin notwendig wieder, aber auch noch etliches mehr. Insgesamt ergibt sich – von den Auseinandersetzungen der Frühzeit über die Versuche, den bundesdeutschen Karl-May-Filmen der 60er Jahre ein DDR-spezifisches Genre des ›Indianerfilms‹ gegenüberzustellen, bis zur erstaunlichen Rehabilitierung Mays um 1980 – ein buntes, teilweise groteskes Panorama, das nicht zuletzt auf die kulturgeschichtliche Bedeutung des Faktors Zufall verweist. Die gewaltige Fülle des Materials belegt auch, daß die Forschung im Bereich der DDR bzw. Ostdeutschlands bis heute mit wenigen Ausnahmen streng positivistisch orientiert gewesen ist, d. h. auf die Rekonstruktion von Daten und Fakten, auf biographische und bibliographische Recherchen weit eher setzte als auf die Analyse und Interpretation der Texte Mays; so muß dann Plauls auf ihrem Gebiet in der Tat herausragende Bibliographie »als bedeutendstes Werk der Karl-May-Forschung« (S. 145) gelten. Diese Ausrichtung ist unter den gegebenen Umständen – denkt man an Mays Lebensgeschichte und deren Örtlichkeiten – naheliegend, in ihrer Zuspitzung aber gewiß nicht zwingend.

Im Zusammenhang mit dem Stasi-Thema druckt Heermann einen langen Artikel aus den ›Dresdner Neuesten Nachrichten‹ vom 8. Juli

1993 ab (S. 157ff.), in dem die Angelegenheit erstmals in größerem Rahmen öffentlich behandelt wurde; anschließend führt er eine ähnliche Klage über ›westliche‹ Reaktionen wie Plaul in den ›horen‹ und mahnt eindringlich »ehrliches Aufklären« (S. 168) an. In der Tat mag der Umgang mit dem Stasi-Komplex kein Ruhmesblatt für die Karl-May-Gesellschaft sein (aber wo, gerade im kulturellen Bereich, ist man schon vorbildlich mit diesem Thema umgegangen?). Heermann macht es sich jedoch zu leicht in der Darstellung einer pauschal unzulänglichen Aufarbeitung. Er verschweigt beispielsweise, daß der genannte, anonym veröffentlichte Zeitungsartikel seinerzeit ebenso anonym diversen Mitarbeitern der KMG zugestellt wurde; daß er unter solchen Umständen nicht die intendierte Wirkung erzielte, scheint mir auch heute noch ähnlich plausibel zu sein wie die mutmaßliche Vorstellung der Verfasser und Absender, es müsse rasch etwas geschehen. – Die unangenehme Ahnung, daß ein westlicher Leser die vielfältigen Implikationen all dieser Beiträge erst einmal nur begrenzt verstehen und nachvollziehen kann, wäre hier wie dort vielleicht die grundlegende Voraussetzung zu einem kompetenten Umgang mit dem Thema.

Ähnliche Irritationen weckt ›Karl Mays »Old Surehand«‹ nicht, der neueste Materialienband aus der Werkstatt von Dieter Sudhoff und Hartmut Vollmer.[11] Wie schon in den entsprechenden früheren Unternehmungen zu ›Winnetou‹, zum Orientzyklus und zum ›Silbernen Löwen‹ haben die Herausgeber ältere, aber auch eigens für dieses Buch verfaßte Aufsätze zusammengestellt, auf daß sich eine Dokumentation der Forschungsgeschichte mit Anregungen für die weitere Arbeit verbinde. ›Old Surehand‹ wirkt auf den ersten Blick als ein besonders lohnenswertes Beobachtungsobjekt, denn der Roman verknüpft das traditionelle abenteuerliche Genre mit Tendenzen, die – zumal im dritten Teil – schon recht deutlich auf das Spätwerk verweisen; im Vorwort der Herausgeber wird dieser Aspekt zu Recht hervorgehoben, aber auch betont, daß ›Old Surehand‹ dennoch, wie fast alle Reiseerzählungen Mays, bisher kaum Spezialuntersuchungen auf sich gezogen hat.

Es sind denn auch gerade nur drei früher schon erschienene Aufsätze, die Eingang in den Band fanden: Lorenz Krapps Darlegungen (S. 27ff.) aus dem KMJB 1933, die mit Hilfe der Begriffe »Ritterlichkeit, Ehrfurcht, Gerechtigkeit« (S. 27) das ›sittliche Ideal bei Karl May‹ fixieren und seine Bewährung anhand eines Kriegserlebnisses schildern; Harald Frickes Untersuchung (S. 115ff.) über ›Karl May und die literarische Romantik‹, die – obwohl es wie ein »Treppenwitz der Literaturgeschichte« anmute – zu der These gelangt, May habe mit ›Old Surehand‹ den »großrahmige(n) Roman« geschrieben, den die Romantiker selbst nur » b e s c h r e i b e n , aber nicht s c h r e i b e n (konnten)« (S. 136); Hartmut Vollmers Studie (S. 210ff.) über Old Wabble, vielleicht so etwas wie die heimliche Hauptfigur des ›Surehand‹, als »Porträt des leidenden May auf seinem Weg von der Verirrung zur Erlösung« (S. 213). Zwei weitere Autoren knüpfen mit neuen Beiträgen unmittelbar an eigene frühere Arbeiten an: Hansotto Hatzig (S. 49ff.), indem er ethische Ideale und Erlösungsvorstellungen bei May und Albert Schweitzer vergleicht, und Walther Ilmer (S. 87ff.), der die Unzulänglichkeiten und Fehler in der ›Surehand‹-Fabel – von der Degradierung der Titelfigur zum Stichwortgeber für den Helden bis zu etlichen schwerwiegenden Verstößen gegen die Handlungslogik – mit der psychischen Dynamik konfrontiert, die der Roman entfaltet.

Fünf weitere Aufsätze kommen hinzu. Eckehard Koch (S. 63ff.) vergleicht die geographischen und völkerkundlichen Darlegungen des Romans mit den damaligen realen Gegebenheiten. Jürgen Hahn (S. 140ff.) liest die Landschaftsschilderungen als allegorische Zeichen im Spannungsfeld zwischen der Suche nach »dem ›rechten Wege‹ zur Klarheit« (S. 151) und »reaktionäre(m), ja antidemokratische(m) Charakter« (S. 172). Christoph F. Lorenz (S. 186ff.) prüft, was May an den in ›Surehand II‹ eingelegten, zuvor separat oder in anderem Kontext veröffentlichten Erzählungen verändert hat, und abstrahiert daraus eine Reihe von Bearbeitungsprinzipien. Joachim Biermann (S. 243ff.) legt – unter intensiver Berücksichtigung der autobiographischen Dimension – dar, wie die Beschäftigung mit der Vergangenheit der Figuren zum zentralen, einheitsstiftenden Grundelement des Romans wird, und der thematisch benachbarte Beitrag von Walter Olma (S. 277ff.) zeichnet nach, wie sich die Schicksale zahlreicher Romanfiguren im Spannungsfeld von Schuld und Sühne vollziehen.

Selbstverständlich kann man, wie im Fall der ›horen‹, über viele Einzelheiten der hier ausgebreiteten Argumentationen trefflich streiten, über Frickes These vom ›Surehand‹ als romantischem Roman etwa. Dominierend ist aber der Eindruck einer ausgeprägten Solidität: Die meisten der Problemkomplexe, die bei der Erinnerung an die Romanlektüre mobilisiert werden, finden eine umsichtige und kenntnisreiche Bearbeitung. Erstaunlich ist das nicht, denn wenn man die jüngere wissenschaftliche May-Rezeption überschaut, erkennt man schon am Inhaltsverzeichnis, daß in vielen Fällen ausgewiesene Experten auf ihren Spezialgebieten tätig geworden sind. Wer, zum Beispiel, vermag die historische Realität hinter Mays Phantasien so gründlich zu beleuchten wie Eckehard Koch, wer besitzt einen so scharfen Blick für Inkonsequenzen und Folgewidrigkeiten einer Romanhandlung wie Walther Ilmer?

Bei der Lektüre – wie auch bei der der ›horen‹ – fällt freilich ebenfalls auf, daß neuere Konzepte und Reflexionen der Literaturwissenschaft in der Karl-May-Forschung derzeit keine nennenswerte Rolle spielen; analytische Modelle, die sich mit Begriffen wie Poststrukturalismus, Dekonstruktion und Diskursanalyse andeuten lassen, tauchen selbst in den Arbeiten jüngerer Autoren kaum auf, und so werden Phänomene wie die Schilderung von Old Wabbles Marter und Erlösung traditionsgemäß immer wieder nur hinsichtlich der Instanz des Autors traktiert, von der man in jenen neueren Überlegungen nicht viel wissen will. Man könnte dazu freundlich anmerken, es sei gerade ein Vorzug der May-Forschung, daß sie nicht angestrengt den jeweils neuesten Moden in Feuilleton und Germanistik hinterherhechelt; man kann es aber auch für bedenklich halten, daß die Diskussionen, die seit mehr als zwei Jahrzehnten um den adäquaten Umgang mit Texten geführt werden und die gewiß nicht in jeder Hinsicht ausschließlich töricht sind, zum beträchtlichen Teil keinen Eingang in die Beschäftigung mit May gefunden haben (genauer gesagt: daß sich diejenigen, die den neueren Tendenzen zuneigen, für Karl May offenbar nicht interessieren und daß an den meisten derjenigen, die sich für Karl May interessieren, die Diskussion der letzten Zeit weitgehend spurlos vorübergegangen ist). Wie im Sinne jener Trends sinnvoll und ertragreich zu arbeiten ist, ohne daß der Eindruck modischer Effekthascherei aufkommen kann, zeigt am ehesten Lowskys ›horen‹-Beitrag: Er deutet an, wie der strenge mathematische Diskurs den des ins Freie strebenden Phantasierens und Fabulierens konterkariert und untermustert, und verzichtet dabei auf alle Anbiederungen an den Jargon der literaturwissenschaftlichen Insider. Aber er bildet in dieser Hinsicht eine rare Ausnahme.

Ein Sammelband im weitesten Sinne des Wortes ist auch ›Das Begleitbuch zu den Ausstellungen‹ des Karl-May-Hauses in Hohenstein-Ernstthal.[12] Die Titulierung ›Begleitbuch‹ signalisiert, daß es sich nicht um einen Museumsführer im begrenzten Sinne handelt: Es werden nicht die verschiedenen Räume und Exponate so vorgestellt, wie sie der Besucher beim Gang durch das Haus vorfindet; statt dessen versammelt die Broschüre Beiträge mit übergreifender Konzeption, aus denen sich ergibt, was das Museum im einzelnen zu bieten hat. Im ersten Teil wird über die Geschichte der Geburtsstätte Mays berichtet. Der zweite enthält unter dem Titel ›Die Ausstellung‹ eine Übersicht zu Mays Leben und Werk, über May-Bücher in fremden Sprachen und über die bisherigen Sonderausstellungen des Hauses. Im dritten schließlich werden ältere Karl-May-Forscher des Ortes Hohenstein-Ernstthal, der Wissenschaftliche Beirat Karl-May-Haus und die ›Karl-May-Haus-Informationen‹ vorgestellt. Zahlreiche Abbildungen und eine kurze englische Zusammenfassung des biographischen Teils runden die Publikation ab, die zwar notgedrungen auf die eine oder andere fragwürdige Verkürzung komplexer Sachverhalte zurückgreift – etwa in der Etikettierung von Mays Werken als »Gefühlsliteratur« (S. 32) –, insgesamt aber einen ausgezeichneten Eindruck macht und ihren Absichten in hohem Maße gerecht werden dürfte.

Nicht nur in Karl-May-Sammelbänden sind Karl-May-Beiträge erschienen. Christoph F. Lorenz kommt in einer Zusammenstellung von Aufsätzen zu Abenteuerromanen des 19. Jahrhunderts, die ins Genre des phantastisch-utopischen Romans hinüberspielen, auf ›Scepter und Hammer‹/›Die Juweleninsel‹ zu sprechen, ein Werk, dessen Handlung bekanntlich auf einem gänzlich fiktiven Schauplatz abläuft, »einer Sonderwelt, der May den Namen Norland und Süderland gegeben hat.« (S. 26f.)[13] Diese Begriffe lassen sich ohne weiteres »als Chiffre für Preußen und (...) Bayern deuten« (S. 28), und mit einem solchen Befund verweist Lorenz bereits auf den Umstand, der für seine Überlegungen von zentraler Bedeutung ist: Hinter dem Fernen und Irrealen steckt oft das Einheimische und Bekannte. Bestätigt wird diese These durch Beobachtungen, die die – »durch märchenhafte Endlösungen verklärt(e) und relativiert(e)« (S. 32) – Kritik des Romans an sozialen und politischen Mißständen betreffen, und durch Hinweise zur recht diffusen Schilderung amouröser Beziehungen, von denen kaum eine so »glückhaft und wunderschön verläuft, wie sich das die Leser wohl gewünscht hätten.« (S. 39) Am Ende erscheint der Roman als ein »kühner, utopischer Weltentwurf mit phantastischen Zügen« (S. 43), dem allerdings die Eindringlichkeit und Konsequenz des in diesem Punkt verwandten Spätwerks ›Ardistan und Dschinnistan‹ fehlen.

In den Jahren 1993 und 1994 wurde an der Universität Köln eine Ringvorlesung über ›Klassiker der Kinder- und Jugendliteratur‹ angeboten und in diesem Zusammenhang auch Mays ›Winnetou‹ vorgestellt; die Beiträge liegen nun in einem Sammelband vor.[14] Die Konzeption der Veranstaltungsreihe war verständlicherweise nicht auf die Erarbeitung pointiert-origineller, wissenschaftlich weiterführender Textanalysen angelegt, sondern auf die Vermittlung eines soliden Überblicks, und so ist dann auch der ›Winnetou‹-Beitrag aufgebaut: Otto Brunken informiert über die Wandlungen vom rüden Wilden zur philosophisch-friedlichen Idealgestalt, die die Winnetou-Figur über Jahrzehnte hinweg in diversen May-Texten erfährt, über den Weg Winnetous und Old Shatterhands in ›Winnetou I – III‹, über einige autobiographisch-psychologische Implikationen und über May als Jugendschriftsteller. Das alles wird knapp, verläßlich und unter gründlicher Benutzung der ›Winnetou‹-Materialien von Sudhoff/Vollmer dargeboten.

In einem Sammelband, der aus Anlaß des 60. Geburtstags von Hans Wollschläger erschienen ist, muß selbstverständlich immer wieder von Karl May die Rede sein; ein Aufsatz von Martin Lowsky ist darüber hinaus speziell den May-Arbeiten Wollschlägers gewidmet.[15] In seinen Anmerkungen zu der mittlerweile fast schon legendären Rowohlt-Monographie und einigen thematisch verwandten Essays geht es dem Verfasser insbesondere darum, was Wollschläger – der ja bei manchen Kritikern im Ruf steht, unangenehm ›elitär‹ zu sein – letztlich an May, dem ›Volksschriftsteller‹, interessiert. Nicht um Mays Stellung in der Literaturgeschichte oder um die Orientierung an germanistischen »Einordnungskriterien« (S. 101) gehe es ihm, so lautet der Befund, sondern um das Problem der Kreativität und ihrer künstlerischen Entfaltung und dabei zumal um die Rolle der Dimension Zeit, wobei sich das »Rückwärtsschreiten in die Vergangenheit (...) zugleich als ein überzeitliches Suchen nach der Utopie« (S. 104 und 106) erweise. Des weiteren finden sich einige Informationen über Sachverhalte, die nicht jedem May-Kenner geläufig sein werden, etwa zu dem aus heutiger Sicht unverständlichen Umgang des Rowohlt-Verlags mit Wollschlägers bahnbrechender Monographie.

Auf einen speziellen Aspekt der Verbreitungsgeschichte des Mayschen Werkes konzentriert sich ein weiterer Aufsatz von Andreas Graf: auf Mays Beziehungen zu dem Stuttgarter Verleger Hermann Schönlein bzw. insbesondere auf dessen ›Illustrirtes Unterhaltungs-Blatt‹ und die Erzählung ›Der Dukatenhof‹.[16] Das ›Unterhaltungs-Blatt‹ erschien als Wochenend- oder Sonntagsbeilage zu diversen lokalen Tages- und Wochenblättern; Graf hat anderthalb Dutzend Parallelausgaben entdeckt. Wenn man mit guten Gründen unterstellt, Schönleins Blatt sei auch noch vielen anderen lokalen Zeitungen beigegeben worden, und die in der Forschung üblichen Leserzahlen je Exemplar zugrunde legt, gelangt man für den darin abgedruckten ›Dukatenhof‹ zu einer Leserzahl »zwischen 225 000 und 1 800 000« (S. B 107) – May hat auf wenig spektakuläre Weise offenbar auch schon mit seinem Frühwerk ein Massenpublikum erreicht.

Ein vielbeachtetes Thema bleibt die Beziehung Arno Schmidts zu Karl May. In einem Aufsatz für den ›Zettelkasten‹ untersucht Rudi Schweikert an Beispielen, mit welchen »Taktiken und Praktiken« (S. 134) der ›Sitara‹-Autor seine Leser von Anfang an zu lenken versucht: Schmidts Argumentation sei nicht »rational auslegend«, sondern »nur emotional und irrational-assoziierend« (S. 139) und schrecke auch vor groben Manipulationen nicht zurück.[17] In einem Beitrag für den ›Bargfelder Boten‹ befaßt sich derselbe Autor mit der – von Schmidt zwar grundsätzlich anerkannten, aber heruntergespielten – Rolle, die Paul Elbogen bei der Entwicklung der These von Mays Homosexualität gespielt hat.[18] Elbogens einschlägiger kurzer Aufsatz von 1936 wird hier erstmals wieder vorgelegt; in ihm ist eher von bi- als von homosexuellen Reizen in Mays Werk die Rede. Just demselben Thema in demselben Heft widmet auch Guido Graf Aufmerksamkeit.[19] Die besondere Akzentuierung dieses Beitrags ergibt sich daraus, daß der Verfasser den Briefwechsel zwischen Schmidt und Wollschläger auswertet, soweit er Elbogen und die ›Sitara‹-Thesen betrifft.

Nachdem sich in früheren Jahren vor allem May-Verehrer ablehnend mit Arno Schmidts eigenwilliger ›Sitara‹-Studie auseinandergesetzt haben, verstärkt sich nun offenbar auch bei Kommentatoren, die alles andere als Verächter Schmidts sind, eine Tendenz, die elementaren Schwächen des Buches und auch die unsympathischen Züge seines Autors deutlich zu betonen; Schweikert etwa sinnt im ›Zettelkasten‹ nicht nur beiläufig darüber nach, was Schmidt zu den wenig erfreulichen Seiten seines Arbeitens über May veranlaßt haben könnte. Über alldem wird man freilich nicht vergessen dürfen, was mittlerweile viele Kommentatoren bestätigt haben: daß ›Sitara‹ – entgegen den Äußerungen seines Verfassers – eher als literarisches Werk, als poetisch-poetologische Selbstreflexion denn als wissenschaftlich orientierte Analyse zu lesen ist. Mag das alles zunächst einmal eher ein Thema für die Schmidt-Forscher sein, so fällt doch auch immer etwas in bezug auf den Komplex May im engeren Sinne ab, wiederum im ›Zettelkasten‹ z. B. die These, bei May sei eine deutliche »Affinität zu Phänomenen aus dem Bereich des Schamanentums« (S. 175) festzustellen.

Abgesehen von Christian Heermanns Buch sind umfassend angelegte Mono- oder Biographien diesmal nicht zu verzeichnen, wohl aber noch zwei selbständig erschienene Publikationen von geringem Umfang. An vornehmer Stelle, in der von der Deutschen Schillergesellschaft verantworteten Reihe ›Spuren‹, hat Martin Lowsky einen mit ansehnlichen Bildbeigaben ausgestatteten Aufsatz über Mays vierzehntägigen Aufenthalt in Kirchheim unter Teck (1898) veröffentlicht.[20] Der Besuch von Emma und Karl May galt dem Ehepaar Weise, alten Bekannten aus der sächsischen Heimat, die inzwischen in jenem württembergischen Ort wohnten; Max Weise »war einer der angesehensten Unternehmer der Stadt.« (S. 6) Lowsky informiert über die biographischen Zusammenhänge und darüber, daß May während des Aufenthalts an ›Am Jenseits‹ arbeitete; er skizziert die Bedeutung des Romans in Mays Gesamtwerk und weist auf einige literarische Spuren der Erfahrungen in Kirchheim hin.

Des weiteren ist eine kleine Schrift über Sascha Schneider erschienen.[21] Daß ausgerechnet der Karl-May-Verlag sie vorlegt, ist bezeichnend, denn der Maler ist heute wohl in erster Linie ob seiner Beziehungen zu May bekannt. Röders Abhandlung, die durch zahlreiche Reproduktionen von Werken Schneiders ergänzt wird, macht allerdings auch sichtbar, daß man ihn nicht auf den ›Maler für Karl May‹ reduzieren kann, von dem der Untertitel spricht; der Umgang mit dem Schriftsteller bildete nicht mehr als eine – wenn auch herausragende – Episode in seinem Leben, seiner Arbeit und seiner Karriere. Für die May-Forschung bleibt Schneider, wie immer man seine Werke heute beurteilen mag, die bedeutendste Persönlichkeit aus dem Bereich der Kunst, mit der May je enger zu tun hatte.

Der Vollständigkeit halber, aber aus naheliegenden Gründen ohne jegliche Kommentierung seien noch vier weitere Publikationen genannt:

- ein Reprint von vierzehn Streitschriften pro und contra May aus den Jahren 1898-1912.[22] Der Band stellt eine umfassend erweiterte Neuauflage des seit langem vergriffenen Materialienbandes ›Schriften zu Karl May‹ dar, der lediglich die apologetischen Arbeiten von Max Dittrich (1904), Heinrich Wagner (1907) und Franz Weigl (1908) enthielt. Hervorzuheben ist, daß jetzt in zwei Fällen Reprintvorlagen benutzt werden konnten, die Anmerkungen und Anstreichungen von der Hand Karl Mays aufweisen;
- ein Zusammendruck der Namens- und Begriffsregister zu Mays Reiseerzählungen, die Hansotto Hatzig erarbeitet hat.[23] Was einst nur in mehreren Sonderheften vorlag, findet sich nun also auch in einem einzigen, 420 Seiten starken Band;
- das erste Heft der ›Karl-May-Autographika‹.[24] Die Reihe dient dazu, die erhalten gebliebenen handschriftlichen Dokumente Mays (und bis 1912 auch die seiner Ehefrauen) in Kopien der Originale und Transkriptionen zugänglich zu machen.

In all diesen Fällen handelt es sich um Veröffentlichungen der Karl-May-Gesellschaft;
- ein Buch des Berichterstatters über Beziehungen zwischen der populären Kultur und der ›Hochliteratur‹, in dem May eine bedeutende Rolle spielt.[25]

1 Karl May: Der Sohn des Bärenjägers. Reprint der ersten Buchausgabe Stuttgart 1890. Hrsg. von Lothar Schmid. Bamberg 1995
2 Karl May: Winnetou und der Scout. Hrsg. und bearbeitet von S. C. Augustin und Walter Hansen. München 1995
3 Karl Mays Werke. Historisch-kritische Ausgabe. Supplemente Bd. 2: Katalog der Bibliothek. Hrsg. von Hermann Wiedenroth und Hans Wollschläger. Bargfeld 1995
4 Karl Mays Werke. Historisch-kritische Ausgabe. Abt. II Bd. 14-19: Der verlorne Sohn. Hrsg. von Hermann Wiedenroth und Hans Wollschläger. Bargfeld 1995f.
5 Karl May's Gesammelte Werke Bd. 77: Die Kinder des Herzogs. Bamberg 1995
6 Balduin Möllhausen: Geschichten aus dem Wilden Westen. Hrsg. von Andreas Graf. München 1995
7 Aiga Klotz: May, Karl. In: Kinder- und Jugendliteratur in Deutschland 1840-1950. Gesamtverzeichnis der Veröffentlichungen in deutscher Sprache. Bd. III (L-Q). Stuttgart/Weimar 1994, S. 155-81
8 Walter Püschel: Old Shatterhand in Moabit. Ein Karl-May-Roman. Berlin 1994
9 die horen. Zeitschrift für Literatur, Kunst und Kritik. 40. Jg. (1995)
10 Christian Heermann: Old Shatterhand ritt nicht im Auftrag der Arbeiterklasse. Warum war Karl May in SBZ und DDR »verboten«? Dessau 1995
11 Karl Mays »Old Surehand«. Hrsg. von Dieter Sudhoff und Hartmut Vollmer. Paderborn 1995
12 Karl-May-Haus Hohenstein-Ernstthal. Das Begleitbuch zu den Ausstellungen. o. O. o. J. (Hohenstein-Ernstthal 1995)
13 Christoph F. Lorenz: Die Kunst des Abenteuers. Karl Mays abenteuerliche Planspiele in ›Scepter und Hammer‹/›Die Juweleninsel‹ (1879-1882). In: Kunst-Stücke. Kritische Wanderungen durch die abenteuerlich-phantastische Literatur des 19. und 20. Jahrhunderts. Essen 1994, S. 23-46
14 Otto Brunken: Der rote Edelmensch. Karl Mays ›Winnetou‹. In: Klassiker der

Kinder- und Jugendliteratur. Hrsg. von Bettina Hurrelmann. Frankfurt a. M. 1995, S. 293-318
15 Martin Lowsky: Der Dichter und die Kreativität. Hans Wollschlägers Arbeiten über Karl May. In: Hans Wollschläger. Hrsg. von Rudi Schweikert. Eggingen 1995, S. 97-111
16 Andreas Graf: Hermann Schönleins ›Illustrirtes Unterhaltungs-Blatt‹ und Karl Mays ›Dukatenhof‹. In: Buchhandelsgeschichte. Aufsätze, Rezensionen und Berichte zur Geschichte des Buchwesens 1995/3. Hrsg. von der Historischen Kommission des Börsenvereins des Deutschen Buchhandels (1995), S. B100-B107
17 Rudi Schweikert: Was schmiedst du, Schmidt? Persuasive Strategien zu Beginn des ersten Teils von Arno Schmidts ›Sitara und der Weg dorthin‹, zu ihrem sowie zum Hintergrund von Karl Mays ›Geisterschmiede‹- und Sitara-Schilderungen. In: Zettelkasten 13. Aufsätze und Arbeiten zum Werk Arno Schmidts. Jahrbuch der Gesellschaft der Arno-Schmidt-Leser 1994. Hrsg. von Rolf Lettner-Zimsäckerl. Frankfurt a. M./Wiesenbach 1994, S. 133-77
18 Rudi Schweikert: Aus Arno Schmidts Bildergalerie (V): Den El(l)bogen einsetzen. Wie sich Arno Schmidts »inneres Bild« von Karl May veränderte. In: Bargfelder Bote. Materialien zum Werk Arno Schmidts, Lieferung 194-196 (1995), S. 3-20
19 Guido Graf: Elbogen/Schmidt. Ein Brief, sein Schreiber und ›Sitara‹. In: ebd. S. 20-39
20 Martin Lowsky: » ... nach dem einsamen Orte geflohen ...« Karl May zu Besuch in Kirchheim unter Teck (Spuren 32). Hrsg. von Ulrich Ott, Friedrich Pfäfflin und Thomas Scheuffelen. Marbach 1995
21 Hans-Gerd Röder: Sascha Schneider. Ein Maler für Karl May. Jubiläumsausgabe zum 125. Geburtstag des Malers. Bamberg 1995
22 Siegfried Augustin [Hrsg.]: Für und wider Karl May. Aus des Dichters schwersten Jahren. Materialien zur Karl-May-Forschung Bd. 16. Ubstadt 1995
23 Hansotto Hatzig: Register zu Karl Mays Reiseerzählungen. Mit Anmerkungen und Zitaten. Materialien zur Karl-May-Forschung, Bd. 17. Ubstadt 1995
24 Karl-May-Autographika, Heft 1 (1995). Materialien aus dem Autographenarchiv der Karl-May-Gesellschaft. Hrsg. von Volker Griese
25 Helmut Schmiedt: Ringo in Weimar. Begegnungen zwischen Hochliteratur und Popularkultur. Würzburg 1996

ANATOLI N. BATALOW / JOKÜBAS SKLIUTAUSKAS

Berichte zur Rezeption Karl Mays in Osteuropa

Auf der 13. Tagung der Karl-May-Gesellschaft in Bad Segeberg berichteten zwei engagierte May-Freunde und Mitglieder der KMG über die Rezeption Karl Mays in ihren Ländern und besonders in ihrem persönlichen Wirkungskreis. Wir bringen nachstehend die von großer May-Begeisterung zeugenden Reden.

Die Redaktion

Karl May in Rußland
von Anatoli N. Batalow*

Sehr geehrte Damen und Herren!
Das Thema ›Karl May in Rußland‹ ist umfangreich und bildet ein großes Betätigungsfeld für die Forschung. Es geht dabei um alle Aspekte des Verhältnisses Karl Mays zu Rußland, sowohl um die russischen Ausgaben seiner Bücher als auch um die Frage, wie tief seine Kenntnisse über Rußland waren, und um die russische Wirklichkeit im 19. Jahrhundert. Einige interessante Problemkreise sind dabei ›Karl May und sein erster russischer Verleger Iwan Sytin‹, ›Karl May und seine russischen Verehrer‹, ›Karl May und junge russische Leser‹ und ›Die Spuren Karl Mays in Sibirien‹. In Anbetracht der knappen Zeit kann ich nur einige Punkte aus dieser Thematik ansprechen. Die überraschenden Entdeckungen und das wichtige Material warten noch auf die Forscher und die Verehrer Karl Mays.

Ich möchte Ihnen versichern – und ich tue dies mit großer Freude –, daß Karl May und seine Bücher zur Zeit ihre zweite Geburt in Rußland erleben. Dies geschieht in dem Lande, das die ersten zaghaften Schritte auf dem Weg zur Demokratie und zu den Wirtschaftsreformen macht. Die Gesellschaft erneuert sich, doch es gibt viele Widersprüche im Alltagsleben. Die Freiheit des Denkens setzt sich durch, die Menschen legen allmählich ihre Furcht ab und ergreifen die Gelegenheit, ihre Begabungen zu entwickeln. Jetzt hat man viele Möglichkeiten, die Bücher der einst totgeschwiegenen westlichen Schriftsteller, u. a. die Romane Karl Mays, kennenzulernen. Es war früher sehr schwer, diese Bücher in Büchereien zu finden. Die seltenen Exemplare waren nur in den privaten Sammlungen oder in den privaten Bibliotheken vorhanden. Die

* Vortrag, gehalten am 12. 10. 1995 auf der 13. Tagung der Karl-May-Gesellschaft in Bad Segeberg.

Gründe dafür waren der Antihumanismus der damaligen Gesellschaft und das Mißtrauen der Führung gegenüber den westlichen Schriftstellern und der westlichen Literatur, gegenüber den westlichen geistigen Werten. Doch gab es bei den russischen Lesern heimlich ein großes Interesse, ja eine große Verehrung für Karl May. Sie bewahrten Mays Werke in ihrem Gedächtnis.

Jetzt erhalten die Verlage in Rußland die wirkliche Freiheit des Publizierens; sie agieren frei und ohne ideologische Beschränkungen oder Verbote. Nach eigenem Ermessen veröffentlichen sie die Werke der westlichen Schriftsteller. Der Markt mit seinen Regeln ist die Grundlage des Verlagswesens in Rußland, wo man nun die besten Bücher und die besten Autoren Europas auswählt. Zum Glück steht Karl May in dieser Reihe der besten Schriftsteller. Laut der ›Chronik 1993‹ der Bücherkammer Rußlands (einer staatlichen Stiftung in Moskau, die alljährlich die in Rußland herausgegebenen Bücher erfaßt) wachsen die Auflagen von Karl Mays Werken ständig und vor allem in den letzten drei Jahren. Im Jahre 1993 stieg die Auflagenhöhe von Mays Büchern auf Russisch auf 800 000 Exemplare. Es gab insgesamt neun Titel. Jedes Buch erschien in 100 000 Exemplaren in der Redaktions- und Betriebs-Agentur ›Olymp‹, Moskau; die Reihe nennt sich ›Romane von Karl May‹ und enthält die ›Winnetou‹-Trilogie und ein Sammelwerk ›Im Wilden Westen‹. Die Ausgabe ist im Text gekürzt, enthält keine Bilder und ist in Ganzleinen. Außerdem erschien eine einbändige Ausgabe ›Winnetou, der Häuptling der Apatschen‹ (Auflage 100 000) in der Reihe ›Bibliothek der Super-Abenteuer‹ in der Aktiengesellschaft ›Lakar‹ in Moskau. Ferner gab der Verlag ›Körperkultur und Sport‹ in Moskau in der Reihe ›Der goldene Käfer‹ das Buch ›Unter Geiern‹ heraus (Auflage 100 000; neuer Titel: ›Im Wilden Westen‹).

Im Jahre 1994 erschienen (laut der ›Chronik 1994‹) folgende Bücher von May: ›Der Schatz im Silbersee‹, die ›Winnetou‹-Trilogie, ›Durch die Wüste‹, ›Old Surehand‹. Die Auflagenhöhe betrug 820 000 Exemplare. Die Qualität der Ausgaben verbesserte sich, und die meisten Bücher erhielten einen illustrierten Umschlag. In diesem Jahr erhöhte sich Mays Bekanntheitsgrad, und zwar in allen Gebieten Rußlands. Russische Ausgaben erschienen nicht nur in Moskau, sondern auch in Sankt Petersburg und Ekaterinburg. Die Zahl der Editionen betrug zwölf, insgesamt fünf Verlage waren hier tätig. Diese Zahlen bezeugen das Interesse der russischen Verleger, das auf Marktforschungen basiert. Was die Stadt Kirow, meinen Wohnort, betrifft, so werden Karl Mays Bücher hier gut verkauft. Man fragt oft nach ihnen in den Buchhandlungen und Bibliotheken. Dies haben sieben Leiter der Kirower Buchhandlungen und Bibliotheken in ihren Antworten für unseren Zirkel bestätigt. Die Leser in Kirow, alte und junge, haben die Gelegenheit, Mays Romane und Erzählungen zu lesen. Dieses lebendige Interesse ist stabil.

Die Geographie der Erscheinungsorte von May-Ausgaben erweitert sich von Moskau aus bis zum Fernen Osten. Karl Mays Romane erscheinen in Moskau (Verlag ›Republik‹), in St. Petersburg (Verlag ›Lyzeum‹), in Ekaterinburg (Verlag ›Mittel-Ural‹). Es handelt sich um folgende Werke: ›Der Schatz im Silbersee‹, ›Durch die Wüste‹, ›Old Surehand‹, ›Winnetou‹ (Teile I, II und III).

May-Ausgaben in Russisch standen in der ersten Reihe der Übersetzungen aus dem Deutschen am Ende des neunzehnten Jahrhunderts. Wie die Leser des ›Jahrbuchs der Karl-May-Gesellschaft‹ (1990, S. 147ff.) wissen, veröffentlichte der berühmte russische Verleger Iwan Sytin 1891 eine Erzählung Karl Mays – es handelt sich um den Anfang von ›Durch die Wüste‹ – als Beilage zu der Zeitschrift ›Um die Welt‹ (›Vokrug sveta‹). Es war die tiefe Bekanntschaft der Leser Rußlands mit dem Werk Karl Mays. Sytin ließ weitere Werke folgen; interessiert waren von Anfang an die gebildeten Leute, die Fachleute und die Intelligenz, die die deutsche Sprache beherrschten. Es wurde ein steiler Aufstieg für die Auflage der Zeitschrift ›Um die Welt‹ (gegründet 1861), die die älteste russische Zeitschrift für Abenteuer, Reise und Phantastik ist. Die Zahl der Abonnenten wuchs von 4500 auf 12000. Und Karl Mays Romane und Erzählungen spielten eine große Rolle in der Popularität der Zeitschrift ›Um die Welt‹. Die Helden der Erzählungen – Winnetou, Old Shatterhand, Kara Ben Nemsi – gefielen den Lesern durch ihre Tapferkeit und ihren Edelmut.

Im Jahre 1993 – nach 100 Jahren – legen die Redaktion der Zeitschrift ›Um die Welt‹ und das gleichnamige Moskauer Verlagshaus in Zusammenarbeit mit der Aktiengesellschaft ›Priboj‹ Mays Werke neu auf (›Vokrug sveta‹ 7/1995). Die Tradition lebt weiter. Folgende Werke erschienen hier: ›Durch die Wüste‹ (mit einem Vorwort von Hans-Dieter Steinmetz), die ›Winnetou‹-Trilogie, ›Old Surehand‹, ›Der Schatz im Silbersee‹, ›Der Geist des Llano estacado‹, ›Das Vermächtnis des Inka‹, ›Durchs wilde Kurdistan‹, ›Kapitän Kaiman‹, ›Die Sklavenkarawane‹, ›Der Sohn des Bärenjägers‹. Die Gesamtauflage beträgt 395 000 Exemplare.

Die Zeitschrift ›Um die Welt‹ schrieb in der Juli-Ausgabe 1995 über ihre Publikationsabsichten und machte Angaben über die Handlungen und die Helden Mayscher Romane. Die Nachfolger Iwan Syrtins planen weitere Ausgaben in Russisch. Man will Romane und Erzählungen übersetzen, die dem russischen Leser noch unbekannt sind, u. a. ›Pandur und Grenadier‹, ›Der Waldläufer‹, ›Schloß Wildauen‹, ›Im Sonnentau‹, ›Die Fastnachtsnarren‹. Dieses Jahr erschienen in der Reihe ›Bibliothek Um die Welt‹ die hier wenig bekannnten Romane ›Unter Geiern‹, ›Kapitän Kaiman‹, ›Durchs wilde Kurdistan‹.

Ebenfalls dieses Jahr erschienen die Werke von Karl May zum ersten Mal im fernen Sibirien. In der Stadt Tumen, der Ölhauptstadt Rußlands, gab der Verlag ›Tumen‹ in der Reihe ›Indiana‹ Romane heraus, in denen Winnetou auftritt. Die Auflage besteht aus 150 000 Exemplaren. Das war ein Ereignis für die sibirischen Leser und vor allem für die deutsch-russische Kolonie, die versucht, ihre Bräuche und ihre Sprache zu erhalten. Die Gesamtauflage von Karl Mays Werken in diesem Jahr beträgt (laut der ›Chronik 1995‹) 265 000 Exemplare.

Es gibt einige Probleme mit der Verbreitung der Bücher in die entlegenen Gebiete Rußlands – in den Fernen Osten, den Norden, nach Sibirien und in den Nord-Kaukasus – infolge der politischen Instabilität, der Entfernung vom Zentrum des Landes, der unsicheren Verbindung und des Fehlens objektiver Information über die Märkte dieser Gebiete. Doch Karl Mays Werk ist präsent, jedenfalls in den großen Städten – weniger in den kleinen, den abseits gelegenen. Allmählich ändert sich die Situation, auch aufgrund von Pressemeldungen über Mays Bücher.

Man schwieg über Karl May und seine Werke etwa achtzig Jahre lang in Rußland und in der ehemaligen Sowjetunion, und zwar aus ideologischen und politischen Gründen. Man übersetzte seine Werke nicht. Die offizielle kommunistische Ideologie lehnte die berühmten deutschen Schriftsteller ab. Sie ignorierte auch Karl May. Karl May wurde nicht genannt in der ›Großen Enzyklopädie‹ und der ›Kleinen Enzyklopädie‹ der Sowjetunion und selbst nicht in der ›Literaturenzyklopädie‹.

Warum kam es bei der ideologischen Führung der kommunistischen Partei zu dieser Verachtung Karl Mays? Nach der Meinung der Mitglieder unseres Zirkels gab es dafür drei Gründe:

Erstens: Die Helden Karl Mays mit ihrer ›kleinbürgerlichen Moral‹, fern einem ›Klassen-Denken‹, entsprachen nicht dem Musterbild der Lehren des Kommunismus. Sie ließen sich nicht in die Schranken des Klassenkampfes einordnen. War Winnetou ein Arbeiter oder ein Bauer? Und Old Shatterhand? Kara Ben Nemsi?

Zweitens: Karl Mays literarische Helden sind die Verkörperung der geistigen Freiheit des Menschen. Sie handeln aus eigener Initiative, in vollem Bewußtsein der Pflicht, ohne Weisungen von irgend jemandem. Sie alle lieben die Freiheit, die Freiheit ist das A und O ihres Lebens.

Drittens: Es fehlte Information über Mays Schaffen, was zu Unverständnis führte. Man wußte nichts von Mays humanistischen und Antikriegs-Erzählungen. So ergaben sich entstellte Beschreibungen Karl Mays und seines Werkes.

Was die Übersetzungen von Mays Werken ins Russische betrifft, so gibt es verschiedene Ansichten. In Rußland tritt eine Gruppe junger Übersetzer hervor, die eigenen Stil und eigene Vorstellungen haben. Ihnen geht es um eine ›künstlerische Übersetzung‹. Ihr Schaffen ist mit Wortklauberei und Redeschwall unvereinbar. Die jungen Übersetzer W. Fadejew, G. Sneshinskaja (beide aus St. Petersburg), B. Dawydowa, B. Nishnik, M. Kukuschnik (alle aus Moskau) ermöglichen dem Leser

mit der künstlerischen Genauigkeit ihrer Übersetzung, in die Welt der Gedanken und Stimmungen des Schriftstellers einzutreten; sie machen Karl Mays Schreibart anschaulich und verständlich. Die Wahrheitsliebe in der Wiedergabe von Mays Texten ist das Wichtigste in ihren Bemühungen.
Die frühen Übersetzungen aus dem Ende des 19. und dem Anfang des 20. Jahrhunderts sind schon veraltet. Die jungen Übersetzer suchen nach eigenständigen Lösungen und erzielen schon einige Erfolge. Die Mitglieder unseres Zirkels meinen, man müsse das gesamte Werk Mays gründlich studieren. Leider haben wir in Kirow nicht alle Werke Mays zur Hand. Einige Unexaktheiten und Fehler in den Übersetzungen können jedoch nicht die Farbigkeit und die Tiefe von Mays Schaffen verdecken. Wir finden, daß die Qualität der Übersetzungen ausreichend ist. Mit diesem noch nicht erschlossenen Forschungsfeld beginnen sich die Studenten der Germanistik an der Pädagogischen Universität zu Kirow zu befassen. Sie studieren die Texte von Karl May, vergleichen die Übersetzungen mit den Originalen und machen Analysen. Mays Sprache und Stil sind ein guter Anlaß, den Reichtum und die Geschmeidigkeit der russischen Sprache zu erproben. Die künstlerische Übersetzung ist vom Talent der Künstler abhängig.

*

1992 entstand in Kirow, das 980 Kilometer östlich von Moskau liegt und 500 000 Einwohner hat, ein Zirkel der Verehrer und Freunde von Karl May. Wir studieren seine Werke; Karl May ist, meinen wir, ein wunderbarer Schriftsteller. Die russischen Leser kennen die klassische deutsche Literatur des 19. Jahrhunderts gut, aber in den Lehrbüchern gibt es keine Information über Karl May. Auch gehört er nicht zum Lehrplan der Schulen. Die Schüler lernen May in der Bibliothek kennen, im Kino, in der Buchhandlung und in der Familie.
Was berückt die russischen Leser an Karl May? Welche Züge seines Werkes sprechen sie vor allem an? Es ist nicht nur der unterhaltsame und spannende Inhalt der Erzählungen, sondern auch der Umstand, daß man Karl Mays Helden auf unerforschten Wegen in ferne Länder folgen kann, und die Besonderheit der Helden, ihre Tapferkeit, ihr Edelmut, ihre Offenheit für das Fremde. Die Spurensuchen und die Verfolgungen, die Konflikte und die Kämpfe sowie die Abenteuer unter Lebensgefahr – dies charakterisiert die Handlungen um Winnetou, Old Shatterhand, Kara Ben Nemsi und Sam Hawkens, und dies bezaubert den Leser in Rußland.
In den gegenwärtigen Zeiten hat der Leser viele Schwierigkeiten in seinem Alltagsleben. Oft hat er keine Möglichkeiten, ferne Länder und ihre Sehenswürdigkeiten zu bereisen. Die Abenteuerromane Karl Mays sind eine einzigartige Gelegenheit, entfernte Winkel der Erde mit

Hilfe des Erzählers aufzusuchen, das Leben anderer Menschen, ihre Bräuche und ihr Wesen kennenzulernen und in ihre Psychologie einzudringen. Mays Erzählungen fördern die Einbildungskraft der Leser. Das Leben im heutigen Rußland ist voller Widersprüche; die Reformen kommen nur mühsam voran. Das Leben ist reich an Entbehrungen und Schwierigkeiten. Es ist heute schwer, alle Schaffenskräfte zu mobilisieren. Die Kriminalität ist hoch. Andererseits herrscht in Rußland eine hohe Allgemeinbildung, und das Buch spielt traditionell eine große Rolle in der Gesellschaft. Alle Arten moderner Literatur interessieren den Leser, somit auch die Abenteuererzählungen.

Dies ist die Grundlage für die Arbeit in unserem Kirower Freundeskreis. Wir verbreiten die Werke Karl Mays unter Kindern und Erwachsenen. Warum mögen Kinder Karl May? Sie wachsen in eine komplizierte Welt hinein. Wie kann ihnen diese unheimliche Welt näherkommen? Wir meinen, durch Karl Mays Erzählungen. Sie sind ein Schlüssel zum besseren Verständnis der Welt. Durch sie werden die Kinder vertraut mit der reizvollen und schönen, aber auch mit der gefährlichen Welt. Das Kind identifiziert sich mit dem Helden von Karl May. Es nimmt teil an den abenteuerlichen Vorgängen und gewinnt Zuversicht zu seinen eigenen Kräften. Die Verbreitung von Informationen über Karl Mays Erzählungen unter den Schulkindern ist ein großer Teil unserer Tätigkeit in Rußland. Damit haben wir ein breites Wirkungsfeld: Mittel- und Berufsschulen, Internatsschulen in Kirow und Umgebung, insgesamt 100 an der Zahl. Es gibt auch fünf Hochschulen und eine große Anzahl von Betrieben. Wir veröffentlichen Artikel über May und sein Werk in den örtlichen Zeitungen ›Wjatsker Beobachter‹ (Nr. 49/1993) und ›Kirower Wahrheit‹ (Nr. 27/1994). Die ersten Angaben über Karl May erhalten die Jugendlichen in ihren Schulstunden: es sind Lesungen von 15 bis 20 Minuten Dauer, in denen die Jugendlichen Bekanntschaft mit Mays wichtigsten Werken machen. Ziel ist, ihre Neugier für May und sein Schaffen zu erregen, damit sie seine Romane und Erzählungen dann selbständig und mit tieferem Verständnis lesen. Sie stellen uns viele Fragen über die Biographie und über die Geschichte seiner Werke. In der Regel ist das Interesse hoch; es ist abhängig vom Geschick des Lektors. Die Hauptsache ist, ein grundlegendes Interesse zu schaffen. Was das Bildmaterial betrifft, so zeigen wir den Jugendlichen Bücher, Ansichtskarten, Bilder, Fotos, Prospekte, Briefmarken, Xerokopien von Briefen und Artikeln aus Zeitschriften und Zeitungen.

Wir treffen uns auch mit den Studenten. Sie haben schon Kenntnisse über Karl May und seine Bücher aus den Spielfilmen und den Lesungen. Sie kennen schon Winnetou, Kara Ben Nemsi, Old Shatterhand und möchten diese Kenntnisse mit unserer Hilfe vertiefen und neues Material bekommen. Sie fragen uns oft nach der Person Karl May, seinem Leben, seiner Schaffensweise, seinem Spätwerk. Jedes Gespräch und jede Zusammenkunft mit den Studenten der Abteilung für Germanistik der Kirower Pädagogischen Universität ist gedeihlich und nützlich. Die Studenten studieren die deutsche Sprache und Literatur; sie erhielten vor zwei Jahren (1993) eine große Anzahl von Büchern Karl Mays. Ihr Interesse an Karl May ist immer hoch. Sie lesen die Erzählungen und die Romane nur in deutscher Sprache als Hauslektüre. Damit vergrößern sie ihre Deutschkenntnisse, auch werden sie dabei mit dem Stil dieses Schriftstellers vertraut und bilden sich in Landeskunde weiter. So trägt Karl May zu ihrer beruflichen Ausbildung bei.

Hervorzuheben ist, daß der Kursus der deutschen Literatur an dieser Universität weit gefächert ist. Die Leitung der Fakultät für Fremdsprachen gibt uns die Gelegenheit, den Germanistik-Studenten Vorträge über Karl Mays Werk zu halten. Also wissen die Studenten schon viel über Karl May. Zur Zeit wird der Kursus der Lektionen ausgearbeitet. Außer Lesungen organisieren wir kleine Ausstellungen über Karl May und zeigen Material über den Schriftsteller – Bücher und Bilder – im Lesesaal der Universität für Schüler und Studenten und für Erwachsene. Alle fragen nach den Büchern von Karl May, und nach den Ausstellungen nehmen sie die Bücher zum Lesen mit in die Freizeit. Sie lesen nicht nur die Romane und die Erzählungen, sondern auch die ›Jahrbücher der Karl-May-Gesellschaft‹, die ›KMG-Nachrichten‹ und die ›Mitteilungen der KMG‹ und andere Zeitschriften mit Artikeln über Karl May und sein Werk. Außerdem suchen die Studenten selbständig nach Material und Büchern.

Die Leitung der Fakultät für Fremdsprachen der Pädagogischen Universität verschaffte uns einen Raum für die Veranstaltungen, die Lesungen und Ausstellungen. Oft treffen wir uns mit den Studenten im Studentenheim, das ganz in der Nähe des Universitätsgebäudes liegt. Einige Studenten beginnen mit den Forschungen und schreiben Artikel über Karl May in der Zeitung der Universität. Leider ist der Vorlesungsplan umfangreich, so daß die Studenten wenig Zeit haben. Eine kleine Gruppe aktiver Studenten hilft uns bei den Veranstaltungen. Die meisten Absolventen der Abteilung für Germanistik halten die Verbindung mit unserem Zirkel aufrecht. Sie stehen mit uns in Briefwechsel. Also haben wir Kontakte mit den Deutschlehrern im Kirower Gebiet, die in kleineren Städten und Dörfern arbeiten.

Bei unseren Karl-May-Veranstaltungen unterstützt uns sehr die Leitung der ›Wissenschaftlichen Gebietsbibliothek‹ von Alexander Herzen, die im Jahre 1837 gegründet wurde; sie ist (mit 2 000 000 Bänden) eine der größten und reichhaltigsten Rußlands. Hier, in der Abteilung für Literatur der Fremdsprachen, gibt es eine große Zahl von alten deutschen Büchern, von Alben und von Reiseführern des 18. und 19. Jahrhunderts. Hier gibt es auch Bücher von Karl May in Deutsch. Die Abteilung für fremdsprachige Literatur liegt im Zentrum der Stadt

(F.-Engels-Straße 41). Die Leiterin der Abteilung, Frau Malyschewa, eine Verehrerin Karl Mays, gibt uns immer wieder die Möglichkeit, Karl-May-Veranstaltungen im Lesesaal und anderen Räumen der Abteilung abzuhalten. Diese Abteilung hat vorzügliche Lesesäle, eine Videothek, Zimmer für Raritäten und wertvolle Bücher und Kinderräume mit Audio- und Videotechnik. Man liest und studiert hier die Bücher und lernt auch Deutsch. Die Mitarbeiter der Abteilung helfen uns, die alten Karl-May-Ausgaben in Russisch und Deutsch im Kirower und den benachbarten Gebieten zu suchen.

Vor zwei Jahren erhielt die Abteilung die Zeitschriften und Bücher mit Artikeln über May. Früher fehlten solche Materialien völlig. Die meisten Bücher in Deutsch sind aus der ehemaligen Deutschen Demokratischen Republik und von Verlagen mit deutschsprachiger Literatur der Sowjetunion. Hier in der Abteilung organisieren wir Ausstellungen und Treffen zu den verschiedenen Themen über Mays Werk. In der örtlichen Presse erscheinen Berichte nach jeder Veranstaltung.

Unser Freundeskreis ist klein. Wir sind zwanzig Personen: Lehrer, Wissenschaftler, Studenten, Ärzte – alt und jung. Die Sendungen von Büchern Karl Mays ermöglichten uns, unseren Zirkel zu gründen. Mitglieder der Karl-May-Gesellschaft sandten uns nach einem Aufruf in den ›KMG-Nachrichten‹ viele Werke Mays in verschiedenen Ausgaben. Wir gründeten eine kleine Bibliothek; sie ist, vermuten wir, die erste ihrer Art in Rußland. Manche Werke waren doppelt vorhanden, und so übergaben wir einige Bücher der Abteilung für Fremdsprachen der Herzen-Bibliothek, damit sie der Öffentlichkeit zur Verfügung stehen. Eine größere Anzahl Bücher erhielt auch die Bibliothek der fremdsprachlichen Abteilung der Pädagogischen Universität. Vor einem Jahr bekam unser Zirkel Bücher und Bildmaterial vom Karl-May-Verlag.

Heute möchte ich den Mitgliedern der Karl-May-Gesellschaft persönlich für Ihre Buch-Sendungen herzlich danken. Dieser Dank gilt

Bernd Arlinghaus (Dortmund), Gerhard Beuge (Königsbronn), Birgit Böhm (Bad Rappenau), Elisabeth Braun (Kreuzau), Wilhelm Brauneder (Baden/Österreich), Rolf Cromm (Kürten-Dürscheid), Elmar Elbs (Luzern/Schweiz), Klaus Eggert (Stuttgart), Florentine Fischer (Altrip), Bernadette Gundlach (Essen), Gerd Hardacker (Dinslaken), Bernhard Hermann (Hechingen), Hans Höber (Solingen), Walther Ilmer (Bonn), Josefine Keuten (Simmerath), Jens Kiecksee (Neuenkirchen), Andreas Klein (Gelsenkirchen), Erwin Müller (Föhren), Ulrike Müller-Haarmann (Bonn), Annelotte Pielenz (Nassau), Michael Platzer (Buchholz), Manfred Raub (Wiesbaden), Roland Schmid (Bamberg), Jürgen Seul (Bad Neuenahr-Ahrweiler), Ernst Seybold (Herzogenaurach), Rose Thein (Würzburg), Stephan Wagner (Chemnitz), Norbert Weigt (Bonn), André Wettengel (Altenburg), Anneliese Winter (München), Hermann Wohlgschaft (Landsberg).

Jedes Buch hat einen Eintrag mit folgenden Angaben: Name, Vorname und Adresse des Spenders, Datum der Sendung. So können die Leser brieflich Verbindung aufnehmen. Unser Ziel ist die Förderung der Kontakte. Ohne diese Buch-Spenden hätten wir nicht die Arbeit aufnehmen und unseren Freundeskreis gründen können.

Wir suchen Material über Karl May, alte May-Ausgaben und alte Presse-Artikel. Wir arbeiten auch in den Archiven von Moskau, St. Petersburg und Kirow. Dazu braucht man viel Zeit; manche Mitglieder unseres Zirkels fahren während ihres Urlaubs nach Moskau und St. Petersburg. Oft berichten uns Freunde in Rußland von ihren Leseerfahrungen mit Karl May. Wir sammeln diese Berichte und Briefe; am Ende des Jahres möchten wir einen Wettbewerb unter diesen Lesern veranstalten. Die Gewinner bekommen als Preise Bücher von Karl May. Ermittelt werden sollen in dem Wettbewerb ›das beste Bild zu Mays Erzählungen‹, ›der beste Kenner von Mays Romanen‹, ›der beste Kenner der deutschen Sprache‹.

Wir interessieren uns für Informationen über Karl May, und wir verbreiten diese Informationen in Rußland.

– Ich danke Ihnen.

Karl May in Litauen
von Jokübas Skliutauskas*

Sehr geehrte Damen und Herren, liebe Freunde!
Gestatten Sie mir zuerst, Sie herzlich von den Karl-May-Freunden aus Litauen zu grüßen.

Wenn ich in die Vergangenheit zurückblicke, schweifen meine Gedanken weit von meiner Heimat Litauen in den Wilden Westen, wohin seit Anfang des vorigen Jahrhunderts ungeladene Gäste aus unserem Kontinent – Goldgräber und die verschiedenartigsten Vagabunden – hinüberdrängten, um Indianerland zu erobern. In diesen grausamen Kämpfen wurde nicht weniger Indianerblut vergossen als einstmals in Südamerika während der Eroberung des Inkareiches durch die spanischen Konquistadoren.

Unsere jugendlichen Herzen und Gefühle waren immer auf der Seite der verfolgten, aber so stolzen Indianer. Wahrscheinlich jedermann, der in seinen jungen Jahren ›Winnetou‹ gelesen hat, erinnert sich daran, daß Gerechtigkeit und Wahrheitsliebe diesen Roman prägen. Sehnsucht nach Abenteuern, nach Überwindung ungewöhnlich großer Hin-

---

* Vortrag, gehalten am 14. 10. 1995 auf der 13. Tagung der Karl-May-Gesellschaft in Bad Segeberg.

dernisse verflechten sich in diesem Roman untrennbar mit der Entwicklung dieser hohen Werte im Herzen der Leser.

Die Kämpfe der Indianer mit den weißen Eindringlingen haben uns verzaubert. In der Bibliothek haben wir diesem Buch entgegengefiebert und es einander weitergegeben. Es war unser Bestseller; wir haben uns zu Hause nicht von ihm getrennt, und im Unterricht haben wir es unter der Bank gelesen.

Das Interesse für Karl May in Litauen war damals sehr groß und ist es auch heute noch. Wie ist das zu erklären? In erste Linie ist hier wohl der Einfluß der humanistischen Ideen der Karl-May-Bücher als Grund zu nennen. Güte, Menschen- und Völkerfreundschaft: unveränderliche geistige Werte, die in Mays Büchern als Antithese zu Grausamkeit, Lüge, Rassismus herausgehoben werden. Bücher von Karl May verzaubern den jungen Leser durch ihre Romantik und durch die für junge Menschen so kennzeichnende Sehnsucht nach Glück und Gerechtigkeit.

Jugendliche brauchen Märchen, jene Welt der tausend Farben und Nuancen, in der nicht alles nur von Vernunft bestimmt wird. In den Karl-May-Büchern gibt es viele Märchenelemente; die oft von Emotionen getriebene Handlung übersteigt die Schranken der Wirklickeit: Es sind Märchen und zugleich doch keine Märchen. Jugend braucht solche Werke. Sie bilden nicht nur Erinnerungsschichten, sondern wirken aus der Vergangenheit ins aktuelle Leben hinein, berühren sich in Gedanken mit Träumen. Aus diesen Gründen waren in Litauen zwischen den Weltkriegen Bücher von Karl May besonders unter der Jugend sehr populär.

Als erstes Buch Karl Mays erschien vor 66 Jahren ›Durch die Wüste‹ (›Per dykuma‹). Das Verdienst, als erster Karl May ins Litauische nachgedichtet zu haben, gebührt dem Schriftsteller und Literaturlehrer am Gymnasium Kelme, Jonas Wadeikis. Er hat auch die Romane ›Der Schatz im Silbersee‹ (1930) und ›Winnetou‹ (1933) übersetzt. Von 1929 bis 1940 sind in litauischer Sprache zehn Romane und Erzählungen von Karl May erschienen. Anfangs war Wadeikis der einzige, der die Bücher Karl Mays in den Kontext der litauischen Literaturszene einführte. Mit der Zeit schlossen sich auch Nachdichter der jüngeren Generation an. Die ins Litauische übersetzten May-Bücher haben damals unsere noch nicht sehr umfangreiche Kinder- und Jugendliteratur bereichert.

Während der sowjetischen Okkupation hat man unberechtigterweise Karl-May-Bücher mit ›Nationalismus‹ identifiziert – vielleicht deshalb, weil seine Helden im Sozialismus nicht als ›Vorbild‹ dienen konnten. Moskau hat damals bei Walter Ulbricht um Rat in Sachen Karl May angefragt. Die negative Antwort betraf die Herausgabe von May-Werken in allen Sowjetrepubliken, also auch in Litauen. Eine traurige Tatsache muß ich noch hinzufügen: Auch die alten Karl-May-Ausgaben aus der

Zwischenkriegszeit, darunter auch die Nachdichtungen Wadeikis', wurden damals aus den Bibliotheksregalen entfernt.

1968 bekamen wir unerwartet einen Bündnispartner: Es erschien in litauischer Sprache der Roman ›Die Aula‹ von Hermann Kant. Hierin lesen wir: »O herrlicher sächsischer Lügenbold, gepriesen sei dein vielgeschmähter Name! Dank dir (...) für tausendundeine Nacht voller Pulverdampf und Hufedonnern (...) Von Nationalismus ist die Rede, wenn sie von dir sprechen; wenn das stimmt, dann steck das ein, du prächtiger Schuft, dann mach das nicht wieder, denn Nationalismus geht wirklich nicht mehr, aber offen gestanden, ich hab ihn nie bemerkt, deinen Nationalismus, natürlich nur, weil ich zu dumm war und wohl auch, weil es weiß Gott Nationalistischeres gab als dich, zu jener Zeit, in der ich dich gelesen. Wenn du ein Nationalist gewesen bist, dann nimm mein Pfui zur Kenntnis, aber gleichzeitig und noch einmal meinen Dank, du hinreißender Aufschneider und unübertroffener Bildermacher« (Hermann Kant: Die Aula. Berlin 1971, S. 420). Das war eine moralische Unterstützung für uns, obwohl sie in verlegerischer Hinsicht auch nicht half: Moskau wiederholte immer wieder sein ›Njet‹.

Doch gottlob haben sich die Zeiten geändert. Litauen hat das Sowjetjoch abgeworfen. Bücher von Karl May sind in die Leserhände zurückgekehrt; das Schaffen des Schriftstellers erlebte in Litauen eine Wiedergeburt.

Dieses große Kulturereignis wurde von einer neuen Generation von Übersetzern aufgenommen. Es erschienen neue Ausgaben von ›Winnetou‹, ›Der Geist des Llano estakado‹, ›Der Schatz im Silbersee‹, und vor einigen Monaten kam die Erzählung ›Der Sohn des Bärenjägers‹ (›Lokiu medziotojo sunus‹) heraus, die für unsere Leser bisher unbekannt war, da es davon in den Zwischenkriegsjahren keine Übersetzung ins Litauische gab.

Es ist auch bemerkenswert, daß die erste Präsentation eines Karl-May-Buches nicht in unseren großen Verlags- und Buchhandelszentren – Vilnius, Kaunas oder Klaipeda – erfolgte, sondern in der weit entlegenen Provinzstadt Kelme. Und das war kein Zufall. Die kleine Stadt Kelme verbindet uns mit dem berühmten sächsischen Schriftsteller: Nein, denken Sie nun nicht, daß Karl May jemals während seiner Weltreisen in Kelme eingekehrt war – durchaus nicht ...

Aber es gibt noch Reisen durch Zeit- und Raumvertikale, durch Meridiane des Herzens. Wie bereits erwähnt, hat Jonas Wadeikis, der Pionier der Karl-May-Nachdichtung in litauischer Sprache, in Kelme gelebt. Dort ist er 1982 verstorben. Es gibt dort ein kleines grünes Holzhäuschen, in dem er lebte, und das Gymnasium, an dem er unterrichtete; sein Grab ist auf dem Friedhof von Kelme. Deshalb ist es selbstverständlich, daß die kleine litauische Stadt Kelme (etwa 200 km von Vilnius entfernt) einen zusätzlichen Namen erhalten hat: die litauische

Karl-May-Stadt. Die Einwohner dieser Stadt behalten Jonas Wadeikis in guter Erinnerung: Sie haben sein Andenken dadurch geehrt, daß sie eine Straße nach ihm benannten. Ich aber denke, daß die größte Ehrung des May-Nachdichters das in Kelme entstandene Karl-May- und Indianer-Museum ist.

Wir hoffen auf eine große Ausstrahlungskraft dieses Museums – zumal man in den Wäldern und Gewässern rings um Kelme leicht Indianerspiele und Kanufahrten veranstalten kann. Man denke sich unsere Schulkinder mit Indianerfedern geschmückt!

Den Enthusiasten dieses Museums ist es gelungen, viele wertvolle Exponate, besonders natürlich May-Bücher, in verschiedenen Sprachen zu sammeln. Noch vermissen die Besucher des Museums allerdings anschauliche Exponate, besonders solche aus dem Alltagsleben der Indianer.

Ich – als einer der Initiatoren des Museums – wende mich daher anläßlich der mir gewährten Gelegenheit, auf ihrer Tagung zu Ihnen zu sprechen, mit einer Bitte an Sie: Liebe Gleichgesinnte! Wenn Sie vielleicht Exponate aus dem Indianerleben übrighaben, seien Sie doch so liebenswürdig und unterstützen Sie damit unser Museum in Kelme.

Bitte vergessen Sie nicht, daß dieses Museum in Litauen nicht nur eine wichtige Aufgabe in der humanistischen Erziehung der Jugend erfüllt, sondern auch in unserem Lande den Namen des großen sächsischen Erzählers, ja den Namen Deutschlands bekannt macht. Es gibt ein altes litauisches Sprichwort: Was du hingibst, bleibt dir erhalten.

– Vielen Dank für Ihre Aufmerksamkeit und Geduld!

Anmerkung der Redaktion: Herr Skliutauskas hat sich in seiner Rede nur teilweise an sein Manuskript gehalten. Immer wieder verließ er das Rednerpult und erzählte gestenreich und mitreißend von der May-Lektüre in Litauen. Besonders stellte er dabei heraus, daß die Karl-May-Begeisterung eine große Rolle in der gegen die Sowjetbesatzung gerichteten Untergrundbewegung spielte.

ERICH HEINEMANN

»Karl Mays Geist schwebt überall ...«[1]
Radebeul und Bad Segeberg, die Höhepunkte im Jahresverlauf 1995

Es war wieder ein ereignisreiches Jahr – für Karl May, die Karl-May-Forschung und die Karl-May-Gesellschaft. Neue Schriften erschienen, die der Wissenschaft zur Ehre gereichen, der Büchermarkt boomte weiter mit Ausgaben von und über Karl May. Karl May gehörte auch im 83. Jahr nach seinem Tode zum Repertoire der Medien. Zahlreiche Veranstaltungen kreisten um seinen Namen. Aber auch von streitenden Meinungen hat der Chronist zu berichten. Höhepunkte des Jahres, das waren unbestritten die festliche Einweihung der wieder original ausgestatteten Räume in der Villa ›Shatterhand‹ in Radebeul und der eindrucksvolle dreizehnte Kongreß der Karl-May-Gesellschaft (KMG) in Bad Segeberg mit der Wahl des Vorstandes.

I

> Bibliothek und Katalog, beide nun wieder am alten Platz, werden die kritische Forschung zu beschäftigen haben – und, so viel ist gewiß, ein durchaus neues Bild von dem »Phantasten« vermitteln ...
> Hans Wollschläger[2]

Vorstand und Kuratorium der Karl-May-Stiftung hatten zur Eröffnung der neugestalteten Ausstellung ›Karl May – Leben und Werk‹ im Radebeuler Museum am 30. März 1995 eingeladen:»Durch die Heimkehr des mobilen Nachlasses von Karl May aus dem Bamberger ›Exil‹ ist es möglich geworden, im Heim Karl Mays drei Räume in ihrem ursprünglichen Zustand zu rekonstruieren«.[3] Über die Rückführung der Gegenstände hatten sich Stiftung und Karl-May-Verleger Lothar Schmid geeinigt. War auch die KMG nicht unmittelbar beteiligt, so haben doch einige ihrer Mitglieder, neben Lothar Schmid vor allem der damalige Stiftungsvorsitzende Hans-Joachim Kühn, entscheidend mitgewirkt. Hervorragende Arbeit hat auch unser Mitglied Hans Grunert mit einem kleinen Team freiwilliger Helfer bei der Wiedereinrichtung der Räume geleistet. Alles »ist glänzend gelungen und verleiht der Villa heute eine authentisch-suggestive Atmosphäre«, urteilte der KMG-Vorsitzende Prof. Dr. Claus Roxin.[4]

Ministerialdirigent Dr. Waldemar Ritter vom Bundesministerium des Inneren, zuständig für Kulturelles, hielt die Eröffnungsansprache. Sein Ministerium hat sich an der Finanzierung beteiligt. »Mir ist kein Vorhaben bekannt«, sagte er, »bei dem es ähnlich leicht gewesen wäre, die Zustimmung des Haushaltsausschusses des Deutschen Bundestages zu erhalten.«[5]

Der Einweihung vorausgegangen war ein schlichtes Gedenken mit Kranzniederlegung am Grabe Karl Mays. In seiner Ansprache versicherte Walther Ilmer: »Wir – die kleine Schar der jetzt hier an Deinem Grabe Versammelten – stehen stellvertretend für die Unzähligen im weiten deutschen Land und fern über dessen Grenzen hinaus, die Dich im Herzen tragen.«

Der Tag klang aus mit einem Festakt im Barocksaal des Gasthofes Serkowitz. Grußworte sprachen Dr. Volkmar Kunze, Oberbürgermeister der Stadt Radebeul, Hans-Joachim Kühn, Prof. Dr. Claus Roxin, Dr. Waldemar Ritter (im Namen des Bundesinneministeriums) und Lothar Schmid. Den Festvortrag ›Karl May als Leser‹ hielt Dr. Hans Wollschläger – ein, wie zu erwarten, besonderer literarischer Genuß. »Karl May«, sagte er, »war ein ›Büchermensch‹. Er war, wie alle großen Schreiber, lebenslang auch ein großer Leser«.[6] Die Veranstaltung, bei der auch die kostbare bibliophile Faksimileausgabe von Karl Mays handschriftlichem Bibliotheks-Verzeichnis[7] vorgestellt wurde, wurde umrahmt vom Philharmonischen Kammerchor Dresden mit Kompositionen von Robert Schumann, Felix Mendelssohn-Bartholdy und Karl May.

Wirklich, »ein großer Tag für Radebeul«, dieser 30. März 1995 (FAZ vom 18. 5. 1995). Zwei ›Museums-Festtage‹ schlossen sich an, u. a. mit Hans-Jürgen Syberbergs Karl-May-Film in der ›Schauburg‹, Dresden, einer Erstaufführung in den neuen Bundesländern. Der Regisseur war selbst gekommen.

*

Sascha Schneiders Deckelbild ›Friede auf Erden!‹, das die Einladung zum 30. März so verheißungsvoll geschmückt hatte, hielt nicht, was es versprach. Zwischen Stiftung und Karl-May-Verlag (KMV) kam es, kaum war das Fest verrauscht, zu einem Rechtsstreit, als die Stiftung mit der Absicht einer Verlagsgründung an die Öffentlichkeit trat. Der KMV sah sich in seinen Rechten verletzt (ein zweiter ›Karl-May-Verlag‹). Die Stiftung trennte sich daraufhin von ihrem Kuratoriumsmitglied Lothar Schmid, weil sie meinte, daß der Verleger als Gegner im Rechtsstreit nicht mehr die Interessen der Stiftung vertreten könne. Auch der bisherige Vorsitzende des Vorstands, Hans-Joachim Kühn, trat von seinem Amt zurück – er, wie es in der Presseerklärung vom 18. Juni hieß, »aus persönlichen Gründen«. Peter Grübner (KMG), der Vorgänger von Kühn, wurde vom Kuratorium wieder in den Vorstand und von diesem am 21. Oktober erneut zum Vorsitzenden gewählt. Nach den Turbulenzen ist damit wieder, so KMG-Geschäftsführer und Kuratoriumsmitglied Erwin Müller, »Beruhigung und Versachlichung eingekehrt«.

Die Karl-May-Gesellschaft verfolgte diese Vorgänge aufmerksam und nicht ohne Anteilnahme, hielt sich im übrigen aber aus den Verwicklungen heraus. Ihre Mitglieder, die einen Sitz in den Stiftungsgremien innehaben, vertreten dort ihre persönliche Meinung, nicht die der KMG. Zu wünschen ist, daß die Parteien das Kriegsbeil bald wieder begraben werden. Dafür sprechen einige Anzeichen. So erklärten Stiftungsgeschäftsführer René Wagner und Karl-May-Verleger Lothar Schmid im Juli gegenüber der Hannoverschen Allgemeinen Zeitung, daß sie lieber zusammen als gegeneinander arbeiten möchten.

*

Über die glanzvollen Radebeuler Tage, denen weitere Festtage um Karl May im Mai folgten, will der Chronist keineswegs Hohenstein-Ernstthal vergessen, die Geburtsstadt Karl Mays, die ihrem Titel auch in diesem Jahr, 1995, wieder alle Ehre machte. Am Geburtstage Karl Mays (25. Februar) öffnete das Karl-May-Haus nach Umbau und Neugestaltung wieder seine Tür. Die Ausstellung ist um Bereiche erweitert und intensiviert worden. Über Herkunft und Familie des hier Geborenen, sein Leben und Schaffen, aber auch über das ärmliche Leben einer Weberfamilie im vorigen Jahrhundert und über die Geschichte des Hauses, das, erbaut im 17. Jahrhundert, als typisches Weberhaus unter Denkmalschutz steht, wird der Besucher nun noch besser unterrichtet.

Krönung der Neueröffnung war das Lektionsbuch der Solbringschen Fabrikschule mit Eintragungen des Fabrikschullehrers Karl May vom November/Dezember 1861, das kurz vorher gefunden worden war. Eine vom 28. November bis 30. Dezember 1995 veranstaltete Präsentation ›Karl May und Weihnachten‹ stellte die Werkgeschichte von ›»Weihnacht!«‹ in Buchausgaben sowie Bildern zur Reiseroute der Gymnasiasten May/Carpio und andere Bezüge zu Weihnachten in Leben und Werk Karl Mays dar. An zwanzig Karl-May-Stätten im Stadtgebiet ließ die Verwaltung Gedenktafeln anbringen: Die ausgeschilderte ›Karl-May-Route‹ ist zehn Kilometer lang. Mit Freude registrieren wir all diese Aktivitäten und danken den Verantwortlichen, Oberbürgermeister Erich Homilius, Amtsleiter Wolfgang Hallmann und Museumsleiter André Neubert, die auch Mitglieder und Mitarbeiter der KMG sind.

*

Unvollständig wäre ein Karl-May-Report 1995, der die zahlreichen Aktivitäten der Freundeskreise um Karl May nicht erwähnte. Solche Kreise bestehen in Radebeul, Hohenstein-Ernstthal, Leipzig, Hoyerswerda, Cottbus, Berlin, im Ruhrgebiet, im Rheinland sowie im Rhein-Neckar-Gebiet. Großen Anklang gefunden haben die Karl-May-Feste, die vielerorts stattfanden (hier stehen stellvertretend die Namen unserer Mitglieder Petzel, Wehnert und Winkler und als unermüdlicher ›Vortragsreisender‹ Walther Ilmer). Auch der Schweizer Karl-May-Freunde und ihres rührigen Vertreters Elmar Elbs sei hier gedacht. Neben den traditionsreichen Festspielorten Rathen, Bad Segeberg und Elspe tauchen immer weitere Namen von Orten auf, an denen Karl May gespielt wird (z. B. Ratingen bei Düsseldorf). Auf dem Spielplan 1995 stand in Rathen ›Old Surehand‹, in Bad Segeberg ›Winnetou I‹ und in Elspe ›Unter Geiern‹.

Auch auf einem besonderen Gebiet wird Wirkungsgeschichte geschrieben: dem der Münzprägung. Unsere Mitglieder Dr. Christian Heermann, Alfred Klein und Gerhard Schley haben einen ›Karl-May-Katalog Medaillen und Plaketten‹ zusammengestellt, der nachweist, daß es hundert Medaillenprägungen von Karl May gibt.

Ein Erlebnis, das die Teilnehmer in euphorische Begeisterung versetzte, war die erste organisierte Reise von Mitgliedern der KMG (insgesamt 44 Personen) in die ›dark and bloody grounds‹ von Texas und New Mexico, die Frau Prof. Dr. Meredith McClain in die Wege geleitet hatte. Annelotte Pielenz hat darüber einen lebendigen Bericht verfaßt, der in den KMG-Nachrichten Nr. 104/Juni 1995, S. 19-25, abgedruckt ist. Dieser ›Winnetour I‹ soll 1996 eine ›Winnetour II‹ folgen. Die Reise führte auch durch den Llano estakado, den selbst der vielgereiste Journalist Peter Scholl-Latour nur von Karl May her kennt, wie er in seinem Buch ›Aufruhr in der Kasbah‹ zugibt.

*

Die Statistik weist (Stand 1. 10. 1995) für unsere Gesellschaft 1852 Mitglieder (14% Frauen) aus. Die KMG behauptet damit im Dachverband der deutschen Literaturgesellschaften den siebten Platz. »Natürlich ist die Goethe-Gesellschaft die mitgliederstärkste«, schreibt die Süddeutsche Zeitung am 13. Juli 1995, »und wer sollte ihr an Beliebtheit folgen, wenn nicht die Deutsche Schillergesellschaft. Aber hart auf den Fersen folgt ihr die Wilhelm-Busch-Gesellschaft. Und noch vor Hölderlin liegt Karl May! Damit ist schon eine Menge gesagt über die Bandbreite literarischer Gesellschaften in Deutschland, die an Zahl und Zulauf in den letzten Jahren im Aufwärtstrend liegen«.[8] Die KMG will es bis zum Jahre 2000 auf 2000 Mitglieder bringen – ein keineswegs illusionäres Ziel.[9]

Auf dem Programm, das Vorstand und Mitarbeiterkreis für eine Arbeitstagung vom 9.-11. Februar 1996 in Weinähr bei Nassau/Lahn festgelegt haben, stehen Grundfragen der Publikationsstrategie und neue Forschungsschwerpunkte, auch personelle Entscheidungen, da am Ende der Wahlperiode altersbedingte Änderungen im geschäftsführenden Vorstand bevorstehen.

Eine der neuzeitlichen Herausforderungen, mit denen sich die Gesellschaft befassen will, ist das weltweite Informationssystem INTERNET. Unsere jüngeren Mitglieder Ralf Schönbach und Frank Starrost haben erste Vorschläge erarbeitet.

Der im Vorjahr in Bamberg eingesetzte Fachausschuß zur Sicherung von May-Biographika unter dem Vorsitz von Bernhard Kosciuszko und Prof. Dr. Klaus Ludwig hat als erstes die Einrichtung eines Karl-May-Autographen-Archives initiiert. Dieses Archiv sammelt Kopien aller Autographen Karl Mays und hält sie für die Forschung bereit. Leiter des Archives ist

Volker Griese, Bahnhofstr. 32, 24601 Wankendorf.

Alle Besitzer von Karl-May-Autographen (auch unbedeutenderer Art, wie Widmungen, Grüße etc.) werden herzlich gebeten, dem Archiv Kopien ihrer Autographen zur Verfügung zu stellen. Wenn nicht wegen besonderer Bedeutung eine Veröffentlichung in Jahrbuch oder ›Mitteilungen‹ angebracht ist, sollen die Autographen in einer eigens dafür geschaffenen Publikation, den unregelmäßig erscheinenden ›Karl-May-Autographika‹ (Heft 1 wurde schon in Bad Segeberg vorgelegt: Vertrieb über Ekkehard Bartsch) veröffentlicht werden: auf Wunsch des Einlieferers auch ohne Herkunftsangabe.

Über mangelnden Lesestoff können unsere Mitglieder sich nicht beklagen. Das Jahrbuch 1995 legte gegenüber seinem Vorgänger 1994 deutlich zu, auch die ›Mitteilungen‹ wurden umfangreicher, und der Umfang der KMG-Nachrichten, die seit Nummer 101 Engelbert Botschen betreut, verdoppelte sich gar. Die ›Nachrichten‹ haben sich mittlerweile zu einem Medium der Meinungen entwickelt. Während Herbert Wieser in der Rubrik ›Neues um Karl May‹ in den ›Mitteilungen‹ sich auf knappe Angaben beschränken muß, die vier bis fünf Druckseiten nicht überschreiten dürfen, sind in den ›Nachrichten‹ nun Artikel von besonderer Aktualität im vollen Wortlaut nachzulesen – ein Vorteil auch für die Forschung zur Rezeptions- und Wirkungsgeschichte. Von den Mitgliedern begrüßt wurde auch die ausführliche Wiedergabe von Briefen der Mitglieder zu Problemen ›ihrer‹ Gesellschaft.

An KMG-Veröffentlichungen erschienen 1995/96 (Fortsetzung der Liste aus dem Jahrbuch 1995, S. 397f.):

Sonderhefte

102 Volker Griese: Karl Mays Korrespondenz.
Eine Übersicht in Registern
1995, 79 S. (DIN A 4)

103 Karl May: »Das schönste Wort der Welt ist Liebe«. Zitate aus Dichtungen, Briefen und biografischen Schriften. Zusammengestellt von Hansotto Hatzig
1995, 30 S.

104 Volker Griese: Karl May. Stationen eines Lebens.
Eine Chronologie seiner Reisen
1995, 106 S.

105 Klaus Ludwig: Biographisches in Karl Mays
»Die Liebe des Ulanen«
1995, S. 34 S. (erschienen Anfang 1996)

106 Thomas Range / Peter Krauskopf: Karl May.
Die Jagdgründe der Phantasie. Foto-Inszenierungen
1995, 54 S.

107 Wolfgang Sämmer / Volker Griese:
Der Fall Ruseler. Ein Kapitel aus dem Leben Karl Mays.
1996, 41 S.

Materialien zur Karl-May-Forschung

Bd. 16 Siegfried Augustin (Hrsg.): Für und wider Karl May. Aus des Dichters schwersten Tagen.
1995, 395 S.
Erheblich erweiterte Neuauflage des Bandes 2 dieser Reihe mit: Siegfried Augustin: Einleitung / Hansotto Hatzig: Nachwort zur 1. Auflage / Max Dittrich: Karl May und seine Schriften. Eine literarisch-psychologische Studie (1904) / Heinrich Wagner: Karl May und seine Werke (1907) / Franz Weigl: Karl Mays pädagogische Bedeutung (1908); zusätzlich aus der 2. Auflage (1909): Karl May (= Oberlehrer Franz Langer): Die Schund- und Giftliteratur und Karl May, ihr unerbittlicher Gegner / Veremundus (Carl Muth): Steht die Katholische Belletristik auf der Höhe der Zeit? (1898) / Ernst Weber: Karl

May. Eine kritische Plauderei (1903) / Ludwig Freitag: Rezensionen aus ›Pädagogisches Archiv‹ (1905) / Ansgar Pöllmann: Aus den letzten Tagen Karl Mays (1906) / L. Schulmann: Karl May und die Erzieher (1907) / H. K.: Karl May – ein Jugendschriftsteller? (1909) / Heinrich Falkenberg: Wir Katholiken und die deutsche Literatur (1909) / Karl Wilker: Karl May – ein Volkserzieher? (1910) / Hermann Link: Karl May (1910) / Heinrich Wolgast: Das Elend unserer Jugendliteratur (1911) / Hermann Cardauns: Aus dem Leben eines deutschen Redakteurs (1912)

Der Sammler Rüdeger Lorenz hat dankenswerterweise aus seiner wertvollen Sammlung von der Wagner-Broschüre das Handexemplar Karl Mays mit dessen Anmerkungen, Anstreichungen und einem Register sowie die Weigl-Schrift, ebenfalls mit Anstreichungen und Anmerkungen Karl Mays, für den Abdruck zur Verfügung gestellt.

Bd. 17 Hansotto Hatzig: Register zu Karl Mays Reiseerzählungen 1995, 420 S.
Es handelt sich hier um die zuvor schon als Sonderhefte erschienen Register zu den Fehsenfeld-Bänden.

Sonstiges

Volker Griese (Hrsg.): Karl-May-Autographika Heft 1. Materialien aus dem Autographenarchiv der Karl-May-Gesellschaft
1995, 43 S. (DIN-A-4)

II

»Kennen Sie die Geschichte Schleswig-Holsteins?«
Wir bejahten.

Karl May: In den Cordilleren [10]

Kannte der allwissende Reisende in den Kordilleren die schwierige Geschichte Schleswig-Holsteins wirklich? Eine kleine private Studie[11] bezweifelt das. Womöglich wissen wir jetzt besser Bescheid als er. Denn im Lande Schleswig-Holstein, meerumschlungen, in das er wohl nie einen Fuß setzte, in dem liebenswerten Städtchen Bad Segeberg, zelebrierte vom 12. bis 15. Oktober 1995 die KMG ihren dreizehnten Kongreß.

Die Kreisstadt Bad Segeberg, 16000 Einwohner, liegt zwischen der Trave, dem Großen Segeberger See und dem Kalkberg, dort, wo die Holsteinische Schweiz beginnt. Die Kalkbergpyramide, Segebergs weithin sichtbares Wahrzeichen, nicht ganz hundert Meter hoch, wirkt in einer rundum ebenen Landschaft reichlich fremd. Sie ist indessen auch ein Fossil aus der Kinderzeit unseres Erdballs, als alles noch im Werden und Wachsen war. Oben ragte in den stürmischen Jahrhunderten des Mittelalters eine trutzige Siegesburg in den Himmel, die der Stadt ihren Namen gab. Wir genossen gleich am Tage unserer Ankunft auf dem Wege zum Karl-May-Platz, der vor der Freilichtbühne liegt, den herrlichen Rundblick vom Kalkberggipfel über See und Stadt bis hin zum Meer im Osten.

Die KMG wählt gern solche Tagungsorte aus, die sich mit Karl May in Verbindung bringen lassen. War dies 1993, als wir in Dresden tagten, schon nicht schwer, so brauchten wir auch in Bad Segeberg gar nicht erst zu suchen: Seit 1962 wird hier – wie jedermann weiß – Karl May gespielt. Nicht zuletzt durch ihn wurde die Stadt bekannt – er selbst durch sie noch bekannter. Jährlich kommen in der Spielzeit – von Juni bis September – 260 000 Besucher. Daß die KMG nun kam, war »eigentlich längst überfällig«, wie der Vorsitzende Prof. Dr. Roxin bekannte.

Das Intermar-Kurhotel, am Großen See gelegen, bot alle Voraussetzungen für eine Tagungsstätte. Den Auftakt bildete der Empfang in dem 1828 erbauten Rathaus. Bürgermeister Dr. Jörg Nehter begrüßte Vorstand und Mitarbeiter der KMG »im 26. Jahr ihrer Zeitrechnung«. Er hob hervor, daß der Name Bad Segeberg mit dem des Schriftstellers Karl May eng verbunden sei durch die alljährlichen Karl-May-Spiele. »Sie sind aus dem kulturellen Leben der Bundesrepublik Deutschland nicht mehr wegzudenken.« In dem Saal, in dem die Gäste Platz nahmen, hatten Theodor Storm und Constanze Esmarch, die Tochter des Bürgermeisters, 1846 ihren Bund fürs Leben geschlossen. Unter der stuckgeschmückten Zimmerdecke hing noch der Kronleuchter von damals. Die Aura Karl Mays, die in Segeberg wehe, würde auch der Tagung ihre Weihe verleihen, meinte Prof. Dr. Roxin – und fügte scherzhaft hinzu, daß es die dreizehnte Tagung sei, mit einem Freitag, dem dreizehnten, bereite ihm daher wenig Sorge. »Zwar haben wir uns der Wissenschaft verschrieben, aber unbeschadet dessen sind diese Tagungen immer auch ein Fest gewesen, ein Treffen mit festlich-integrativem Charakter, auf dem ein lebhaftes Treiben, Unterhalten, Büchertauschen herrschte.« Als Gastgeschenk überreichte der Vorsitzende dem Bürgermeister Jörg Nehter die fünfundzwanzig bisher erschienenen Jahrbücher der KMG für die Stadtbücherei.

Auf dem Karl-May-Platz, oberhalb der Stadt, hatte sich inzwischen eine erwartungsvolle Menge versammelt, überragt von Reitern in farbenfrohen indianischen Kostümen, die für etwas Wild-West-Romantik sorgten. Es ging um die Einweihung eines Karl-May-Brunnens – eine Hommage an Karl May, aber auch an die KMG, wie Bürgermeister Nehter in seiner Einweihungsrede betonte – eine Anerkennung für ihre engagierte Arbeit.

»Karl May hat Brunnen, die zahlreich in seinem Werk vorkommen, zum Sinnbild des Lebens erklärt. Er gibt ihnen wohlklingende Namen.« Vor den Augen der Zuschauer wurde der 2,30 m hohe Brunnenschaft mit der bekannten, von Selmar Werner[12] geschaffenen Karl-May-Büste – hier in einem Bronzeabguß – enthüllt. Aus der Brunnensäule plätscherte auf das Kommando »Wasser Marsch!« das herbeigerufene Element munter in einen breiten, einer Pferdetränke ähnlichen Trog. Säule und Trog sind aus Granit, drei Tonnen schwer. Eine Tafel trägt die Inschrift ›Karl May 1842 – 1912‹ und das Datum 12. Oktober 1995. Gestiftet hat den Brunnen die Kalkberg GmbH, das Unternehmen der Karl-May-Spiele.

Den Hauptinhalt der Tagung bildeten – von der Mitgliederversammlung abgesehen – wieder die Vorträge, die hier nur in der zeitlichen Reihenfolge aufgezählt werden sollen, da die Texte in diesem Buch nachzulesen sind:

Anatoli N. B a t a l o w (Kirow/Rußland): Karl May im heutigen Rußland

Prof. Dr. Christoph F. L o r e n z (Köln): Von Ziegen und Böcken, ›alten Knastern‹ und klugen Studenten. Wandlungen eines Motivs beim frühen Karl May

Dr. Gudrun K e i n d o r f (Bovenden): Formen und Funktionen des Reisens in den Werken Karl Mays. Ein Problemaufriß (mit Lichtbildern)

Prof. Dr. Helmut S c h m i e d t (Köln): Identitätsprobleme. Was ›Satan und Ischariot‹ im Innersten zusammenhält

Rainer J e g l i n (Hannover): Neumünster – Waldheim: Zu Hans Falladas Karl-May-Lektüre

Prof. Dr. Hans-Jörg N e u s c h ä f e r (Saarbrücken): Karl May und der französische Feuilletonroman

Dr. Jokübas S k l i u t a u s k a s (Vilnius/Litauen): Karl May in Litauen

Prof. Dr. Gert U e d i n g (Tübingen): »Ich habe gesprochen. Howgh!«. Beredsamkeit in der Fremde

Hartmut K ü h n e (Hamburg): Musik in Karl Mays Leben und Werk

Walther I l m e r (Bonn): Die innere Werkstatt des verlorenen Sohns Karl May. Versuch zur Erhellung zweier Phänomene.

Eine stattliche Summe von Vorträgen, verteilt auf vier Tage. Dazu wurden noch zwei Videofilme gezeigt: Bernd S c h r ö t e r (Essen): Karl May – Leben und Werk, sowie André K ö h l e r (Bergen) / Stephan W a g n e r (Chemnitz): Bamberg – eine Zuflucht für Karl May, und ein Lichtbildervortrag gehalten: Prof. Dr. Meredith M c C l a i n (Lubbock/USA): Winnetour I – Bilder einer Reise. Hans G r u n e r t (Dresden) hielt ein Kurzreferat zur Überführung eines Teiles des Nachlasses und der Bücherei Karl Mays: Von Bamberg nach Radebeul. Heimkehr aus dem Exil.

Seit langem gehört zur Tagung auch der ökumenische Wort-Gottesdienst, den diesmal die Geistlichen Ernst Seybold, Dr. Hermann Wohlgschaft, Pastor Wolfgang Hammer und Walther Schönthal in der St. Marienkirche hielten, einem bedeutenden romanischen Bauwerk aus dem Jahre 1160. Die Feier wurde von Prof. Dr. Christoph F. Lorenz an der Orgel festlich umrahmt.

Auch die Sammler und Bücherfreunde kamen wieder zu ihrem Recht. Entlang der Wände des großen Vortragssaales hatten Anbieter ihre anziehend bunten Stände aufgeschlagen, und am Abend versteigerten Friedhelm Spürkel und Falk Klinnert ›Raritäten der Primär- und Sekundärliteratur‹.

Nach Prof. Dr. Heinz Stoltes Tod hatte die Tagung in Dresden 1993 ohne den gewohnten ›Festvortrag‹ auskommen müssen. In Bad Segeberg knüpfte Hartmut Kühne an die Tradition des Festvortrages wieder an. Sein Vortrag über das Thema ›Karl May und die Musik‹ bot mehrere musikalische Einlagen: Wir hörten ein Männer-Quartett mit Paul Schmolke (Bariton), Georg Baumeister, Nils Brügge und Jörg Schlawinski sowie ein Streichquartett unter Leitung von Renate Brügge und Prof. Dr. Christoph F. Lorenz am Klavier. Die musikalische Gesamtleitung hatte Hartmut Kühne. Es kamen zum Vortrag:

> Friedrich Silcher: Ännchen von Tharau (4st. Männerchor)
> Karl May: Deine hellen klaren Augen (4st. Männerchor und Streichquartett)
> Karl May: Wanderlied ›Ei wie geht so flink der Knabe‹ (4st. Männerchor)
> Karl May: Ständchen aus ›Die Pantoffelmühle‹ (Klavier solo)
> Friedrich Silcher: Nun leb wohl, du kleine Gasse (4st. Männerchor)
> Karl May: Ave Maria ›Es will das Licht des Tages scheiden‹ (1. Fassung in Es-Dur für 4st. Männerchor)
> Felix Mendelssohn-Bartholdy: Wenn sich zwei Herzen scheiden (Bariton und Klavier)

Das ›Ännchen von Tharau‹ des ostpreußischen Dichters Simon Dach sorgte für die richtige Einstimmung. Auch Karl May mag dieses Lied besonders am Herzen gelegen haben, da er es in seiner Erzählung ›Christi Blut und Gerechtigkeit‹ erwähnt:[13] ein eindrucksvoller, schöner Abend.

Am Vormittag hatten die Mitglieder ihre nach der Satzung vorgeschriebene Versammlung absolviert. Der Mitgliederversammlung konnte Schatzmeister Uwe Richter zum Ende der Wahlperiode eine in Einnahmen und Ausgaben ausgeglichene Bilanz vorlegen.[14] Wichtigster Tagesordnungspunkt in Bad Segeberg war die Wahl des Vorstandes. Über deren Durchführung hatte es im Vorfeld[15] Irritationen gegeben, zu denen der Vorstand Stellung genommen hatte. Geschäftsführer Erwin Müller schickte nochmals klärende Worte voraus. Gewählt wurden durchweg einstimmig in offener Wahl die bisherigen Vorstandsmitglieder

    Prof. Dr. Claus Roxin (Vorsitzender)
    Prof. Dr. Helmut Schmiedt (stellvertretender Vorsitzender)
    Dr. Hans Wollschläger (stellvertretender Vorsitzender)
    Erich Heinemann (Schriftführer)
    Erwin Müller (Geschäftsführer)
    Uwe Richter (Schatzmeister),

die ohne Gegenkandidaten angetreten waren.

In geheimer Wahl erhielt von den fünf Kandidaten für den Posten des wissenschaftlichen Mitarbeiters

    Ulrike Müller-Haarmann

die meisten Stimmen.[16] Mit ihr tritt erstmals eine Frau in den Vorstand. Zwar ist der Anteil der weiblichen Mitglieder relativ gering, doch sind es gerade Frauen, die sich in der anonym bleibenden Arbeit der KMG besonders verdient gemacht haben (hier wären vor allem Adelheid Caspari-Wichler, Annelotte Pielenz und Sigrid Seltmann zu nennen). Der verschiedentlich geäußerten Forderung nach einem Vorstandsmitglied aus den neuen Bundesländern ist die Mitgliederversammlung in Bad Segeberg nicht gefolgt. Im Mitarbeiterkreis wirken dagegen zahlreiche Mitglieder aus Ostdeutschland tätig mit, und eines Tages wird ohnehin niemand mehr danach fragen, aus welchen Bundesländern die Kandidaten stammen – so wenig wie es vor 1990 eine Rolle spielte, ob jemand, der sich zur Wahl stellte, Nord- oder Süddeutscher war.

In seinem umfassenden Rechenschaftsbericht[17] kündigte der Vorsitzende an, daß mit Ablauf der neuen Wahlperiode die altgedienten Mitglieder des geschäftsführenden Vorstandes, nämlich Claus Roxin, Erwin Müller und Erich Heinemann, voraussichtlich in den Ruhestand treten werden. Rechtzeitig für eine Nachfolge Sorge zu tragen, das sei »die Pflicht einer auf langes Überdauern angelegten Gesellschaft«.

Die Verleihung der Ehrenmitgliedschaft an Hansotto Hatzig fand unter den Mitgliedern großen Beifall. Der namhafte Karl-May-Forscher, zuletzt stellvertretender Vorsitzender und seit 1972 Redakteur der ›Mitteilungen‹, gehört zu den Mitbegründern der KMG. Leider konnte der 76jährige nicht nach Bad Segeberg kommen, um seine Ernennungsurkunde persönlich in Empfang zu nehmen.[18]

Einen weiten gedanklichen Sprung machten die Mitglieder in der Schweiz. Sie regten durch ihren Sprecher Elmar Elbs an, den Kongreß der KMG im Jahre 2001 nach Luzern zu verlegen: in Erinnerung an Karl Mays Aufenthalt in der Schweiz 1901, der dann hundert Jahre zurückliegen würde. Der nächste Kongreß der Karl-May-Gesellschaft wird 1997 in Erlangen stattfinden.

Presse und Funk berichteten auch diesmal zahlreich – besonders die Segeberger Zeitung und die Lübecker Nachrichten – über die Tagung. So schloß Bad Segeberg, der nördlichste geographische Punkt, den die KMG bisher ansteuerte, sich den vorhergegangenen erfolgreichen Tagungen nahtlos an. Wie sagte Meredith McClain?»Karl Mays Geist schwebt überall. Selbst da, wo er nie war«. Auch in Bad Segeberg, das er vielleicht nicht einmal dem Namen nach kannte, spürte man seines Geistes mehr als einen Hauch.

1 Meredith McClain in: Lübecker Nachrichten vom 14. 10. 1995
2 Hans Wollschläger: Karl May als Leser. In: Karl Mays Werke. Historisch-kritische Ausgabe. Hrsg. von Hermann Wiedenroth und Hans Wollschläger. Supplemente Bd. 2 : Katalog der Bibliothek. Bargfeld 1995, S. 133
3 Diese drei Räume sind das Arbeitszimmer, die Bibliothek und das Sascha-Schneider-Zimmer; Zitat aus der Einladungsbroschüre.
4 Im Juli 1995 wurde die Museumsausstellung noch um das original nachgebaute ›Klara-May-Zimmer‹ erweitert.
5 Waldemar Ritter: Ansprache zur Eröffnung der Villa Shatterhand (Karl-May-Museum) am 30. März 1995. In: Mitteilungen der Karl-May-Gesellschaft (M-KMG) 105/1995, S. 5
6 Wollschläger, wie Anm. 2, S. 126
7 Karl May: Katalog der Bibliothek. Ausgabe der Karl-May-Stiftung in Radebeul und des Karl-May-Verlages, Bamberg. Ganzleinenkassette mit Bronzemedaille, Motiv ›Karl May in der Bibliothek‹ von Wilfried Fitzenreiter.
8 Zitiert nach: Mitteilungen der Arbeitsgemeinschaft literarischer Gesellschaften e. V. Berlin. Nr. 15 (Sept. 1995), S. 34; das Handbuch der Arbeitsgemeinschaft, Ausgabe 1995, enthält einen Beitrag über die KMG von Erich Heinemann.
9 Ein neues Mitgliederverzeichnis für Mitglieder ist als Computerausdruck erschienen und bei Ulrike Müller-Haarmann erhältlich. (Versandbedingungen siehe KMG-Nachrichten 106, S. 5 und 107, S. 9).
10 Karl May: Gesammelte Reiseromane Bd. XIII: In den Cordilleren. Freiburg 1894, S. 239
11 Harald Jenner: Karl May und Schleswig-Holstein. Hartmut Kühne zum 60. Geburtstag. In: M-KMG 107/1996, S. 13-18
12 Selmar Werner (1864-1953), Professor an der Dresdner Kunstakademie, war ein persönlicher Freund Karl Mays: Er schuf u. a. die Bildwerke in Mays Grabmal. Sein Weg als Künstler führte vom Klassizismus und Naturalismus bis hin zu Barlach.

13 Karl May: Christi Blut und Gerechtigkeit. In: Gesammelte Reiseromane Bd. X: Orangen und Datteln. Freiburg 1894, S. 543
14 Der Finanzbericht ist abgedruckt in: KMG-Nachrichten Nr. 106/Dezember 1995, S. 4.
15 Vgl. KMG-Nachrichten Nr. 105/Sept. 1995, S. 7.
16 Der Anteil der Stimmen verteilte sich wie folgt: Frau Müller-Haarmann 27 %, Herr Ilmer 25 %, Herr Dr. Lowsky und Herr Steinmetz je 20 %, Herr Prof. Dr. Christoph F. Lorenz 8 %.
17 Der Rechenschaftsbericht ist abgedruckt in: M-KMG 106/1995, S. 3-19.
18 Die Urkunde ist abgebildet in KMG-Nachrichten Nr. 106/Dezember 1995, S. 3.

*

Für die Mitarbeit an diesem Jahrbuch durch Umschreiben von Manuskripten auf Diskette danken wir Herrn Joachim Biermann (Lingen), Dr. Harald Jenner (Hamburg), Ralf Schönbach (Köln) und Annika Lorenz (Bonn). Beim Korrekturlesen halfen Heike und Reiner Pütz (Unkel), auch ihnen danken wir.

*

Mehr als 100 DM spendeten 1995:

Arnold Aerdken (Ravensburg), Bernd Arlinghaus (Dortmund), Lutz Backes (Ladenburg), Otto Backes (Bremen), Berndt Banach (Berlin), Ekkehard Bartsch (Bad Segeberg), Hans-M. Baumgartner (Berg), Hermann Bender (Frankfurt a. M.), Erich Berchem (St. Ingbert), Gerhard Beuge (Königsbronn), Hans Biesenbach (Herborn), Wolfgang Böcker (Recklinghausen), Ulrich Böhm (Cottbus), Engelbert Botschen (Detmold), Helmut Broichhagen (Würzburg), Michael Brückner (Berlin), Klaus-Werner Bungert (Limburg), Adelheid Caspari-Wichler (Swisttal), Linny Claudius (Hamburg), Joachim Dahlmann (Witten), Ursula Dehmer-Blohm (Roßdorf), Rolf Dorbath (Mosbach), Manfred Dreger (Herzberg), Jürgen Drescher (Oberhausen), Hilmar Dürbeck (Schalkenmehren), Irmgart Ebert (Berlin), Klaus Eggers (Köln), Klaus Eggert (Stuttgart), Klaus Ehlgen (Oldenburg), Robert Elkner (Wien/A), Wolfram Ellwanger (Baden-Baden), Alfred E. Esslinger (Nagold), Rosemarie Feldmeier (Kaufbeuren), Matthias Feuser (Ratingen), Detlef Fuchs (Berlin), Reinhard Fuchs (Kirchheim), Georg-Olms-Verlag (Hildesheim), Bernhard Giering (Berlin), Elisabeth Gohrbandt (Bergisch Gladbach), Angelika Gottschalk (Korntal-Münchingen), Andreas Graf (Köln), Dieter Gräfe (Tuchenbach), Thomas Grafenberg (Berlin), Dietrich Große (Siegen), Peter Grübner (Hamburg), Hanswilhelm Haefs (Atzerath/B), Jürgen Hahn (Winterthur/CH), Wolfgang Hammer (Hildesheim), Bruno und Jutta Happe (Wuppertal), Günter Happe (Münster), Wolfgang Haydn (Happurg), Marc Heinecke (Hannover), Erich Heinemann (Hildesheim), Johannes Heines (Düsseldorf), Stefan Hellmann (Erding), Elisabeth Helm (Kronshagen), Norbert Hennek (Düsseldorf), Pitt Herrmann (Bochum), Heinz-Dieter Heuer (Neuenhaus), Hinrichsen (Bochum), Hans Höber (Solingen), Walther Ilmer (Bonn), Karl Janetzke (Berlin), Horst Jordan (Ellwangen), Rainer Jung (Hüffelsheim), Kalkberg GmbH (Bad Segeberg), Günter Kern (Delmenhorst), Josefine Keuten (Simmerath), Josef Kilisch (Innsbruck/A), Il-Su Kim (Seoul/Korea), Udo Kittler (Dortmund), Werner Kittstein (Trier), Konrad

Klaws (Marloffstein), Alfred Klein (Eitorf), Hans Hugo Klein (Pfinztal), Gerd Klevinghaus (Wuppertal), Bettina Knopf (Bad Soden), Eckehard Koch (Essen), Reinhard Köberle (Kempten), Jürgen Köhlert (Hamburg), Bernhard Kosciuszko (Köln), Martin Krammig (Berlin), Peter Krauskopf (Bochum), Rudolf Kreutner (Schweinfurt), Karl-Heinz Laaser (Bad Schwartau), Gunter Landgraf (Berlin), Michael Landgraf (Berlin), Walter J. Langbein (Lügde), Heinz Lieber (Bergisch Gladbach), Dieter Lindner (Annaberg-Buchholz), Dieter Mantz (Krummhörn), Günter Marquardt (Berlin), Jörg Maske (Reutlingen), Lorenzo Mateo de la Encarnación (Valencia/E), Horst Mayerhofer (Passau), Rolf Mehring (Köln), Herbert Meier (Hemmingen), Hans Norbert Meister (Arnsberg), Helmut Menzel (Wuppertal), Harald Mischnick (Kronberg), Axel Mittelstaedt (Düsseldorf), Mischa Mleinek (Baden-Baden), Horst Müggenburg (Mönchengladbach), Günter Mühlbrant (Plauen), Erwin Müller (Föhren), Bettina Müller-Bollmann (Hannover), Ulrike Müller-Haarmann (Bonn), Andreas Mundt (Crailsheim), Friedhelm Munzel (Dortmund), Peter Nest (Saarbrücken), Verlag Neues Leben (Berlin), Gerhard Neumann (München), Jürgen Nordmann (Neustadt), Friedrich Oldenburg (Berlin), Andrea Orth (St. Wendel), Anton Paschinger (Wien/A), Frank Olaf Paucker (Bielefeld), Helmut Paulsen (Rödermark), Andreas Peickert (Berlin), Annelotte Pielenz (Nassau), Wolfgang Pistorius (Mannheim), Michael Platzer (Buchholz), Heinz und Eva Post (Wuppertal), Reiner Pütz (Unkel), Winfried Rabenstein (Frankfurt a. M.), Alexander Rauchfuß (Saarbrücken), Uwe Richter (Freudenberg), Claus Roxin (Stockdorf), Uwe Roxin (Wedel), Juliane Sabiel (Krems), Wolfgang Sämmer (Würzburg), Walter Sauer (Reutlingen), Peter Schade (Hamburg), Claus Schliebener (Straßlach-Dingharting), Joachim Schmid (Strullendorf), Ulrich Schmid (Neu-Ulm), Helmut Schmiedt (Köln), Günter Schneeberger (München), Margot Schneider (Hamburg), Reiner Schneider (Berlin), Wieland Schnürch (München), Ralf Schönbach (Köln), Marie-Luise Schrader (Wiesbaden), Winfried Schreblowski (Wohltorf), Burkhard Schultze-Berndt (Köln), Heiner Schumann (Wien/A), Reinhard Seidler (Cottbus), Sigrid Seltmann (Berlin), Ernst Seybold (Herzogenaurach), Firma Siepmann (Hamburg), Karl-Eugen Spreng (Hemer), Stadt Bad Segeberg, Hans-Dieter Steinmetz (Dresden), Harald Sturm (Ratingen), Wolfgang Szymik (Essen), Clemens Themann (Visbek), Hermann Vogelleitner (Sandhausen), Thomas Vormbaum (Hagen), Wolfgang A. Vorster (Basel/CH), Heinz von der Wall (Ankum), Manfred Walter (Würzburg), Dieter Wauer (Bad Pyrmont), Erich Weigel (Eisenach), Hans-Georg Westermann (Dortmund), Gregor Wiel (Langenfeld), Herbert Wieser (München), Fritz Wirner (München), Winfried Wolf (Celle), Johannes Wolframm (Erkerode), Stefan Wunderlich (Eichenau.)

*

Neue Mitglieder warben im Laufe des Jahres 1995:

Siegfried Augustin (München), Ekkehard Bartsch (Bad Segeberg), Jörg-Michael Bönisch (Leipzig), Wilhelm Brauneder (Baden/A), Rainer Buck (Korntal-Münchingen), Klaus Dill (Glashütten), Klaus Eggert (Stuttgart), Elmar Elbs (Luzern/CH), Alfred E. Eßlinger (Nagold), Egon Felgner (Gera), Klaus Fumic

(Falkensee), Andreas Graf (Köln), Thomas Grafenberg (Berlin), Hans Grunert (Dresden), Wolfgang Hammer (Hildesheim), Ralf Reiner Harder (Kamen), Erich Heinemann (Hildesheim), Wolfram Höppner (Hoyerswerda), Walther Ilmer (Bonn), Edmund Jendrewski (Berlin), Karl-May-Verlag (Bamberg), Falk Klinnert (Stegaurach), Albert Knerr (Saarbrücken), André Köhler (Bergen), Hans-Joachim Kühn (München), Hartmut Kühne (Hamburg), Reinhard Künzl (Nittendorf), Erwin Müller (Föhren), Jörg Nehter (Bad Segeberg), André Neubert (Hohenstein-Ernstthal), Annelotte Pielenz (Nassau), Uwe Richter (Freudenberg), Helmut Riedel (Hoyerwerda), Claus Roxin (Stockdorf), Manfred Rüste (Kleinmachnow), Helmut Schmiedt (Köln), Karl Serden (Ubstadt-Weiher), Jürgen Speh (Kleve), Bernhard Tausch (Heidenheim), René Wagner (Dresden), Reinhold Wolff (Bissendorf), Johannes Wolframm (Erkerode)

Die Karl-May-Gesellschaft dankt allen Genannten.

**Auskünfte über die Karl-May-Gesellschaft
erteilt der Geschäftsführer
Erwin Müller
Eitzenbachstr. 22
54343 Föhren**

Die Autoren des Jahrbuchs

Batalow, Anatoli N, (1953), Lehrer für Fremdsprachen, RUS-610047 Kirow 47 (Rußland), ul. Leningradskaja 10-A 66 · *Hammer, Wolfgang* (1919), Pastor i. R., 31141 Hildesheim, Herderstr. 5 · *Heinemann, Erich* (1929), Verwaltungsdirektor i. R., 31139 Hildesheim, Am Neuen Teiche 69 · *Ilmer, Walther* (1926), Oberregierungsrat i. R., 53125 Bonn, Erfurtstr. 16 · *Jeglin, Rainer* (1952), Studienrat, 30451 Hannover, Pestalozzistr. 9 · *Keindorf, Dr. Gudrun* (1965), Volkskundlerin, 37120 Bovenden, Uhlandstr. 40 · *Krauskopf, Peter* (1955), Redakteur, 44789 Bochum, Kronenstr. 44 · *Kühne, Hartmut* (1935), Kantor und Organist, 22179 Hamburg, Haldesdorfer Str. 66 · *Küppers, Petra* (1968), Dozentin für Film- und Medienkunde, GB-Swansea SA 2 OUT, Swansea Institute of Higher Education, Townhill Road · *Lieblang, Helmut* (1949), Realschullehrer, 51709 Marienheide, An der Ringmauer 8 · *Lorenz, Dr. Christoph F.* (1957), Professor an der Musikhochschule, 50735 Köln, Friedrich-Karl-Str. 222a · *Neuschäfer, Dr. Hans-Jörg* (1933), Professor für Romanistik, 66133 Saarbrücken, Fasanenweg 6 · *Schmiedt, Dr. Helmut* (1950), Professor für Neuere deutsche Literaturwissenschaft, 51067 Köln, Ernststr. 24 · *Scholdt, Dr. Günter* (1946), Privatdozent, 66126 Saarbrücken-Dudweiler, Uhlandstr. 9 · *Skliutauskas, Dr. Jokūbas* (1925), Arzt, Schriftsteller, Dramaturg, 232001 Vilnius/Litauen, Klaipedastr. 2, Wohnung 8 · *Ueding, Dr. Gert* (1942), Professor für Allgemeine Rhetorik, 72070 Tübingen, Im Wägner 15

Autoren, die Manuskripte für das Jahrbuch bei den Herausgebern einreichen möchten, werden gebeten, vorab bei der Redaktion oder beim Geschäftsführer die Richtlinien für die Gestaltung der Jahrbuch-Beiträge anzufordern.
Die Redaktion bittet (wenn möglich) um Einreichung des Textes auf einer Diskette.
Anschrift der Redaktion: Bernhard Kosciuszko, 50827 Köln, Häuschensweg 24 · Dr. Martin Lowsky, 24145 Kiel, Bustorfer Weg 89 · Ulrike Müller-Haarmann, 53125 Bonn, Gothastr. 40

ÜBER KARL MAY IM IGEL VERLAG BISHER ERSCHIENEN

Heinz-Lothar Worm
Die Helden bei Karl May
Broschur, 292 S., 42,- DM

Karl-May-Studien Band 1
Karl Mays „Orientzyklus",
hg. v. Dieter Sudhoff und
Hartmut Vollmer
Broschur, 309 S., 42,- DM

Großes Karl May
Figurenlexikon, hg. v.
Bernhard Kosciuszko
Broschur, 1084 S., 58,- DM
VERBESSERTE NEUAUFLAGE

IN VORBEREITUNG
Karl-May-Studien Band 4
Karl Mays „Ardistan und
Tschinnistan", hg. v. Dieter Sudhoff
und Hartmut Vollmer
Broschur, ca. 300 S., ca. 42,- DM

Ulrich Melk
Das Werte- und Normensystem in Karl Mays
„Winnetou"-Trilogie
Broschur, 193 S., 42,- DM

Karl-May-Studien Band 2
Karl Mays „Im Reiche des
silbernen Löwen"
hg. v. Dieter Sudhoff und
Hartmut Vollmer
Broschur, 348 S., 48,- DM

Michael Sagorny
Arno Schmidt & Karl May
Boschur, 119 S., 38,- DM

Karl-May-Studien Band 3
Karl Mays „Old Surehand"
hg. v. Dieter Sudhoff und
Hartmut Vollmer
Broschur, 381 S., 48,- DM

IGEL VERLAG   QUERWEG 67   33098 PADERBORN
TEL.: 0 52 51/7 28 79   FAX 0 52 51/7 43 98

IM SNAYDER VERLAG ERSCHIENEN

Otto Kreiner
Abendsonne
Roman über Karl May
3. Band, hg. v. Dieter Sudhoff
Broschur, 263 S., 48,00 DM

„Otto Kreiner gelang es auf verblüffende Weise, jeweils unterschiedliche Einstiege in die Lebensbahn von Karl May in romanhafter Form zu schaffen. Und so wie der alternde Winnetou-Schöpfer gestaltet Otto Kreiner auch die *Abendsonne* als einen vielfachen fiktiven Dialog mit dem 'Mayster' in zahlreichen philosophischen Ansätzen." (*KMG-Nachrichten*)

Elke Christian
Sonseeama
Tochter der Cheyenne
Roman-Trilogie: Band 1 (in sich abgeschlossen)
Broschur, 336 S., 29,80 DM

Der Roman vermittelt tiefgreifende Einblicke in die Kultur, die Geschichte und die Sprache der Cheyenne und der Lakota-Indianer (Sioux).

Snayder Verlag, Querweg 67, 33098 Paderborn
Tel.: 05251/760208, Fax: 05251/74398